les origines de la France contemporaine

Hippolyte Taine

现代法国的起源Ⅴ：
新秩序

[法] 伊波利特·泰纳 著

刘毅 译

吉林出版集团股份有限公司

图书在版编目（CIP）数据

现代法国的起源.Ⅴ，新秩序/（法）伊波利特·泰纳著；刘毅译.—长春：吉林出版集团股份有限公司，2018.1

ISBN 978-7-5581-4118-8

Ⅰ.①现… Ⅱ.①伊… ②刘… Ⅲ.①法国大革命-研究 Ⅳ.①K565.41

中国版本图书馆 CIP 数据核字（2017）第 305272 号

现代法国的起源Ⅴ：新秩序

著　　者	［法］伊波利特·泰纳
译　　者	刘　毅
出 品 人	刘丛星
创　　意	吉林出版集团·北京汉阅传播
总 策 划	崔文辉
责任编辑	齐　琳　史俊南
封面设计	朝圣设计·阿正
开　　本	650mm×960mm　1/16
印　　张	32.5
版　　次	2018 年 5 月第 1 版
印　　次	2021 年 6 月第 2 次印刷

出　　版	吉林出版集团股份有限公司
发　　行	北京吉版图书有限责任公司
地　　址	北京市西城区椿树园 15-18 号底商 A222
	邮编：100052
电　　话	总编办：010-63109269
	发行部：010-63104979
官方微信	Han-read
邮　　箱	beijingjiban@126.com
印　　刷	三河市元兴印务有限公司

ISBN 978-7-5581-4118-8　　　　　　定价：78.80 元

目　录

作者序

《现代法国的起源》的第三部分和最后这部分内容共有两卷，第一卷结束后，第二卷探讨了教会、学校、家庭，描述了现代社会环境，关注了我们这样的社会在新环境下生存的便利和困难：在此，过去与现在水乳交融，这一切酝酿完成后，正通过我们亲眼所见的一切延续下来，绵绵不息。国家体制风雨飘摇，比前两个体制更加岌岌可危。实际上，从现在开始，旧制度和大革命已经全部完结，那个时代终于寿终正寝。我们目睹了结局，这有助于我们了解发展的进程。然而，后续进程的结局是我们无法知晓的。

从执政府和帝国时期开始的庞大体系还没有尘埃落定，由盛转衰的进程还未到来：1800年以来，经过八个政治体制的更迭，整个社会秩序仍得以保留，几乎纹丝未动。最终的成败得失只有我们的子孙知晓。目睹了结局，他们就会以我们所不具备的智慧对整幕剧做出评价，而迄今上演过的只有四幕剧。同时，在这种社会形态下生活良久，我们都已习以为常；没有什么值得我们大惊小怪了。无论怎样文过饰非，我们仍会觉得在情理之中；我们无法设想还有另外更为健康的形态。糟糕的是，我们对此很是反感：因为这样的观点会使我们马上想到比较，进而加以评价，其中有很多观点不仅是对体制，而且是我们自身的负面评价以及理据充分的指责。共和八年的国家机器在我们三代人身上留下了印记，无论怎样都永久性地塑造了我们。如果说一个世纪以来它一直对我们鼎力支持，那么，也可以说一个世纪以来它也在压制我们。我们克服了其本身的弱点、发展的阻力、内在的不稳定性、智慧和意志的偏差、抱残守缺和错误观念。这是我们的观念，因此，我们对其坚信不疑，或者不如说我们任其摆布。为了摆脱这些观念的束缚，为头脑提供必要的反作用力，为了使我们保持距离并具备批判意识，为了可以作为科学对象来研究我们自己、我们的观念和我们的体制，我们需要付出巨大的努力、万分的谨慎和长期的思考。此项研究的滞后性由此而来。如果读者认为对于这样的议题、捕风捉影的观点没有说服力，那么就会原谅这种滞后性。无论如何，自己提出的观点，自己就会坚信不疑。只要我的观点准确无误，我也会坚信不疑。

1890 年 9 月于蒙顿·圣贝尔纳

第 一 卷

I

拿破仑·波拿巴

第一章　他的性格和天赋的历史重要性

I．他来自另一个种族和另一个世纪—父系家族的血统—移居科西嘉—莱第齐亚·拉莫里诺—青年时代对科西嘉和法国的感情—早期事业和风格流露出的线索—环境、君主制和民主思想对他没有影响—5月31日之后，对6月20日、8月10日的印象—与罗伯斯庇尔以及后来的巴拉斯的交往若即若离—葡月13日的感情和选择—伟大的雇佣兵队长—在意大利时的性格和行为—1789年的道德和外貌描述—早期遽然发迹—性格和才智与其15世纪的意大利祖先别无二致。II．意大利文艺复兴时期的智慧和现代人的智慧—波拿巴的精神工具的完整性—注意力的灵活性、力量和韧性—拿破仑的智慧和同时代人的智慧之间的其他差异—他思考事物，而不是文字—他对意识形态的反感—文学和哲学教养的弱点或缺憾—他如何通过直接观察和技艺培养提高自身修养—他对细节情有独钟—他对实物和地点的内在视觉—他对位置、距离和数量的心理反应。III．他看透别人思想和感情的心理能力与手段—他的自我分析—他如何选择特殊性判断一般性，如何选择外在敏感性透视内在的虚无—他的话语和风格的创意与优势—他如何适应听众和环境—他对有效动机的计算和标记。IV．他的三张地图—地图的规模和完整性。V．他的富于建设性的想象力—他的计划和梦想—才华横溢的大师和张扬的表现。

如果想要了解一座建筑，就必须设想一下建造时的情形，我指的是困难和手段、所能找到的材料的类型和质量、时机、机会、使用的紧迫性。但是，更重要的是要考虑建筑师的天赋和品味，特别要了解的是他是否是业主、是否是自己居住、是否一经进驻就花费心思使房子适应自己的生活方式、需要和自己的使用习惯。这就是拿破仑·波拿巴建造的社会建筑。他就是建筑师、业主和主要居民，从1799年到1814年，他缔造了现代法国。从未有一件集体创作的作品被如此深刻地打上个人的性格烙印，以至于想要了解作品，就必须先观察个人的性格[1]。

I

一切都显得那么不成比例，但更为奇特的是，他不仅如此出类拔萃，而且没有什么尺度标准可以衡量。他的秉性、本能、能力、想象力、激情、道德，似乎是用特殊模子打造出来的，所用的金属材料有别于他的同胞和同时代人。很明显，他既不是法国人，也不是18世纪的人。

他属于另一个种族和另一个时代[2]。乍看之下，我们认为他是外国人，一个意大利人[3]，除此之外，有些东西就不是相似或类似所能形容

---

① 主要的来源当然是32卷本的《拿破仑一世皇帝书信集》。不幸的是，该书信集仍未收集完整，特别是从第6分卷开始，就被刻意地删除了。"一般来说，"编者说（XVI，4页），"我们被要求出版'皇帝供公开发表的书信，如果能福寿天成并留给时间裁决，他想要向后代展示他的人格和制度'，我们把这个简单的想法作为指导方针。"这部书信集在浩如烟海的法国文献中基本上保存完整，经过仔细研究，学者估计，书信集有超过7万封书信，其中有2.3万封已在相关文本集中发表。另外2万封由于重复而被删除，3万封由于习俗或政治因素而被删除。例如，拿破仑写给比格·普雷亚莫诺有关宗教事务的信件只发表了一半。很多被遗漏的重要而特色鲜明的信件可以在奥松纳尔伯爵撰写的《罗马教会和第一帝国》中找到。我刚刚提到的这位学者估计，约有2000封重要信件仍未发表。

② 拉斯·卡萨斯（1816年5月29日）撰写的《圣赫勒拿岛回忆录》。"在科西嘉，有一次骑马郊游时，保利曾给他讲解了自由的荣耀为何青史留名。根据个人观察，在评价拿破仑性格的时候，保利对他说：哦，拿破仑，你一点现代意识都没有，你完全是普鲁塔克时代的人。"安托马齐（1819年9月25日）的《回忆录》中记载拿破仑也有同样的说法，只有小小的不同："哦，拿破仑，"保利说，"你不是这个世纪的人，你的感觉和普鲁塔克时代的人一样。加油！你会一飞冲天的！"

③ 塞居尔伯爵，《历史与回忆》，I，150页（1795年6月战争委员会委员邦特古兰的（转下页）

的了。从血统和家谱上看，他是意大利人。首先，他的父系家族[1]来自托斯卡纳，从12世纪起就生活在佛罗伦萨，然后是圣·米尼亚托，后来是萨尔扎纳。这是热那亚共和国的一个偏僻而落后的小城。从父到子都默默无闻地过着与外省隔绝的日子，靠世袭公证人和市议员的薪俸生活。拿破仑本人[2]曾经说过："我的出身让所有意大利人把我视为同胞……在我妹妹宝琳娜与波各赛亲王结婚时，在罗马和托斯卡纳，他们家族和亲友中间只发出一个声音：他们说'太好了，是自家人的事，是亲上加亲'。"后来，当教皇对来巴黎为拿破仑加冕的事犹豫不决的时候，"红衣主教团里的意大利阵营压倒了奥地利阵营，在政治考量方面还不忘加上了一点民族自尊心：'不管怎样，这是硬塞给野蛮人的一个意大利家族来统治他们的，我们要报复高卢人'"。这些话有重大意义，给意大利人的灵魂深处带来了光明。她是代表现代文明的长女，满脑子长子继承权的观念，念念不忘对山外高卢的愤懑之情，继承了罗马人的傲慢自大和亘古未变的爱国主义[3]。

从1529年起，一个波拿巴世系家族从萨尔扎纳来到科西嘉定居。第二年，佛罗伦萨被占领而长期俯仰于人。从此时开始，托斯卡纳由美第奇家族的亚历山大统治，后来由科斯莫一世及其继承人统治，而整个意大利由西班牙统治。城市独立、为私仇而大打出手、因政治冒险而功成名就、弹冠相庆的僭主、繁荣昙花一现、靠暴力与欺

（接上页）叙述："布瓦希·邓格拉斯对他说，他头一天见到一个小个子意大利人，脸色苍白、弱不禁风、病病歪歪的样子，但目光炯炯有神，说话铿锵有力，显得不同凡响。"第二天，拿破仑拜访邦特古兰："表情由于病态的傲慢而显得僵硬，颓丧潦倒，脸拉得老长，晒得黝黑……他刚从军中回来，说起军队的事像个行家里手。"

　① 克斯顿，《拿破仑·波拿巴的早年岁月传记》，II，1840年，随处可见。云格，《波拿巴和他的时代》I，300页、302页（家谱集）。约瑟夫国王，《回忆录》，I，109页、111页（论波拿巴家族的各个旁系和杰出人物）。米奥·德·梅里托，《回忆录》，II，30页（作者于1801年就地收集的波拿巴家族文件）。

　② 米奥·德·梅里托，《回忆录》，II，30页。这个支系最晚的后代是个议事司铎，仍住在圣·米尼亚托的同一个镇子里，在共和四年波拿巴来佛罗伦萨时曾经拜访过他。

　③ 《拿破仑一世皇帝书信集》（1797年9月29日波拿巴关于意大利的信件）："这是一个由于偏见、几个世纪的习惯和性格而与法国为敌的民族。"

骗起家的公国体制，所有这些都一去不复返，取而代之的是旷日持久的压制、君主专制的管束、四平八稳的外部形象、公众的平和安静。因此，就在这中世纪的活力、雄心壮志和无拘无束开始每况愈下，像主干枯萎的树木开始凋零的时候[1]，一个远房支系家族在岛上安顿下来了。

海岛颇具意大利风情，但几乎野性未驯，并且保留着中世纪早期的体制、风俗习惯和激情[2]。粗犷的社会风气给岛上带来了勃勃生机。像嫁接的树干一样，经过了几次婚姻的洗礼，从祖母和母亲的母系家族谱系来说，拿破仑是土生土长的当地人。他的祖母是圣·皮埃特拉人，祖籍萨尔特纳[3]。这是个典型的科西嘉小镇，在1800年，世代相传的家族仇杀仍然延续着11世纪的制度。敌对家族之间无休止的杀戮，在那时只是暂时休战。在很多村庄，人们只能同武装护卫队一起出行，房子都像堡垒一样建有锯齿状的射击孔。

拿破仑的母亲莱第齐亚·拉莫里诺性格泼辣、意志坚定，是个未受过文明世界洗礼的悍妇。同父亲相比，他更像他的母亲[4]。她胸无

---

① 米奥·德·梅里托，《回忆录》，I，126页（1796年）："两个半世纪以来，佛罗伦萨就失去了这种古已有之的活力。在共和国风云激荡的岁月里，这种活力使这座风姿绰约的城市卓尔不群。麻木不仁是各阶层占主导地位的精神写照……所到之处，我见到的都是在风和日丽的天气里悠然自得的人，他们关心的只是无聊慵懒生活中的琐事，在如洗碧空蓝天下默默无闻地过日子。"（1796年，《关于米兰》，参见司汤达《巴马修道院序言》）

② 米奥·德·梅里托，《回忆录》I，131页（1796年）："刚刚离开意大利最文明的城市之一，一下子被带到山峦起伏的蛮荒之地（·科西嘉），看着人人都身穿棕色的粗布衣服，心中有些失落。这与托斯卡纳富裕而好客的乡村、在那块富饶的土地上耕作的人们舒适的穿着——典雅的衣服——相比形成了强烈的反差。"

③ 同上，II，30页，"出身于萨尔特纳不显赫的家族"。II，143页（关于萨尔特纳镇和1796年的族间仇杀）。克斯顿，I，4页："莱第齐亚夫人的家族源自意大利克拉托伯爵家族。"

④ 他的父亲夏尔·波拿巴懦弱而轻浮，"耽于享乐而疏于照顾孩子"和生意。他有文化，但是个蹩脚的一家之主，39岁就死于胃癌，这似乎是他给儿子拿破仑最后的遗传基因。而他的母亲正好与父亲相反，她执着，喜欢发号施令，是真正的一家之主。拿破仑说："她柔中有刚，赏罚不严明；无论好坏，她都能让我们感同身受。"当上母亲后，"她变得过分精打细算，让人啼笑皆非。她相信自己深谋远虑，因为她了解饥寒交迫的感受，总是对那些含辛茹苦的经历挥之不去……在诉诸武力之前，保利曾经劝过她……夫人的回答斩钉截铁，就像高乃依剧里的人物一样……1.2万~1.5万名农民从阿加西奥的山上冲下来的时候，我们家的房子被抢劫一空，然后被一把火烧了，葡萄园毁了，牲畜也没了……但这个女人，没人能从她手里抢去一个埃居，却要付出一切代价把我从厄尔巴岛弄回来。滑铁卢之后，她把全部家产都给我让我东山再起"（1816年5月29日《回忆录》和1819年11月18日安托马弥《回忆录》）。关于母亲的观念和做法，参见斯坦尼斯拉斯·德·吉拉尔丁的《日记和回忆录》。阿布兰特公爵夫人，《回忆录》，II，318页、369页："她生性吝啬，（转下页）

城府,一根筋,不善于让步,与上流社会的风花雪月和优雅闲适格格不入,对舒适生活不感兴趣,没有文学修养,像农妇一样精打细算,像乐队指挥那样活灵活现。她精力过人、身体强壮,把危险当作家常便饭,坚毅果断。总之一句话,她是高乃依戏剧里的农妇形象。拿破仑是她在枪林弹雨中怀孕、意大利战败时生下的男孩。由于当时法国入侵,战事正酣,她骑马穿行于崎岖的山路,半夜里突如其来的磕磕碰碰和不时传来的枪声是家常便饭[①]。拿破仑说:"尽管倾家荡产,一无所有,再加上疲惫不堪,吃尽了苦头,但她勇敢面对一切,是男人的头安在了她这个女人的肩上。"他就是在这样的环境中被养大的,从呱呱坠地那天起一直到生命的最后时刻,他一直都牵挂着自己的家族和家乡。他在圣赫勒拿岛[②]的时候说:"那里的一切都是那么美好,甚至闭上眼睛就可以分辨出那里土壤的香气,那种香气是其他地方找不到的。"他想象自己又回到了童年时代,又一次度过了青年时代,穿行于悬崖峭壁、高山峻岭、曲径通幽的峡谷、蜿蜒曲折的峡口,又体验到了受人爱戴和尊敬的乐趣,所到之处都被当成同胞和兄弟,"没有什么意外事件或侮辱性的言语让他丧失信心"。

在波哥涅诺[③],拿破仑母亲怀着他避难的时候,"仇恨和复仇的气氛导致关系紧张到干柴烈火的程度。一个年轻姑娘嫁妆的多少,是由她表兄弟的数量来衡量的,他们用盛宴款待我,对我表示欢迎,每个人都愿意为我去死"。在违心地成为法国人并移居法国之后,他

(接上页)除了重要场合出于礼貌的应酬之外……对人情世故一无所知。她不仅对我们的文学一窍不通,自己也从不碰书本。"司汤达,《拿破仑传》:"必须根据莱第齐亚夫人的典型意大利性格来解释她儿子的性格。"译者注:以下凡未表明著者的《回忆录》均指拿破仑本人的《回忆录》。

① 法国是在 1768 年 7 月 30 日至 1769 年 5 月 22 日间用武力征服意大利的,波拿巴家族于 1769 年 5 月 23 日逃亡,拿破仑同年 8 月 15 日出生。

② 安托马齐,1819 年 10 月 4 日《回忆录》,1816 年 5 月 29 日《回忆录》。

③ 米奥·德·梅里托,《回忆录》,II,33 页:"我到波哥涅诺那天,因为家族复仇而有两个人丧生。在过去的大约八年里,镇子里的一个居民把一个有两个孩子的邻居杀了……等孩子长到十六七岁时,就会离开家乡去寻找凶手,后者会提高警惕,不再离开自己的村子……看到他在树下玩牌,他们向他开枪,杀死了他。不过,由于不小心,子弹也打中了在不远处睡觉的另外一个人。双方的亲友都觉得这种行为是正当的,合乎情理。"同上,I,143 页:"在我从巴斯蒂亚到阿加西奥的时候,当地两个主要的家族,佩拉尔第家族和维瓦尔第家族相互火拼来争夺让我住宿的荣誉。"

在国王的资助下在法国的学校里求学。这时候，他对海岛家乡的爱国主义热情更加高涨，并且高度赞扬解放者保利，而他的亲友则对保利持反对态度。他在餐桌上说[①]："保利是个伟大的人，他热爱家乡，我父亲做过他的副官，我永远都不会原谅父亲帮助科西嘉同法国合并。他应该与保利同舟共济，一起慷慨赴死。"

在整个青少年时代，拿破仑一直是反对法国的。他闷闷不乐，心情苦闷，"不太搭理别人，别人也不喜欢他，由于心情不好而郁郁寡欢"。他像一个吃了败仗的人，喜怒无常，与周围格格不入。在布莱恩纳，他与同学不来往，不参加他们的体育活动，一有空就把自己关在图书馆里。他只对布里恩发泄一肚子的怒气，"我一定尽我所能，要你们法国人尝尝苦头"[②]。他在军校的历史老师写道：他的"秉性和脾气都是典型的科西嘉人，如果时来运转他会前程远大"。从军校毕业后，在瓦朗斯和奥松要塞服役时，他的内心依然充满敌意，满脑子都是离经叛道的想法。他的深仇宿怨历久弥新，他在给保利的信中说道："我出生的时候，家乡已荡然无存。3万法国人在唾弃我们的海岸，把自由的王冠淹没在血海中，映入我眼帘的就是这幅酸楚的景象！自从我出生，垂死者的哀鸣、受压迫者的呻吟、绝望者的眼泪，就围绕着我的摇篮挥之不去……我要用蘸着他们无耻的笔，把玷污共同事业的叛徒浑身涂黑……那些为一己私利而腐化的卑劣灵魂。"[③]

过了一段时间之后，在给制宪会议议员和法国兼并专员布塔富奥克的信中，他又把仇恨一把火烧了起来。他先是压住火气冷嘲热讽一番，然后把痛快淋漓的声讨像一股炽热的熔岩发泄而去。从15岁起，先是在军校，然后是在要塞的军营[④]，他在对故乡海岛的回忆中找

---

① 布里恩，《回忆录》I，18页、19页。
② 塞居尔，《历史与回忆》I，74页。
③ 云格，I，195页（1789年6月12日波拿巴给保利的信）。I，250页（1790年1月23日波拿巴给布塔富奥克的信）。
④ 云格，I，107页（1784年9月12日拿破仑给父亲的信）。同上，I，163页（1786 转下页）

到了避难所。他反复追忆它的历史，把心灵的归宿寄托于这部历史经年有余。他把自己写的书稿送给保利，由于未能将其付印成书，他摘录出重点送给了雷纳尔神父。他以一种有张力的风格和令人感动的同情心，概括了他那弱小家乡的编年史、起义和解脱、涌现出的英雄人物和血腥暴力、大众和家庭的悲剧、伏击、背叛、复仇、爱和谋杀。

简而言之，这段历史和苏格兰高地的历史极为相似，而他的写作风格超越了同情心，显露出他是外国人。毫无疑问，在这部作品中，像年轻时创作的其他作品一样，拿破仑尽量模仿当时风靡一时的作者——卢梭，特别是雷纳尔。他模仿小学生那种长篇大论，他们那种声情并茂的朗诵和他们的人道主义的豪言壮语。但借来的衣服穿在他身上并不合适，穿起来太紧，布料太过精致，步调上需要更多的节拍，举止上需要更多的雕琢，他每走一步都会绷紧衣服褶或鼓起一个大包。由于穿不惯这种衣服，他把所有的缝合线都撑断了。他过去就没有学好拼写，将来也永远学不会，而且他不了解法语这种语言，不知道词的真正含义、连接和关系，句子是否恰当得体以及比喻的确切意义[①]。由于冒冒失失地一步跨进了法语的大门，他把不协调、不连贯、意大利式和不规范的用法一股脑地混在了一起[②]。毫无疑问，他说

（接上页）年7月拿破仑给雷纳尔神父的信）；I，197页（1789年6月12日拿破仑给保利的信）。这三封有关科西嘉历史的信件是1790年6月24日通过一封信寄给雷纳尔神父的。这些信的内容可以在《云格全集》第I部分的434页找到。

① 请阅读他的演讲《为了确保人类幸福，应教授何种真理和情操》（1790年里昂军校提出的题目）："一些胆大包天的人是由天才驱使的……完美产生于理性，就像树上的水果一样……理性的眼睛防止男人堕入激情的深渊……展示美德的力量就是古代斯巴达人最大的感受……男人必须在手段上满意才会找到幸福吗？……我的（财产）权利写在我的神经、我的心脏上，与我的汗水、血液循环一起新陈代谢……您对有钱人说：您的财富为您带来不幸，还是回到感觉的纬度里吧……让自然的敌人在你的声音里保持沉默……倒霉的人会避开男人的社会，黑色的床单取代了快乐的挂毯……好了，先生们，这就是在动物关系之下，为了幸福而应该向男人灌输的情感。"

② 云格，I，252页（给布塔夫奥科的信）："滴着兄弟的血，被每一种犯罪行为玷污，他穿着将军外套，自信地介绍自己，这是他犯罪行为的唯一奖赏。"I，192页（1789年4月2日给科西嘉总督的信），"耕作正在毁灭我们"，等等。他的法语方面数不清的重大错误，参见云格复印的大量手书信件。米奥·德·梅里托，I，84页（1796年7月）："他这次讲话简短，但谬误百出。"雷姆萨夫人，I，104页："无论他说哪种语言，都显得不大娴熟：他似乎需要强迫自己才能表达他的思想。"国家顾问、后转任执政府内政大臣的夏普塔尔，《回忆拿破仑》，225页："此时，波拿巴无须对不大了解管治细节而感到惭愧。他问了很多问题，还问了最常见词汇的定义和含义。（转下页）

起法语来会磕磕绊绊，显得笨拙和缺乏经验，而且还加入了过度的热情和激情。他瞬间爆发的思想洋溢着激情，表现出思想源泉的深度和热度。在军校时，文学老师就说过："在他无数的怪诞和不正确的用法中，他似乎看到了火山里熔化的花岗岩。"然而，由于他独特的思想情感与周围的世界如此不协调，与他的同伴如此不同，这就注定了一般人的想法可以驾驭普通人，但无法驾驭他。

可以说，在两个相互交锋的主要但矛盾的观点中，尽管他哪个也不接受，但他会倾向于其中的一个或另一个。国王先后资助他在布莱恩纳和军事学院求学，还为他在圣西尔军校的妹妹提供了资助，20年来一直是他家的恩人。这时候，虽然他以母亲的名义向国王写了感谢信，但不会视他为救世主，也不会站在他的身边，横刀立马为守护他的恩人而战。

他无法成为绅士：尽管在贵族军官学校接受教育，但他没有沾上贵族或君主的贵气[①]，多齐埃可以证明这一点。由于无法施展抱负而饱受痛苦的折磨，他读卢梭的书，"接受雷纳尔的保护，他把哲学家关于平等的辞藻大段搬过来为己所用，即使他满嘴说的都是流行语，但这并不表示他真心相信这些话。这些流行语对他来说只是一个体面而斯文的窗帘或俱乐部的红帽。他没有被民主的假象所迷惑，对正在上演的革命大戏和公民主权的感觉只有深恶痛绝"。

1792年4月，保王党人和革命党人在巴黎斗得你死我活的时

（接上页）由于经常发生对第一次听到的词不太明白的情况，过后他总是不断重复这些词直到弄懂为止。于是，他经常把section（断面）说成session（会议），把armistice（停战）说成amnistie（大赦），把Îles Philippiques（菲利皮克群岛）说成Îles Philippines（菲律宾群岛），把point fulminant（起爆点）说成point culminant（最高点），把rentes voyagères（旅行年金）说成rentes VIagères（终身年金），等等。"

① 参见《马尔蒙元帅回忆录》，I，15页，可以了解一下普通年轻贵族的感觉。"在1792年，我对国王本人有一种很难确定的感觉，在22年后我找到了这种感觉的踪迹，在一定程度上是力量，从性质上来说几乎是宗教奉献的感觉，一种与生俱来的尊重，好像是源自至高无上的有秩序的人。于是国王这个词具有一种魔力和力量，在纯粹恪守诚信的人心中，什么都无法改变……王权这种宗教在这个国家的普罗大众特别是出身名门的人群中依然存在，这些人由于远离权力，从而更容易被其光环所打动，而不是其瑕疵……这种爱已经变成了一种崇拜。"

候,拿破仑正忙着找"挣钱的投机生意"①,一心想做点房屋转租盈利的买卖。6月20日,他单纯出于好奇,去看了民众冲击杜伊勒里宫的场景。当看到国王戴着红帽子站在窗前时,他高喊:"Checoglionei!"(意大利语:蠢货。)接着他又说:"他们怎么能让这些乌合之众进去呢!轰他们几炮,撂倒四五百人,其他的早就吓跑了。"8月10日,当警钟长鸣的时候,他开始用同样轻蔑的态度看待民众和国王。还是出于同样的好奇心,他跑到卡鲁塞尔的一个朋友家,在那里"自由自在地观察当天事件发生的详细过程"②。然后,在城堡被攻下之后,他来到杜伊勒里宫旁边的咖啡馆,坐在那里看热闹。不为别的:他内心根本没有想要选边站,也没打算倾向于雅各宾派还是保王党,甚至他的表情也是如此的平静,以致"惹来很多敌意和怀疑的目光,就像看陌生人和疑犯一样"。同样,在5月31日和6月2日之后,他的《博凯尔的晚餐》一文表明,他之所以谴责外省的暴动,主要是因为战役打得太窝囊:在叛乱队伍方面,陆军一败涂地,防线土崩瓦解,没有骑兵,炮兵都是生手,马赛全靠自己的部队苦苦支撑,周遭都是敌对的无套裤汉,很快就会被围困并被劫掠一空。形势愈发不利,"让贫困地区、维瓦莱斯、赛维安和科西嘉的居民决一死战吧。但是如果这场战役打败,那么1000年的辛劳、经济和幸福就都成了士兵的盘中餐了"③。这就是可以改造吉伦特派的东西,根本没有什么控制人们心灵的政治或社会信念可以控制他。

在热月9日之前,他似乎是"共和派山岳党人",经过数月在普罗旺斯对他的观察,他是"年轻的罗伯斯庇尔最喜欢的秘密顾问",老罗伯斯庇尔的"崇拜者"④,在尼斯,他与夏洛特·罗伯斯庇尔打得火

---

① 布里恩,《回忆录》,I,27页;塞居尔,I,445页。1795年,在巴黎,不再担任军队职务的波拿巴做了好几宗投机生意,其中一家书店后来破产(塞巴斯第亚尼的证词,以及其他人的证词)。

② 1816年8月3日《回忆录》。

③ 布里恩,I,171页(博凯尔的晚餐)。

④ 云格,II,430页、531页(夏洛特·罗伯斯庇尔的谈话)。执政府时期,波拿巴送她3600法郎的年金,作为对与她友情的纪念。同上(派驻布首和热那亚的代办、外交事务专(转下页)

热。在热月9日之后，他很快将自己从这种夸夸其谈可能带来负面影响的友谊中抽身，"我相信他是个真诚的人，"在一封准备公开发表的信中，他这样谈到年轻的罗伯斯庇尔，"如果他憧憬暴政，即使他是我父亲，我也会亲手刺死他。"回到巴黎，敲开几家大门之后，他最终选择巴拉斯作为保护人。巴拉斯是最胆大妄为的腐败分子，是推翻和杀害他两个前任保护人的直接推手[1]。在彼此攻讦的党派之争和你方唱罢我登场的狂热中，拿破仑始终保持冷静，随时准备出手。唯利是图是其唯一的考量，而事业不是他关心的问题。在葡月12日晚上，从菲多戏院出来他正好看见整装待发的区国民自卫队士兵[2]，就对朱诺说："啊，如果哪个区任命我为指挥官，我保证两个小时内就能把他们部署在杜伊勒里宫，把那些国民公会的无赖议员统统赶出去！"五个小时之后，在巴拉斯和国民公会议员的传召下，他花了"三分钟"就做出了决定；但不是"一锅端了那些议员"，而是绞杀巴黎人民。像一个优秀的雇佣兵队长那样，不需要有献身精神，也无须考虑第一个出价的人，而是出价最高的人，除非以后打退堂鼓；最后，等机会来了就果断出手。他越来越像雇佣兵队长了，也就是乐队指挥；越来越像独行侠，在公共利益的借口下假装顺从，为自己的利益步步为营，以自我为中心。

在果月18日之前和之后的意大利战役中，他担任将军都是为了一己私利[3]。但他是登峰造极的雇佣兵队长，早就在觊觎权力的顶

（接上页）员提利的信）。参见拿破仑《回忆录》中对罗伯斯庇尔最正面的评价。

① 云格，II，455页（1794年8月7日波拿巴给提利的信）。同上，III，120页（吕西安《回忆录》）："巴拉斯负责约瑟芬的嫁妆，这是意大利军队指挥官的命令。"同上，II，477页（施莱尔关于拿破仑的笔记，一般军官的等级）："他对炮兵部队了如指掌，但过于野心勃勃，为了向上爬不择手段。"

② 塞居尔，I，162页；拉法耶特，《回忆录》，II，215页；拿破仑口述《回忆录》。他提出了赞同和反对的理由，在谈到自己的时候接着说："这些沉淀了25年的情感，对自身力量和命运的信念造就了他。"布里恩，I，1页："可以肯定的是，那天他一直在诉苦。他总是对我说，他愿意用毕生的时间抹去他在历史中的这一页。"

③ 1815年9月6日的《回忆录》，I，"只是在洛迪之后，我突然想到，或许在我们的政治舞台上，我可以成为一个举足轻重的演员。于是，准备大展拳脚的第一个火花就这样点燃了"。有关他在意大利战争中的目的和手段，参见西贝尔所著《法国革命时期的欧洲史》（多斯盖译），IV，（转下页）

峰。"别无落脚点，只有王座或断头台"[①]，"他想要的是君临法国[②]，通过法国征服欧洲。为了这个计划，他心无旁骛，每天夜里只睡三个小时"。他翻手为云，覆手为雨，将理念、人、宗教和政府玩弄于股掌之上，以无与伦比的技巧和野蛮乘人之危、趁火打劫。在手段和目的的选择上，他都是技艺高超的艺术家，孜孜不倦地追求扬名立万、声色享受、腐化堕落，比突然闯到一群吃草的牛群中的一头野兽更加可怕。这些说法并不过分，而是就在那天由目击者、朋友或资深外交官所做的描述："您知道，我非常喜欢这位可爱的将军，我私下称他为小老虎，这个称呼可以准确描述他的身材、坚韧和勇气，他动作的敏捷性和爆发力，以及从这个意义上来说他所具备的品质。"

在这同一时间，在官方采用谄媚和认同方法之前[③]，我们在两张面对面的写生画像里看到了他的面孔，一张是自然画像，是诚实的画家盖林画的；另一张是道德画像，是由上流社会女人斯塔尔夫人画的，她为最优秀的欧洲文化注入了机智和世俗的洞察力。这两幅画像十分契合，可谓珠联璧合。斯塔尔夫人说："我第一次见到他，是在签订康波·福尔米奥条约之后。那时，我刚从最初景仰的兴奋中恢复过来，接下来进入到明显的恐惧感中。"[④]然而，"他那时还没有权倾朝野，人们甚至相信督政府对他持有疑虑并且会威胁他"。人们十分同情他，甚至对他抱有好感。"因此，他激发的恐惧只是由于他的人格对几乎所有走近他的人所产生的非比寻常的影响。我见过一些值得

（接上页）第Ⅱ卷和第Ⅲ卷，主要部分在182页、199页、334页、335页、406页、420页、475页、489页。

① 云格，Ⅲ，213页（1797年8月4日德·苏西先生的信）。

② 同上，Ⅲ，214页（1797年9月安特赖格伯爵给德·莫维季诺夫先生的报告）："如果在法国产生一位国王，但不是他的话，那么，他会用手中的剑赋予的权利把国王创造出来，他的剑永远不会丢掉，所以，如果国王不唯命是从，他会把剑插进国王的胸膛。"米奥·德·梅里托，《回忆录》，Ⅰ，154页（1797年6月波拿巴在米奥和美第奇的陪同下同蒙特贝罗的谈话）。同上，Ⅰ，184页（1797年11月18日波拿巴在都灵同米奥的谈话）。

③ 奥松维尔伯爵，《罗马教会和第一帝国》，Ⅰ，405页（卡考先生的谈话，他是托伦蒂诺条约的签字人。协定谈判开始后，他是罗马的法国公使馆的秘书）。卡考先生说，是他使用的这种说法，"高兴的事儿过去之后，就发生了托伦蒂诺和利沃诺的事件。曼弗雷迪尼惶惶不安，马泰伊受到人身威胁"。

④ 斯塔尔夫人，《对法国革命的思考》，第三部分第26章、第四部分第28章。

尊敬的人，也见过凶神恶煞一样的人，但波拿巴给我留下的印象让那两种人都相形见绌。他在巴黎停留期间，我曾有很多机会同他会面，我很快就发现，他的性格无法用我们通常使用的词汇去描述。与我们平时认识的普通人不同，他既不温和，也不暴力，既不温柔，也不残忍。这样一个与众不同的人，既不会让人同情，也不会激起别人的同情心。他只是一个凡人。他的身影、智力、语言都有外国人的印记，远不是平时经常见到的波拿巴那么令人放心。他让我感受到的恐惧与日俱增。我感到困惑的是，他不受任何同情或爱戴情感的影响。他把人当作一个事实、一个物体，而不是一个同类。他既不会恨，也不会爱，他只是为自己而生存，其他人都只是一些数字而已。他的意志力在于对个人利己主义不动声色的算计。他是熟练的棋手，人类就是他打算将死对手的那盘棋。每当听到他说话的时候，我都对他的优越感感到震惊。他与法国和英国那些通过学习与交往而变得有文化和有教养的人风马牛不相及。但他的谈话透露出随机应变的机智，就像追逐猎物的猎人一样。我在他的心灵中感受到了利刃伤人后的冷峻，还感受到了任何伟大和美好的精神都无法回避的深深讽刺，甚至他自身的荣耀也无法回避，因为他鄙视这个为了它的投票权而奋斗的国家。""对于他来说，一切都是手段和目的，无论是好意还是恶意的自主行为都是完全不存在的。"对他来说，不存在法律、理想主义和抽象的规则。"他只从短期效用判断事务，讨厌一般性原则，不视为无稽之谈就视为敌人。"

现在，我们来看看盖林的画像①。这是一个瘦小的身躯，制服套在窄窄的肩膀上而鼓起褶皱，脖子上裹着缠绕了好几圈的领带，太阳穴上盖着长长的、光滑的直发，只露出面具遮住的、透过灯光和明暗的强烈对比而显得冷峻的面孔，凹陷的面颊一直延伸到内眼窝，突出的颧骨，突起的大下巴，线条弯曲、游移不定的嘴唇似乎由于关切而压

---

① 铜版画工作室藏，波拿巴的画像"由盖林所画，费辛格刻版，法兰西共和7年葡月29日放置于国家图书馆"。

在一起,大而明亮的眼睛深深地埋在宽而弯曲的眉毛下,凌厉倾斜的眼神像一把剑一样有穿透力,两个褶痕从鼻子下面一直延伸到额头,仿佛在表示被压抑的愤怒和坚定的意志,进而皱起了眉头。

我们再来看看同时代人[1]看到和听到的关于他的描述吧:简洁的口音,迅猛而短促的动作,质问性的、跋扈的、不容置疑的腔调。你们会理解,当他们上前跟他搭话,他们会觉得那双君临天下的手抓住他们,将他们压倒,把他们紧紧握住,永不放松。

早在督政府的沙龙里,在同男人甚至是女人交谈时,"他就已经用居高临下的优越感来发问了"[2]。他问这个人:"您结婚了吗?"问那个人:"您有几个孩子?"再问另一个人:"您到多久了?"或者:"您什么时候走?"在姿色动人、才气过人、谈吐不凡的法国女人面前,"他会像笔直站立的德国将军那样,对她说:夫人,我不喜欢对政治说三道四的女人"。这种方式使平等、轻松、随和及友情都消失殆尽。

在这之前18个月,拿破仑被任命为意大利军队总司令时,在巴黎就已经熟识他的海军上将德克莱[3]得知他来了土伦,"我马上自告奋勇跟我的同事介绍,想显示一下我的神通。我满心欢喜,急切地跑过去。沙龙的门打开了,我正要进去,这时候,那种态度、眼神、腔调一下子让我站住了。然而,他并没有表现出任何无礼的意思,但那已经足够了。从此,我再也没有尝试跨过横在我面前的那条线"。

几天以后[4],在阿尔班加,几个师指挥官来司令部开会,其中包括奥杰罗,这是一个粗俗、打仗英勇的老军人,他身材高大、自负勇敢,对巴黎派给他们的这个小暴发户没有好感。因为事先得知了他们对他做的描述[5],奥杰罗别别扭扭有抵触情绪:巴拉斯的宠儿、葡月

---

① 雷姆萨夫人,《回忆录》,I,104页。米奥·德·梅里托,I,84页。
② 斯塔尔夫人,《思考》等,III,26章。雷姆萨夫人,II,77页。
③ 司汤达,《回忆拿破仑》,海军上将德克莱的记述。《回忆录》中有相同记述。
④ 塞居尔,I,193页。
⑤ 罗德勒,《全集》,II,560页(1809年与拉萨尔将军的谈话和拉萨尔对拿破仑早期生活的评价)。

将军、街头将军，"还未经过战场的摸爬滚打，没有朋友，被视为独行侠，因为他总是一个人在那里若有所思，看起来很憔悴，据说是一位数学家和梦想家"。大家进去后，开始等待波拿巴。最后，他终于露面了，皮带上挂着短剑。他对部队的部署做了说明，发出了命令，然后就把他们解散了。奥杰罗没有说话，当他走出门才回过神来，像平时一样开始咒骂起来。他跟马塞纳承认，"那个小个子混蛋将军吓了我一跳"。他简直不能"明白自己的优越感怎么一下子就被打得粉碎"。①

　　这是一个非凡而卓越的人，生来就是发号施令者②和征服者，一个非比寻常、独一无二的人。这是他同时代所有人的感觉。在非常熟悉其他国家历史的人当中，斯塔尔夫人，还有之后的司汤达，为了能够理解他，从古代历史一直追溯到"14世纪和15世纪意大利的小暴君"，如卡斯特鲁齐奥·卡斯特拉卡尼、曼图埃的布拉齐奥、皮齐尼诺、里米尼的马拉特斯达、米兰的斯福查。然而，他们认为，这只是一个偶然相似性，一种心理相似性。的确如此，但是，从历史角度来说，这是一种正相关。他是一个伟大的意大利人的后裔，1400年的实干家、军事冒险家、篡位者和终身国家缔造者。他直接加入和继承了他们的血缘关系和精神道德的内在组织③。

---

　　①　这种支配影响力的另一个实例发生在万达姆将军身上，他比奥杰罗还要粗鲁和精力充沛。在1815年，有一天在杜伊勒里宫下台阶的时候，万达姆对奥尔纳诺元帅说："我亲爱的同事，那个魔鬼一样的家伙（指皇帝）让我神魂颠倒，我都搞不清为什么。我一不怕上帝，二不怕魔鬼，但我一走近他，就像个孩子吓得直打哆嗦。简直是让我穿过针眼扑进火里。"（《万达姆将军》，杜卡斯著，III，385页）。

　　②　罗德勒，《全集》，III，356页（拿破仑，1809年2月11日的谈话）："我是军人！我就是这样，因为我生来如此。这是我的习惯，我的人生。无论走到哪里，我都要下命令。我23岁包围土伦时下命令，葡月在巴黎，我下命令。在意大利，我一出面介绍自己，就抓住了士兵的心。我生来就是干这个的。"

　　③　我们来看一下不同家庭成员中具有同样精神和道德结构的各种特征（在《回忆录》中谈到兄弟姐妹时，拿破仑说："是什么样人口如此众多的家庭能有这样辉煌的组合？"）掌玺大臣巴斯齐埃，《未公开的回忆录》，十四卷本手稿，II，543页（作者是路易十六时期的年轻法官、帝国时期的高级官员、七月王朝和复辟时期的重要政治人物，大概是19世纪前半期消息最灵通和最有见地的见证者）："他们的罪恶和美德超越普通的范围，并且具备了自身的特征。但将其最终区分开的是顽强的意志和不屈不挠的决心……他们每个人都具有这种伟大的本能。"他们欣然接受了"最高的位置"，他们甚至开始相信他们加官晋爵是必然的……对于自己的飞黄腾达，约瑟夫不觉得有什么令人惊奇的地方。"1814年1月，我一再听他说，如果他哥哥在第二次进马德里之后不干涉他的事情，他仍然会在西班牙的王位上。"对于执意孤行己见，只要回顾一下路易的辞职、吕西（转下页）

从森林里收集来的一个嫩芽,在进行改良之前,枯萎、衰败,被运到一个类似的偏远苗圃,里面是永久性的严苛的和军事化的体制。那里的原始幼芽保存完好,代代相传,通过杂交保持更新和活力。最终,在生长的最后阶段,它钻出地面,茁壮成长,依旧开花,在原有的枝头结出同样的果实。现代法国栽培和园林技术鲜有剪枝和钝化荆棘的做法,其原来的纹理、最深处的物质和自然的生长方式并没有改变。虽然法国和欧洲的土壤已被革命风暴侵蚀,但它们比中世纪的衰败田园更加有利于根系的生长。在那里,它依靠自身成长,不必像其意大利祖先那样同自己的同类竞争。没有什么能阻止它生长,它可以吸收大地的汁液、当地的空气和阳光,然后成为庞然大物,而以往的植物虽然也同样根深蒂固,吸收养料,但由于土壤干硬、生长空间狭小,不可与前者同日而语。

II

阿尔菲耶里曾经说过:"人类这种植物在哪个国家都不如在意大利生长得茂盛。"而在意大利,从但丁的同时代人到米开朗琪罗、恺撒·波吉亚、尤利乌斯二世和马基雅维利的同时代人[1],哪个时代都不如1300~1500年那么强盛。首先,把一个人同时代区别开的,是其

（接上页）安的退休和费什的宁死不从就够了：他们几个人就足以不用向拿破仑屈服,与他争辩一番。热情,耽于声色,习惯于把自己排除在规则之外,与天赋合二为一的自信,巾帼女强人尤其人数众多,就像在15世纪那样。艾丽莎在托斯卡纳被誉为"有男性的头脑、坚定的意志,是真正的女君主",尽管自己的私生活糜烂不堪,颜面尽失。卡罗琳娜在那不勒斯虽然"比她的姐妹们更加肆无忌惮",却也更加恪守礼仪。没有谁比她更像皇帝了。"在她身上,所有的趣味都屈从于野心",正是她建议并说服她丈夫缪拉在1814年抛弃了拿破仑。至于宝琳娜,她是那个时代最美丽的女人,"在克洛德皇帝的皇后以后,就没有哪个妻子能在把魅力发挥到淋漓尽致方面超过她。没有什么能阻止她,甚至产生这种病态的生活方式也不能,我们经常看到她因此而糜烂不堪"。"尽管水性杨花的妻子生活放纵到令人匪夷所思的地步",杰罗姆"仍保持对她的支配地位"。有关约瑟夫在1814年谈论玛丽·路易斯的《迫切的努力和尝试》,根据萨瓦利的材料和德圣·代尼昂的证言,巴斯齐埃先生提供了引人入胜的细节（Ⅳ,112页）。夏普塔尔伯爵,《回忆拿破仑》,346页:"这个大家庭的所有成员（杰罗姆、路易斯、约瑟夫、波拿巴的妹妹们）都登上了王位,就像收回财产一样。"

[1] 波克哈特,《文艺复兴时期的意大利文化》,随处可见。司汤达,《意大利绘画史(序言)和罗马、那不勒斯和佛罗伦萨》,随处可见。

精神工具的完整性。如今，经过300年的使用，我们的精神工具已经失去了它的道德基础、敏锐性和通用性：通常过于专业化会导致其趋于片面，从而不适合其他的用途；此外，现成的观念、陈词滥调的增多和后天的方法会将其束缚，使其陷入一潭死水的境地；最后，会由于过度的脑力活动而疲惫不堪，以及持续无所事事的习惯而变成强弩之末。而新鲜血液和新式家族的冲动头脑则与这一切背道而驰。

执政府上台初期，称职的独立法官罗德勒每天都能在行政法院见到波拿巴。他晚上会把白天的事情记录下来，他对拿破仑赞誉有加[①]："准时参加每次会议，连续开会五六个小时，开会之前和之后对提出的议题进行充分讨论，总是归结到两个问题，'这样做对吗'，'这样做有用吗'，经过充分细致的分析后，根据这两个方面对每个问题本身进行研究；接下来，咨询有关权威机构，了解既往经验并根据路易十四和腓特烈大帝时期的法律查询过去的法理依据……如果不是比之前了解的情况更多他是不会休会的，这些情况如果不是通过他得知的，至少也是他强迫大家进行研究得到的。如果参议院、立法会议和法案评议委员会成员不是工作出色而被赞誉有加，是不会对他表示敬意的。如果他不是政治家，公众人物也不会围着他转，因为行政法院是为他建立的。"

"使他成为个中翘楚的原因，不仅仅是他智慧中的洞察力和适用性，同时也在于其灵活性、魄力和他不屈不挠的专注。他可以在一个或几个议题上连续工作18个小时，我从未见过他筋疲力尽。无论是疲惫不堪的剧烈活动，还是生气的时候，我从来没有发现他的思想缺乏灵感。我从未见过他放下手中的事情转做另外一件事情，从正在讨论的议题抽出身去考虑刚刚讨论过的议题，或考虑他的下一个议题。他从埃及收到的消息，无论好坏，都不会把注意力从民法典上移

---

① 罗德勒，《全集》，III，380页（1802年）。夏普塔尔伯爵，《回忆拿破仑》，226页（这些记录发表时，我们可以从中找到很多细节支持本章和下一章的判断；正如我们在这里所介绍的一样，可以对拿破仑的心理做出进一步的确认）。

开,而对需要了解的整个埃及安全形势的关注,也不会因为民法典而转移。从来没有一个人能如此全心全意完全致力于手头的工作,对该做什么安排得如此之好。从来没有一个更热心的头脑在孜孜不倦地追求,从来没有一个更警觉的头脑在寻觅,从来没有一个更能干的头脑在该做的时候做得更好。"

拿破仑在后来说:"各种议题和事务都存放在我的大脑柜子里。当我想着手做任何特别的事情的时候,我就关上一个抽屉,打开另一个。它们之间不会混在一起,不会妨碍我,也不会让我疲于奔命。如果我觉得困了,我就关上抽屉去睡觉。"①从未见过如此井井有条并且控制有度的大脑,它能够如此细致地准备好随时应付任何工作,如此有能力完全专注于突发事件。

其"灵活性"②可以发挥到极致,无论是即时运用能力和精力,还是将其用在与他相关的任何事情上,无论是用在螨虫还是大象上,无论是用于特定的个人,还是敌方的一支军队……当他专注于一件事情时,对他来说,别的一切都不存在。这就像一场狩猎,什么都不能转移他的注意力。这场狩猎在没有捕捉到猎物之前是不会停下来的,这场经久不息的追逐,这场急促的奔跑,即使到达终点也只是起点。这是天然的、与自然共生的节奏,是他的头脑所偏爱的。

他对罗德勒说③:"对我个人来说,我总是在工作。我一直苦心孤诣,如果我看起来总是能应付自如,准备好面对出现的事情,那是因为我已经对那件事经过了深思熟虑才开始着手做。我已经预见到了将要发生的事情,并没有什么幽灵突然告诉我在意外情况下该说什么或该做什么,而是我自己冥思苦想出来的……我永远在工作,吃饭、看戏都在工作。我在夜里醒来就开始工作,而头天夜里是2点睡的。我就躺在壁炉前的长椅上看昨天晚上战争部长送来的军情通

---

① 《回忆录》。

② 普拉特神父,《1812年在华沙大公国使馆的故事》,序言,X和5页。

③ 罗德勒,III,544页(1809年2月24日)。参见梅内瓦尔,《拿破仑和玛丽·路易斯,历史回忆》,I,210~213页。

报，我挑出了20处错误。今天早上我把记录送给了战争部长，现在他正忙着和同事修改。"他的同事在他的重压下心力交瘁、身心俱疲，而他却举重若轻。

他作为执政官[1]"主持内政部的特别会议，会议从晚上10点开到早上5点……他经常在圣克卢把国务参事从早上9点一直留到晚上5点，中间只休息一刻钟。散会时他看起来和刚开会时一样没有丝毫倦容"。在晚上开会时，"好几位与会者累得东倒西歪，战争部长已经睡着了"。他把他们摇醒："好了！好了！公民们，醒醒吧，才2点钟，得把法国人民给我们发的工钱挣出来。"无论做执政官还是皇帝[2]，"他向部长要求的都是最小的细节，经常可以看见他们由于被他长时间提问而一脸倦容地离开行政法院。他们那副德行，他根本都不屑看一眼。他像消遣一样跟他们交待当天的日程，只是活动一下神经"。更糟的是，"同是这些部长，回到家后经常会发现，他早就写好的10封信等着他们马上回复，把这项工作做完恐怕一夜时间都不够用"。他装在脑子里并储存起来的资料的数量和他酝酿并琢磨出的想法的数量，似乎超越了人的能力，因此可以让这个永不知足的、用之不竭的、无法动摇的大脑不间断地工作30年。

他通过另外一种同样的智慧结构效应，从不让大脑空转。如今我们面临的最大危险是三个世纪以来，我们越来越多地失去了判断事物意义的准确直接的洞察力。由于受到保守、复杂和冗杂的教育体

---

[1] 博莱·德·拉罗塞尔，《拿破仑给行政法院的意见》，VIII。罗德勒，III，380页。

[2] 莫里恩，《回忆录》，I，379页，II，230页。罗德勒，III，434页。"他事必躬亲：统筹全面，掌控全局，参与谈判，每天工作18个小时，头脑清晰，组织严密。他三年的管制远远超过国王的一百年。"拉瓦莱特，《回忆录》，II，75页(拿破仑的秘书在莱比锡之后有关拿破仑在巴黎工作的谈话)："他11点躺下，早上3点钟起床，一直工作到晚上，中间一会儿都不休息。最后停下来的时候，我总是在他之前筋疲力尽。"戈埃特公爵戈丹，《回忆录》，III (增补本)，75页。对一个夜晚的回忆，从晚上8点到早上3点，拿破仑和戈丹一起连续7个小时审议总预算，一分钟也没有歇息。尼尔·坎贝尔爵士，《拿破仑在枫丹白露和厄尔巴岛》："我从没有见过一个人，在这样的生活条件下，如此生气勃勃，坚忍不拔地投入到工作中。这种永恒的运动和看到陪同他的人筋疲力尽地累倒，似乎是他能得到的最大乐趣，在我陪同他的时候就碰到好几次这种情况……昨天，陪同他从早上8点到下午3点视察舰队和运输船，一直下到底舱马匹的隔间里。他骑了3个小时的马。后来他告诉我，这只是为了休息一下。"

制的束缚,我们不是研究事物本身,而是研究其符号;不是研究地面本身,而是研究地图;不是研究挣扎求生存的动物[1],而是研究术语和分类,或者充其量是在博物馆展示形形色色的标本;不是研究活灵活现的人,而是研究统计学、密码、历史、文学、哲学;简而言之,是印刷的铅字。更糟的是,抽象的术语,从一个世纪到另一个世纪,已经变得更加抽象、更加脱离经验范畴、更加晦涩难懂、更加格格不入、更加具有欺骗性,尤其是涉及人类生活和社会层面的。在这方面,由于政府的扩张、服务的多元化、利益的纠缠,研究对象被无限扩大并变得复杂化,现在已经难以把握。我们所具有的模糊、不完整、不正确的想法很难与其相符,或完全不相符。10个人中就有9个人,或者也许100个人中有99个人的意义也不过是一个字。对其他人来说,如果他们希望实际了解活生生的社会现实,就必须超越书本的教诲,花费10年或15年的光阴去观察和思考,重新思考这些充满了记忆的短语,重新解释它们,以明确其意义,验证其意义,用或多或少的空虚和含义不确定的术语代替丰富和精确的个人印象。社会、国家、政府、主权、人权、自由的理念,我们看到了这些最重要的理念在18世纪末是如何缩水和被伪造的。我们也看到了在大多数人的心目中,简单的语言推理是如何在教条和公理上与其结合在一起的,这些形而上学的幻象孕育了什么产物,有多少死气沉沉、奇形怪状的怪胎,有多少具有巨大的毁灭能量的怪兽。

在波拿巴的头脑中,根本没有这些怪兽一丝一毫的位置。它们不可能在他头脑中产生,也没有进入的途径。他对抽象政治概念、缥缈幻象的厌恶超越了不屑,甚至超越了憎恶[2]。当时所谓的意识形态只

---

[1]　达尔文伟大发现的出发点是,通过研究,对动物和植物做了自然详细描述:"这些活生生的动植物在整个生命过程中",历经磨难和激烈的竞争。这项研究是完全没有普通的动物学家和植物学家参与的,这些人只是一门心思忙于标本解剖和植物收集。对于每一种科学来说,困难在于使用显著的例子,简单描述真正的事物及其真实历史,犹如其真正存在于我们面前一样。克洛德·贝尔纳有一天对我说:"当我们能够逐步跟进狗身体内的碳和氮分子结构、提供其发展轨迹、从头到尾描述其过程时,我们就会了解生理学。"

[2]　第波多,《执政府回忆录》,204页(关于法案评议委员会):"他们由12~15个(转下页)

是令人头痛的问题，他讨厌这种东西，因为作为一个务实的人和政治家，他不仅需要算计，更多的是对真实事物的本能需求，像叶卡捷琳娜大帝那样，牢记"他在工作，不是靠纸上谈兵，而是靠血肉之躯，而皮肤也是会发痒的"。他感兴趣的每个想法在其个人观察中都有其来源，他用自己的个人观察控制它们。

如果书籍对他有用，那是有助于提问题；而对这些问题，他只是通过自身的经验给出答案。他读书很少，即使读了也是草草了事[①]。他的基本教育是很初步的，拉丁文的水平未超过第四级。他在布里恩纳学校所接受的教育低于平均水平。从布里恩纳毕业后，人们发现"他对语言和文学毫无兴趣"。其次，同时代的人趋之若鹜的优雅和睿智的文学、密室和沙龙的哲学，对他的智慧来说，犹如流水漫过磐石一样不留痕迹。只有数学定理以及地理和历史的实证概念可以进入并铭刻在他的心里。而所有其他的东西，他像15世纪的前辈一样，都是通过在独创性的工作中直接与人或事物接触的能力、敏锐和自信的机智、不知疲倦和谨慎的专注、长时间孤寂和沉思中不断的推敲和修正的未卜先知能力而获得的。他通过实践，而不是通过投机获得知识，正如机械师在机器中成长一样。他说："在战争中，没有什么是我自己不能做的[②]。如果没有人知道如何制造火药，我会做；我会造炮架；如果需要铸造大炮，我会让人铸造；如果谁需要学习战术细节，我会教他们。"这就是为什么他从一开始就精明能干的原因：炮兵

（接上页）形而上学学者组成，这些人应该被抛到水里。他们就像爬到我身上的害虫一样。"

[①] 雷姆萨夫人，I，115页："说到底，他是一个无知的人，读书不多，即使读了也是草草了事。"司汤达，《回忆拿破仑》："他受的教育很不全面……他对百年以来发现的大部分伟大真理都一无所知，具体说，就是关于人类和社会的真理。例如，他没有读过孟德斯鸠的书，而他这些书是必读的；也就是说，接受或明确拒绝《法的精神》三十一篇里的所有内容。他既没读过贝尔的《词典》，也没读过亚当·斯密的《国富论》。人们在谈话中意识不到皇帝的这种无知：首先，谈话是由他掌控的；其次，他用一种意大利式巧妙手段，从不让问题或粗心大意的假设暴露这种无知。"布里恩，I，19页、21页。在布莱恩纳，"遗憾的是，担负教育责任的僧侣所知有限，而且没有钱聘请优秀的外国教师……能从这所学校毕业的优秀学生是不可想象的"。云格，I，125页（拿破仑军校毕业笔记）："他非常喜欢抽象科学，对其他不感兴趣，对数学和地理有深度造诣。"

[②] 罗德勒，III，544页（1809年3月6日），563页（1811年1月23日和1813年11月12日）。

将军、总司令,然后马上做外交官、财政官和各类执政官。

通过这些锻炼,从执政府时期开始,他就开始指引内阁官员和资深部长们在给他的报告里该写什么了。"我是经验比他们丰富的执政官[①],当一个人不得不从他的大脑中获取方法,以供给、维护、包容、激励同样的头脑,并且用同样的意志做给远离祖国的几十万人看的时候,那么人们很快就会发现政府的秘密了"。在他建造和操纵的每个人类机器中,他一眼就能看到所有的部件,每个部件在其适当的位置并发挥功能。他的眼光从不会停留在表面和概括式的层面,他会"通过技术的精确度"和专家的洞察力,探寻晦暗不明的角落和深渊。借用哲学家的话:对于他来说,概念应该适应其目的。他对细节的兴趣由此而来,因为细节构成目的的本体和物质;抓不住细节的手,留住的只能是皮毛。关于这一点,他的好奇心和求知欲是"无法满足的"[②]。在每个部里,他了解的情况比部长还多;在每个办公室,他知道的和职员一样多。在他的办公桌上,摆放的是陆军和海军的军情通报[③]。他提供通报的大纲,每个月的第一天,经过更新的通报就会

①　莫里恩,I,348页(亚眠合约破裂前夕)。同上,III,16页:"那是在1809年1月底,他要一份1808年12月31日的完整财政报告……这份报告两天后就准备好了。"III,434页。"8月11日,一个完整的1812年前六个月的公共财政支平衡表送到在维特布斯克的拿破仑的手边,8月11日,也就是前六个月结束后的第11天。令人吃惊的是,在这戎马倥偬的纷繁军务中……他仍随时想了解行政部门的程序和方法是否仍在准确运行,这种传统他一直保留。无法回答问题,谁都没有借口;因为每个人被问到的问题都是用各自的业务术语问的。正是国家首脑的这种特有的天资和他的提问的技术准确性解释了他如何使行政体系以他为中心保持万众一心的卓越整体性。"

②　莫里恩语。

③　梅内瓦尔,I,210页、213页。罗德勒,III,537页、545页(1809年2月和3月,拿破仑的谈话):"这时已经接近午夜。"同上,IV,55页(1809年11月)。请参考阅读拿破仑向罗德勒提出的有关那不勒斯王国的那些令人钦佩的问题。他的问题构成一个巨大的系统和简洁的网络,包括完整的主题,同时也没有让物质或道德上的数据以及有用的事实失控。塞居尔,II,231页。塞居尔先生曾负责视察整个北方滨海地区,他提交的报告称:"我看了你的所有军情通报,第一执政对我说,事实准确。但在奥斯滕德的四门大炮你漏掉了两门。"然后,他指给他看地点,"城市后面的一条马路"。的确如此。"我出来时惊讶得不知所措,分布在滨海地区的固定架炮和可移动轻炮有数千门之多,四门炮少了两门竟然也逃不过他的法眼。"《书信集》,1806年8月6日给约瑟夫国王的信:"我的部队的优良状态来自于我每天要花上一两个小时的时间加以关注;我每个月收到军队和舰队的军情通报加起来有20多本,一收到我就会放下手头的任何工作去读,来了解每个月之间的不同之处。我从中能体会到的乐趣比一个妙龄少女读小说更多。"卡岱·德·戈西古尔,《奥地利游记》(1809年),有关他在施恩布伦的评论和对工程车的检查实例。

提交上来；这是他最喜欢的日常读物，"我总是把军情通报放在手边的位置。我记不住亚历山大的诗，但军情通报的每个音节我都能记住。今天晚上我会在卧室里读，不读军情通报，我是不会睡觉的"。相比战争部和海军部的动态办公室，相比总参谋部本身，他总是更了解自己在海上和陆地上的"位置"：在海上和每个港口自己舰船的数量、大小，在建舰艇现在和将来的进展状态，船员的能力和构成，每个军和团过去与未来的组织状况、器材状况、营房状况和招募状况。

　　同样，在财政、外交部门，在所有世俗和宗教的管理部门，无论在物质层面，还是在道德层面，他都了如指掌。他对一些地带、地点、地面和障碍的地形记忆力与地理想象力，在头脑中形成了一种内在镜像，在需要唤醒时，即使多年以后也会像第一天一样恢复如新。他对距离、行军和机动的计算像数学一样演算得如此精确，以至于有好几次在两三百里之外，提前2~4个月的时间，他的预测就灵验到可以准确预测部队到达的准确时间和部署地点①。还有最后一个绝技，这是所有绝技中最罕见的一个：他的预测那么灵验，是因为他像那些伟大的象棋棋手一样，除了了解每个棋子的移动特点，还能准确评估对手的性格和天赋，探查到"他的吃水深度"，并猜到对方可能会犯的错

---

　　① 布里恩，II，116页，IV，238页："他对名词、词语和日期记性不好，但对事实和位置却过目不忘。我记得从巴黎去土伦的时候，他让我注意十个展开会战的地点……那是他年轻时旅行到过的地方，他向我描述了地面的方位，我们还没有到地方他就已经找好位置了。" 1800年3月17日，他用别针扎了一个卡片，指给布里恩看圣胡里亚诺的一个地方，他准备在那里打败梅拉斯。"四个月后，我带着他的公文包和急件，当天晚上在离那里有一里路的托雷第·加弗洛，写下了他的口述战斗简报。"（德·马伦哥）塞居尔伯爵，I，20页（达鲁先生对塞居尔先生的谈话：1805年8月13日，在芒什海峡省的总部，拿破仑向达鲁先生口述对奥地利作战的完整计划）："行军的命令、时间的长短、纵队合并和汇合的地点、全力进攻、敌人的各种机动和错误，所有的东西都包括在这个匆忙写成的口述记录里，而这却提前两个月并且离战场200里之外……战场、胜利，甚至我们什么时候进入慕尼黑和维也纳，一切都宣布并写了下来，像真实发生了一样……达鲁看到了这些预言应验，在指定的日子进入了慕尼黑；如果说有某些时间差异，而不是慕尼黑和维也纳之间的结果差异的话，这种差异都对我们有利。"拉瓦莱特先生，《回忆录》，II，35页（他是当时的邮政总监）："我常常不像他那样确定距离和我的部门的一大堆细节问题，而他能把我纠正过来。"从布罗涅军营回来时，拿破仑遇到一小队迷路的士兵，就问他们团的番号，计算他们出发的日期，他们走过的路程，他们还有多少路程要走，然后对他们说："你们会在这个宿营地找到自己的营。"然而"陆军这时候有20万人"。

误。通过对数量和物理概率的计算,他将数量和道德概率的计算结合起来,从而证明自己是伟大的心理学家,同时也是才华横溢的战略家。事实上,厘清个人或多人的状况和行为、永久或暂时的真实动机(这些动机驱使和遏制一般意义上的人或特定意义上的人),人们可以依靠的动力,以及可以施加的压力类型和程度,在这些关键技艺上没有人能超过他。在这种绝技的光环下,其他人都自愧弗如;而在驾驭人的技艺方面,他的天分独一无二。

III

一个政治工程师不需要什么高不可攀的能力,因为他所运用的力量不过就是人类的激情。除了未卜先知,如何触及这些内心最深处的激情呢?除了猜想,怎样来衡量这些似乎藐视一切度量标准的力量呢?在这个晦暗不明、依靠自己摸索的领域,拿破仑几乎有绝对的把握,而且动作迅速。

首先,他研究自己。的确,要找到通往别人心灵的通道,需要先进入自己的心灵。一天他说[①]:"我一直喜欢分析,如果我认真谈恋爱了,我会一点点地分解我的爱情。这么重要的问题为什么不能经常提呢?"同一位目击者写道:"显然,这是一个对控制人类行为的原因思考良多的人。"他的方法属于经验科学范畴,在于通过在特定的条件下观察到的准确应用控制每个假设或推理:物质的力量通过一根针的偏差或流体的高低来查验或准确测量,而这种或那种看不见的道德力量,同样可以通过某种情感符号、决断性的检验进行观察和粗略的测量,可以是词语、口音和举止,他收集的就是这些词语、口音和举止。他根据外在的表情洞悉内在的情感;他通过外在的现象、体貌特征、言语态度、简短而典型的场景、某种范例和捷径去设想内心,通过这些精挑细选的

---

① 雷姆萨夫人,I,103页、268页。

方法和细节，他可以使类似情况无限延伸并加以概括。

通过这种方法，模糊的稍纵即逝的物体可以被瞬间抓住，收集起来，然后测量和称重，就像某些无形的气体被收集和保存在一个透明的刻度玻璃管里一样。因此，在行政法院，当其他人——无论是行政人员还是法律顾问——看到抽象概念、法律条文和判例时，他看到的却是人的灵魂：法国人的、意大利人的、德国人的、农民的、工人的、资产阶级的、贵族的、幸存雅各宾派的、回归移民的[①]、士兵的、警察的和公务员的、各个地方的活生生的人的、农耕者的、工匠的、打架生事者的、已婚者的、产妇的、苦力的、嬉戏者的和死者的。而最有震撼力的对比，则是官方博学的编辑提出的平淡而一本正经的论据和拿破仑自己那些连珠妙语与形象比喻的语录[②]。

关于离婚，他希望保持这样的原则："那么，查一下国家的风俗习惯吧。通奸不是一种现象，而是普遍的做法，是长沙发的事……该管住通奸的女人，给她们饰品、诗歌、阿波罗、缪斯，诸如此类。"但如果您承认由于性格不合而离婚，那么您就破坏了婚姻；人们签署婚姻义务时，就知道它的脆弱性。"这就像人们说什么时候我性格变了才会结婚。"不要再滥用离婚，婚姻一旦达成，再撤销就是一件严重的事。"试想，我本来想娶印度的表妹，却娶了个女冒险家。她给我生了孩子，我却发现她不是我的表妹，那么这样的婚姻有效吗？公共道德不

---

① 第波多，25页（关于幸存的雅各宾派）："他们只是一些普通的工匠、画家等，想象力丰富，比普通人多受了一点教育，他们生活在普通人中间，对他们有影响力。"雷姆萨夫人，I，271页（关于保王党）："欺骗他们易如反掌，因为他们的出发点不是事物的性质，而是他们想要的事物。"I，337页："波旁家族的人只有用牛眼睛才能看见东西。"第波多，46页："朱安党叛乱分子和移民都是皮肤病患者；恐怖主义是心病。"同上，75页："现在鼓舞军队士气的，是士兵认为他们现在的位置过去是贵族的。"

② 同上，419~452页（两篇文章分开列在两个栏目里）。书中随处可见，例如在84页，下面描述的是共和十年的崇拜制度："试想，把公民集中在教堂里，让他们在天寒地冻中聆听、阅读、学习法律，这本身已经无聊到没有人愿意执行法律了。"看另外一个例子，也是用比喻的方式表达他的想法的（博莱·德·拉罗塞尔，242页）："我不满意阿尔卑斯山地区的海关规定，简直是死气沉沉。我们没有听到金币叮叮当当地流进国库。"要欣赏拿破仑表达方式和思想的生动性，读者应特别参考罗德勒在说话当天记录的五个个长对话，以及米奥·德·梅里托同样记录的两三个对话、波涅奥叙述的场景、博莱·德·拉罗塞尔和斯坦尼斯拉斯·德·吉拉尔丁的笔记及第波多的整卷书。

是要求婚姻应该是有效的吗？心灵和身体已经有了相互交流。"

关于赡养孩子，即使是已经成年，"您会允许一个父亲把他15岁的女儿赶出家门吗？年金6万法郎的父亲对自己的儿子说：'你长得又大又肥，去种地吧。'能这样说吗？一个富裕或生活安逸的父亲理所应当为自己的孩子安身立命"。撇开赡养的权利不说，"您是鼓励孩子谋杀自己的父亲"。至于收养，"您需要作为立法者而不是政治家看待这个问题，这既不是民事合同，也不是法律合约；（法律专家的）分析会导致最糟糕的结果。人只能用想象力统治，没有想象力，人就是畜生。即使能出人头地，人也不会为了五分钱就同意被杀死；如果你想让他激动，就跟他谈心。一个收费12法郎的公证人是不会做这件事的。此事需要一些其他程序，啊！法律文件！收养是什么？一种社会试图假冒自然的模仿。这是一种新式的圣礼……社会规定，孩子的血液和骨骼必须变成另外一个人的血液和骨骼。这是人们能想象到的最伟大的法律文件。它把孩子的感情给了那个从未有过这种感情的人，同时也把父爱给了孩子。这个法律文件是从哪里来的？从天上，就像一声炸雷"。

他所有的表达方法无不绘声绘色、妙语连珠①。从伏尔泰和加里亚

---

① 博莱·德·拉罗塞尔，63页、64页（关于英语和法语之间的生理学区别）。雷姆萨夫人，I，273页、392页："喂，法国人，你们也许除了平等以外，什么也不想认真做。如果有人恭维你们是世界第一，这一点你们也会主动放弃的……必须给所有人成长的希望……必须让你们的虚荣心永远保持生机活力。共和政府的不作为已经让你们郁闷死了。是什么推动的革命？是虚荣心。什么会终结革命？还是虚荣心。自由只是一个借口。"III，153页："自由是一小撮特权阶级的天然的渴望，他们的能力优于普通人；因此，这个阶级可以看管起来不受惩罚；而与此相反，平等可以使许多人高兴起来。"第波多，99页："上流社会的意见和议论，我有什么可在乎的？我从来没注意听过。我只注意听过农民大老粗的意见。"他对某些情况的概述是简洁风景画的杰作："为什么我会停下来签署莱奥本条约？因为我喜欢玩21点，有20点当然高兴了。"他对人的性格的评论表现出他精辟的洞察力："伏尔泰的'穆罕默德'既不是先知，也不是阿拉伯人；似乎只是一个从巴黎理工大学毕业的骗子。""根利斯夫人试图给美德定义，好像她是美德的发现者似的。"（关于斯塔尔夫人）："这个女人教导那些什么也记不得或什么都忘记的人去思考。"（关于夏多布里昂先生，他有一个亲属被枪决）："他会写点可怜兮兮的东西，然后在圣日耳曼郊区高声朗读，让美貌女子痛哭流涕，这样他才会感到安慰。"（关于德利尔神父）："他是个颠三倒四的聪明老头。"（关于巴斯齐埃和莫雷）："我剥削一个人，创造另一个人。"参见雷姆萨夫人，II，389页、391页、393页、399页、402页，III，67页。

尼以来，还没有人发表过如此丰富多彩的言论。针对社会、法律、政府、法国，有些说法犹如一道闪电，振聋发聩，针砭时弊，就像孟德斯鸠一样。这些不是他劳心费力憋出来的，而是从他的智慧当中自然地、不由自主地迸发出来的常态言论。更为可贵的是，在开会或私下谈话中，他闭口不言，而只在思考的时候用这些语言；在其他的场合，他会将其用于具有实际效果的目的。

　　一般来说，他用一种不同的语言书写和交谈，一种适合其听众的语言；他省去了古怪、不规范的即兴发挥和想象力，爆发式的天才和灵机一动的辞藻。他保留和使用的，仅仅是为了用自己的伟大思想取悦他人并炫耀自己，像庇护七世或亚历山大大帝那样。在这种情况下，他的谈话声调显得亲切、豁达、奔放、友好、随和，然后，他粉墨登场。在舞台上，他可以扮演各种角色，无论是悲剧的还是喜剧的，都同样兴致勃勃、激情洋溢、曲意逢迎、淳朴善良。当他和他的将军、部长及主要执行者在一起的时候，他转而用简明的、积极的、具有技术专业风格的语言，而其他任何语言都会对工作有害。敏锐的头脑只能通过简洁、有力和粗暴无礼的口音表现出来。对于他的军队和普通下属，他则有自己的布告、公告辞令，就是说用效果明显的响亮短语，故意简化和歪曲的事实陈述[1]；简而言之，这就是一瓶醇美的发泡葡萄酒，适于激发热情，同样适于做麻醉品以维持轻信[2]，这也是一种适于在适当的时候分发的流行混合物，其成分调和均匀，这种饮料可以给大众带来喜悦，并使他们立刻变得陶醉。在任何场合，他的风格无论是刻意而为的还是无意中产生的，都显示出他对大众和个人的深刻了解；除了两三种情况，比如在高贵气派的场合他总是显得很无知以外，他总是可以用适当的杠杆推波助澜，切中要害，最终圆满实现目标。这是因为，通过一系列简短、精确、每天都会经过纠正的

---

　　① 布里恩，II，281页、342页："在他的口授下写官方声明，我很难受，因为每个都是欺骗。他总是这样回答：'我亲爱的先生，你真蠢，你什么也搞不懂！'"雷姆萨夫人，II，205页、207页。

　　② 参阅1807年战争公报。该公报对普鲁士国王和王后是莫大的侮辱，但正因为如此，才经过精心算计，以便在士兵中激起轻蔑的笑声和嘘声。

备忘录,他可以勾勒出一种心理学的图表,在图表上,他几乎是用数字评估的方法记录并总结出他必须与之打交道的无数人的心理和道德倾向、特性、能力、情感、能力、优点或弱点。

IV

我们来设想一下这种智慧的范围和内容。想找到同样聪明睿智的人,也许得追溯到恺撒。但由于缺乏资料,我们只有一般特征,即总结性的概述。而关于拿破仑,除了完备的概述,我们还有详细的描述。我们可以阅读他逐日划分和逐章划分的书信集①,例如,1806年奥斯特里茨战役之后的或者更为详尽的书信集,如1809年他从西班牙返回,直到签订《维也纳合约》之间的书信集。无论我们的技术手段如何欠缺,也许我们都可以发现,他的思想在宽度和广度方面,大大超过了所有已知的或可靠的范围。

在他心中有三个随身不离的地图集,每个地图集由"20个笔记本"组成,每个本子都不相同,并定期更新。第一个是军事地图集,由

---

① 在三十二卷本的拿破仑《书信集》里,信件是以日期分类的。在他的《书信集》里,按照章节分类的是与意大利副王欧仁、那不勒斯国王后为西班牙国王的约瑟夫的通信。挑选其他有教益的章节也是很容易的:一类关于外交事务(给尚巴尼、塔列朗、巴萨诺的信);一类关于财政部(给戈丹和莫里恩的信);一类关于海军(给海军上将德莫莱斯的信);一类关于军事行政管理(给克拉克将军的信);一类关于教会事务(给波塔利先生和比戈·德·普雷亚莫诺先生的信);一类关于警察(给富歇的信),等等。最后,根据有关重大事项,特别是有关军事行动方面的划分和分配,可以作为第三类。这样我们对他正面的浩瀚知识,也就是他的智慧和天赋的范围,就可以形成一个概念。特别参见下面的信件:1806年6月11日给欧仁亲王的信(关于意大利远征军的消耗和支出),1806年6月1日和18日的信(关于达尔马西的占领、进攻和防御及军事形势);1806年4月28日给将军让将军的信(关于战争部的物资);1806年6月27日(关于佩西尔拉防御工事);1806年7月20日(关于维色伦和尤里尔防御工事)。夏普塔尔伯爵,《回忆拿破仑》,353页:"一天,皇帝对我说,他想在枫丹白露创建一所军事学校;他让我了解一下学校的主要设置,并命令我撰写按物品分类的必需品,并在第二天交给他。我伏案疾书一宿,第二天在预定时间之前交给了他。他看了之后说写得很好,但不完整;他让我坐下,用了两到三个小时的时间给我口述了一份组织计划书,有517种必需品;我想,一个人的头脑不可能装有比这更全的东西了。"还有一次,约瑟芬皇后要去埃克斯·拉·夏贝尔泡水,皇帝叫我并对我说:"皇后明天去泡水:'她是淳朴的好女人,需要给她画好行进路线和做法,写下来。'然后,他对我口述了21页纸的指示,上面她该说什么和做什么甚至路上对当局提问的回答都包括了。"

大量的地形图集组成，与总参谋部的地形图同样细致，有各据点的详细平面图，也有陆军和海军各部队的特定标记和局部分布图，包括人员、团部、排炮、军火库、仓库、现在和未来的人员补充、马匹、车辆、武器、弹药、食物供应和服装。第二个是民用地图集，像每年出版的又厚又重的年鉴一样，现在我们可以从中读到预算状况：首先包括普通和特殊的收入和支出、国内税收、国外捐款、法国产品在法国内外销售情况、财政服务、养老金、公共工程和其他无数项目；其次是所有行政统计、岗位和公务员的等级、参议员、议员、部长、省长、主教、教授、法官及其下属，以及每个人的住处、官衔、管辖权和工资。第三个是一本巨大的传记和道德字典，其中，在警察局长的格子抽屉里，每个显贵名流和地方团体、每个专业或社会阶层，甚至每个人都有自己的标签，简要标记其背景、需求和经历，由此而产生的特征、潜在的倾向以及可能的行为。每个标签、卡片或纸条都有一个概述，然后，所有这些经过系统分类的部分概述与整体概述会进行汇总。最后，三个地图集结在一起，从而能够为其持有者提供一种发挥支配力的评估依据。

在1809年，三个地图集变得极为庞大，已经印到了拿破仑的头脑中。他不仅了解整体和部分概述，而且了解最新的细节；他经常读这些概述，甚至每时每刻都读。

无论是他直接管治的国家，还是通过别人管治的国家，事无巨细，他都了如指掌。首先是法国，包括增加的比利时和皮埃蒙特；其次是回归的西班牙，他让他的哥哥约瑟夫当了国王；在意大利南部，约瑟夫之后，他安排了缪拉填补空缺；在意大利中部，欧仁是他的代表；达尔马西和伊斯特里亚也被纳入他的帝国；他第二次入侵了奥地利；他成立并领导了莱茵联邦；在威斯特伐利亚和荷兰，他的兄弟们只是做他的助理；在他征服、肢解和压迫的普鲁士，他仍然占据大片土地；再加上最后的精神地图，包括北海、大西洋和地中海，从格但斯克到弗莱辛根和巴约纳，从卡迪兹到土伦和加埃塔，从塔伦特姆到威尼斯、克尔夫和君士坦丁堡所有海上与大陆港口停泊的舰队①。

在心理学和道德地图集当中，除了他永远无法填满的原始缺口以外，由于他的性格的关系，有一些概述是错误的，特别是关于教皇和天主教的理念方面。同样，他对西班牙和德国所标注的国家感情是最低的；而对法国和兼并的国家，他标注的威望、信心和热情最高，因为这是他可以依靠的。但这些错误与其说是智慧的产物，不如说是他的意志的产物。他经常承认这一点：如果说他产生了错觉，那是因为这些错觉是他自己制造的。留给他自己的良好感觉一贯是正确的，只是他的激情模糊了他清晰透彻的智慧。至于另外两个地图集，特别是地形和军事地图集，则变得前所未有的完备和准确；无论它们包含的现实状况范围有多广，每天的变化有多复杂，容量如何与日俱增，它们的丰富度和精确度却配合得更加天衣无缝。

V

但是这众多的信息和观察在这个巨大头脑的海量精神内容当中只是一小部分，因为，有关他的真实想法，是从不可能酝酿而来的概念当中发展壮大的；没有这些概念，就没有什么可以操控和改变事务的手段，而我们都知道他能够操控和改变事务。

在行动之前，他先选择计划，经过核查、比较和优化，再在其他好

---

① 参见《书信集》中施恩布伦在1809年8月和9月间在维也纳附近标注日期的信件，特别是：1. 有关在瓦尔赫伦的英国远征军的大量信件和指令；2. 有关公益征用事宜给首席法官雷尼埃和首席大臣康巴赛莱斯的信（8月21日，9月7日和29日）；3. 就与奥地利会谈事宜给尚巴尼先生的信（8月19日，9月10日、15日、18日、22日和23日）；4. 关于向殖民地派遣海军远征军事宜给德克莱海军上将的信（8月17日和9月26日）；5. 有关指出预算给莫里恩的信（8月8日）；6. 有关整个帝国储存枪支状况给克拉克的信（9月14日）。其他信件：为了让人撰写军事艺术论著（10月1日）、两部有关罗马教廷入侵历史的专著（9月15日）、为了禁止在圣·叙尔比斯教堂开会（9月15日）、为了禁止教士在教堂外布道（9月24日）而写的信件。来自施恩布伦的信，他负责监督法国和意大利的公共工程细节，例如，关于向帕尔马派遣审计师、立即修复堤坝（9月30日和10月8日）加快在里昂建设几座桥梁和码头给蒙塔里维的信。

几个计划中择优选择①；对其他选择，他也经过周密思考。在他采用的每一个组合背后，我们都可以看到被他拒绝的部分。他所做出的每个决定、每个产生影响的策略、每个条约的签订、每个颁布的法令、每个发出的命令，我敢说，几乎所有的临时行动或口头措辞的背后，都有几十个其他的选择，因为他自己做的每一件事，比如明显的夸张表情和善意地发脾气，都是经过算计的。当他放弃某些东西的时候，是出于某种目的，这样做是为了恫吓或迷惑别人。他利用别人，也利用自己：他的激情、他的愤怒、他的弱点、他的唠叨，他利用一切来推动他的大厦的建设进程②。当然，无论他的各种能力有多么强大，它们都没有建设性的想象力强大。在开始的时候，在他冷静死板的表情和分秒必争的技术指令下，我们能够感受得到他的热情洋溢和满腔热血。

他对罗德勒说："当我制定军事计划时，没有人显得比我更加懦弱。我把各种情况下所有的危险和所有可能的邪恶都加以放大。我处在真正痛苦的焦虑状态，但这并不妨碍我在周围的人面前仍表现得气定神闲；我就像一个临盆的产妇一样。"③他怀着激情，在造物主的分娩剧痛中，全神贯注于自己的未来创作，他已经预见到了他将在想象中的大厦里如何享受生活。有一天，克雷芒·托奈尔夫人对他说："将军，您是在脚手架搭好就拆掉的情况下盖房子。""是的，夫人，"④波拿巴回答，"您说得对，我是提前两年生活的……"他的回答冲口而出，具有"令人难以置信的活力"，好像是一种突如其来的灵

---

① 他自己曾说过："我常在各个方面变化题目。"

② 雷姆萨夫人，I，117页、120页："有一次我听到塔列朗没有好气地嚷道：'这个恶魔一样的人在所有方面都在欺骗你。甚至他的激情也在回避你，因为他找到了一些手段把激情伪装起来，虽然这些激情真的存在。'"比如，就在撕毁亚眠条约，马上与维特沃斯爵士突然翻脸之前，他还兴致勃勃、无忧无虑地与女人和他的侄子小拿破仑聊天、取乐，"突然，有人来通知他可以接见了，他像演员转场一样勃然变色。他的脸色似乎刻意变得苍白，神情一下绷得很紧。他站起身，快步走近英国大使，在200名宾客面前声色俱厉地数落了两个小时"（《英国议会会议事录》，第二十六卷，维特沃斯爵士的急件，1298页、1302页、1310页）。"他经常说，政治家应该从其缺陷中算出每一点好处。"有一天发完脾气，他对普拉特神父说："您要是相信我真发脾气了，那您就错了；对我来说，生气从未超过这里。"他指了指脖子。

③ 罗德勒，III（共和八年雾月初的几天）。

④ 布里恩，III，114页。

感,是灵魂深处突如其来的灵感。

同样在这里,力量、速度、生育能力、游戏和他的思想光芒似乎无穷无尽。他取得的成就令人叹为观止,但他许下的诺言更多;无论他许下的是什么诺言,都会被他的想象力远远超过;无论他的实际能力多么强大,也会被他的诗情画意的想象力远远超过;这种能力对于政治家来说甚至过于强大。他的伟大被夸张成穷凶极恶,而穷凶极恶则会退化成疯狂。

在意大利,果月18日之后[①],他对布里恩说:"欧洲是一个鼹鼠丘,从没有过什么伟大的帝国和伟大的革命,除了在东方,那边有6亿人。"第二年在圣·让·德亚克,在最后进攻的前一天,他接着说[②],在这个国家进军的时候,他会把所有万念俱灰的人招募到军队里。他会向人民宣布废除帕夏的奴隶制和专制政府,他会和武装民众一起向君士坦丁堡进发,推翻土耳其帝国,"如果我成功了,我会在城里找到帕夏的宝藏和30万人的武器,我会把整个叙利亚鼓动并武装起来……我会在大马士革和阿勒颇行进,在东方建立一个新的大帝国,建立千秋功业;也许消灭奥地利家族后,我会经安德里诺布尔或维也纳回巴黎"。

在成为执政官、皇帝之后,他经常回忆起这段幸福时光[③],"摆脱了妨碍文明的桎梏",他可以随意发挥想象力并搞建设了。"我创建了一个宗教,我看见自己戴着头巾、骑着大象走在亚洲的路上,我的手里拿的是按自己的想法编写的新《古兰经》。"他想在1804年之后在欧洲重新组建查理曼帝国。"法兰西帝国将成为其他主权国家的

① 同上,II,228页(与布里恩在帕塞里亚诺公园的谈话)。

② 同上,II,331页(布里恩当晚记录的谈话)。

③ 雷姆萨夫人,I,274页。塞居尔,II,459页(拿破仑在奥斯特里茨战役前一天的谈话):"是的,如果我夺取了达克尔,我会戴上头巾,我会让我的部队穿上宽松的马裤;除非万不得已,我是不会再把它暴露出来的;我要把它变成我神圣的、流芳百世的部队。我需要与阿拉伯人、亚美尼亚人和希腊人一道来结束对土耳其人的战争。我要赢得伊斯的战役,而不是莫拉维亚的战役,我将成为东方的皇帝,我要穿过君士坦丁堡回到巴黎。"普拉特神父,第19页(拿破仑1804年9月在麦恩斯的谈话):"200年以来,在欧洲已经没有什么可做的了。只有在东方才可以大张旗鼓地做点事情。"

宗主国。我的意思是说，欧洲的每个国王都必须在巴黎建一个大宫殿给自己用，而在法国皇帝加冕时，这些国王可以来住在这里；他们的赏光会给这种气派的仪式增辉，他们的敬意会使仪式更加荣耀灿烂。"①教皇也会来，他将是第一个光临的人；他有必要回归巴黎，并在巴黎永久定居。在查理曼的继承人和罗马教皇的世俗君主拿破仑的统治下，教廷在哪里可以找到更好的基督教新首都呢？皇帝以世俗的地位掌控精神世界②，通过教皇，掌控道德。在1811年11月，他兴高采烈地对普拉特说："再过五年，我就会成为世界的主人；剩下的只有俄国，但我会让其土崩瓦解③……巴黎会一直延伸到圣克卢。""通过自己的教义"，使巴黎成为欧洲的天然首都，是他的一个不变的梦想。他说④："有时我想让它成为一座可以容纳200万、300万，甚至是400万居民的城市，此外还有一些让人目瞪口呆、轰轰烈烈、目前还不为人所知的东西，其公共设施适合人民的需求……阿基米德说，给他一个支点，他就可以撬动地球；对我来说，无论哪里，让我施展我的毅力、能量和预算，我都会改变哪里。"至少，他对此深信不疑，因为他的大厦的下一层楼无论多高，无论基础多么不牢固，他总是提前把更高、更不稳定的一层先建起来。

在他准备大展拳脚之前的几个月，整个欧洲都支持他，反对俄国，他对纳尔波纳说⑤："毕竟，我亲爱的先生，这漫长的道路是通往印度

① 雷姆萨夫人，I，407页。米奥·德·梅里托，II，214页（在加冕之后的几个星期）："除非在一个首脑、一个皇帝的统治下，否则，欧洲是不会有安宁的，他的官员将成为国王，他会把王国分给他的副手，他会让其中一个人当意大利的国王，另一个人当巴伐利亚国王，那个人管瑞士，这个人当荷兰总督等。"

② 《拿破仑一世通信集》，XXX，550页、558页（拿破仑在圣赫勒拿岛的口述回忆录）。米奥·德·梅里托，II，290页。奥松维尔伯爵，《罗马教会与第一帝国》，随处可见。《回忆录》："巴黎将成为基督教世界的首都，而我将领导宗教界和政治界。"

③ 普拉特神父，23页。

④ 《回忆录和备忘录》："巴黎必须成为独一无二的城市，让其他城市无法望其项背。科学和艺术的杰作、博物馆，一切体现过去世纪荣耀的东西都要收集在那里。拿破仑感到遗憾的是，他不能把罗马的圣彼得广场运到巴黎；他对巴黎圣母院的猥琐感到不满。"

⑤ 威尔曼，《现代回忆录》，I，175页（1812年3月初的几天，拿破仑和纳尔波纳先生的谈话，一个小时后由纳尔波纳先生重新转述威尔曼）。措辞是间接的，仅仅是一个巧妙的模仿，而想法基本上是拿破仑的。参见他的意大利和地中海梦想（《通信集》，XXX，548页）和在巴约纳（转下页）

的。亚历山大就是从遥远的莫斯科到达恒河的；从圣·让·达克尔开始，我就是对自己这样说的……现在，如果想进军英格兰，我需要从欧洲的端点出发，从后面拿下亚洲……假设占领了莫斯科，打败了俄国，沙皇尝试和解或死于宫廷阴谋，也许会产生另一个依赖他国的皇位。告诉我，只用法国军队和第夫里斯的其他盟军这样的法国利剑，有没有可能杀入恒河，扳倒整个印度唯利是图的商业架构。这将是最为庞大的远征，我承认这点，但在19世纪是可行的。与此同时，法国也可以赢得西方的独立和海洋的自由。"说到这里，他的眼睛闪耀着奇异的光芒，然后接着补充依据，权衡困难、手段和机会，完全陶醉并投入遐想之中。卓越的才华突然释放出来并插上了飞翔的翅膀，禁锢在政治中的艺术家①冲出了藩篱，他挣脱了理想和不可能的梦想进行创作。人们承认他是但丁和米开朗琪罗死去的兄弟；在他视野清晰的线条中，在他的梦想的强大程度、一致性和内在的逻辑中，在他深刻的沉思妙想中，在他非凡的伟大概念中，他的确是他们的同事和同类人。他的天才具有同样的规模，同样的结构；他是意大利文艺复兴的三个最伟大的头脑之一，只是前两个是在纸上和大理石上创作，而后者的创作对象则是活生生的人、人类敏感和痛苦的肉体。

（接上页）的一次难得的关于西班牙和殖民地的即兴演说（普拉特神父，《关于西班牙革命的回忆录》，130页）："于是，拿破仑开始演讲，或者说作诗；他的宏大叙事进行了很长一段时间……像一个憋着一口气的男人……以一种生动活泼的风格，带着他招牌式的冲动、比喻和别出心裁……他大谈墨西哥和秘鲁皇室的辽阔国土、拥有这些国土的伟大君主……和这些机构对天下万物造成的影响。我经常听到他这样的演讲；但没有哪一次演讲把丰富的想象力和语言发挥得如此慷慨激昂。无论是气吞山河的题材，还是欢呼雀跃的场面，把他所有的才华全部释放出来，像所有的和弦一起震动一样，他升华到了顶天立地的境界。"

① 罗德勒，III，541页（1809年2月2日）："我喜欢权力，但我是作为艺术家来喜欢的……我喜欢权力就像音乐家喜爱他的小提琴一样；他可以从琴中得到乐音、和弦与和声。"其他重要的话，罗德勒，III，353页（1800年12月）："如果我三四年后在床上死于发烧，为了给我的小说收尾，我留了一份遗嘱，告诉国家警惕军政府；我要它任命一个民事法官。"

第二章　他的思想、激情和智慧

I. 意大利文艺复兴时期的性格和今天的性格—波拿巴家族的强
烈激情—他的过度敏感—他的暴躁脾气—他的不耐烦、敏捷和
乐于谈心—他的气质、神经质和缺陷—老谋深算、洞若观火的
习惯性统治权—意志的力量和源泉。II. 波拿巴的控制欲—有
趣的主动利己主义的早期迹象—前车之鉴对他的教育—在科西
嘉—大革命期间在法国—在意大利—在埃及—他的社会和权利
观念—雾月18日后的成熟—他关于人的观念—他的观念符合他
的性格。III. 暴君—他操控别人意志的方法—他需要的服从程
度—他评估和利用别人的方法—他下命令和谈话时的声调。IV.
他的世界观—他在女人面前的举止—他对礼貌的不屑。V. 他的
举止谈吐和与各国君主的相处之道—他的政策—他的目的和手
段—先与君主作对，后与人民作对—欧洲的终极观点。 VI. 他
的外向举止的内在原则—他使国家服从于自己，而不是自己服
从于国家—这种偏好的影响—他的事业是终身的—成果是短暂
的—结果是有害的—无数生灵惨遭涂炭—法国山河破碎—建设
欧洲大厦的罪恶—建设法国大厦的相同罪恶。

I

如果深入观察但丁和米开朗琪罗的同时代人，我们就会发现，他

们与我们的不同之处更多的是在性格上,而不是在智慧上①。警察、法院和宪兵、社会秩序、和平的习惯和遗传性的文明,这些有300年历史的东西减弱了我们与生俱来的力量和狂暴的激情;而在意大利的文艺复兴时期,所有这些都完整无缺。当时的人类情感比目前热烈也更深刻,欲望更加强烈也更加肆无忌惮,意志更果断也更顽强。无论人受到什么动机的启发,比如骄傲、野心、忌妒、仇恨、爱情、贪欲或性感,内在弹性的张力都是靠能量,放松则是靠暴力,而暴力现在已经消失。然而,所有的这些能量在15世纪的这个伟大的幸存者身上得以再现;在他身上和他的意大利祖先身上,神经机器的游戏是同样的;甚至马拉特斯塔家族和波吉亚也都不具备比他更敏感、更冲动的智慧。他能够如此迅速地充电和放电,内心的暴风骤雨持续的时间更长,咆哮得更加猛烈,电闪雷鸣更加突如其来,影响更为不可抗拒。在他心中,没有什么观念是经过理性思考的,纯净的;没有什么是真实性的简单翻版,或可能性的简单图画。他的每个想法都是内心的震动,都会突然并自发地转变为行动;他的每个想法都会直达其终点,如果没有某种力量的阻碍和抑制,它们就会毫不迟疑地抵达目标②。有时,这种爆发是突然的,没有什么力量能及时阻止。

---

① 可以在我的《艺术哲学》(Ⅰ,Ⅱ,Ⅳ)中找到证明文字和事实。其他类似的东西在这里展开有些过长,可以在书中找到,尤其是涉及想象力和爱的部分。"他喜欢体验奇妙事件、预感甚至某些生物之间的神秘交流……我曾见过他在风中痴迷地低语、与咆哮的大海热切交谈,有时热衷于相信夜间出没的幽灵。总之,他对迷信情有独钟。"(雷姆萨夫人,Ⅰ,102页,Ⅲ,164页。)梅内瓦尔(Ⅲ,114页)记录了他的"无意中显现重大危险和发现重大事实的十字架征兆"。在执政府时期,在贵妇人的圈子里,他有时即兴以意大利方式大讲悲剧"故事",完全可以比肩15世纪和16世纪的说书人(布里恩,Ⅵ,387页,即兴谈话之一。参见雷姆萨夫人,Ⅰ,102页)。至于爱情,他在意大利战役期间给约瑟夫的信是意大利式激情的最佳样本之一,并且"与前夫波阿尔内先生的温文尔雅的和不卑不亢形成鲜明的对比"(雷姆萨夫人,Ⅰ,143页)。他的其他爱情,只是肉体关系,无法详述;关于这个题目,我收集了一些几乎是第一手并完全真实的口头叙述。引用一段已经发表过的文字足矣:"根据约瑟芬所说,他没有什么道德原则;他难道没有一个接一个地勾引他的姐妹们吗?""'……我是个与众不同的男人,'他谈到自己的时候这样说道,'道德或行为准则的法律不适合我。'"(雷姆萨夫人,Ⅰ,204页、206页。)还请注意给克尔维萨的建议(Ⅱ,350页)。到处都是1500年左右伟大的意大利人物的感情、习惯和道德。

② 普拉特神父,《华沙大公国大使的故事》,96页:"皇帝的愿望出自想象力;他的思想在进入脑海时变成了激情。"

有一天在埃及[①]，晚餐时在座的有几位法国女人，他让一位美貌的夫人坐在他身边，他刚刚把她的丈夫送回法国；突然，他似乎是不小心把一壶水洒到了她身上，借口帮她整理弄湿的礼服，他带她回到自己的房间，待了很久时间，而客人围坐在中断的晚餐桌旁等着，面面相觑。还有一次在巴黎，在与罗马教廷签订政教协定之前[②]，他对沃尔内参议员说："法国需要一种宗教。"沃尔内冷冷并随意地反驳他说："法国需要波旁家族。"话音未落，他就上去一脚踢在沃尔内的肚子上，后者应声倒在地上，失去知觉，后来被送到一位朋友家卧床养了好几天。

没有谁的脾气比他更急躁，更容易冲动，特别是他经常故意松开愤怒的缰绳，因为他在特定的时间，特别是在目击者面前这样做就是为了制造恐怖；这样可以让他对别人的让步进行讹诈并保持他的权威。他大发脾气，一半是算计，一半是半随意性的，一方面为他所用，一方面可以使他放松，无论是在政治生活当中还是在私人生活当中，无论是对外国人，还是对他的手下人，无论是对议员、教皇、主教、大使，还是对塔列朗、波涅奥或者其他人，只要他需要杀鸡儆猴，让他周围的人屏气敛息，他就会这样做[③]。公众和军队认为他喜怒不形于色，

---

① 布里恩，II，298页。塞居尔伯爵，I，426页。

② 博丁，《关于昂茹的研究》，II，525页。博斯纳尔著，《一个九十多岁的人的回忆》。圣·博夫，《周一的谈话》，关于沃尔内的文章。米奥·德·梅里托，I，297页。他想要收养路易的儿子，让他当意大利的国王，路易拒绝了，并宣称，"如此明显的恩惠会坐实过去关于这个孩子广为流传的谣言"。对此，拿破仑恼怒地"抓住路易王子的腰，猛地把他推出了房间"，1816年10月10日《回忆录》。拿破仑说，在最后一次康波福尔米奥会议上，为了解决奥地利特命全权大使的阻力，他突然站了起来，抓起面前盘子上的一个瓷器，摔到地上，大声嚷道："一个月之内，我就可以这样砸碎你们的君主制。"（布里恩质疑这种说法的真实性）波拿巴的眼睛闪着凶光，掐着贝尔蒂埃的喉咙，把他推到墙上。

③ 瓦恩哈根·冯·恩泽，《选集》，III，77页（1810年7月22日的公开招待会）。拿破仑表情僵硬地先同奥地利大使交谈，然后和俄国大使交谈，由于情非得已，终于无法持久。"见到某位不知名的人士时，他质问这个人、训斥他、威胁他，然后使他保持在一种足够长时间痛苦的沮丧状态中。周围的随从都不知不觉感到沮丧，他们后来陈述说，没发生任何让他大发雷霆的事情，皇帝只是想找个机会发泄他的坏脾气；他故意发泄在一些可怜的家伙身上，以激起他人的恐惧，来提前平息任何反对的倾向。"参见博涅奥，《回忆录》，I，380页、386页、387页。这种掺杂着愤怒和算计的做法，同时对他在圣赫勒拿岛与赫德森·洛维先生在一起时的行为，他肆无忌惮的谩骂和对总督像掌掴般的侮辱做了注解。（伍·福尔西斯，《赫德森·洛维爵士的信件和日记中，拿破仑在圣赫勒拿的囚禁故事》，III，306页。）

但是，除了在战场上他戴上青铜面具，在代表官方的仪式中摆出一副必需的庄重气派之外，他给人的印象和表情几乎总是混淆不清，内心往往淹没了外表，举止往往失控，冲动代替了一切。

在圣克卢，由于和另外一个女人偷情时被约瑟芬撞见，他去追赶倒霉的打扰者，以至于她"几乎没有时间逃走"[1]；并且当天晚上，为了彻底制服她，他依然气恨难平，"他以令人发指的方式对待她，打坏看见的每一件家具"。在帝国时期之前不久，塔列朗——一个伟大的神秘主义者——告诉贝尔蒂埃，第一执政很快要当国王了；贝尔蒂埃急急忙忙穿过挤满客人的客厅，走到主人面前，带着灿烂的微笑，"送上他的小小的祝贺"[2]。听到国王这个词，波拿巴的眼睛闪着凶光，掐着贝尔蒂埃的喉咙，把他推到墙上，冲他大喊："蠢货，是谁让你来惹我生气的？下次别干这些费力不讨好的蠢事。"这是最先发作的冲动：本能的动作，向人猛扑过去，抓住他们的喉咙。在他写下的每个句子、每一页文字下面，我们都能猜到他暴跳如雷和攻击别人的样子，以及跳起来殴打他人的身体语言和说话的腔调。因此，在自己的房间口述指令时，"他总是大步来回走来走去"[3]，而且"如果兴奋起来的话"——这也是常有的事——"他的语言里就会充满暴力的诅咒，甚至是在文字中被删除的骂人话"。但有时候也没有全部删除，阅读他关于宗教事务[4]信件的原文备忘录时，就可以读到几十处最粗俗的字眼。

---

[1] 雷姆萨夫人，II，46页。

[2] 同上，I，359页。《科伊尼亚回忆录》，191页："在波森，我亲眼见过他怒气冲冲地骑上马，他是从马的另一侧上的马，然后打了马夫一鞭子。"

[3] 雷姆萨夫人，I，222页。

[4] 特别是给康萨尔维主教和蒙特诺特省长的信（这个消息是奥松维尔先生给我的）。此外，他在谈话中也充斥了过多相同的表达方式。在诺曼底巡视的时候，他让人把赛兹主教叫来，公开对他说："根本不需要合并各教派，就可以区分谁是立宪派。可悲的！……您是一个坏人，立即递上您的辞呈。"他对主教代理说："你们当中谁管辖主教？谁是那个大傻瓜？"有人告诉他是勒高卢瓦先生，但最近没有来。"妈的……跑到哪里去了？难道跑我家去了？怎么，主教原来只是一个混账蠢货，为什么总不来上班？"等等。（奥松维尔伯爵，IV，176页。罗德勒，III。）

谁也不会有如此不耐烦和敏感的脾气。"在穿衣服的时候[1]，他会把不合身的衣服扔到地上或扔进火炉里……在节庆日和盛大的礼仪场合，他的男仆不得不彼此协作，抓住时机给他进行某些调整……要是有什么东西让他稍微有点不舒服，他就会把这些东西撕碎或打破，而有时给他造成不适的可怜仆人不得不承受他盛怒之下的暴力后果。"他的思想被他的急躁所吞没。"在他准备写作的时候，他的文字只是字母组合，没有连贯性，也难以辨认层次[2]；大部分信件的文字不完整。"当他再重新读一遍时，他自己都不知所云。最终，他也无法完成一封手写书信，而他的签字也只是潦草地敷衍了事。他口述的速度特别快，以至于他的秘书几乎无法跟上他的节奏；他们刚开始工作的几天都紧张得满头大汗，连他口述的一半也无法记录下来。布里恩、梅内瓦尔和马莱不得不发明了自己的速记法，因为他从来不会把说过的句子哪怕再重复一遍；谁的记录速度落后谁就最倒霉，但是要是赶上一通牢骚或一顿臭骂却最幸运，因为那样就可以暂时缓口气把进度赶回来。从来没有谁的讲话像他那样如汹涌的洪水一样奔流而下，往往不经过谨慎和周密的思考，而情感的流露，既没有用处也不恰当：因为他的灵魂和精神已经被激发起来；在这种内在的推动力下，即兴表演者和论辩者[3]取代了商人和政治家的位置。一个细心的观察者说[4]，"对他来说，说话是第一需要，而在高级特权阶层中，在说话不停顿、独自一人讲话没完没了的人中，他显然名列第一"。即

---

① 雷姆萨夫人，I，101页，II，338页。

② 雷姆萨夫人，I，224页。梅内瓦尔先生，I，112页、347页、III，120页："由于他婚姻的特殊情况，他想手写一封信给未来的岳父（奥地利皇帝）。这对他是一件大事。最后，经过多次练习，他终于完成了这封颇具可读性的信。"不过，梅内瓦尔先生"为了使错误不那么明显，不得不对有瑕疵的字进行改正"。

③ 例如，在巴约纳和华沙（普拉特神父）；粗暴和令人难忘的一幕是从西班牙回来时发生在他和塔列朗先生之间（掌玺大臣巴斯齐埃，《未公开的回忆录》，II，365页）；在1813年，作为见面的最后一句话，他狠狠地侮辱了梅特涅先生（布罗利埃公爵，《火之回忆录》，I，230页）。参见1797年与米奥·德·梅里托先生危险的秘密通信，和与赫德逊洛维爵士的五次、由戈雷凯少校立即记录的谈话（沃·福尔西斯，I，147页、161页、200页）。

④ 普拉特神父，X，序言。

使在行政法院,他也放任自己无限发挥,往往忘记手上正在做的事;他一会儿跑到左面,一会儿跑到右面,在两三个小时里[1],不是文不对题或长篇大论,就是猛烈抨击,一遍又一遍地强调,意图说服或压制别人,说错了就与手下随从商讨,"在这种情况下,所有的人总是觉得他的论点很有说服力"。在思考中,他明白了这样得到赞同的价值,于是,他指着他的椅子说:"必须得承认,当一个人坐在那张椅子上的时候,成为一个出色的人就比较容易!"不过他很享受自己的智慧,全身心投入到激情中,而激情对他的操控远超过他对激情的操控。

"我的神经非常烦躁,"在谈到自己的时候他说,"在这种情况下,如果我的脉搏跳得不规则,我可能会发疯。"[2]由于累积的印象张力过大,往往在身体崩溃时也同时消失。

奇怪的是,对于这样的军人和政治家,"看到他激动的时候流泪不是什么稀罕事"。瓦格拉姆战役和波琛战役后[3],他看到成千上万的人死去,成千上万的人遭到屠杀,他伏在死去的军人床边"啜泣"。他的男仆说:"我看到他离开拉纳元帅床边后,吃午饭的时候一直在哭,

---

① 博莱·德·拉罗塞尔,7页。莫里恩,《回忆录》,II,222页。布罗利埃公爵,《火之回忆录》,I,66页、69页。

② 雷姆萨夫人,I,121页:"我从科尔维萨那里得知,他的动脉血管脉搏节律要比一般人的平均值低一些。他从未有过一般所说的晕眩的感觉。"对他来说,所有神经系统的功能是完美的,接收、记录、合并和反射,好得无与伦比,但其他器官并非稳如泰山,而是非常敏感(塞尔,IV,15页、16页)的医生伊万大夫和梅斯第维埃大夫的记录)。"为了保持平衡,如果组织一旦受到精神或环境的影响…… 刺激、咳嗽和闭尿症,他的皮肤必须一直发挥功能。"从那时开始,他就开始频繁长时间用热水泡澡。"通常胃和膀胱都会发生痉挛。如果胃发生痉挛,他就产生神经性咳嗽,使他在精神上和体力上筋疲力尽。"莫斯科战役的头一天和进入莫斯科的第二天就是这种情况:"持续的干咳、间歇性的呼吸困难、脉搏迟缓、微弱、不规则、尿液浓稠、有沉淀、尿不净、小便困难;腿和脚的末端有水肿。"早在1806年,在华沙,"一次猛烈的胃部痉挛之后",他对洛班伯爵说,"他出生时身体内就感染了早死的细菌,并且他将死于和他父亲同样的疾病"(塞居尔,IV,82页)。在德累斯顿战役胜利后,在吃大蒜炖肉的时候,他突然觉得一阵剧烈的绞痛,还以为是中毒了。他做了逆向机动,结果造成范达姆师的损失,从而种下了1813年崩溃的祸根(掌玺大臣巴斯齐埃的《闻所未闻的回忆录》,目击者达鲁的记述)。他的身体在胃和神经上的损害是遗传的,在年轻的时候就出现过。"在布莱恩纳,有一次在食堂的门槛跪着接受处罚的时候,他刚一跪下,就突然呕吐起来,剧烈的痉挛让他苦不堪言"(塞居尔,I,71页)。众所周知,他死于胃癌,和他父亲夏尔·波拿巴一样。他的祖父约瑟夫·波拿巴、他的叔叔费什、他的弟弟吕西安、她的妹妹卡罗琳都死于同样或类似的疾病。

③ 梅内瓦尔,I,299页。贡斯当,《回忆录》,V,62页。塞居尔,VI,114页、117页。

大滴的泪珠从他的脸颊滚落到盘子里。"这不仅仅是一个人的内心感受，因为直接看到血腥、破碎的尸体，而让他感慨万千；简单的一句话、一个想法，都像一根刺穿透了他的身体。丹多罗正因为祖国威尼斯被卖给了奥地利而据理力争，在悲戚的丹多罗面前，他百感交集，泪水打湿了眼睛[1]。在行政法院正开会的时候，谈到贝伦投降，他的嗓音有些颤抖，"不禁悲从中来，眼睛里噙满了泪水"[2]。在1806年，出发去部队前同约瑟芬告别时，他由于神经受到极度刺激而呕吐[3]。一位目击者说，"我们不得不让他坐下，让他喝下一些橘子水，他流下了泪水，这样大约持续了一刻钟"。在1808年当他决定离婚时，他的胃和神经也发生了同样的突发状况，他一整夜都焦躁不安，像个女人那样悲切哀叹；他黯然神伤，拥抱着约瑟芬，比她还要脆弱。"可怜的约瑟芬，我一辈子也不离开你！"他把她抱在怀里，想要她跟他在一起，他完全沉迷于此时此刻的感情当中；他要她立刻脱掉衣服，在他身边躺下，他趴在她的身上失声痛哭。她说，"他的眼泪几乎把床单都浸湿了"。

很明显，在这样一个肌体内，无论各层级的调节装置多么强大，平衡总是有被打破的风险。他知道这一点，因为他对自己了如指掌，他害怕自己的敏感神经像一匹容易受惊的马一样无法控制。在贝雷西纳战役的关键时刻，他拒绝接收可能会造成他神经激动的坏消息，当侦查人员坚持报告时，他再次问道[4]："先生，您为什么非要打破我内心的平静呢？"然而，尽管他谨慎小心，仍有两次遭遇使他措手不及。当时的状况岌岌可危，与以往不同，像他这样心如明镜、临危不惧、胆大心细的军事英雄和政治冒险家，在议会风暴和民众抗议的两

---

① 马尔蒙元帅，《回忆录》，I，306页。布里恩，II，119页："在政治名利场之外，他是一个敏感、善良、富有同情心的人。"

② 博莱·德·拉罗塞尔，7页。尚巴尼，《回忆录》，103页。开始的时候，情绪仍然保持高度亢奋状态。"他接到坏消息已经差不多三个小时了；他独自一人在那里发泄绝望的情绪。他让人把我叫过去，……伤心得不由自主地呜咽起来。"

③ 雷姆萨夫人，I，121页、342页；II，50页；III，61页、294页、312页。

④ 塞居尔，V，348页。

次危机中,如惊弓之鸟一样胆战心惊。在雾月18日的立法会议上,在一片造反的叫喊声中,他脸色苍白,浑身颤抖,似乎不知所措,人们不得不把他拖到室外,大家一度觉得,他会昏厥过去[①]。在枫丹白露退位后,在普罗旺斯看到迎接自己的是愤怒和诅咒时,他似乎觉得道义的支柱坍塌了,因而好几天闷闷不乐。动物的本能是维护自己的霸权;他有些害怕,但没有尝试隐藏这种恐惧[②]。他借了一套奥地利上校的制服、普鲁士军需官的头盔和俄国军需官的斗篷,他仍然觉得化装得还不够。在加拉德的小旅馆里,"他浑身打哆嗦,一有风吹草动就惊慌失色";警官到他的房间来过好几次,看到"他一直在哭哭啼啼"。"他的焦虑和优柔寡断让他们疲惫不堪",他说,法国政府想要派人在路上暗杀他,怕被毒死不吃东西,一心想从窗户跳出去逃走。然而,为了发泄自己的感情,他毫无保留、不厌其烦、喋喋不休地唠叨自己的经历、过去的丰功伟绩、性格,玩世不恭得像半个疯子,有时让人听不下去;他动辄大放厥词,说的话自相矛盾,像无政府主义集会上的骚乱暴徒;到了旅行目的地弗雷瑞斯,他放下心来,感觉不会有人袭击他,思维才恢复正常:他的思维只有在回到普通范围内,退回到有规律的君主秩序中,经过一段时间的沉浮以后,才会重新振作和恢复其优势。

他身上没有别的不寻常的气质,清晰而精于算计的思维中几乎只有永恒不变的君主思想;他的意志比他的智慧更加令人敬畏,在让别人屈服之前,他必须先征服自己。要想衡量这种力量,光记录其影响范围、历数其俘获的几百万灵魂、评估其克服的无数障碍,都是不够

---

① 云格,II,329页、431页(吕西安的叙述,给路易十八的报告)。

② 普鲁士国王任命的特派员,瓦尔德堡·特鲁西赛斯伯爵,《从枫丹白露到厄尔巴岛:拿破仑之路的新型关系》,1815年,22页、24页、25页、26页、30页、32页、34页、37页。也许,退位的激烈场面和枫丹白露的自杀企图已经破坏了他内心的平衡。在到达厄尔巴岛的时候,他对奥地利的特派员科勒说:"至于您,亲爱的将军,您已经看见我光屁股的样子了。"参见雷姆萨夫人,I,108页,他对塔列朗敞开心扉:粗暴地给自己在自然本能和深思熟虑的勇气之间标出了距离。无论在哪里,人们都可以在他身上分辨出演员和意大利小丑的表演。普拉特先生称他为"狡诈的朱庇特"。参阅从俄国返回后,《在普拉特先生面前的思考》:好像是一个喜剧演员,在舞台上演砸了之后回到后台,痛骂自己的角色,评价观众的反应(普拉特神父,219页)。

的,还必须特别指出其内在激情的力量和奥妙,就像驾驭和驱赶几匹奔腾的烈马那样;这种力量就是马车夫,他伸出手臂,不断调整几乎失控的战马,控制它们的兴奋,调节它们的跳跃,甚至利用它们的凶恶性情来操纵以雷鸣般的速度冲过悬崖边的车辆。如果说理性大脑的纯真思想因此而保持日常的霸权,那是由于生命的流动性滋养着它们;它们的根系深深扎在他的心中和气质中,为其提供活力的那些地下根系形成了比智慧更加强大,甚至超过他的意志力的本能,这种本能以自己为中心,一切为了自己,换句话说就是自私。

II

这是利己主义,不是被动的,而是主动的、富于侵略性的利己主义,与他能力的能量和扩展范围成正比,这种能力通过自身的教育和环境发展起来,通过他的成功和无限权力而膨胀,致使一个怪兽一样巨大的自我在人类社会树立起来。这种利己主义不断扩展,成了一个由持续的贪婪所操控的圈子;这个圈子视任何反对意见为冒犯、任何独立见解为麻烦。在给自己划定的广阔范围内,他不能容忍任何人拒绝成为附属品和工具。在童年和青少年时代,这种有趣的人格幼芽就已经变得很明显了。"这种性格的类型是支配性的、专横和顽固的,"布里恩的记录说[1],"有极端利己主义倾向。"军事学院的记录接着说[2]:"自尊心强、雄心勃勃、渴望建功立业、喜欢孤独。"毫无疑问,这是因为他不能在一个平等的圈子里当主人,而且由于不能占据支配地位而心神不宁。

"我生活在一个远离同伴的地方,"他后来说[3],"我在操场上选定

---

[1] 布里恩,I,21页。

[2] 云格,I,125页。

[3] 雷姆萨夫人,I,267页。云格,II,109页。回到科西嘉时,他执掌了全家的支配权。"谁都无法和他讨论问题,他哥哥吕西安说,他容不得别人提意见,谁稍有反对,他就会大发雷霆;约瑟夫甚至不敢反驳他弟弟。"

一个小角落，我常坐在那里沉迷于自己的幻想。当同伴们过来要把我从角落拖走时，我竭尽全力保卫这个地方。我的直觉告诉我，我的意志终将战胜其他人的意志，而且任何我喜欢的东西必将属于我。"谈到他早年在科西嘉岛家中的岁月时，他把自己描绘成一个野蛮的小淘气，反抗一切约束，常常昧着良心做坏事[①]。"我狂妄自大，目中无人；我不是打这个人，就是挠那个人，所有的人都怕我。我打大哥约瑟夫，还咬他，在他还没明白是怎么回事之前我就先去告状了。"这是一个聪明的把戏，他屡试不爽。他即兴编造实用谎言的天分是与生俱来的；后来长大以后，他仍然为此而自豪，并使这种能力成为"政治优势"的指标和尺度，他"洋洋自得地回忆起他有一个叔叔，在他童年的时候，就预测他会统治世界，因为他习惯于撒谎"[②]。

注意他叔叔的评价：他囊括了一个人在这个时代和这个国家的全部经验；这是在科西嘉的社会生活所能提供的全部教育；那里的道德与礼仪通过永恒的联系使他们彼此适应。实际上，在任何国家和任何时代，当警察的权力式微，司法荡然无存，公众利益被把持在特权阶层，报私仇残酷无情，不受约束，任何人都必须武装出行，任何武器都可以廉价获取，虚伪、欺诈和欺骗以及枪支、匕首不受管束的时候，就形成了当时的道德和风俗习惯，这就是科西嘉在 18 世纪时的情景，也是意大利在 15 世纪时的情景。因此，波拿巴最初的印象与波吉亚和马基雅维利的印象相同。在这种情况下他半个思维的最初层面得以形成，后来则形成了完整的思想基石，并且由此形成了他未来精神大厦和社会概念的所有基础。后来，当他离开法国学校，并且时

---

① 1815 年 8 月《回忆录》，27~30 页。

② 雷姆萨夫人，I，105 页。从来没有一个更能干、更执着、更有说服力、更雄辩的智者站出来说，他是对的，因此才产生了他在圣赫勒拿岛的口述，他的宣言、消息和外交文书，无论是关于主观想法还是关于对手，和他的权力一样强大的话语优势，以及他死后影响后代的优势。他无论是做律师、统帅，还是政府管理者，都是伟大的。这种安排的特点是不服从于真理，但无论说话还是写作总是顺从听众的意愿，像律师辩护案件一样。有了这种天赋，就可以制造幻觉来欺骗听众；另一方面，因为作者也是听众的一份子，因而最终仍然不免误导其他人，同时也误导了自己；拿破仑也是这种情况。

常回母校和他们在一起时,经过更新的同样的印象强化了他心中同样的最终结论。

法国特派员①写道,在这个国家,"人民无法产生任何一种'原则'、社会利益或公平的抽象概念","司法根本不存在,10年中发生了130起谋杀案……陪审团制度剥夺了这个国家所有惩罚犯罪的手段;从来不是最强有力的证据和证据本身使陪审团对被告定罪,因为陪审团是由与被告同一方或同一个家族的人组成的";如果被告是敌对一方的人,陪审员也会判被告无罪,以避免报复,"这种报复也许是迟来的,但终究会来"。"公共精神从未存在","除了一些彼此敌对的小政党之外","没有其他社会团体……如果不属于某个家族,因此而依附于某一方,就不是科西嘉人;不想为任何人服务的人,就会受到所有人的厌恶……所有的领导者有着相同的终极目标,就是殚精竭虑,使用什么方式都没有关系;他们首先关心的是他们周围的人完全效力于自己,并向他们提供所有的利益……选举必须武装保卫,并且总是伴随着暴力……取胜的一方会利用权力对败选的对手进行报复,凭空增加了痛苦和暴行……领导者彼此结成贵族联盟……并且彼此容忍营私舞弊。他们无须通过政党精神和关系实施(税收)估价和征税来讨好选民……关税只用来补偿朋友和亲戚……薪水从未达到期望值。农村地区由于缺乏安全感而成为无人区,农民在耕地时甚至也携带枪支,一个人没有护送者陪伴就无法出行,一般要派五六个人的队伍才能将一封信从一个邮局送到另一个邮局"。

这只是对发生过成千上万次事件的概括性综合陈述进行的解析。可以想象,这些日常小事都是由当事邻居②带着同情或愤怒,添油加醋讲述的,这就是传授给年轻的波拿巴的道德课。在餐桌上,小

---

① 云格,II,111页(1791年科西嘉专员沃尔内的报告);II,287页(关于1790年12月科西嘉真实政治和军事状况的报告);II,270页(1793年9月10日拉齐博·圣米歇尔代表的急件。米奥·德·梅里托,I,131页和后面几页(1797年和1801年间,他是科西嘉的和平专员。)

② 米奥·德·梅里托,II,2页:"第一执政家族的支持者……只看到我是他们一腔热血的工具,只可以用来使他们摆脱敌人,以便把所有的关爱都倾注在他们的保护人身上。"

孩听大人的谈话，通过听到像他叔叔的话、有关面相的说法、一个赞许的手势、一个耸肩，他都可以猜到，社会的一般运行方式不是和平，而是战争；他看到人们通过什么把戏维持自己的地位、通过什么暴力手段谋出路、通过什么办法向上爬。剩下的时间他留给了自己、护士伊亚丽娅、萨维丽娅、管家，或随意碰到的普通人，他听港口水手们或附近牧羊人唠嗑，他们对精心设计的伏击和圈套的由衷钦佩、喜悦和朴实的叹息，一再强烈地冲击着他在家所接受的教育。这是他所学到的通识课程。在这样幼小的年纪，尤其是当环境有利的时候，这些课程就已经先入为主；在这种情况下，心灵已经提前接受这些课程，因为教育本能地遇上了自己的同盟者。因此，在大革命爆发初期，当他回到科西嘉岛时，又重新找回了生命原本的活力，敢于用任何武器进行战斗；在这个小小的舞台上，他的行为更加肆无忌惮[①]，比任何人更加残酷无情。如果说他尊重正义和法律，那只是体现在语言上，这里甚至具有讽刺意味；在他看来，法律是一个法典术语，正义只是书面术语，而实力胜过法律。

科西嘉的无政府议在这个年轻人还是孩提时代就已经在他身上初具雏形，法国无政府主义在他心中又刻上了自己的格言，而在同一印记上再次击中他的铁棒在他已成型的性格上又一次打上了烙印。一个濒临解体的社会提供的通识课程与一个尚未形成的社会所提供的课程是一样的。从很早开始，透过理论的修饰和炫耀的句子，他那敏锐的眼睛就看到了大革命真实的本质，也就是自由激情的绝对权力和少数人对多数人的征服。征服或被征服，在这两个极端的状况之间必须做出选择，没有中间道路可选。热月9日之后，最后的面纱

---

① 云格，I，220页（1789年10月31日宣言）。I，265页（武力向神学院基金借款，1790年6月23日）。I，267页、269页（逮捕亚耶先生和其他人；谋划阿贾西奥要塞）。II，115页（1792年2月17日给波利的信）："法律就像有时候给某些神像蒙上面纱"。II，125页（1792年4月1日，波拿巴受命担任志愿军营中校）。头天晚上，他派了一支武装队伍，抓住了住在他的对手佩拉尔第家里三个部级专员之一的莫拉蒂。莫拉蒂是临时决定抓的。他被强行带到波拿巴的住处关了起来。后者板着脸对他说："我想让你获得自由，完全自由；在佩拉尔第家你不可能有自由。"他的传记作者（纳西卡，《回忆拿破仑的青年和少年时代》）认为这种做法值得称道。

被撕碎了。在政治舞台上，放纵和统治的本能、个人的野心得到了充分展示，却没有人关心公共利益或人民的权利。很显然，统治者是一个帮派，法国是他们的猎物，他们打算不惜一切代价和手段——包括刺刀——占有猎物。在这种公民体制下，当用扫帚在它的中心清扫时，站在扫帚把儿这边是很重要的。在军队中，特别是在意大利的军队里，自从国土被解放之后，共和国的信念和对爱国主义的否定就让位于原始的欲望和军事冒险[1]。军官和士兵赤着脚，衣衫褴褛，每天只有四盎司的面包，军饷是市场上没有牌价的指券，他们首先想要摆脱贫苦。"这些可怜的家伙们，在阿尔卑斯山顶峰叹息了三年之后，来到了应许之地，他们想享受生活"[2]。另一个激励因素是由想象力和成功激发起来的自尊；再加上自我发泄的需要，狂躁和青春过于压抑的躁动：几乎所有人都是年轻人，他们用高卢或法国的方式对待生活，像一场纵情狂欢的聚会和一场决斗。感觉到勇敢，还需要证明的确勇敢：以一笑置之的态度和挑战的神态面对子弹，放弃发财去战斗和放弃战斗去参加舞会，纵情享受和过度冒险，没有后顾之忧，没有其他目标，只有此时此刻[3]，享受因竞争和危险而高度激发的能力带来的快感，再也不是自我奉献，而是投身于自己的爱好；而且，对于那些不是轻率行事的人来说，投身于自己的爱好也意味着为自己谋一条出路，获得晋升，掠夺致富，就像马塞纳那样由于征服而出人头地，或者像波拿巴那样。

---

① 关于这点，参见《马尔蒙元帅回忆录》，I，180页、196页，《司汤达关于拿破仑的回忆录》，《安特莱格报告》（云格，III，170页、171页），马莱杜潘的《英国的墨丘利》和司汤达的《巴马修道院》第一章。

② 《拿破仑一世通信集》（拿破仑于1796年4月26日给督政府的信）。同日公告："你们的强行军是光脚走的，露营没有烧酒，也没有面包。"

③ 司汤达，《拿破仑的生平》，151页："最普通的军官拿到白衬衫和漂亮的新靴子都高兴得手舞足蹈。他们所有的人都喜欢音乐，很多人冒雨走一里路去斯卡拉剧场占一个座位……当部队在卡斯第奥内和阿尔克面临困难的形势下，除了知情的军官以外，所有人都同意要拼尽全力留在意大利。"马尔蒙，I，296页："我们都很年轻……所有的人都散发出力量和健康的光彩，渴望战功的荣耀……这种职业和快乐的多样化，这种对身心的过度消耗，给生活带来了价值，让时间飞快流逝。"

所有这些从一开始就已经在将军和军队之间达成默契[①]，并且经过一年的实践，这种默契更加成熟。从他们共同的行为准则中产生出了一种道德，军队含糊不清，将军则心明如镜；军队所看到的，他也看到了；如果说他鼓动同僚，那是因为他们站在斜坡上；当他很快看出世界是一个盛大的宴会，免费提供给先到者时，他只是让他们走在他的前面，但在这里要想得到很好的服务，必须长着长长的手臂，先声夺人，留给其他人的只是残羹剩饭而已。

这对他来说再自然不过了，他公开这样说，也对泛泛之交这样说。米奥是外交官，梅尔齐是外国人，利奥本预备会议后，他对他们说[②]："你们认为我在意大利所向披靡是为了让督政府的律师们、卡尔诺们、巴拉斯们建立丰功伟业吗？你们也相信这是为了建立一个共和国吗？无稽之谈！一个3000万人的共和国！就凭我们的风俗习惯，我们的罪恶！这怎么可能呢？这是法国人迷恋的错觉，它将和许多其他错觉一起消失。他们想要的是荣耀和虚荣心的满足，他们对自由一无所知。看看军队吧：我们刚刚取得的成功，我们的胜利，我们已经展现出法国士兵的真实性格。我为他们全力以赴，如果督政府胆敢剥夺我的指挥权，那么它得看看到底谁是主人。这个国家需要一个首脑，一个功高盖世的杰出首脑，而不是一个空谈意识形态、纸上谈兵的政府，这些法国人根本听不懂……至于在您的国家，梅尔齐先生，共和主义元素比法国还少，同其他国家相比，需要做更少的表面文章……在其他方面，我还没想好如何与奥地利尽快达成协议。和平不符合我的利益。你们已经看到我是什么人，以及我在意大利能做什么。如果和平能够达成，如果我不再是这支我无限眷恋

---

　①《拿破仑一世通信集》。1796年3月27日公告："士兵们，你们衣不蔽体、食不果腹；政府对你们亏欠太多了；他们无法给你们任何东西……我要带你们去世界上最富饶的平原；那些富裕的省份、大城市由你们随意处置；你们将在那里找到尊严、荣耀和财富。"1796年4月26日公告："朋友们，这场征服，我一诺千金！"参见《马尔蒙回忆录》中，波拿巴如何扮演诱惑者的角色，向马尔蒙提供机会抢劫国库资金，而后者拒绝了。

　② 米奥·德·梅里托，I，154页（1797年6月，在蒙特贝罗花园）。"这基本上是在这份冗长的演讲中我记录和保存的最引人注目的话语。"

的军队的指挥官，我则必须放弃这个权力以及我现在的高位，去阿谀奉承卢森堡宫的律师。除非履行与这里相似的职责，否则我是不会离开意大利返回法国的，这一时刻还没有到来，梨子还没有成熟。"

但是在等待梨子成熟期间，他不允许其他人摘梨子，这是他的政治忠诚和他的雅各宾派宣言的真实动机："支持波旁家族的党派正在抬头，我不会帮他们取胜。但是总有一天，我会削弱共和派，这是为我自己的利益，而不是为旧王朝，而现在暂时还需要与共和派为伍"；先是与坏人、恶棍、保王党人和督政府一起清除五百人会议，然后在法国重新建立恐怖统治。实际上，是他促成了果月18日事件，事成之后，他明确说明了他为什么会参与进来："不要相信我所依靠的人和我有同样的理念[1]。我不想让波旁家族回归，尤其不想让莫罗和皮什格鲁的军队把他们带回来……总之，我不想扮演蒙克的角色；我不会那样做，也不会让别人那样做……至于我，亲爱的米奥，我可以告诉您，我不会再俯首帖耳；我尝过一言九鼎的滋味，我不会放弃的。我意已决，如果我不能做主人，我就离开法国。"

对波拿巴来说，在这两个选择之间没有中间道路可言。返回巴黎后，他考虑"推翻督政府[2]，解散议会，使自己成为独裁者"；但是，考虑到成功的机率很小，"他推迟他的计划"，退而求其次。"这是他的远征军进入埃及的唯一动机。"[3]在法国和欧洲目前的状况下，进行远征不符合公众利益，但无论法国是否会失去最好的陆军，无论最庞大

---

[1]　米奥·德·梅里托，I，184页（1787年11月18日在都灵与波拿巴的谈话）："我与将军面对面待了一个小时。我将根据当时所做的记录，如实地还原谈话。"

[2]　马迪厄·仲马，《回忆录》，III，156页："很明显，从这时开始，他就开始考虑这件事，并仔细研究了障碍、手段和成功的机会。"（马迪厄·仲马援引曾参与此计划的德塞科斯的证言）："似乎一切准备就绪，这时，波拿巴觉得形势还不成熟，手段也并不充裕。"因此，他决定离开。"他想避开这些反复无常的卑鄙独裁者的统治方式，而后者也想摆脱他，因为他在军队的知名度和影响力都使他们感到厌恶。"

[3]　雷维里埃尔·德·雷波（五名履职的督政之一），《回忆录》，II，340页。"这项计划真正伟大，以及所有大胆和放肆的地方，无论是设计还是执行，完全是波拿巴一个人所为。督政府及其成员从未有过这样的想法……他的野心和傲慢不能忍受在平庸和接受一个听命于督政府、无论多么显赫的职务之间进行取舍。"

的舰队是否会遭受毁灭性打击，都不重要，只要在这场庞大、师出无名的冒险中，波拿巴能找到用武之地、一个施展才华的领域，并获得一场令人称道的胜利，这就会像响彻云霄的号角，使他在海外重塑自己的声望：在他眼中，舰队、陆军、法国和人类只为他而存在，只为他服务。如果这种信念经过确认之后，仍然需要另一个通识教训的话，那就会由埃及提供；在这里，不受任何约束的绝对君权与低劣的人性抗争，他像苏丹一样行事，而他自己也习惯于扮演这个角色[①]。他对人类最后的顾忌消失了，他后来说："我讨厌卢梭，看见东方之后，野蛮人就是一条狗。"[②]对于文明人来说，野蛮是藏在心里的；如果头脑稍微变得斯文一些，本能就不会发生变化。无论是对第一种人，还是对第二种人，都需要一个主人、一个能降服他们想象力的魔术师，可以教化他们，防止他们出去乱咬一通，把他们捆起来，关心他们，并带他们出去打猎：服从就是他们的宿命，所以他们不配有什么好的归宿，也不会有其他权利。当了执政官和皇帝之后，他大规模地应用了这种理论，经验在他的手中每天都会提供新鲜的理论验证。

在他第一次出手时，法国人，包括像动物一样忠诚的下层阶级、农民和士兵，以及有拜占庭式奴性的上层阶级、政要和官员，在言听计从中顶礼膜拜，并且习惯成自然一般保持下来。共和派阵营方面并不反对他，相反，在他们中间，他找到了最好的治理工具：参议员、议员、行政法院参事、法官和各级管理人员[③]。他很快就在他们关于自由

---

① 雷姆萨夫人，I，142页："约瑟夫强烈谴责埃及之行是他性情大变和日常专制行为的罪魁祸首，给他带来了诸多痛苦。"夏普塔尔伯爵，《拿破仑回忆录》，325页（波拿巴与诗人勒莫尔西埃的谈话，他曾陪同拿破仑去东方并在那里学到了很多关于人类本质的东西）："您会看到那个国家的君主不拿他臣民的性命当回事儿，而这些臣民本身也不拿自己的性命当回事儿。您会放弃博爱观念的。"

② 罗德勒，III，461页（1803年1月12日）。

③ 参见《大革命之雅各宾》，773页（注1，关于1806年从大革命中幸存下来国民公会议员的状况）。例如，富歇是部长，让鹏·圣·安德烈是省长，德鲁埃（瓦莱纳）是专区区长，谢皮（格勒诺布尔）是布赖斯特的警察总监；131名判处国王死刑者成了官员；他们当中有21位省长和42位法官。有时，偶然被保存起来的文件会让人能"抓现行"。1871年由杜罗先生发表于《评论杂志》的《1810年和1814年每周新闻检查公报》："没收了为作者巴洛伊先生代销的240份淫秽作品。这位巴洛伊先生在大革命期间有一些知名度，他是圣安东尼镇的著名爱国者（转下页）

和平等的说教背后发现了他们的专制本能、统揽指挥权和领导权的渴望，甚至下属也是如此；除此之外，他们中的大部分人都充斥着追逐金钱或感官享乐的欲望。在帝国公安委员会的代表和部长之间，在省长和专区区长之间，区别是很小的：是同一个人穿两套服装，先是穿卡马尼奥拉服，然后穿刺绣服。如果某个清教徒，无论贫穷或粗鲁，像康朋或博多，拒绝穿官式制服；如果两三个雅各宾将军，像勒古布和戴尔马，埋怨加冕礼阅兵式，能精准把握他们心理的拿破仑就会视他们为思维定式中僵化的愚昧无知者。至于1789年受过良好教育的聪明的自由派，他用一个字就可以把他们的地位勾勒出来：他们是"空想理论家"。换句话说，他们所谓的学问是沙龙里的偏见和书斋里的幻想，"拉法耶特是个政治傻瓜"，永远的"胸无城府的受骗者"①。 对于拉法耶特和另外一些人来说，有一个令人尴尬的细节：我指的是众所周知的大公无私、时刻牵挂大众福祉、尊重别人、良心的象征、忠诚、善良，总之，都是高尚和纯洁的动机。

拿破仑不接受任何跟他的理论背道而驰的想法；谈到人的时候，他当面和他们争论什么是高尚的道德。有一次，他突然对马迪厄·仲马说②："仲马将军，您也是那些相信自由的笨蛋吗？是的，阁下，我过去是，现在也是那种人。您也像其他人那样为革命工作是为了实现雄心壮志吗？ 不，阁下，也许我的想法错了，因为我仍然是1790年的立场。 您没有意识到您的动机；您不可能和其他人有区别；人总

（接上页）之一。制宪会议曾经把巴士底狱的旧址所有权转让给他，而他将旧址的石块分发给了所有的市镇。他是一位锦衣玉食爱好者，他用糟糕的文笔把他与王宫一位女子的爱情写成了淫秽的故事。如果他能把自己快活的作品保留几部的话，那么他也乐于看到这些书被没收。他声称是非常佩服和迷恋陛下的人，并以1789年的风格表达了他的有趣观点。"

① 《回忆录》，1816年6月12日

② 马迪厄·仲马，III，364页（1809年7月4日，在瓦格拉姆战役的前几天 ）。雷姆萨夫人，I，105页："我从未听见他对任何高尚的行为表达过钦佩和理解。" I，179页。关于奥古斯都的仁慈和言论："让我们做朋友吧，齐纳"，下面是他对此的表述："我理解这种行为只是作为暴君的假象，我也同意，作为观念，我觉得幼稚的东西也是一种情感。"夏普塔尔伯爵，《回忆拿破仑》，350页："他既不相信美德，也不相信正义；他经常称这两个字只不过是抽象概念：这是使他如此多疑和道德败坏的根源……"，"他从来没有体验过慷慨大方是什么感觉；这就是为什么他总是茕茕孑立，从来没有过朋友的原因；他把人视为假币或仅仅是工具而已"。

是有私心的。看看马赛纳,他获得了那么多荣耀和尊重,但他并不知足,他想要当亲王;就像缪拉和贝尔纳多特那样,他明天战死就可以当亲王了,这就是法国人的动机。"

关于这一点,是他命里注定的,敏锐的旁观者和最熟悉他的人都会注意到他的偏见。梅特尼什写道[①]:"不幸的是,对于他来说,关于人的看法的中心思想在他的内心中已经具有公理的力量。他确信,活跃在公共舞台或在一心主动追求生活意义的人当中,没有人不受或不可能不受利益的驱使。"他认为,判断一个人应根据其自私的本性、恐惧、贪欲、情欲、自尊心、好胜心[②];当他秉持老式想法进行思考时,这就是他的原动力。此外,让他发狂很容易,因为他富于幻想、容易轻信和冲动:只需激起他的自豪感和虚荣心,为他编造一个关于自己和别人的极端与错误的观点就可达到目的。让他低下头按您的喜好同他谈话,您就可以发现,他的动机中没有一个是令人肃然起敬的,而这样造就的生物是专制政府的原材料,是准备造型的陶器师傅手中把玩的一堆黏土。如果黏土堆里有硬块的话,陶器师傅就必须将其粉碎,然后捏合在一起就可以了。这就是拿破仑深扎于心的终极观念,他越来越直接和强烈地陷入这种观念中,以至于暴露了事实之间的矛盾。没有什么能使他脱离这种观念,无论是英国人的顽强韧性、教皇不屈不挠的仁慈、西班牙高调的暴动、德国低调的起义、天主教信仰的阻力,还是法国的逐渐不满都无法做到;这是因为这种观念是由他的性格决定的[③]:他按自己的理念观察别人。

---

① 梅特尼什先生,《回忆录》,I,241页。雷姆萨夫人,I,93页:"这个人对任何美德都毒害不浅……"斯塔尔夫人,《法国大革命思考》,第四部分,第十八章(1805年拿破仑和梅尔齐先生的所作所为,毁掉了自己在米兰舆论的声誉)。

② 雷姆萨夫人,I,106页,II,247页、336页:"他统治别人的所有手段都来自于那些倾向于贬低他的人……他只有在可以嘲笑美德的时候才会容忍美德。"

③ 他几乎所有的算计错误都源自于这个缺陷,再加上建设性的想象力过剩。参见普拉特神父,94页:"皇帝全情投入于幻想之中:一个生活在虚构的生活中的人是不会被打败的。凡是关注过他的虚幻世界的人,已经注意到他为自己创造一个假想的西班牙、一个虚构的天主教、一个虚构的英国、一个虚构的财务状况、一个虚构的贵族阶层,更有甚者,还有一个虚构的法国,以及后来的虚构的国民议会。"

III

我们现在来探讨支配波拿巴激情和内心的深渊，这个深渊是本能、教育、思考、理论在他身上挖掘的将吞没他的豪迈的命运大厦：我指的是他的雄心壮志。这是他灵魂的首个发动机和意志的永恒本质；由于联系非常紧密，以至于他无法将其同自身分开，有时他甚至意识不到这一点。他对罗德勒说[①]："我没有什么雄心壮志"；然后，他以平时特有的清晰思路改口接着说，"或者，如果我真有的话，那肯定是自然形成的，与我的生命息息相关，就像血管里流淌的鲜血和呼吸的空气"。更为深远的是，他把它同潜意识中无法抗拒的野蛮情感相比，与惊天地、泣鬼神的激动相比，与强烈而可怕的震颤——我们称之为爱情的东西——相比，这种情感让灵魂从头到尾都为之战栗。

"我只有一种激情[②]，一个情妇，那就是法国。我和她睡觉。她从来不与我虚与委蛇。她慷慨地向我献出她的鲜血和财富。即使我需要50万人，她也会献给我。"不要让任何人介入她和他之间，加冕时不要让约瑟夫在新帝国里得到任何次要或未来的地位，不要让他以兄弟情谊为借口牟私利[③]。"这是落井下石"，但他还是这样做了，"没有什么能把这件事从我的记忆中抹去，就好像是他对自己的爱侣说，他睡了他的情妇，或者他只是希望她能爱上他。我的情妇是权力，为了征服她，讨她的欢心，我竭尽全力，甚至忍受别人对她垂涎三尺"。这种雄心壮志既贪婪又忌妒，对敌人的想法忌妒而愤慨，一想到受到限制就不舒服，无论获得的权力有多大，他仍然想要更大一些；在离开最丰盛的盛宴时，他仍然觉得没吃饱。在加冕礼的第二天，他对德克莱说[④]："我来得太晚了，没有什么伟大的事需要做了。我得承认，

---

① 罗德勒，III、495页（1804年3月8日）。
② 罗德勒，III、537页（1809年2月11日）。
③ 罗德勒，III、514页（1804年11月4日）。
④ 马尔蒙，II，242页。

我的事业是美好的，我走了一条光辉灿烂的路。但与古代有什么区别！看看亚历山大：征服亚洲并向人民宣布自己是丘比特的儿子之后，除了奥林匹亚、亚里士多德和一些雅典的书呆子知道是怎么一回事之外，整个东方都相信他。而对我来说，如果我今天宣布，我是上帝之子，并以此之名侍奉天父，满街的女商贩都会唾骂我。如今，人民已经觉醒，再也没有什么大展宏图的余地了。"然而，在这个20个世纪都保持一成不变的、特有的高尚领域，他仍然用迂回的办法，最大限度地进行扩张蚕食；先是把手伸向教会，然后是教皇。也像在其他地方一样，他抓住能抓住的一切。在他眼里，这是再自然不过的事：这属于他的权力范围，因为他是唯一能做到的人。"我的意大利人民[1]想必足够了解我，而不会忘记他们所有脑子加在一起也比不上我一个手指头知道的多。"与他相比，他们都是孩子，是"未成年人"，法国人也一样，其他人也一样。一位熟悉他的外交官从各个方面对他进行了研究，用一句精辟的话概括了他的性格："他视自己为这个世界之外的人，生来就是为了统治这个世界，并按自己的意愿引导众生。"[2]

　　这就是为什么任何接近波拿巴的人都要放弃自己的独立性，而成为他的统治工具的原因。德克莱经常说，"这个可怕的人操控了我们所有人！他把我们的想象力掌握在自己的手里，翻手为云，覆手为雨；但没有人知道何时会拨云见日，也没有人知道如何逃脱他的魔掌。"[3]因为他不会松开"已经抓住的东西"。任何类型的独立性，甚至是潜在的和仅仅是有可能存在的独立性，都会让他无法容忍：智慧或道德的优越感是一种独立性，他已经逐渐地将其摆脱[4]，结果，在他

----

[1]　《拿破仑一世通信集》（给欧仁亲王的信，1806年4月14日）。

[2]　梅特尼什先生，I，284页。

[3]　莫里恩，III，427页。

[4]　夏普塔尔伯爵，《回忆拿破仑》，226页。在执政府期间，"由于他对大部分议题的观点还没有形成，他允许讨论；于是，有机会向他说明并可以将某个他在场时表达的观点加以强化。但自从他对行政议题有了自己或真或假的想法之后，他就不再征询任何人的意见了……他对那些与他有不同意见的人冷嘲热讽，让他们出丑，并且常常拍着脑门说，这个脑子要比那些所谓受过（转下页）

身边只能容忍被征服和被制服的头脑；他最早的仆人是机器或一些疯狂的家伙，如崇拜者马莱、随叫随到的宪兵萨瓦利[1]。从一开始，他就把部长视为职员，因为他既是征服者，又是统治者；在每个部门，事无巨细，他都事必躬亲；因此，作为部门首长来说，他只需要有效率的文书抄写员、沉默不语的执行者、听话的特别帮手，而不是诚实独立的顾问。他说："某种程度上来说，如果他们在智慧和性格方面不那么平庸的话，我真不知道该拿他们怎么办。"至于他的将军们，他自己承认，"他只喜欢奖励那些对荣耀勉为其难的人"。[2]

在任何情况下，他都必须根据个人要求，按照他的喜好，成为建立或破坏别人名誉的唯一主人，这是因为太优秀的士兵会变得过于重要，而下属尝试拒绝唯命是从是不允许的。为此目的，波拿巴研究在他的公告里需要忽略什么，应该改动哪些东西或修改什么。"他有时对某些胜利保持沉默或把某个元帅的失误改为成功。有时，一位将军会从公告里得知某一次他参加了从未参与的行动，或者做从未做过的演讲。"如果他表示不满，就会有人让他保持沉默；而作为补偿，他被允许抢劫、征收捐税、让自己大发利市。尽管成为公爵和世袭亲王后，他有50万土地年金，但他并不会因此而桀骜不驯，因为创

（接上页）教育和经验丰富的人提的意见有用多了……整整四年当中，他一直在尝试把各方面的精英才子网罗到自己身边。后来，选拔人才对他来说变得无所谓了……在自信完全有能力独自实施统治和行政管理之后，那些精英和骨干都被弃之如履。他需要的是奴才，而不是顾问……部长们都成了办公室主任；行政法院只是为他颁布的法令走个形式而已；甚至最微小的细节他也要插手。他身边的人都变得畏畏缩缩、谨小慎微：大家在听从神谕，然后不假思索地执行……由于所有的权力和作为都掌握在他一人之手，他成了独步天下的孤家寡人，他确信，别人的智慧和经验对他不会有任何帮助；他认为，他只需要权力"。

① 掌玺大臣巴斯齐埃，《未公开的回忆录》，II，49页（主要幕僚的完美肖像，康巴塞莱斯、塔列朗、马莱、克雷泰、雷亚尔，等等）。募兵总管拉库埃是完美类型的皇家公务人员。在接受荣誉军团勋章绶带时，他喜不自禁地说："在这样一个人的领导下，法国会变成什么样呢？只要每年能征募二十万人，法国的幸运和荣耀不知会发扬光大到何种程度！实际上，依帝国的疆域，这并不困难。"莫林·德·杜埃也持同样的看法："我从未遇到一个人对公正和不公正没有什么感想；一切对他来说似只是根据法律条文的结果而判断是否正确或有利。他甚至天生有一种邪恶的微笑，一有机会应用他可恶的科学并断定需要发挥严厉或谴责手段时，这种微笑就会不由自主地从他的嘴角流露出来……"德·费尔蒙在财政问题上也有相同的看法。

② 雷姆萨夫人，II，366页；III，46页；II，205页、210页；III，168页。

作者已对他自己创作的作品采取预防措施了。"我可以让一些人独断专行，"他说，"但我很清楚在哪里可以找到他们并防止他们忘恩负义。"他总是在被征服国家划出一片土地，慷慨大方地赏赐给他们，这样就确保了他们的财产就是自己的财产。[①]

此外，为了使他们不过分依赖金钱，波拿巴故意鼓励他们和所有达官显贵一掷千金、尽情挥霍：通过这种手段让他们的生活捉襟见肘，然后就可以牵着他们的鼻子。"我们看到他的大部分元帅，由于被债权人不断讨债，来向他寻求帮助，他均根据自己的喜好和远近亲疏给予不同的帮助。"因此，在超越权力和天分所授予他的普遍支配权之外，他需要对每个人都施加一种个人的、额外的和不可抗拒的控制力。因此，"他小心谨慎地在别人身上培育所有寡廉鲜耻的激情……他热衷于发现别人的弱点，以便将其纳入自己的权力范围"，萨瓦利对金钱的渴望、马莱的卑躬屈节、康巴塞莱斯的虚荣和好色、塔列朗的玩世不恭和"不道德的享乐主义"、杜洛克的"枯燥的直率"、富歇的雅各宾派瑕疵、贝尔蒂埃的糊涂[②]，他把这些都原原本本地呈现出来，自己怡然自得并加以利用。"他在这儿看到的不是罪恶，他鼓励弱点；在迫不得已的情况下，他激发起恐惧，以便使自己可以成为永远的强者……由于害怕人与人之间维系的感情纽带，他力求使人彼此疏远……他只在激发起忧虑时才兜售他的宠幸；他认为使人依附于自己的最好办法是使他们感觉朝不保夕，甚至经常在公共舆论中诋毁他们。"他在昂基安公爵被谋杀后说："如果科兰居尔感觉如履薄冰，没什么大不了的事，他会把我伺候得更好。"[③]

一旦某个人处于任人摆布的境地，不要幻想可以虎口逃生，或认为自己能瞒天过海，因为他所有的一切都属于波拿巴。公务员满腔热忱，成功地履行职责，在规定的限度内令行禁止，这显然是不够的，

[①] 雷姆萨夫人，II，155页、278页。

[②] 同上，II，45页；III，275页（关于萨瓦利，他最亲密的幕僚）："这是一个会永远腐败下去的人。"

[③] 同上，I，109页；II，247页；III，366页。

除了公职人员，波拿巴要求所有的人都这样做。面对别人的赞美之词，他说，"所有这些也许是应该的，但他们不像我所希望的那样属于我"。他要求的是忠诚，通过忠诚，他要的是"整个人，包括一切情感和观点"不可改变的、完整的屈服。[1]

一位目击者写道："我们必须放弃一切旧的习惯，即使是最微不足道的，并只受一种想法的支配，即他的意志和利益。"[2]为了更加安全起见，他的仆人应该在自己身上消除批评意识，"他最害怕的是，无论是与他关系亲密还是疏远的人都运用或保留着判断力"[3]。"他的想法坚如磐石，别人休想偏离他的轨道。特别是两个人的意见不谋而合并站在同一立场时，其一致性尽管是被动的，其理解的共同点尽管是个人的，其悄声低语尽管若有若无，但这些依然构成了一个联盟、一个派别，如果他们是公职人员则构成了一个阴谋。"[4]

在从西班牙返回时，波拿巴气急败坏、锋芒逼人地宣布，"他任命的那些达官显贵部长们必须停止擅自表达自己的高见和想法，他们只是他的传声筒而已；如果他们胆敢疑神疑鬼，那就是开始叛国；而从疑神疑鬼到出言不逊，则是彻头彻尾的叛国"[5]。如果他们充耳不闻，在冒犯他的同时又力求得到一个最后的避难所，如果他们拒绝向他奉献自己的良心、天主教徒的信仰或老实人的荣誉感，他会很惊讶，甚至很生气。

态度谦卑的根特主教为不能违反良心而第二次宣誓时，波拿巴突

---

[1] 同上，II，142页、167页、245页（拿破仑的谈话）："如果我命令萨瓦利离开他的妻子和孩子，我确信他是不会犹豫的。"马尔蒙，II，194页："在1809年，我们在维也纳的时候，达沃斯特在谈到他自己和马莱的忠诚时说：'如果皇帝对我们两个说，我的政治利益要求摧毁巴黎，无一幸免，我肯定马莱会保守秘密；但他会不由自主地把消息告诉家里人，好让他们逃走，而我则不会走漏风声并让老婆孩子留在那里。'"这些话里有虚张声势的奴性和耸人听闻的成分在内，但发人深省。

[2] 雷姆萨夫人，II，379页。

[3] 《布罗伊公爵火之回忆录》I，230页。（1813年马莱在德累斯顿的谈话；也许他是在重复拿破仑的话。）

[4] 莫里恩，II，9页。

[5] 奥松维尔伯爵，《罗马教会和第一帝国》，IV，190页和其他章节。

然转身,粗暴地说:"是的,先生,你的良心就是愚昧!"[1]图书馆馆长波尔塔里斯曾经从堂兄阿斯特洛思神父处收到一份教皇的赦书,出于对通信保密性的尊重,他只是建议堂兄对这份文件保密,并说,如果文件被曝光,他会禁止其向外传播;出于谨慎起见,他将此事通知了警务总监,但没有特别正式地指控自己的堂兄,通知警察逮捕他并扣押文件。为此,皇帝在行政法院的会议上"用如炬的目光"劈头盖脸地质问波尔塔里斯,宣布他犯下了"最卑劣的叛国罪"[2],用一连串的污言秽语羞辱了他半个小时,然后命令他滚出房间,就像对待一个犯了盗窃罪的仆人一样。

公职人员无论是否在履行职务,都必须听从波拿巴的任何要求。如果谁有顾虑而不作为,如果认为是个人义务,如果不想有失分寸,甚至背信弃义,就会冒着得罪主人或失去主人青睐的风险,雷姆萨先生就属于这种情况。他不愿意在圣日耳曼区当间谍、告密者和检举者,并且在维也纳没有让安德烈夫人开口吐露其丈夫的行踪,以便将其逮捕并即时枪决,所以移交的谈判者萨瓦利一再对雷姆萨先生说:"您错过了您的好运,我承认,我搞不懂您是怎么回事!"[3]然而,萨瓦利自己作为警察总监、重大事件的执行者、谋杀昂基安公爵和巴约纳伏击的主谋、为进行1809年战争而伪造奥地利钞票以及为进行1812年战争而伪造俄国钞票的筹划人,也终于厌倦了,他被指控干了太多肮脏的活。[4]无论他如何铁石心肠,也会有心慈手软的时候,最终他发现自己的良心有所不安。在1814年2月,萨瓦利怀着极大的反感执行了制作一台邪恶小机器的命令,这种机器通过钟摆装置运

---

① 同上,III,460页。参见掌玺大臣巴斯齐埃的《未公开的回忆录》同一场景。(他是当时的目击者和参与者。)

② 康巴塞雷斯的话。(拉瓦莱特先生,II,154页。)

③ 雷姆萨夫人,III,184页。

④ 掌玺大臣巴斯齐埃的《未公开的回忆录》,III,320页。(根据萨瓦利的命令,在蒙特鲁齐平原的一所偏远房子里制造假钞的细节。)梅特涅,II,358页(拿破仑对梅特涅先生的谈话):"我已准备好五亿维也纳银行的钞票,我可以把你们都淹死……我会把假钞都投放给您。"同上,梅特涅先生就该问题与尚巴尼先生的谈话(1810年6月)。

行,用来轰击回到法国的保王党人。他拍了拍脑门说："啊,必须承认,皇帝有时很难伺候啊!"①

波拿巴之所以需要如此多的人,是因为对于他玩的这种游戏来说,他必须大小通吃,在他所处的情形中,他不需要谨小慎微。他说："一个政治家难道不就应该生性敏感吗? 他难道不应该是一个怪胎吗? 他不应该形只影单在一方,而整个世界的其他人在另一方?"②在这场决斗中没有休战或怜悯,他对别人是否感兴趣,只取决于对他是否有用;他们的价值取决于他能从他们身上得到什么,他唯一要做的事就是压榨他们,直到他们身上只剩最后一滴血。他又说道:"我在无用的情感中很难找到什么乐趣,贝尔蒂埃是一个如此平庸的人,我不知道我为什么还是那么喜欢他。然而,如果他不值得我这样做,我不知道还会不会喜欢他。"③他没有进一步说明他认为这种冷漠对于政治家是必要的,他的镜子投射的就是他自己的政策④,他必须注意任何东西都既不会被放大也不会被缩小。因此,除了发生神经过敏情况之外,"他并不比车间主任关心其工人那样更关心别人"⑤,或更准确地说,对于他来说,一旦工具不能用了,根本不用在乎它在角落里腐蚀生锈还是被扔到废铁堆里。

司法部长波尔塔里斯⑥有一天垂头丧气地走进波拿巴的房间,眼中充满了泪水。"出了什么事,波尔塔里斯?"波拿巴问道:"您病了吗?""没有,陛下,但我非常伤心。图尔的大主教、可怜的布瓦斯格林、我的同窗、我童年时代的朋友……""他出什么事了?""唉,陛下,他刚刚去世了。""关我什么事? 他再也没有什么用处了。"

---

① 掌玺大臣巴斯齐埃的《未公开的回忆录》,IV, 2页。

② 雷姆萨夫人, II, 335页。

③ 同上, I, 231页。

④ 同上, I, 335页。

⑤ 梅特涅先生, I, 284页。"似乎他最亲近的人之一是杜洛克。'他喜欢我就像狗喜欢主人一样':这是他在跟我谈到他时说的话。他把贝尔蒂埃对他的感情同孩子保姆的感情做了比较。这些比较与他影响别人的动机理论远非背道而驰,反而是其必然的结果;他在其中所遇到的感情中,并不能应用其纯粹的利益算计,于是,他在一种本能中寻求原因。"

⑥ 博涅奥,《回忆录》, II, 59页。

他是造物主，拥有一切人和事务、身体和灵魂，可以随意对其进行使用，直至枯竭，而不必对任何人负责；经过几年的时间，他的表达方式就与路易十四本人一样流畅，但更专制了，"我的军队、我的舰队、我的主教、我的评议会①、我的参议院、我的臣民、我的帝国"。他对即将奔赴战场的军团说："士兵们，我需要你们的生命，这是你们欠我的。"他对多尔塞纳将军和警卫队掷弹兵说②："我听说你们都想回巴黎找娘们儿去，不要自欺欺人了，你们得留在我的麾下直到80岁，你们是在野地里生的，也必须死在那里。"

他如何对待当上了国王的兄弟和亲属；他如何钳制他们；他如何运用马刺和鞭子，使他们一路小跑并跳越篱笆和沟渠，也许在他的信件里可以发现端倪：任何离弦走板的做法，即使证明具有出人意料的紧迫性和明显良好的初衷，都被认为心怀叵测而被粗暴镇压，肇事者将被打得遍体鳞伤、体无完肤。既和蔼可亲，又听话忠诚的欧仁亲王是这样被警告的③："如果您想为了更换房间的天花板而征求陛下的命令或建议，那么您必须等待直到接到命令为止；如果米兰着火了，您要求他灭火，您得先让米兰烧完了再等他的命令……陛下对您不高兴，很不高兴；您永远不要做越俎代庖的事；他永远不想看到这样的事；他永远不会原谅这样的事。"从这里我们能够判断他对副官说话的语气。关于法国军队被荷兰拒绝进入某些地区的问题："告诉荷兰国王④，如果他的部长们对自己的行为负责，我就把他们全抓起来并砍掉他们所有人的头。"塞居尔先生⑤是科学院委员会的委员，该委员会刚刚批准了夏多布里昂先生的论文，波拿巴对他说："您和封丹先生，作为国务参事和大师，我应该把你们放在万塞纳……告诉科

---

① 《回忆录》："如果我从莫斯科凯旋，我会让教皇不后悔拥有世俗权力，我会把他变成一个偶像……我将统治宗教界以及政治界……我的评议会将代表基督教，教皇也只是议长而已。"

② 塞居尔，III，312页（1809年在西班牙）。

③ 《欧仁亲王回忆录》（1805年7月31日由拿破仑口述杜洛克所写给欧仁亲王的信）。

④ 1810年3月3日拿破仑给富歇的信。（在《拿破仑一世通信集》遗漏，后来由梯也尔发表，《执政府和帝国史》，XII，115页。）

⑤ 塞居尔，III，459页。

学院的蠢货们，我没有任何政治议题在他们的会议上处理……如果不服从，我会把他们当作邪恶俱乐部解散。"

波拿巴不生气或未责骂别人的时候[1]，就算把锋利的指甲收了回去，别人仍然会感觉到爪子的存在。在公开责骂、羞辱了博涅奥[2]之后，他意识到了自己的做法不公平，但为了产生旁观者效应，他对博涅奥说："喂，大傻瓜，你头脑清醒了吗？"这时候，身材高大得像军乐队队长的博涅奥深深地弯下腰，而那个小个子抬起手，抓住他的耳朵，这是"亢奋得宠的标志"，博涅奥说，也是主人亲昵的幽默举动。而更令人受宠若惊的是，主人屈尊对他的个人品味、他的懊丧和返回法国的心愿做了谆谆教诲。"我想要什么？在巴黎当他的部长？

根据那天他对我的态度，我离那个结局不应该还有太长的时间，月底前我都担心死了。他已经杀了波尔塔里斯、克雷特，日子过得痛不欲生的特雷哈德几乎死掉：他不能排尿。其他人也有同样的遭遇。如果不是更糟的话，我可能也会发生同样的事情……""留在这里……之后你会变老的，或者说我们都会变老的，我会送你到参议院，你可以随便在那里流鼻涕。"

显然，"一个人离他越近，就会变得越郁郁寡欢"[3]。"尽管伺候他的人对他肃然起敬、令行禁止，他仍然乐此不疲地使身边的每个人在宫殿里遇到任何大事小情时都生活在恐怖之中。"即使某项困难的公务完成，他也不会表达谢意，从不或几乎从不称赞别人，但也有一次例外：外交部长尚巴尼由于在一夜之间签订了维也纳条约[4]，并为法国带来意想不到的利益而受到称赞；这一次，措手不及的皇帝自言自

---

① 拿破仑和马尔蒙的谈话，后者在住了三个月医院从西班牙回来时，一只胳膊被打断，用一个黑袖子遮住："你还能撑住那身破布呢？"圣·伯夫是个热爱真理的人，他引用的原话未经加工，是马尔蒙不敢复述的（《周一漫谈》，VI，16页）。掌玺大臣巴斯齐埃的《未公开的回忆录》。尚巴尼先生被免职并被别人取代之后，一个勇敢的朋友为他辩护，坚持褒奖他的功绩："你是对的，"皇帝说，"他开始用他的时候，他是有功劳的；但在他脑满肠肥的时候，我使他变得很愚蠢。"

② 博涅奥，I，456页、464页。

③ 雷姆萨夫人，II，272页。

④ 尚巴尼先生，《回忆录》，117页。

语,"通常情况下,他只用沉默表示认可。"当宫殿总管雷姆萨先生为他节俭又得体地成功举办一次盛大华丽的节日庆典时,总是把各种艺术家请来以博取他的欢心,雷姆萨夫人[1]从来没有问过丈夫皇帝是否高兴,而是问他这次是否又骂人了。"他处理大事小情的一般性原则是,一个人只有身处焦虑中才会激发出热情。"他施加的约束是多么令人难以忍受,他的专制主义对努力奉献和温顺的人是多么沉重的枷锁,他是多么过分地挫伤和践踏了所有人的意志,他对人类的压抑和扼杀已经到了什么程度,他心如明镜。有人听他说过,"幸运的人是那些离我远远的深藏在外省的人"。有一天[2],他问塞居尔先生,他死后人们会怎么说他,后者说大家会普遍感到惋惜。"根本不会,"皇帝回答,然后,他长吁了一口气,表现出如释重负的样子,接着说,"人们会说:喔!"

IV

没有哪个君主从早到晚都保持专横跋扈的态度,即使是专制君主也不会如此。一般来说,尤其是在法国,君主的时间用在两个方面,一个是公务和其他社会责任,另一个是作为国家元首的同时,他个人也是一家之主,因为他也要接待访客,招待客人,为了使客人宾至如归,他需要让他们无拘无束。路易十四是这样做的[3]:礼貌对待所有人,总是友善对待男人,有时甚至和蔼可亲;总是彬彬有礼对待妇女,有时献殷勤;小心翼翼避免唐突、讲排场和讽刺别人;绝不擅自使用攻击性的语言,绝不让别人有自卑感和依赖性,鼓励他们讲话,甚至

---

① 雷姆萨夫人,I,125页。
② 塞居尔,III,456页。
③ 参见《旧制度》,I,241页。《路易十四的著作》,191页:"如果说这个君主政体有任何特殊之处的话,就是臣民可以自由、方便地接近国王,这是他们和他之间正义的平等,可以说,这种平等维系着他们之间的这种亲切和诚实的伙伴关系,尽管在出身、门第和权力方面存在无限的差异。这种令人愉快的社会可以使宫廷里所有人熟悉我们,给他们留下难以想象的深刻印象和魅力。"

聊天，在谈话中保持表面上的平等，在回应时微笑待人，讲故事时尽力开玩笑。这是他的客厅法则：在客厅以及任何人类社会都需要一个法则、一个开明的法则，否则生命就会消亡。因此，在过去的社会里遵守这种法则被认为是有良好的教养，而国王本人对这种礼仪规定比任何人都遵守得好。从传统和教育方面来说，他尊重别人，至少尊重他周围的人；他的大臣成了他的客人，而没有成为他的臣民。而拿破仑完全不是这样。尽管他借的是旧宫廷的标签，但他只保留了其严格的纪律和华而不实的炫耀。

一个目击者说[①]，"礼仪制度，好像是根据连续击鼓声来执行的；某种程度上来说，一切都如快刀斩乱麻般进行"。"这种匆忙的气氛，由这种气氛引发的持续性的焦虑"，消除了围绕着他的所有舒适感和所有的轻松感、所有的娱乐和所有愉快的交往，联系他与周围人的唯一共同的纽带就是命令与服从。"他挑选的寥寥无几的那几个人，萨瓦利、杜洛克、马莱，都沉默不语，只负责传达命令……在执行传达给我们的命令的过程中，无论是对他们还是对我们自己来说，我们都像真正的机器或差不多的东西，就像刚刚装饰过的杜伊勒里宫和圣克鲁宫的优雅镀金扶手椅那样。"

为了使机器正常工作，机械师应经常检修机器，这一点是很重要的，如果长时间未经检修，这一环节更是不可缺少的。正当他从蒂尔西特返回途中，"每个人都焦急地审视自己的良心[②]，来寻找自己行为中哪个部分会引起严厉的主人回来以后的不快。无论是配偶、家庭，还是达官显贵，或多或少都感到困扰"，而比任何人都了解他的皇后天真地说，"既然皇帝这么高兴，一顿责骂肯定是少不了的"。实际上，人还几乎没有到，他就开始大发雷霆；然后，"由于对这个煞有介事的恐怖把戏非常满意，他似乎已经忘记了发生的一切，又恢复

---

① 雷姆萨夫人，II，32页、39页。
② 同上，III，169页。

了惯常的生活"。"由于算计和秉性的缘故①，作为君主，他做事从来未能游刃有余、举重若轻"，因此，"整个宫廷笼罩着沉默和阴森的气氛，更令人沮丧的是，每个人的脸上都挂着一丝忐忑不安的表情，以及沉默中的淡漠和局促不安"。在枫丹白露，即使在富丽堂皇的宫殿里寻欢作乐时，"也没有人能真正地享受快乐，甚至他自己也不能"。塔列朗先生对雷姆萨先生说，"我可怜您，您需要逗一个不苟言笑的人发笑。"在剧院看戏时，他不是沉浸在梦乡就是哈欠连连：鼓掌是被禁止的；坐在那里看没完没了的"永恒悲剧，整个宫廷都无聊得要死……年轻女士睡着了，大家都离开了剧院，一脸的沮丧和不快"。沙龙里也笼罩着同样的尴尬。

我认为，他并不清楚如何显得轻松，我相信他也不想别人如此，害怕彼此熟稔之后，有人当面说出什么冒犯的话……在跳四组舞时，他穿梭在女士行列中，不时说上几句无关紧要或煞风景的话，他从不主动搭讪，而只是"笨拙、局促不安地与她们接近"；归根结底，他不信任她们，并对她们不怀好意②。这是因为"她们在社会获得的权力对他来说似乎是令人无法忍受的僭越行为"，"他从来没有对一个女人说过一句优雅或措辞巧妙的恭维话③，尽管从他脸上和语气中可以看出他在努力这样做……他只与她们谈论梳妆打扮，并声称自己是苛刻而细致的鉴赏者，并耽于一些无伤大雅的玩笑，或者，谈谈有几个子女的话题，并用粗鲁的语言询问是否是自己哺乳；或者，对她们的社会关系说三道四"。这就是为什么"所有女士看到他走开没有不高兴的④"。他经常因为把她们逗得花容失色而得意洋洋，他把她们逼到

---

① 雷姆萨夫人，II，32页、223页、240页、259页；III，169页。

② 同上，I，112页；II，77页。

③ 梅特涅先生，I，286页："很难想象，拿破仑开会时会比在客厅里的举止更笨拙。"瓦恩哈根·昂斯，《选集》，III，77页（1810年7月10日的会见）："我从未听见过比这更刺耳、更僵硬的嗓音。他笑的时候，只有嘴和脸颊的一部分在动，而额头和眼睛仍然阴沉地一动不动。这种微笑和严肃的表情混杂在一起让人毛骨悚然。"有一次，在圣克卢，瓦恩哈根听到他在一群女士面前连续重复了二十遍"天气太热了！"

④ 雷姆萨夫人，II，77页、169页。第博多，《执政府回忆录》，18页："有时他会对她们的梳妆打扮或冒险经历说一些挖苦人的话，这是他对道德的谴责方式。"《拿破仑回忆录》，（转下页）

墙角，极尽挑逗之能事，就像上校吓唬女厨子那样。"是的，女士，"他说，"我们可以谈谈你提到的圣日耳曼区的那些好人。X夫人，听说您与X先生关系密切……X夫人，听说您与X先生……"如果由于警察的关系，他发现了某个桃色事件，"他会忙不迭地把事情通知当事人的丈夫"。对于自己的风流韵事[①]，他也毫不讳言，在粗暴地断绝关系之后，他会把事情的经过和女方的名字泄漏给别人；更离谱的是，他把详细过程讲给约瑟芬听，还不许她表达不满："我有权力用一个永恒的我，回答你所有的反对意见"。

实际上，这个词就是所有事情的答案；他解释说"我将远离所有其他人。我不会接受任何人的条件"，也不会承担任何类型的义务、任何法规，甚至是外面最普通的礼仪规定，即使这些规定可以减少或掩盖原始的野性，可以让人同舟共济、避免冲突。他不仅不了解这些，而且还拒绝接受这些。

他说："我不喜欢这个有关礼仪[②]的词义模糊的词，而你们这些人一有机会就把它挂在嘴边。这个词是那些傻瓜为了想接近智者而发明的，这是束缚强者的社会枷锁，只对平庸之辈有用……啊！高雅的品位！又是我不能接受的经典语言。"一天，塔列朗先生说："这是您个人的敌人，如果您能用子弹使自己脱困的话，那它早就不存在了。"这是因为高雅的品位是文明的最高成就，是裸露人体的最隐秘的衣服，是其他所有衣服被脱掉后保留的最适合人类的最后服装，但这层薄薄的纤维组织对拿破仑来说仍然是个阻碍。出于本能，他迅速地脱掉了这层衣服，因为它妨碍了他天生无法无天的行为，以及征服者恣意残害失败者的野蛮统治方式。

（接上页）322页，夏普塔尔伯爵著。"在市政府的一次庆典上，他大声对某个刚刚告诉他自己名字的女士说：'上帝啊，有人跟我说您过去很漂亮的！'他对一些老年人说：'您活不了多久了。'"他对另一位女士说："既然您丈夫去打仗了，您就有机可乘了！""总的来说，波拿巴说话的语气像一个没教养的中尉。他经常邀请12个或15个人一起晚餐，还没喝汤时，他就起身离开桌子了……宫廷就像是一个大帆船，每个人都根据命令划桨。"

① 雷姆萨夫人，I，114页、122页、206页；II，110页、112页。
② 雷姆萨夫人，I，277页。

V

这种行为往往使社会交往难以维系,在民族和国家之间尤其不可行。这就是为什么政治和外交被认为是社会交往的高级形式的原因。一个国家的首脑或代表,原则上会小心翼翼有所节制,至少对与自己相同的国家是如此。他矢志要对他们平等相待,迎合他们,因而,他暂时不会刺激他们,或掺杂个人感情;总之,需要自我控制和节制语言。宣言、协议、急件和其他公文冷冰冰的语气、掌玺大臣公署枯燥的行文风格、刻意平缓和流畅的表达方式、明显机械杜撰并且永远以同一模式凑成的长句子,均来源于此,这是横在竞争者之间的一种柔软的垫子或国际缓冲区,目的是为了减少碰撞的冲击。国家之间存在太多的相互刺激,有太多不可避免的令人遗憾的遭遇和太多的冲突原因。冲突的后果是严重的,不应该在利益的伤口上再增添想象力和自尊心的新伤口;更重要的是,没有必要再无谓地扩大伤痛,冒险增加今天的障碍和明天的不满。

拿破仑则刚好相反。即使在和平谈判中,他的态度仍然是极具侵略性和积极好战的;他有意或无意地举起手:看上去是要打过来,但实际上他只是要冒犯别人。在与各国君主的通信中,在他的官声明中,在与各国大使的会谈中,甚至在他的公开演讲中[①],他挑衅、威胁、睥睨一切[②]。他对自己的对手鄙夷不屑,经常劈头盖脸地侮辱对方,用

---

① 《英国议会议事录》,XXXVI,310页。怀特沃斯爵士1803年3月14日给霍克斯波里爵士的急件,叙述了拿破仑对他大发雷霆的情景:"他的声音很高,以至在场的两百人都听见了。"怀特沃斯爵士(3月17日的急件)为此向塔列朗诉苦,并通知他,除非得到保证类似事件不再发生,否则将中断拜访杜伊勒里宫。霍克斯波里爵士证实了这件事(3月27日的急件),并宣称,该做法有违礼仪并严重冒犯了英格兰国王。同样的场景,同样骄傲无礼的语言:1809年,在巴黎,与梅特涅先生;1813年,在德累斯顿又发生一次;1812年,在巴黎,与科萨科夫亲王;1812年,在维尔纳,与巴拉少夫先生;1805年,在米兰,与卡尔第托亲王。

② 亚眠和平破裂前(1802年8月8日的通报):"如今法国政府的根基比英国政府的更加稳固。"(1802年9月10日的通报):"一个热爱荣耀而去征服的民族和一个碰巧成为征服者的商人之间的差异是多么大啊!"(1803年2月20日的通报):"政府自豪地宣布,英国现在无法(转下页)

最难听和歹毒的语言破口大骂①。他透露自己的私生活、卧室和床笫的秘密；他诽谤或污蔑他的大臣、他的宫廷和他的妻子②；他故意刺痛他们最敏感的地方。他告诉他们，他是个骗子、戴绿帽子的丈夫、一个教唆杀人犯；他说话时用的语气是法官谴责犯人的语气，或者更确切地说，是老师改正学生错误的语气。他带着怜悯的微笑指出对方的错误、弱点和无能，并预言对手将遭到挫败。

在维尔纳接见亚历山大皇帝的特使时，他对特使说③："这场战争不是俄国想要的，也没有一个欧洲国家赞成；英国也不想打仗，因为它预见到了对俄国的伤害。这场战争对俄国的伤害是最大的……我和您一样清楚，也许比您更清楚你有多少军队。你们所有步兵加在一起达12万人，骑兵为6万人或7万人；我的部队是你们的三倍……亚历山大皇帝得到的建议非常糟糕。他怎么能容忍自己身边围绕着这些卑鄙小人：阿姆菲尔德，一个堕落卑鄙的阴谋家，一个破产的浪荡子，他因自己的罪孽而臭名远扬，他是俄国的敌人；施坦恩，像一个弃儿被赶出了自己的国家，一个被悬赏捉拿的恶棍；贝尼格森，据说是军事天才，我对他无话可说，他不是双手沾满了鲜血的

（接上页）抗衡法国。"1805年战役第9号公报，拿破仑在马克总参谋部前的讲话："我正告我的德国皇帝兄弟：他还是快点缔结和平吧！现在正好是时候提醒他，每个帝国都有终结的时候。洛林家族即将覆灭应该让他失魂落魄。"1805年1月2日给那不勒斯女王的信："请陛下听我的预测：您可能就是第一次战争爆发的原因，您和您的孩子们将不再是统治者；您的孩子们将会徘徊在各个欧洲国家乞求亲戚的帮助。"

① 第37号公报宣布一支部队将向那不勒斯进军，"惩罚女王的背叛并把这个罪恶的女人从王位上赶下来，她无耻地肆意践踏了所有人认为神圣的公理"。1809年5月13日的声明："洛林家族的亲王们已经放弃的维也纳，不再有跌入战争漩涡的光荣战士，只有受懊悔和自责折磨的背信弃义者……逃离维也纳时，他们向居民的告别是谋杀和放火。他们像美狄亚一样，他们用自己的手掐死了自己的孩子。"第13号公报："洛林家族对维也纳市的愤怒。"

② 塔列朗给西班牙外交部长的信，和拿破仑给西班牙国王的信（1803年9月18日），关于拜科斯亲王："这个大红人是通过历史上前所未有的犯罪方式取得成功的……陛下应该远离一个完全靠自己的罪恶生活的人，他为了自己地位而保持性格中低下的生活激情。"伊雷纳战役之后，第9号、第17号、第18号和第19号公报，通过把汉密尔顿夫人同普鲁士女王相比较，明确并再三影射她与亚历山大皇帝有私情。"每个人都承认，普鲁士女王就是普鲁士遭受痛苦的罪恶的始作俑者。这一点尽人皆知：自从与亚历山大皇帝致命的会见之后，她发生了多大变化！……亚历山大皇帝的肖像就放在波茨坦女王的房间里，那是国王送给她的礼物。"

③ 《爱国战争》（1812~1815年），根据亲历者的信件，由杜布拉维纳所著（在俄国）。俄国特使巴拉少夫先生的报告由法文写成。

刽子手吗^①? …… 让这些俄国人围着他转吧,我一声不吭……你们还有没有比这些雇佣兵与他更亲近的俄国绅士? 他相信这些人都喜欢他? 随便他让阿姆菲尔德当芬兰总司令,我无话可说;但整日跟他形影不离,真不要脸! ……亚历山大皇帝在蒂尔西特,尤其是在爱尔福特的前景多美妙啊! ……他毁了俄国从未有过的最好统治……他怎么能在自己的圈子里认可施坦恩、阿姆菲尔德、温琴杰罗德这样的人? 告诉亚历山大皇帝,他在自己身边聚拢那些与我为敌的人,就是想侮辱我本人,因此,我必须对他以牙还牙。我将他所有在巴登、符腾堡和魏玛的亲戚赶出德国。让他在俄国为他们提供一个避难所吧! ”

注意他说的侮辱本人的意思^②,他打算如何通过最卑鄙龌龊的报复来报私仇,多管闲事到了什么程度,他如何恐吓并强行进入外国君主的内阁,赶走了人家的议员,控制人家的议会,像安提奥索斯或普鲁希亚斯在罗马参议院,和英国居民在欧德国王或拉合尔国王面前的所作所为一样。无论是在外还是在自己家,他都不由自主地以主子自居。统治世界^③的愿望是他的本性;这个愿望可以被修改、被控制,但不能被完全遏制。

从执政府时期开始,这个愿望就产生了。这就是为什么亚眠和平未能持续的原因,除了外交讨论和他所谓的不满之外,他的性格、他的勒索、他的公开计划和他算计使用武力的方式,才是和平破裂的真正原因。他有时甚至直截了当地告诉英国人:把波旁家族从你们的岛驱逐出去,要你们的记者把嘴闭上。如果这样违背你们的宪法,

---

① 影射保罗一世谋杀案。

② 斯坦尼斯拉斯·德·吉拉尔丹,《回忆录》,III,249页(共和十年雪月12日的招待会)。第一执政对参议员们说:"公民们,我警告你们,我将把多努获得参议院提名看作是对个人的侮辱;你们知道,我从来不能容忍任何对个人的侮辱。"《拿破仑一世通信集》(1809年9月23日给尚贝尼先生的信):"弗朗西斯皇帝写信侮辱我,他说没有向他做任何让步。实际上,出于对他的考虑,我已经把我的要求减少了将近一半。"(他只要求一百六十万奥地利臣民,而不是二百七十五万)罗德勒,III,377页(1801年1月24日):"法国人民必须容忍我的缺点;如果他们在我身上能发现什么优点的话,我不能忍受侮辱,就是我的缺点。"

③ 梅特涅先生,II,378页(1810年7月28日给奥地利皇帝的信)。

那就让宪法见鬼去吧，或者让你们见鬼去吧。"在国际法的一般原则面前，国家的（特殊）法律必须处于从属地位。"[1]"修改你们的基本法律，在你们国家取消新闻自由和庇护权，就像我在我的国家做的那样。""我有一个关于政府的很差劲的观点，就是政府没有权利禁止别人做外国政府不满意的事情。"[2]"至于我与我的邻居之间的冲突、我后来兼并的领土，这不关你的事。我想，你是想谈谈皮埃蒙特和瑞士吧？[3]这些都是微不足道的事情"，"欧洲承认荷兰、意大利和瑞士受法国支配[4]，另一方面，西班牙屈从于我，我通过它拥有了葡萄牙，因此，从阿姆斯特丹到波尔多，从里斯本到加迪斯和热那亚，从利沃诺到那不勒斯和塔伦托，我可以把你们关在所有的港口之外，因为我们之间没有通商条约。我可能给你任何条约，这不足挂齿，向法国输入任何价值100万法郎的英国商品，就必须出口价值100万法郎的法国商品[5]；换句话说，你们会受到公开的或隐蔽的大陆封锁，这会导致你们在和平时期承受和战争时期一样的痛苦。但是，我的眼睛仍然紧紧盯着埃及，六千法国人现在可以重新征服埃及"[6]，"如果兵戎相见，我将凯旋，我不会坐失良机，我会趁热打铁，无论是让奥斯曼帝国

---

① 1802年8月17日法国大使奥拓提供的信件。

② 斯坦尼斯拉斯·德·吉拉尔丁，III，296页（共和十一年花月24日第一执政的谈话）："几个月前，我曾建议英国首相做出安排，以便在法国和英国通过一项法律，禁止报纸和政府官员对外国政府说三道四。他绝不会同意的。"德·吉拉尔丁："他做不到。"波拿巴："为什么？"德·吉拉尔丁："因为这类公约违反国家的根本大法。"波拿巴："我的观点很糟糕。"等等。

③ 《英国议会事录》，XXXVI，1298页（怀特沃斯爵士1803年2月21日的急件，与第一执政在杜伊勒里宫的谈话）。西里，《拿破仑一世简史》。微不足道是弱化的说法，在从未发表过的括号里，怀特沃斯爵士接着说："他用的说法太微不足道并且使用频率太低，以至于在急件或任何其他的地方都找不到位置，除非从马车夫口中说出来。"

④ 兰弗雷，《拿破仑史》，II，482页（第一执政在1803年1月29日的会议上同瑞士议员的谈话）。

⑤ 尼尔·坎贝尔爵士，《拿破仑在枫丹白露和厄尔巴岛》，201页（拿破仑在尼尔·坎贝尔爵士和其他长官面前的谈话）。同样的计划在《圣赫勒拿岛回忆录》中几乎以同样的说法有所提及。博莱·德·拉罗塞尔，《拿破仑在行政法院的谈话》，238页（1806年3月4日的会议）："与英格兰缔结和平后四十八小时内，我将限制外国商品，并颁布航海条例，禁止法国船只以外的任何其他国家船只进入港口，这些船只必须用法国木材建造，三分之二的船员必须是法国人。即使运载煤和英国绅士的船只也必须悬挂法国国旗才能靠岸。"同上，32页。

⑥ 1803年1月30日的《通报》（塞巴斯蒂亚尼的报告）。

解体，还是与波特做个交易，埃及迟早归属法国"①。英国必须让出马耳他，使地中海成为"法国湖"，"我要像统治陆地那样统治海洋，像支配西方那样支配东方"，总之，"就我的法国而言，英国必然是自然而然地沦为附庸国，它注定会成为我们的一个岛屿，与奥列隆或科西嘉岛一样"②。自然，按照这个前景，英国人会保卫马耳他，重新开始战争。"他已经预见到这种前景，决定采取行动，他一眼就看见并掂量出将为他开辟的康庄大道；他以他一贯洞若观火的清晰思路宣布，英国的抵抗将迫使他征服欧洲"③，"第一执政只有33岁，到目前为止只颠覆过二流国家。谁知道他需要多少时间再一次改变欧洲的版图并复兴西罗马帝国呢？"

征服大陆，以形成一个对付英格兰的联盟，这就是波拿巴未来打算采取的与目的如出一辙的暴力手段，而这种手段与目的一样，是由他的性格决定的。他过于傲慢，缺乏耐心，除了通过约束之外，他不会屈从于别人的意志；对他来说，他的合作者都只是盟友名字下的臣民。后来，在圣赫勒拿岛，他又以坚不可摧的想象力和幻想④，用他的人道主义梦呓煽动大众；但是，正如他自己承认的，为了实现怀旧的梦想，他需要先使整个欧洲屈服，使自己成为自由主义君主和仲裁者。"加冕的华盛顿，是的，"他说，"但除非通过普遍的独裁统治，否则我不能合理地达到这一点，这是我的目标。"⑤这样宏大的计划必然使整个大陆转而支持英国，而且他的手段将使他偏离目标，即使常识向他证明了这一点也是枉然。他需要在大陆有一个可靠的强大盟友，为此，他必须安抚奥地利，与其让它失望，不如赢得它的芳心，用东方补偿它，让它与俄国永远为敌，通过重大利益共同体的纽带将它

---

① 《英国议会会议事录》，XXXVI，1298页（怀特沃斯爵士1803年2月21日的急件，与第一执政在杜伊勒里宫的谈话）。

② 《回忆录》（1816年3月24日拿破仑的谈话）。

③ 兰弗雷，II，476页（1802年10月23日奥拓的信件）。梯也尔，IV，249页。

④ 1814年1月18日给战争部长克拉克的信："18日晚在莱比锡，如果我发射了三万发炮弹，现在我就是世界的主人了。"

⑤ 1815年11月30日《回忆录》。

和新的法兰西帝国连接在一起，即使有人再三向他指出这些也是枉然[1]。在蒂尔西特战役之后，即使他与俄国达成协议也是枉然。该协议难以奏效，因为在这样的安排下，按拿破仑往常蚕食、威胁和攻击的本性[2]，一定会迫使亚历山大扮演附庸和骗子的角色。任何精明的亲历者都不会怀疑这一点。在1809年，一个外交官写道："法国现在势如破竹，它针对的是所有大国。"它不仅对抗英格兰、普鲁士、奥地利，而且还针对俄国，针对每一个能够保持独立性的大国[3]，因为如果一个国家独立自主，就可能成为敌对国家，而作为预防措施，瓦解这个国家就意味着拿破仑消灭了一个可能的敌人。

更重要的原因在于，一旦进入这个进程，他就无法半途而废。同时，他的性格和他的处境推着他前行，而他的过去则把他抛向未来[4]。在亚眠和平条约破裂的时候，他已经比邻国更强大，并且更富有侵略性。为了自身安全起见，这些邻国选择与英国结盟，这导致他打破所有仍然完好的旧君主制、征服那不勒斯、首次打垮奥地利、肢解和瓜分普鲁士、再次打垮奥地利，为他兄弟在那不勒斯、荷兰和威斯特伐利亚建立王国。在这同一时刻，他向英国人关闭了他的帝国所有的港口，这就意味着向他们关闭了大陆的所有港口，组织了针对他们的欧洲十字军，而不必顾忌一些中立君主，如教皇、他的弟弟路易斯那样温和的下属、三心二意或能力不足的合作者，如葡萄牙的布拉岗查

---

① 兰弗雷，III，339页、399页（1805年10月11日和27日塔列朗的信和给拿破仑的备忘录）。

② 在关于拿破仑未来婚姻的会议上，康巴塞雷斯徒劳地支持与俄国的联盟。一周后，他对巴斯克埃说："如果不能提出一个好理由，而且还说不出口的话，那么挨打……是很自然的。您会发现这个理由太好了，一句话就足以让每个人都完全理解它的意思。我深信，在两年内我们将会与两个大国中皇帝不嫁出女儿的那个国家发生战争。然而，与奥地利的战争并没有引起我的不安，我是害怕与俄罗斯的战争：其后果是不可估量的。"（掌玺大臣巴斯齐埃，《未公开的回忆录》，II，463页。）

③ 梅特涅先生，II，304页（1809年8月10日给奥地利皇帝的信）。同上，403页（1811年1月11日的信）："我对拿破仑的计划和方案的目的评估从未改变。将整个大陆完全征服并置于他一人统治之下的庞大目标，仍然是他的既定方针。"

④ 《拿破仑一世通信集》（1811年4月2日给符腾堡国王的信）："战争爆发与否是不以他（亚历山大皇帝）的意志、我的意志和法国利益的意志而转移的。我经常见到这种情况，是我过去的经验向我揭示这个前景。"

和西班牙的波旁家族,因此,他夺取了葡萄牙、西班牙、教皇国、荷兰以及接下来的汉萨同盟城市和奥尔登堡公国,并将势力范围从卡塔罗湾和特里雅斯特湾沿整个海岸一直延伸到了汉堡和丹茨格。

他的军事指挥警戒线、省辖和海关控制线像一条绞索,被他收得一天比一天紧,不仅使国内消费者,而且使生产者和商人都感到窒息[①]。所有这一切有时只是凭一个简单的命令,没有所谓其他的动机,而只是凭他一时兴致,他个人兴之所至或得意忘形[②],专横肆意地践踏人类的法则、人性和礼义廉耻。他滥用权力、暴戾恣睢、残酷压迫和掠夺被征服者[③]、纵容军队在战争时期对平民逞凶肆虐,而在和平时期则对平民巧取豪夺、敲诈勒索;这一切恶行累累,罄竹难书[④]。因

---

① 莫里恩,III,135页和190页。在1810年,"糖的价格增加了400%、棉花和染料价格增加了100%"。"两万多名海关官员被派到边界,对付十万多名走私者;走私犯的活动日益猖獗,但受到当地人民的欢迎。"掌玺大臣巴斯齐埃,《未公开的回忆录》,III,284页。进口殖民地的货物需要许可证,但条件是出口等值比例的法国制造的货物。现在,英国拒绝接收这些货物。因此,"由于不能把这些货物带回法国,所以就直接扔到了海里"。"他们先是抵制交易对方生产的货物,最终目的是生产不出口的货物,例如,里昂生产的塔夫绸和绸缎。"

② 1805年12月27日的公告:"那不勒斯王朝的统治已经结束。它的存在不符合欧洲的宁静和我皇冠的荣誉。"1810年12月10日的参议院记录:"由于我需要新的保证,将艾斯克河、默兹河、莱茵河、埃姆斯河、威悉河和易北河河口地区吞并在帝国版图内,在我看来是首个也是最重要的选项……吞并瓦莱是我十年以来在阿尔卑斯地区做了大量工作的预期结果。"

③ 我们熟悉的西班牙的事。他对葡萄牙的处理已有先例,并且顺序相同(1807年10月31日给朱诺的信):"我已经告诉您,在授权您作为助手时,就是为了使您成为(葡萄牙)舰队的主人,但夺取葡萄牙,我的决心已定。"(1807年12月23日给朱诺的信):"让这个国家解除武装;把所有的葡萄牙军队送去法国……我希望他们离开这个国家;把所有的王公大臣和其他有号召力的人派到法国去。"(1807年12月23日公布的法律):"葡萄牙王国还必须缴纳另外一亿法郎,用于赎回所有属于私人的财产,不论是谁的名字……所有属于葡萄牙女王、摄政王和封地王子的财产……所有跟随国王背弃国家、在2月1日前没有回到王国的贵族的财产将被封存。"参见奥松维尔伯爵,《罗马教会和第一帝国》,V(特别是最后三卷)。没有其他的著作使人可以更好和更近距离接触到拿破仑的目标和做法了。

④ 布罗伊公爵,《火之回忆录》,143页(战争时期所采用的手段的范例,参见从1811年4月11日至7月15日担任瓦拉多利德司令官的贝西埃元帅的命令记录)。《杰罗姆国王通信集》,1811年12月5日杰罗姆给拿破仑的信(和平时期被征服人民状况的范例):"如果战争爆发,莱茵河和奥得河之间的所有国家将成为一个庞大和活跃的起义中心。这场危险运动风起云涌的原因不仅仅是因为对法国人的仇恨和对外国奴役不胜其烦,更重要的原因在于与日俱增的凄风苦雨、等级制度的全面崩溃、苛捐杂税的横征暴敛,包括战争赔款、军队的给养,士兵在别国横行霸道、无穷无尽的烦恼……在汉诺威、马格德堡,以及我的王国的主要城镇,居民都放弃了自己的房子,徒劳地试图以最低价格把房子处理掉……痛苦压垮了每个家庭;资本已经枯竭;贵族、农民、资产阶级,都被债务和贫困压得喘不过气……民众由于被剥夺了一切而变得一无所有,他们的绝望是可怕(转下页)

此，1808年之后，人民发动起义反抗他，因为无论在利益上还是在感情上他都深深地伤害了他们[①]，他对他们压榨、讹诈、奴役，不仅使无数法国人死于非命，而且使西班牙、意大利、瑞士、奥地利、普鲁士、巴伐利亚、萨克森和荷兰生灵涂炭、民不聊生；他以敌人的名义屠杀了无数人，他在法国之外招募了大量士兵，让他们在自己的旗帜下作为协从军战死疆场，以致各国对他比对君主更有敌意。

毫无疑问，谁也无法和这样一个人物朝夕相处；他的天赋过于强大、过于邪恶，正是因为邪恶而使天赋更加强大。只要他是统治者，战争就将持续；削弱他，把他禁锢起来，把他挡在旧法国边界那边都是枉然：没有屏障可以阻止他，没有什么条约可以让他束手就擒，和平对他来说只是休战而已；他会利用和平来恢复元气，一俟万事俱备，他将东山再起[②]。从本质上来说，他是反社会的。欧洲在这方面下定决心，目标明确且坚定不移。一个小的细节就显示了这种信念是如何一致和深远。3月7日，他从厄尔巴岛逃出来的消息传到维也纳，但没有人知道他的登陆地点。早上不到8点，梅特涅先生[③]把消息告诉给了奥地利皇帝，后者对他说，"事不宜迟，赶紧找到俄国皇帝和普鲁士国王，并告诉他们，我已准备好向我的军队下命令立即向法国进发"。8点15分，梅特涅与沙皇见面；8点30分，与普鲁士国王见面，

（接上页）的……"普拉特神父，73页（同盟国军事手段的范例）。在沃尔布赫，在库哈维亚主教的城堡里，"我遇到了他的秘书，库哈维亚的议事司铎。他身上装饰着前议事会的缎带和十字架，他给我看他那被打得骨折的下巴，这是因为前一天晚上他告诉范达姆伯爵将军，威斯特伐利亚国王前一天曾经住过城堡，并带走了所有的酒，因而拒绝了将军的专横要求，而为他上了托凯葡萄酒而被打的"。

① 费埃维，《从1802年至1813年与波拿巴的通信和关系》，III，182页（1811年12月）。（关于被吞并或征服的人民）："我们毫不犹豫地剥夺了他们的祖国、他们的语言、他们的立法机构，扰乱了他们所有的风俗习惯，而且不费吹灰之力只在他们头上扔下一个（不适用）的法律公告……怎么会期待他们承认这一点，甚至甘心逆来顺受呢？……有可能还有人时刻觉得自己生活在自己的国家，摆脱了所有约束，毫无受伤和羞辱的感觉吗？……我们拿下普鲁士和德国一部分贫穷地区，在那里拿干草叉子杀个人比挑起一堆粪便收益更大。"

② 《通信集》（1814年2月18日给约瑟夫国王的信）："如果我签署了该条约，使法国回到原来的边界，我两年后就会诉诸战争。"马尔蒙，V，133页（1813年）："在他统治的最后几年里，拿破仑一直秉持宁可失去一切也不做任何让步的想法。"

③ 梅特涅先生，II，205页。

他们都立即以同样的方式加以回复。"在9点的时候,"梅特涅先生说,"我回来了。在10点,传令官奔赴四面八方向军队传达命令……就这样,在不到一个小时的时间里宣布战争开始。"

VI

其他国家领导人当政时也同样对人使用过暴力,但目的是为了实行某种可行的计划和维护国家的利益。他们视为公共利益的东西既不是他们大脑中的幽灵,也不是任意驰骋的想象中的、个人激情的、自己独特的野心和骄傲的一首奇幻诗歌。在他们自己和他们大脑之外,存在一个真实的重要实体,即国家。这是一个社会实体,一个可以世世代代、绵延无休地存续下去的庞大有机体。这一代喋血沙场,是为下一代谋幸福,以保护他们不受内战的蹂躏或外国的统治[1]。他们时常表现得像优秀的外科医生,即使不是出于美德,至少也是出于王朝的情感和家庭的传统;通过从父到子的世代相传,他们已经获得了职业良心;他们的首要和唯一的目标是维护他们病人的安全和健康。正是因为这个原因,他们并不盲目实施过分血腥的和冒险的手术;他们很少因为想炫耀自己的技艺、需要眩惑和震惊世界而凭借手术刀和骨锯的新颖锐利而屈服于诱惑。他们感觉负担着另一个比自己的生命更长、更伟大的生命;他们在超越自我的地方,在目力所及的范围内进行观察,看看在他们之后和没有他们的时候,经过欧洲冲突的变迁和未来的历史问题纠葛,国家是否会完好无损地生存下来、保持独立、充满活力、受人尊重。

这就是旧制度下所谓的国家利益,它已经在君主议会里盛行了800年,在不可避免地衰落之后,仍然是那里的主要动机。毫无疑问,他们原谅许多背信弃义的行为,并对一些暴行授权,但是,在政治秩

---

[1]　黎塞留临死前的话:"这就是我的法官,"他指着圣餐说,"我的法官将很快宣布我的判决。如果在我执政期间,我没有做到对宗教抱诚守真和使国家兴国安邦,我请求他判我有罪。"

序里，特别是在对外事务的运作中，国家利益提供了一个有益的指导原则。在其持续不断的影响下，30个君主得以发奋图强，经过牢固而持久的努力，这些超越了个人并且受上天眷顾的国家元首以各省为基础，最终造就了法国。

然而，对其临时继任者来说，这个原则是不存在的。在王位上、在军营里，无论将军、执政官或者皇帝，都是军事冒险家，他们只关心自己的晋升。由于教育、良心和情感方面的重大缺陷，他使国家服从于自己，而不是让自己服从于国家。除了自己的短暂生命之外，他并不眷顾这个他赖以生存的国家，他为了现在而牺牲未来，因此他的事业是不能持久的。在他之后发生的洪水：他一点也不在乎谁说出这个可怕的词，更糟的是，他从内心深处渴望每个人都把这个词说出来。约瑟夫在1803年说[1]："我弟弟希望必须使别人强烈地感受到他的存在，而且这种存在必须带来重大的利益，仰视他的人都必须战栗发抖。他了解并且也感受到，他的统治依靠的是这个理念，而不是武力或感激。如果明天或任何一天，人们可以说，'这是一个平静的已经建好的秩序，这是一个指定好的继承人，波拿巴可以去死了，无须害怕任何动乱和变革了'。我弟弟听了就会更安心……这就是他的行为准则。"可惜的是，光阴如箭，他却从未设想过一个没有他的法国如何生存；相反，他不断兼并别国并且危害已吞并的国土，从帝国诞生的第一天起就可以看到，帝国将与皇帝一起完蛋。

在1805年，5%对应80法郎，他的财政部长戈丹对他说，这是合理的比价[2]。

"现在不应该再有什么抱怨了，因为这些资金就是陛下的生活年金。""您这是什么意思？""我的意思是，帝国如日中天，在您之后是无法持续的。""如果我的继任者是个白痴，那他就完蛋了。""是

---

① 米奥·德·梅里托，《回忆录》，II，48页、152页。
② 盖伊特公爵戈丹，《回忆录》（《回忆录》第三卷，67页）。

的，那么法国也完蛋了。"两年后，梅特涅先生[①]在做政治总结的时候，做出了这样的整体判断："很明显，拿破仑尽管不断地扰乱和修改整个欧洲的关系，但尚未采取任何实际步骤来维护他的继任者的统治。"在1809年，这位外交官接着说[②]："他的死将是一个新的可怕的剧变信号；这么多分裂的元素都将重新组合在一起，被废黜的君主将由以前的臣民重新召回；新的国王将会捍卫新的王冠。当拉着缰绳的铁臂化作尘埃的那一天到来的时候，真正的内战将会在大陆的广阔帝国施虐半个世纪。"

在1811年，"每个人[③]都确信，由于权力过分集中于唯一的一个主人手里，拿破仑消失后的第一个和不可避免的后果就是一场革命"。在法国他自己的家里，他的仆人开始理解他的帝国是终身的，他死后将不复存在，不会比他的寿命更长：因为他不断地把他的大厦越盖越高，而他的建筑盖得越高，就越会失去稳定性。德克莱对马尔蒙说[④]："皇帝简直是疯了，完全疯了。他会毁了我们所有人，有多少算多少，最后的结局是可怕的灾难。"

实际上，他正在通过欺骗的手段强行把法国推向深渊，而且他很清楚，这种欺骗的伎俩是通过滥用信任完成的，而这种信任随着分歧的加剧会日益增长。这些分歧是由于他年复一年的专制意志、失误、他佯装不知的个人利益和公众利益之间的矛盾造成的。在签订《吕

---

① 梅特涅先生，II，120页（1807年7月26日给斯塔迪昂的信）。

② 同上，II，291页（1809年4月11日的信）。

③ 同上，II，400页（1811年1月17日的信）。在头脑清楚的时候，拿破仑也持同一观点。（参见博莱·德·拉罗塞尔，《拿破仑在行政法院发表的观点》，15页）："只要我在，这一切就会持续下去。如果我儿子有四万法郎年金也会很高兴的。"（塞居尔，《历史与回忆录》，III，155页）："那个时候（1811年）人们经常听到他预言，他的帝国的重量会压垮他的继承人！""可怜的孩子，"他看着罗马皇帝说，"看看我给你留下的烂摊子！"从一开始，他就经常通过判断自己来预见他的行动在历史上的作用："一到白杨岛，第一执政就在让·雅克·卢梭的陵墓前停下脚步，说：'如果这个人从未存在过，法国本来会平静得多。''可为什么呢？执政官公民？''就是他发动了法国革命。''在我看来，你不需要抱怨法国革命！''嗯，如果我和卢梭不曾存在过，未来一定会决定整个世界是不是会更宁静。'然后他若有所思地继续散步。"斯坦尼斯拉斯·德·吉拉尔丁，《日记和回忆录》，III。第一执政访问埃尔梅农维尔。

④ 马尔蒙，《回忆录》，III，337年（从马格拉姆返回）。

内维尔条约》和亚眠和平破裂之前[1]，这种分歧已经相当大了。在签订《普雷斯堡条约》时，分歧已经很明显，在签订《提尔西特条约》时则更明显了。在1808年，西班牙波旁王朝沉寂之后分歧是公开的，在1812年与俄国发生战争时是可耻和怪异的。拿破仑自己承认，这场战争是违反法国利益的[2]，但他仍然要做。后来，在圣赫勒拿岛，他在说出"我如此热爱的法国人民[3]"时陷入伤感之中。事实是，他热爱法国人民就像一个骑士爱他的马一样，当他训练马时，当他让马腾跃和给马打扮时，当他抚摸马、激励马时，并不是为了马好，而是因为马是有用的动物，这样做是为了利用马直到它筋疲力尽，是为了让马向前飞奔，跳过越来越宽的沟壑和越来越高的障碍，有时候这似乎是最后的障碍了，但事实上还有别的障碍。

无论如何，马永远是它的本来面目，我指的是坐骑，一种被过度驱使的坐骑。因为，如果俄国远征军没有遭遇惨败，而是取得了辉煌的成功，在斯摩棱斯克取得了与弗里德兰一样的胜利，签订了比《蒂尔西特条约》更有利的《莫斯科条约》，那么沙皇就会身败名裂。让我们来看看接下来的后果：沙皇可能被绞死或废黜，在俄国会发生和西班牙一样的爱国主义起义，在大陆的两端会发生两场无休止的战争，一场是狂热的宗教战争，另一场是无所不在的野蛮主义战争。在最好的情况下，一个欧洲帝国被秘密的抵抗力量摧毁，一个新法国在被奴役的大陆[4]强行拼凑起来；法国居民和指挥官遍布圣彼得堡、里加、丹茨克、汉堡、阿姆斯特丹、里斯本、巴塞罗那、的里雅斯特。从卡迪斯到莫斯科，每一个体格健壮的法国人都要去服务于这场征服，所有身体强壮的青年每年都要服兵役，如果有人逃避兵役而被抓，那么

---

① 关于最初的分歧，参见阿尔芒·勒费弗尔，《欧洲内阁史》，IV。

② 《拿破仑一世通信集》，1811年4月2日给符腾堡国王的信。

③ 1821年4月25日的遗嘱："我希望，我的骨灰放在塞纳河畔，我如此热爱的法国人民中间。"

④ 《拿破仑一世通信集》，XXII，119页（1811年4月拿破仑的信）："在汉堡、不来梅和吕贝克，总有八千到一万名法国人，做雇员、宪兵、海关官员和仓库管理员。"

根据法令①，全体男性居民将因此而受到体罚。无论有文化还是没有文化的人都没有什么其他光明前途，没有军事或民事之分的职业，只有受威胁或威胁别人的超时站岗的保安工作，要不就是当兵、海关检查员、宪兵、省长、专区区长、警察局长，也就是说，必须做底层狗腿子去欺负与自己同样的子民、征收赔款、没收和焚烧货物、抓捕走私犯，哄骗逃避兵役者。

在1810年②，这些逃避兵役者中有16万人被判有罪，此外，处罚他们家庭的罚款高达1.7亿法郎。在1811年和1812年两年间，追捕逃犯的活动分遣队抓了6万人，将他们沿着阿杜尔到尼曼的海岸像畜

---

① 掌玺大臣巴斯齐埃，《未公开的回忆录》，III，571页及后面几页："在1813年，从1月11日到10月7日，法兰西帝国要求征募八十四万人，这是硬性规定。"12月的其他法令，规定政府横跨1806~1814年度征募三十万士兵。11月的另外一项法令要求组织十四万人的国民警卫队，用于要塞的防御。一年之内总计征募一百三十万士兵。"没有任何国家要求自己的国民如此大规模、自愿地奔赴屠宰场受死。"同上，III，489页。元老院和议会法令规定，在社会高阶层家庭征募一万名已免除或赎回兵役的年轻人，或由各省省长随意选派。这一举措的目的显而易见，即"在忠诚度可疑的所有家庭征募人质。没有哪一个举措比这个为拿破仑树立的敌人更不可调和了"。参见塞居尔，II，35页。(他负责组织并指挥由这些年轻人组成的一个师的兵力。)一些人是来自旺代或国民公会议员的子弟，还有一些是第二天就结婚而从人家妻子身边、从即将分娩的妻子的床边、从临终的父亲身边、患病的儿子身边抢来的；"有些人看起来极为虚弱，眼看着就要死了"。有一半的人在1814年的战争中丧生。《通信集》，1813年10月23日战争部长克拉克的信(关于新的征募计划)："我指望征募十万逃避兵役者。"

② 《国家档案》，法国档案，IV，1297页(206~210部分)。(1810年4月10日募兵复核总督察仲马伯爵给皇帝的报告。)除了一亿七千万罚款之外，还因为"教唆和帮凶"的罪名征收了2335人1 673 437法郎的罚款。同上，法国档案，IV，4051页(1808年10月13日拉科斯特将军关于上卢瓦尔省的报告)："这个省差不多总有一半征来的兵开小差……在大多数市镇，宪兵在征兵时进行可耻的非法交易；某些被征士兵甚至用花钱贿赂他们以获得好处。"同上，法国档案，IV，1052页(1812年1月12日博莱的报告)："征兵行动在(在埃罗)有所改善；1811年的分遣队已经提供。前一类的逃避兵役者或开小差者还有一千八百人；活动纵队已经逮捕或劝降一千六百人；还有两百人正在追捕。"法布尔，《法国国内(1807年)形势通告》，141页。"特别是在边境地区，开小差的情况已经到了令人瞠目结舌的程度：在一百个被征士兵中，就有八十个开小差。"同上，149页："大众刊物宣布，在1801年，里尔在全年征兵案件中一审法庭就宣判了135起逃避兵役的案件，而根特的一审法庭则宣判了70起同类案件。而200名应征士兵构成了一个省的一个区所能提供士兵的最大数量。"同上，145页："法国就像一个巨大的拘留所，在那里人们互相监视，互相回避……你常常会看到一个年轻人通常后面跟着一个宪兵；如果再仔细看，就会发现这个年轻人的手是被绑起来的，通常是被戴上了手铐。"马迪厄·仲马，III，507页(德累斯顿战役后，在德累斯顿医院)："我伤心地看到，他们当中有很多人受了轻伤；其中大部分人是刚到部队的新兵，还没有被敌人的炮火波及，就有人彼此间互相砍断手脚。在1809年的战争中，同样事件和凶兆也曾经发生过。"

群一样驱赶。到了边境，他们将被编入大军，但从第一个月开始，他们和绑在一起的伙伴就开始开小差，每天有四五千人逃走[1]；如果英格兰被征服，将会用具有同样热情的士兵驻扎在那里。

这种做法为法国人带来的是暗淡的未来，即使有最好的运气眷顾，结果却是坏运气真的来了。在1812年末，大军被困在大雪里饥寒交迫，连马都无法站立，把拿破仑掀翻在地上。幸运的是，筋疲力尽的只是一匹马，"陛下的身体从没有这么好过[2]"，骑士没有受伤。他从地上爬起来，现在使他担心的不是他那奄奄一息的坐骑的痛苦，而是自己的霉运、他的骑士声誉受到损害对公众的效应，听众喝倒彩的声音才是让他心烦意乱的事情，这匹马危险的一跃是作为喜剧而被大张旗鼓宣扬的，可结果却是颜面尽失的一蹶不振。到达华沙时，他连续对自己说了十遍[3]"从崇高到荒谬只有一步之遥"。一年后，在德累斯顿，他更愚蠢、公开和赤裸裸地暴露了自己的狼子野心、既定的动机、无情的傲慢和轰轰烈烈的残暴。

他对梅特涅先生说[4]："他们想要我怎样？他们要我丢脸吗？他们永远不会得逞！我宁可死掉也永远不会让出一寸领土！你们的君主一出生就可以继承王位，被打败20次仍然可以回去养尊处优；而我做不到，因为我是一个暴发户士兵。如果我不够强大，我的统治将无法持续，因此，我一直担惊受怕。"

实际上，他在法国的专制统治是建立在他在欧洲至高无上的权

① 塞居尔，III，474页。梯也尔，XIV，159页(跨过尼曼河之后一个月，就有十五万人从军队行列里消失)。
② 第二十九号公告(1812年12月3日)。
③ 普拉特神父，《华沙大使的故事》，29页。
④ 梅特涅先生，I，147页。费恩，《1813年手稿》，II，26页(拿破仑跟将军们的谈话)："我们想要的是彻底的胜利。放弃这个省或那个省都不再是问题，重要的是我们的政治优势，而我们的生存依赖于这种优势。" II，41页、42页(拿破仑同梅特涅的谈话)："这是因为我的岳父喜欢这个计划！是他派您来的！他是用什么态度希望我出现在法国人面前呢？如果他认为残缺的王位可以为他的女儿和孙子提供庇护，那么，他是在自欺欺人……啊，梅特涅，英国给了您什么让您决定扮演这个角色对付我？"(最后这句话在梅特涅的叙述中删掉了，是对他特有的性格描述；在这决定性的时刻，拿破仑仍然出口伤人、富有攻击性，直言不讳，直到毁灭自己。)

力基础上的；如果他不再是大陆的主人，"他就必须与立法机构找出万全之策[①]"。与其下野当个无名小卒，或当一个受议会两院控制的立宪君主，不如放手一搏，虽然这样可能会失去一切。"我见过你的士兵，"梅特涅对他说，"他们是孩子。如果这支童子军没了，您怎么办？"这些话无疑刺痛了他的心，他脸色陡然变得苍白，脸上的肌肉不停地抽动，继而勃然大怒，就像一个受了委屈的人因犯了错而被别人发现了一样对梅特涅粗暴地说："您不是士兵，您根本不懂一个士兵心里是怎么想的。我是在战场上长大的，像我这样的人根本不用在乎100万人的性命。"[②]他的帝国白日梦吞噬的性命更多。在1804年到1815年之间，他屠杀了170万名出生在旧法国境内的法国人[③]，再加上旧法国境外以盟国或敌人的名义被屠杀的200万人。所有可怜的高卢人热情而天真地委托他完成的两件公共福利事业却是两次入侵，他在枉费了他们和其他人无数鲜血之后，作为回报回馈给他们的是共和国所获得的分成15个省的法国，丧失了萨伏瓦、莱茵河左岸和比利时，而借以完成并巩固最薄弱边界的东北角则被夺走，用沃邦的话说，就是使"版图成正方形了"。有400万名经过了20年同化生活的新法国人脱离了法国。更糟的是，他们又重新被挤压回到1789年的边界，以更弱小的姿态独自面对所有强大的邻国，受到所有欧洲国家的猜忌，永远受到猜忌和怨恨的包围与威胁。

这就是拿破仑留下的政治遗产，也是他的天赋所孕育出来的利己主义杰作。这种君主利己主义不仅将建筑的缺陷引进到了法国的大厦，而且也引进到了欧洲的大厦。这种基本缺陷在建设欧洲大厦伊

---

① 布罗伊公爵，《火之回忆录》，I，235页。

② 布罗伊公爵，《火之回忆录》，I，230页："前几天，拿破仑对纳尔博纳先生说的话，他当晚就转述给了我："究竟这一切（俄国战争）让我损失了什么？三十万人，其中还有许多德国人。"掌玺大臣巴斯齐埃，《未公开的回忆录》，V，615页（关于法兰克福基地，拿破仑已经接受，但为时已晚）："之所以犯下这个错误，更多是因为违反法国的利益而不是他自己的利益……他因为个人的窘境、寡廉鲜耻的野心、孤家寡人的困境而牺牲了法国，而在一定程度上，他所面对的这个国家则为他奉献了一切，并可以理直气壮地指责他为了已经证明是疯狂而四处碰壁的宏图大业，枉费了如此多的财富和喋血疆场的鲜活生命。"

③ 雷昂斯·德·拉维尔涅，《法国的农村经济》，40页（根据帝国前征兵署长的证词）。

始就已经显现，15年之后，它突然垮塌；而法国大厦的问题也同样严重；尽管不明显，而且需要半个世纪甚至一个世纪之后，问题才会更加清晰可见；但其渐进的、缓慢的影响将同样是有害和确定的。

第 二 卷

II

新国家的构建和特点

第一章　组建新政府

I. 1799年的形势—公权力能够发挥作用的条件—前一个宪法的制定者忘记和忽略的两点—实施的难度和良莠不齐的可用资源。 II. 从1789年到1799年的后果—地方政权的反抗，与中央权力的冲突，对自由制度的禁锢，不稳定的专制制度的建立—据此建立的政府恶贯满盈。III. 1799年的形势更加恶化，资源质量更加糟糕。IV. 取消公民选举地方政府的权利的动机—选民—他们的利己主义和偏好—议会代表—他们的惯性、腐败和抵触。V. 将中央执行权放在一只手里的原因—西哀耶斯的奇怪组合—波拿巴反对。 VI. 构建立法权力机构的难题—十年以来的选举舞弊和暴力—1799年选民的心结—仇视人类的情绪高涨与革命的教义— 自由选举立法议会的人选—两个不可调和的分歧—军队的情绪—再次发生政变的可能性和意义。VII. 西哀耶斯的选举和立法组合—波拿巴趁机加以利用—新宪法中的三个立法议会麻木不仁、俯首帖耳—使用参议院作为统治工具—元老院和公民投票—独裁体制最终建立—其危险性和必要性—今后公权力可以发挥作用。

I

每个人类社会都需要政府，也就是说需要一个公权力机构，没有其他的国家机器比它更有用。但这样的国家机器只有符合其目的才会发挥效用，否则它将无法发挥作用，甚至会违背其初衷而走向反面。因此，在缔造国家机器时，必须首先考虑的是其效用范围和所配置的资源质量，重要的是事先了解将要托举的物体是1公担还是1000公担（1公担＝100千克），将要装配的零件的材质是铁的还是钢的，是优质的还是腐朽的木材。但立法者在过去十年中并没有考虑到这一点。他们把自己奉为理论家和乐观主义者，完全是瞎子摸象或异想天开。无论是在议会还是在公众场合，国家大事被认为是易如反掌、稀疏平常之事，但实际上它们是纷繁庞杂和超乎寻常的；因为这关乎实现社会革命和进行对欧洲的战争。他们假定资源质量无可挑剔，既不软也不硬，但实际上却是粗制滥造，既脆弱又难以消化：因为这些作为人的材料是1789年和接下来几年的法国人，也就是说，是敏感成性、喜欢彼此伤害、涉世未深、缺乏政治头脑、异想天开、缺乏耐心、顽固和容易激动的人。这些庞杂虚假的数据是经过计算而得出的，虽然计算得非常精确，得到的结果却是荒谬的。机器就是依靠这些数据进行规划的，所有零件也是据此进行调整、组装、平衡的。这就是为什么机器在理论上无可指责，在实践中仍然运行不畅的原因：图纸上画得越好，运行起来损坏得越快。

II

在两个主要组成部分中：双重动力的工作齿轮和动力平衡立刻显现出重大缺陷。首先，中央政府对地方政府的控制力明显太弱，这是因其没有权力指定地方政府，不能按照运行的要求随意选择政府官员。省、区、市和市镇的管理人员，民事和刑事法官，陪审法官，估税员和征税员，国民警卫队的军官甚至宪兵、警察局长和其他当地执法人员几乎都是从外地聘用的，即由人民代表机构或选举机构提供的现成人员[①]。对于政府来说,他们只是借用的工具。从其来源来看,他们早已脱离了其控制,政府不能任意驱使他们工作。在大多数情况下,他们会逃避自己的职责。在其他情况下,从自身出发他们会表现出惰性;在履行自己的职责时,他们要么会过犹不及,要么会南辕北辙;他们的所作所为从来不会恰到好处、准确无误、一气呵成并且成效卓著。出于这个原因,任何政府希望完成的工作均无法达成目标。其司法机构碌碌无能、唯唯诺诺、不温不火、执拗顽固,甚至充满敌意,或者阳奉阴违,或者故意违抗,或者拒不执行。对于执行机构来说,像一把刀一样,用刀的时候,刀片与手柄脱离。其次,推动手柄的两三个电机的运转由于目的相左,因而无法彼此协调一致,彼此永远在互相拖后腿。制宪会议废除了国王,立法议会罢黜了他,而国民公会则将其斩首。随后,国民公会有实权的各派别开始互相拆台,山岳派将吉伦特派送上了断头台,热月党人又将山岳派送上断头台。后来,根据共和三年的宪法规定,果月党人赶走了立宪派,督政府清洗了议会,然后行政法院又清洗了督政府。

民主的议会制度不仅未能发挥效用并且在试验中遭到失败,而且它们把自己的行动变成了其实现既定目标的绊脚石。经过一两年之后,巴黎发生军事政变,一个派别终于夺取中央权力并将其转换成由五六个头目手中把持的绝对权力。新政府立即重新打造符合自身利益的执行机构,再次将刀片牢牢地固定在手柄上,它辞退了各省那些由人民选派的代表,剥夺了人民选择自己统治者的权利;从此以后,新政府将通过派遣的地方总督,或通过其常驻专员在当地单独任命、监督和管控地方当局[②]。因此,自由宪法在完结时催生出了一个中央集权的专制制度,这是一个无形的怪物,是最糟糕的结局;因为这种制度诞生于民间暴行,而实施暴行的政府的支持者只是一小撮顽固

---

① 参见《大革命之大混乱》,49页及后页、472页及后页。共和三年的宪法条文,由于无政府主义色彩较少,没有太大变化;而山岳党人的宪法(共和二年)的无政府主义色彩浓厚,根本没有人想要实施这部宪法。

② 参见《大革命之革命政府》,43页、333页、351页。

的狂热分子或政治冒险家。没有任何法律权威监督国家，或任何道德观念约束军队。因而，这个政权受到广泛的憎恨、威胁、非议，并且受到自己拥护者的抵制和自身成员的背叛，处于得过且过的窘境；它得以维持下来的唯一手段就是残酷的专制主义、无时不在的恐吓和公权力，而这种主旨在于保护财产、良知和美好生活的公权力则蜕变为了最邪恶的迫害狂、强盗、杀人犯。

Ⅲ

经过1791年两次连续制定君主立宪宪法和1795年的共和宪法，已经积累了一定经验，相同的事件连续两次按照相同的过程达到了相同的目的；保护大众的理论机器连续两次变成了一个粗暴毁灭大众的实用机器。显而易见的是，如果同样的机器在类似条件下第三次启动，人们可能会看到它会以同样的方式运行；也就是说，以与其目的相反的方式运行。然而，在1799年，条件相似，甚至更糟。因为人们要求机器所做的工作更多，而可供施工用的人力资源却更加糟糕了。

在外部，这个国家与欧洲一直处于战争状态；和平只能凭借强大的军事实力达成，而且保持和平与赢得和平同样艰难。欧洲的平衡已经被严重破坏，邻国或敌对国家遭受了太多的苦难，由于革命共和国的入侵而挑起来的仇恨和不信任与日俱增，并将长期笼罩着重新安定的法国，即使签订了合理的条约也无济于事。即使它放弃了宣传和干预政策，归还兼并的庞大领土，停止对保护国的统治，放弃变相吞并意大利、荷兰、瑞士，这个国家仍然需要枕戈待旦。不为别的，只是为了保持不受侵犯和领土完整，为了保住比利时和莱茵河边界线。因此，它需要一个能够集中所有力量、超越分歧和抵触的政府。

在国内同样如此，不为别的，只是为了重建社会秩序，因为革命的暴行已经大大超越了底线，发生了太多的巧取豪夺、监禁、流放和谋杀,太多的各类无法无天的行为,太多的对公共和私人财产权与人权的侵犯。确保尊重所有个人权利、私人财产和公共财产;禁止保王党和雅各宾派的活动;允许14万名流亡侨民返回祖国,但同时需满足120万名国有财产拥有者的要求;恢复2500万名正统天主教教徒的权利、特权和礼拜方式,不允许支持教会分裂的神职人员受到虐待;允许被剥夺土地的领主返回从前的庄园与其农民购买者和睦相处;强制公安委员会的代表及其受害者、葡月的枪手和死者、果月受益者和果月受害者、旺代和布列塔尼的蓝军和白军和睦生活。这是因为,为这个庞大的事业工作的未来劳动者,无论是镇长还是国家参议员和国务参事,都在推动革命或是服从革命,无论是君主主义者、斐扬派、吉伦特派、山岳派、热月派、温和雅各宾派或是激进雅各宾派,都曾经是革命的一部分,所有人都曾因为自己的希望而相继受压迫而失望。在这种制度下,他们的热情已经变成愤懑;每个人都把个人的偏见和怨恨掺杂进履行职责的情绪中。

为了防止他们因不公平而造成损害,需要严格约束①。在这种制度下,所有的信念均已消磨殆尽;没有人会再像1789年那样无偿付出②;没有人会无薪工作;无私已经失去了所有的魅力;外表光鲜的热情似乎是虚伪的;真正的热情似乎是自我欺骗;每个人都在为自己趋名逐利、损公肥私;公共精神被冷漠、自尊自大、见利忘义、享乐和自我发展所取代。由于受到革命的损害,人类的资源比以往任何

---

① 索塞,《杜伯省革命迫害史》,X,472页(1799年8月29日布里奥对五百人团的谈话):"国家一直在徒劳地寻找自己的孩子,却找到了朱安党人、雅各宾派、温和派、91年和93年的立宪派、俱乐部派、被大赦者、狂热分子、分裂主义者和反分裂主义者;而共和派却千呼万唤出不来。"

② 参见《大革命之革命政府》,316页、349页。罗甘,《雾月十八的法国状况》,360页、362页。"⋯⋯惯性或国家公务人员的缺失⋯⋯认为缺乏薪酬是完善市政管理困难的原因是令人痛苦的。我们发现,我们的同胞在1790年、1791年和1792年,却竞相追求这些无偿奉献的工作,并且对法律规定的这些无私奉献的工作感到自豪。"(1795年末给督政府的报告)从这时起,公共精神开始窒息,而且是在大恐怖的阴影下被扼杀的。同上,368页、369页:"⋯⋯公共机构遭到可悲的漠视⋯⋯拉瓦尔市镇任命的七个市镇官员中,只有一个接受,而这个却是能力最差的一个。而在其他市镇情形也是一样。"同上,380页(共和七年的报告):"⋯⋯公共精神的整体衰落。"同上,287页(共和九年,拉库埃关于第一军事分部、埃斯纳省、厄尔·卢瓦尔、卢瓦雷省、瓦兹河、塞纳河、塞纳·马恩省):"公共精神已死,甚或不复存在。"

时候都不适合成为奉献公民的源泉，而公务员却只能来源于此。根据1791年和1795年之间的图纸而制造的车轮，要完成所需的工作是完全不可能的。作为结果，在很长的一段时间里，使用这两个伟大的自由机制将注定失败。只要车轮质量低劣，而且任务如此艰难，就必须放弃地方政府选举和中央政府放权。

IV

大家都同意第一点：如果有任何怀疑，只需要睁开自己的眼睛看看地方政府就行，看看它们从产生到行使职能的整个过程。当然，是选民选择了一个自己对其类型和能力都中意的人塞进每间办公室，而他们自身的主导倾向众所周知：他们对公共事务漠不关心，他们的候选人同样如此。一个候选人对国家表现得过分热心会落选，对选民来说，国家是一个倒霉的迂腐学究和远方的债权人，他们的代表必须在他们和这个入侵者之间做出选择，选择他们反对国家，而不是以国家的名义说三道四或是以其权力牟利。当权力在当地产生，作为委托人今天把权力移交出去，明天则作为草民受权力所累的时候，他们不是把鞭子交给鞭打自己的人；他们要求他的情绪与他们的倾向相符，在任何情况下都不能容忍他有对立的情绪。

从一开始，选民和代表之间的相似性就非常之大，而且是日益增长，因为被创造的产品永远掌握在其创造者手中；由于每天受到的压力，终有一天代表会成为选民中的一员；在一段时间之后，他们会将其塑造成自己的形象。因此从一开始或之后不久，代表将与选民结盟。有时候这种事经常发生，特别是在市镇，代表被少数宗派暴力团伙选上；然后他将整体利益拱手让给集团利益。有时候，特别是在农村地区，他被无知的多数人选上，他因而将整体利益拱手让给一个村庄。如果他碰巧认真、聪明和急于履行他的职责，他就无法达成自己的心愿；他感到自己软弱，别人也会认为他软弱[1]；他缺乏权威和手段，他没有上层权力机构赋予下级代表的力量，在他背后没有政府和军队为他做后盾；他唯一的资源只有要么逃避、要么拒绝履行义务的国民警卫队，而就连这么一点资源也往往并不存在。于是，为了自己或是集团的利益，他就可以做推诿、掠夺、迫害的勾当而逍遥法外，因为他没有来自上面的约束。巴黎的雅各宾派不会疏远外省的雅各宾派，因为他们是同一派系的盟友，而政府则根本没有盟友；于是，为了留住这些盟友，就必然任由他们图谋不轨，胡作非为。

假设有一个巨大的庄园，管家不是由不在家的主人所任命，而是由他的佃户、债务人、苦役犯和农民所任命，读者可以想象，租金是否会足额支付，债务是否会付清，徭役是否可以派出，庄园能否受到完善的照料和维护，庄园主每年能否得到回报，管理不善和内部漏洞是否会层出不穷、无尽无休，混乱、疏忽、浪费、欺诈、不公和任意妄为会如何愈演愈烈。

在法国也是大同小异，原因如出一辙[2]：所有的公共服务机构都组织混乱，被破坏殆尽或腐败堕落；没有司法机构，没有警察；当局检

---

[1] 罗甘，《雾月十八的法国状况》，27页（共和九年，福朗塞斯关于第八军事分部、沃克吕兹省、罗讷河口、瓦尔、下阿尔卑斯省和滨海阿尔卑斯省之南特的报告）："在一些市镇，证人不敢提供证词；在所有的市镇，治安法官都害怕树敌或不会重新参选。负责监控的城镇官员也是一样，已当选的和临时官员在办事的时候也由于自身素质而总是变得谨小慎微。"同上，48页："所有的海关署长抱怨法院不公正。我自己也检查了几个案例，其中马赛和土伦法院的判决是违反法律条文而偏袒罪犯的。"参见《国家档案》，法国系列，从共和三年到八年及以后，几百个城市、市镇、省份"关于形势，关于公共精神"的报告。

[2] 参见《大革命之革命政府》，311~357页。罗甘，随处可见。施密特，《法国革命的画卷》，III，IX和X。《国家档案》，F7，3250页（共和七年果月23日督政府执行专员的信）："沿圣奥玛和阿拉斯道路抢劫的武装暴徒也敢向公共马车开枪，并劫持宪兵扣留物资。"同上，法国系列F7，6565页。这里是宪兵在一年内在下塞纳省的几份报告。共和七年获月，在莫特维尔和杜德维尔各镇，这些暴徒煽动士兵和征兵人员："格勒蒙维尔市镇和埃隆维尔市镇的堕落标志是，没有任何居民出面举报，而实际上他们不可能不知道叛军的秘密。"在盖维尔市镇、米尔博斯市镇和艾乌森林都出现了类似的暴徒："我们确信他们有头目，所有的行动都是在头目的指挥下进行的。"（共和八年葡月27日）"布雷奥特镇和波尔贝克镇有二十五名暴徒或武装征兵人员"将农民掠为人质索要赎金（共和八年雪月12日）。在库尼镇，另外一个暴徒团伙也实施了同样的暴行（共和八年芽月14日）。十四名暴徒在鲁昂打劫了诺夫夏特尔的驿车；几天以后，鲁昂开往巴黎的驿车也遭到劫持，三名护卫遭到杀害。在其他的省份，也发生了同样的黑帮打劫事件。

控缺失，裁判官不敢审判，宪兵队没有命令不会出动；在农村，抢劫行为已经习惯成自然；在45个省份都有盗贼横行，武装抢劫时有发生，甚至在巴黎郊区，驿站和邮车被抢也是家常便饭；被损毁的公路时常无法通行；走私盛行，海关形同虚设；国库虚空[①]，因其收入在到达国库前均被劫个精光；税收法令虽然公布却无法征收；动产和不动产的评估随心所欲，肆意砍价和任意加价恣行无忌；在许多地方，纳税评估不准备清单，各地的市镇以保卫共和国应对邻近市镇为借口，自我免除税收和募兵；当地市长向应征士兵颁发虚假的患病证明和结婚证书，使其在命令下达时避免入伍；还有数百新兵在去司令部的路上开小差、当土匪，为保护自己同正规部队火拼。

这些都是体制造成的必然结果。政府无法用由自私和无能的多数人选出来的官员来约束农村的多数人，也同样无法在城市里用由奸诈腐败的少数人选举的代理人来压制城市里的少数人。强有力的手是必不可少的，手必须坚定果敢，用来抓住新兵的衣领，翻查纳税人的口袋，但国家没有这样的手。国家必须马上拥有这样的手，即使是为了紧急需求也必须提供和准备好。如果想要制服和平定西部省份，在热那亚解救塞纳之围，防止梅拉斯入侵普罗旺斯，让莫罗的军队开进莱茵河地区，就必须首先恢复中央政府对地方当局的任命权。

V

针对第二点，并不缺乏证据。显而易见，假如地方政府是由中央政府任命的，那么他们所隶属的中央执行政府就应该是唯一的权力机构。因为，这个自上而下驾驭的巨大的公务员马车，不可能在上面有好几个不同的驾驭者；因为不同的驾驭者只会把车向自己的目标

---

① 掌玺大臣巴斯齐埃，《未公开的回忆录》，I，260页。在督政府时期，"有一次，国库为派遣特别驿车还被迫动用了歌剧院已铸成硬币的收入。还有一次，是将奖章博物馆保存的所有金币送去熔化（每炉的价值为5000~6000法郎）"。

驱赶,而向各个方向拉扯的马只能嘶鸣腾跃,结果是原地踏步。在这方面,西哀耶斯的组合无法经得起考验。作为一个被赋予制定新宪法大计的纯粹理论家,他似乎认为,他放在驾驭座位上的并不是人,而是机器人:高高在上的是大选举人,即有名无实的最高权利人,除了指定或撤销两个有实权的统治者之外,还拥有两个永远被动的位置,两个执政官:一个是和平执政官,任命所有的公务员;另一个是战争执政官,任命所有的军事和外交官员。每个执政官都有自己的部长、自己的行政法院、自己的行政司法机构。所有人,包括公务员、部长、执政官和大选举人本身都可以任由参议院撤销或随后将他们重新吸收进来;就是说,也可以让他们一样当上拿10万法郎的工资、穿绣花礼服的参议员①。

西哀耶斯显然既没有考虑好需要做的是什么工作,也不清楚谁应该去做这项工作。而波拿巴却是此时此刻做这项工作的人,他不仅了解自己,也了解别人,他可以在如此复杂、脆弱、层层脱节的机制薄弱点一举击中要害。两个执政官②,"一个控制司法部长、内政部长、警察局长、财政部长、国库;另一个执政官控制海军、战争、对外关系"。他们之间的冲突是必然的,看看他们彼此面对时的情景,每个人都受到相反的影响和建议的包围:一个人的身边只有"法官、行政人员、金融家和穿长袍"的人士,另一个人的身边是"戴肩章、佩短剑"的人士。是这样吗?当然如此,"一个人要的是钱和新兵,另一个人不想给"。而你的大选举人也无法让他们达成协议,"即使大选举人严格履行您赋予他的职务,他也只是一个影子,一个游手好闲的国王消瘦的幻影。您认识的人中有无耻到热衷于参与这样诡计的人吗?您能想象一个有点小聪明和自尊的人只满足于饱食终日、尸位素餐吗?"不仅如此,如果他想要放弃这个职务,大门随时对他敞开。

"如果我是大选举人,我在任命和平执政官和战争执政官时会

---

① 《西哀耶斯的宪政理论》(布雷·德·拉·莫尔特未公开的回忆录节选)。
② 《拿破仑一世通信集》,XXX,345页。《回忆录》(圣赫勒拿岛回忆录)。

对他们说，如果你们任命一个我不喜欢的部长或者签署一个我不喜欢的法案，我就把你赶出去。"这样，大选举人就成了一个主动的绝对的君主。您可能会说，"但是，参议院不是把大选举人吸收进来了吗？""这剂药方反而适得其反；在这一计划中，没有人做出任何保证"，因此，各方都宁我负人，毋人负我；大选举人反对参议院，执政官反对大选举人，参议院反对大选举人和执政联盟，各方均处于不安、惊慌、受威胁、威胁别人和篡夺权力保护自己的状态中；这些车轮都在朝着错误的方向前进，这是一台千疮百孔的机器，终将停机和崩溃。而现在，由于波拿巴成了主人，而且由于行政权力高度集中的缘故，整个权力自然而然成了他的囊中之物①。

实际上，为了"迎合共和派的意见"②，他们把和自己同样的头衔给了他的两个助手。但对他们的任命只是作秀而已，他们只是下级顾问和听话的仆人，除了在他的名字后面签上自己的名字，在他的法案以及"笔录上签名"之外，他们不拥有任何权力；"只有他一个人发号施令，只有他一个人任命所有官员"，这样他就成了事实上的君主，而他们就成了事实上的臣民。

VI

为了抗衡集中强大的行政权力，需要构建一个立法权力机构。

在组织有序和相当健全的社会，可以通过选出一个代表民意的议会达到这个目的。这个议会可以代表民意，因为它只是一个缩小的复制版和忠实的简化版：它的组织结构可以使不同意见忠实和适当地表达。在这种情况下，选举是一个正确的选择。选举权作为一种

---

① 《布雷·德·拉莫尔特未公开的回忆录节选》，50页（拿破仑关于西哀耶斯与罗德勒的谈话，西哀耶斯由于提出反对意见而有意退休）："如果西哀耶斯退休回乡，您立即给我写一个宪法大纲。我会在八天内召开预备会议，在解散立宪会议后让他们批准。"

② 《拿破仑一世通信集》，XXX，345页、365页（《回忆录》）。"在这种情况下，仍有必要把首脑的行政执法官职务乔装打扮一下。"参见共和八年霜月22日宪法第四章，第4条和第42条。

优越的权利而受到尊重；换句话说，激动的情绪没有那么强烈了，这是由于主要的利益分歧没有那么大了。不幸的是，在由于对立而严重撕裂的法国，所有主要的利益均有尖锐冲突，因而使激动的情绪变得更加暴躁，也使任何权利都得不到尊重，包括选举权在内。随后，选举开始走入歧途，选举产生的议会没有或者不可能代表民意。

自1791年以来，通过违规并且乏人问津的选举被送到立法议会座位上的僭越者称为代理人。虽然差强人意，但也聊胜于无。不过，没有人对他们抱有信心，更没有人给予他们任何尊重。人们知道他们是如何选上的，以及这个头衔的价值有多大。出于惰性、恐惧或厌恶，绝大多数选民没有投票，而投票的选民们在投票时经常互殴。最身强力壮的或者最厚颜无耻的选民往往能驱逐或制服其他选民。在督政府执政的最后三年，立法议会的选举经常分裂成两个阵营，每个阵营选出自己的代表，然后抗议另外阵营选出的代表。政府在双方阵营候选人之间进行抉择时，总是带着很大的随意性和赤裸裸的偏见。更让人好笑的是，如果只有一个候选人当选，而当选者又属于敌对方阵营，这次选举便会被宣布无效。总之，九年以来，立法机构都是由某个派系强加给国家的，并不比行政机构更具合法性，而只是另一个篡权者罢了。后来，行政机构也不免被它所取代或清洗。这台选举机器的缺陷不可能有任何补救办法，这是由其内部结构和材料质量所决定的。此时此刻，即使在一个公正和强有力的政府领导下，这台机器也不可能有效运转，也不可能从这个国家筛选出头脑清醒和令人尊重的议会代表，也不能给法国提供一个能够参与事无巨细的公共事务运作的议会。

因为，假设新的统治者表现出罕见的忠诚、活力、胆识、卓越的政治自律与行政能力，可以在约束各派系的同时不压制言论自由，中央政府推动选举并且在所有候选人之间保持中立，不设立官方候选人，既没有来自上面的压力，也没有来自下面的约束，令人尊敬的警官和宪兵保护每个议会选举大门，所有程序符合规则，大厅里没有任何干扰，尽管五六百万选民聚集在投票站，但选民自由投票，猜猜他们会做出什么选择。

果月之后，统治者的新一轮宗教迫害、民间压迫、暴行和无耻行径，加剧并传播了对人类和革命思想的仇视。在刚吞并不久的比利时，正式和世俗的神职人员被完全禁止[1]，于是大规模的起义在农村爆发。起义从威斯县、古老的马里纳领地、鲁汶和特尔蒙一直延伸到布鲁塞尔、康比纳、南布拉班特、弗兰德斯、卢森堡、阿登地区，甚至延伸到了列日边境。许多村庄被烧毁，居民被杀害，而幸存者则将仇恨铭记在心。在1800年初，12个西部省份[2]中，保王党人几乎控制了整个农村地区，并可以指挥4万名武装人员。毫无疑问，需要制服这些人并解除他们的武装，但不能像解除他们武装那样剥夺他们的言论自由。

在1799年8月[3]，上加龙省和邻近6个省份的1.6万名叛乱分子，在保罗伯爵的领导下展开了皇家白旗。像卡杜尔镇，"几乎完全揭竿而起"。像穆莱镇则派去了全部青壮年。他们甚至渗透到了图卢兹的郊区。经过多次战斗，包括一场激战，才被制服。在蒙特雷尤的一

---

① 参见《大革命之革命政府》，339页、347页。《大不列颠水星》杂志，1798年11月号和1799年1月号（比利时来信）："在这些偏远的省份有价值超过三亿的财产被武力扣押；有产者的财产先是被夺走，或是扣押，随后是凶猛的苛捐杂税、强征税款、对财物的一扫而空、法国对皇帝和政府财产实施破产而进行劫掠，并且全盘没收。"像在旺代一样，由于征兵而引发的起义进而爆发，起义者的口号是："宁愿死在这里也不去别的地方。"

② 马特尔伯爵，《奇幻主义历史学家》，第二部分（关于西部的平定问题，根据保王党指挥官和共和派将军的报告撰写）。

③ 《国家档案》，F7，3218页（按日期分类的急件综述。共和七年果月3日，副师长维克斯的信。共和七年热月26日和果月3日，督政府执行专员拉马德兰的信）："将老百姓引入歧途的恶棍们，以国王的名义向他们承诺，他们将无须再纳税、不再有征兵和徭役、他们还会得到他们想要的教师。"在蒙特雷尤附近，"大屠杀令人毛骨悚然，将近两千人被杀死或淹死，还抓了一千名俘虏"（共和八年雨月18日，阿尔齐埃先生给第一执政的信）。"热月起义使三千'农民'丧生。"（共和八年雨月13日、15日、25日、27日和30日，雪月25日和27日，政府专员和省行政官的信。）由于发生大量孤立的骇人听闻的暴行而使起义延长，如针对共和国公务员和支持者、治安法官、市长、助理和税务稽查人员等实施刺杀和枪击等暴行。在拉尔贝兹市镇，五十名新兵携带武器和装备开小差，他们打家劫舍、星期日开办舞会，收缴爱国者的武器。在其他地方，凡是知名的爱国者在自己的家都遭到十几人团伙的袭击，被迫缴纳赎金并高呼："国王万岁！"参见博·拉维涅1887年所著《共和七年保王党起义史》。

次激战，就有2000人被杀或被淹死。农民怀着"近乎疯狂的愤怒，前仆后继，视死如归，有些人甚至用尽最后一口气高喊'国王万岁'，而其他人宁可被碎尸万段也不喊'共和国万岁'。从马赛到里昂，盗贼横行的叛乱在罗纳河两岸整整持续了五年。保王党匪帮的队伍由于新兵的加入而不断壮大，并且由于迎合居民而广受支持，而共和国的代理人和国家财产的买家则受到大肆劫掠和屠杀[①]。在其他30多个省份，叛乱时有时无，而在旺代，一直都没有平息。在所有的天主教省份都有一种潜在的旺代情结。在这种愤怒情绪的驱使下，如果是自由选举，那么可能有一半法国人会投票给旧制度的官僚、天主教徒、保王党人，或者至少投给1790年的统治者。

可以想象，在同一个大厅面对人数势均力敌的代表，另外一个阵营的代表唯一的选择就是他们这些知名人士，也就是上届议会的幸存者，也许是共和四年和共和五年的立宪派代表、平原派和1792年的斐扬派代表，从拉法耶特和杜莫拉尔到多努、第博多和格里瓜尔，他们当中有吉伦特派和一些山岳派代表，包括巴莱尔[②]，所有人都执着于理论交锋，就像他们的对手执着于传统一样。对于两个阵营都熟悉的人来说，这是敌对双方交锋的场面：两种互相抵触的学说，两种无法调和的意见和情绪体系，两种构建统治的对立模式、法律、社会、国家、财产、宗教、教会、旧制度、革命、现在与过去：内战将国家转移

---

① 《国家档案》，F7, 3273页（共和七年果月6日，沃克鲁兹省附近督政府执行专员的信）："八十名武装保王党人在苏兹森林附近以路易十八的名义抢走了布歇收税员的钱箱，需要注意的是，这些暴徒并没有抢走任何属于收税员个人的钱。"（同上，共和七年热月3日）："如果把目光放在市镇方面，就会发现所有的市镇都在保王党或狂热的市议员控制下。这是农民的普遍精神状态…… 公共精神如此败坏，与宪政体制如此对立，只有奇迹才能把他们拉回到自由的旗帜下。"同上，F7, 3199页。（罗纳河口省的类似文件。）尽管多次实施严厉的军事干预，但一直到执政府统治时期，类似的暴行仍有增无减。（共和九年芽月15日达拉斯贡专区区长的信）："在埃拉格市镇，昨天八点的时候，一群蒙面土匪包围了市长的房子，其中几个人闯进他的家枪杀了这位公务员，没有人敢给他任何帮助……埃拉格的居民四分之三是保王党人。"《法国档案》77, 7152页及随后各号中可以看到省政府按月，特别是共和七年获月归档的详细政治罪行。

② 上比利牛斯省代表巴莱尔在这个偏远的省份，特别是阿尔泽莱县的山区目不识丁的农民中享有很高的声誉。在1805年，选民推举他为立法议会和参议员的候选人；他于1815年被选为议员。

到了议会。

当然，右派希望第一执政是蒙克将军，这样可以使他成为一个克伦威尔；因为他的权力完全取决于他在军队的信誉，也就是统治能力。

这时候的军队仍然是共和派的，即使不是发自内心，至少在感觉上是，同时也浸染了雅各宾派的偏见，他们与革命利益不可分割，因此盲目反对贵族、国王和僧侣[①]。在君主专制和天主教复辟的威胁开始时，军队要求他发动果月18日政变，否则雅各宾派的将军，像乔丹、贝尔纳多特、奥杰罗等人将自己发动政变，并且将矛头对准他。这样，他们将会陷入过去一直想跳出的泥沼，重新回到革命和政变的恶性循环之中。

VII

西哀耶斯明白这一点，他发现地平线上有两个幽灵，十年来一直困扰着所有法国政府：法律的无政府状态和不稳定的专制统治。他发现了一个神奇的公式，可以用来驱除这两个幽灵。从今以后，"权力是来自上面，信心来自下面"[②]。因此，新宪法法案撤销了国家任命代表的权力。国家只通过三级重叠选举负责指定众议院候选人；因此，国家只是通过"一个虚幻而形而上学的方式"[③]参与其代表的

①　掌玺大臣巴斯齐埃，《未公开的回忆录》，I，366页。与教皇签订政教协议的时候，军队的"反对僧侣体制"的呼声很强大，曾举行过敌对的秘密会议。"许多高级军官参加了会议，甚至有一些高阶将军。莫罗虽然没有参加，但他对此并非不知情。在其中的一个会议上，甚至讨论了暗杀第一执政的议题。一个名叫多纳迪约的低级军官自告奋勇要求承担这项任务。当时在场的乌迪诺将军通知了达沃。多纳迪约被囚禁在坦普尔，并揭发了整个阴谋。随后立刻采取措施抓捕了谋反分子，他们都被流放到边远地区；一些人被逮捕，其他人被流放，其中穆尼耶将军被下放到马伦戈指挥德赛的一个旅。勒古布将军也参与了阴谋。"夏普塔尔伯爵，《回忆拿破仑》，250页(1808年2月23日，拿破仑的谈话)："刚一入座，我就看见他们在蠢蠢欲动；莫罗、贝尔纳多特、马塞纳们是不会包容我的成功的……他们已经尝试了好几次要扳倒我或者和我分享权力……十二名将军策划了一个将法国分成几个省的计划，并且慷慨地把巴黎及其郊区留给了我；在鲁埃尔已经签好了条约；马塞纳被指定把条约带给我。但他拒绝了，说他还没走出杜伊勒里宫就得被我的卫兵打死：这家伙还真了解我。"

②　《布雷·德·拉·莫尔特未公开的回忆录节选》，10页。

③　拿破仑的谈话。(《拿破仑一世通信集》，XXX，343页，圣赫勒拿岛口述回忆录。)

选择。处于第一等级的选民的全部选举权只局限于指定本身人数的1/10；处于第二等级的选民的全部选举权仍然只局限于指定本身人数的1/10；处于第三等级的选民的全部选举权最后只局限于指定本身人数的1/10，约6000名候选人。在这份清单上，政府利用自身的权力，并通过增加数量的办法，确立了自己高级公务员的地位。很明显，在这样一个长长的清单上，政府不费吹灰之力就找到了兢兢业业为自己工作的工具。

另外，政府格外小心地利用其唯一的权威，在没有任何其他清单的情况下，单独指定了第一个立法机构。最后，政府为自己指定的所有立法机构职位贴心地赋予了可观的报酬：1万法郎、1.5万法郎和3万法郎的年金。从第一天起，各个派别就开始为了这些职位游说政府，即未来立法权的托管人，首先就是这些前厅接待室的律师。为了使他们成为完全驯服的工具，立法权被提前解体：它被分成了三个部分，因而成了天生软弱、组织被动的机构。三个机构中鲜有任何一个具有主动创新能力；他们只能审议政府提出的法律。每个机构只拥有部分功能；法案评议委员会只讨论而无权通过法律，立法团只颁布法令而无权讨论法令，保守的参议院负责托住这个全身瘫痪的病人。"您想要做什么？"波拿巴对拉法耶特说[1]，"西哀耶斯把每个地方都罩上了阴影，司法权力的阴影、政府的阴影。但我自己的地方必须放点有用的东西，而我已经放好了。"那就是行政权力。

这种权力完全被他牢牢抓在手中；其他权力对他只是某种点缀或工具[2]。每年，装聋作哑的立法团到巴黎来一声不吭待四个月；

---

① 拉法耶特，《回忆录》，II，192页。拉法耶特，《回忆录》，II，192页。

② 博莱·德·拉罗塞尔，《拿破仑在行政法院的演讲》，63页："参议院如果认为自己具有全国代表性那就大错特错了。它只是一个权力组织机构，像其他机构一样，权威来自于政府。"（1804年）同上，147页："它不具有立法机构以抗税的方式阻止政府的权力；税收一旦确立本应该通过法令征收即可。最高法院将我的法令视为法律；否则，就没有政府。"（1808年1月9日）同上，149页："如果我真的害怕参议院的话，那么我就在那里塞进去五十名年轻的参议员就行了。"（1803年12月1日）同上，150页："如果在立法机构里有反对派，我就求助参议院让他们休会、逼他们改组、拆散他们。"（1806年3月29日）同上，151页："现在每年有六十位议员卸任，没有人知道拿他们怎么办：那些安排得不好的人就回到各省发牢骚。我想要一（转下页）

总有一天，他可能会忘了召集他们开会，也不会有人注意到他们的存在。至于夸夸其谈的法案评议委员会，首先，他通过法律议题"减肥"的方式将他们的话语权减到最低；随后，通过参议院的介入，以指定退休成员的方式，借以摆脱喋喋不休的麻烦制造者；最后，还是通过参议院，以宪法的解释者、捍卫者和改革者的名义，肢解并且压制法案评议委员会本身。参议院才是他真正的统治工具；他对参议院耳提面命，使它成为供自己驱使的元老院。通过这部他在上面导演的喜剧和在下面补充的另一出喜剧——公民投票，他就把他十年的执政府变成了终身执政府，然后变成了帝国，也就是说，成了一个永久性的、合法的、完整的、完美的独裁统治。这样，国家就落到了一个独裁者的手里。

作为一个人，他当然把自己的利益放在第一位。还需要了解的就是，他所理解和想象的个人利益在多大程度上需要多长时间才能符合公众利益。如果这种一致被证明是完整和永续的，则是法国之福；如果被证明是局部和暂时的，则是法国的劫难。危险虽然可怕，但不是不可避免的：摆脱无政府主义，只能求助于专制手段。但同时也会遇到这样一个人：起初是救世主，然后是毁灭者，一个未知意志将受到天赋和良知或想象力和利己主义摆布的人，一个灵魂因受到绝对权力的诱惑、成功和普遍的谄媚而面临考验和干扰的人，一个只为自己负责的暴君，一个被征服的冲动所操弄的征服者，一个在日益虚假的光线下审视自己和世界的人。这是社会解体的苦果：国家的权威要么腐烂，要么扭曲；每个人都利用它为自己谋利，没有人愿意把它托付给外部的仲裁者，抓住权力的僭越者只有可以滥用权力时

（接上页）些某种程度上在家庭或职业上与国家联系紧密、与公共利益无法分割的老年有产者。这些人每年来巴黎，在自己的圈子里与皇帝交谈，对缓解自己单调生活的小小虚荣会很满足。"（同一日期）参见第博多的《执政府回忆录》，第十三章和梅特涅先生的《回忆录》，第一卷，第120页（1812年春拿破仑在德累斯顿的谈话）："我将给参议院和行政法院一个新的机构。第一个机构将取代上院，第二个机构取代下院。我会继续任命参议员；我要让三个名单上的三分之一行政法院成员当选，其余的由我任命，因为预算是在那里编制的，法律也是在那里制定的。"我们可以看出，这么听话的立法机构仍然让他不放心，于是他相应地提前应对1813年的议会。

才愿意成为受托者。当可以将权力玩于股掌之上时,则反其道而行之。而在别无选择的时候,也只能让有能力最后僭越权力的人重新恢复权力,组织权力,并将权力最终应用在公共事业上。

第二章 公权力

I.公权力提供的主要服务—它是一种工具—每种工具的共同法则—机械工具—生理学工具—社会工具—工具的完善与否与其效果成正比—工具取向的排他性。Ⅱ.这种法则在公权力的应用—政府干预的一般效应。Ⅲ.国家的行为与其职责背道而驰—国家的侵吞行径是对人民财产的洗劫。Ⅳ.国家未能尽职尽责管理好自己所替代的机构—国家篡夺了这些机构的权力,却拒绝履行职责—国家违反或利用机构的机制—在所有的情况下,国家都是糟糕或平庸的替代品—通过比较引发的对其结构思考。Ⅴ.其他后果—久而久之,受到抑制或发育迟缓的身体停止成长—个人的无能导致社会和政治崩溃—公权力转移到个人手中—社会团体的贫困和堕落。

I

公权力呈现给公众的是什么样的用途？主要用途是保卫国家免遭外敌入侵,以及保护个人免遭其他人的欺侮。显然,要做到这一点,公权力必须在所有的情况下提供不可或缺的手段,即外交、军队、舰队、武库、民事和刑事法庭、监狱、警察、税务和税吏、高级官员和地方行政官员,这些人在各自的岗位履行各自的特别职责,同心协力确保取得预期的效果。显然,为了应用这些工具,公权力必须根据情况,具有这种或那种形式或结构、这种或那种程度的动力和能量：根据外部或内部危险的性质和重要程度,适当使权力集中或分散,放开包容或严厉掌控。无须事先对其机制怀有愤怒之心。严格地说,它是人类社会的一台包罗万象的庞大机器,与工厂的机器或人体器官别无二致。如果只有引擎能推动机体,那我们就会接受引擎和结构：目的和手段密不可分。我们想要问的是,是否手段应该适应目的；换句话说,无数大小、局部或中央的组件经过确定、校正和协调的目的是否就是为了达成最终的整体效果,而无论合作的距离如何。

但是,每个引擎无论简单还是复杂,运行时必须满足一个条件：越是符合一个单一用途,就越不符合其他的用途；性能越完善,用途就越有限。因此,如果有两个不同的工具应用到两个不同的工作,各自的工作完成得越完善,其工作的领域就越有限和越对立：随着每种工具履行职责的能力越高,履行其他领域职责的能力就会越低下,直至最终无法取代其他工作。无论任何工具,无论是机械的、生理的,还是社会的,都是一个道理。

在人类最低下的工业中,原始人只有一种工具：他们利用锋利或尖锐的石块,狩猎、破碎、切断、劈砍、钻孔、锯断和雕刻；同一件工具就足够用于各种用途了。在这以后,长矛、斧头、锤子、锥子、锯子、刀,每一种工具都更加适应不同的用途,但除此之外的用途则效率不高：用刀无法取代锯子,用锯子无法取代刀。后来,出现了高度完善和完全特殊的引擎,比如缝纫机和打字机,不可能用打字机取代缝纫机。

同样,对于最低级有机体来说,如果是形状不固定、均匀和黏性的软体动物,那么机体的所有部分都同样适用于所有功能；变形虫利用全身的每个细胞,可以走、抓取、吞咽、消化、呼吸、循环所有液体、排出废物、繁殖物种。对于高级一点的有机体来说,在淡水珊瑚虫的机体内,管消化的内囊和用来包裹的外皮,如果必要也可以改变功能；如果你像手套一样把它从里面翻到外面,它依然可以继续生存；它的皮成为里层来履行胃的功能,而胃却变成皮肤以便履行外皮的功能。但是，动物的等级越高，器官的分工、分支与分歧就越复杂，每种功能相对独立，并拒绝取代其他的职能。对于哺乳动物来说，心是推动血液循环的最佳器官，而肺脏却只能向血液提供氧气；两个器官不可能调换彼此的工作；在二者之间，前者的特殊结构和后者的特殊结构设置了两个不可逾越的障碍。

最后，在社会的最底层也是一样，在比安达曼和火地岛更低的层面，我们发现了一个人类原始社会。在这里，人类只是一群畜生。在这群牲畜的内部，没有特别的目的而产生的特别的相关性，甚至没有家庭，至少没有永久性的家庭，没有男性和女性之间的彼此联系，只有性的交往。在这群彼此平等而相似的人群中，特定的群体渐渐地显示出自身的特性，成形并独立出来：我们看到出现越来越多更清晰的关系，越来越独特的住处，越来越多的世袭宅地，钓鱼、打猎和战争的群体与小作坊。如果一些人成为征服者，就会建立自己的种姓。最后，这个组织牢固的社会结构经过扩展之后，我们发现了省，市镇，教堂，医院，学校，各种大小、临时或永久、自愿或非自愿的法人社团和协会，就是说众多人类制造的社会引擎。而人类根据公开或心照不宣的法令，通过个人的兴趣、习惯、限制或偏好、良心和慷慨进行合作，以便在物质或精神层面开展这样或那样的事业。今天，在法国，除了国家以外，有86个省，3.6万个市镇，4个宗教团体，4万个教区，七八百万个家庭，数以百万计的农业、工业或商业作坊，数百个科学艺术机构，数以千计的教育和慈善机构、救济和互助团体，成百上千的商业娱乐机构和各类协会，每个机构均有各自的目标，也像一种工具或器官一样，执行各自特有的工作。

然而，到目前为止，作为一种工具或器官的这些协会都受到共同的法律制约；它扮演一种角色越擅长，其他的角色就越平庸或糟糕，其特殊能力构成的整体也越无能。这就是为什么在文明的群体中，没有一个专门的机构能够以令人满意的方式取代另外一个机构的原因。"一个兼做银行的美术学院推出的绘画和票据折扣很有可能都非常糟糕,同时兼做幼儿园的煤气公司不仅教不好孩子,同时街道照明也会昏暗不堪。"[1]这是因为,一种工具不管是机械工具,还是生理器官,还是人类机构,总是由各种零件组成的系统,其作用在于达成既定的目标。工具内的零件无论是木材还是金属,器官内无论是细胞还是纤维,协会里无论是人才还是普通人,这都不重要,重要的是其趋同效应。因为效应越是趋同,工具就越能够达成目标。但是,通过这种趋同性而选择了一个特定方向,就不可能选择另一个方向;不可能同时在两个不同的方向进行操作;不可能向右转的同时向左转。如果任何针对某种用途建造的社会工具同时兼顾另外的用途,不可能在做好本职工作的同时也做好其他的工作,那么在推进两种工作的同时,第一种将损害第二种,而第二种也会伤害第一种。在一般情况下,结果是彼此相互牺牲,最常见的是两者均告失败。

II

让我们来看看这个法则的效应。在其主要的和特殊的任务之外,公权力不仅承担了不同的任务,而且替代其他团体承担其职责。而国家不应满足于保护社会和个人免受外部或内部的侵扰,还应该额外地负责宗教、教育或慈善、艺术和科学事业,主导工业、农业、商业、市政、省和国内的各项事业。毫无疑问,国家可以在自身管辖权之外介入所有法人团体,因为它有介入的权利和义务;它凭借自身的部门,作为个人和财产的捍卫者进行介入,在这些团体的内部平息掠夺和压迫,迫使他们遵守法律,保护法律所规定的每个成员的权益,根

---

① 麦考利的论文,《格莱斯顿论教会和国家》。这一广泛传播的重要原则,可以称为"特别原则"。这一原则是亚当·斯密为了机器和工人而首先提出来的。麦考利则将其从机器扩展到人类社会。米尔纳·爱德华兹将其应用于整个动物系列的器官。赫伯特·斯宾塞在其《生物学原理》和《社会学原理》著作中为生理器官和人类社会方面做了进一步发展。我在这里已经尝试说明其后果所带来的三个平行分支,及其共同的根源,而这是一种所有工具所固有的初始和形成特性。

据法律规定裁决管理者与被管理者之间、董事和股东之间、牧师和教区居民之间、已故的创办人与其继承者之间的冲突。在这一过程中，国家为他们提供法庭、警察和宪兵，而这一切都是在他们完全同意并符合法律规定的前提下进行的。这也是其各个部门的一种义务：其职责是防止它利用公权力对社会机构进行掠夺和压迫；国家被禁止授权卖淫或奴役合约，尤其重要的原因是，国家不能容忍一个社会盗贼横行和叛乱滋生，以及武装或准备武装自己的团伙的存在。但是，在可以使其保持权力的合法干预和篡夺权力的滥权干预之间，限度是明显的，如果它在伸张正义的司法职责之外增加第二种权力，即压制或支持另外一个团体，那么它就逾越了这个限度①。在这种情况下，两方面的弊端显露无遗：一方面，国家的行为与自身的职责背道而驰；另一方面，国家未能正确履行附加权力。

Ⅲ

因为，首先，为了支配另一个团体，例如教会，如在国事诏书由于1516年的政教协议废除后的旧君主专制政体下，国家有时任命教会的主教；有时像1791年的制宪会议不任命议长时，国家会发明一个新的任命方式任命议长，换句话说，是国家强加给教会的违背其精神甚至教条的行为准则。有时国家走得更远，它把各个团体变成自身的行政部门，将其主管变成可以驱使和命令的、随时可以撤销的公务人员：如帝国和复辟时期的市长和市议员、大学的教授和校长。再前进一步，这种侵吞行为就可以完成了。

自然，在履行新的职责时，要么出于抱负或警惕，要么出于理论或偏见，政府会试图为自己预留空间或维持其垄断地位。在1789年之

---

① 参见本卷，894~915页。我们讨论的是国家侵犯的后果对个人的影响。这里说的是对社会机体的影响。参见麦考利所著《格莱斯顿论教会和国家》的同一主题和由赫伯特·斯宾塞所著《人与国家》两篇文章，其中严密的推理和丰富的插图令人钦佩。

前,天主教会在禁止其他宗教的禁令下享有垄断地位,另一个是手工业和职业社团由于禁止自由择业的禁令而享有垄断地位。在1800年之后,大学由于对成立私立学校的禁令和制约而享有垄断地位。现在,国家通过这些约束开始侵犯个人的领地了。侵占得越深入,蚕食得越多,则构成个人真正生活的主动性和独立性的范围就越小。根据雅各宾派的计划,如果将这种干涉进行到底①,政府将榨干每个人身上的最后一滴血,因为今后在各地,只有上面操纵的机器人,微不足道的人渣,被动的、被阉割的人,可以说只剩下了死魂灵。为保护人民而建立国家的结果,却将人民化为乌有。

如果政府把钱用在别处,那么在财产方面也有异曲同工之妙。因为政府所花的钱只能出自纳税人的腰包。因此,政府利用税收稽查员,把钱从纳税人腰包里掏出来。所有的人,不分青红皂白,不管愿意不愿意,都必须为附加服务交附加税,无论这种服务是否会为他们带来好处,或是令他们厌恶。

如果我是一个天主教国家的新教徒,或是一个新教国家的天主教徒,我为对我来说是错误和不正当的宗教而缴税。如果我是一个无神论者,一个自由的思想者,对法国的正统宗教持冷漠和敌对的态度,我也要为我视为无用的四大邪教而缴税。如果我是外省人或农民,我也要维修我从没去过的大歌剧院缴税,为塞弗尔和戈布兰博物馆缴税,而我从来都没见过那里的一个花瓶或一块挂毯。

在和平时期,敲诈勒索都被掩盖起来,而在战乱时期就赤裸裸地表现出来了。在革命政府统治下,挥舞着长矛的税收稽查队伍像在被征服的国家一样袭击村庄②;农民们被卡着脖子、架着胳膊,眼看着自己的粮食被从谷仓抢走,牲口被从畜舍牵走;"所有被抢的东西都从大路上运往城里",而在巴黎附近方圆40里的范围内,各省都在饿肚子,以便让巴黎填饱肚子。即使用温和的手段,在正规的政府统治

---

① 参见《大革命之革命政府》, 258页。
② 参见《大革命之革命政府》, 213页。

下，类似的行为也是勒索，更何况国家派出穿着制服的体面收税员，从我们的钱包拿走最后一个埃居就是为了履行根本不在其权力范围之内的职责。

如果像雅各宾派统治时的国家声称履行所有的职责的话，就会把钱包翻个底朝天：为了保护财产而建立的国家将没收所有的财产。因此，无论是对于财产还是对于人民，当公权力提出的是另一个目标而不是保护财产时，那么它就不仅超越了职权，而且违背了被赋予权力的本意。

IV

现在让我们看看国家另一方面的权力滥用行为，以及它在所替代机构的职责履行情况。首先，国家迟早会退出这些机构，因为这项新的服务代价昂贵，国家迟早会负担不起。毫无疑问，国家已承诺为其支付费用，甚至像制宪会议这样的立法机构被没收了赖以生存的收入之后，国家也必须提供相应的费用。国家需要根据合同补偿其占用或已经枯竭的当地或特殊的收入来源，作为交换，国家向庞大的中央水库提供水源，即公共财政。但是，如果水库的水位下降，如果拖欠的税款不再源源不断补充进来，如果战争在水库大坝上形成裂缝，如果统治者的无能导致裂缝与渗漏扩大，那么国家将没有钱用于次要的辅助服务。国家先是承担了这项服务，后来又放弃了，因为在国民公会和督政府时期，我们看到国家在收缴了所有的机构，各个省及市镇的教育机构、艺术机构、科学机构、教堂、医院和庇护所的财产之后是如何履行职责的；在做了抢劫犯和强盗之后，是如何资不抵债和破产的；国家篡权和破产之后，是如何摧毁并破坏所有其他服务的；国家是如何通过干预和擅离职守的双重效应，毁灭了法国的教育、宗教和慈善事业的。为什么城镇街道的灯光不再明亮，也无人清洁？为什么各省的道路坑坑洼洼，堤坝决口崩溃？为什么学校和教堂空无一人或被关闭？为什么庇护所和医院的弃婴因缺乏牛奶而夭折，体弱多病者饥寒交迫，病人缺医少药、缺乏病床、没有肉汤[①]？

其次，即使国家尊重服务或为服务提供手段，也有可能滥用这种服务，原因就在于这种服务并未脱离其领导轨道。当统治者染指一家机构时，几乎总是在利用权力谋取私利的同时损害其利益：他们使自己的利益或理论最大化，他们将自身的意志强加于人，他们改变了主要部件或车轮的形状或位置；他们扰乱机器的运行并使运行机制失灵；他们利用其作为财政、选举或教义的引擎，作为执政或宗派的工具。这完全是18世纪我们所熟悉的神职人员的所作所为[②]；宫廷主教、客厅的神父，系由上级指定强加于各个教区或修道院的，但他们从不履行对居民和政府职员肩负的职责，他们是拿高薪、吃空饷、好逸恶劳的闲人，教会的寄生虫，除此之外，他们追求名利，骄奢淫逸，一般不信神但是基督教教士，好像是特意被指定来破坏这些迷途羔羊的天主教信仰和修道院僧侣信条的。这就是1791年[③]之后新宪法下强加给大多数正统教徒的神职人员：支持教会分裂分子、被逐出教会的叛逆者和干政者，他们所做的弥撒被教徒认为是亵渎圣灵的，他们主持的圣礼，教徒拒绝接受。

最后，即使统治者不使机构的利益从属于自己的意志、理论或利益，即使他们避免伤害机构的利益，改变其性质本身，即使他们忠实地履行（他们当然也知道如何履行）自己批准的超出职责的（分配的）授权，他们也仍然会完成得一塌糊涂，至少比原来的机构更差，因为这些机构的结构和国家的结构完全不同。国家是手握利剑的公权力的唯一代表，它通过自上而下和遥控的方式，以强制性的权威通过统一的法律法规、专横和微不足道的规章制度，通过对不同等级和对指令唯命是从的公务人员，对整个国土实施统治。

---

① 参见《摘要》，Ⅳ，262页、305~308页。
② 参见《旧制度》，52~53页、60~61页、92~94页、218~219页。
③ 参见《大革命之大混乱》，438~445页。

这就是为什么国家不适合这项工作的原因，因为要做好这项工作，需要另一种原动力和手段。而完全外在的原动力是如此虚弱，不足以支持和推动需要内在动力的事业，如个人利益、地方爱国主义、亲情、科学的好奇心、慈善本能和宗教信仰。其机械手段过于死板和受限，无法使企业顺利运行，因为企业需要企业家具有细腻和机警的手腕、灵活的掌控力、对形势的判断力、对实现目的的方法的快速适应力、永恒的创新能力、主观能动性和独立精神。从这方面看，国家其实就是一个可怜的家长，一个糟糕的企业家、农场主和商人，一个糟糕的工作和食品的分发者，糟糕的生产、交换和消费的监管者，一个平庸的省、市、镇管理者，一个缺乏鉴别能力的慈善家，一个不称职的美术、科学、教育和宗教领导者[①]。

在履行所有这些职责时，国家的所作所为总是拖拖拉拉、笨手笨脚、因循守旧、独断专行、耗资庞大、劳而无功、一无所获，而且总是超越或脱离实际需求，假装心满意足。这是由它的高高在上、目空一切、鞭长莫及造成的。政府的指令需要官僚机构层层转达，因而深陷在形式主义的泥潭中不能自拔，迷失在自己的"繁文缛节"中。为了达成目标，它在整个国土上实施同一个计划，一个闭门造车、一劳永逸、无须实际检验和必要修正的计划，一个根据习惯的近似值和平均值计算的、在根本上适合于任何特定情况的计划，一个将固定形式强加于事务而拒绝适应多样性和变化的计划。政府曾由中央向各省发放了一种图案和布料固定的制式服装，各地人员无论什么身材，愿意不愿意，一年四季都务必穿在身上。

---

① 赫伯特·斯宾塞的论文《论立法和代议制政府》举英国为实例。查尔斯·杜诺叶（1845年）所著《劳动自由》举法国为实例。后一部著作预见到了赫伯特·斯宾塞的大部分思想，只是缺乏生理学"插图"。

V

糟糕的是,国家所做的并不是本职工作,它不仅耗费比原来机构更高的成本,效率更低,而且通过自认为合法的垄断特权或不正当竞争,消灭这些天然组织、使其瘫痪,或者阻止其生存;因此这么多宝贵机构被吞并、限制或抛弃,在庞大的社会中完全消失。更糟糕的是,如果这个体制持续下去并继续无恶不作,那么人类社会将会失去复制这些组织的能力,它们将就此灭绝,不再出现,甚至胚芽也会永远消失。人们不再知道如何彼此团结一心、如何凭借冲动和主动性通力合作,不受外界和上级的约束,为了既定目标,以循规蹈矩的形式,通过自由选择、坦然接受并与忠实服从的领袖同心共胆。相互间的信任,对法律的尊重、忠诚,自愿服从,远见,温和,耐心,毅力,实际的好感,精神和情感的共同倾向,没有这些,人际间的关联就无从谈起或者无法实施,或因为缺乏实际价值而绝迹。从此以后,存在于健康民族当中的自然、和平和富有成果的合作,都是可望而不可即的;人对社会已经无能为力,因而对政治也一样无能为力。

事实上,他们不再选择自己的宪法或自己的统治者;他们自觉或不自觉地敷衍这些人,就当是天灾或政变硬塞给他们的一样。对于他们来说,公权力属于政党、派别、某个胆大包天的家伙、做事不择手段的暴徒;加上炫耀和威望的辅助,以及华美的音乐、人权和大救星之类喋喋不休的现成口号,就可以用武力攫取权力,目的就是利用它谋求个人利益或实施欺骗勾当。这种中央集权本身不会给任何人提供动力和灵感,它统治的只是一个贫困、迟钝和气数已尽、仅能间歇痉挛或人为地挺挺腰杆的有机实体,一个缺乏辅助器官、过于简化的低等或退化的有机体,一个只是经过分解和并列单位运算的类似的人群。简而言之,只是人世的灰尘或泥土。这就是国家干涉导致的结果。道德世界和生理世界一样,都有自身的法则。我们可能不了解这些法则，但我们无法逃避这些法则。它们按我们所愿有时支持我们，有时反对我们，但有一点是不变的，就是从未在意我们，但我们必须在意它们，因为它们结合在一起的两个条件是分不开的：第一个出现时，第二个就会不可避免地跟在后面。

第三章　新的政府组织

I. 新型组织的先例—实践—公权力强取豪夺、前科累累—旧制度和大革命期间原生的社会组织—其支持者成为声名狼藉和腐败的代名词—中央权力是唯一幸存的支持和依赖。II. 理论—投机的想法与实际需要的一致性—旧制度时期的公权力—国王的与生俱来的三个原始权利—延续王室特权的法理基础—历史的障碍 —对王室权力早期的隐秘限制—人民主权哲学和革命原则—国家权力无限延伸—对原生社会组织的适应 —古代和现代学说的趋同性—作为公权力产物的社会组织—国家普遍干预下的集权。III. 组织者—拿破仑的个性和思想对法国内在制度的影响—他在欧洲所扮演的角色所产生的对外要求—所有归顺与和解的设想化为乌有—公共领域的延伸和包容—保持私人领域的原因—个人的部分—他构筑的围墙—他超越凡尘的境界—他的天赋完全奉献于公权力—法国的终极宪法—特殊才华和昙花一现的磅礴气势、专横跋扈、令人忧虑的未来。IV. 新国家的一般特性和整体面貌—新国家的结构和其他现代国家或以前的国家结构之间的对比—旧法国的多元化、复杂性和不规律性—现代法国的团结、质朴和规律性—气质和文学方面的相似性—归属的作品类型—在政治和社会层面上是古典精神的现代杰作。V. 古代世界的相似性—从戴克里先到君士坦丁的罗马帝国—这种相似性的原因和范围—拿破仑心中罗马思想的遗风—西方新帝国。

I

不幸的是，在18世纪末，法国曾经俯仰于人，但这是错误的。三个多世纪以来，公权力一直不断地侵犯和败坏原生的社会组织。有时它对这些社会组织进行肢解和斩首，例如，在3/4的国土和所有的选区，它取消了省政府，旧的省份现在只是徒有虚名和行政选区而已；有时虽然没有进行肢解，却使法人团体混乱不堪、面目全非、纷扰混乱或错位脱节。因此，在各个城市，通过对旧式民主宪法的修改，通过对选举权的收紧和市政职位的重复拍卖[1]，公权力将市政的权力移交给了几个资产阶级寡头家族，他们依靠占有以公众为主体的一半的纳税人的税金维持自己的特权地位，因而受到平民阶层的厌恶，也不再得到社会的信任、尊重和支持[2]。而在各教区和农村选区，公权力从贵族手里拿走了居民的保护者和世袭的任免权职责，使当地居民沦为孤苦伶仃债权人的角色[3]；如果是贵族，那就成了更可悲的缺席债权人。因此，当神职人员几乎处于头颈分离的惨状时，（根据政教协定）派来的出手阔绰、喜欢炫耀、无能的无神论者和绅士派头的教士，在一大批贫苦交加、勤恳、虔诚的平民教士中间担任高级职务[4]。最后，它采用既不合时宜又具有侵略性的所谓保护措施，有时给予社会组织压迫性的特权，使其成为具有攻击性和有害的团体，或使其变成一个过时的老古董，任其碌碌无为、腐败堕落。这是工业和手工业公司的行业状况，它把垄断地位通过财务援助的形式让给了这些行业公司，而垄断是消费者的沉重负担和工业企业发展的障碍。

天主教会的状况也同样如此。每五年，为了换取无偿的礼物（金钱），它都会投教会所好，给予教会伤害无辜的特权，长期迫害新教

---

① 托克维尔，《旧制度与大革命》，64页及后页，354页和后页。参见《旧制度》，273页。
② 参见《大革命之大混乱》，326页、354页、357页、358~360页。
③ 参见《旧制度》，33页、48页。
④ 参见《旧制度》，59页、61页。

徒、审查知识的传播以及控制学校和教育的权力①。深陷常规陋习中麻木不仁的高等学校的状况也同样如此。在1789年建立的最新省级政府与1489年的省政府别无二致。贵族家庭也同样如此，因为根据法律规定，贵族家庭必须遵守旧制度的替代和长子继承制的规定，也就是说，必须遵守以前为了私人利益、公众利益以及为了确保贵族家庭地方任免权和政治权力的转移而设计的社会约束。然而，这种制度如今已变成毫无用处的滋生虚荣腐败②、阴谋算计、国内暴政、强迫休假和亲人反目的温床，从贵族成为宫廷的常客开始就失去了政治权威，也放弃了地方任免权。因此，由于被剥夺并偏离了原本的目的，他们失去防止任人宰割的保护壳，法人团体已经变得面目全非。除了孟德斯鸠，没有人理解它们存在的意义。对革命的举措来说，它们似乎不是社会团体，而是副产品、畸形物，也可以说是苟延残喘的怪物。我们再也见不到它们历史和自然的根基、表土下面生命力旺盛的嫩芽、社会必要性、基本的功用、可能的用途。我们只能感受到它们的难处，为它们的纠结和负担痛苦，为它们支离破碎和琴瑟失调吃惊，为它们由于堕落而导致的缺陷烦恼。由于公权力蛮横阻碍其发展的法律而造成了偏差，所以它们的堕落一般被认为是自然缺陷而受到谴责。

突然之间，由于干涉无度而成为全民公敌的公权力，声称将用更大的干涉力度修正造成的损害：在1789年它再次干涉社会组织，但不是为了改革，不是为了使其恢复到正确轨道，不是为了便于每个人使用权力，不是为了划定每个人的权力范围，而是为了完全摧毁这些社会组织。这一次采用了一个激进、普遍和不寻常的、一劳永逸的办法，通过历史上无出其右的理论家的鲁莽和屠夫的残忍，立法者们尽可能将它们一举铲除，甚至包括家庭，而他们的愤怒远远超出现在，进而延伸到了未来。在通盘废除法律的基础上，立法者们将预防性

① 参见《旧制度》，50~52页。
② 参见弗雷德里克·马松，《格里尼安侯爵》，I。

法律当中系统的敌意和交织着新法建设的障碍结合在一起。他们在连续三个立法会议[1]上提出法案防止稳定的家庭和不同省份的差别，杜绝东正教教会、手工业、工业、金融、慈善和教育机构、每个原生和有组织的团体、每个集体、局部或特殊企业在未来死灰复燃和永久性的本能需求，取而代之的是虚假的团体：没有信徒的教会，没有学生的学校，没有收入的医院，在市镇、区和省临时政府的几何形等级制度。所有的机构组织凌乱、人员素质参差不齐、运转失灵、先天不足。政治功能不堪重负，自身职责和附加职责均无能为力，从第一天起就色厉内荏、害人害己[2]。

改革由于不断受到自上而下的破坏、搁置以及如今政府滥权的影响而举步维艰，国家停滞不前，城市沉闷压抑，我们看到的是在督政府末期沉沦到何种地步的国家，看到的是它如何成为暴君的巢穴，而不是自由的避难所；为什么在1800年，他们受到的谴责与他们的前辈在1788年受到的谴责一样多；为什么他们过去和现在的两大支持力量，即习俗和民众选举现在变得名誉扫地，无人问津。在经历了君主专制的灾难和更糟糕的共和国之后，我们被迫为社会组织寻求另一个支撑点和连接点，但唯一剩下的就是中央权力，这是唯一可见和似乎稳固的支撑点。由于别无他法，我们也只好求助于它[3]。至少，不再有任何私下或道德的抗议妨碍国家使其他法人机构依附于自己，以便利用它们作为达到自身目的的工具和附属品。

---

① 参见《大革命之大混乱》，428~444页。参见《大革命之雅各宾》，632页。参见《大革命之革命政府》，67~69页。

② 参见《大革命之大混乱》，449~452页、473~481页。

③ 掌玺大臣巴斯齐埃的《未公开的回忆录》，I，340页（关于设立省长和专区区长）："我们从这种变化感受到的是，一群无足轻重的人因为一步登天而志得意满，他们中大部分人一无是处或能力低下；在过去十年中，省和区政府一直屈服于这些人的淫威之下。

II

在这里，理论认同是需要的，不仅是最新的理论，即便古代的理论也是如此。早在1789年之前，公权力就将中央集权的特权提升到教条的高度并将其夸大到超越中央政权的特权范围的程度。这种权力被赋予了三个称号。封建领主和亲王，也就是领地内居民军队的总司令，他的原生军队曾在公元9世纪重建人类社会。国王，凭借世代传承的出身，也就是说，凭借远古混乱的君权和财产权拥有法国[1]，就像一个人拥有自己的庄园一样。自从第一个卡佩国王在教堂结婚，在兰斯大教堂加冕，他就像接受上帝涂油的大卫王[2]，不仅像其他君主一样被认为是上帝的安排，而且从大个子路易开始，特别是在圣路易之后，国王就作为被授予了世俗圣职的上帝代表，披上道德力量的外衣，以永远的法官、拨乱反正的化身、弱者的保护人、卑贱者的救星的面目出现，简而言之，是"基督国王"。最后，最近的研究以及对查士丁尼典籍密码的解析揭示出从13世纪开始，罗马恺撒和君士坦丁堡皇帝的继承人无疑就是国王。根据这些密码，上帝附体的人将权力转让给国王。然而，在古代的城市，所有的权利归属城邦，个人并不拥有任何权利[3]。因此，通过这种转移，公共的或私人的所有权利都转移到了国王手中；从此他可以任意行使自己的权利，没有限制，不受控制。他凌驾于法律之上，因为法律是他制定的[4]；他的权力无限，他的

---

① 吉约，《法学索引》（1785年），"国王"条目："这是封建法律准则、上级所有权、土地、庄园所有权，属于君主或统治领主。属于诸侯或承租人的正在使用中的庄园，只向其提供出产，而不赋予所有权。"

② 吕歇尔，《卡佩王朝早期法国君主政体的历史》，I，28页、46页（关于亨利一世、菲利普一世、路易斯六世和路易斯七世）。"神圣的神父。"（国王是）"神的仆人"。"佩上教会之剑，惩罚恶人。"根据教会规定，只有给君王和教士加冕才能用圣人的膏油涂抹。

③ 参见《大革命之革命政府》，75页。

④ 冉森，《中世纪末期的德国》（法译本），I，457页。（关于罗马法引进德国的问题。）法理学家在隆卡歌利亚帝国议会的声明："君主决定之事具有法律的效力。"1165年腓特烈一世敕令：《Vestigia prædecessorum suorum, divorum imperatorum, magni Constantini scilicet（ 转下页 ）

专制就是绝对意志。

从美男子菲利普时代开始，在这三重网络中，法学家就像蜘蛛一样编织自己的网络，其遗传成就的本能一致性则把编织好的所有的线与国王的无所不能系在一起。作为法律顾问，即逻辑学家，他们需要逻辑推导，他们的大脑会自然而然地借助独特的刚性原则，他们可能会把他们的论据归结于这种原则。作为国王的律师和顾问，他们信奉自己客户的正当性，并通过专业的热情，强行推导出对己有利的先例和文本。作为行政官员和法官，他们主人的伟大成就了自己的伟大。个人利益诱惑他们扩大这一特权，而他们通过代表的形式参与这一特权的分享。

这就是为什么他们编织这张"君主权利"①的网长达四个世纪之久的原因，自路易十四时代以来，所有的生命都被困在这张大网里无法自拔。

然而，在这张编织得如此细致的大网里也存在漏洞，或者至少是存在稀疏的部分。首先，在从他们手中产生的三个原则中，有两个成了解开第三个乱麻的障碍。由于国王是以前的巴黎伯爵和圣丹尼斯修道院院长，他不能成为真正的奥古斯都（罗马皇帝）、真实的戴克里先（罗马皇帝）：他的两个法国头衔限制了他的罗马头衔。即使不考虑预先给他指定继承人的所谓基本法律以及他的整个连续继

（接上页）et Justiniani et Valentini……sacras eorum leges…… divina oracula…… Quodcumque imperator constituerit, vel cognoscens decreverit, vel edicto præceperit, legem esse constat.》腓特烈二世："Princeps legibus solutus est... – Louis de Bavière：'Nos qui sumus supra jus.'"

① 吉约，《法学索引》，"国王特权"条目："伟大的'国王特权'（majora regalia,）是那些法律意义上属于国王、而不属于任何他人的特权，考虑到这些特权无法与权杖分离，具备主权的属性，如……制定、解释或修改法律、对法官的裁判决定可以最后提起上诉、创建行政机构、宣布战争或和平……发行货币、提高或降低货币的成色或价值、对臣民征收或减免税收、赦免某些罪行、……封赏贵族爵位、创立骑士勋章和其他荣誉称号、使私生子合法化、创立大学、……组建市镇和省议会，等。"博须埃，《源自圣经的政治》："整个国家就是国王本人的化身。"路易十四，《著作》，I，58页（对儿子说的话）："你应该知道，国王自然可以充分自行处置属于教会或任何人的财产，随时利用明智的经济手段，也就是说，根据政府的一般需求。"索雷尔，《欧洲和法国大革命》，I，231页（给管家福柯的信）："这是一种错觉，它只能产生于盲目的偏见，即良心的义务和对国王顺从之间相区别的偏见。"

承世系,包括年幼继承人的男、女监护人,如果他违反这种古老的习俗,像普通人那样取消遗嘱,那么他的君主身份和基督徒身份将对他构成双重障碍。作为世袭封建军队的将军,他会考虑和尊重同一支军队的世袭军官、他的贵族同僚和战友,换句话说就是贵族阶层。作为外部的主教,他欠教会的不仅是自己精神的正统,而且是世俗的尊重、他的积极热情和世俗权力所给予他的帮助。因此,在实际行使的权力中,贵族和教会享有那么多特权,有如此之多的豁免权甚至是自由,有如此之多的古老的地方独立甚至是古老地方君主专制的残余①,有这么多令人尊敬和有用的特权,至今却仍然由法律和法庭保护。在这方面,君主制这张网编织得并不扎实,或者说仍然松散;其他地方同样如此,都有或大或小的漏洞。在五个省级政府、在比利牛斯山脉地区、在阿尔萨斯、在斯特拉斯堡,尤其是在朗格多克和布列塔尼,合并条约通过双边合同的形式,在同一张羊皮纸和同一个封印上将省级特权和国王的君权结合在一起。

除了这些先天的漏洞之外,还有国王在已编织好的大网中自己添加的漏洞:是他用自己的手撕裂了这张网,造成了成千上万的漏洞。因为挥霍无度,欲壑难填,于是他只能四处搜刮钱财,甚至卖官鬻爵。军队的军阶,政府的职务,在工商业领域,在行政、司法和财政领域,从南到北,从东到西,他卖出了无数职位、征税权、尊严、荣誉、垄断、豁免、职位继承指定权、给予期望权。总之,凡是具备金钱对价的特权,都可以成为合法的财产②,通常可以由支付金钱的个人或机构继承和转让。这样,国王就将一部分王室的权益让渡给了买方。在1789年,他让渡了许多这部分权益,因此,他目前的权力由于此前用过而处处受限。因此,他手中的君权遭到了其历史渊源及其历史

---

① 参见《旧制度》,19~21页(米拉博和马尔克伯爵的通信集)。II,74页(1790年7月3日米拉博的笔记):"在大革命之前,王权已经支离破碎:国王被迫迎合贵族、与议会协商、对法院慷慨地照顾有加。"

② 参见,《大革命之革命政府》,237~238页。《旧制度》,25页(1775年首席法官塞吉尔的讲话):"我们的国王已经自行宣布,很高兴对损害财产权无能为力。"

实践双重效应的折磨；公权力并没有变得无所不能，同时也已不再是万能的。一方面，它没有达到极致的程度；另一方面，它剥夺了自身完整的一部分。

哲学家们希望为这种固有和后天的双重弱点找到解决方案。因此，他们将君权从历史中剥离出来，将其带入理想化和抽象化的世界、人类的梦幻迷城。在这个世外桃源，人们避繁就简，一视同仁，人人平等，远离世间喧嚣和自己的过去，做高举双手一致赞成社会契约的木偶。

在这份契约中，"所有的条款都减少到了一个[①]，即每个合伙人都把所有权利完全让与社会，每个人都放弃一切，无论是拥有的权力还是财产，做到来去无牵挂"，每个人都以本人和私人生活的所作所为代表国家的一个负责的职员。总之，是一个公务员，一个从此以后成为独特、绝对和享有普遍主权的公务员。这个可怕的原则宣布之后，由底层的暴徒和上层的政府实施了十年，民意也采用了这个原则。因此，从国王的主权过渡到人民的主权是容易和平稳的[②]，对于授予了一部分主权原则的那些初出茅庐的推理新手和可以服劳役与缴税的老古董学究来说，是极大的诱惑。同时，按照传统做法，法理学家们立刻使自己成为新式统治的马前卒。没有什么教条比这个更适合

---

① 卢梭著《社会契约论》原文。关于该原则的意义和后果，参见《旧制度》，182~186页。《大革命之革命政府》，47~74页。

② 这种观点，或毋宁说对全能的中央权力顺从，可以追溯到15世纪下半叶百年战争之后，是这场战争的一个后果：抵抗英国侵略和盗匪的蹂躏，国王无所不能的权威在那时是唯一的避难所。参见佛尔特斯库《英格兰基督教会司法管辖权和绝对君主制与有限君主制之间的区别》（十五世纪末），关于在这个时点英国和法国政府之间的分歧。在威尼斯大使同一时期的急件中也可以发现相同的判断："在法国一切都以国王的意志为基础。不管有什么样的良心顾虑，也没有人敢于表达反对他的意见。法国人尊重他们的国王到这样的程度，以至于他们不仅会为他牺牲自己的财产，还会牺牲他们的灵魂。"（冉森，《中世纪末期的德国》I，484页）至于君主制通向民主制的理念的过程，我们可以清楚地在雷迪夫和普鲁东的两篇文章中看出端倪："我丝毫不怀疑国王可以合法地强迫任何人把他的妻子和女儿送给我；而且全村子（勃艮第的萨西）人都和我想的一样。"（《尼古拉斯先生》，I，443页）关于九月大屠杀："不，我不可怜他们，那些狂热的牧师……当一个社会或多数人想要什么，总是正确的。而少数人总是有罪的，即使道德正确。只有常识才能感受到真理…… 无可争议的是，国家有权力牺牲一个无辜的人。"（《巴黎之夜》，第十五夜，377页）

他们的权威本能,没有什么公理能提供这么方便的一个支点来设置和转动他们的逻辑轮盘。他们曾在旧制度下悉心呵护的这种轮盘,在他们手中突然以骇人的速度和效果转动起来,以便把刚性的、普遍的和适用的法律,断断续续的过程、理论主张和最坏的君主专制先例付诸实践。这意味着将动用非常委员会、谋害君主的指控、取消司法程序、宗教信仰和个人言论的迫害、书报检查和思想钳制的权力,教授和教育的权力,以及优先购买权、征用、没收和放逐的权力,简而言之,就是彻头彻尾的专横跋扈。其后果我们似曾相识:在特雷哈尔、贝利埃、梅林·德·杜埃、康巴塞莱斯、制宪会议时期、立法会议时期、国民公会时期、督政府时期的行为中;在雅各宾派的热情和虚伪中;在他们将残暴专制传统和暴君创新相结合的天赋中;在他们声称为了国家的福祉和永恒的主人中;在各种场合制造花言巧语的论据陷阱,装模作样地扼杀个人、对手的专业技能中;这一点都显而易见。

实际上,他们不仅几乎扼杀了自己对手的阵营,也同样通过副作用效应扼杀了自己的主人:经过14个月的窒息,法国濒临自杀的边缘[1]。如此巨大的成功迫使他们不得不停了下来:他们抛弃了杀戮信条,只保留了另一半,而这一半的成效既不显著也不明显。如果他们再也不敢束缚一个人的个体行为,他们就会顽固地坚持束缚个体的集体行为。在一般的社会中没有特殊的群体,国家中也没有社会组织,特别是没有活跃的社会组织,以及永久性的、长于主动性的原生组织。这是革命纲领的第二条,是从公理上假定人民主权论和国家万能论的第一条直接后果。卢梭是革命纲领第一条的发明者,也明确说明了第二条[2]。制宪会议庄严颁布并将其应用于较大的范围[3],随后的立法议会更加扩大了其应用的规模[4]。

---

① 参见《大革命之革命政府》,291页。

② 《社会契约论》,第一卷,第三章:"为了阐述普遍的意志,重要的是,国家中不存在特殊的组织,并且每个公民拥有言论自由。这是伟大的吕库古的独特而崇高的法则。"

③ 参见《大革命之大混乱》,433页。

④ 参见《大革命之雅各宾》,632页。参见《大革命之革命政府》,65~68页。

　　这是雅各宾派的信仰,同时也符合罗马帝国的权利精神和法国君主权利主导准则。在这一点上,三个著名的法理系统保持一致,而正是这一共同点把为了一个共同目标的持三种学说的法学家集中到了同一张桌子前：前国会议员、前公共安全委员会成员、流放官员和流放者①、新纳马里的运弹手和圭亚那的归来者,包括特雷哈尔、梅林・德・杜埃,旁边还有西梅昂、波尔塔里和巴尔贝・马尔布瓦。在这次秘密会议上没有人要保持原生社会组织的权力：所有三个方面的理论无论来源如何,都由于其来源和性质而拒绝承认它们,也就是说,尽管不同的组织和国家一样正常,性质上一样不可或缺,但唯一的一线生机只来自于上级政府和中央权力机构。但是,由于是国家创造了它们,也许应该把它们作为自己的工具,无限期地管理好它们,使其物尽其用,让其像其他机构一样扮演好自己的角色,让其主管人员成为中央权力机关工作人员。

III

　　一个新的法国不是罗伯斯庇尔和圣茹斯特那样空想的、共产主义的、平等和斯巴达式的法国,而是一个蕴含无限可能的、去伪存真的、经久不衰的、整齐均衡的、根据普遍和简单原则的逻辑整体打造的法国,一个中央集权、从上到下管理有序的法国。当然,个人自私自利的小毛病除外。简而言之,这是黎塞留和路易十四渴望的法国,是米拉波在1790年所预见的法国②,是君主制和大革命的理论和实践之

---

　　①　夏普塔尔,《回忆拿破仑》,232页："波拿巴任命梅林・德・杜埃和穆莱尔为最高法院首席法官,而前者在果月18日流放了后者。"

　　②　《米拉博和马尔克伯爵的通信集》,II,74页(1790年7月3日米拉博给国王的信)："与旧制度比较事物的新状态……国民议会的部分行为(最大的举动)显然是有利于君主政体的。宁可什么也没有,也不要议会、省政府、特权阶级,教士和贵族吗? 只形成公民阶级的想法会让黎塞留高兴：这个均衡的表面有利于行使权力。多年的绝对统治对于皇权来说都没有这一年的革命做的这么多。"圣伯夫,《波尔・罗瓦亚尔史》,V,25页(哈尔利先生与波尔・罗瓦亚尔上司的交谈)："人们一直在谈论波尔・罗瓦亚尔,以及波尔・罗瓦亚尔的这些先生们：国王不喜欢这些夸夸其谈。最近,他让人告诉阿尔诺先生,他不赞成在他的地盘召开这样的会议；他看到各种各样的人(转下页)

后应运而生的作品,而随后的激荡风云,即"哲学和军刀的合璧,使法国落入到了大权独揽的第一执政手中"。

因此,考虑到他众所周知的性格、敏捷的思维、活力、活动范围、多面性和他的智力构成,他不可能接受不同的使命,也不会让自己沉沦到低级的使命中去。他需要统治和管理的范围太大了,他的统治和执政能力太强了:他是一个苛刻的天才。此外,对于他所承担的外在使命,他不仅需要拥有所有无可争议的执行和立法权力,不仅需要所有法律部门俯首帖耳,而且需要湮没除了自己以外所有的道德权威,也就是说,需要公众舆论和每个人保持沉默,因此,需要预防性和系统性地取消任何宗教、神职人员、教育、慈善、文学、各省市现在或将来云集的精英反对或支持他的任何举措。像一个运筹帷幄的将军一样,他必须注意殿后。在与整个欧洲发生冲突时,他如此安排就是要防止在法国后方形成反对他的势力。因此,出于谨慎起见,他提前压制住任何可能集结和联合的大本营。今后,任何能挑拨一些人为了共同的目标而勾结起来的苗头,都将在他手中终结;他的铁腕将牢牢掌握所有这些串联的苗头,小心翼翼地提防他们,使他们时刻处于惶恐不安之中。谁也不要妄图摆脱他,最重要的是不要指望将他们一举拿下:他们属于他,只属于他一个人,只属于公共领域,也就是他的地盘。

但是,在他自己的领域之外,他承认还有一个不同的领域,在把所有其他人的意志变成自己的意志之后,他设定了一个限度:在他自身的利益中,他既不承认公权力是无限的,也不承认公权力可以随心所欲[①],至少在社会秩序和普遍做法方面如此。

(接上页)像所有人一样冷漠以对也没什么不好;但是为什么总有些人在他的地盘来来往往,而且这些绅士们好像过从甚密?……国王不希望出现归顺运动;一个无头的身体对一个国家是非常危险的。"同上,33页:"这间机构的名声太大。人们急于把自己的孩子送进去。显贵家庭也是如此。大家奔走相告,都表示满意。这样大家成为朋友,又加入了社团的朋友,最后组成队伍反对国家。国王不同意这样:他认为这样的聚会对国家是危险的。"

① 贝卢兹,《拿破仑一世和他的民法》,280页:"我用了很长一段时间考虑和盘算重建社会大厦。今天,我不得不考虑公共自由的维护。""我不想让法国人成为奴隶。""专区区长以(转下页)

　　这是因为他不是像他在制宪会议的前辈那样的空想家或理论家，他是一个聪颖的政治家，他习惯于用自己的眼睛去看。他直接观察事物，洞察其本质。他并不是通过书本的公式、上流社会的语言、语言推理的方式，或雅各宾派的那种无缘无故的人道主义乐观假设或教条主义偏见的胡言乱语来想象事物。他看的是人的本原，不是人的本身、抽象的公民、社会契约论的哲学木偶，而是真正的个人，完整的、活生生的人，有灵魂深处的冲动、持久的需求、无论是否得到司法机构的包容都仍然存在的运转自如的人。如果他们想从中渔利，则立法者必须有所顾忌。

　　作为文明的欧洲人和现代法国人，经过了几个世纪的管制和对权利、财产的尊重，他们必须有一个私人的领域，一个或大或小的封闭区域，一个属于并保留给他们个人的领域，一个公权力无法进入、其他人在他们的高度警惕下也无法进入的领地。否则，他们的状况恐怕会让他们无法忍受：他们不会再愿意尽其所长，发挥自己的雄才大略，大展宏图。我们需要小心，不要折断或松开他们已经绷紧的有力弹簧。让他们继续工作、生产、节约，即使是为了纳税也行；让他们继续生活、结婚、生孩子、抚养儿子，即使是为了服兵役也行。让他们在自己的领地安之若素①，让他们充分行使权利并独自享受快乐；让他

（接上页）权谋私是错误的。""公民自由和安居乐业不应该依赖于一个一手遮天的区区行政管理官员的生杀予夺。""让人民尽可能少地感受到权力无谓地压在他们身上。"（1806年1月15日、1807年3月6日，1809年1月12日给富歇的信，和1807年3月6日给圣·让·昂杰利的雷涅奥的信。）第波多，《回忆执政府》，178页（第一执政在行政法院的演讲）："真正的公民自由取决于财产的安全。一个国家的征税率不可以一年一换。一个人年金三千法郎的收入却不知道还剩下多少钱维持下一年的生活：可能整个收入都被收走了……一个区区办事员大笔一挥就可以把你几千法郎充公……法国在地产方面没有做任何改革。如果有谁对地籍通过良好的法律都值得为他竖立一座丰碑。"

　　① 奥诺雷·贝鲁兹，《拿破仑一世》，274页（拿破仑就有关矿山立法问题在行政法院的讲话）："对我自己来说，即使我指挥那么多军队，我也不能夺取别人的任何一块地，对财产权法律的任何一项侵犯都是对所有法律的侵犯。秘密就在于使矿山成为真正的财产，事实上受法律保护。"同上，279页："财产权是什么？它不仅是使用权，而且是滥用权……你必须始终牢记拥有财产的好处。对财产拥有者最好的保护是个人利益：一个人总是可以依靠自己的活动……立法总是应该倾向有产者……应该给有产者更多的自由，因为任何妨碍财产使用的做法都会使公民不快……任何想做专横父亲的政府都是极端错误的；自由和财产被过度关怀会遭到灭顶之灾。""如果政（转下页）

们永远感受到像在自己的家一样温暖，远离任何干扰，享受法律法规的保护，不仅对抗外敌，而且对抗政府本身；让他们在这个泾渭分明的领地里逍遥自在，尽情嬉戏，随意吃草，如果他们愿意，可以独自撒欢地吃草。

这个领地不需要多么宽敞：大多数人只需要用鼻子顶着地面生活；没有谁需要抬头仰望广阔的天空；被关进围栏就不会受到打扰；利己主义和日常生活的迫切需要已经是现成的限制：在这些天然的领地里，他们只要求可以安静吃草。让我们给他们这样的保证，给他们这个福利。至于其他或多或少富于幻想、活力和热情的少数人，在领地外面有特意提供给他们的天地：新的行政和军事职业为他们的野心和虚荣心提供了出路，从一开始就不断扩大，直到突然有一天第一执政为他们开辟了无限的前景[①]。当时人们形容波拿巴的说法是，从此以后，"职业的大门永远向人才敞开"，因此，裹挟在滚滚洪流中的所有人才，经过大浪淘沙，汇入并壮大了宽广无垠的公权力。

这样，就可以追踪到现代法国的主要特征：一个新型独特的国家逐渐显现、成型、诞生，但其结构决定了自身命运。其社会机体由暴君组织并为了暴君而存在，适合于为一个人而克己奉献，尤为适合根据个人意志的冲动和出类拔萃的智慧相机而动，只要这种智慧保持清醒和健康就会令人钦佩。这个国家适应军队生活而不适应平民生

（接上页）府规定人人都可以开发矿山，那就不再有财产存在了。"同上，284页（1809年8月21日和9月7日有关公权力征地法令的信）："法院监督、停止征收、接受投诉和保障业主的权益，防止各省政府、省议会和所有其他公权力代表的侵犯，这是不可缺少的，无论……征用是一种司法行为……我不能设想，如果任何人都可以任意被一纸行政命令剥夺自己的土地，那么法国怎么还能存在有产者。"在关系到矿山的产权、地籍、土地征用、财产的遗产税方面，拿破仑比他的法学家更加秉持自由的立场。斯塔尔夫人，《流放十年》，第十八章（拿破仑与法案评议委员会委员加罗瓦的谈话）："自由是优秀的民法典，而现代国家关心的只是产权。"《通信集》，1805年1月15日给富歇的信（这封信很好地总结了政府的计划）："在法国，只要不是被禁止的就是允许的，在公共秩序和道德方面，除了法律、法院或警察的规定之外，没有什么是被禁止的。"

① 罗德勒，《全集》，III，339页（1800年10月21日，第一执政的演讲）："现在，等级是为任何忠实服务的一种奖赏：平等的巨大优势在于可以使两万个陆军少尉的军衔转变成四十万名士兵的合法野心和荣誉奖励，而竞争在过去毫无用处。"拉法耶特，《回忆录》，V，350页："在拿破仑时代，士兵们常说，他被提升为那不勒斯、荷兰、瑞典或西班牙的国王，以前所说的只是在哪个连队被晋升为中士。"

活，因此发展过程失衡，阻力重重，容易受周期性危机的影响。由于早熟而羸弱，但从长远看，踏实可靠，目前看勇武有力，可以独自承受新型统治的重压，并可以提供其主人所要求的连续十五年的沉重劳役，为了征战而默默奉献超人的耐力、虎狼之势和人性的湮灭。

IV

让我们走近看一下大师的理念和他是如何以自己的双手塑造这个此刻正经历深刻变革的社会的。计划的所有主要特征已预先固定在他的脑海中，这是因为他所受的教育和他的本能早已在他的心中打下了烙印。通过暴君的本能和经典的拉丁教育，他所构思的并不是现代的、日耳曼式的、基督教式的、自下而上开始的大合唱一样的组织，而是旧式异教徒式的、罗马式的、自上而下强迫式的具有权力等级制度的组织。他把自己的精神，也就是军事精神，融入民间机构；因此，他构建的是一个庞大的军营，他从一开始就提出，从汉堡到罗马建一支3000万人的大军，包括男人、妇女和儿童，后来又增加到4200万人。

这当然是一座风格超群的美丽大厦。与欧洲周边其他国家相比，尤其是与1789年以前的法国形成了鲜明的对照。其他国家或过去的社会建筑有许多不同的建筑结构，包括省份、城市、领地、教堂、学校和公司。每种结构都是以或多或少的独立社会组织面目出现的，人民生活在相对封闭的区域。后来，篱笆逐渐产生裂缝，要么被打破，要么自己垮塌；彼此之间形成了连接的通道；最后，这些零散的建筑连成一片，并成为中心大厦的附属建筑。但是这些建筑间的连线仍显脆弱，交流方式五花八门，仍不完备。从现在的寄人篱下可以看出从前独立的遗迹，因为现在的结构依然坐落于适合的原始地基上，主要线条依然存在，主要结构几乎完好无损。

在1789年之前，在法国，这一切正如从前一样容易辨认，可以肯定的是,例如,朗格多克和布列塔尼过去是主权国家,斯特拉斯堡是主权城市,门德主教和勒米尔修道院院长是主权亲王①。所有领主,无论凡人还是教士,都是自己封地的统治者,拥有某些零星的公权力。总之,我们看到成千上万的国中之国被吞并,但没有被同化,每个国家都保留着自己的法律和法律习俗、自己的民法、自己的度量衡,有一些还保留着特权和豁免权,另一些保留着自己的管辖权和自己特有的行政管理权,自己的税收和关税,虽然它们像许多国家一样或多或少拆除了堡垒,但在国家版图内,其旧式的封建城墙、市政或省级的城墙仍然巍然屹立。

没有什么能比如此形成的整体国家显得更不规则的了:这简直不是一个整体,而是一个群落。没有什么好的或坏的计划可循。建筑有10种不同的风格,分属于10个不同的时代。教区的建筑是罗马和公元4世纪的风格,领主的建筑是哥特式和公元9世纪的风格,这些建筑可上溯到卡佩王朝时期,那些建筑是瓦卢瓦时期的风格,每个建筑都蕴含着历史的沧桑。这是因为每个建筑的建设都有自身的原因,并没有考虑到其他建筑的因素;只适应自身的紧急用途,根据时代、地点和当时状况的需要与要求而建。后来,情况发生了变化,建筑不得不适应其他的用途,不断从一个世纪到另一个世纪演进。

从美男子菲利普时代开始,一直到路易十一时代、弗朗索瓦一世时代、黎塞留时代、路易十四时代,通过不断修改,而非完全拆毁,通过一系列的部分拆除和重建,通过转变的方式来保留原来的建筑,粗略地协调新的要求和根深蒂固的习惯,将这一时代的作品同以前各时代的作品有机结合起来。

中央领地本身只是一个10世纪的城堡,一个军用塔楼。它圈占的范围一直延伸到整个领地,与其他建筑物多少有些交叉重叠,已成为自然延伸部分。类似错综复杂的建筑物,由于损毁和东拼西凑而

---

① 参见《旧制度》,21~22页。

变得面目全非，各种乱糟糟的、复杂和不协调的残垣断壁只有考古学者和历史学家才能够理解。普通旁观者、过路人会觉得这些杂乱无章有碍观瞻，而理性的思考者也会感到困惑，因为社会结构和建筑结构一样，理性思考在于拒绝接受混乱无序，提出原则，推导结果，并要求任何作品都应当是一个简单想法的系统应用。

糟糕的是，不仅高尚的品位受到冒犯，而且良好的判断力也发出了不同的声音。实际上，这座大厦的目标并没有实现，因为建筑物的目的是住人，而许多地方的建筑物几乎无法住人。时过境迁，建筑物年久失修已不适应当时的风俗。它以前适合封建的、分散的军事化生活方式，现在仍然适合，但它现在已不再适合现代的、整体性的平静生活。新诞生的权利无法从既得权利那里分一杯羹，建筑物没有发生任何转变或逆转，这样就变得更加不方便或不健康；使用者如坐针毡，非使用者却如鱼得水；再加上维护昂贵，几乎引起所有居民的苦恼和不满。在法国，最漂亮的房子，特别是国王的房子，一个世纪以来一直是最高、最宽敞、最奢华的。自路易十四时代以来，国王的房子在不知不觉中不再是政府和商业机构的办公室了。通过整修、装饰和添置家具，这些房子变成了大肆铺张和高谈阔论的沙龙，而房子的主人由于无所事事，便热衷于对建筑物品头论足并在图纸上描摹虚构的大厦，每个人都各得其所。

然而，在这些房子下面的人却闷闷不乐：资产阶级住在聊胜于无的一楼格子间里；普通人住在低矮潮湿、光线昏暗、空气污浊的地下室里；无数流浪者和无家可归者的状况仍在恶化，因为上无片瓦下无立锥之地的人只好睡在璀璨的星空下。当他们对一切都无所谓的时候，就有可能推翻这一切。在暴动和理论的双重压力下，大厦开始垮塌，随着毁灭的怒火不断高涨，直到大厦被夷为平地，只剩下光秃秃的地基。

在平整好的地基上重新矗立起了新的大厦，出于历史及结构的原因，它不同于其他所有的大厦。在不到十年的时间里，它拔地而起，巍然屹立,从第一天起就根据明确和完备的计划一气呵成,并形成了一个独特而巨大的纪念碑式的建筑物。其中所有的分支机构都集中在同一个大厦内:除了属于公权力的国家和一般服务机构,在这里还有其他不属于国家的地方机构和特别机构,如宗教,教育,慈善,美术,文学,省、市政府的行政事务,其中每个机构都被安置在不同的隔间里。所有的隔间都按顺序排列,围绕宏伟的中央公寓形成一个圆圈,隔间之间通过铃声沟通。铃声一响,就会从一个部门传递到分支部门,一直到整个机构,从首席职员到最低级别的员工也都会立即行动起来。从协作的准确性和便捷性来看,这样的安排是令人赞叹的[①]。

另一方面,对于职员、各类或各级志存高远的人来说,其优点和吸引力也都是不平凡的。各个楼层之间没有隔离,无论大套房还是小隔间,它们之间都没有不可逾越的障碍或围墙;从最小的房间到装饰华美的房间,从外到内,都可以自由进出。从外面看,宽敞的入口一直通到宽阔明亮的向公众开放的楼梯:每个人都可以攀爬楼梯,要想上楼,每个人都必须攀爬楼梯,因为从下到上没有其他的联系方式。既没有隐藏的特权通道,也没有私人楼梯或假门:通过直线排列的层层楼梯,我们一眼就可以看到无数的工作人员、公务员、临时雇员和志愿者,层层叠叠,排列有序;除非听到命令或轮到自己,否则没有人前进一步。在任何欧洲国家,人类生活都不会如此井然有序,从外观和逻辑上看,范围是如此普遍、如此简单、如此令人满意:法国人从今以后赖以活动的这座大厦,从上到下,从整体到细节,从外到内,都井然有序。大厦重叠的楼层彼此通过准确的对称进行调整;其并列的主体结构构成了平衡的力量。所有的线条和形式、所有的尺寸和

---

① 《圣赫勒拿岛回忆录》:"拿破仑在谈到帝国组织的时候说,他做到了运转最快、干劲儿最大、规模压缩到最小的政府,这是从未有过的。他还说,要想克服我们身边巨大的困难并对宏图大业继往开来,需要更加发奋图强。各省的组织、政绩和成果巨大,令人钦佩。同样的冲击力同时也影响超过4000万人,并在当地活动中心的协助下,这场运动的进展无论在中心地带还是在边远区域都极为迅速。"

比例、所有的支柱和支撑都相互依存，有机结合在一起，协调一致，保持平衡。在这方面，大厦的结构是经典的，属于一个家族的作品，在同样的方法指引下相同的精神150年前在欧洲曾经产生过相同的作品[①]。按自然秩序来看，类似的作品是曼萨尔、勒诺特尔和他们的继任者的建筑作品，从凡尔赛宫的建筑到花园，到马德兰教堂和里沃利大街。按人文秩序来看，类似的作品是17世纪和18世纪的文学形式、高超的演说文、得体雄辩的诗歌，尤其是史诗和悲剧，包括在1810年仍有人按惯例创作悲剧和史诗。大厦与这些作品相得益彰，并在政治和社会秩序中步调一致，因为它来自于同一偏见。风格相同的四部宪法已在大厦建成之前完成，但这只是纸上谈兵，而岿然不动的是地面上的这座大厦。在现代历史上，这是第一个基于理性但是很扎实的社会：在两个层面的意义上，新的法国是古典精神的杰作。

V

然而，如果我们回溯到近代、中世纪甚至古代世界之前，在戴克里先和君士坦丁时代，我们就会看到另外一座纪念碑，并且，按同样规则建造的建筑规模发展得更加宏大。这是因为，那时我们生活在古典精神的原生空气和原生土壤中。在那个时候，人类的生活资料更加匮乏，虽然比法国更为丰富，但依然处于短缺状态。我们看到人类与生俱来的理性思维同样可以发挥作用：经过简化以进行推理，未考虑历史风情和地方差异，目光集中在人本身，视个人为单位，并视大众为整体，强行将一般原则应用于所有个体生活，庆幸可以根据角尺和罗盘进行测量，中规中矩地组建机构，然后加以立法和进行行政管理。

实际上，在那个时期，罗马建筑师的气质、天赋、行为方式及其目

----

① 参见《旧制度》，139~151页、153~172页。

标、资源和执行手段,已经被后来的法国人继承了。在罗马世界,围绕着建筑师的条件是均等的;在他们身后的罗马历史,先人、古人和近代人几乎相同。首先,绝对君主制的奥古斯都以及安东尼时代只是开始[①],随后,中央行政集权的结果是,所有旧的国家和城市社会组织都被打破或消灭了,所有的集体生存方式遭到冷遇或消亡,地方爱国主义热情逐渐损耗殆尽,个人的主动性不断降低[②]。同时,在国家天经地义的侵扰、干预和领导下,1亿人变得越来越被动和四分五裂。结果,在充分享受国内和平与繁荣的形势下,在团结、强大和健康的表象下,潜在的虚弱使法国在1789年发生解体。

在1789年之后,法国随之发生总崩溃,起因不是草根阶层和大众,而是上层和军队。这是最糟糕的崩溃,即使法国经历了延续五十年的无政府状态、五十年的内战、地方强取豪夺、转瞬即逝的暴政、城市叛乱、乡村扎克雷运动、土匪、饥荒、整个国家面临外敌入侵、农业和其他经营活动千疮百孔、公共和私人投资减少、民不聊生、二十年内人口数量似乎减少一半[③],也没有这种崩溃严重。最终,法国在1799年之后开始重建秩序。但是重建过程进展缓慢,因为靠的是同样的手段、军队和独裁政府,以及帕诺尼安或达尔马特、西米乌姆或斯库塔里的波拿巴等三四个精力充沛且一手遮天的军人新贵,这些人是冒险家和能征善战的军人,而最后的戴克里先是拿破仑,他既是秩序恢复者,也是创新者。像拿破仑身边的人一样,围绕在戴克里先周围帮助他打理国内事务的是一群行政管理专家和著名的法学家,不是专业人士、政治家、商人,就是文人、逻辑学家和哲学家。他们具有政府和人道主义的双重理念,这是三个世纪以来由希腊的思考和

---

① 吉本,《罗马帝国衰亡史》,第1章、第2章、第3章、第4章。杜鲁伊,《罗马人的历史》(插图版),第10卷,第82页、83页、84页和85章;第12卷,95章和99章;第14卷,第104章。(读者在这两部优秀作品中将会找到可以参考的原文和记述标志,以便得到直观和完整的印象。)

② 参见普鲁塔克,《政治政府原则在安多尼乌斯统治下希腊城市的状况》。

③ 吉本,《罗马帝国衰亡史》,第10章。杜鲁伊,第95章(迪奥尼西奥斯主教的信,根据粮食机构的登记,在格里安统治时期,亚历山大的人口有所减少)。

罗马的实践引入到思想当中和想象力当中的理念。这种理念同时还夹杂着平等和权威思想，不仅倾向于夸大国家和国王的最高权力[1]，而且还偏重用自然法取代实证法[2]，重视公平和逻辑，轻视古代风俗习惯，重塑人的尊严而不是人的素质，提高奴隶、外省人、债务人、私生子、妇女、儿童的生活条件，并将所有草根阶层、外国人或败类重新纳入人类社会的范畴，而古代家庭和城市的宪法则将其排除在外。

　　因此，拿破仑预先在从戴克里先延伸到到君士坦丁，直到狄奥多西的政治、立法、司法机构里找到了他的建设大纲，即人民主权是基础[3]，但无条件地授予一个人。无论从理论上看还是从表面上看，万能的权力都是通过公民自由选择的，但实际上体现的是军队的意志。除了国王适当修订法令以外，没有什么可以保护国王的专制法令。他的继任者将由他自己指定、正式确定和授权。参议院例行公事之后，由行政法院赋予实际权力。所有地方权力都由上级赋予，城市接受托管。所有合格的候选人都被冠以公民的华丽头衔，而所有公民则沦落到纳税人和受管制民众的卑贱境地。10万名官员负责所有公共服务，包括公共教育、公共援助，公共食品，还包括宗教事务——首先是异教徒，然后是基督教和东正教。所有这些服务经过分类、排列、协调和仔细定义，以避免彼此冲突，并且经过小心组合，以便相互补充。由上级指派的各级流动公务员大军在18万平方里的土地上工作，他们中有30个不同的种族，语言各异，包括叙利亚人、埃及人、努米底亚人、西班牙人、高卢人、英国人、德国人、意大利人、希腊人，所有人都服从于统一的体制。领土的划分像一个棋盘，根据算术

---

　　① Digeste, I, 4. 1 :«Quod principi placuit legis habet vigorem, utpote, cum lege regia, quæ de imperio ejus lata est, populus ei et in eum omne suum imperium et potestatem conferat. Quodcumque igitur imperator per epistolam et subscriptionem statuit, vel cognoscens decrevit, vel de plano interlocutus est, vel edicto præcepit, legis habet vigorem. »(Extraits d' uipien.) Gaæus, Institutes, I, 5 : «Quod imperator constitua. Non dubium est quin id vicemlegis obtineat, quum ipse imperator per legem imperium obtineat. »

　　② LXXXVII.

　　③ 关于罗马整个公民权的远古原则，参见福斯特尔·德·库朗吉，《古代法国政治机构史》，第1部，第2卷，第1章，66页及后页。

和几何原理,分为100个或120个小的省份。古老的国家或城邦国家被故意肢解或分割,从而永久性地终结了自然形成的族群。内容翔实的地契每15年需要进行核查和更新,以便正确分配土地税。

通过官方语言、通用语以及一个关系到国家体制的宗教,很快就会出现一个教会与一个正统国家。一个系统、完整、详细的法律规范,尤为适合支配私人生活,与道德几何相似,严格而相关的定理从属于抽象正义的定义和公理。这是一个等级重叠的阶梯,每个人可以从第一级爬到最后一级;贵族的爵位越来越高,与此相关的职务就越来越高, spectabiles、illustres、clarissimiperfectissimi,类似于拿破仑的男爵、伯爵、公爵和亲王。从当时的晋升路线图仍然可以看出,普通士兵、农民、牧羊人、野蛮人、佃农的儿子、奴隶的孙子,都可以逐步争取最高的尊严,成为贵族、公爵、伯爵、骑兵指挥官、恺撒、奥古斯都,穿上紫色皇袍,在最豪华、最富丽堂皇、最繁杂和众星捧月般的仪式中登上王位,在他有生之年将被称为上帝,死后将被尊崇为天神,无论生还是死都是地球上真正的神[①]。

如此庞大的经过精心组合和计算的大厦不可能那么容易被全部摧毁,因为其呈方形的花岗岩石块过于巨大、切割得过于精密,拆除者的锤子够不到最深的地基。这座大厦由于本身的尺寸和结构,以及历史及延续时间久远的缘故,像那些同一民族在同一时期和在同一块土地上建造的石头建筑一样,如沟渠、圆形露天剧场、凯旋门、竞技场、戴克里先和卡拉卡拉的浴场。

中世纪的人们根据当时的需要,利用原来完好的地基和残垣片瓦,偶尔在科林斯圆柱之间依靠还未倒塌的墙面建造自己的哥特式塔楼[②]。但是,在这些支离破碎的砌块里,他发现了形态美丽的珍贵的大理石,它们是早期高超建筑艺术的精巧对称的组合件。在它们面

---

① 参阅《La Notitia dignitatum tam civilium quam militarium in partibus orientis et occidentis》。这是从五世纪开始的帝国历书。中央有十一位大臣,每位大臣都有自己的办公室、部门、分支机构和重叠的公务员班底。

② 参见皮拉内斯的铜版画。

前，感到自己的作品相形见绌。对于殚精竭虑的头脑来说，与旧世界相比，新的世界是令人痛苦的：自己的语言似乎是一种土话，文学只是吞吞吐吐或颠三倒四的废话，法律是一堆滥用权力的摆设或仅仅是例行公事，封建制度只是无政府状态，社会秩序杂乱无章。因而，中世纪的人们徒劳地通过世俗和灵性的道路，通过德国恺撒的普世性绝对君主制，通过罗马教皇的普世性绝对君主制，想尽办法企图摆脱这一切桎梏。

在15世纪末，皇帝还拥有金球和金色的皇冠、查理曼大帝和奥托大帝的权杖，但是腓特烈二世死后，他作为皇帝不过是一个摆设而已；教皇仍然戴着头饰，仍然手持权杖和无辜者三世、格雷戈瑞七世的钥匙。但是，在波尼法斯八世去世后，他不过是一个教会的君主。两次流产的复辟只是在废墟之上添加新的废墟，只有古代帝国的幽灵仍然在遍地残垣断壁的废墟里岿然不动。它金碧辉煌的轮廓矗立在那里，显得威风凛凛，光彩夺目，闪烁着昔日荣耀的余晖，这是艺术和理性独一无二的杰作，是人类社会的理想形式。在过去的10个世纪里，这个幽灵一直萦绕在中世纪，但强烈程度没有什么地方超过意大利。它最后一次出现是在1800年，甫一现身就紧紧抓住了意大利人伟大而愚昧的想象力，而机遇则给他们提供了方法来实现中世纪意大利的伟大梦想[1]。就是根据这种怀旧的幻影，才有了阿雅克肖的戴克里先、政教协议的君士坦丁、民法典的查士丁尼、杜伊勒里宫的狄奥多西和在圣克卢重建的法国[2]。

---

[1] 其他材料，参见但丁的《论君主制》。

[2] 在拿破仑的大脑中，我们可以追溯到这种主导思想的形成。首先，它只是一种经典的怀旧情怀，与他的同时代人一样。但是它突然发生了转变，形成了新的语境，而这是他的同时代人所没有的，同时也避免了这种思想沦为纯粹的纸上谈兵。从一开始，他就以瑞恩兹的方式谈论罗马（1796年5月20日的声明）："我们是每个人的朋友，尤其是布鲁图斯派、西庇阿斯和那些我们选择作为典型的伟大人物的朋友。重建神殿，在那里供奉使其闻名遐迩的雕像，激发起罗马人由于几个世纪的奴役而变得麻木的斗志，这才是我们取得胜利的果实。"十五个月以后，当他成为意大利的主人之后，他的历史沉思变成了野心勃勃的进取心：从此，占有意大利和地中海将是他的主要中心思想（1797年8月16日给督政府的信，以及有关科西嘉岛、撒丁岛、那不勒斯、热那亚的通信；给斯库塔里巴夏、马尼奥特的信等）："对我们来说，科尔孚岛、赞特岛、塞法罗尼亚岛，比整（转下页）

这并不意味着拿破仑在模仿，事实上他是在恢复。他的概念不是抄袭，而是一种隔代遗传现象，他是凭借他的智力性质和种族传统得到的。无论在社会观念和政治观念方面，还是在文学和艺术作品方面，他与生俱来的品味都是超越经典的。我们是通过他对法国历史模式的领会来发现这一点的："在警察的鼓励下"，御用历史学家必须根据上意杜撰历史；他们必须"从路易十四末期追溯到共和八年"，他们的目标是展现新建筑如何比旧建筑优越。"必须指出，持续混乱的财务状况，杂乱无章的省议会……议会的漫天要价，行政机构的软弱无力、乌烟瘴气，党派林立的法国缺乏法律或行政管理的统一，宁愿要二十个王国也不要一个单一的国家，从而在过渡到享受法律、行政管理和领土统一的好处的时代可以自由呼吸。"①实际上他可以呼吸；在从前到后过渡的景象中，他找到了精神愉悦之所在；他的被哥特式混乱风格惹恼的目光，轻松满意地落在庄重质朴和经典的匀称风格上；他有一双在"罗马学校"培养出来的拉丁建筑师的眼

（接上页）个意大利更令人感兴趣……土耳其帝国日益摇摇欲坠；占有这些岛屿将使我们能够尽可能地支持这个国家，或者分一杯羹。我们觉得，为了真正消灭英国，该是时候夺取埃及了。"以前，地中海是罗马的一个湖；现在它必须成为法国的一个湖。（参见阿尔诺，《一位花甲老人的回忆录》，IV，102页，1798年关于将巴黎变成一个巨大罗马的梦想。）在同一时间，他有关国家的概念变得更加清晰，完全罗马化了（1797年6月与米奥的谈话；1797年9月19日给塔列朗的信）："五十年来，我只看到一件确定无疑的事，那就是人民主权……法兰西民族的组织只是刚刚勾勒出来……政府在我所给予的范围内的权力，应该被认为是国家真正的代表。"在这个政府里，"在这个共和国里，没有地位、对周遭一切都熟视无睹的立法权，还未雄心勃勃地制定上千个法律把我们淹没在汪洋大海，就自行销声匿迹了"。很明显，他在提前描述他未来的参议院和立法会议。第二年，在远征埃及时，他多次向自己的士兵介绍罗马士兵，并把自己视为西庇阿和恺撒的继承人（1798年6月22日的声明）："宽容这些古兰经规定的仪式，一如宽容摩西和耶稣的宗教一样。罗马军团保护所有的宗教。"（1798年5月10日的声明）"你们经常模仿但仍无法匹敌的罗马军团，在这堵墙和扎马附近轮流与迦太基开战。"那时的迦太基就是此时的英格兰，他憎恨这个商人的国度摧毁了他在阿布基尔的舰队、迫使他解除对圣·让·达克尔的包围、抢劫他的财富和马耳他、他的遗产、他的地中海，他的仇恨就是罗马执政官对迦太基的仇恨；这使他为了反对它而不得不征服所有的西欧国家反对她并"复兴西方帝国"（1802年10月23日给驻伦敦大使奥托的便条）。作为法国皇帝、意大利国王、罗马的主人、教皇的宗主，莱茵联盟的保护人、德国皇帝的继承人、1806年解体的神圣罗马帝国皇帝头衔，他因此成为查理曼大帝的继承人，并通过查理曼大帝，成为古代恺撒的继承人。事实上，他通过相似的想象力、局面和特点再现了古代恺撒的成就，但却是在一个不同的欧洲，而生育的遗腹子与时代并不合拍。

① 《通信集》，1808年4月12日给内政部长克雷岱的便条。

睛。在这种风格以外，他不承认还有其他风格。对他来说，不同类型的社会似乎荒谬绝伦，所以他会误解当地的习俗和存在的历史原因，也不会考虑其坚固性；所以他打算与西班牙和俄国硬碰硬，对英格兰也一无所知[①]。这一切是如此真实，以至于无论他把手伸到何处，他都应用自己的社会体系对吞并的领土和附庸国强加统一的制度[②]，自己的行政层级，自己的行政部门和分支部门，自己的募兵机构，自己的民法典，自己的宪法、宗教体系、大学，自己的平等思想和晋升制度，以及整个法国的体制，并尽可能地引入语言、文学、戏剧，甚至法国精神。简而言之，这就是他心目中的文明，以便使他的征服成为一种宣传，像他的前辈罗马的恺撒一样，有时候他真的认为他所建立的通用君主制为欧洲带来了实在的好处。

---

① 梅特涅《回忆录》，I，107页（1810年与拿破仑的谈话）："我很惊讶地发现，一个这么天赋异禀的人对有关英国及其文韬武略观点都是错误的。他既不认可任何与自己的想法相左的观点，也不会尝试解释这些他所谴责的偏见。"参见福塞斯，《拿破仑在圣赫勒拿岛的囚禁史》，III，306页（拿破仑在圣赫勒拿岛基于他对英国议会制度的无知所做的错误估计），和斯坦尼斯拉斯·德·吉拉尔丁，III，296页（首任领事，共和十一年花月24日上面引述的第一执政的谈话）。

② 除了其他文件之外，参见1807年10月15日他给威斯特伐利亚国王杰罗姆的信和同一日期他给威斯特伐利亚王国的宪法，尤其是第4~12章。"您的人民的福祉之所以对我很重要，是因为不仅涉及对您和我的名声的影响，还同样关乎欧洲总体制度的观点。"必须"让那些没有贵族头衔但有聪明才智的人从您那里享有平等就业的权力和重视；…… 君主和草根阶层之间的任何农奴制和中间联系都必须废除。拿破仑法典的好处、诉讼程序的宣传、陪审团的成立，将形成您的君主制的许多鲜明特点。"他主要的目标是消灭封建制度，就是消灭大家族和旧的历史当权者。为此，他尤其依靠他的民法典："这是法典的巨大优势；…… 这就是让我宣讲和决定制定民法典的原因。"（1806年6月5日给那不勒斯国王约瑟夫的信。）"整个意大利都采用了拿破仑民法典，佛罗伦萨采用了，罗马也将很快采用。"（1808年11月27日给两西西里国王约阿希姆的信。）"我的打算是，汉萨同盟城市都采用拿破仑民法典，并从1月1日开始受其支配"，丹茨克也是一样。"注意不要张扬，不要给巴伐利亚国王、普利梅特亲王、黑塞·达姆施塔特和巴登的大公写信，要让拿破仑民法典在他们的公国采用，同时废除所有的习惯法，使拿破仑民法典成为唯一的法律。"（1807年10月31日给尚巴尼先生的信。）"罗马人把他们的法律提供给他们的盟友。为什么法国不能让其盟友在荷兰采用呢？…… 同样重要的是，你们也应该采用法国的货币体系。"（1807年11月13日给荷兰国王路易斯的信。）对西班牙人说："您的侄儿们也要为我作为他们的再生父母而祝福我。"（1808年12月9日在马德里的面谕。）"西班牙必须是法国的。这个国家必须是法国的，政府也必须是法国的政府。"（罗德勒，III，529页、536页，1809年2月11日拿破仑的谈话。）总之，以整个地中海海岸都拉丁化的罗马为例，他想使整个西欧法国化。正如他所宣布的那样，目的是要"最终建立一个理性、长治久安、人尽其才的帝国"（《回忆录》）。

第 三 卷

制度的目标和功绩

第一章 社会秩序的恢复

I.拿破仑如何理解人民主权—他关于多数人意志和政府施政的格言—1799年的两种突出的主流需求。 II. 追溯到大革命时期的需求—人、财产和良知缺乏安全感—重建秩序的必要条件—内战、抢劫和无政府状态的结束—普遍的如释重负和最终安枕无忧。 III. 革命法律的持续效应—移民的状况—渐进到最终的大赦—他们回来了—他们恢复了原属自己的一部分财产—一些人进入新的统治集团—他们获得不完全的赔偿。IV. 没收集体财产—医院成为废墟。 V. 中小学的毁灭。VI. 教会的毁灭—穷人、父母和信徒的抱怨。VII. 政教协议—旧权利和新权利之间的交易—提供给国家财产拥有者的安全保护—国家如何捐助教会。VIII. 国家如何捐助庇护所和医院—国家如何捐助教育机构—集体财产的重建—国家的捐赠微乎其微—国家的要求很高—拿破仑对集体财产和社会机构的宏图大志—他过度干涉的危险性—在实践中，他的复兴计划是有效的—第一组别的需要得到满足。

I

无论拿破仑心中的艺术家气质多么明显和充满活力，但真正占压倒优势的依然是统治者的思想：他的大厦仅仅具有不朽、对称和美丽的风格是不够的。在这座由他居住并开发的大厦中，首先他希望大厦应适合居住,适合1800年的法国人居住。因此,他需要考虑住户的习惯和布置,以及新的住所可以提供的所有主要的和永久的需求,只不过这些需求不应是理论性的和模糊的,而是经过验证和确定的;因为他既深谋远虑又细致入微,正确的数据是他行事的基础。他对行政法院说[1]:"我的政治制度,就是要大多数人如愿地被统治……在成为天主教徒的同时,我结束了在旺代的战争;在成为穆斯林的同时,我在埃及站稳了脚跟;在成为教皇绝对权力主义者的同时,我战胜了意大利的神父。如果我统治犹太人民,我将恢复所罗门圣殿。因此,在圣多明戈的自由区,我会大谈自由;在法兰西岛,甚至在圣多明戈的奴隶区,我会确认奴隶制,但在保留奴隶制的地方,需要对其进行裁剪和限制;在恢复秩序和保持纪律的地方,需要保持自由。我认为这是承认人民主权的方式。"然而,在法国,在这个时代,有两种突出的主流需求,一个可以追溯到过去十年,另一个可以追溯一个世纪或更多:问题是如何满足这些需求;而能够正确评估其范围的有预见性的建造者,则可以为此综合考虑比例、计划、安排和他的大厦的整个内部经济。

II

这两个需求中第一个是最紧迫的,几乎刻不容缓。在过去的十年里,政府的施政没有尽职尽责,甚者南辕北辙,致使惨不忍睹的无能和不公轮流出现或者同时出现;或者容许对他人、财产和良知犯下太多的伤害。总之,革命的内容只有这些,是时候停止这一切了。让人和财产安枕无忧,让良知受到保护,是拨动每个人心弦的异口同声的呐喊[2]。为了使形势平静下来,需要出现很多新生事物。首先是我们

---

① 罗德勒,III,334页(1800年8月16日)。

② 斯坦尼斯拉斯·德·吉拉尔丁,《回忆录》,I,273页(共和十年热月22日):"经过多年持续动荡的法国目前唯一的渴求和感觉就是休养生息。凡是顺应这一要求的任何事情都会获得法国的赞同。习惯于积极参加各种政治活动的居民,现在对政治似乎缺乏兴趣。"罗德勒,III,(转下页)

所描述过的政治和行政管理权力的集中，所有的中央权力集中在一个人的手中，所有的地方权力由中央权力授予；而为了行使这一最高权力，需要一个位高权重、聪明过人的绝对领袖。其次是需要有一支定期支付军饷①、精心装备、有足够的军装和伙食、纪律严明、听从命令、不折不扣地履行职责、绝不三心二意和摇摆不定、像一架精密仪器一样的军队；需要一支活跃但受到严密控制的警察和宪兵部队；需要一支独立于下辖民众的行政管理队伍及一支独立于被审判者的法官队伍。所有被任命的代表由于受到来自上级的扶持、监督和约束，因而可以保持公平，足以胜任，以官方的标准来看，他们是能干的公务员。最后是信仰自由，与罗马签订条约并恢复天主教会，就是承认了正统的等级制度和神职人员唯一的合法性，信徒可以视之为合法；换句话说，就是建立了教皇任命主教、主教任命教士的制度。这样做了之后，其余的就变得很容易了。一个指挥有方的兵团向西部进发，扑灭了那里重燃的燎原大火，而宗教宽容扑灭了揭竿而起的民变之火，从此以后，不会重新爆发内战②。机动特遣队和军事委员会③联手肃清了西部和罗纳河谷的残敌，今后在农村地区将不会再有大股叛匪势力横行乡里；在持续的镇压威慑下，除了零星漏网之鱼，大

（接上页）484页（1803年12月1日关于卡昂元老院议员的年俸的报告）："忙于新鲜事儿的农村人表现得惟命是从，……因为他们现在发现人员和财产安全无虞……他们对君主不再热衷，但对宪兵却充满了尊重和信任；他们在路上都会停下脚步向宪兵行礼。"

① 罗甘，《雾月十八的法国状况》（巴尔贝·马尔布瓦的报告，72页、81页）。金库被打开后，官员们都惊叹："金钱和财富是属于勇敢者的。干吧，炮口下就是我们的账户。"巴尔贝·马尔布瓦补充说："比上级脑筋灵活的下属通过献计献策进行分赃就可以从国库分一杯羹；他们已经习惯于向外部敌人征收苛捐杂税，所以并不反对将他们负责保卫的省份视为被征服的敌人。"

② 罗甘，同上，巴尔贝·马尔布瓦和福尔克罗瓦关于共和九年第12分区和第13分区的任务报告，158页（关于旺代的平静局势）："我本可以无须护卫而去任何地方，在一些村庄停留，既不受任何恐惧的干扰，也无须有任何疑虑。""他们目前享受的宁静和他们不再遭受迫害的情形……阻碍他们发动叛乱。"

③ 《国家档案》，F7，3273页（共和九年雨月费利诺将军的报告，附有自共和八年花月以来军事委员会判决图表）。委员会提到了由沃克吕兹省、阿尔代什省、德罗姆省和下阿尔卑斯省的匪帮实施的53起暗杀、3起强奸、44起入室抢劫事件；66名匪徒因现行犯罪被枪决，87名审判后被枪决，6名伤重不治在医院身亡。罗甘，同上，17页（弗朗塞斯在南特的报告，关于南特第八区的任务）。"约200名土匪被枪决后，南方的匪徒可以被认为已经肃清。剩下的还有三四股匪帮，每个帮派有七八个人。"

规模土匪滋扰将逐渐绝迹。不再有朱安党人、敲诈勒索的暴徒或悍匪，邮车旅行无须警卫，大路通行安全无虞[1]。不再有任何受压迫或被排除在普通法之外的公民；最新的雅各宾法令、强制性公债已即刻撤销；无论贵族或平民、教士或俗人、穷人或富人、移民或恐怖分子，不管他的过去、身份或观点如何，现在都可以享有私人财产和合法权利，都可以不必再担心他人的暴力行为，因为他可以依靠当局的保护[2]和法官的公平裁决[3]。只要不触犯法律，他可以确定在夜里睡个好觉，次日早上无忧无虑醒来，然后确定可以在新的一天随心所欲地工作、交易、消费、娱乐[4]、来去自如，特别是可以去做弥撒，或者如果不高兴，也可以选择不去。无论农村还是城市，都不再有扎克雷运动、滥用权力、人身迫害和合法或非法的烧杀抢掠，不会再有以长矛或法令的名义发起的国内和社会战争，也不会再有法国人之间的征服和横征暴敛。每个人都普遍有一种无以言表的如释重负的感觉，他们摆脱了忍辱负重、度日如年的野蛮的无政府主义体制，得以返回到可

---

① 《国家档案》，F7，7152页（关于土匪的扩展状况）。共和八年雨月，里昂司法部长助理劳斯特的信。"每星期公共马车都遭到抢劫。"同上，F7，3267页（塞纳省和瓦兹省，军警公告和宪兵通讯）。共和八年雾月25日，巴黎邮车在靠近阿尔巴容的地方受到5名持枪歹徒的攻击。共和八年果月下午三点，一辆装有10 860法郎由芒特税务局发往凡尔赛税务局的马车在马尔利水厂附近被八到十名骑马的武装强盗截停。类似的事件比比皆是。显而易见的是，需要一年多的时间才能肃清抢匪。能动用的总是公正无私的军事力量。罗甘，同上，第10页。"在马赛有三个连的带薪国民警卫队，每个连六十人，每人一法郎。而国民警卫队的薪酬则是每月五法郎，由组建这支队伍并希望安居乐业捐助者提供。军官……则是外地人。自从这支队伍组建之后，抢劫，谋杀和冲突在马赛绝迹。"

② 《国家档案》，文件合集，3144页和3145页，第1004号（共和九年期间国务参事的出差报告，罗甘在出版时有删节，其中包括弗朗赛斯的南特报告中的部分内容）："马赛市长所采取的步骤成效显著，使得受到监视和刚落地的移民，不会走在街上被人打倒在地或把别人打倒在地，这种情况在此之前轮流发生。然而，在这个城市中，有近500人在大革命的不同时期，曾用自己的双手杀人，或是杀人犯的同谋……长久以来，这座城市的居民就像那些反叛城市或殖民地一样习惯于被骚扰和劫掠，专制权力吓不倒他们。他们只是希望自己的生命和财产远离杀人犯和抢劫者，自己的命运总是掌握在可靠和公正无私的人的手中。"

③ 罗德勒，III，481页（共和八年芽月2日，关于卡昂元老院议员的年俸的报告）。法伯尔，《（1807年）关于法国内政的公告》，110页、112页。"正义是今日法国光明的一面。它的代价昂贵，但不能称其为腐败。"

④ 罗甘，同上，190页（弗朗赛斯关于南特第八分区的报告）："在过去的十八个月，这里又恢复了平静，和大革命之前一样。城里又恢复了球赛和晚会，而被暂停了十年的普罗旺斯古老的舞蹈，现在又重新给这里的人民带来了欢笑。"

以期待明天的平和安定的体制。经过十年反复无常的绝对专制主义统治的奴役和动荡,这是首次出现了合理和稳定的秩序,至少是合理、包容和固定的秩序。第一执政实施他的理念,他宣称"革命已经结束"①。

III

目前最重要的事情是尽可能包扎革命造成的仍然流血严重的伤口,因为这是令人痛不欲生的。截肢所造成的痛苦无论多么愚蠢或令人不齿,都会给社会机体留下剧痛或隐痛。在移民的名单上登记了15.9万个名字②,根据法律术语,所有移民都是"民事死亡,其财产归共和国所有";如果他们胆敢回到法国,同一法律将宣判他们死刑,没有上诉、申诉或缓刑,只需验明身份,叫来行刑队立即执行就可以了。然而,在执政府统治初期,这个血腥的法律仍然有效,简易的程序仍然适用③,14.6万个名字仍然出现在太平间的名单上。14.6万人对法国是一个重大损失,他们不是那些最无足轻重的人,而是绅士、陆军和海军军官、议会议员、教士、各阶层的名士、虔诚的天主教徒、1789年的自由派、立法议会的斐扬派、共和三年和共和五年的立宪派。更糟的是,由于他们是法国的耻辱甚至是对法国的威胁④,所以他们与以前被路易十四赶出法国的新教徒一样,在国外生活贫苦或生活在充满敌意的环境中。除了这14.6万名被流放的法国人之外,还有20万~30万名其他半流放居民⑤。

首先,他们是每个移民的近亲或盟友,根据法律,他们被排除在

①　1799年12月15日给法国人民的声明。
②　参见本卷,218~219页(注释)。
③　共和八年雨月5日(1800年1月25日)行政法院的决议。
④　佛尔内龙,《移民通史》,II,374页。在1800年,孔代的军队包括1007名军官和5840名义勇兵。
⑤　共和四年雾月3日和共和6年霜月9日的法令(参见《大革命之革命政府》,433页和460页)。

"所有立法、行政、市政、司法职务之外"，甚至被剥夺了选举权。其次，所有以前的贵族或有贵族头衔的人，根据法律规定和程序，都被剥夺了作为法国人的地位，必须重新入籍。因此，他们几乎是整个旧法国的精英，同时也是新法国缺乏的精英，犹如笨拙残忍的革命大夫用刀在切割器官时，还有半个器官连接未切断一样。下一步需要重新缝合，但手术异常棘手，因为器官和身体不仅有生命，而且仍然活跃和敏感，所以避免太大的刺激至关重要。由于任何一种炎症都可能是危险的，因此，一个熟练的外科医生必须在缝线的地方做标记，而不是给缝合点施压，同时，他还得对最后的愈合过程做预期和准备，等待所有的努力以渐进缓慢的方式见效，并等待病人进行自我修复。

医生尤其不可以惊吓病人，但是第一执政不是这样做的，相反，他的所有谈话都是鼓舞人心的。他让病人保持安静，但他不会触及伤口，也不会为病人重新缝合伤口。宪法庄严宣告[1]，法国人民决不允许移民返国。在这一点上，宪法提前捆住了未来立法者的双手：他们被禁止为过去的例外添加新的例外。但是，首先，凭借同一部宪法，每个法国人，而不是移民或流亡者，都有选举权和被选举权，也可以行使任何类型的公共职权。因此，12天之后[2]，行政法院的一纸法令为从前的贵族、有爵位者、移民的盟友和亲属、所有被国内称为移民的人恢复了公民和政治权利，而这些人是雅各宾派无法容忍的，并且不是从领土上就是从家乡被驱逐出去的人。而现在已经有20万~30万法国人不是回到了家乡，就是回到了本国的领土。他们中的一些人在果月政变中丧生了，自然，总共39名被点名[3]的首要逃犯或流

---

[1]　共和8年霜月22日宪法（1799年12月13日），第93条："法国宣布，在任何情况下，都不会容许自1789年7月14日放弃自己国家的法国人返回法国，但移民法中符合例外情况的法国人不包括在内。法国禁止在这方面出现任何新的例外情况。"

[2]　1799年12月25日行政法院的通知。

[3]　1799年12月26日的法令。巴莱尔和瓦迪埃，是热月后流亡的两个超级雅各宾派，之所以被添加到了名单上，无疑是与补偿有关，是为了不使天平向一方倾斜得太多。

亡者在同一政变中也受到了波及，但返国后仍然恢复了政治权利，包括卡尔诺、巴特雷米、拉丰·德·拉德巴、西梅昂、普瓦西·邓格拉斯、马迪厄·仲马。很快，第一执政只是把同一法令^①稍微延长了一段时间，果月的其他受害者也被释放了，他们是被监禁在雷岛上受尽煎熬的大批最不幸和最弱不禁风的教士。两个月后^②公布的一部法律宣布最终取消移民名单。一项法案命令立即对要求被划去名字的人进行调查；另一项法案从名单上删除了新秩序的创始人，即"投票赞成倡导平等和废除贵族制度"的国民大会的议员。随后所有具体人的名字，在宽容、谅解和例外的名义下相继被删除^③：1800年10月19日达到1200人。这时，波拿巴已获得马伦哥战役的胜利。外科修复大夫感到可以高枕无忧地腾出手进行全身性更大规模的手术了。

1800年10月20日，一项法令删除了整个名单，包括任何受到严重不公正或遭到恶意判决的人^④。首先是移民的16岁以下的未成年子女和妻子，其次包括农民、工人、工匠、零工和仆人及其妻子和孩子，最后还有被依法驱逐的1.8万名神职人员，他们离开这个国家的原因，就是为了服从法律。此外，还包括"所有集体登记和无个人名字的个人"，以及由地方政府暂时划掉名字的所有个人和其他阶层。再者，仍然保留在名单上的移民也都逐步回到了法国，政府并没有为难他们^⑤。最后，经过18个月，在《亚眠和平条约》和政教协议签订之后^⑥，元老院法令完成了这次大手术；除了移民的军事领袖和他的贵

---

① 1799年12月30日的法令。

② 1800年2月26日、3月2日和3月3日的法令。

③ 第博多，《执政府回忆录》，199页（1801年8月12日行政法院会议期间第一执政对雷涅奥德的谈话）："我很高兴听到对赦免的声讨。有多少人不是您本人提出来的？不可能是别的原因。每个人都有一些亲戚朋友在名单上。"

④ 第博多，同上（第一执政的谈话）："从来没有过移民的名单；只有缺席者的名单。证据就是名字一直被划掉而得到赦免。我在名单上看到了一些国民公会议员和将军的名字。蒙齐公民也在名单上。"

⑤ 第博多，同上，97页："警务大臣在逮捕和遣送几个未经许可就回国的移民时就已经怨声载道了，或许这些人惹恼了购买他们财产的买家，同时，他也使众人的目光聚焦到了所有提出要求的人的身上，却没有注意葡月28日法令的不同所在。"

⑥ 1802年4月26日的元老院法令。

族以外，所有还没有被划掉的个人都得到了大赦，未得到赦免的不足千人。其余的人可以回国享受公民权，只是他们必须承诺"忠于根据宪法建立的政府，不与国家的敌人保持直接或间接的任何联系或通信"。在这种情况下，法国的大门突然重新向他们敞开，于是他们又成群结队地回国了。

　　但仅仅做一个心系法国的异乡客是不够的，他们不能只是作为住在新社会的感情异乡客。如果这些旧法国的残缺不全的人类碎片，在现代法国被重新放回原处，他们将会被证明百无一用，甚至是有害的麻烦。那么，努力让他们通过嫁接重新依附或完全融合到新生活中吧。为了实现这一点，首先必须让他们不先死于虚乏症，必须让他们的身体存活下来，特别是这些以前的业主、贵族、议员、上层资产阶级，以及那些既没有专业技能又没有职业，在1789年之前不是通过自己的劳动而是靠租金收入过活的人。但是这些人怎么生活呢？一旦回家，保证他们在国外衣食无忧的同一谋生手段不复存在：再也没有跳舞课、法语课或击剑课可上了。毫无疑问，赦免他们的元老院法令恢复了他们一部分未出售的财产[①]，但他们的大部分财产已经出售；另一方面，并不打算让保王党[②]重新发横财的第一执政将他们的财产中最大的部分——超过300阿庞（旧时土地面积单位，1阿庞约等于20~50公亩）的森林、股票和大型航运产权——全部收归国有，并且将他们的房子用于公共服务。因此，有效的恢复只是适度的；归国的移民只恢复了祖传财产的1/20，即全部超过20亿的财产只恢复了1亿[③]。

---

　　① 1802年4月26日的元老院法令，第二章，第16条和第17条。戈埃特公爵戈丹，《回忆录》，第一卷，183页（1803年关于财政管理的报告）："超过两万公顷森林又重新归还了过去的业主。"

　　② 第博多，《执政府回忆录》，98页（共和9年热月24日第一执政的谈话）："一些被赦免的移民或者出于需要或者出于向海外汇款的原因而砍伐了自己的森林。我不会允许共和国的公敌和旧式偏见的捍卫者们恢复他们的财富并掠夺法国。我很高兴地欢迎他们回来；但重要的是，国家必须保护森林；海军需要它们。"

　　③ 斯托姆，《旧制度和革命期间的财政》，II，459~461页（根据1825年法律制订方案附录的数字）。这里只涉及他们房地产的遗产，而他们的动产已经完全荡然无存。首先，通过立（转下页）

　　此外,根据法律来看——同时第一执政也承认[①]——这种施舍严重分布不均,因为大多数急需解燃眉之急的人却依然两手空空,主要是那些农村中小业主,特别是庄园价值不超过5万法郎、年金收入为两三千利弗尔的乡村士绅[②]。

　　这种规模的庄园很多人负担得起,因此他们比大庄园更容易找到买家,而国家几乎总是卖方。从此以后,老业主无法提出进一步的主张或要求。因此,"对于很多移民来说",共和十年的元老院法令"只是允许在法国饿死的法令"[③]。四年之后[④],拿破仑本人认为,"有4万人没有生存手段"。他们只能勉强维持生活,仅此而已[⑤]。还有一些人得到了亲戚朋友半出于同情、半基于人道主义的收留,作为客人或寄生虫得到供养。也有人找到了埋在地窖里的银盘子,或在旧箱子里发现了被遗忘的凭票取款的票据。有时,诚实的土地购买者会以当时的买卖价格将土地转让给原来的业主,如果他在持有的几年里从中得到足够的利润,有时甚至会免费物归原主。如果碰巧涉嫌欺诈的判决,或出售不合法、可能受到法律诉讼的情况,不老实的买家并不拒绝妥协。但是,这些情况是罕见的。此时,想要收回旧有财产的业主,如果想每天安心地吃晚饭,最好是放聪明点,找个职员、簿记或者会计之类聊胜于无的工作。

　　埃什洛尔先生原是一名旅长,现在里昂经营新线路驿车生意,一

（接上页）宪会议和立法议会时期的法令废除了他们的现行封建权利,不予赔偿,然后通过法律强迫他们的个人资本转化为国家债券,也就是国家公债。而督政府的最终破产使这种公债几乎血本无归。

　　① 博莱·德·拉罗塞尔,《拿破仑在行政法院发表的主张》(1806年3月15日和7月1日):"革命最不公平的作用之一是让财产被出售之后的移民饿死,又归还了十万埃居给另一个财产碰巧仍掌握在政府手中的人。归还未售出的土地,却保留森林,岂非咄咄怪事! 最好是从合法没收所有财产开始,每个人只归还六千法郎的公债,剩下的分发给所有人。"

　　② 雷昂斯·德·拉维尔涅,《法国的农村经济》,26页(根据1825年的法律给予赔偿的名单)。罗维戈公爵,《回忆录》,Ⅸ,400页。

　　③ 普依麦格雷伯爵,《移民、帝国和复辟回忆录》,94页。

　　④ 博莱·德·拉罗塞尔,同上,272页。

　　⑤ 普依麦格雷伯爵,同上,随处可见。埃什洛尔的亚利桑德琳娜,《大恐怖期间的一个贵族家庭》,328页、402页、408页。我得以在出版的资料中加入一些童年和家庭的个人回忆。

年挣1200法郎。德·普伊麦格雷先生在1789年有200万法郎的财产，后来成了布里埃待遇为2400法郎的间接税稽查员。新政府的所有部门都欢迎保王党人前来申请职位[①]，即使没有保荐人也能获得职位，有时甚至能得到没有要求的职位，德·维特洛尔先生[②]就违心地成了帝国羊圈检查员。这样一来他的地位固定了，看起来好像他已经依附于政府了。

伟大的政治招聘人员自然会挑选个子最高、最魁梧的人，也就是说，它会挑选那些会处理业务、属于旧君主制度最显贵家庭的成员。对于这些人，它会不择手段地强制威逼，或者以花言巧语、现金、仕途承诺、官职特权、金色刺绣制服[③]为诱饵。至于他们是自愿还是被勒索上的贼船则无关紧要，一旦成为公务员并跻身等级制度的行列，一个人就失去了一部分独立性；一旦成为高官显贵并名列等级制度的上层，一个人就放弃了个性。因为今后他将生活在主人的眼皮底下，每天都会感受到攫住他的那只可怕的手的直接压力，于是他被迫成了一种纯粹的工具[④]。

此外，这些有历史意义的名字有助于美化统治。拿破仑半哄半骗地招募了很多旧宫廷里著名的文武贵族。例如，法官中有巴斯齐

---

① 罗维戈公爵，《回忆录》，IV，399页（关于各省移民和回归的贵族）："第一执政悄悄下令，由于移民的缘故，任何大多数想在政府各分支部门获得小职位的申请都不得拒绝。"

② 维特洛尔先生，《回忆录》。奥松维尔伯爵，《我的青年时代》，60页："一天早上，我父亲得知他和几个属于圣日耳曼郊区最大的家族的人一起被任命为皇室侍从。"

③ 雷穆萨夫人，《回忆录》，II，312页、315页和后页、373页。斯塔尔夫人，《关于法国大革命的思考》，第四部分，第四章。

④ 罗德勒，III，459页（1802年12月30日拿破仑的谈话）："很好，我要保护法国贵族；但他们必须明白，他们需要保护……我把一些职位给了他们中的许多人；我给了他们公平的礼遇，甚至给他们恢复了沙龙的荣誉；但他们觉得这是我个人的良好意愿。同上，III，558页（1809年1月）："我每天都在后悔我在执政期间犯下的一个错误，这是我犯下的最严重的错误，我每天都能感觉它的不良影响：就是把他们的全部财产还给了移民。我本该将其集中共有，并只给每个人六千法郎收入的机会。当我意识到我的错误时，我收回了三千到四千万的森林；但是留在他们手中的仍然太多。"这里可以很清楚地看到他要强加给他们的态度：这是顾客和感激涕零的领年金者的态度。他们没有这样的态度。罗德勒，III，482页（1803年关于卡昂元老院议员的年俸的报告）："返回的移民既不友好也不满意；他们对归还的财产所享有的快乐低于他们对所失去财产的愤怒。他们谈到大赦时毫无感激之情，只当作部分正义……不过，他们似乎还是很听话。"

埃先生、塞吉埃先生、莫雷先生；高级教士中有德·布瓦杰林先生、德·巴拉尔先生、德·贝罗瓦先生、德·洛克劳尔先生、德·布罗意先生；军官中有德·费珍萨克先生、德·塞居尔先生、德·莫特马尔先生、德·纳博纳先生[①]；宫廷高官、宫廷大神父、侍从、贵妇中有罗汉、克罗伊、舍弗罗斯、蒙莫朗西、夏博、孟德斯鸠、诺阿耶、布朗卡、龚托、格拉蒙、博沃、圣·埃尼昂、蒙塔兰博特、奥松维尔、舒瓦瑟尔·普拉斯林、莫尔西·达尔根多、奥布松·德拉·费耶阿德，还有很多其他人在旧王室的年鉴和帝国年鉴中都有记载。

但是他们只是名义上依附于他，并出现在年鉴上的。除了某些人，例如赞美、崇拜、热爱至死，甚至追随拿破仑去圣赫勒拿岛的德·拉斯卡斯先生和菲利普·德·塞居尔先生，在这样卖身求荣的人之外，别人只是应征的顺民，但多少会保持威武不屈的精神。他没有赢得他们的信任：他的宫廷并不是像旧宫廷那样的谈笑风生的沙龙，而是被检查的大厅，是他巨大兵营里最豪华的公寓。公民游行是军事阅兵的延续，人们会觉得受拘束，萎靡颓丧、黯然无语和焦虑[②]。他不知道如何成为家中的户主、如何迎接客人、如何对徒有虚表的朝臣显得亲切甚至彬彬有礼。他自己说[③]："他们有两年没跟他说话，六个月没见过他。他不喜欢他们，他们的谈话让他反感。"如果他和他们谈话，那是为了恐吓他们。他与他们的妻子熟识缘于宪兵或跟她们卖弄学问，而引起她们关注的标志是无礼的批评或下流的恭维。他们知道自己的家里受到监视，并为自己在家里说过的每句话负责，因

---

① 罗维戈公爵，《回忆录》，V，297页。最后，很多年轻贵族参军服役了。"在1812年，没有哪个元帅甚至将军的参谋或副官当中没有他们中的一员。几乎所有的军队骑兵团的指挥官都来自于这些家庭。他们在步兵中就已经引人注目了。所有这些年轻贵族都公开加入皇帝的阵营，因为他们太容易受到荣耀的摆布。"

② 雷姆萨夫人，II，299页（1806年）："从这个时候起，这些仪式就开始与他影形不离了，我们当中不再有人能与他保持亲密关系了……院子变得越来越拥挤、单调，每个人分分秒秒该做什么都有具体规定。没有人能摆脱相同职责的小圈子里产生的闲愁万种……随着专制主义的不断增强……因为细微小事稍有疏忽害怕受到责备的感觉，让我们所有人对一切都保持沉默……再也没有机会放纵自己的情绪或交换哪怕是最细微的想法了。"

③ 罗德勒，III，558页（1809年1月）。参见本卷387~432页。

为"高级警察无时无刻不在所有的沙龙上空徘徊"[1]。无论男人还是女人，私下里不怀好意讲出来的每句话，都会冒着被流放或移送40里以外的风险[2]。

在外省也是一样，绅士贵族必须向省长讨好，与他拉关系，或至少参加他的招待会。他们的名片出现在他的壁炉台上是至关重要的[3]，否则他们就要小心点了，因为将他们的行为报告给富歇部长或继任人萨瓦里的就是他。即使他们谨小慎微地生活并约束自己的私人生活也是徒劳的，拒绝接受一份公职是不可原谅的。如果他们发挥影响力服务于政府，那么这将会遭人怨恨[4]。因此，无论是在过去的共和国统治下还是在如今的帝国统治下，无论在法律上还是在事实上，无论在外省还是在巴黎，他们都是误入歧途的特权阶层、受到"特殊监控"的可疑阶层，而必须接受额外严密的照顾[5]。

---

① 雷姆萨夫人，III，75页、155页："当警务大臣得知有人在巴黎的沙龙开玩笑或发表恶意的言论，他会立刻通知沙龙主人或女主人留心自己的客人。"同上，187页（1807年）："皇帝责备富歇先生没有尽到更严格的监督职责。他流放了一些女人，指使别人警告一些声名显赫的人，并暗示说，为了避免他发怒产生的后果，至少需要采取措施弥补过失，以证明他的权力仍然受到尊重。经过这些暗示，许多人认为自己必须去自首。"同上，II，170页、212页、303页。罗维戈公爵，《回忆录》，IV，311页和393页。"被任命为警务大臣之后，"他说，"我激发了大家的恐惧，每个人收拾好自己的东西，大家谈论的只有流放、监禁和更糟糕的厄运。"他利用这些推荐"大家上这个被政府列为敌人的名单"，去法庭自首；事实上，除了顽固的"祖母"以外，所有的人都去自首了。

② 斯塔尔夫人，《关于法国大革命的思考》和《十年流放》。巴尔比夫人、舍弗勒兹夫人、杜拉斯夫人、阿沃夫人、斯塔尔夫人和雷卡米耶夫人的流放等。罗维戈公爵，同上，IV，389页："最早的流放者可以追溯到1805年；我想，当时有14人。"

③ 罗德勒，III，472页（1803年关于卡昂元老院议员的年俸的报告）："贵族们除了同卡昂的省长和驻军的将军司令官交往以外，既不与普通公民交往，也不同公务员交往……他们同省长的联系说明，他们认为他们可能会需要他。所有人都对将军尊敬有加，他的壁炉上铺满了名片。"

④ 罗什·雅克兰夫人，《回忆录》，423页："我们的生活暴露在专制的铁蹄下，既没有闲适，也没有满足可言。有时，间谍被安插在我们的仆人中间，有时我们的亲戚会由于被指控行善受到邻居的爱戴而被逐出家园，流放。有时，我丈夫不得不去巴黎解释自己的行为。狩猎活动可能被视为旺代党人在聚会。我们经常去普瓦图而备受指责，因为我们的影响力被认为太危险；我们常被责备不住在那里，对征兵有负面影响。"她受邀在军队服役的妹夫奥古斯特·罗什·雅克兰，来巴黎陈述反对意见而被捕；两个月之后，"部长通知他，如果拒绝担任陆军少尉，就必须当囚犯。"

⑤ 1802年4月26日的元老院法令："考虑到这项措施仅仅是原谅大多数人的大赦，而这些人只是误入歧途，而不是罪犯……受到赦免的人在十年之内将接受政府的特殊监视。"政府可以强制每个人"离开主要住所二十里远，根据情况，有时甚至会更远"。

在1808年[1]，拿破仑命令富歇"为他在非体制内的旧制度富裕家庭制定各省10人以及巴黎50人的名单"，其中16~18岁的男孩将强制进入圣西尔军校，从那里开始作为少尉从军。在1813年，还是在"社会的最高阶层"，以及通过省长任意选择，他征募了1万名免除兵役或赎回兵役者做新兵，其中甚至有已婚丈夫和有孩子的父亲。这些人以侍卫队的名义成为士兵，先是在战场被屠戮，然后同时为他们的亲人的忠诚做担保。这是挟持人质的旧做法，是督政府为了一己私利所恢复和强化的最令人不齿的手段。对于守旧的保王党来说，帝国体制无疑与雅各宾派的体制最相似。而他们对两者同样厌恶，这种厌恶自然延伸到了整个新社会。正如他们所理解的那样，在1/4个世纪里，他们都或多或少地受到了劫掠和压迫。为了消除他们的敌意，1825年的赔偿是必不可少的，需要父子两代人慢慢逝去和50年的逐步适应。没有什么比严重的社会不公更难以修复了，而在这里，不完整的修复更是不足挂齿：以温和开始的处理总是以暴力结束，整个计划总是半途而废。

IV

其他的伤口并非不深，对其实施治疗并非不紧急，因为这些伤口不仅对一个阶层，而且对全体人民都造成了痛苦，这个绝对多数正是政府竭力取悦的多数。随着移民的财产被一扫而空，革命已经没收了当地所有的财产，或特殊社会阶层、教士或俗人、教会和修会、大学和学会、小学和中学、收容所和医院甚至是市镇的财产。所有这些财富都被吞入国库这个无底的深渊，并永远消失了。因此，仍然维持的所有服务，特别是慈善机构、公共宗教机构和教育机构，不是消亡了，就是因缺乏支持而苟延残喘。而国家身无分文，更没有钱支援他

---

① 梯也尔，X，41页(1808年12月31日给富歇的信，未收入《通信集》)。参见本卷397~432页。

们。更糟糕的是,国家还阻碍个人自谋生路:心胸狭隘、立场强硬的雅各宾派不仅禁止进行宗教崇拜,将修女赶出了医院,关闭了基督教学校,而且尽全力阻止其他人自行开展它已不再关心的社会事业。

然而,对于这项事业所做贡献的需要从未如此之大和如此紧急。十年来[①],弃婴的数量从2.5万名激增到6.2万名;有报告说这是一场"洪水":埃斯纳省有1097人而不是400人,洛特·加龙省有1500人、拉芒什省有2035人,罗纳河口省有2043人,卡尔瓦多斯省有2673人,每个省有3000~4000名乞丐,法国全国约有30万名[②]。至于病人,包括体弱多病者,残疾人和无法谋生者,要想得知他们的具体数字,只需考虑政治医生刚在法国建立的体制就行了,即放血和饿肚子。200万法国人在国旗下前进,倒下了80万人[③];在幸存者中,有多少瘸腿的、一只胳膊的和用木腿的! 所有法国人吃了三年的狗食,即便如此,往往也难以活下去;超过100万人死于饥饿和贫困;法国所有的富人和小康之家全部破产,并生活在有可能上断头台的恐惧之中;40万人在监狱里腐烂发臭;在幸存者中,多少人神经错乱,多少人由于痛苦和焦虑过度、身体和道德的双重折磨导致灵与肉不堪重负[④]!

在1800年,这些残疾平民和军人没有任何救助,慈善机构也无法再提供帮助。在制宪会议时期,通过废除教会财产和取消入市税,这

---

① 罗甘,《雾月十八的法国状况》,33页、189页、190页(弗朗赛斯的南特和福尔克罗瓦的报告)。波歇的《伏龙斯基本统计》(根据共和九年内政部发表的报表),260页。《省长统计》奥布雷的奥伯省报告23页;道西的埃斯纳省报告87页;皮埃尔的下加龙省报告45页:"在大革命过程中,由于收容所容易接纳未成年母亲和她们的孩子,由于有士兵在她们家短暂停留,由于宗教和道德原则受到颠覆,弃婴数量增加到非同寻常的程度。"巴尔戈里的盖尔省报告:"很多祖国的捍卫者在出征前都成了父亲……回来的军人仍然保持他们征战时的习惯……而且,很多没有丈夫的姑娘都找他们做情人。"科尔辛的莫塞尔省的报告91页:"在梅斯,社会风俗宽松,在1789年,有524个非婚生育婴儿;在共和九年,有646个;在1789年,有70名妓女;在共和九年,有260个。被供养的妇女数量也有相应增加。"波歇,《共和九年28日法国一般统计评论》:"根据内克尔先生和莫尔戈先生的比较估计,非法生育的数量,从1780年的1/47增加到整个生育量的近1/11。"

② 罗甘,同上,93页(巴尔贝·马尔布瓦的报告)。

③ 参见本卷,307~308页、348页(注释)。

④ 《省长统计》,杜斌的都塞弗尔省,174页:"在1789年,由于良好的习惯,性病在这个国家仍然不为人所知,如今则遍布博加奇和所有部队逗留过的地方。""帕尔特奈的德拉海博士指出,大恐怖时期,疯子以惊人的数量增加。"

些机构的大部分收入被切断,而这部分收入正是分配给他们的入市税和什一税。在立法议会和国民公会时期,由于受到放逐和迫害,作为男性和女性志愿仆人的修女与僧侣们,被剥夺了几个世纪以来无私无偿地为他人服务的能力。在国民公会时期,他们所有的财产,包括房产和债权[①]都被没收。在三年之后归还剩余部分时,他们发现一部分房产已经被出售,而债权则变成了纸币或转换成了国家债券,成了一堆没有价值的废纸,以至于在1800年纸币和国家债权破产之后,穷人继承的旧遗产减少了1/2或2/3[②]。正因此,在1789年可以救助10万~11万人的800个慈善机构,如今只能救助这些人的1/3或1/2。而预计申请人数却增加了2倍。因而在1800年,在医院或收容所每6个体弱多病的儿童只有不到一张床。

V

这些呼唤医疗救助和床位的凄厉哭喊声也无法唤来任何帮助,而另一边听到的是父母发出的更大、范围更广的呼吁:无论是男孩还是

① 1793年3月19日和共和二年获月的法令。共和九年雾月2日和共和五年葡月16日的法令。

② 《省长统计》,维尔尼纳克的罗纳省,共和十年。在1789年,里昂的收容所的收入是1 510 827法郎;现在是459 371法郎。达尔方斯的英德尔省,共和十二年。建立于十二世纪的伊苏顿主要收容所有27 939法郎的收入,而损失达16 232法郎。而另外一家癫疾患者收容所的收入是12 062法郎,损失为7457法郎。马松·圣·阿芒的厄尔,共和十三年:"省内有14家收容所和三家小型慈善机构,在1789年有大约十万法郎收入,损失至少有60 000法郎。"德古特的孚日省,共和十年:"省内有十家收容所,由于共和二年获月的法律效应,大部分收容所的全部资产和资本几乎都被劫掠一空。在废除这项法律的时候,资产已经卖掉,资本得到了补偿。"鲁赛的切尔省:"革命前有15家收容所,因为资产流失之后已经没有任何资源。"杰尔法尼安的罗塞尔省,共和十年:"与收容所相关的资产,或者土地基金,或者年金,全部易手。"费里尔对杜伯省的分析:"收容所的状况普遍比1789年差很多,因为很难根据已经让渡的财产的价值来归还他们的资产了。庞达尔制埃收容所根据以纸币计算的赔偿损失了一半的资产。奥尔南收容所的所有资产都卖掉了,这样的例子还有很多。"罗甘,187页(福尔克瓦的报告),奥尔纳收容所的收入不是123 189法郎,而只有68 239法郎。卡尔瓦多斯收容所损失了173 648法郎的收入,剩下的只有85 955法郎。关于收容所的困境及其寄宿者、儿童、体弱病残者令人心碎的细节在书中各处都有。我尝试说明的需求和资源之间的失衡的数字是最小的。杜班,《公共救助管理史》,第80页:"在1799年,救助机构的困境如此绝望,以至于他们甚至都无法用归还的财产交土地税。"

女孩，无论是中学还是小学，父母都无法为孩子提供任何教育。在革命之前，"小学校"遍地都是：在诺曼底、皮卡迪、阿图瓦、法国弗兰德斯、洛林和阿尔萨斯、法兰西岛、勃艮第和弗朗什孔泰、布东、多菲尼和里昂、孔塔、塞维纳和贝阿尔恩[1]，"小学校"几乎和教区一样多，在全法国总共3.7万个教区中，大概有2万~2.5万所有学生光顾或使用的学校。因为在1789年，每百名男人中有47人、每百名女孩或妇女中有26人识字，或者会写字，至少会签自己的名字[2]。这些学校并没有花费国库和纳税人一分钱，父母也只支付了很少的费用。在许多地方，自给自足的宗教团体提供了男女教师、基督教教义修士、圣·安东尼修士、乌尔苏拉会修女、圣母往见会修女、慈善会修女、圣·查尔斯会修女、上帝会修女、修行会修女、十字架圣母会修女、瓦特洛特会修女、米拉密奥纳会修女、第三等级轮回会修女，等等。在其他地方，教区神父不得不根据教区规定亲自教学，或让副本堂神父教学。很多工厂或市镇都曾收到捐赠的遗产来资助学校。教师往往喜欢通过捐赠形式的分成制租一块地，他们通常免费住宿，如果不是教士的话，他们还可以免除重税。此外，作为圣器室管理人、教堂执事、唱诗班成员，他们还有一些其他的小福利。最后，每个孩子每月支付给他四五个苏。有时，特别是在贫困地区，他只从万圣节教到春天，整个夏天可以从事另外一个职业。总之，他的薪水和福利相当于一个乡村副本堂神父或一个报酬适当的郊区牧师。

当地私营机构也以同样方式资助中等教育，但效果更好一些。共有超过108个教育机构完全提供中等教育，超过454个机构可以提

---

① 阿兰神父，《大革命前的法国初级教育》和阿尔贝·杜鲁伊，《公共教育和大革命》，随处可见。

② 《初级教育统计》（1880年），II，104页。根据1680年到1876年的1 699 985份婚姻登记记录显示，可以在79个省份查到不同时期的识字者和文盲之间的比例。根据布伊森先生发表的《教学法与初级教育辞典》，统计局长马乔洛先生提供了不同省份识字者和文盲的比例。然而，从各省的情况看，婚姻登记记录提供的数字与学校数量十分契合，这一点可以通过牧师对教友的访问和其他文件证实。文盲人数最多的省份是：康塔尔省、普伊·德杜姆省、尼埃福尔省、阿利埃省、维埃纳省、上维埃纳省、都塞福尔省、旺代省和布列塔尼省。

供一部分①。这些机构较一般小学校稍大,同样由捐赠负担费用,其中一些甚至非常宽敞华丽。比如外省一所名为罗德兹②的中学有2.7万利弗尔的年金,巴黎的一所名为路易斯·勒格兰的中学有45万利弗尔的年金。这两所中学无论大小,每一所都有其独特的资金渠道,如房产、土地和房屋,以及来自圣职俸禄、市政厅、货物入市税、运输营运的年金。两所学校享有奖学金或半奖学金的学生都非常多,路易斯·勒格兰中学有600人。在整个王国的7.2万名学生中,有4万名学生享受免费或半免费的中学教育。而如今,在7.9万名学生中,只有5000名免费③。

个中原因是,在1789年之前,不仅民众收入高,而且费用很低。校长、教师或辅导教师的成本低,分别为每年450利弗尔、600利弗尔和900利弗尔,最多每年1200利弗尔,这只是一个单身汉的生活成本。实际上,大多数教师是教士或僧侣、本笃会教士、固定议事司铎、奥拉托利会修士,其中后者就单独主持了30所学校。他们不仅不受家庭对生活必需品和其他花销的拖累,而且信仰虔诚,或至少是出于自律、习惯,或是出于对人性的尊重而生活简朴。学校的规定迫使他们共同生活④,这比分开居住便宜得多。这种经济上的协调一致同样也存在于整个宗教体系的分支、布置和游戏规则当中。一个家庭,甚至农村的家庭也不会住在远离中学的地方,因为几乎所有的小城镇

---

① 阿尔贝·杜鲁伊,《公共教育和大革命》,25页(根据1843年威尔曼先生关于中等教育的报告)。阿兰神父,《1789年的教育问题》,88页。A.希尔维,《大革命前的法国初级中学》,5页。希尔维先生的研究表明,维尔曼先生提供的初级中学的数字太低:"这些学校的数量估计不少于900所……我估计有800所……我必须补充一点,我的调查尚未完成,我每天都能发现新的学校。"

② 鲁奈,《罗岱初中的历史》,110页。埃德蒙,《路易·勒格兰中学的历史》,238页。莫塞尔,《省长统计》(共和十二年费里艾尔的分析)。在1789年之前,在梅斯有4所由正规教士和本笃教士管理的完整中学,有33名教师、38名助理教师、63名仆人、259名日校学生和217名寄宿生。这一切都已不复存在:在共和九年,只有一所中心学校、9名教师、5名助理教师、3名仆人和233名日校学生。这显然远远不够。

③ 阿尔贝·杜鲁伊,《公共教育和大革命》,25页。

④ 鲁奈,《罗岱初中的历史》,110页。

都有中学，每个省有七八所，埃恩有15所，埃斯纳有17所[①]。8~18岁的儿童或青少年不必忍受孤独或棚屋区的混乱生活，但仍然在父母可以照顾的范围内。由于家里太穷而无法支付学校300法郎寄宿费的父母，可以把孩子托付给一个诚实善良的人家、工匠或相熟的小康之家，在那里和其他三四个人一起，可以享有住宿、洗衣、生活照顾、看护、膳食、蜡烛照明、取暖等便利；每个星期，他们可以从农村收到面包和其他生活物品。女主人给他们做饭，缝补衣服，所有这些每月只收两三个利弗尔[②]。这样运作的机构由于符合需求，善于利用资源，以最小的花费提供了最大的效益，因而在当地如雨后春笋般蓬勃发展起来。

这个伟大的组织如今已完全消失，包括机构和所有的财产，就像一艘船在波涛中被无情吞噬。老师被解雇、被流放、被发配、被禁止从事教学；财产被没收、出售和销毁；掌握在国家手中的其余部分未用于赔偿而又重新用于以前的服务：公共教育的遭遇比公共慈善事业更为不堪，捐赠的资金与过去相比简直是九牛一毛。因此，在督政府的最后几年里，甚至在执政府早期[③]，教育事业在法国几乎没有任

---

① 《省长统计》，博西的艾恩省，368页：大革命前在布尔戈，有220名学生，其中有70名寄宿生，8000利弗尔的土地收入在大革命期间被没收。在贝莱省，教师是圣约瑟夫修道会的教士：有250名学生，投资于国有土地的9950法郎的收入被大革命一扫而空。在图瓦西省，8000法郎年金的土地被出售，等等。杜班的都塞弗尔省，共和九年费里埃尔的分析，48页：在革命以前，除了夏第翁以外，省里每个城市都有中学。在图阿尔省，有60名寄宿生，每年有300利弗尔的收入和40名日校学生。在尼奥尔省，80名寄宿生，每年450利弗尔的收入和100名日校学生。道西的埃纳省，88页：在1789之前，几乎所有的小型中学是免费的，而在大型中学，有奖学金竞赛。除大型建筑物以外，他们所有的财产，以及那些为女孩提供免费教育的60个市镇的财产，都被让渡和卖掉了。马松·圣阿芒的厄尔省，在1789年之前，所有的8所中学均被取消和毁掉了。科林的德罗姆省，66页："在革命之前，每个城市都有自己的高中。"等等。

② 关于这些风俗习惯，参见马蒙特尔的《回忆录》，I，16页：儒尔·西蒙先生发现了相同的风俗习惯，后来在他记述青年时代的回忆录中有所描述。在路易斯十五统治末期，拉夏洛泰就已经注意到了该机构的效率。"甚至普通人也都想学习。农民和工匠送子女到这些生活费用低廉的小城镇的学校上学。"中等教育的这种快速传播对革命做出了很大贡献。

③ 《省长统计》。达尔方斯的安德尔省，共和十二年，104页："大学、中学、神学院、宗教场所、免费学校，都被摧毁了。留存在废墟上崛起的新教育体制的只有庞大的计划，面临的是百废待兴的局面……可以说，没有一个地方还有运作的小学，已经运作的糟糕透顶，还不如没有。有这样一个傲慢和昂贵的公共教育系统使教育损失了十年的大好时光。"

何恢复。

事实上,在过去的八九年时间里,公共教育一直处于停顿状态[①],或成为私人的地下活动。各地陆续返回的教士和分散在各地的修女,顶着法律禁令,在地方当局的默许下,为少部分天主教孩子上课。五六个小女孩在密室里[②]围在经过化妆的乌尔苏拉会修女身边学习拼读字母表,没有剃度或未穿长袍的教士晚上偷偷地教授两三个年轻人学习翻译《名人传》。事实上,在大恐怖期间,在葡月13日和果月18日之前,各种学校在各地已经如雨后春笋般蓬勃发展起来了,但只是局限于特定地点,并且起点也很低。此外,雅各宾派在重返政权后,又顽固地废除了各种形式的教育[③],因为他们只想要排他性的教育。然而,取代了旧式的、自由的教育机构的国家机构只是画饼充饥的蓝图而已。政府下令在各省建立一所中心学校,在整个旧法国版图内建立另外88所学校。这根本无法达到过去八九百所中学的覆盖面,特别是这些在废墟上建起来的新学校并不可靠,再加上维修不善,早已破烂不堪[④],缺乏设备,既没有预备学校,附近也没有住

---

① 《通报》,XXI,644页(共和二年果月13日的会议)。一位议员说:"可以肯定,而且我的同事也痛苦地看到了这一点,公共教育一塌糊涂。"福尔克罗瓦:"学生们不再学习阅读与写作了。"艾伯特·杜鲁伊,208页(共和四年给执行督政府的报告):"近六年来,公共教育已不复存在。"德·拉西克第埃先生,《阿朗松中学的历史》,33页:"在1794年,在学校里只有两个学生。"鲁奈,《罗德斯中学的故事》,157页:"从1793年3月到1796年5月16日,教室里空空如也,既没有老师,也没有学生"。《各省统计》,马松圣阿芒的厄尔省,共和十三年:"在这个省的大部分地区,特别捐赠一直可以支持学校的男女教师。但像其他国家资源一样,学校的房子也被过渡出去了;来自于宗教机构或实体的捐赠已经消失殆尽。在宗教社区被废除后,针对女孩教育的这部分社会资源遭受了巨大损失,因为是这些宗教机构为她们提供了几乎免费和足够的稳定教育。"

② 我的姥姥就是跟一位藏在家里地下室的修女学习识字的。

③ 艾伯特·杜鲁伊,《公共教育与大革命》,349页(共和五年雨月17日,督政府的法令和反对自由学校的勒杜尔纳部长通告,指责这些学校是"君主主义和迷信的窝点")。随后,厄尔省、加莱海峡省、德罗姆省、马岩纳省和芒什海峡省都颁布了行政法令,关闭了这些窝点。"在共和六年热月27日和共和七年获月2日",芒什海峡省行政当局称,"根据市政府的指控和民众社团的举报,我们撤销了五十八名教师的教职"。

④ 《国家档案》,3144页和3145页,n°1004(共和九年,国务参事的任务报告)拉库埃关于第一区划的任务报告。在巴黎,有三所中心学校,其中一所叫四国。"参观一下这所学校就可以了解所有国家建筑物被破坏的程度了。这些学校自从开放以来就没有进行过任何维修:整个房子都要倒了……满是断垣残壁,地板都是破洞……为了保护学生避开随时倒塌的房子,人们不得不在狭窄潮湿有害健康的房间上课。上绘画课时,模型和纸张因为潮湿在夹子里都发霉了。"

宿和膳食设施[1]，教学计划组织混乱，学习精神备受家长质疑[2]。因此，大部分课程都无法提供，除了数学之外，能够提供的只有制图课，特别是机械图纸和几何图形，学生可能是希望未来成为道路和桥梁测量师及工程师、建筑承包商和一些渴望去巴黎综合理工大学深造的学生。而其他课程，如文学、历史和人文科学，根据共和国的理解和设置，全法国招收的学生不超过1000名。而在7.2万名中学生中，只有7000~8000名[3]希望升学，而6/7的学生并不想继续接受文化教育，只是希望找到一项职业。

更糟糕的是初级教育。这项任务交给了地方当局。但是，由于没有钱，他们通常逃避这种责任。而且，即使他们建成一所学校，也无法维持学校的正常运转[4]。另外，由于教育必须世俗化，而且雅各宾派"几乎无处不在"[5]，教师一般是无家可归的门外汉、失势的雅各宾党

① 艾伯特·杜鲁伊，《公共教育与大革命》，484页（共和九年，全体大会笔录。随处可见）。

② 艾伯特·杜鲁伊，同上，476页（共和十年，撒尔特省《省长统计》）："无论是学校的稳定层面，还是对教师的道德层面，偏见是难以克服的，因而造成学校无人光顾。" 483页（下莱茵省的全体会议笔录）："宗教的瓦解激发起对中央学校的偏见。" 482页（同上，相同部分）："大部分中心学校的教师都以一个不体面的方式参与了革命。他们的声誉影响他们的教学成功。他们的学校被遗弃了。"

③ 艾伯特·杜鲁伊，同上，194页（根据共和六年和八年15所中学学校的报告）。每所中心学校的人数都很平均：绘画，89名学生；数学，28名；古代语言，24名；物理，化学和自然历史，19名；一般语法，5名；历史，10名；立法，8名；纯文学，6名。罗甘，《法国的状况》，29页（福朗塞斯关于南特及东南各省的报告）："像在其他地方一样，这里的语法课、纯文学、历史和法律也备受冷落。而数学、化学、拉丁语和绘画参加的人更多，因为这些科学课程有利于将来寻找职业。"同上，108页（巴尔贝·马尔布瓦关于布列塔尼各省的报告）。

④ 共和八年，默尔特·马尔基的《省长统计》，120页："在农村地区的公共学校费用很低，即使最穷的家庭也可以支助教师工资。此外，从各地公共财产提取的资金有助于提高老师的待遇，所以这些职位受到热捧，也普遍受到好评……大部分村庄都是圣文森特·德·保罗会或其他修会的修女做教师，或称为瓦特洛特修女。""公共财产的分割以及分配给旧的基金出售，使市镇的资源被剥夺殆尽，无力提供给教师公平的报酬。而额外的生财之道甚至不够支付行政费用。因此，现在只有那些走投无路的人才会接受收入菲薄的职位。而且如果有机会得到报酬高的职位，他们会对学校不屑一顾。"《国家档案馆》，n°1004，第3044箱和3145箱（共和九年国务参事的任务报告）。拉库埃纳关于埃斯纳第一分区的报告："从法律意义上看，目前没有小学。"奥瓦斯、塞纳省的索斯区和圣丹尼斯区的情况相同。

⑤ 艾伯特·杜鲁伊，178页（共和八年，内政部办公室撰写的报告）："那些所谓的小学教师的选拔方法令人厌恶；几乎都是道德败坏或不学无术之辈，之所以被提名只是因为假装有公德心。而这种公德心实际上对道德和礼仪漠不关心……他们对旧的宗教观点的无情蔑视起到了推波助澜的作用。"同上，497页（全体会议笔录）。关于小学教师，埃洛特说："大部分是愚蠢和游手好闲的家伙。"加莱海峡省："大部分是愚蠢或道德败坏之辈。"

人、饥寒交迫的老年党徒、失业者、满嘴脏话的无赖和声名狼藉的家伙。家长当然不会把自己的孩子往火坑里推；即使名声好一点的，家长也并不买账。原因是，在1800年，雅各宾派和无赖已成为同义词。此后，父母希望自己的孩子学习基督教教义，而不是权利宣言[①]：他们认为，旧的教材培养的是文明礼貌的孩子和尊老爱幼的年轻人，新的教材培养的只是蛮横无理的流氓和早熟邋遢的恶棍[②]。因此，共和国罕有地安排人手进行小学的教学，但依然有3/4是闲置的；政府关闭那些使用其他教材教学的学校也是枉然，家长并不掩饰他们的反感和厌恶。

他们宁愿自己的儿子当文盲，也不愿意他们接受不健康的教育[③]。一个20代人用了百年时间建立并资助的、为120万名孩子[④]提供免费或低廉的精神食粮的体系就这样毁于一旦，取而代之的是临时拼凑的、可怜巴巴的兵营所提供的难以消化的发霉面包。于是，家长被长期压制的不满集中爆发，愈演愈烈：他们的孩子在挨饿。他们要求在

---

① 罗甘，194页（芒什省、奥尔纳省、卡尔瓦多斯省，福尔克罗瓦关于第一分区的报告）："很多教师除了行为不端、酗酒和道德败坏之外，似乎可以肯定的是，宗教教学的缺乏也是阻碍父母送他们的孩子去这些学校上学的主要动机。"《国家档案》，同上（拉库埃关于埃斯纳第一分区的报告）："想要遵守雾月十八和其他中央政府的不同法令的男女教师，在将宪法和人权交到学生手中的时候，会发现光顾学校的学生越来越少。而人数稳定的学校是那些讲授福音、教义和基督生平的学校……而根据政府规定能够调整步调的教师，只能执行违背父母的偏见和习惯的原则，因此而落得背信弃义的骂名，进而被学生所抛弃。"

② 参见本卷，68~69页（注释4）。

③ 《省长统计》，莫塞尔（费里埃尔的分析）。1789年在梅斯，有五所幼儿免费学校，其中一所男校和四所女校，由教士和修女经营。在共和十二年，一所也没剩，"整整一代人被无知所吞没"。同上，1808年伯希的艾恩省："在1800年，像法国的其他地区一样，这个省几乎没有任何一所小学。"在1808年，只有不到三十所。艾伯特·杜鲁伊，480页，496页（共和九年全体大会笔录）。孚日省："几乎没有任何小学教育。"萨尔特："小学教育是零。"下默兹河省："令人担心的是，十五年以后，一百个人中会写字的人不会超过一个人，等等。"

④ 这些都是最低的数字，我们也可以这样计算：1789年之前，男人47/100、女人26/100，即36~37/100的法国人接受过小学教育。然而，根据1876年和1881年的人口普查（小学教育官方统计，III，XVI），6~13岁的孩子占整个人口的12%。因此，在1789年出生的2600万人口中，6~13岁的儿童有312万人，其中有113 8000人学会了读和写。必须指出的是，在1800年，成年人口已大大减少，而婴儿的数量大大增加。此外，法国增加了12个省（比利时、萨伏瓦，孔达、孔戴尼斯），这些省的旧学校也不复存在了。如果所有的老学校一直存在的话，到1800年，接受过小学教育的孩子会接近140万人。

任何情况下，除非被禁食，他们的子女不得再被迫食用国家分配的面粉，也就是说这种面粉不仅令人作呕、分量不足、没有揉好、无法做成面包，而且被证明破坏口感、胃肠不能消化。

VI

另外的叹息更普遍，也更深远，这是灵魂的叹息，为了毁掉的信仰和荡然无存的教堂感到遗憾，但宗教的情怀正在苏醒和蠢蠢欲动。任何一种宗教的戒律和仪式都取决于这种宗教的信念，这是信念本身的启示或规定，是信念的延伸和结果。信念通过戒律和仪式达到目的并表现出来，戒律和仪式在外，信念在内。因此，当这些戒律和仪式受到冒犯和伤害时，其实是生动活泼的肉体遭受痛苦。而天主教这层皮肤比其他地方更敏感，因为它是通过普通的黏附性、适应和习惯的影响，并通过特殊的有机连接紧贴肌肤而构成的教条主义。而神学则在章程内的信念中设立了必要的圣礼和圣职。因此，宗教的表层和中心之间的连接是直接的。天主教的圣礼不是简单的符号，其本身包含了"有效的权力，神圣的美德"，"解铃还需系铃人"①。

如果我无法接受圣礼，我灵魂的甘泉将被切断，我将无法畅饮甘泉中的恩典、宽恕、纯净、健康和救赎；如果我的孩子们不能接受洗礼，他们就不是基督徒；如果不能为我濒死的母亲施以涂油礼，她在漫长的旅程中就没有旅费；如果我只是举办民事婚礼，我和我的妻子就是未婚同居；若我不能忏悔我的罪过，我就不能远离罪恶，我负重的良心就无法寻求减轻重负的援助之手；如果我不能履行我的复活节职责，我的精神生活就是失败的；通过自己的身体和灵魂与耶稣基督的肉体、灵魂和三位一体的神秘结合来完善自身的崇高行为

---

① 圣·托马斯，"Summa theologica," pars III., questio 60 usque ad 85: "Sacramenta efficiunt quod figurant…. Sant necessaria ad salutem hominum…. Ab ipso verbo incarnata efficaciam habent. Ex sua institutione habent quod conferant gratiam…. Sacramentum est causa gratiæ, causa agens, principalis et instrumentalis."

是希望所在。然而,没有被神父赠予的圣礼是无效的,这个神父必须
通过最后的圣礼,只有在某种条件下授予的圣职方式才能打上优越、
独特、不可磨灭的品质印记。在其他条件下,这位神父必须由主教任
命①;在另一些条件下,这位主教必须由教皇正式任命。因此,没有教
皇就没有主教;没有主教就没有神父;没有神父就没有圣礼;没有
圣礼就没有救赎。教会机构因而对信徒来说是不可缺少的。信徒需
要规范的圣职和等级制度来展现信仰。他必须进行更多的狂热的具
有真正基督教苦行和神秘情怀的修行,才能使灵魂从这个世界上脱
离并永远保持在神的面前。为此目的,需要做的事情是:首先是保持
贞洁、安贫乐道和顺从誓言,也就是永远自觉地压抑最强大的动物本
能和最强大的身体欲望;其次是持续地祷告,特别是共同祈祷,因为
被摧残的心灵情感会通过周围的灵魂情感而升华;同时,还有发自内
心的虔诚,包括完成美好的事业、教育和慈善事业,特别是完成令人
厌恶的任务,如照顾体弱的病入膏肓的病人、白痴、疯子和从良的妓
女;最后是严格的日常作息规则,这是需要每天在同一时间重复的严
谨而细致的规定,目的是使习惯辅助意志,使机械的热情同严肃的决
心结合,使任务更加容易完成。因此,像圣礼、圣职和等级制度一样,
社区的男女信徒、修会和修道院,与信仰一道形成了完整机体,并由
此而构成了信仰不可分割的部分。

　　在1789年之前,无知或冷漠的旧天主教徒是在田里犁地的农民、
在工作台上干活的工匠、勤俭持家的贤妻良母,他们没有意识到这种
内心的隐秘缝线。多亏了革命,他们的情感甚至肉体上的快感被唤
醒了。他们从来没有问过自己正教在哪些方面不同于教会分立,也
没有问过积极宗教是通过什么反对自然宗教的。是神职人员的公民
宪法帮助他们搞明白了违背誓言的神父和私人生活闯入者之间的差
异,以及正确弥撒和错误弥撒之间的区别,是弥撒禁令帮他们搞清楚

---

　　① 除了希腊教会主教任命的神父。

了弥撒的重要性，是革命政府将他们改造成了神学家和教规学者[1]。在大恐怖时期，他们被迫围着智慧女神唱歌跳舞，然后在督政府时期，在"至高无上的人"的圣殿里忍受共和历法的新鲜事物和乏味的十年庆典，他们用自己的眼睛测量了现实、个人、拟人化、救赎、救世的上帝与无形、模糊、在任何情况下都缺席的上帝之间的距离；一种活生生的给人启示、确立已久的宗教和一种抽象、人造、即兴创作的宗教之间的区别。他们自发的崇拜是发自内心的信念，而强加给他们的崇拜则是冷漠的炫耀；他们身穿长袍、誓言禁欲的神父是上天派来的代表，为他们打开了死后进天堂或地狱的无限远景；而名字叫皮埃尔或保罗的共和国替代者主持仪式时，系着市政府的围巾，他们是已婚和沉湎于吃喝玩乐的花花公子，是从巴黎派来宣讲雅各宾派[2]道德观的班门弄斧的门外汉。他们对神职人员、上天和世俗的神职人员的身体依附都源自于这种对比。

以前，他们对神职人员并无好感；农民普遍不愿意缴纳什一税；而工匠和农民一样，把悠闲、懒惰和收入丰厚的僧侣看成是游手好闲的肥佬。作为高卢人的后代，法国人缺乏天马行空的奇思妙想。由于对任何衣着光鲜、无须干活就可以大吃二喝的人有与生俱来的怀疑和忌妒，所以他们不喜欢崇拜，而喜欢嘲笑、挖苦、批评和反抗高高

---

① 参见《大革命之大混乱》，428页及后页。《国家档案》（执行督政府驻各省和市镇政府专员的报告。该报告有数以百份；以下是几份样本。）F7，7108页（共和四年风月7日杜伯省帕萨凡特市）："这里宗教观念的影响范围比革命前更广泛，因为大多数人并不关心革命，而现在的话题和不满都离不开革命。"F7，7127页（共和四年雨月13日杜伯省古科斯市）："对违背誓言的神父进行追捕，加上修道院的破坏和拆除，使有宗教信仰的人民大为不满，政府成了他们仇视的对象。"同上（共和九年风月13日，多尔多涅省利夫拉克市）："在暴君统治时期，拆毁祭坛、关闭教会的行径使人民愤怒。"F7，7129页（共和四年雨月12日，下塞纳省康特勒市）："我认识一些开明人士，在旧制度时期，他们与教会没有交集，却在家里藏匿违背誓言的逃亡神父。"《国家档案》，第3144~3145箱，n°1004（共和九年国务参事的任务）。这时候，各地都同时自发地恢复了宗教崇拜。（拉库埃的报告）在厄尔卢瓦尔，"几乎每个村庄都有自己的教堂和主事；在城市，教堂开放，有教徒光顾"。在塞纳瓦兹省，"罗马天主教派在省内几乎所有市镇大行其道"。在瓦兹，"宗教礼拜在省内几乎所有市镇大行其道"。在卢瓦雷省，"来教堂参加礼拜的信众几乎像1788年以前一样普遍。只有六分之一的市镇既没有礼拜也没有主事，而在这些市镇对两者都有强烈需求"。
② 《国家档案》，F7，7129页（共和四年芽月10日，塔恩省威尔穆尔市）："无知的人们认为爱国者和土匪可以画等号。"

在上的权力。在这个时候,他们的神职人员并没有引起他们的忌妒,而是引起了他们的怜悯;因为教士和修女、神父和高级教士都无家可归、孤苦伶仃、饥寒交迫、被监禁、被流放、被送上断头台,四处逃亡如惊弓之鸟,被当局追捕,比野兽还要不幸。在共和二年、四年和六年的迫害中,正是这些普通人收留他们、藏匿他们,为他们提供住处和食物。因为他们看到这些人因为信仰而受苦,而这同时也是他们的信仰。

在这种可以和传奇烈士相提并论的不屈不挠的精神面前,他们的冷漠变成了尊重,随后变成了热情。从共和四年开始[①],东正教教士又在他们的灵魂中恢复了教义所赋予他们的地位和优势;又成了他们心灵的向导,唯一可以信任的基督教真理的阐释者,唯一神授恩典的分发者和使者,只要他们一回来就马上参加他们的弥撒,此外别无他求。无论变得残酷无情,还是冷淡和迟钝,他们的心中只有本能的关注,他们也需要这种关注[②];他们怀念庄严的仪式、欢乐的节日和礼

[①] 《国家档案》,F7,7108页(共和四年雨月20日杜伯省维尔赛尔市):"牧月11日法律实施时,所有违背誓言的神父都被以前教区的居民召回了。他们对人民的影响力是如此之强,以至于人民会付出任何牺牲、想出任何办法、无所不用其极,把他们保护起来,逃避严酷法律的制裁。"同上(共和四年雨月3日蓬塔利耶市):"在初期立法议会开会时,心怀叵测的贵族号召无知的人们,以召回被流放或移民的神父恢复宗教礼拜为条件,否则不接受宪法。"同上(共和四年雨月14日,拉贝尔齐蒙市):"农民崇拜他们……我和我的家庭是镇里唯一一个不通过任何媒介向永恒祈祷的人。"F7,7127页(共和四年风月5日,黄金海岸省伯纳市):"……狂热施加的影响力非常强大。"同上(共和四年雨月9日,福罗瓦市):"两个违背誓言的神父离开十八个月后回来了;他们藏了起来,并在夜间开会……男男女女至少有四分之三的人受到他们的诱惑变得腐败。"同上(共和四年雨月1日,伊夫里市):"狂热和罗马天主教会腐蚀了老百姓的心灵。"F7,7119页(共和四年风月,普伊德多姆省昂贝尔市):"五名返回的教士在这里做弥撒,每次都是有三四千人参加。"F7,7127(共和四年雨月18日,多尔多涅省卡尔鲁市):"人们非常珍视天主教信仰,有的人整整走了二里路来参加弥撒。"F7,7119页(共和四年雨月15日,阿尔代什省圣巴特莱米市):"坚强不屈的神父已经成为流行观念的绝对主人。"(共和四年风月22日,奥恩省阿朗松市):"市议会的主席和议员,不仅不去逮捕这些违背誓言的神父并将他们送交法办,反而为他们提供膳食和住宿并和他们分享政府的秘密。"F7,7129页(共和四年雨月8日,塞纳瓦兹省儒伊市):"在五十名公民中,有四十九名公民似乎都以信奉天主教的信仰为最大愿望。"同上(共和四年雨月7日,达马丁市):"天主教具有绝对的影响力;不信的人会受到鄙视。"同上(共和四年雨月9日),(塞纳瓦兹省)沙马兰德专员写道:"我看见有人尽管自己没有吃的,也献上所谓的祝福面包作为贡品。"

[②] 《国家档案》,第3144箱和3145箱,n° 1004(共和九年,国务参事的任务报告)(巴尔贝·马尔布瓦关于布列塔尼的报告)"在瓦纳,我在国王日走进大教堂,只有一个神父和两三个穷人正在为宪法做弥撒。而在不远处,我发现一大群人把大街上的路都堵死了:这些人因(转下页)

拜日；这种怀念对耳朵和眼睛是周期性的需求；他们怀念礼仪、灯光、圣歌、钟声、早晚的三钟经。因此，不管他们是否知道，他们的心和感觉都是天主教的[①]，他们也都需要过去的教堂。

在革命之前，教堂靠自己的收入维持；7万名教士、3.7万名修女、2.3万名神职人员全靠捐赠生存，不花国家一分钱，几乎不花纳税人一分钱，甚至没有花费现有纳税人的什一税的一分钱。因为什一税在设立后几个世纪以来，一直是对土地而不是对土地所有者或佃户抽税；因为佃户也是用这种经过扣除税收后剩下的钱购买或租用土地的。在任何情况下，根据产权法律、合法性和数以千计死去业主和施主的遗嘱，教会的房地产属于教会，不会损害任何人。现在，这一切都被夺走了，甚至祈祷室也被夺走了，而根据其用途、配置和架构，最明显不过的应该属于基督教事业和教会的财产，还包括3.8万所教区神父住宅，4000座修道院，4万所以上的教区教堂、大教堂和小教堂。每天早上，崇拜的需要已经使男男女女复活了，在这些已失去宗教色彩的建筑前面经过时，这些建筑以自身的形式和名字在向他们高声诉说过去的风姿和今日的惨况。怀疑论哲学家和前国民公会议员[②]都听见了这个声音，所有的天主教徒也听见了。在3500万法国

（接上页）为小教堂里人满为患而在外面等候，里面正在做天主教弥撒。其他城镇的教堂都同样空荡荡的，因为人们都去听一位刚从英国来的神父做的弥撒了。"（南特的弗朗塞斯关于沃克鲁兹省和普罗旺斯的报告）"只有十分之一的人口追随宪法神父；其余的人追随移民的或返回的神父：这些人对于他们来说才是社会丰富和有影响力的部分。"（拉库埃关于巴黎及周边七个省的报告）"这些坚强不屈的神父的情况比那些顺从的神父更为有利……因为后者受到忽视和摒弃：加入他们的行列不是正道——而（前者）都被教徒奉为烈士；他们激发起一种慈悲的情怀，与妇女特别投缘。"

① 《国家档案》，同上（拉库埃的报告）："民众的这种需求在这时候似乎有一定的局限性……华而不实的场面、刻板仪式：参加弥撒、布道和晚祷，这是非常好的；但是忏悔、圣餐、禁食、不吃肉，并不是每个地方都行得通……在没有神父的乡下，由村里的小学校长主事，人们也非常高兴；他们宁愿有钟没有神父，也不愿意有神父而没有钟。"这种钟声的遗憾很常见，即使态度温和的市镇也一样（共和四年雨月10日）："他们坚持把警察拆下来的十字架再重新立起来，把法官拿走的绳索又重新拴上。"

② 《国家档案》，第3144箱和3145箱，n°1004（福尔克罗瓦的报告）："礼拜日的庆祝活动和去教堂出席弥撒随处可见，表明大部分法国人渴望回归过去的生活习惯，而抵制整个国家的这一趋势已经不合时宜……大多数人需要宗教、崇拜和教士。相信普及教育就可以摧毁宗教偏见，这是一些现代哲学家所犯的错误，我自己也曾经被他们所误导；对于大多数不幸的人来说，教士可（转下页）

人①当中，有3200万是天主教徒。

VII

如何反击这些来自于贫民、家长和教徒的普遍不满呢？ 根本性的困难重新出现了，这是革命使每个稳定的政府陷入的几乎不可逾越的困境，也就是说，以革命名义没收的财产造成的持久效应和对同一资产所具有的两种产权的冲突：遭到抢劫的业主权利和现业主的权利。这一次，又是国家犯的错，因为它把自己从警察变成了强盗，并且粗暴地把医院、学校、教堂的财产分配给了自己。虽然国家必须以金钱或实物的形式进行赔偿，但是实物的形式已经无法做到，因为一切都已经从它的手里流失殆尽。它把自己拥有的一切都让渡光了，只余下残羹剩饭。虽然没有什么可以比金钱的形式做得更多，但是政府本身已经瓦解、破产，现在只是得过且过、苟延残喘，既没有资金也没有信用。没有人指望能收回已被卖掉的财产，没有什么比新制度的精神更受人敌视的：这不仅和过去的抢劫别无二致，因为买家已经付款并取得了合法收据，而且，在被质疑资格的时候，政府的资格也是无效的。因为它的权威与财产有相同的来源，根据同一既成事实，它的建立和占有权一样都基于同样的原则：因为事情已经发生且无法更改；因为十年的革命和八年的战争给现在施加的压力过于沉

（接上页）以抚慰心灵……应该给人民大众留下教士、祭坛和礼拜。"

① 波歇，《法国基础统计》（1805年出版），228页。根据共和九年和共和十年省长提供的报表，法国人口为33 111 962人；对厄尔巴岛和皮埃蒙特的兼并使人口增加了1 864 350人，人口总数为34 976 313人。博莱·德·拉罗塞尔先生，203页（1804年2月4日拿破仑在行政法院关于日内瓦和斯特拉斯堡新教神学院和新教徒的数量的谈话）："他们的人口只有300万。"但这个数字明显过于庞大。根据《国家档案》和《奥拉托利修会档案》中阿尔芒·罗德先生的研究，当时有三个大的新教徒部分：第一部分是旧法国的加尔文教徒，有615 000人；第二部分是分布在阿尔萨斯和弗朗斯孔岱地区的路德教新教徒，有200 000人；第三部分是共和国和执政府时期所吞并国家的新教徒，约有615 000人。总数有1 430 000人（1803年，新教贵族写给宗教当局的请愿书），这些数字本身大概有些夸张。博尔达利斯（在共和十二年雾月的报告中）估计，第一部分的加尔文教徒最多有500 000人。

重；因为太多和陷得太深的利益纠葛牵扯和堆积在同一边；因为120万名买家的利益与3万名被革命授予军官的军衔息息相关，同时还牵扯到所有的新公务员和政要，包括第一执政自己。在这个财富和军衔空前的乾坤大腾挪中，他是最大的暴发户，如果他想要这些人保护自己，他就必须先要保护他们。自然，无论在民事还是军事层面，他是出于心计和同情保护大家，尤其是新的中小业主；他最好的客户由于热爱自身的财产而依赖于他本人和他的统治，这是普通人出于喜爱土地而产生的最强烈的激情，同时，这也是农民最强烈的激情[1]。他们的忠诚度取决于他们的安全感，因此，他对他们并不吝惜慷慨的保证。凭借共和八年的宪法[2]，拿破仑以法国国家的名义宣布："合法出售国家财产后，不论其来源如何，合法购买者的财产不得剥夺。"通过荣誉勋位制度[3]的建立，他要求每个勋章获得者以荣誉的名义宣誓致力于对共和国法律认可财产的保护。根据帝国宪法[4]，他本人"发誓尊重并使别人尊重国家财产出售的不可逆性"。

不幸的是，战场上的炮弹、街上的诡雷、家里的疾病，都可能在明天把担保人和担保[5]带走。另一方面，被没收的货物都保持其原有的污点。买方很少在自己的市镇受到追捧，讨价还价还会激起忌妒；并不是他单纯一个人在坐享其成，而是所有人为此遭殃。以前，他可以从这块地收获水果，从那块地享受地租，然后捐一部分给教会、收容

---

[1] 罗德勒，III，330页（1800年7月）："第一执政告诉我采取必要的预防措施，阻止划掉的移民赎回过去的财产，因为这涉及保护全国一百二十万购买者在革命中的利益。"罗甘，《雾月十八法国的状况》（共和九年，巴尔贝·马尔布瓦关于莫尔比昂、菲尼斯特尔、维兰岛和北部滨海省的报告）："在所有我刚刚去过的地方，所有的业主都承认，他们的生计取决于第一执政的命运。"

[2] 共和八年霜月22日宪法，第94条。此外，第93条宣布："移民的财产不可撤销地归共和国所有。"

[3] 共和十年花月29日法律，第一条，第8款。外籍军团士兵也发誓"用正义、理性和法律授予的所有手段，为重建和捍卫封建制度的所有事业而战斗"，因此，也包括封建权利和什一税。

[4] 共和十二年花月28日（1804年5月18日）的元老院组织法，第七条，第53款。

[5] 罗德勒，III，430～432页（1802年4月4日、1802年5月1日）："德菲尔蒙昨天对我说：只要第一执政的生活愉快，这一切就会畅行无阻；如果他死了，第二天我们都要移居国外。"每个人，从水手到工人，都在问自己："这一切都很好，但会持续多久？如果他死了，我们现在做的工作、我们的风险资本、我们建的这所房子、我们种的这些树，会变成什么样？"

所和学校。而现在,学校、收容所和教会由于他的收益而奄奄一息;是他们饿肚子养肥了他。在他自己的家里,他的妻子和母亲经常神情忧郁,特别是在复活节的一周。如果他年纪大了或有病在身,他的意识开始苏醒;由于习惯和遗传的关系,这种意识是天主教的:他渴望在人生的最后一刻在神父那里得到宽恕,并对自己说,在最后的时刻,他可能无法得到宽恕[①]。此外,他很难确定他的合法财产真的是合法财产,因为,他不仅在良心的法庭前不那么理直气壮,而且在市场上也的确如此;为此,数字是令人信服的、每日更新并且恶名昭彰的。一份祖传的地产每年有3000法郎收益,以1万法郎找到一个买家;而比邻的国家财产有同样的收益,但能找到6万法郎的买家。经过数次销售和转售,持续的折旧使没收的财产损失了40%[②]的价值,每次交易和转手都可以听到啧有烦言和满腹牢骚,个人的诚实由于受到欺骗而抗议公权力的诚实,因而新的业主被告知,他的资格存在缺陷。他还缺一个字据,却是主要的字据,就是前业主的正式交割转让、真正退出协议书。而第一卖方、国家,还拖欠买主这个字据。国家必须搞到这个字据并为此进行谈判,向正确一方,即它剥夺了财产的一方、向最早的和合法的权力一方,我的意思是最早的团体,申请

---

① 同上,III,340页(1800年11月4日第一执政的谈话):"如今谁是富人?是国有土地的购买者、供应商和小偷。"以上细节由家庭记述和回忆提供。

② 拿破仑《通信集》,1795年9月5日的信:"国有和移民的财产并不昂贵,但祖传遗产是无价的。"《国家档案》,第3144~3145箱,n°1004,共和九年行政法院的任务(拉库埃关于塞纳地区七个省的报告):"在塞纳地区,国家财产和祖传遗产之间的比例是8:15。"在厄尔,各类国家财产的出售从9德尼埃到12德尼埃不等,祖传遗产从20德尼埃到22德尼埃不等。国家财产分为两类:一类是第一来源(教会财产);一类是第二来源(移民财产)。后者比前者贬值更多。在艾斯纳,与祖传遗产相比,前者贬值五分之一或四分之一的价值,后者贬值三分一;在卢瓦莱省,前者损失四分之一,后者损失一半;在塞纳·瓦兹省,前者损失三分之一,后者损失五分之三;在瓦兹省,前者损失一样,后者损失四分之一。罗德勒,III,472页(1803年12月)。国家财产在诺曼底的损失情况:"超过15德尼埃就没有人买;但这也是这类财产在法国的命运。"同上,III,534页(1809年1月):"在诺曼底,任命用于投资祖传遗产的资金只有3%,国家财产的只有5%。"《通报》(1825年1月4日)德·马迪聂克先生的报告:"没收的移民财产很难找到买主,其商业价值与其实际价值不成比例。"原财产督察员杜克·罗萨齐《将国有财产价值提高到遗产同样价值的方法》,7页:"自1815年以来,一般是用5%的收入比率购买国家财产,而祖传遗产最多是以收入比率的3%和4%出售。这一时期的差别是五分之一,甚至五分之二。"

这个字据。但这些人已被革命的法律所溶解，再也没有代表可以签发。然而，尽管有革命的法律，其中一个比其他团体更具特殊生命力的团体仍然存在，他的代表高效、合法、无可争议、具有个人魅力、经过授权、有资格保护这个团体。因为，他的地位至高无上，掌握所有成员的一举一动。他的签名体现的是最高价值，而得到签名至关重要，这就是：第一执政与教皇签署了政教协议。

通过这个协议①，教皇宣称，"无论自己还是他的继承人都不会以任何方式干扰教会转让财产的买家，因此，上述财产的所有权，以及与此相关的权利和收入，应因此留在转换人的手中或其委托人的手中"。从今以后，这些财产的所有权不再是罪恶；至少，将不再受到精神权威的谴责，不再受到外在良心的谴责，在天主教国家，外在良心控制内在良心并经常占据自身应有的地位；而作为精神领袖的教会，用自己的双手消除了道德顾忌，搬掉了普通教徒社会基石中的最后一块麻烦和危险的绊脚石，否则，它将打破整个结构的平衡并拖累新政府的平衡。作为交换，国家将对教会予以资助。通过同一协议和随后的法令，"政府保证向主教和教士提供合适的薪酬"②，大主教15000法郎，主教1万法郎，一级教士1500法郎，二级教士1000法郎③，最后，助理神父和教区神父最多500法郎，最少300法郎。④"如果情况需要⑤，大型市镇的全体会议可以给高级教士或普通教士在乡村财产或入市税之外增加工资。"在所有的情况下，大主教、主教、教士和神父将免费住宿或得到住房津贴。对教会的支助就是这样。在财产方面⑥，"所有的都会教堂、大教堂、教区教堂、崇拜所需要但尚未转让的其他不动产，将由主教安排"。"而与此相关、尚未转让的教

①　1801年7月15日教皇与法国政府之间的协定。1801年9月1日换文批准，1802年4月8日全文发表。第13款。
②　1801年7月16日，教皇和法国的协定，第14款。
③　组织条例第64、65、66款。
④　1809年11月30日的法令和1811年5月19日行政法院的公告。
⑤　组织条例第68款。
⑥　第71、72组织条款. 政教协定第12款。1803年7月26日法令。

士住宅和花园,应还给教士或助理教士。""尚未转让的教堂的财产及教堂享有的租金,应当恢复其原有的目的。"对于宗教仪式的费用和花销[1],如果教区或大教堂的财产收入不足,将由市镇或省政府支助。此外,"将在所有的市镇地产,如房屋、森林和乡村资产收入中提出百分之十[2],纳入共同补助基金",另外还有一笔资金用于"教堂的收购、神学院和教士住宅的重建或修缮……"此外[3],政府允许"法国天主教徒给教会募捐,如果他们愿意的话……用于支助新教牧师和礼拜活动",也就是说可以赠送礼物给教堂或神学院;另外,神学院学生和未来的教士可以免除兵役。

同时被免除兵役的还有无知兄弟会或基督教学校兄弟会的修士,这些人是普通人的导师。对于他们和所有其他天主教机构来说,所遵循的是相同的功利原则、世俗和实用常识的基本准则:当宗教使命奉献自己为公众服务时,新的条约欢迎并使其发挥作用,为其提供便利、赋予其宽免、支持、保护,捐款或至少是容忍;不仅表现出自己的热情,还授权他们组织社团[4]。无知兄弟会、慈善修女会、仁爱修女会、圣·托马斯修女会、圣·查尔斯修女会、瓦特洛特修女会,好几个男女圣会在当局的同意下再次兴起。行政法院接受并认同他们的地位、誓言、等级制度和内部体制。他们再次成为业主,可以接受捐赠和遗产。国家也经常送他们礼物:在1808年[5],主要是做教师的31个仁爱修女会的修女,免费获得了他们要求的建筑和家具及其所有权。同时,国家也经常[6]接济他们,并多次决定,由旧机构指定的修女可以在这个收容所或那个学校,恢复工作,并从这些机构取得报酬。另外

---

[1]　1809年12月30日法令,39、92款和其余各款、第105款和其余各款。

[2]　1807年9月15日法令。

[3]　政教协定第15款、第73款。

[4]　阿莱克西斯·舍瓦列埃,《基督教学校的神父和革命后的小学教育》,随处可见。(共和十一年风月24日和牧月28日法令、共和十二年霜月11日法令;1806年5月14日、1808年3月7日、1809年4月17日和1810年12月26日法律。)

[5]　阿莱克西斯·舍瓦列埃,同上,189页。

[6]　阿莱克西斯·舍瓦列埃,同上,185页和其余各页(1803年8月8日、1805年3月25日和1806年5月30日法令)。

的好消息是，尽管存在违规必将制裁的法令[①]，1804~1814年拿破仑仍然在其授权的圣会之外允许54个信仰社团成立和存在，这些社团是既未向他提交其简章也未经过他的允许而组织起来的。

他没有将其解散，也没有打扰他们，他判决[②]："有些人的想象力和性格令人匪夷所思，荒诞不经，但只要没有伤害性，就没有必要去压制"，对某些人来说，共同的苦行生活是唯一的避难所；如果这是他们的愿望，就不应该打扰他们，可以假装没看见这些人；这样，只要让他们闭嘴就够了！这就是生长在天主教躯干上的两个主要分支，正规神职人员和世俗神职人员。由于得到国家的帮助、允许或纵容，在其内部或外部的框架下，这两个主要分支在法律上或事实上恢复了在民间的存在，机构获得或至少接近获得了恢复[③]。

只不过没有人比拿破仑更清楚地知道如何做一笔好买卖，也就是如何做到一箭双雕。在与教会签订的这个条约中，他捂紧了自己的钱袋子，特别是避免了自己两手空空。65万法郎提供给50位主教和10位大主教，400多万法郎给三四千市镇教士，每年共有500万法郎，是国家承诺新神职人员的数目。后来[④]，他也负责支付薪酬给那些附属教堂的助理神父。然而在1807年，整个公共宗教崇拜[⑤]的支出一

① 1804年6月22日法令（第1和第4款）。埃德蒙·鲁斯，《关于1880年3月29日法令的咨询意见》，32页（在54个社区中，有两个宗教修会占支配地位：圣弗朗西斯第三等级神父修会和慈悲神父修会，一个成立于1806年，另一个成立于1808年）。

② 《圣赫勒拿岛回忆录》。拿破仑接着说："一个像法国这样的帝国能够，也必须为特拉普派那些疯子提供庇护。"博莱·德·拉罗塞尔先生，208页（1804年5月22日的会议）；"我的意思是恢复驻外外交使团：这些神职人员在亚洲、非洲和美国会对我很有用……我可以每年给他们一万五千法郎的年金……我还要重建慈善修女会；我已经把她们过去的房子还给她们了。我认为仍有必要重建无知兄弟会，无论别人怎么说。"

③ 罗德勒，III，481页（共和十三年芽月11日，卡昂元老院议员年俸）。"他见到的主教和大部分神父都在发牢骚。""可怜的神父，不幸的神父……如果主教邀请你去吃晚餐，他会为你准备一顿一个年金一万二千法郎薪水主教的粗茶淡饭。"主教的宫殿是一流的，但家具也就是一个村庄神父的水平：在最漂亮的房间里，几乎没有椅子可坐。"主持神父还无法获得任何市镇的固定工资……农民热切渴望他们和过去一样的礼拜日弥撒和服务，但支付费用就是另外一回事了。"

④ 根据1804年5月31日和12月26日的法令，财政部负担的主持神父的工资从2.4万法郎增加到3万法郎。

⑤ 查尔斯·尼古拉斯，《十九世纪初以来法国的预算》：1807年的宗教拨款为12 341 537法郎。

年只花费了国家1200万法郎；其余的，原则上特别是4万名助理神父和郊区神父的薪水，必须由教堂的收入补贴和市镇①提供。神职人员可以从偶尔的捐赠②中获得收益，虔诚的教徒可以捐赠圣体匣、圣餐杯，长袍和十字褡、装饰和礼拜的其他费用；他们的慷慨捐赠不受任何限制，不论是圣礼、募捐，还是在自己家的密室，或手手相传。此外，他们有权经过公证向教士馈赠或遗赠财产、建立神学院和教堂受益的基金会。这样的基金会经过行政法院核准后即可生效运营。只是③基金会必须购买国家债券，因为，这种形式有助于保持债券价值和政府信用。但无论如何，基金会不得拥有不动产④：如果神职人员成为地主，就会对当地拥有太多的影响力。主教和教士不得独立自主，而要始终保持仅仅做一个公务员、雇工，在国家提供的室内工地、合适和不可缺少的工作室里工作，换句话说，就是一个祈祷室：而在每个教区被称为"过去一个用于祈祷的建筑"。这座建筑既不能归还给基督教社区，也不能归还给其代表；只能由"主教支配"⑤。

　　国家保留其所有权，或转移给市镇。国家让给神职人员的只有使用权，而没有其他损失。国家手上的大教堂和教区教堂，大部分是没有收益、几乎无用的、没有什么价值的资产。从其结构来看，并不适合民用；除了做谷仓之外，国家也不知如何使用。如果卖掉，唯一的价值就是做开发商的建筑材料，然后会成为激起公愤的丑闻。在归还的神父住宅和花园中，有一些已经成为市镇⑥的公共财产了。在这

---

　　① 共和七年牧月2日，共和八年雪月5日和1807年9月30日的法令。1809年12月30日的法令（第37，39，40，49款和第四章）。1811年5月19日行政法院的通告。

　　② 教徒的捐赠是有限的（第5款）："所有教士得到的馈赠都是无偿的，授权规定的祭品除外。"

　　③ 组织条款73。

　　④ 同上，74："除了用于邻近花园住宅以外的房子，不得以教会的名义施加影响或因为牧师职务就可以拥有。"

　　⑤ 1805年1月22日行政法院的通告（依据芽月十年18日的法令组织条款，关于市镇是否成为被抛弃的教堂和神父住宅业主问题）。行政法院的观点是，"上述教堂和教区神父住宅必须视为市镇财产"。如果国家放弃拥有这些建筑，结果是对教堂的维修、教士或主教不利，但对市镇有利。

　　⑥ 在1790年和1791年，一些市镇竞标国家财产用于之后重新出售，而这大部分（转下页）

种情况下，不是国家失去了资格，而是市镇失去了投资收益。总之，对于国家收取租金的有收益的房地产、土地或建筑物来说，国家从中退出，然后交给教会的情况少之又少。在服兵役方面，国家没有做更大的让步。无论是政教协议还是组织条款，神职人员都没有规定任何豁免；名额分配就已经是额外开恩了，豁免对于神学院学生是暂时的，只有在圣职任命后才是永久的。现在是政府规定授予圣职的数量[1]，并尽可能保持最低的数量。在格勒诺布尔教区，国家在七年[2]时间里只授予了八个圣职。按这种方式，国家不仅保住了征兵人数，而且由于缺乏年轻教师，主教不得不任命过去的神父，甚至是立宪派神父，而这些人几乎是拿国家养老金的人；这样可以减轻国家养老金负担和减少市镇的补贴[3]。因此，在教会财富的重建过程中，国家并没有什么作为，贡献的比例也很小：无非就是提供了规划、待接石和奠基石、建设许可和禁令而已；其余出力的是市镇和个人。他们必须自己尽心竭力，在国家的命令和无时不在的领导下，继续完成未尽事宜。

VIII

这是国家的一贯做法，并将其用在了另外两个集体财产的重组中。在慈善机构方面，在督政府时期，收容所和医院被重新纳入到其

（接上页）并没有卖掉，所以一直留在他们的手中。

① 组织条款26："主教在向政府提交人数等待验收之前是不会进行任何任命的。"

② 《格勒诺布尔档案》（弗兰克里约小姐转达的文件），1809年4月18日，克劳德·西蒙主教大人给宗教部长的信："在我担任格勒诺布尔主教的七年以来，我只任命了八位神父；这期间我至少失去了一百五十位。幸存者威胁说缺口将更快速地扩大，因为他们要么体弱多病，要么心力交瘁或疲劳过度。因此，我迫切需要被授权向那些年龄和学识足以担任圣职的人颁发圣令。然而，您只需要对上述名单的前八个人申请授权就可以，其中最小的年龄是二十四岁……我恳请阁下对目前名单中的其他人向陛下提交授权。"同上，1811年10月6日。"我只有一个执事和一个副执事，而我每个月会失去三四个神父。"

③ 《组织条款》，68、69："教士根据制宪会议的法律享受的养老金应当从他们的工资中扣除。根据制宪会议的法令，副本堂神父和助理神父应从退休的神职人员中选出。养老金的金额和供品就是他们的薪水。"

未售出财产中予以归还,在取代被出售财产的同时,国家向他们承诺补偿其等值的国家财产。但这是一个复杂[①]的操作过程;事情变得拖泥带水、杂乱无章。为了把政策推行下去,第一执政把规模缩小并加以简化。他立即剥离出一部分国家财产,又从各区和各省分出一小部分,共400万源自于有收益[②]的房地产的年收入,根据收容所和医院的损失按比例给予补偿。此外,他分配给他们的还包括,拖欠用于教区教堂、本堂区教堂、教堂维修、团体和机构的基金,以及所有金钱或实物形式的地租;最后,他"根据他们的要求分配了"各种可能收回的财产、所有被个人或市镇篡夺的以后会收回的国家财产、"所有属于共和国的地租,其地位一直未获认可,并且分文未得"[③]。总而言之,他挖地三尺,到处搜刮钱财,指望帮助他们找到一条生路;然后将演出和入市税[④]的收益也分配给了他们。他不仅帮助他们增加了收入,还致力于减少他们的费用。一方面,他把特别的仆人还给他们,那些工作最努力、花费最低的仆人,我指的是慈善修女会。另一方面,他严格限制和监督他们的账目;为他们选择合适和称职的管理者;在这些机构以及其他机构,杜绝浪费和营私舞弊。今后,穷人来解渴的水库修缮一新、清洁如新;水体清澈,不再渗漏;私人慈善机构因此可以安全注入自己的活水;在他们这方面,清水自然流入,而且,力度比平时更大,因为,在被革命没收了一半的水库里,水平面仍然很低。

九死一生的教育机构仍然幸存,但恢复起来似乎困难重重,因为

---

① 共和五年葡月16日和共和五年风月20日的法律。

② 1800年11月6日的法令。

③ 1801年2月23日和1801年6月26日的法令。(通过随后的法令,我们可以看到这些改善一直没有间断。)

④ 共和五年霜月7日的法令(强制征收每场演出门票价格的十分之一的税用于救济收容所外面的穷人)。1809年12月9日的法令,"考虑到市民收容所的窘迫和住所救助,不允许再有进一步的延迟",而在共和七年葡月27日颁布的法令恢复巴黎货物入市税。共和八年霜月19日,货物入市税中每法郎加入十分之二的税金,用于救济巴黎市的收容所。保罗·勒鲁瓦·博利厄,《财政科学契约》,I,685页。许多城镇效仿这个例子:"没到两年时间,法国就有293个城市征收货物入市税。"

过去的捐赠渠道已荡然无存。政府还给他们的只有破旧的房屋和一些用于中学①或乡村小学奖学金为数不多的基金；但既然中学和小学都不复存在，奖学金又能发给谁呢？幸运的是，教育是必需品，做父亲的总希望孩子获得应有的教育；即使家境贫寒，如果不是贵得离谱，他都愿意为孩子教育不惜代价。只是，他们要的教育必须合自己口味、特定的质量和来源，带有特定教堂的标签和牌子。如果你想让他们心甘情愿地掏腰包，就不要再把那些他们信任和低价销售的供应商从市场赶走；相反，应该欢迎他们、允许他们展示商品。这是第一步：宽容大度。全体大会提出要求②，政府执行。政府允许无知兄弟会回归，允许他们执教，允许各个城市雇佣他们。

后来，也允许大学接纳他们：在1810年，他们已经拥有了41所校舍，8400名学生③。政府还广泛授权和鼓励修女会从事教育；在帝国崩溃之后，只有修女在对女孩提供教育，尤其是小学教育。由于奉行同样的宽容政策，中学在个人、市镇、主教的主动参与下也几乎在同时进行了改革，兰斯、枫丹白露、梅斯，埃夫勒、索莱兹、朱利、拉夫莱斯和其他地方的中学与寄宿学校和所有教区小型神学院也进行了改革。供给和需求相辅相成；小学教师走到了台前，教育开始枯木逢春④。

现在，人们可以考虑提供捐赠了，国家也向团体、公社和个人发出了邀请。政府依靠的就是他们的慷慨才得以取代旧制度的基金会。

---

① 共和五年获月25日的法令。阿莱克斯·舍瓦利埃，《基督教学校的神父们》等，185页（共和十一年霜月30日、共和十一年热月20日和共和十三年芽月4日的法令）。1808年12月11日的法令（第一条）。

② 阿尔伯特·杜鲁伊，《公共教育和革命》，480页及后页。（共和九年全体大会笔录；其中的请愿信来自吉伦特省、埃维兰岛、曼恩-卢瓦尔省，普伊德多姆省、上萨沃纳省、维也纳、芒什省、洛埃加龙省、萨尔特省、埃斯纳省、奥德省、黄金海岸，加莱海峡省、下比利牛斯省、东比利牛斯省、杜洛省。）

③ 阿莱克斯·舍瓦利埃，《基督教学校的神父们》等，182页。（根据乌蒂诺大街的母婴中心的统计报表。这些数字有些过低。）

④ 阿·德博尚，《高等教育法律法规汇编》，I，65页（1802年4月28日富尔克罗瓦的报告）："自从取消中学和大学以来，旧学校的规模就有所扩大，成立了大量私立学校为年轻人提供文学教育。"

政府凭借新的机构拉来赞助和遗产,并承诺"对这些捐款保持始终如一的尊重"①。然而,作为一项预防措施②,政府推卸了自己的潜在责任:如果市镇建立自己的小学校,就必须向教师提供住宿,学生家长提供报酬;如果市镇建立自己的初中或接受高中,就必须负担校舍的年度维修费用③,而学生,无论是走读生还是寄宿生,都必须负担相应的费用。通过这种方式解决了沉重的费用负担,而国家作为各项事业的总承包商只负担了很小的份额;总体上看,这个份额少之又少,事实上几乎为零:政府设立并计划资助6400个奖学金名额,但实际实施的只有3000人④,其中获得奖学金的孩子几乎清一色来自军队或文职雇员的家庭,这样,儿子的奖学金就成了父亲的额外报酬或新增加的薪酬。因此,这200万以政府名义分配给高中的奖学金实际上是让下属公务员和军官受宠若惊的额外惊喜:实际是用一只手拿回了另一只手给出去的东西。中小学安排妥当之后,政府开始重建大学,但同样不是自己负担费用,而是别人买单,包括个人、家长、市镇,特别是敌对的竞争学校、私立寄宿学校和免费的私立学校,而这一切都凭借大学的垄断地位,让这些学校承受巧立名目和五花八门的特别税收所赐⑤。任何想在寄宿学校取得文凭的学生都必须向大学缴纳200~300法郎的费用;同样,任何想在私立学校取得文凭的学生必须向大学缴纳400~600法郎的费用。

---

① 同上,65页、71页(富尔克罗瓦的报告):"对于小学教育来说,必须唤醒各个城市的热情、激起公务员的荣誉感,…… 让法国人心中与生俱来的慈善情怀恢复起来,如果人们了解政府尊重地方对宗教的捐赠,那么慈善就会迅速活跃起来。"

② 同上,81页(1802年5月1日的法令,第2条和第9条。1808年9月17日的法令,第23条)。

③ 科利神父,《兰斯大学好孩子中学的故事》,649页。根据1802年5月6日的法令设立的兰斯高中在1803年9月才开始接纳学生。市政府必须向150名学生提供一切学习便利条件,并拨款二十万法郎用于修缮校舍……这笔钱来自于自愿捐款的45 000法郎,其余部分来自附加税。

④ 1802年5月1日法律,第32、33和34条。基佐,《论公共教育》,159页:"波拿巴从军人子弟和贫苦家庭挑选了3000名孩子……送到高中,自费培养,以谋未来之利。"法布里,《公共教育史回忆录》,III,802页:"妻子住在巴黎的军人子弟、贫苦家庭的子弟:这就是巴黎奖学金的提供标准。"在外省,"税务局和邮局职员和在外地工作的公务员的子弟,是市镇奖学金的提供对象"。吕奈,《罗德兹中学的历史》,219页、224页。在150个奖学金中,平均87个已经有主。

⑤ 阿·德博尚,《高等教育法律法规汇编》,I,171页、187页、192页(1808年9月17日的法律,第27条和1809年4月7日法令)。

同样，任何想获得许可在法律或医学①专业听课的学生也必须缴纳同样的费用。任何学生，包括寄宿生、半寄宿生、走读生、私立学校学生、神学院学生、初中生和高中生，都必须向大学缴纳其所属学校要求每个寄宿生费用的1/20。在高等学校，包括法学院、医学院、理工学院和文学院的学生，还必须向大学缴纳注册费、考试费和文凭费用。总有一天，高等学校会出现收支盈余，并在预算上赚得盆满钵满。由此，费用降低的新大学将会自给自足；而国家动用国库以真金白银提供的支助只有40万法郎年金，比1789年②一个路易·勒格兰学校得到的捐赠还少一些。甚至可以说，正是这些旧学校的财富，在历经磨难、被挪用和虎口余生之后，成了新大学③的遗产。从中学到大学，国家转嫁了职责。这就是它的大公无私。在小学教育方面尤为明显；在1812年首次拨付的2.5万法郎款项中，它只占4500④法郎。这是三大集体财富的最终清算。在国家和它抢劫过的教育机构、宗教团体和慈善机构之间，存在结清的账目、明确和心照不宣的交易。国家至少从穷人、年轻人和信徒攫取了50亿法郎的资本和2.7亿法郎⑤的收入；现在每年以公共收入和国库利息的名义返还约1700万法郎。由于其自身的权力没有边界，还可以制定法律，因此可以收放自如地处理债务。其实它本是破产的债务人，花了债权人的钱之后，却向债权人发放债务总额的6%作为救济金。

① 同上，此外，技术学校和私立学校的校长必须每年支付以上固定费用的四分之一。（1808年9月17日的法律，第25条。1808年3月17日的法律，第17款。1809年2月17日的法律。）

② 同上，I，189页（1808年3月24日关于大学捐赠的法令）。

③ 埃蒙，《路易·勒格兰中学的历史》，238页（这所中学在1789年之前有450 000利弗尔的年金收入）。基佐，同上，I，62页。这所学校在革命过程中以法国陆军学校的名义管理，并在1800年接受了鲁汶大学的财产。在1792年，许多学生应征入伍，学校答应为他们保留奖学金等他们回来：这就是陆军学校的军人精神。根据1806年3月5日的法令，400 000法郎的赞助款项永久转移给圣西尔陆军学校；正是这款项，根据1808年3月24日的法令，成为帝国大学的捐赠基金。从此，圣西尔陆军学校的费用由战争部负担。

④ 阿莱克斯·舍瓦利埃，《基督教学校的神父们》等，265页（给无知兄弟会新教徒的讲话）。

⑤ 参阅《旧制度》，17页和18页。参阅《大革命之革命政府》，48页、49页。阿莱克斯·舍瓦利埃，《基督教学校的神父们》，341页："在革命之前，公共教育的收入超过3000万法郎。"博塞，《法国基本统计》（1805年），256页。奈克尔时代的收容所和医院的收入有4000万法郎，其中2300万法郎房屋租金，1700万法郎由私人业主、契约、公共基金和一部分货物入市税支助。

　　当然,国家不失时机地将其纳入自己严格的和永久的依赖中,同时给其套上枷锁,而旧君主制正是利用这些枷锁使集体财富管理公司不堪重负的。拿破仑加重并收紧了所有这些枷锁。他不仅为行政管理人员设置公正廉洁、克勤克俭的清规戒律,而且独揽任命、解雇大权,并对他们的每项工作下达指示和授权、耳提面命,他想成为大主教、万能的天才、唯一的导师和教授,简而言之,就是舆论的独裁者,他的帝国的每一个政治、社会和道德观念的创造者和导演:他目的性强而固执、手段多样并无所不用其极、执行力充分而确定,为企业、为社会、为国家、为自己,都带来了现实和未来的损失与危险。这些我们马上就会看到;而他自己,只要仍然是活生生的统治者,也会意识到这一点。因为他推到极致的干预,最终会由于在他视为自己的囊中物之一的机体内遇到的阻力而完结,教会:在这方面,由于忘记了教会具有自己深厚的根基,并且是他的触手遥不可及的,于是他绑架并俘房了教皇、软禁了红衣主教、关押了主教、放逐了神父、把神学院学生充军[1]。他颁布法令,关闭了所有小型神学院[2],进而像失去皇室贵族一样永远失去了天主教教士,恰好在这同一时刻,通过同样的专制主义、同样的权力滥用甚至回归到了雅各宾派的革命传统、自负和残忍,不惜使1802年的政教协议和大赦流产,甚至不惜危及他的主要事业——业已开始的和解和新旧法国的统一。然而,他的事业虽然不完善,甚至因自己的破坏而被迫中断,仍然基础扎实并且意义非常:被目光短浅的革命所摧毁,而他花费很少的成本重建的三大机器,仍然正常运转;尽管结果有偏差或不足,但仍然为公众提供了所

---

　　① 奥松维尔伯爵,《罗马教会和第一帝国》,Ⅳ和Ⅴ,随处可见。同上,Ⅲ,370页、375页(罗马教会的13名意大利红衣主教和19位主教,以及其他副本堂神父和议事司铎被流放到法国并被拘禁。大约在同一时期,有超过200名意大利神父被放逐到科西嘉岛)。Ⅴ,181页(1811年7月12日,特鲁瓦、图尔奈和根特的主教被囚禁在文森纳狱监狱)。Ⅴ,286页(236名根特神学院的学生在根特学院入伍,加入了一个炮兵旅,被送到韦瑟尔前线,其中约有50人死在医院)。掌玺大臣巴斯齐埃,《未公开的回忆录》,Ⅳ,358页(复辟时代之后,很多囚禁在阿姆、布庸和皮埃尔·夏特尔城堡的神父都被释放了)。
　　② 1811年11月15日的法令,第28、29、30条。(由于方塔纳先生的缘故,小型神学院没有被全部关闭,在1815年共有41所。)

需要的服务、宗教、慈善和教育，而且各得其所。对三个主要的基督教教派甚至是犹太教的充分宽容和法律保护，本身就满足了最敏感的宗教要求；由于有了国家、各市镇和个人提供的捐赠，必要的补充并不缺乏。特别是人数最多的天主教社区，在其正统的等级制度下，根据基督教教规与信仰实践，实施宗教制度；在每个教区或在每个教区范围内，都住着一位被授权管理正规圣礼的神父；在装饰朴实但越来越华美的圣殿里，他披着圣带，公开主持弥撒。各教会穿着黑色长袍的僧侣和戴着头巾与白帽的修女，同样公开地在学校和收容所提供服务。另一方面，在这些设备精良、管理完善的收容所和医院与慈善机构的办公室里，资源不再入不敷出，而基督教慈善事业和博爱的慷慨大方一直在各方面不间断地运行以填补空空的钱箱；从1802年开始，经行政法院授权，私人捐款和遗产开始增加：我们看到"法律公告"[1]的页数与日俱增。从1800年到1845年，医院和收容所因此而获得的捐赠超过7200万法郎，而慈善机构超过4900万法郎；从1800年到1878年，两者加在一起超过4.15亿法郎[2]。穷人的老旧遗产一点一滴地开始重组；而在1833年1月1日，收容所和医院有5100万法郎的收入，能够支助154 000名老年人和病人[3]。像公共慈善机构一样，公共教育重新发挥效用。从1806年开始[4]，富尔克罗瓦就列出了29所应该重组、已经满员的高中清单。除此之外，370个公共中学和377所私立中学也同时开放接收50 200名学生；有25 000名儿童分布在4500所学校。最后，在1815年[5]，法国有12所医学院和法学

---

① 《1802年的法律法规汇编》，随处可见。

② 内政部医疗卫生事务主管阿莱克斯·舍瓦利埃提供的文件，遗产和捐赠总额：第一，收容所和医院，从1800年1月1日到1845年12月31日，72 593 360法郎；从1846年1月1日至1855年12月31日，37 107 812法郎；从1856年1月1日到1877年12月31日，121 197 774法郎。合计230 898 346法郎。第二，慈善机构，从1800年1月1日到1845年12月31日，49 911 090法郎；从1846年1月1日到1873年12月31日，115 629 925法郎；从1874年1月1日到1877年12月31日，19 261 065法郎，合计184 802 080法郎。总计：415 701 026法郎。

③ 根据瓦特维尔先生和加斯帕林先生的陈述。

④ 附在《帝国形势的陈述》后面的富尔克罗瓦报告，1806年提交给立法会议。

⑤ 查理曼中学学业审查员巴塞特著《法国公共教育一瞥》（1816年），21页。

院,共有6329名学生, 36所高中共有9000名学生, 368所初中有28 000名学生, 41所小型神学院有5233名学生, 1255所寄宿学校和私立学校共有在校学生39 623人,22 348所小学共有737 369名小学生。根据尽可能得到的数据显示,能够阅读并签字的男女比例在帝国时期达到和超过了1789年以前的数字[①]。如此,最严重的损害得到了修复,三个新的行政机器通过不同的机制,取代了旧机器,在25年之后,贡献出几乎相同的回报。总之,在被革命洗劫一空的大房子里,新的老板重新安装了三个不可缺少的设备:取暖、照明和通风。由于对自己的利益了如指掌,只是现金有所欠缺,他只捐助了最低的费用,在其他方面,他把住户组合成联合体、兵营和公寓,他自觉或不自觉地已经把成本负担转嫁到了他们身上。在此期间,他一直把三个引擎的三把钥匙放在自己的柜子里,掌握在自己的手中,留给自己一人用。从今以后,他可以对整个大楼,包括每层楼和每个房间随心所欲地分配照明、通风和供暖。即使他分配的数量不及原来,至少也是最低需要。住户终于可以在一个呼吸舒适、光线清晰而不是冻得瑟瑟发抖的环境生活。经过十年窒息、黑暗与寒冷的生活,他们现在心满意足,无须再同业主计较、非议他的做法和自封作为纠纷仲裁者的垄断地位。在公共建设方面也是一样,包括公路、堤坝、运河和公共建筑,他的恢复和重建工作同样根据专制的主动精神、同样的克勤克俭[②]、同样的费用分摊[③]、给予利益相关人同样的自然或强制援助和同

---

① 《小学教育统计》, II, CCIV。(从1786年到1789年, 100名已婚男性中有47人, 100名已婚妇女中有26人签署了结婚合同。从1816年到1820年, 数据显示有54位丈夫和34位妻子。) 莫里斯·博贝克, 《1814年7、8、9月穿越法国的旅行记录》, III (伦敦, 1815年): "我听说所有的劳动阶级的儿童通常是通过父母学习阅读和知识。"

② 雷姆萨夫人, I, 243页(1803年与第一执政在法国北部和比利时的旅行): "在这类旅行中, 在获得一个城市需要公共建筑的信息后, 他习惯于在路上时下达修建的命令, 由于这种慷慨大方, 他赢得了人们的祝福。" 过了一段时间之后, 就会收到一封来自内政部长的信: "根据第一执政(后来是皇帝)给予您的大恩大德, 市长公民, 您负责承建这样或那样的建筑, 费用由您的城市的基金负担。" 即使可用资金已经枯竭或挪作他用, 省长仍然会要求他这样做。

③ 梯也尔, VIII, 117页(1807年8月)和124页。13 400里的公路经过了保养和维修, 10条运河已经动工或正在建设中, 都由公共财政负担; 32个省通过强制额外税收负担这些工程的费用: 国家和各省平均各拿一半。在革命给社会造成的损害中, 最触目惊心和最严重的莫(转下页)

样的实际效率[①]。总的来说，如果我们把事情作为一个整体，根据此消彼长的原则，可以说，法国人民找回了他们1789年失去的财产：内心的平静、公众的平和、行政机构循规蹈矩、司法公正、执法严格，以及人身、财产和良心的安宁，私生活的自由，享受自由往返家乡的特权、绰有余裕的养老、充分实施宗教礼拜和无偿庆典，为年轻人提供学校和教学、为老弱病残和弃婴提供床位、护理和援助，维修道路和公共建筑。在两组1800年给人带来无尽痛苦的阶层中，源自革命的一组，在1808年或1810年，获得了合理的满意度。

（接上页）过于已无法通行并且被遗弃的道路，更可怕的是防范河流和海洋侵蚀的工程和堤坝。（参见罗甘，《雾月十八的法国》,《福朗塞斯关于南特的报告》，富尔克罗瓦、巴尔贝·马尔布瓦等。）督政府想在每条公路设立收费站为3000万~3500万支出提供1600万的资金。而拿破仑则用盐税代替了收费站（1806年4月24日的法令，第59条）。

① 掌玺大臣巴斯齐埃，《未公开的回忆录》，I，380页："只有两三条公路还算说得过去。……河流和运河已经无法航行。公共建筑和各处的名胜古迹都破败不堪……如果破坏的速度是惊人的，那么恢复的速度同样令人吃惊。"

第二章　税收和征兵

I. 革命前各群体的需求—分配正义的缺失—社会牺牲和利益分配中所犯的错误—旧制度下的税收—革命过程—拿破仑实施分配正义的个人和公共动机—对他有利的形势—他的分配规则—他量入而出。II. 费用分摊—新的税收原则和新的税收机器。III. 直接税和动产、不动产税—新的税收机器在什么方面比旧的先进—快速的丰厚回报—纳税人松了口气—工人无产者和小农场主长长舒了一口气。IV. 其他的直接税—商业许可税—房地产交易税—手工业工人的收入几乎免除直接税—其他方面的补偿—间接税 —新的税收机器在什么方面比旧的先进—新税收制度的综合效应—国库增加了收入—纳税人减轻了负担—小纳税人状况的改变。V. 服兵役—旧制度下的兵役状况—民兵和正规部队—士兵的数量—新兵的素质—制度的优点—新原则的后果—强制和普遍兵役制—臣民负担和公民负担—拿破仑统治时期的兵役制度—他对兵役制度先减后加—拿破仑之后的兵役制度—1818年的法律。

I

1789年前的另一组涉及的是在革命中幸存下来的群体，因为革命并没有满足这一群体的要求。首先，他们最持久不衰、最深刻、最根深蒂固、最令人沮丧的渴望是分配正义。和任何其他社会一样，在政治社会,需要分配负担和利益。要使分配公平合理,需要遵循一个非常简单、不言自明的原则：对于每一个人来说,费用必须与利润成比例,反之亦然；这样,最终的费用和收入恰好可以互相补偿,无论费用占多大的份额总是等于利润的份额。然而,几个世纪以来,在法国,这样平衡的比例一直缺失,甚至让位于反比例。在18世纪中叶,如果预算以两种核算方式,即物质和精神来计算的话,一方面是资产,另一边是负债,一边是国家要求的分摊额,包括现金赋税、强迫劳役、服兵役、公民唯命是从、驯服恭顺,简而言之,就是牺牲安逸、福利或自尊。另一方面是国家分配的各种形式和类型的红利,包括人员和财产的安全、使用方便的道路、公共权威的代表和公共财政对各项事业的拨付,包括尊严、军衔制度、等级制度、荣誉、丰厚的薪水、清闲的职位、养老金,不一而足,也就是安逸、福利或自尊。由此,我们可以算出来,一个人对收入的贡献越大,他的红利就会越少；红利越大,对收入的贡献就越少。因此,每个社会或地方群体都分成两部分人：多数人因为少数人而遭殃,少数人由于多数人的贡献而受益,以至于贫困潦倒的多数人要为花天酒地的少数人买单。这是发生在每层楼每个房间里的事情,原因是,人数众多、花样繁多的尊贵而实用的特权、合法的君权和有效的优待,是宫廷贵族压榨各省贵族的法宝。同样,贵族压榨平民、高级教士和享俸者压榨低收入教士和代理主教、两个最高级的神职人员压榨第三级的神职人员、资产阶级压榨普通人、城市压榨农村、一个城市或一个省压榨另一个城市或省、大企业的手工业者压榨个体手工业者。在一般情况下,强大、相对富足的、有组织和受保护的一方压榨弱小、相对贫困、孤单和脆弱的一方[1]。

在革命前的100年里,一些明察秋毫、具有慷慨之心的精英已经对这种可耻[2]的比例失衡感到触目惊心。最后,这也终于震惊了所有

---

[1]　参见《旧制度》,95~125页和245~308页。

[2]　从语气和亲密感情上来说,我认为,拉·布吕埃尔是这些先驱之一。参见(转下页)

人，因为，在每一个地方或社会的每个群体，几乎每个人都是受害者，不仅是乡下人、农民、工人和平民，不仅是市民、教士和贵族资产阶级，而且绅士、大领主、高级教士和国王本人①。每个人都谴责其他人侵犯了自己的利益，每个人都在努力减少其他人在公共蛋糕中的份额的同时保持自己的份额，所有人都同意引证自然权利、要求或接受自由和平等作为原则，但所有人都有相同的误解，就是破坏和允许破坏，致使国家千疮百孔②，生灵涂炭，整个社会秩序由于权力的滥用而解体。

在相同的弊端再现时，法国革命中的分配正义的缺失仍然比法国君主专制时代更加严重。通过突然换位，旧制度的宠儿成了弃儿；而旧制度的弃儿摇身一变成了宠儿。这种不公正的得宠和不公正的失宠仍然存在，但对象发生了改变。在1789年之前，国家由贵族和名流寡头统治；在1789年之后，国家政权被雅各宾派的大、小寡头把持。在革命之前，法国的特权阶层有三四十万人，他们穿的红色高跟鞋或银色鞋扣就是标志。革命以来，特权阶层也有三四十万，根据他们戴的红帽子或卡马尼奥拉短上衣可以辨认出来。其中的佼佼者是经过验明正身的三四千出身名门的贵族，他们

（接上页）《关于伟人》、《关于个人功绩》、《关于君主与共和国》的有关章节，和《关于人》的有关章节以及《关于农民》、《关于外省贵族》的有关段落等。这些诉求后来在《费加罗的婚礼》中获得了热烈的掌声。但是，在启蒙的檄文中，他们挖掘得更深；没有欢乐，占主导地位的情感只是习惯性的悲伤、服从和苦涩。

① 总检察长德·卡罗纳先生的《1787年2月23日根据国王命令并在国王亲临下发表的演讲》22页："那么还剩下什么可以填补这一可怕的（财政）亏空？是滥用权力。如今的滥用权力就是剥夺最大范围的公共利益和根基最深、分布最广的弱势群体。这些滥用权力的行为沉重地压在劳动和工人阶层身上；金融特权的滥用权力表现在：豁免于普通法和其他诸多减轻一部分纳税人的负担，却使许多其他人命运更加恶化的很多不公正的豁免；补贴分配和大范围的比例失衡造成的普遍不平等，广泛存在于不同省份之间的税收中和同一君主的臣民负担之间；税收征稽中的霸道和专横；国内交通部门林立、壁垒森严，使王国的不同地区之间的交通障碍重重；沉重的税收阻碍工业发展；横征暴敛需要额外的费用和更多的人手。"

② 塞居尔伯爵，《回忆录》，III，591页。在1791年，他返回俄罗斯时，在谈到革命时，他哥哥对他说："首先，这是大家想要的……王国里从国王到最微不足道的普通人，大家都不同程度地为国家做事：这个人只做到鞋扣那么多，另一人做到吊袜带那么多，这个人做到腰这么多，那个人做到胸前这么多，我看到有些人做到比头还高才满意。"

凭借年代久远的的羊皮纸，乘坐皇家马车、出入宫廷、不可一世，如今由三四千同样需要经过验证和接纳的雅各宾派新贵接班，凭借公民证书，坐在在圣·奥诺雷大街的俱乐部里，后者的小圈子仍然占据主导地位，比前者更加排外、更加偏激。因此，在革命之前，税收负担方面富人或小康之家很轻，农民和普通老百姓则不堪重负。而革命后正相反，农民和普通老百姓根本不交税[①]，富人和小康之家则被政府一扫而空，不仅是收入而且包括立足的资本。另外，在供养了凡尔赛宫后，公共财政还得给巴黎更贪婪的乌合之众输血打气。从1793年到1796年，供养这群乌合之众的成本是1783~1786年维持宫廷[②]费用的25倍。最后，无论是在巴黎还是在凡尔赛，生活在权力中心附近、身居高位的下属，攫取了一切可能的利益，吃掉了远超自身份额的好处。在旧制度时期，"宫廷侍女每次往返王室乡村庄园可以挣得80%的旅行费用"，而王后的第一贴身侍女在工资之外，凭借倒卖蜡烛[③]每年就有38 000法郎的收入。

而在新秩序时期，在分配食物时，"街头斗牛士"、革命委员会的爱国者们，不惜损害排着长队、饿得饥肠辘辘的人们，提前扣除了很大一部分自己的份额，前者拿7份，后者拿20份[④]。不公平由此而继续存在；在打碎不公平制度的同时，他们只是让事情变得更糟；他们希望建立永久性的建筑，现在是时候结束这种状况了，因为，他们在建设每一个社会的大厦时用的是错误的铅垂线。无论垂直线向哪个方向偏斜，结果并不重要：因为大楼迟早会轰然坍塌。法国大厦已经这样坍塌了两次，第一次是在1789年，原因是国家破产一触即发和对旧

---

① 参见《大革命之大混乱》，505~509页。斯多尔姆，《旧制度和革命时期的财政》，I，171~177页(1796年1月31日拉迈尔的报告)："人们几乎不能相信：地主现在欠国库超过130亿。"共和十年芽月，戈丹有关直接税基数和征收的报告。"这种状况形成了超过两亿的永久性年度赤字。"

② 参见《旧制度》，77页、78页；《大革命之革命政府》，300页。(每年约有12亿用于巴黎的面包，而国王在凡尔赛的军用和民用设施耗资4500万。)

③ 见《旧制度》，55页。康庞夫人，《回忆录》，I，291页、292页。

④ 参见《大革命之革命政府》，282页、283页。

制度的仇视；第二次是在1799年，原因是国家实际破产和对革命的仇视。

像第一执政这样的建筑师对金融、社会和道德这类危险保持着警惕的防范意识。他意识到，在一个组织良好的社会里，既不能过高收费，也不能一分不收，没有受益者、没有豁免，更没有排他性。此外，"他就是国家"①；于是，公共利益与他的个人利益就混为一谈。在这种双重利益的管理中，他把两手束之高阁。作为法国国王式的业主和第一居民，他不必像过去的国王那样对既得权利感到勉强和尴尬。在他主持的桌子旁边，当然这也是他的桌子，他不像路易十五或路易十六那样，会遇到已经安排好的客人、从上到下按照爵位排着长队的贵族继承人或买官者②，坐在扶手椅上、普通椅子或者在脚凳上，所有人都是自己座位的合法和公认的拥有者，所有人都是国王的客人，所有人都有法律授权，传统和习俗是吃一顿免费的晚餐或者支付低于成本的费用，如果不满足于眼前提供的菜肴，可以伸手去够可以够到的菜肴，自己享用并带走甜点。而在新的餐桌上，没有预先安排好的位置。排位表是拿破仑自己拟定的，他坐下的时候，只有他一个人。作为主人，他喜欢谁就可以叫谁，分配多少就是多少，根据自己和众人的口味挑选菜肴，规定整个服务的顺序、规则和经济性。与过去奢侈浪费、粗心大意的大领主不同，现在终于有了一个现代化的管理者负责订货、分配份额和限制消费，这是个负责、会算计的承包商。从今以后，每个人必须根据自己的份额支付费用，每个人根据自己的费用享受自己的份额。可以通过一个例子来判断：他自己的家

---

① 《回忆录》（拿破仑的谈话）："自从采用统一和唯一可以拯救我们的权力集中的做法……法国的命运完全取决于那个给他穿上意外独裁外衣的人的性格、措施和良心之日起，自从'公共事务、国家，就是我……'之日起，我就是一座全新建筑的关键所在，而它的基础太不扎实了！它的命运取决于我的每场战斗。如果我在马伦戈被打败，在马伦戈，你们会有一个完整的1814年和1815年。"

② 博涅奥，《回忆录》，II，317页："像大多数人一样，穿好衣服、交完税、听从召唤拿起武器，但一旦在触手可及的范围内找到某种特权时，这似乎就变成了一种惩罚，例如，国王顾问、拆船工、新鲜黄油品尝员或潮汐和咸鱼视察员。这些头衔使人高于一般的层次，有超过两万穿袍或不同职位的顾问。"

通常是一个滥用权力和尸位素餐的中心，但现在没有寄生虫。从他宫殿里的马夫和厨房小学徒到大管家、侍从、侍女，所有有头衔和没有头衔的仆人，各自根据准确的报酬，无须顺手牵羊，也无须以浪费的方式履行自己的工作，无论是行政工作还是装饰、白天或晚上，还是在指定时间。他的随从车队和排场与旧君主政体一样奢华浮夸，他有相同的普通和特殊配备的马厩、小教堂，食品，狩猎装备、旅行、私人剧场、不断更新的银器和家具，以及需要保养的十二座宫殿或庄园。但在路易十五时期，据估计，"每个侍女的牛奶咖啡和一小片面包每年就耗费国王2 000利弗尔"。而在路易十六时期，两岁的王室公主有时喝的"白天和夜宵肉汤"在年度决算中耗费5201利弗尔[1]。在拿破仑时代，"在食品储藏室和厨房里，即使是最微不足道的东西、一盘汤、一杯糖水，未经杜洛克元帅的授权和核实都不会分配。任何滥用权力的行为都受到监视。大家的收入都经过事先计算和调整"[2]。因此，某个花费了路易十六近200万利弗尔的枫丹白露旅行、同样规模的庆典只花费拿破仑15万法郎。

而他的公民家庭总费用，也不是2500万利弗尔，而只有300万法郎[3]。盛况相同，但费用是原来的十分之一。新主人从人和金钱方面得到了10倍的回报：这是因为他从雇佣的每一个人身上和花费的每一个埃居中挤出了全部价值。在人尽其用和钱尽其用的艺术方面没有人能超越他。他精明、谨慎小心，敏锐地通过物尽其用获得最大收益。

II

因此，在公共负担的分配和公共部门的分配方面，拿破仑应用了

---

① 参见《旧制度》，99页。
② 雷姆萨夫人，《回忆录》，III，316页、317页。
③ 博塞，《拿破仑的宫殿内部》，I，9页和后页：整个1805年的全部费用是2 338 167法郎；1806年度达到2 770 861法郎，因为资金用于"增加银器、1000个银盘和其他用品"。"拿破仑新年就知道，他（家人）将花费多少钱，没有人胆敢超过他允许的金额。"

新的权利准则,与他的实践和理论相符。这是因为,哲学家眼中唯一本身正义的社会秩序,同时也为他带来好处：他将平等引进社会秩序,因为平等对他有利可图。首先,在公共负担问题上,不再有豁免。减轻任何一个等级的纳税人和应征入伍者的应征税收或兵役,每年都会给国库带来几百万埃居的损失,并使军队减少几千名士兵。拿破仑不是一个可以被任意剥夺一个士兵或一个埃居的人；最重要的是,他希望他的军队完整,国库充盈。为了弥补亏空,他在征税原材料以及招募原材料中无所不用其极。但并非所有的原材料都是用之不竭的；如果一只手拿得太少,另一只手就必须拿得更多。减轻这些人的负担而不压迫另一些人是不可能的,而正是这种压迫,特别是税收方面的压迫在1789年引发了普遍的扎克雷起义,使革命走入歧途,使法国变得四分五裂。目前在税收方面,分配正义奠定了普遍和固定的规则；无论财产规模大小、任何形式或类别,无论是土地、建筑、债权、现款、利润,收入或工资,是国家通过法律、法庭、宪兵、警察和军队来保护免受来自国内外的侵害；国家保障、实现并确保公民享有财产。因此,任何财产都欠国家保险费,每个法郎都欠很多生丁。在此,财产主人的素质、财富、年龄或性别并不重要：每保险一法郎,无论在谁的手中都必须支付相同数量的生丁,一分不多,一分不少。这是新的原则。公开宣布很容易,只需要配合投机思想就可以了,任何高等学府都可以做到。该法令在1789年的国民议会已获通过并高调宣布,但只是作为一种权利,没有实际效果。拿破仑却使其变成了现实。从此,通过两台同类型中高超的新型税务机器,理想准则尽可能严格地用人类原材料加以实施,同旧制度和革命时期的机器相比,新机器都是杰作。

III

征收直接税无疑是对纳税人实施外科手术,摘除他身上的某种物质；他深受其苦，但万般无奈，只好屈从于它。如果是由别人在他身上实施手术，无论他愿不愿意都会服从。但如果手术由自己操刀，他连想都不敢想。此外，根据分配正义的规定征收直接税，就是根据每个纳税人的块头或至少根据表面比例进行截肢；这需要细致的计算，不可托付给患者本人，因为，他们不仅是外科生手和拙劣的计算者，而且他们感兴趣的是错误计算。他们接到命令，评估自己组别的人类原材料的总重量，给组内每个人分配必须提供的较轻或较重的份额。每个人都会很快明白，从别人的份额切掉得越多，他的份额切掉得越少。由于每个人对自己的即使轻微的痛苦也比别人的痛苦更加敏感，甚至过度敏感，因此，他们中的每个人，无论是他大还是邻居小，为了自私地减少自己一盎司的牺牲，会倾向于为邻居添加一磅的牺牲。

到目前为止，在税收机器的建设中，人们还不知道或者还不想考虑这些自然和强大的精神力量。出于疏忽或乐观，纳税人被作为第一种因素引入机制中：在1789年之前，作为承担责任和被迫的因素；1789年之后，作为自愿和慈善的因素。因此，这就是为什么，在1789之前，机器是失衡的，1789之后，机器是无力的；1789年之前，机器的表现几乎是致命的[1]，1789年之后其回报率几乎是零[2]。最后，拿破仑培养了独立、特殊和胜任的操作人员，由当地消息灵通人士指导，但不受当地人控制。这些人由中央政府任命、付费和支持，被迫根据纳税人反映到议会的要求公正行事，并被迫根据特别法院（审计法院）的最终审计保持正确的账目。

它们之间通过保证金、完整收回应收税款和及时支付已缴纳税款的利润形成利害关系。所有相关各方，包括评税员、审计员、主管、检查员和收税员，作为优秀的会计师，也受到其他优秀会计师的监督，

---

① 参见《旧制度》，259~266页。

② 参见《大革命之大混乱》，508~510页。斯多尔姆，《旧制度时期的财政》，I，168~171页（共和四年雨月11日贝纳尔·拉格拉夫在五百人大会上的演讲）："几年以来，人们想要习惯于不再缴税，这是不能视而不见的。"

对自己的职责时刻提心吊胆,并被告知:督政府时期[①]的贪污腐败、贪污公款,在执政府时期[②]会受到惩罚。让他们很快意识到,视美德为必需的素质;对自身必需的操行端正内心应感到光荣;自以为后天获得的良心也是良心;总之是出于自尊心和荣誉自愿强加给自己正直和自律。这是十年来第一次起草记名税单并在年初开始施行[③]。在1789年之前,纳税人的税款一直拖欠,而国库每年只收到当年[④]税款的3/5。在1800年之后,直接税几乎总是在当前年度结束前完全收回。在经过了半个世纪之后,纳税人不仅不拖欠税款,反而提前缴纳[⑤]。在1789年之前,做这项工作除了行政人员外还需要20万名收税员[⑥],每天用半天时间,连续两年,在法庭执达员和警察的陪同下,背负着恶名,在横眉怒目下,哭丧着脸忙于挨门挨户敲竹杠或被敲竹杠的勾当。

自1800年以来,5000~6000名诚实、令人尊敬的收税员和其他税收人员,只需要在自己家里做一些日常文书工作和定期巡视,无须任

---

① 斯多尔姆,《旧制度时期的财政》,II,365页(共和七年雨月14日,奥扎纳姆在五百人大会上的演讲):"可耻的买卖……共和国里的大部分收税员是银行的股东和经理。"(共和七年花月25日的财政部通告。)"许多收税员利用税费形式支付的债券和其他证券参与股票投机。"(1799年9月19日,格罗斯·卡桑·多礼蒙的报告。)"在这些腐败人员中,大多是公务员。"莫里恩,《回忆录》,I,222页(在1800年,他刚刚被任命为偿债基金经理):"我在各处收到的最老生常谈的恭维话(甚至包括那些可以严重影响最严峻道德的政治家)是:您非常幸运在法国合法挣大钱的地方有一个位置。"参见罗甘,《雾月十八的法国》(拉库埃、富尔克罗瓦和巴尔贝·马尔布瓦的报告)。

② 夏洛特·德·索尔,《拿破仑在比利时和荷兰》,1811年,I,243页(关于一个因伪造文件而被判刑的高级公务员,尽管很多人说情,拿破仑仍然把他囚禁起来):"我永远不会原谅那些挥霍公款的人……啊! 当然啦! 如果我不是对这些可恶的罪犯表现出铁面无私,这些生意人的美好的旧时光就又回来了。"

③ 斯多尔姆,《旧制度时期的财政》,I,177页(1799年9月15日,戈丹的报告):"共和五年有一些税款,共和七年有三分之一的税款仍在拖欠中。"(共和十年芽月1日的同一报告):"在执政府即将上台前夕,直接税的评估和征稽都亟需完成;共和七年还有35 000份税单需要制定。由于有新部门的帮助,共和七年的税单已经完成。共和八年的税单的完成进度和预期的一样快,共和九年的税单已经尽快准备,这是革命后首次在当年开始征收税款。"

④ 《议会档案》,VIII,11页(1789年5月奈克尔给全国三级会议的报告):"这五分之二尽管法律上是欠国王的,一直处于拖欠状态……(如今)这些拖欠款项已达大约8000万。"

⑤ 德·佛维尔先生,《法国经济》,354页。

⑥ 参见《旧制度》,263页。

何烦恼和强制就可以征收到双倍的税款。在1789年之前，直接税可以带来约1.7亿法郎税款[1]；而在共和十一年之后，税款额是3.6亿法郎[2]。同时，作为间接效应，过去的应纳税人群，特别是小农场主、(弱势的)自耕农、非特权阶级、君主专制的受害者，则免除了过去税款的3/4[3]。首先，通过废除什一税和封建特权税，政府收回了过去送给领主和教会的净收入的1/4，其次，通过对所有土地和所有人实施直接税，他们的纳税份额减少一半。在1789年之前，在100法郎的净收入中，纳税人有14法郎给领主，14法郎给神职人员，53法郎给国家，自己只留下18法郎或19法郎。在1800年之后，在100法郎的净收入中，纳税人既无须再付钱给领主或神职人员；也不必付钱给国家，只需付21法郎给省市政府，自己的口袋[4]里可以保留79法郎。

---

① 奈克尔，《论财政管理》，I，164页，和《给全国三级会议的报告》，1789年月5日。(结合这两份文件，并注意到在1789年有二十分之三被撤销，我们由此得到的数字是1.7亿法郎。)

② 夏尔·尼古拉，《十九世纪初以来法国的预算》(表格形式)。德·佛维尔，《法国经济》，365页。共和九年，直接税总额为3.08亿法郎；共和十一年是3.06亿法郎；共和十三年是3.76亿法郎。估计在1800年左右，法国的地产净地产收入总额是15亿法郎。

③ 只是在1816年之后，四种直接税总额才得以梳理(土地、个人、动产、门窗等)。在1821年，土地税达2.65亿法郎，其他三种加在一起达6700万法郎。如果将政府估计的15.8亿法郎视为当时法国土地净收入的话，我们发现，在这些收入中，土地税扣除额是16.77%；连同其他三个税种，同一收入的扣除额是21%。而在1789年之前，相应的五个直接税，连同什一税和封建特权税，土地净收入应纳税部分的扣除额是81.71%。(参见《旧制度》，258页、259页、261页及以下各页。)

④ 这些数字是基本数字，可以用来衡量劳动和贫困阶级新旧生活状况的差距，特别是在农村地区。由此，可以判断旧制度、革命和帝国时期人民顽强的精神和判断力。所有的地方信息都汇聚在这个方向。我已经尽可能验证了上述数字：1.通过从共和九年到共和十三年以及后来(已印制发表)的省长统计；2.通过共和九年行政法院的任务报告(罗甘发表，以及国家档案手稿)；3.1806年、1809年、1812年、1814年、1815年和从1818年到1823年(国家档案馆手稿)；4.通过从1802年到1815年在法国旅行的外国人的观察。比如(《法国中西部各省游记》，1802年，23页)："没有什一税、没有教会税、不收穷人税…… 税收不超过一个人收入的六分之一，也就是说，相当于换算成英镑后的三先令六便士。"(美国公民中校平克尼著《法国南部游记》，1807年和1808年，162页。)在图尔，一所正面有六或八个窗户的房子，带马厩、四轮马车、花园和果园，租金每年20英镑加税，给国家缴税额是从1英镑10先令到2英镑不等，另外约10先令交给市镇。(莫里斯·伯克贝克，《1814年七月、八月和九月间的旅行笔记》，23页。)在(奥尔良)的科尔纳附近，一个有1000英亩耕地和500英亩森林的庄园租赁九年，每年租金约为9000法郎，连同税收，约为1600法郎。(同上，91页。)"访问了拉布里。根据旧式的三年轮作制小麦、燕麦和休耕，庄稼长势良好。土地租金平均每英亩16法郎，外加租金五分之一的税。"罗德勒，III，474页(1803年12月1日关于卡昂养老院议员年俸)："直接税与收入的比例适度，缴纳起来不会有太大的困难。"上述引用的和许多其他的旅行者都一致提到农民重新富足起来、整个土地耕作和物资的丰富和廉价。(莫里斯·伯克贝克，11页。)"每个人都向我保证，土地的耕种者的财富和舒适生活二十五年以来翻了一番。"(转下页)

如果每法郎保险可以支付这么多生丁的保险费,那么每法郎人工收入和工资收入也应可以支付每法郎工商业收益一样多的生丁,也可以是一样多的每法郎的个人或土地收入;也就是每法郎的1/5或21生丁。在这样的费率下,以双手劳动维生的工人、做散工的工人、每天挣1.15法郎一年工作300天的熟练工人,应当向国家支付他345法郎工资中的69法郎。以这样的费率,普通农民、自耕农、以100法郎出租农舍或小片土地的业主,在445法郎的土地或手工劳动收入中,应缴纳89法郎[1]的税款。以这样的费率和如此菲薄的收入,这样的扣除额将是巨大的;因为这种靠逐日积累的收益,只够个人和家庭最基本的谋生之需:如果再扣除1/5,他和他的家人不得不饿肚子;他将成为一个十足的农奴或半农奴,备受国家、领主和雇主的剥削;因为税款就像过去的领主一样,在他工作的300天劳动中拿走了60天的劳动。这是在旧制度下数以百万计的劳动者和大多数法国人的生活状况。事实上,这五种针对纳税人的直接税、租税、附加税、道路税、人头税和二十分之一税,不仅根据其财产的净收入,如果他有任何财产的话,而且特别根据"他的能力"和假定的资源财产,无论是哪种资源,包括人工收入或日工资而征收的税种。因此,一个每天挣19苏[2]、每年挣270利弗尔的"一无所有的贫苦劳动者[3]",被课以"18利弗尔或20利弗尔"的税款。因此,在300天的工作中,有20天或22天已提前归属国库。有3/5[4]的法国人属于这种情况,我们已经看到

（接上页）（同上，43页，在罗纳河上图尔农。）"我从未想到,从迪耶普到这里的农业耕作如此完善。"（同上，51页,在蒙彼利埃。）"从迪耶普到这里,在劳动阶层中,我们没有看到一个在每个教区常见的饥寒交迫、衣衫褴褛破旧的可怜人,我是说在英格兰的每个教区……这里的确是一个富庶的地区,但富有的个人不多。"罗伯特,《论革命对人口的影响》,41页、102页:"自从革命以来,我在圣·杜尔小村子发现,肉类消费翻了一番。过去以咸猪肉维生、只在复活节和圣诞节才能吃水牛肉的农民,经常每周吃上一次火锅,并用黑麦面包换小麦面包。"

　　[1]　日手工劳动1.15法郎这个数字是平均数;取自共和九年到共和十三年省长提供的统计数字,特别是夏朗特省、多ළ夫尔省、莫尔特省、莫塞尔省和杜伯省。

　　[2]　阿瑟·扬,II,259页(1789年整个法国平均日薪)。

　　[3]　参见《旧制度》,262页。

　　[4]　根据马莱·杜班和其他观察家的判断,在2600万人口中约占1500万。接近18世纪中叶时,在估计为2000万人口中,伏尔泰估计:"很多居民只有价值10埃居的积蓄,另一部分（转下页）

了这样的财税体制所带来的必然后果：过度的勒索和苦难、掠夺、贫困和底层穷人根深蒂固的愤恨。任何政府即使出于同情、至少出于谨慎的考虑都会关心这些。而这个政府比任何其他的都要更加关心，因为它是根据大多数人的意志和每个人头的重复选票建立起来的。

为此，政府将直接征税分成两个部分：一部分是房地产税，不涉及没有房产的纳税人；另一部分是动产税，只是轻微影响到纳税人，根据租金计算，对于属于工人或农民的一个阁楼、有家具的出租房、棚屋或其他任何类型的小房子都是微不足道的；再者，如果他们是穷人或者如果货物入市税过于沉重，国家迟早会减轻这部分税收。还需要加上每年1.5~4.5法郎的个人税和不多的门窗税，农村只有一个门和窗①的农舍缴纳60生丁；城市二层以上只有一个窗户的房间缴纳60~75生丁。这样，过去压得人喘不过气的税赋由此而减轻：过去需要缴纳18利弗尔或20利弗尔的人头税、人口税和其他税种，熟练工人或没有财产的工匠现在只缴纳不超过6法郎或7法郎②。小农场主过去需缴纳53利弗尔二十分之一税、个人人头税、房产税、和工业税及其他税种，现在缴纳不超过21法郎。通过减少税收负担和增加日工资的做法，穷人或那些依靠自己的双手辛勤劳动却依然入不敷出的人、农夫、石匠、木匠、织布工、铁匠、皮革工、搬运工、力工和各类工匠，总之，所有凭双手劳动的苦工们，又几乎变成了不交税的人了：在300个工作日中，过去需要20~59天纳税；现在只需6~19天。

（接上页）人只有四五埃居，而超过600万居民根本没有一分钱。"（《有40埃居的人》）一段时间之后，《尚福尔》（I，178页）补充说："一个不可否认的事实是，法国有700万人要求救济，但有1200万人不能提供任何东西。"

① 共和十年花月3日的法律，第II部分，13条第3、4段。

② 夏尔·尼古拉，《法国的预算》。在1821年个人税和动产税有4600万法郎；门窗税有2100万法郎：总计6700万法郎。根据这些数字，我们可以看出，如果有100法郎地产收入的业主支付16.77法郎的地产税，那么他为了三个其他的直接税就只支付了4.01法郎。通过直接观察也可以看出6~7法郎这个数字。为了不遗漏任何数字，还必须加上1802年设立的教区和省际公路之间以实物偿付的补助金：这种税，意在农民利益，由地方当局分配，符合纳税人的便利性，所以很快被居民所接受，除了表面形态之外，与旧的徭役没有任何相同之处；事实上，同旧徭役相比，这种税举重若轻（斯托尔姆，I，232页）。

因此,他们相当于挣回了14~40天,过去他们需要在这些天里为国库工作,如今他们是为自己工作。如果可能的话,读者可以算出来这将会给一个小家庭减轻多少苦恼和负担。

IV

这对穷人是莫大的恩惠,但对分配正义原则却是一种伤害。通过对无产阶级几乎完全免税,直接税的负担几乎完全落在有产者身上。如果他们是企业主或商人,那么他们仍需承担另一种负担,即牌照税,这是一个与可能收益[①]成正比的附加税。最后,对于所有这些从投资或浮动资本收益征收的年度普通税和额外税赋,税务局还要对资本本身加上一种潜在税种,即转让税,这种税对每次免费或有偿赠予、继承或合同方式易手的财产[②]进行评估之后加以征收。这个税种由于印花税的加重而变得负担过重,在大多数情况下,需要扣除转让资产的5%、7%、9%直到10.5%,也就是说,如果涉及房地产的话,可以达到2年、3年甚至4年的收入。因此,虽然税务局在开始剪羊毛时把羊毛剪得尽可能多,但也只是在羊毛最浓密的地方下手。剪刀几乎没有碰到其他又短又薄的地方,因为这是手工劳动、挣日薪人数最多的地方。当税务局拿起剪刀,开始第二次剪羊毛时,会进行补

[①] 夏尔·尼古拉,《十九世纪初以来的法国预算》;德·佛维尔,《法国经济》,365页、373页。1816年特许权的收入,4000万法郎;1820年,2200万法郎;1860年,8000万法郎;1887年,1.71亿法郎。

[②] 同上,让与税收入(登记税和印花税)。登记税:1820年,1.27亿法郎;1860年,3.06亿法郎;1886年,5.18亿法郎。印花税:1820年,2600万法郎;1860年,5600万法郎;1886年,1.56亿法郎。1886年登记税和印花税总额,6.74亿法郎。旧制度的相应税率(检查、备案、百分之一税、表格)并不高;主要的百分之一税只在地产转让上扣除了1%。这种让与税是唯一呈现恶化的税种;根据制宪会议的法令,由于负债没有从资产中扣除,因而继承权变得更加昂贵,使得让与税遽然加重。这就说明了纳税人逆来顺受的原因,这是因为国家征收让与税的时机正好赶上财产权应运而生,或正好刚刚出台。实际上,如果财产通过继承或赠予而免费易手,那么一夜暴富的新业主,很可能高兴过头而不愿意占用该财产,从而赞同扣除额不超过十分之一,只是让他稍微变穷了一点。如果财产通过合同有偿易手,可能合同双方的任何一方都不心甘情愿地纳税;卖方认为该买方纳税,买方认为该卖方纳税;由于这种幻觉,双方对于剪羊毛都不再敏感,于是各方都争相亮出自己的背,并说这是另一方的背。

偿。这就是间接税，虽然征收合理，但从其性质上来说，同富人和小康之家相比，对穷人来说负担更为沉重。

通过这个税种以及关税预设的把戏，包括通行税、货物入市税或垄断，国家对各类销售商品的最后价格扣除了一定的百分比。国家以这种方式参与贸易和商业，并且本身也成了一名商人。因此，作为优秀的商人，国家知道，要想获取更大利润，就必须出售更多的货物，必须有更广泛的客户源，而最大的客户源就是所有的芸芸众生；总之，它的客户不仅包括几万富豪和几十万生活富足之人，而且包括几百万刚够温饱的穷人和几千万不够温饱的穷人。这就是为什么在可以获利的销售商品中，国家刻意包括了每个人都需要购买的商品，如人民广泛使用的盐、糖、烟草和饮料。这个目的达成后，我们来追踪后果。看看整个境内每个城市和乡村零售商的商店情况。

在商店里消费者熙熙攘攘、络绎不绝；落在柜台上叮当作响的大小铜板、银币，意味着同时有几个生丁落入税务局的囊中。这就是它的份额，而且已经肯定落入囊中，因为它已经抓在手里，提前抓在手里了。在一年之后，这无数生丁将会在钱箱里汇聚成数以百万计现金，和它通过直接税征收的税款一样多。

这第二次收获比第一次容易多了：无论是对承受者纳税人，还是对始作俑者国家都少了一些麻烦。一方面，纳税人的痛苦更少了。对于税务局来说，纳税人已不再是一个单纯必须在特定日期支付特定数额的债务人；他根据选项进行付款；日期和数额并不固定；他在购买和根据购买的比例进行支付，也就是说，只要他高兴，支付多少随便。他可以自由选择时间，等到他的钱包鼓起来；在进商店之前、数一数自己有多少铜板和银币之前、优先支出更迫切的需求之前和减少自己的消费之前，没有什么可以阻碍他进行思考。如果他不去小酒店消费，那么在数以亿计法郎的酒类税款中，他的份额几乎是零；如果他不抽烟或吸鼻烟，那么在数以亿计法郎的烟草税款中，根本没有他的份额。由此看来，如果他生活节俭、有远见、是好父亲、肯于为亲近的人做自我牺牲,那么他就可以免于被税务局剪羊毛。此外,如果他在剪刀下走过,他的皮肤几乎会被波及。只要关税条例和垄断专卖不对他的每日必需品征税,比如法国面包,间接税不碰他一根毫毛。在一般情况下,财政政策或保护性关税,尤其是那些增加烟草、咖啡、糖和饮料价格的政策和关税,不会影响他的日常生活,而仅仅会剥夺他的一些愉悦和舒适。在另一方面,在这些关税的征收中,税务局可能会藏起自己的手;如果其业务娴熟,那么先前的和部分操作就会消失在已完成并将其覆盖的整体操作中;它可以隐藏在商人的面具后面。而被剪了羊毛的买方是看不见剪刀的;至少,他没有什么明显的感觉。然而,对于普通人,也就是普通的绵羊来说,却是直接的、现实的、动物的感觉,带来的是哭泣、抽搐和战栗、冲动、惊愕和传染性的恐慌。只要他可以避免这种令人恐惧的感觉,他就可以逆来顺受,顶多抱怨自己倒霉罢了。他不会把自己被层层扒皮的高物价归咎于政府;他不知道该如何计算、清点,并为自己考虑财政关税勒索他的剩余价格。即使在今天,你这样告诉他也是徒劳的:在他花40苏买的一磅咖啡中,国家取走了15苏;在他花2个苏买的一磅盐中,国家取走了5个生丁。对他来说,这些简单的概念毫无价值,只是大风刮来的数字而已。只有在杂货商在他身边为他称咖啡和盐的时候,他亲眼目睹海关和盐税官员从柜台取走了15苏和5生丁,他的印象才会完全不同。

好的间接税就是这样:如果要使其征收合理,也就是说,能够容忍同时也可以容忍,需要三个条件。首先,纳税人出于自己的利益,可以自由购买或不买征税商品。其次,从纳税人和税务局的利益出发,商品不应该由于征税而变得太贵。最后,出于税务局的利益,其干预应做到神不知鬼不觉。有了这些预防措施,可以征收间接税,即使是小的纳税人,也不会觉得被敲竹杠或受到欺诈。而1789年以前,人们感觉受到粗暴地敲诈[①],正是因为缺乏这些措施。所以,从1789

---

① 参见《旧制度》,266~268页。

年3月开始在普罗旺斯，7月13日开始在巴黎，后来蔓延到整个法国的暴动[①]、谋杀、抢劫、放火行为，矛头首先对准的就是间接税、餐税、盐税、酒类税、国内关税、城市货物入市税、收税员、税务局。敌对情绪如此普遍、强烈和久久挥之不去，以至于国民议会在徒劳地妄图恢复暂停的征税和加强对民众执法后，最终不得不使该法服从民意并以立法的形式完全取消了间接税[②]。

就税收而论，这就是革命的成果。税收的两个来源，本来通过定期的资金流入，填补了国库，但旧制度却以松散、笨拙的方式粗暴占有并且管理不善。而革命的成果已经耗尽了第二个来源，即间接税。目前，鉴于空虚的国库需要填满，需要像对待第一个来源那样对第二个来源采取行动，重新征收、循序渐进，避免损失。新政府没有采取粗鲁的、传统的夺取方式，而是像工程师、计算师和了解地形、地貌和地势的行家那样，也就是像理解人类情感和人民想象力[③]的行家那样行事。首先，取消农场税，国家不再把盐税或酒类税卖给投机公司。他们是纯粹的承包商，只关心临时租赁、年收入、未来的股息、像水蛭一样被堂而皇之地请来粘在纳税人身上吸血，可以抽成的罚款使他们乐于增加罚款笔录并编造违法记录，他们由内外交困的政府授权，这个政府靠借贷度日，让人民受他们驱使和敲诈。今后，税务局将自行征收税款。它将是一个不会从事放贷或租赁的业主，一个保税人。因此，考虑到自身未来的利益，它会限制本年度的收入以便不拖累下一年的收入；它避免毁掉目前的同时也是未来的纳税人；

---

① 参见《大革命之大混乱》，326页、342页。

② 1790年11月31日~11月5日的法令，废除边界贩卖税并取消所有王国内设立的征收办公室。1790年3月21~30日的法令，废除所有的盐税。1791年3月2~17日的法令，废除所有酒类税，1791年2月19~25日的法令，废除所有货物入市税。1791年3月20~27日法令，关于烟草自由种植、制造和出售；烟叶进口关税仅是唯一保留的税种，但收入微不足道，共和五年只有150万~180万法郎。

③ 戈埃特公爵戈丹，《回忆录》，I，215~217页。戈丹充分解释了间接税的优点："纳税人只有在愿意并有能力的时候才缴纳间接税。另一方面，税务局征收的税款与商品价格发生混淆时，纳税人在缴纳欠款的同时，只会认为满足了需要或得到了享受。"1806年3月16和27日法令和5月4日法令（关于盐税）、1804年2月25日法令、1806年4月24日法令、1808年11月25日法令（酒类）、1802年5月19日法令、1804年3月6日，1806年4月24日、1810年12月29日法令（烟草）。

它不会沉溺于无偿的诡计、昂贵的法律诉讼,处决和监禁的正当理由;它反对将有利可图的劳动者变为一文不名的乞丐或将一个囚犯变成破财的拖累。这样在无形中对人心的抚慰是巨大的。在革命前10年[①],据估计,在原税额和附加税额方面,特别是在征收和罚款费用方面,间接税花费国家的费用是给国王征收的税款的两倍多,花费了3.71亿才征收上来1.84亿,而仅仅盐税就从纳税人的腰包掏走了1亿,其中4500万流入他的金库。而在新制度下,罚款近乎绝迹;没收、强制执行和拍卖个人财产更加罕见,而征收的费用由于消费扩大而减少,从占收入[②]的1/5下降到1/20。其次,消费者又重新享受法律上和事实上的不购买征税货物的自由。他不必像以前那样在高盐税省份被迫接受、消费、支付盐税,13苏一磅盐,每人限购7磅。在不可缺少的日常食品方面,面包像在普罗旺斯[③]那样,不再征收省、市和领主税,面粉也不再收税,小麦的碾磨和销售也不再收税,粮食流通或交易不再受到阻碍。在另一方面,通过降低财政费用、取消国内关税和名目繁多的通行费,除了面包征收一种税以外,其他商品的价格都下降到低收入阶层负担得起的程度了。过去13个苏的盐,如今每磅不超过2个苏。在雷恩[④],小酒店的老板的波尔多葡萄酒也不再卖200利弗尔一桶了。除了巴黎,甚至在巴黎,只要穷奢极欲的市政支出不导致提高货物入市税,葡萄酒、苹果酒和啤酒的整个税收,即使是零售价格,也不会超过售价的18%[⑤];而在整个法国,葡萄种植者或葡萄酒生产商,喝自己酿造的葡萄酒或白兰地无形中就不用缴纳一

---

① 莱特·罗斯纳,《论财政管理和税收改革》(1779),148页、262页。拉布雷耶,《论路易十六统治下的法国行政管理》(1864~1865文学课回顾,677页)。"我想,路易十八时期至少拿走了五分之二,路易十五时期四分之二。"

② 保罗·勒鲁瓦·博里约,《论财政科学》,I,261页。(在1875年,这种费用是5.2%。)阿·德·佛维尔,《法国经济》。(海关和盐税的费用:在1828年,16.2%;在1876年,10.2%。间接税的费用:在1828年,14.90%;在1876年,3.7%。)卡罗纳,《出席贵族会议的备忘录合集》,1787,63页。

③ 参见《旧制度》,23~24页,274页;《大革命之大混乱》,322页,326~327页。

④ 参见《旧制度》,268页。

⑤ 保罗·勒鲁瓦·博里约,《论财政科学》,I,643页。

分钱的税[①]。

因此，随着消费的增加，由于不再有任何豁免或半豁免的省份，不再有免费盐，不再有与出生、背景、职业或居住地相关的特权，国库即使减少了税种，也征收到或挣得了与革命前相同的税收：在1809年和1810年，2000万烟草税；5400万盐税；1亿酒类税。而随着纳税人越来越富裕并更乐于花钱、花销越来越大：在1884年，烟草税是3.05亿；在1885年，酒类税是4.29亿[②]；还不包括通过城市货物入市税在酒类税中增加的另外1亿。

最后，税务局万般小心地置身事外，成功地使自己的代表避免了与纳税人面对面接触。国内调查终于寿终正寝。税务局的人马也不再闯进老百姓家品尝家庭主妇的腌制食品，看是否火腿是用假盐腌制，验证"盐罐和盐瓶里的盐"是否都是课税盐。"酒窖耗子"也不会再突然蜂拥进入酒庄甚至小资家庭，量人家的酒桶、要求查看人家的喝酒记录，以"缺口太大或消费过度"的名义做笔录，或者因为施舍给病人或穷人一瓶酒而实施罚款。沿着国内1200里的防线部署，隔离重税盐区，对轻税、补贴和免税的省份重点防范的5万名海关稽查人员或农场职员、23 000名便装士兵，像一张混乱和复杂的网把每个省、市、区或镇团团围住，对二三十种不同的商品、45大类一般税、省税或市税，以及近1600种过路费进行征收的无数征收和稽查职员，简而言之，旧制度下的所有间接税官员几乎完全消失。除了在城镇的入口和货物入市税征收处以外，已经再也见不到稽查官员的身影了。从鲁西荣或朗格多克运输一桶酒到巴黎的马车夫，不再需要在20个不同的地方被他们收税、侮辱和取笑，也不必由于其前任无故把旅程耽搁了12天或15天，而在他办公室排着长队等他懒散地填写文件、收据或通行证而迁怒于他。如今只有客栈老板能在自己店里看到

---

① 1808年11月25日和1814年12月8日的法令。
② 斯托尔姆，《旧制度时期的财政》，I，360页、389页。阿·德·佛维尔，《法国经济》，382页、385页、389页。

穿绿色制服的官员。家庭财产库存清单取消后，近200万名业主和葡萄种植园佃农永远摆脱了这些人的拜访[1]。从现在起，对于消费者来说，尤其是对普通老百姓来说，他们似乎不存在了，消失了。实际上，他们转移到了一二百里之外的国内盐税稽查机构、边境和沿海地区。这只是因为体制出了问题，因而赤裸裸地暴露了其罪恶：这是对国际交流宣战，对国际贸易发出禁令，并将禁令发挥到极致；这就是大陆封锁，2万名海关官员四下展开调查、10万名诈骗分子的愤怒反抗、海关查封货物被粗暴毁坏、棉花价格上涨100%、糖上涨400%、殖民地的货物奇缺、消费者日用品匮乏、1811年从汉堡到罗马[2]的所有大城市的制造商和贸易商接二连三破产。然而，这种罪恶应该归咎于主人穷兵黩武的政策和个性。在他的财政体制中，败坏外部的失误并未影响到内部。在他之后的和平年代，情况逐渐得到改善。禁令变成了保护，然后从过度的保护变成了有限的保护。随着间接改善和部分修正，法国仍然走在执政府和帝国划出的路线上；在所有的主干线上，由于各种直接和间接税的税率、收益率、多元化、基数、分布的缘故，这条路线最清晰笔直，最符合事物运行逻辑，几乎符合经济科学的新原则和分配正义的古训，而且在必须关切的两个重要利益之间，即缴税的人民和收税的国家之间谨慎地对准了方向。

我们看一下，哪一方实际的收益更大。在1789年，国家只有4.75亿的收入。后来，在革命期间，几乎没有筹集到任何收入：国家作为真正的强盗以偷盗来的资本苟延残喘，或像坑蒙拐骗、资不抵债的破产者那样靠借贷维生。在执政府和帝国初期，国家的收入达7.5亿至8亿。国家既不用抢劫自己臣民的资本，也无须靠借贷度日。

在1789年，普通纳税人通过直接税向三个过去和现在的君主纳税，即国王、教会和领主，纳税额超过净收入的3/4；在1800年之后，

---

[1] 这个数字由戈丹提供。

[2] 梯也尔，XIII，20~25页，《拿破仑回忆录》，275页、276页，夏普塔尔伯爵："他希望像操练军队那样操控商业……我看见他好几次下命令阻止出口他已经允许出口的某种商品，因为他刚刚从英国报纸上读到，英国人很高兴皇帝允许出口这种商品。船主被迫花重金把货卸下来。"

向替代了三个君主的国家缴纳的税额少于1/4。我们看到，过去的纳税主体，农民、小业主、靠手工劳动维生的无产阶级都松了一口气：减轻直接税收为他恢复了14~43天的自由时间，在这期间，他可以为自己工作，而不是为税务局工作。如果一个人已婚，并且是两个年龄超过7岁的孩子父亲，单一间接税和盐税的减轻还将为他增加12天以上的自由天数，这样一年之内有1~2个整月的自由时间。在此期间，他不再像以前那样为国家出徭役，而是自由的业主，自己的时间和双手的主人。同时，通过其他税收的重塑和提高劳动力价格，他的物质匮乏程度有所减轻。他不再被迫吃谷物的糠秕、劣质小麦、腐烂的黑麦、掺杂麦麸、没过筛子的面粉麸，也不必以葡萄酒糟泡水当酒喝，也不用在圣诞节前卖猪换盐，因为他需要的盐太贵了[1]。他自己腌制猪肉，也同样吃肉店的肉；他喜欢礼拜日吃他的清炖牛肉和肉汤；他喝葡萄酒；他的面包更有营养，不黑，也更健康；他不再缺少这些食品，也不怕以后会匮乏。以前，他的客人是一个阴郁而致命的幻影，几个世纪以来日夜困扰着他：饥荒，在君主政体下几乎周期性发作；饥荒，在革命期间从慢性变成急性和人的噩梦；饥荒，在共和国时期在三年内摧毁了超过100万人[2]的生命。远古幽灵渐渐远去、消失；经过1812年和1817年[3]两次偶然和局部的复发，终于在法国永远消失。

---

① 拉法耶特，《回忆录》（1799年10月17日的信，和1800年8月在奥弗涅记录的笔记）："你知道那时候在你的国家有多少乞丐和饿得奄奄一息的人。如今再也看不到了：农民更加富裕、土地耕种得更好、妇女穿得更漂亮了。"参见《旧制度》，254页、256页。参见《大革命之革命政府》，271页、297页。

② 参见《旧制度》，253页。参见《大革命之革命政府》，307~308页。

③ 这两次饥荒都与恶劣天气有关，后者是由于入侵的后果和维持150 000外国军队的义务造成的，前者由于拿破仑重新穷兵黩武、无事生非、刚愎自用，因而遭到与国民公会统治时期同样的惨败而造成的。（掌玺大臣巴斯齐埃《未公开的回忆录》，III，251~335页。）"我毫不夸张地说，我们在（粮食）购买和运输业务中往往需要比正常贸易多四分之一、一般是三分之一的时间。"诺曼底的饥荒延长了。"成群结队的饥民遍布农村……卡昂附近骚乱和抢劫频发；好几个磨坊被烧毁……皇家卫队被派去镇压。在执行命令过程中，甚至有些妇女也没有被放过。"如今，为了避免这种公共危险，需要两个主要的保证：第一，公共设施的便利性，第二，增加良好的道路和铁路、调度和廉价的运输，以及俄罗斯和美国那样有多余的谷物。

V

国家征收的最后一种税不再是金钱,而是人本身,完整的人,灵魂与肉体,人生最风华正茂的年龄,即服兵役。是革命使得这个负担变得如此繁重,而以往是很轻松的,因为原则上服兵役是自愿的,只有民兵才是强制征募的,并且,在一般情况下,在农村,农民是通过抽签应征入伍的[①]。但这只是对现役军人的一种补充,是境内和省级预备役部队,属于特殊的文职二线支援部队,除了在战争情况下,否则不会调动;在一年中只有九天集训。而1778年以来,就从来没有集训过。在1789年,民兵总共有72 260名士兵,他们在登记簿中注册的名字11年以来一直是他们唯一的身份证明[②]。在君主专制时代,他们没有其他的兵役负担。而且这种兵役要求不高,是共和国和帝国统治时期的要求的十分之一,因为共和国和帝国使用相同或更严厉的强制手段,征募了10倍以上的应征入伍者和新兵[③]。

与这些民兵部队相对照的,是整个正式军队,即所谓的"正规军"。在旧制度时期,都是自由应征入伍,不仅包括25个外籍军团,有瑞士人、爱尔兰人、德国人、列日人,而且包括125个法国团,共17.7万人[④]。事实上,应征入伍并非那么自由自在。征兵人员经常要一些

---

① J.戈布兰,《各省民兵史》(1882),87页、143页、157页、288页。在这部杰出的著作中,可以找到大部分文本和细节。许多城镇,包括巴黎、里昂、鲁昂、波尔多、兰斯、图尔、阿根、色当,以及弗兰德斯和埃诺的大部分地区都被免除抽签。这些城镇派出了自费应征的义勇军分遣队,入伍赏金由商人和工匠,或社区本身负担。除此之外,草根阶层还有许多其他免税。参见《旧制度》,289页。

② J.戈布兰,同上,239页、279页、288页。(除了八个团的民兵皇家掷弹兵之外,他们每年集训一个月。)

③ 以一个省为例(1808年安省省长博西的统计)。在省内活动的军人数量:1789年,323人;1801年,6729人;1806年,6764人。"安省向军队提供了近30 000人,包括应征入伍的士兵和征用的士兵。"因此,在1801年的人口中,25~35岁的人口有明显的减少。20~30岁的人口数:1789年为39 828人;1801年为35 648人;1806年为34 083人。

④ 普马丁,《法国革命期间的亲眼目击事件》,第II卷。(1789年1月1日法国军队的状况。)按和平时编制的总人数是177 890人。这是名义上的编制;真正的实际编制人数是154 000人;在1791年3月,由于开小差和应征人数不足而下降到115 000人。(云格,(转下页)

坑蒙拐骗的手腕，诱骗别人上当，常见的手段是诈骗或暴力。但是，在主流慈善精神的感召下，这些弊端已经减少；1788年的法律革除了最严重的弊端。即使弊端依然存在，但是，制度上的两大优势可以克服。优势一，首先，军队是一个发泄口：社会机体通过这个发泄口清除自身恶毒的性情、过热或污浊有害的血液。在这个时期，虽然士兵的职业是最低贱、最不受人尊敬和最乏人问津的职业之一、毫无晋升可能、没有逃脱机会，但新兵毕竟有100法郎的奖金和小费，再加上两天或三天三夜在酒店里的宴席和狂欢，这足以表明新兵的类型和质量。事实上，这样的新兵只能在这些多少不太适应公民和家庭生活、无法遵守劳动规章和纪律、冒险家和弃儿、半野蛮或半流氓的人群中找到。一些人是家中的男孩，由于父母一时冲动而扔给了军队；另一些人是被辞退的学徒或无家可归的仆人，还有一些是过去乞丐收容所里的流浪汉。大部分是流离失所的工人和无业游民、"大城市的人渣"，几乎所有的人都是"无赖"，总之，是"在头脑发热、蛮不讲理和有点堕落的群体中最堕落、最头脑发热、最蛮不讲理的一群人"①。反社会阶级就是以这种方式造福于公众的。读者可以想象，一个管理不善的庄园由于有大量的流浪狗而叫人害怕，人们用诱饵把狗抓住，在它们头上套上项圈，用链条拴好，它们就成了优秀的看家狗。优势二，通过这种制度，臣民们保住了第一个优势及其最珍贵的自由、完整的财产权和无限制的自我支配权、完整的人身和物质生活的权利，让他们确信和保证国家权力的无限膨胀，最好的保证非最明智的宪法莫属；因为宪法是每个人深入骨髓的习惯，换句话说，是全

（接上页）《杜布瓦·德·克朗西与法国革命》，I，158页。杜布瓦·德·克朗西的讲话。）

① 参见《旧制度》，289页、290页；《大革命之大混乱》，542~543页。艾伯特·巴博，《旧制度时期的募兵》。（1888年9月1日的《社会改革》，229页、238页。）一名官员说，"我们招募的都是乌合之众，因为他们便宜"。云格，《杜布瓦·德·克朗西》，I，32页（德·利扬库尔在论坛的讲话）。"士兵被分类后，可以看出显赫家庭出身的太少了。"同上，39页（1789年9月6日，众多义勇军团军官签署的备忘录，《法国当前宪法的罪恶和滥权》）："大部分士兵是来自大城镇的人渣、无业游民。"

体臣民与国家都接受的、心照不宣①、与生俱来的惯例。它的原则是，如果国家有权要人民纳税，就无权要人民当兵。在现实中，事实上，国王的主要职能与其他承包商别无二致。他负责国防和公共安全，一如别人清理街道或维护堤坝一样。与雇佣民工一样，他也需要通过双边协议、以双方同意的价格和最新的市场汇率聘请相关工人。因此，他所打交道的分包商、每个团的上校和上尉们，也都受供求规律的制约；他允许他们招聘新兵②补缺，他们也有义务保持人员齐整、秣马厉兵。他们不得不自己承担风险和费用，派征兵代理人带着钱袋子去酒馆，经过讨价还价，像雇佣清扫工、铺路工或管道工一样，招募炮兵、骑兵或步兵。

《社会契约论》的理论反对这种做法和这个原则，因为它认为：主权在人民。现在，在这个分裂的欧洲，敌对国家之间的冲突一直迫在眉睫，君主都是军人这种权利是与生俱来的，是后天的教育、职业和必要性所赋予的；这个名义具备并锤炼这种职能。因此，臣民们在取得权利的同时也承担了相应的义务。这次轮到他们代表主权；但是，他们是以军人的身份代表主权的③。今后，如果他们是天生的选民，那他们就是天生的应征入伍者：他们签署了一种新型及无限延伸的义务契约；过去只对自身财产拥有债权的国家，现在对所有国民也拥有了债权。债权人是不会让债务人有好日子过的，国家总是能找到理由或借口强制行使其主张。在面临威胁或侵略时，人民首先同意为此付出代价；因为他们相信这是偶然的、暂时的。在取得胜利与和平

---

① 戈布兰，270页。几乎所有的1789年的第三等级的会议记录都要求取消抽签，几乎所有的三个命令都赞成志愿兵役，而不赞成强制性兵役；大多数要求军队采用赏金的方式招募义勇军民兵；这个奖金或现金奖励由社区居民提供。事实上，几个城镇已经实施了这种办法。

② 艾伯特·巴博，《旧制度时期的募兵》，238页："上校每人只发100法郎；然而，即使这个数目也无法如数发放，需要扣除军官薪水的余额。"

③ 这个原则立即被雅各宾派所采用。云格，《杜布瓦·德·克朗西》，19页、22页、145页（杜布瓦克朗西1789年12月12日在会议上的讲话）："每个公民都将成为宪法的士兵。不再有抽签，也不再有替代。每个公民都必须是士兵，每个士兵都是公民。"这个原则第一次实施就招募了三十万人（1793年2月26日），然后在群众中（1793年10月）以义勇军之名行征募之实而征募到五十万人（普瓦松男爵，《军队与国民卫队》，III，475页）。

到来时，其政府将继续强制行使其债权主张：并使其固定化和永久化。吕内维尔和亚眠条约签订之后，拿破仑在法国继续维持这种主张。巴黎和维也纳条约签订之后，普鲁士政府在普鲁士也继续维持这个主张。随着战争接二连三地爆发，以及制度越来越难以为继，国家的这种主张像传染病从一个国家传播到另一个国家，目前，已蔓延到整个欧洲大陆。

而在之前或之后伴随这个主张而来的是其天然的伴侣、它的孪生兄弟——普选权。一个故弄玄虚，另一个乔装打扮、举步维艰，两者都是未来历史盲目和强大的领导者或监管者，一个把选票塞进每个成年人的手中，另一个把士兵的背包放在每个成年人的背上：为20世纪的大屠杀和破产带来怎样的承诺；对国际敌意和不信任如何表达愤怒；对人类劳动造成多大的浪费；如何对生产力的发现进行歪曲；如何使旧激进社会下低级和不健康的形式进步；通过什么进程使冷酷和自私的本能、古代城市和野蛮部落以及众所周知的其他的感情、习惯和道德倒行逆施。为此，我们只需把过去和现在的两种军事体制放在一起就会看得非常清楚：过去在欧洲，士兵很少，只有数十万人；今天，在欧洲，1800万名正规军和预备役士兵，全部是成年人，是已婚的丈夫，当家的父亲，已经从军或有召之即来的准备，只要年龄在20或25岁，也就是说，只要他们体格健壮就必须当兵。

以前，在法国，即使是兵役负担最沉重的时候，也没有法令规定可以征用别人的性命，而只能通过合同购买，士兵的性命适合这种游手好闲或恶作剧似的买卖；大约十五万一无可取、价值平庸的二流士兵，即使损兵折将，国家也毫无怜惜之情，无论是对社会，还是对文明都不是严重损失。如今，在法国，有400万人被当局征召服兵役，如果企图逃跑，将受严厉制裁；所有人从20岁起，都必须从事体力或杀人的勾当，包括最不适合这种活儿和最适合其他职业的人，包括最有创新精神和生命力最旺盛、最讲究、最有文化的人，包括那些出类拔萃、社会价值无限延伸的高级人才，他们无奈逝去或过早凋零，是人类的灾难。这就是新秩序的终极成果。军事义务在这里是等价交换物和政治权利的赎金；现代公民可以像天平中的两个砝码彼此抵消。一方面，他可以把君主的特权放在第一个托盘，也就是说，事实上，这是每四年投出万分之一票，任命或不任命1/650的代表的特权。另一方面，他可以把三年、四年或五年的军营生活和被动的服从命令中积极和主动的负担放在第二个托盘里，然后加上28天，然后是13天的国旗召唤；在20年里，每逢战事爆发的谣言传来，他都焦急地等待命令，随时扛枪准备杀敌或者被杀。他可能最终会发现，两个托盘并不平衡，空心的权利补偿不了如此沉重的负担。

当然，在1789年，他没有预见到会发生那样的事件。他具有乐观、平和、自由主义和人道主义的情怀；他既不了解欧洲，也不了解历史、过去和现在。当制宪会议让他代表主权时，他听之任之；他根本不知道承诺的内容是什么；他不知道自己承担的是多么大的债务。但是，在签订社会契约的时候，他在下面署上了自己的名字。在1793年，应付款到期，制宪会议收取欠款①。然后是拿破仑开始收拾乱局。从此，每个身体健康的成年男性都要付出血的代价。服兵役不再豁免②：凡是达到所要求年龄的年轻男子必须抽取应征号码。

通过抽取的号码，按固定顺序依次安排③。但拿破仑是个聪明的债

---

① 瓦松男爵，《军队与国民卫队》，III，475页（节选）："大众的传统把共和国义勇军变成了寻常人物，这一点历史是不能接受的……第一，第一支国家要求组织的义勇军分遣队的人数为97 000人（1791年）。有60 000名热心人响应号召，应征入伍一年，完成了契约；但没有更多考虑用什么方法把他们留在军队更长的时间。第二，1792年4月义勇军第二次招募新兵，只有赏金形式的部分混合征兵，大多数是无业游民和地痞无赖，无法抵挡敌人。第三，30万人的征兵计划，部分搁浅；新兵总是可以通过替代免除兵役。第四，在群众中征募50万名所谓的义勇军，实际就是士兵。"

② 《回忆录》（拿破仑在行政法院的讲话）："我坚定不移反对豁免；这是犯罪行为；让别人代替自己去死怎么能心安理得呢？""所征兵员是无特权的民兵：这明显是我们风俗中先进的国家制度。一个女孩是无法拥有一个没向祖国付清债务的男人的，这时候只剩下悲伤欲绝的母亲。"

③ 共和十三年果月8日的法令，第10条。博莱·德·拉罗塞尔，229页（1804年5月29日在行政法院的讲话）。博莱接着说："服役时间无法确定……事实上他整个余生都是远离家园，流放在外，这是生离死别的永久性流放……整个人生的牺牲……风华正茂的年轻人黯然离家去送死。"《国家档案》，F7，3014页（1806年的省长报告）。从此，甚至从一开始，极端的厌恶就受到严（转下页）

权人；他知道，这是一个家庭"最可怕和最可恨的债务"；他的债务人是真实的人、活生生的人和禀赋不同的人；国家元首应该考虑到这些差异，也就是说应该考虑到他们的生存状况、教育背景、情感和职业。

不仅在他们的私人利益方面，而且在公众的利益方面，不仅出于审慎而且出于公平，都不应该毫无差别地强制所有人从事同一职业、同一手工劳动、同一无限延长的灵与肉的奴役。在督政府时期，法律就已经豁免了年轻的已婚男子和丧偶或离婚的父亲①。拿破仑也免除了有现役军人兄弟的男孩、寡妇的独生子、三名孤儿的长子、依靠赡养的71岁父亲的儿子，以及所有家庭依靠者的兵役②。他把应征到公民民兵、教会民兵、大学民兵、师范学生民兵、无知兄弟会民兵、做神父的神学院学生民兵的年轻人同他们编到一起，条件是他们必须保证为他尽职尽责，必须有效地做到这一点，有的做十年，有的终生为他服务，同时遵守比军队更严格或几乎一样严格的纪律③。最后，通过新兵与体格健康、注册志愿替代者之间的私下协议，他授权或建立了一个志愿替代制度，新兵对注册志愿替代者负责④。如果能够达

（接上页）厉手段的压制……（阿尔代什省）"如果从国家的状态来判断征兵的结果，得出的是日暮途穷的结论。"（阿里埃齐省）"在布鲁萨克的福瓦区，四五个人用石头和刀做武器，帮助一个被宪兵逮捕的新兵逃走……守卫部队奉命部署在这个公社。在马萨的圣吉龙区，为了敦促逃避兵役的新兵尽快出发，派来进行防御的宪兵部队受到石头攻击，甚至被打了一枪……守卫部队像在别的市镇一样被安置在村庄休息。上个霜月16~17日夜里，六名外国人出现在圣吉龙监狱，大声叫喊古瓦泽的名字，这是一个被判刑的逃兵。当看守下来时，他们一拥而上，把他打倒在地。"（上卢瓦尔省）"机动分遣队一直在奉命抓捕共和九年、十年、十一年、十二年和十三年适龄入伍者中的逃兵和不听话的士兵，和十四年适龄入伍者中的落伍者，其中134人仍然需要补充。"（罗纳河口省）"50名开小差的水兵和85名不同适龄入伍者中的开小差者和新兵已被逮捕。"（多尔多涅省）"在1353名新兵中，134人被捕：81名新兵在部署在当地的守卫部队的威慑下投降；186没有投降。在共和十四年的892名启程的新兵中，有101人在路上开小差。"（加德省）"75名逃兵或开小差者被捕。"（弗兰德斯省）"在406名启程的新兵中，51人在路上开小差，等。"厌恶的情绪越来越严重。（参见1812年和1813年的类似报告，F7，3018页和3019页；《一个埃弗勒资产者的日记》，150~214页；亨利·乌塞，《1814年的历史》，8~24页。）

① 共和六年果月19日的法令。
② 共和六年花月6日的法令，第13条。共和十三年果月8日法令，第18条。
③ 1811年7月29日的法令（关于师范学校学生的豁免问题）。1810年3月30日的法令，第2、3、4、5、6条（关于师范学校的政策和体制问题）。1808年3月17日关于大学组织法，VI和XIII条。
④ 共和八年风月17日法令，第III条，第I和13款。共和八年果月8日法令，第50、54、55款。

成这样的交易,就说明彼此做到了开诚布公、自由选择,因为双方都知道各自在交换中可以得到好处。国家无权无故剥夺任何一方的好处,也没有必要反对于自身毫无坏处的交换。而且不仅对自身毫无坏处,甚至经常还有好处。因为,国家需要的不是这个人或那个人、彼得还是保罗,而是有像彼得和保罗那样的射击能力、长途行军的能力、抵抗恶劣天气的能力,这才是国家接受的替代者。他们所有人[1]都必须"身体健康,体格强健",身材足够高大。事实上,由于比替代者更加贫穷,新兵们更习惯于物质的匮乏和吃苦耐劳;他们中的大多数已经成年,服役的价值比过于年轻的预招的青少年更高。其中有些人是老战士:在这种情况下,替代者的价值是从未背过包、从未在外面露营过的被替代新兵的两倍。

因此,"新兵和所有各阶层的应征入伍者……由于无法忍受战争的辛苦而被允许使用替代者,而被认为对国家有用的人在成为军人的同时继续工作和学习"[2]。拿破仑具有的超群智慧,使得他不会受到盲目民主配方诉求的左右;他那可以看透文字表象下实质的眼睛,马上察觉到,对于一个受过良好教育的年轻人和一个农民或散工来说,当兵的条件是不同的。一张说得过去的床、一套衣服、一双好鞋、保证每天面包供应、定期吃肉,对于后者来说已经知足,这样新鲜事务,是享受,但对于前者不行;而滥交和军营寝室的味道、下士的咒骂和粗鲁的命令、军营配给的大锅菜和面包、日复一日的体力劳动,是给前者预备的,这是新鲜事物,是痛苦,但给后者不行。这表明,如果实行完的平等,就会造成实际的不平等。即使有真正平等名义下的新信条,也必须允许更痛苦的前者公平合理地对待痛苦较少的后者。更主要的原因是,通过这种安排,征兵机构可以为自身保住未来的新兵。未来和平、伟大、成果卓著的工作的主管和副主管,科学家、艺术家或学者,法学家,工程师或医生,企业家或商人,都是在19~26

---

① 共和八年果月8日法令,第51款。
② 共和八年风月17日法令,第3条,第I款。

岁接受和从事专业高等教育，发明或取得主要思想、发掘出自己的独创性或能力的。如果天赋在这些风华正茂时期被剥夺，那么像植物一样的整个活力就会枯萎，那样民间的实力将受到削弱，进而影响到国家和军事实力[1]。将近1804年[2]，由于替代制度，农村地区1/15的新兵、城市1/7的新兵，法国平均1/10的新兵逃过了强制服兵役这一劫。在1806年，一个替代者的价格从1800法郎到4000法郎[3]不等。由于资本稀缺，现金更是奇缺，如此金额可谓一笔巨款。因此，只有富裕或小康阶层，换句话说，只有受过一定教育的家庭才能把儿子赎回来：我们可以计算出，替代制度为他们提供了基本完整的文化。这样，就防止国家把发芽的小麦毁掉，并保住培育社会未来精英的苗圃。尽管军法有所放松，但仍然非常严苛，然而仍然可以忍受，只是将近1807年[4]时才变得丑陋和怪异，并年复一年越来越恶化，直到成为所有法国青年的坟墓，甚至使未成年的青少年、豁免和赎回的男性成为炮灰。但是，在这些暴行发生之前，仍然可以对其进行一定的修改。

只需润色一下、将过去被视为恩惠[5]的豁免制度和替代制度设定

---

① 第博多，108页（第一执政在行政法院的讲话）："必须考虑艺术，科学和专业技术。我们不是斯巴达人……至于替代，是应该被允许的。在一个财富平等的国家，每个人对任何事情都应该亲力亲为。但是，对于生存取决于不平等财富的人来说，必须给予富人允许替代的权利；我们需要关心的只是，替代者应该素质优良，新兵付钱支付预备役部队一部分装备的费用。"

② 博莱·德·拉罗塞尔，228页。

③ 国家档案，F7，3014（1806年的省长报告）。一个替代者的平均价格：下阿尔卑斯省，2000~2500法郎；罗讷河口省，1800~3000法郎；多尔多涅省，2400法郎；加尔省，3000法郎；格尔省，4000法郎；上加龙省，2000~3000法郎；埃罗省，4000法郎；弗兰德斯省，2500法郎；沃克吕兹省，4000法郎。平均利率。（阿尔代什省）："货币利率每月从1.25贬值了1.5%；现在是每月3/4%或每年10%。"（下阿尔卑斯省）："商业货币利率每年从1%~3/4%。"（加尔省）："商业利率每月是1%；业主每年可以9%或10%的利率借到钱。"（上加龙省）："在图卢兹，每月利率是7/8%或1%。"（埃罗省）："每月利率是1.25%。"（沃克吕兹省）："每月利率从3/4%到1.25%。"

④ 梯也尔，VII，23页、467页。1806年11月，拿破仑颁布了征兵令；1807年3月，他颁布了1808年的征兵令，事态每况愈下。1808年和1813年的法令取消赎回或豁免家庭子弟。《一个埃弗勒资产阶级家庭的日记》，214页。1813年，大地一片焦土，"愁云惨淡、士气低落"；在1814年，关于城市辅助部队，情况"令人沮丧"。米奥·德·梅里托，III，304页（米奥在1815年巡视各省之后给皇帝的信）："您几乎是所有女人的公敌。"

⑤ 共和八年风月17日的法令，第III条，第6、7、8、9款。赦免只作为一种恩惠给予无知兄弟会和将来成为神父的神学院学生。参见1818年3月10日的法律，第15款和第18款。

成一种权利、减少每年的机动分遣队、限制服役时间、确保自由身永久自由，就可使1818年的兵役法令人满意和有效。这部法律在半个多世纪的时间里达到目的的同时没有造成过大的伤害和暴行，并且在所有相同类型的众多荼毒生灵的法律中，也许不是最有害的。

第三章　野心勃勃与妄自尊大

I. 权力的分配—前政府统治时期的宠儿和失宠者—旧制度统治时期—大革命时期—法国的权利平等概念—其内涵和偏激—新制度下权利获得的满意度—无能法律的废除和拥有权利者的平等—对集体行为的剥夺及被剥夺权利者的平等—现代国家的职业—所有人在职位和晋升中的平等权利—拿破仑对工作的分配—他在所有党派和阶层中招聘幕僚。II. 飞黄腾达的需求—旧王朝时期晋升的限制和条件—对人心的影响—万丈雄心是不现实的—外部的出路为他们打开了大门。III. 革命为他们打开了内部的出路和无限的职业选择—对人心的影响—现代人的要求与自负—在竞争对手之间进行选择的理论规则—以裁判身份确立的全民投票权—其裁决的后果—他的选择并非适用。IV. 拿破仑是比赛裁判—拿破仑，竞争的裁判—他的安全宝座—他的决定的独立性—摆脱过去的影响和终结君主专制或民主阴谋—他警惕其他影响—他最喜欢的规则—根据其提供的有效工作的质量和数量评估候选人—他自己的能力—他的敏锐—他的警惕性—他的工作人员的热情和工作内容—如此裁决比赛和越俎代庖的结果—人尽其才使忌妒烟消云散。V. 竞争和奖励—职位众多—职位如何根据中央政府介入、法国领土和政治强势的扩展而增长—法国人在国外的状况—法国人的资格与官衔画等号—飞黄腾达—军队不断减员和空缺成倍增加—公务员的预减员—革命时期文人学士被剥夺权利，教育难以为继—1800年综合或特殊教育稀缺—能人短缺—缺乏竞争对手使晋升易如反掌—奖励的吸引力和重要性—荣誉勋章—皇家贵族—捐赠与贵族长子世袭财产—仿效。Ⅵ. 从1789年到1815年的内部弹簧—弹簧的力量—弹力的衰弱—弹簧如何使机器崩溃。

I

既然国家刚刚完成了其强加于人的新负担和义务分配,那么它同样必须对所赋予的新权利和利益进行分配。早在1789年之前,从两方面来看,分配正义都是有缺陷的。君主专制时期,排斥做法与豁免权一样成为人人共愤的对象。特别是,通过双重不平等,旧制度在每个组别中分出两个组,提供一个组别全部豁免权,让另一组接受被排斥的全部痛苦。原因是,从一开始王国形成和管理的时候起,为了获得所需的兵源、金钱、合作或默契,国王不得不与各团体、机构、省级当局、领主、神职人员、教会、修道院、大学、议会、专业、艺术和职业行会及家庭打交道,也就是说,与难以臣服的权力机构打交道,而这些机构在臣服之前和保持臣服状态时会规定条件。因此,在法国,有许多不同的条件:每个不同的团体都是通过签署一个或几个不同的协议之后臣服的,因而取得了独立的地位。因此,有多种不平等的条件:最有能力保护自己的团体当然可以把其保护得最好。其成文或不成文的地位,保证他们具有其他弱势机构不能获得或保留的宝贵特权,这些特权不仅包括减税和民兵服役豁免权,而且包括政治和行政自由、其原始君权的残余、其原始主权的残渣、古代独立的残余和许多其他的正面好处,至少有差别待遇、优先权、优惠、社会优越感、获得官阶、荣誉、地位和恩惠的无可置疑的权利。相对于选举国家,这里主要指的是城邦国家;相对于第三等级,这里主要指的是前两个等级,即僧侣和贵族;相对于剩余的居民,这里主要指的是城市资产阶级和行会。此外,在这些历史宠儿的反面,还有历史的弃儿,这些人有几百万之巨,包括普通的纳税人、既没有地位也没有官衔的臣民,总之是城市和乡村的普通平民百姓,尤其是那些由于社会地位低下而备受压榨的群体；地位更低的则是不受待见的外国人群体中的犹太人；还有加尔文教徒，他们不仅被剥夺了最卑微的权利，而且在过去100多年以来还受到国家的迫害。

所有这些人都已经被历史的权利抛弃在城市之外。是1789年的哲学权利把他们带回城市里来的。在制宪会议的声明公布之后，法国不再有任何布列塔尼人、普罗旺斯人、法朗什–孔代人或阿尔萨斯人，也不再有天主教徒、新教徒或以色列人；不再有贵族或平民、资产阶级或是农村人，只有法国人；所有公民只有同样的称呼；所有人都有同样的公民权、宗教和政治权利，在国家面前人人平等；所有人都依法一起进入职场、站在同一条起跑线上、无须任何人的恩惠；所有人都受邀为自己选择的事业奉献终身，而无须任何门第、出身、信仰或财富；包括所有人，只要是优秀选手，跑过终点线时都会收到最高的奖励——职业或官衔，特别是尊严和显赫的地位，而这些地位迄今为止一直由一个阶层或小集团所把持，大多数人则可望而不可即。从此以后，所有的法国人在理论上都享有共同的权利。不幸的是，这只是理论。在现实中，在城市中，新来者往往分配给自己更多的地位、施展抱负的空间和比前辈更多的特权。而他们的前辈，无论是大小土地所有者、绅士、国会议员、政府官员还是僧侣、天主教徒、各类和各级贵族，均立即被剥夺人权。在被卷入农村扎克雷运动和城市暴动之后，他们先是被抛弃，然后是国家的敌视：公共宪兵停止为他们提供保护并拒绝为他们提供服务。然后雅各宾派上台，国家宣布他们是国家的敌人，以敌人的身份对待他们，对他们实施掠夺、囚禁、谋杀、驱逐或流放、终身剥夺公民权，如果胆敢回家，就枪毙他们；剥夺他们仍留在法国的亲朋好友的公民权；剥夺贵族或受封贵族的法国人资格，并迫使他们按照规定的手续重新规划入籍；对大多数天主教徒重新更新了旧政府迫害加尔文教徒时实施的清规戒律、迫害和暴行。于是，像1789年那样，在1799年，就产生了两个阶层的法国人、两类不平等的法国人，第一类是安置在城市的高等法国人，第二类是被排斥到农村的低等法国人。在1799年,这些低等、被排斥的法国人被更大的不平等排挤到更低、更不堪的境地。

然而,平等的原则依然存在。1789年以来,这一原则铭刻在每一部宪法最醒目的位置：新宪法仍然主张这一原则。虽然被雅各宾派滥用和歪曲,这一原则仍然广受欢迎。对其粗暴和错误的诠释无损于其光辉。透过丑恶怪诞的漫画,所有的思想和感情总是转向城市的理想形式、真正的社会契约,以及事关分配正义的公平、有效率和永久的统治。以这种思想和感情为基础的整个教育、所有文学,以及18世纪的哲学和文化,引导他们迈进社会和权利的概念中。更深刻的是,这种思想和感情倾向于自身的内部智慧结构、其敏感性的独特技巧、其国家和种族的遗传性优点和缺陷。法国人可以轻易和快速地抓住某些事物和人的一般特性与共性,这里,这种共性指的是人类的固有性质。法国人巧妙地使这种性质突出出来、清楚地分离,然后踏着轻快自信的步子直线踏入前途未卜的道路①。但他们忘了,他们的总结性概念对应的只是一个摘要、一个完整人类的简洁摘要；他们这种锐利、仓促的进程遮盖了看到最大部分真实个人的目光；他们忽略了众多特性,而忽略的最重要和最有效的部分是地理、历史、遗传、习惯、条件、体力劳动或自由教育,铭刻在思想、身体和灵魂中的特性与根据其差异构成不同当地和社会群体的特性。他们不仅忽视了这些特性,而且将其搁置在一边；这些特性对于他们来说太多,也太复杂,妨碍了他们思考。然而,越是适合全面和清楚的逻辑,他们越不适合复杂、综合的观念。因此,他们摒弃了这些观念,然后通过无意识的、内在效应,不由自主地对这些观念加以浓缩、简化和缩短。从此,他们的思想,无论是部分还是表面的思想,对于自身来说似乎都是恰当和完整的。在他们的眼中,人的内在优点决定一切,并且使其他优点相形见绌；这种优点不仅价值非凡,而且是唯一的价值。因

---

① 关于11世纪法国社会和文学开始表现出来的这种古代智慧形式,参见我的《英国文学史》, I, 84~96页；《拉封丹和他的寓言》, 10~18页。

此,所有的人都是有价值的,而法律应该对人平等以待。在法国如此
热衷和容易接受的自尊心,此时应运而生,以诠释和应用这个公式[1]：

"既然人人平等,那么我和别人具有相同的价值；如果法律不考虑背
景、财富和门第而将一种权利赋予任何人,那么法律也必须赋予我同
等的权利。向任何人敞开的每扇门也必须对我敞开；向我关闭的每
扇门也必须向他们关闭：否则,我会被作为下等人对待,因而在内心
受到伤害。立法者将选票握在手上的同时,也将一张同样的选票放
在了我的手中,即使他们知道如何使用,而我却不知道如何使用,即
使有限的选举权对社区有用,普选对社区有害。如果我代表的只是
名义上或凭空想象的主权,那活该我倒霉；我同意我的主权是虚幻
的,但理解他人的主权也是同样如此。所以,相对于少数人享有的自
由和好处,我更喜欢所有人遭受奴役和忍受贫穷；只要所有人处于同
一水平线,我会屈服于给所有人套上枷锁,包括我自己。"

这是平等本能的内在结构,也是法国人的自然本能：有益或有
害与否视乎哪个部分的成分占主导地位,时而是公平的高尚情操,时
而是愚蠢虚荣心的低级欲望[2]。但是,无论健康或不健康,在法国,它
的力量都是巨大的,而新制度也满足了它一切要求,无论好的还是坏
的。不再有不合格的法律。一方面,共和国有关剥夺财产或豁免的
法律都已经废除：我们看到移民获得大赦并回国、政教协议已经签
署、天主教崇拜得到恢复、立宪派与正统派被强制达成和解。第一执
政承认他们之间没有差异,他从他们两个派别中招募新的神职人员,
在这方面,他迫使教皇屈服[3]。在60个主教宝座中,他把12个给了以
前的支持教会分裂主义者。他希望他们大胆地冲在前面,把他们从

[1] 关于这种情感,参阅拉封丹寓言《老鼠和大象》。拉封丹了解整个心理和社会范围。"认
为自己是重要人物在法国极为常见…… 幼稚的虚荣心是我们所特有的。西班牙很自负,但体现
在另一种方式上。这的确是法国的弱点。"
[2] 博涅奥,《回忆录》,I,317页："我们这种现在占主导地位的平等,并不是高尚自然的感情,
可以使人在同胞中自尊自爱,并在所有社会关系中感觉自由自在；不,这是对每种优势的背离,唯恐
占据的位置可能会失去；这种平等不会使下层被禁锢的人重新崛起,但可以防止任何沉渣泛起。"
[3] 奥松维尔伯爵,《罗马教会和第一帝国》,I,X和XI。

宗教忏悔和侮辱变节中解脱出来。在其他48个教区，他小心翼翼地让过去已经做过公民宣誓的神父接受当时未进行公民宣誓的上司的善待。另一方面，君主专制时期所有的排斥、不平等和甄别全部废除。像天主教崇拜一样，不仅加尔文教甚至犹太教都经过了法律授权，而且新教宗教法院与犹太教堂①和天主教堂一样在同一个基础上建立和组织起来了。牧师和拉比同样成了公务员，具有主教和教士同样的头衔。所有人都是由政府认可、任命、委派和支付报酬，并享受同样的赞助：这在欧洲是独一无二的，少数教徒的小教堂可以与国家与多数教徒的大教堂一样受到中立和善意的对待。从此，无论在事实层面还是在法律层面，以前被忽视、饮泣吞声或受钳制的牧师们，如今在社会等级和法律等级制度中也享有了自己的头衔、称号、荣誉，一如过去唯一允许宗教的牧师待遇一样。同样，在公民身份层面，不再有君主专制时期与任何背景相关的卑贱和羞耻的法律规定，也不再有平民、村民、农民和穷人身份，更不会再有不久前的共和国时期的贵族、资产阶级、公民、名人或富人身份。两个阶级中的任何一个都避免了自身的堕落。没有一个阶级被超越权力的税收或兵役制度造成的负担压垮。所有的人和所有的财产都可以通过政府、行政机构、法庭、宪兵找到可靠的保护。平等和平等的真正精神就在于此。现在让我们回头看看平等精神的负面效应和欲望。毫无疑问，公民投票和立法会议的代表选举都只是闹剧而已；但是，在这些闹剧中，所有的角色都有价值，新、旧制度的公爵也只是成千上万的群众演员中的一员，也必须像街角的修鞋匠一样，只有一次投票机会。毫无疑问，无论是市镇、省，还是慈善、宗教或教育机构的个人，都被剥夺了任何独立性、主动性和控制力，因为国家为自身考虑而剥夺了所有的集体行为。

---

① 1808年3月17日关于犹太教组织的法令。以色列的宗教会议的成员和拉比们，必须像其他教派的牧师那样得到政府的认可；但他们的固定薪水，必须由犹太教徒和教区提供，而不是像神父和牧师那样由国家支付；但这种情况一直持续到七月王朝时代才结束；正是通过这样的措施，犹太教与其他基督教派的同化作用逐渐显现出来。

但国家剥夺的是上层阶级，只有他们才足够开明和富裕，起带头作用、制定规划、提供经费，国家以这种僭越的把戏更深入地侵蚀了上流社会的大圈子，而不是下等人水深火热生活的小圈子。几乎全部的损失、所有明显的匮乏，都由大土地所有者承担，而不是他们的雇工和佃户承担；由城市的商人和工厂主承担，而不是其工人、职员承担[1]；而对自己低贱地位不满的职员、工人、短工、手工业者们，自从他们的主人和老板从天堂跌入地狱，与他们比肩而行时，他们才发现自己的境遇并不太糟。

现在既然人人生而平等、站在一条起跑线上、境遇相同、封闭在普遍一致的范围内，社会生活在他们看来就只是一场竞赛，一场由国家组织、公布和裁判的竞赛；由于他们受到国家的干扰，因而都被围困、封闭和扣留在围墙内。没有其他跑道开放。然而，围墙内预设标志和显示的每一个职业，都提供给所有参赛者一个机会：政府已经布置并平整了地面、建好了包间、将一直通到终点的直线栅栏分开、准备好。比赛的唯一仲裁者——政府，就安置在那里，向所有竞争对手展示它提供的无数奖项。这些奖项包括政府各种职位，政治、军事、宗教、司法、行政和大学的职位，待分配的所有称号、荣誉和尊严，等级制度从低到高的所有官衔，从下士、中学教师、市议员、办公室临时雇员、助理牧师，到参议员、法国元帅、大学教师、红衣主教和国务部长。根据职位的高低，政府赋予其持有人所有人都渴望和追求的或多或少的一部分财产：金钱、权力、支助、影响、报酬、重要性和社会地位。因此，在等级制度中达到的层级决定了一个人是达官要人，还是无名小卒。而身处等级制度之外，就是个废物。

因此，进入等级制度的行列、加官晋爵，是最宝贵的能力之一：在新制度下，这种能力作为普通权利通过法律来保证，开放给所有法国

---

[1]　《1814年和1815年法国游记》（1816年，爱丁堡），I，176页："贵族、大地主，农村小地主、自耕农，小农户，所有可能会反对专制君主权力壁垒的中间等级，几乎全军覆没。"同上，236页："在这个国家，在君主和农民之间几乎找不到中间阶层。"同上，II，239页："城市居民的上等阶层、贸易商、制造商或资产阶级，都是波拿巴最明确的敌人。"

人。由于国家没有向他们提供其他出路，那么这是国家欠他们的一个出路；由于国家邀请他们并迫使他们在其裁判下进行竞争，那么国家必须保持公正；由于公民素质本身或通过其本身提供飞黄腾达的权利，所有公民都毫无例外地享有获得所有职位、更高的职位的权利，而这些均是在不考虑出身、财富、宗教或党派的前提下进行的；不再有任何预先筛选、无缘无故的优待、不合理的恩惠、内定的晋升和特殊的恩惠。这是现代国家的规则：根据天经地义的制度构成，也就是说，无所不在的囤积居奇者不能永远违反这个规则而不受惩罚。至少在法国，无论好的还是坏的平等精神都同意严格遵守这个规则，在这一点上，法国人并无异议；其社会法典的每个条款都让他们倍加珍惜；这一条让他们的自尊心受宠若惊，使他们的想象力插上了翅膀、唤醒了他们的希望、滋养了他们的幻觉、强化了生活的勇气和快乐。到目前为止，这个原则仍然惰性十足、虚弱无力，如空中楼阁，流于空洞的机会主义声明和宪法承诺。拿破仑将其打翻在地，使其更为实用；而议会花了十年的功夫都无法用法律形式明确的东西，拿破仑却为了个人利益一次完成。在社会地位和晋升中排除一个阶层或一类人的做法，不仅相当于无缘无故地排斥了自己拥有的所有人才，而且除了不免让这些失意人才心生怨恨之外，还会招致整个这个阶层或这类人的愤懑和持久的不满。如果认为第一执政是在限制自己的选择权就大错特错了：他需要每一个可用的能力，他会在任何地方找到这些权利，以便使军队编制齐整、行政机构规范，所有合法的野心和正当的要求具有实现的渠道。

在君主专制时期，默默无闻的出身便足以关闭一个人，即使是最有天赋的人的仕途之路。在执政府和帝国时期，国家的两个显赫人物是茅普奥的前任秘书、多产翻译家勒布朗①和律师、前外省法庭顾问康巴塞雷斯，前者是第三执政，后来是普莱桑斯公爵和帝国首席

① 拿破仑想对他做个判断，就对罗德勒说："把他的书拿给我。""但这只是译本。""没关系，我只读序言。"

司库；后者是第二执政，后来是帕尔马公爵和首席掌玺大臣。两人都是亲王。同样，元帅也都是新人和军事冒险家，有些人是小贵族或普通资产阶级家庭出身，而大部分人是普罗大众甚至贱民或底层贱民出身：马塞纳是葡萄酒商的儿子，先是在船上做见习水手，然后当了14年的普通士兵和士官；奈伊是桶匠的儿子；勒菲布弗尔是磨坊主的儿子；缪拉是小旅店主的儿子；拉纳是马夫的儿子；奥杰罗的父亲是泥水匠，母亲是水果商人。在共和国时期，贵族出身使职场中最有能力和最有资格的人被有意打入冷宫，但同时他们也因为自己的名字没有使他们被流放、监禁或上断头台而大喜过望。在帝国时期，德·塔列朗先生是有50万法郎薪酬待遇的贝内文亲王、外交部长和副大选侯。我们也可以看到旧贵族阶层人物出现在显赫人物的名单中：在神职人员中有德·洛克劳尔先生、德·布瓦斯杰兰先生、德·布罗利先生、斐迪南·德·罗安先生；在法官中有塞吉尔先生、巴斯齐埃先生和莫雷先生；在皇宫装饰人员和侍从中有仪式大师塞居尔伯爵和首席内侍蒙特斯·费珍萨克伯爵；其他侍从还有佛亚·德·奥布森伯爵、德·布里戈德伯爵、德·克洛伊伯爵、德·孔塔德伯爵、德·路瓦伯爵、德·布朗卡伯爵、德·龚托伯爵、德·格拉蒙伯爵、德·博沃伯爵、德·吕尔·萨吕斯伯爵、德·奥松维尔伯爵、德·诺阿耶伯爵、德·夏伯波伯爵、德·杜莱纳①伯爵和其他历史上显赫的名字。在革命时期，在每次议会、民众或军事政变中，战败一方的贵族总是被排斥在政坛之外，通常不受法律保护。在雾月政变之后，不仅失败的旧党派都重返政坛并受到法律保护，旧贵族也重新占据了各重要职位。在制宪会议的君主专制主义者中，马卢埃是国务参事，莫里是巴黎大主教；而像他一样拒绝向教士公民宪法宣誓的其他47个神职人员的主教宝座，也都像他一样是被任命的。在立法议

---

① 参见《传记词典》，1806~1808年莱比锡出版（艾莫里著），第4卷，和1807~1812年《皇家年鉴》：这里可以找到很多其他历史名字，其中就有宫廷侍女的名字。在1810年，罗什福柯伯爵是驻荷兰大使，莫尔西·阿尔根多伯爵是驻巴伐利亚大使。

会的斐扬派修士中,沃勃朗是省长;博涅奥是国务参事和博格大公国的财政部长;马迪厄·仲马是准将和巡视官;纳尔博纳成为拿破仑的副官和亲密幕僚,后来担任驻维也纳大使。如果拉法耶特愿意,无须要求就可以得到法国元帅的称号。在六月2日之后幸存的为数不多的吉伦特派或联邦党人中,里乌夫是省长和男爵,兰朱伊奈斯是参议员和伯爵;在其他被流放或半流放的人士中,新制度也给其中的一些高级和特别的人士重新恢复了处理政务的权利,他们在大恐怖时期被流放或差点做了刀下之鬼,尤其是当时受到罗伯斯庇尔在热月8日指控或热月9日早上收到逮捕令的金融和外交事务的头面人物,他们的脖子几乎已经感受到断头台上刀刃的飕飕寒风:赖因哈特和奥托是大使,马里恩是伯爵和财政部长,米奥成了国务参事、德·梅里托伯爵和那不勒斯的财政部长;戈丹当了法国的部长和加埃特公爵。在果月的流放者和逃犯中,巴特雷米是参议员,巴尔贝·马尔布瓦是财政部长和审计法院的首任主席;西梅昂先生先是担任国务参事,后来是威斯特伐利亚的司法部长;波尔塔里斯是宗教部长,封塔纳先生是教育部长。第一执政对所有人的政治经历既往不咎:他不仅把制宪会议、立法议会、国民公会和督政府的温和派和半温和派招至麾下,而且还招募了最极端观点中最极端的两派中拥护旧制度的保王党和纯雅各宾派、效忠于旧制度的死硬分子和革命中最受损害者。一方面,我们刚刚看到的是,他把那些庄严王室的遗老遗少和那些被废黜王朝的天生支持者提升到了他的宫廷、法院和教会的达官显贵的位置上。另一方面,除了夏塞、罗德勒和格里高利,除了福尔克罗瓦、贝尔蒂埃和雷亚尔,除了穆尔特的特雷哈德和布雷以外,他还使用了其他一些名声不佳或有劣迹的人物,如巴莱尔本人至少在一段时间内唯一能力所及的政绩就是公共舆论阵地的报料人、办报人和支助人。每个人都可以根据自身的能力找到相应的职位,根据自身的价值和优势找到自身的地位,因此,巴莱尔一直是一个赏金间谍和小报作者;杜鲁埃是在瓦莱纳截停王室一家人的邮政局长,后来成为圣梅内胡尔德的专区区长；曾经是公安委员会成员的冉邦·圣安德烈是马恩斯的省长；做过揭露犯罪嫌疑人的法律记者的梅林·德·杜埃是最高法院的总检察长；大名鼎鼎的富歇是国务部长和奥特朗托公爵；几乎所有国民公会的幸存者都成了一审法院和上诉法院的法官、税务局长、议员、省长、驻外国领事、警察局长、报刊检查员，邮局、海关、税务或教育机构官员。在1808年，这些新制度的公务员中有130名弑君者[①]。

II

走自己的路、奋勇前进、取得成功，是现在人们头脑中的主导思想。在1789年之前，这一思想并没有在人们的头脑中获得主导控制权，与其竞争的其他思想依然存在，它发展到一半就戛然而止，而未能深深扎根、垄断整个想象力、吸收意志力、占据整个心灵。这是因为它缺乏食物和空气。在旧君主专制时期，跻身仕途是有限度的。这是因为，首先，君主专制体制已经衰弱无力，在一个无法自我更新的秩序中，新一代人找不到空缺的职位；而且，在这个建立在传统和遗传基础上的旧秩序中，未来的职位空缺也已经被补充完毕。在这个通往好几个社会等级的庞大社会阶梯中，每个人都可以攀登上自己的阶梯，但无法登上这之外的楼层；到达缓步平台之后，他会碰到紧闭的大门和几乎不可逾越的障碍。上面的楼层是他们保留给自己人的；他们不仅现在占据这些楼层，而且未来仍将继续占据；在每一级阶梯上，在每个头顶桂冠者的身边，我们都可以见到其理所当然的继承人、以各式各样名义命名的有相同地位的人、同僚、邻居、合法继承人，其生存继承权的采购者。在那个时期，人们考虑的是自己的利益，不仅是自身、他的价值、他的职业，而且还有他的家庭和门第、背

---

① 参见《大革命之雅各宾》，773页（注1）。

景、经常进出的上流社会、他经营的沙龙、他的财富和他的追随者；这些因素和环境组成他的资格；没有这个必要的资格，他无法逾越障碍。严格地说，一个出生在一个楼层上级台阶的人，有时可能成功登上下一个楼层的低级阶梯，但他也只能停在那里。简而言之，低级楼层的人认为，对于他们来说，高楼层无法进入，而且无法居住。

因此，大多数的公共机构，如财政，行政、司法、议会、军队、法庭方面，都是私人产业，与现在诉讼代理人、公证人和经纪人的职业一样。要想发挥这些机构的作用，就必须花高价购买，还必须拥有庞大的资本，并耐得住初期菲薄的收入，通常只有购买价格的 3 %~ 5%①。一旦买下一个地方，特别是重要的地方，就会有官方往来招待、开放的门槛、一笔可观的年度②经费，通常需要负债。购买者清楚，这笔交易将带给他比金钱更多的回报。而为了获取收益，他必须得到他所在行会或设立业务的赞助机构的认可。也就是说，他必须为他未来的同事所接受，或被赞助人视为嘉宾、客人和熟人。换句话说，就是为自己提供赞助人，提供保证，证明他足够富有并受过良好教育，证明他的举止行为有资格胜任这个岗位、配得上即将进入的社会阶层。一个人要想在宫廷参与政务，就必须具备凡尔赛宫的行事方式，这与巴黎和外省③的截然不同。一个人要想参与议会高层政务，就必须具有地方联盟、道德权威、由旧式官宦之家由父传子的传统和仪态，而这并不是一个小小的律师、普通的法官可以做到的④。总之，在楼梯上，每一层楼都强加给居民相对昂贵、刺绣或镶金边的服饰，我的意思是一整套内在和外在的、强制性的和不可缺少的习惯与人际关系，包括头衔、贵族称号的前置词和名称字：如果前厅的仆人或接待员报上的是资产阶级式样的名字，就会让人觉得是不和谐的音

① 参见《大革命之革命政府》，237~240 页。
② 参见《旧制度》，90~92 页、100~101 页。
③ 提利伯爵，《回忆录》，I，153 页："在巴黎和外省之间的宫廷和城市的语气、语言之间几乎都有显著的区别。"参见《旧制度》，109 页。
④ 由此造成莫普奥议会的失败。

符。因此，人们会用现金为自己购买贵族头衔，或为自己弄个免费贵族头衔。钟表匠的儿子卡隆，成了德·博马舍先生；弃儿尼古拉斯，称自己是德·尚富尔先生；公共文件中的丹东，签字的名字是安东。同样，一个人外出吃饭如果没有礼服，无论怎样都会租用或借用一件。这一切都作为良好教养和恪守社会习俗的标志、尊重良好的社会风俗习惯的例证而得到容忍和接受。

通过楼层的这种明显分隔，人们习惯了满足于自己所处的状况，他们不会因为被迫待在那里而感到郁闷。服役的士兵不会渴望当军官；小贵族和小康之家的年轻军官也不会渴望当上校或中将。有限的视角妨碍想象力的发挥和狂热投入到无限未来的希望：很快化为泡影的雄心壮志，从一飞冲天变成一落千丈；它从一开始就认识到，峰顶是无法达到的，只要能慢慢登上一两个阶梯就知足了。一般来说，任何人都是在本地的城市、行会或议会得到晋升的。在格勒诺布尔或者雷恩的法院办理首个案子的助理律师会算计，20年后，他将成为格勒诺布尔或者雷恩的首席法官，在办公室再过20年修身养性的日子，简直别无他求。在首席法官和选举官员、盐税官员、海关官员、水务官员或林业官员、财政部职员或外交部职员、律师或者检察官周围，总是有某人的儿子、女婿或侄子，通过家里的培训、技术实习和道德的适应精心打造，不仅要履行职务，而且满足于履行职务、不要求该范围之外的奢求，也不唉声叹气或心怀醋意地这山望着那山高，在自己的圈子里悠然自得，感慨在任何地方也不会如此待遇丰厚、舒适怡人。

即使受到如此制约和限制，那时的生活仍然远比现在的生活快乐：内心深处不会那么迷茫、紧绷，也不会那么疲惫不堪、沉重痛苦，而是更加健康。在排除了现代社会的纷繁干扰之后，法国人充分运用天生利己悦人的禀赋，顺应温和的社会本能，倾向于对事务从善如流，在享受彼此陪伴的快乐的同时无须互相提防，在轻松和体谅别人的交往中，用微笑面对自己和他人，总之，在一个灵感源源不断、心情舒畅和欢乐的氛围生活①。也许如果没有革命的介入，革命和帝国的暴发户们也会像他们的前辈一样，在环境的自然规律中得心应手，毫不费力地适应了既有制度的秩序。

接替蒙彼利埃法庭法官身份的康巴塞雷斯，即将成为首席法官。这期间，他撰写了不少发人深省的法学论著，发明了一些风靡一时的流行词。马普奥的前合作者勒布朗担任了巴黎间接税法院法官和财政部首席秘书，在他的哲学沙龙里，风姿绰约的女士和附庸风雅的文人对他文字优雅、错误百出的翻译称颂有加。在后来的元帅中，有些人是纯粹的平民，马塞纳、奥杰罗、拉纳、内伊、勒菲弗尔，也许已经通过辉煌的成绩，成功成为"暴富的官员"，有些人接手劳心劳力的辛苦差事，像指挥官菲舍尔负责摧毁曼德林的阵地；另一些人，像英雄谢维尔和雇佣兵吕克纳都成了中将。即使像他们这样的粗人，即使在低等官阶中，即使找不到发挥自己高超技艺的完整职业，至少能找到充足的食物满足他们强烈而粗野的欲望。他们会带着嬉笑怒骂的情妇在奢侈的晚宴上指天为誓②。即使他们有天不怕地不怕的气质、性格和天赋，即使他们桀骜不驯，不会被套上笼头和马鞍，或者不像普通人那样受人驱使，他们也不需要为此把车辕砸个稀巴烂。在其他人亦步亦趋行走的大路上，路边总有一些岔路和出口。在许多家庭中，尤其是孩子多的家庭，总会有性急、富于幻想、生性独立、叛逆倔

① 参见革命前的歌曲集，特别是军歌，《尽管打仗》、《在法兰西国民卫队》等。在复辟时期，弗洛里安、布菲埃和波奎因的田园或煽情歌曲，在资产阶级家庭依然有人唱，每个人，无论年轻的或年老的、男人或女人在吃甜点时都要唱一首。这种欢乐、亲切、和蔼的气氛持续了整个革命和帝国时代(《1807和1808年穿越法国南部的旅行》，132页，美国中校平克尼著)："我必须一劳永逸地说，马蒙泰尔回忆录是基于自然的描写。"他列举了许多事实证明，并在所有的阶层都发现了与生俱来的礼貌、开朗亲切的精神、优雅的微笑、使自己和别人幸福的艺术，即使只有三分钟或只是路过。如果比较版画、时尚画、轻松题材画和这一时期与现时代的漫画也会得出同样的印象。恶意的调门是从贝琅吉开始的；然而，他早期的作品("伊夫多国王"，"参议员")也具有老歌的轻快、口音、快乐、巧妙但不是有害的恶意。现在，在小资产阶级阶层或职员或学生圈子里，已经没有人再唱这些歌了；我们见过的使外国人诧异的其他特性也随着歌曲一道消失了，礼貌的举止、幽默的玩笑、把生活看成几刻钟的胸怀，每刻钟可以彼此分离，足够变成快乐的时光，不仅使说话者快乐，而且使听者同样快乐。

② 参阅皮戈·勒布伦的小说，最贴切地描述了当时各种人，军事新贵、暴发户、口无遮拦的人、壮汉和心胸狭隘的人。

强的孩子；他们不愿或无法遵守纪律；有规律的生活、平庸甚至确定的晋升都令他们讨厌。他们会放弃留给温顺长子、女婿或侄子的世袭宅基地或购买的办公大楼，结果，这些财产会留给家人。至于憧憬大千世界无限前景的他们，则会离开法国，出走国外。18世纪时，伏尔泰①说，"到处都可以看到法国人"，在德国、俄罗斯、印度、南美洲、加拿大、路易斯安那，特别是外科医生、剑术大师、骑术大师、官员、工程师、冒险家，甚至海盗、猎人和林业工人，最逆来顺受、最富有同情心和大胆的殖民者与文明传播者，能够在同化当地人的同时也融入其中，采纳他们的习俗，与当地女子通婚、混血，形成新的中间种族，就像仲马·德·拉·帕约特里一样，他的后代就延续了优秀的本族三代人，如加拿大的混血种族，原住民的种族就是通过混血方式成功转型并生存下来的。他们是五大湖的第一批探险家，首批追踪到密西西比河口的探险家，与尚普兰和拉萨尔在北美，与杜布雷和布尔多内在印度，建立了殖民地帝国。这就是那些胆大、难以驾驭的精神，不甘心屈服于压制和古老文明守旧观念的性格和一出生就丧失了社会地位或误入歧途的灵魂的归宿，其中掺杂了游牧民族和野蛮的原始本能的推动作用、与生俱来的桀骜不驯和完整无损的能量与主动性。由于丑闻牵连家庭的米拉波，差点被父亲送去九死一生的荷属印度群岛。在那里，他可能会在爪哇或苏门答腊被绞死或成为哪个区的总督，受50万马来人尊敬和崇拜的君主：两个极端的归宿都体现了他的价值。如果丹东当了法官，而不是用借来的7万利弗尔买了议会律师的职位（这个职位使他在四年中只办了三个案子，因而不得不靠他开汽水店的岳父接济），他本来会去庞地切利或进入土著酋长或国王的宫殿里做官员、顾问或玩伴的。他可能成为提普·萨伊伯的首相或其他权势人物，拥有宫殿、后宫和用不尽的卢比；他也许会像9月的巴黎一样，把人满为患的监狱用大屠杀的办法重新腾出来，

---

① 《天真汉》（老者的叙述）。

只不过这是当地习俗,只用在锡克人和马拉塔人身上。拿破仑在自己的保护人两个罗伯斯庇尔倒下之后,发现自己的职业生涯崛起无望,就想为苏丹效力。他本来可以在朱诺、米隆、马尔蒙和其他同僚的陪同下,带给君士坦丁堡稀罕的物品,享受在东方比西方高得多的薪酬、军事荣誉并发挥管理才干。他本来应该像在埃及那样在正确的时间、正确的地点、以最高的价格在这两方面大展拳脚,无须担心良心的不安和欧洲细腻的正直与人性的考量。究竟会在那里发生什么事情,无法用想象力诠释:肯定会像叙利亚的杰达、凯迪夫或后来埃及的穆哈穆德·阿里那样当帕夏;他已经看见自己像成吉思汗[1]、创造者亚历山大和巴伯、先知穆罕默德那样笼罩在征服者的光环之中:像他自己所说的那样,"只有在东方才能大展拳脚",他本来应该在那里大展拳脚,在东方他也许更能体现出自己的价值。但在欧洲,尤其是在法国,他肯定能体现出自己的价值。

Ⅲ

但是,革命不期而至,旧制度时期在国外攻城略地、在国内却偃旗息鼓的雄心壮志,在家乡的大地上又重新崛起,并形成横扫一切之势,让人大跌眼镜。[2]在1789年之后,法国像处于亢奋状态的蜂窝。在一个8月的清晨,经过几个小时的时间间隔,每只昆虫都扇动两个巨大的翅膀,翱翔并盘旋在高空,相互碰撞,很多折断了翅膀,跌落至地上,像过去一样重新在地上匍匐而行:另一些强壮的幸运儿则不断高升,成了高空的广阔天地里闪烁的明星。根据制宪会议的法令,无

---

[1] 掌玺大臣巴斯齐埃,《未公开的回忆录》,Ⅰ,374页:"我可以肯定,同恺撒相比他的想象力更受成吉思汗的吸引。"

[2] 参见Ⅲ,《大革命之雅各宾》,574页、582页(1791年12月30日和1792年4月7日《法国水星报》马莱·杜潘的文章)。拿破仑(1816年9月3日《回忆录》)抱持同样的判断,在大革命中注意到了相同的主要特征:"这就是在告诫所有行政人员、担任公职的人员、享受所有财产的人员:滚开。"

论是天空的广阔天地，还是地上的康庄大道，不仅在未来，而且是在
目前都开放给每一个人。现行领导体制中的所有人，包括指挥官、领
导人或顾问，政治、行政、省、市、宗教、教育、军事、司法和财政领域的
领导人即时解雇。那些觊觎这些位置已久并对自己的能力有信心的
人一律应召就职。所有先前阻碍和限制晋升的预设条件，如出身、财
富、教育、背景、经历、风俗习惯、举止做派统统打破：不再需要任何
保证金和担保人：所有的法国人都有资格取得任何职位；在各级法
律和社会等级中，所有的官衔都几乎由直接选举、越来越广泛的投票
和数字的简单多数所赋予。因此，所有中央或地方权威和支助下的
政府分支机构，都由新人占据。从低级到高级职位普遍被取代和换
位[1]，"从律师到法官、从资产阶级到国家部长、从前平民到前贵族、从
士兵到军官、从军官到将军、从教士到主教、从助理教士到教士、从修
道士到助理教士、从股票经纪人到金融家、从自学成才者到行政管理
人员、从记者到出版商、从修辞学家到立法议员、从穷人到富人"。从
社会底层一跃跳到社会的最顶层，从最低的阶梯跳到最高的阶梯，从
军士军衔一跃成为少将，从卑微的律师或饥饿的报人到拥有最高权
力，甚至有效行使万能的专制权力的人也大有人在：这就是革命的主
要、正面和惊人的内容。

　　同时，作为反作用力，革命仍然在精神层面发生作用，而其表现的
道德效应比事件本身更大、更持久。心灵深处也深深受到烦扰。麻
木的激情和沉睡的诉求都已苏醒。提供的众多职位和预期的空缺，
"激发了对权力的渴望、刺激了自尊、点燃了愚钝之辈的希望。强烈
和粗鄙的假设释放出他们无能感觉中的愚昧和无知。他们认为自己
无所不能，因为法律把公职赋予了有才干的人。每个人都可以瞥一
眼自己远大抱负的前景。士兵只想取代军官、军官只想取代将军、职
员一心想取代行政长官、昨天的律师今天一心想穿上紫色长袍、教士

---

① 罗德勒，III，534页（1809年1月，关于诺曼底）："各阶层的孩子都想成为士兵以获得
十字勋章，而有了十字勋章就可以成为骑士。出人头地和衣锦还乡的欲望，是民族情感的写照。"

想成为主教、文人一心想坐在立法院议员的长凳上。由于如此多的暴发户获得晋升,各种职位、职务和空缺为下层阶级提供了广阔的职业机会。看到一个个公务人员凭空出世,即使是擦皮鞋的灵魂深处的野心不是也会蠢蠢欲动吗?"必须考虑这种新的感受,因为,无论是否合理,这种感情仍将持续、保持自身的能量、激发人的非凡力量[1]、成为一种意志和行动的伟大刺激力量。从今以后,政府和行政管理部门的工作将成为困难的工作;旧社会的建筑形式和布局都不再适用;同样,进行建设时,不能用不同的材料,不能混用稳定和不稳定的材料,不能用一心只想摆脱自身境遇的人,也不能用成天什么也不想只想这个的人。

实际上,无论哪个职位产生空缺,每个申请人都认为自己是最合适的,也是唯一能够得到的人。因此,认为每个候选人只考虑自己之外,还必须采用一些优先规则。从第一天起,就采用了这个规则,即优秀选择法,就是说,在所有申请职位的竞争对手之间,挑选最能满足条件的申请人。不幸的是,为了在这些竞争者中进行挑选,任命了一名普通的临时最高法官来决断这件案子,规则变成了按人头计算的成年男性法国人多数制,也就是集体担当制,而极少数聪明精英则淹没在鲁莽愚夫的汪洋大海之中。在所有的陪审员中,他们是能力最低下的、最容易上当受骗的、最难以理解所提问题及其后果的、消息最闭塞的、最心不在焉的、对先入为主的同情或反感最盲目相信的、主动缺席次数最多的、只是一群被强拉硬拽来滥竽充数、头脑简单的羔羊;他们的投票可以被任意骗取、践踏和伪造,他们在做无论是被迫的还是应景式的裁决之前必须经由政客审定。这些政客为此上蹿下跳,通过俱乐部和通过革命政府进行操纵,目的是使法国人民除了他们和他们的亲信之外别无选择。这就是人们所描述的1792年和1799年之间共和派执政的真相。只有军队是由

----

① 参见《大革命之雅各宾》, 747页。

于朝不保夕和生死攸关的共同紧迫感最终决定了最佳人选，将最功勋卓著的人提拔到最高级别的位置上。然而，必须指出的是，雅各宾派的自命不凡无论在军队还是在其他地方都猖獗一时，主要体现在两个方面：首先，通过授予下属对上级军官的选举权，将授予军衔的权力拱手让给在餐室里争吵不休、私相授受的酒囊饭袋们；其次，在大恐怖时期乃至以后，通过迫害和解雇有功的爱国军官，通过排挤古维翁·圣西尔及其同僚，使他们避免或拒绝接受高级军衔，通过晋升俱乐部里声名狼藉的吹牛大王和听话的废物，通过民事地方总督的军事独裁，通过赋予雷切尔和罗西涅奥尔最高权力，通过强制手段使克雷波和玛尔索处于附庸地位，通过愚蠢的安排使煽动家加尔多[①]获得大肩章，通过大白天就喝得东倒西歪的恩里奥[②]发出荒诞命令，通过波拿巴的耻辱，通过拘留奥什。在民事秩序方面情况更糟：论军功晋升的规则无人知晓，甚至被用在反面。无论在中央政府，还是在地方政府，在从上到下的等级制度中，从外交部长这样的高官到小小的革命委员会的主席职位，所有的位置都由不称职的人所把持。他们的不适应性不断增强，这是由于针对他们的不断清洗产生了逆反效应，受其影响而腐化堕落的公务员亦随着其职能而恶化。于是乎，功绩和能力的宪法权利在无能与过失的实际特权中终结，在官衔与社会利益分配中，分配正义让位于分配不公，而与理论正相反，一方面，实践中永久性地使称职者、受过教育者、专家、有教养者、高尚和令人尊重者被排斥在外或退休了事；另一方面，上台的都是文盲、不称职者、粗鲁的新手、粗鄙庸俗的畜生、市井无赖、道德败坏者、铤而走险的下流胚、正受司法追究的逃犯，总之，都是五花八门的冒险家和社会的弃儿[③]。这些人由于思想心理变态或

---

　　① 拿破仑《回忆录》（德·马杜龙先生撰写），III，11~19页（关于极其无知的卡尔多先生）。同上，23页，关于卡尔多的继任者，无能的多拜。

　　② 参见《大革命之革命政府》，178~179页。

　　③ 在督政府时期，他们自称是受排斥者。参见《大革命之雅各宾》，582页、701页、709~710页、745页、782~787页，821~823页。参见《大革命之革命政府》，131~167页、（转下页）

冷感而成为暴发户,主要凭借有力的拳头和夺取与保住地位的坚定意志,也就是说,凭借蛮力、谋杀或流放对手的手段。显然,《人权宣言》所承诺的官员并不是10年之后仍然在职的官员,而是缺乏经验的官员。在1789年,职业开放给一切有野心的人;直到1799年,野心的竞争只产生野蛮的喧嚣和暴力的征服。现实最大的困难是:如何规范竞争,找到竞争公正、无可争议的裁判。

IV

最后,这位裁判终于被找到了。1799年11月8日,波拿巴出现在自己的座位上,从当天晚上起,他开始履行职务,在竞争对手之间进行挑选和提名。他是军事将领[①],通过自我任命就职,因而无须依赖议会多数投票,骚乱或叛乱的任何蛛丝马迹都会被他化为无形。大街主权终结。巴黎人会永远记住风月十三这个日子和波拿巴将军在圣·罗西教堂的台阶上向他们开枪射击的情景。从第一天起,他就对他们、任何闹事者和准备质疑他的管辖权的所有反对者采取了预防措施。他的第一执政的扶手椅和之后的皇帝宝座坚固扎实:在法国,除了他本人之外没有人可以撼动;他安心坐在那里,而且将长久坐在那里。他周围的民众黯然无语,当中敢于低语者会被警察盯上。对于公共舆论,他不是加以附和,而是严厉管制、压制,如果需要的话,还可以虚构;他独自一人在高高在上、既独立又安全的宝座上,宣布了分配正义的法令。不过,他也对扭曲他前任决策的任何影响和诱惑保持警惕。在他的法庭上,过去曾获得人民或国王信任的阴

(接上页)167~215页、311~357页。

    ① 关于他的政府实施的强硬和严厉的军事手段,参见夏普塔尔伯爵,《回忆拿破仑》,251页:"一天,古维昂·圣希尔将军来到杜伊勒里宫。波拿巴用平静的语气对他说:'将军,您是从那不勒斯来的吗?''是的,陛下,我已经把指挥权交给您派去替换我的贝尔尼昂将军。''您大概已经收到战争部长的允许?''没有,陛下,但我在那不勒斯已经无事可做。''不,两个小时之后,如果您不在返回那不勒斯的路上,中午以前,您就会在格勒诺布尔平原被枪毙。'"我还看到罗瓦松将军也受到过同样对待,他是离开列日的司令部,回巴黎两天处理紧急事务的。

谋诡计，再也流行不起来了。从现在起，马屁精或煽动者的好日子到头了。一方面，没有人还能像以前君主政体时代那样，通过向女士献殷勤、举止优雅、沙龙里的奉承讨巧、跟贴身仆人和女人斡旋飞黄腾达。在这里，情妇没有信用，也没有宠爱和优待；仆人只是顺手的工具；宫廷大人物只是额外装饰和人形家具。他们中间无一人敢于越过前面的人，扰乱晋升规则，为自己人谋求不胜任的职位。如果他们获得任何好处，那也都只是微不足道的或政治性考量，是出于主人不可告人的想法，是为了笼络他们或他们的派系。他的身边；他们本人、他们的装饰性文化、他们有教养的语调、他们会说话、问好和微笑的天赋对他不起任何作用或只是负担。他对他们的暗示和谨慎[1]的做派没有好感；他只是在炫耀或讲排场时才觉得他们是好仆人。他看重他们的只是他们精通仪式的才能、天生端庄和顺从的灵活，他们天生的熟练呈递信件的机智，如不可以手对手，而是放在帽子的边缘或银盘上，而他只是以真正的价值来评估这些才能。另一方面，没有人能够像不久前在共和国时期那样，通过法庭或俱乐部的冗长演讲、道德诉求、雄辩的演说或诵读而取得成功；现在，含糊的概括、空洞的抽象辞藻、动人的短语没有任何效果。但好消息是，对于律师或辩护人来说，是糟糕的评语。乍看之下，法官正面的实际想法已经深深渗透到理性、手段和有法律效力的主张里，不屑屈服于形而上学和法庭诡计、辩论实力和虚伪的言辞。到目前为止，他已经不相信演讲或文学才华；至少，如果他在公共事务中发挥积极的作用或扮演一个角色，他就无须再把这些事放在心上。据他说，"文章写得好、口才好的人一定没有坚实的判断力，没有逻辑性，也不会讨论问题"[2]，他们只是普通的艺术家、语言音乐家、特殊的有局限性的乐器，其中一些是优秀的独奏家，像封塔纳先生，是国家元首可以任用的人，但只能用

---

① 雷姆萨夫人，随处可见。罗德勒，III，538页（1809年1月）："我请了一些旧宫廷的官员来我家。他们有两年没跟我说过话，六个月没见过我……我不喜欢这些人，他们都是废物，他们的谈话让我厌烦。"

② 拿破仑《回忆录》。

在官方的大合唱和粉饰统治的作品中。智慧本身,不单纯是产生美丽辞藻和旧制度时期首要功绩的智慧,而且是一般智力,这对他只有一半的价值[①]。

"我更聪明,你说呢？嗯,你的智力我有什么可在乎的呢？我所关心的是事物的本质。没有谁会愚蠢到一无是处,也没有谁的智力等于一切。"当他授予一个职位时,事实上是在授权一个职务。正确执行职务是决定自己选择的主要动机：被任命的候选人总是把分配给他的工作做得最好的那个人。没有任何党派人为鼓噪出的声望或默默无闻、小集团、沙龙或部门的虚伪赞美或诽谤可以使他改变偏好标准[②]。他根据他们的工作质量和数量、根据他们的净收益来判断他们的价值,他用卓越的洞察力和一般性的能力,从个人角度直接对他们进行评估。在所有民事或军事分支机构中,甚至在技术细节上,他的作用也具有特殊性；他对事实、行动、过去与现在的情况历历在目,记忆犹新。他的洞察力、批判分析、对心灵与智慧结合后产生的资源与不足的缜密心思、对人量化评估的能力非常人所能企及。通过不断的检验和修正,他的头脑内在储备、人生和道德的字典保持每日更新；他的注意力从不会放松；他一天工作18个小时；人们发现,他个人甚至干预下属的任命。"所有招聘来参与政务的人都由他选定"[③],也都通过他才能保住自己的位置；他们的升迁只由他主宰,而且必须有他认识的担保人。"部长没有皇帝的同意不能解雇公务员,在整个帝国范围内不附带两次调动,所有部长都可能被撤换。部长如果没有向皇帝多提供几个候选人甚至无法任命二级职员,而从感观上看,名字对他要有吸引力。"所有人,即使是在远处,也会觉得主人的

---

① 罗德勒,《回忆录》(拿破仑的谈话)。

② 罗德勒,III,281页："在他的政府里,此前一直被认为是无能的人现在成了有用之人；迄今为止被认为是杰出的人发现自己只是(混在人群中)的普通人；一直被视为国家的栋梁之才的人发现自己一无是处……蠢材或无赖从不需要勃勃雄心来接近波拿巴,因为他们在他那里得不到任何好处。"

③ 费埃维,《通信集》,III,33页。罗德勒,III,338页。

眼睛正盯着他们。博涅奥说："我从早到晚都带着奇特的热情在工作[1]；当地人对我惊讶不已，因为他们不知道皇帝无论身处多远都能遥控他的仆人，都能创造真正的奇迹。我想我关在房间里埋头工作时也能看见他站在我的面前。"罗德勒写道："在他手下，作为长期艰苦工作的奖赏，没有哪个有功之臣觉得体面的休假比分配新的任务更好。"所有的职位看起来都像闲职。幸福候选人的成功或不幸候选人的不幸从未如此分明地得到证明。承担一项艰难任务所包含的承诺、困难和风险永远无法完全补偿所获奖励的喜悦，也不会减轻受挫心灵的苦涩[2]。从未有公共职务的分配或实施的目的是为了更好地满足个人进步的合法渴望，这种渴望同时也是本世纪和民主的主导需求；是为了平息世纪性的和民主泛滥的激情，这种激情是愤愤不平的忌妒、反社会的怨恨和失败者无法平复的遗憾。从未有过哪一种人类的竞赛遇到过这样的裁判，如此执着、如此专业、如此公平。他本人也意识到了他所扮演的独一无二的角色。他自己的野心，最高和最无法满足的野心，使他能理解别人的野心。把适合的人安排到适合他的岗位，这就是他为他自己和他人所做的事情。拿破仑知道这是他的力量所在、他的深层次人气、他的社会效用，他说[3]："没有人会图谋推翻一个实至名归的政府。"然后，他开始大发感慨，对现代社会进行概括，借用古代辉煌传奇和高贵的奥林匹亚运动会经典回忆，做庄严宏伟的比喻："从今以后，职业向所有人才开放。"

---

[1] 博涅奥，《回忆录》，II，372页。

[2] 勒菲弗尔是前法国国民卫队的中士，后来成了帝国元帅和丹茨克公爵，每年有15 5000法郎的收入。一天有一位同僚来拜访他。这位客人一直待在楼下不愿像以前那样上楼。元帅是个热心肠的人，衷心地欢迎客人的到来，并领他在各处转。随着时间的流逝，客人脸上渐渐阴沉下来，尖酸刻薄的话脱口而出，不停地喃喃自语："啊，你真是交了好运！"最后，元帅不耐烦了，对他说："好吧，我会把这一切都送给你，但有一个条件。""什么条件？""你站到院子里；我在每个窗口布置两个带枪的掷弹兵，他们会向你开枪。如果你躲过了子弹，这座房子和所有的一切都归你。""啊，不，谢谢！""我的朋友，人家向我开的枪可比这多得多，也比这近得多。"

[3] 罗德勒，III，332页（1800年8月2日）。

V

现在让我们来看看他向他们开放的职业和他开出的奖品。这些奖品在众目睽睽之下沿着竞赛跑道整齐排列，根据距离越来越美丽、华贵。奖品不计其数，提供的对象是所有希望上进的人，无论地位高低，因为这些奖品就是一个庞大的触角无所不在的中央集权国家民事和军事等级制度中的每个官衔，它的政府利用制度不容忍其框架之外的任何权威或影响，为自己的公务员谋取每一种重要的社会资源[①]。所有这些奖品，即使是最小的和最微不足道的，也都要由他来颁发。首先，在旧法国的领土范围内，拿破仑有比前国王多两三倍的可以支配的职位；因为，即使是官员挑选自己的下属也不可以轻举妄动；在许多地方，他们没有或不再有提名权，这一权利过去一度属于省级世俗或教会机构、修道院、教堂、教区主教、领地的领主，后来属于国王，他先是掌握这一权利，然后却通过无偿赏赐和职位指定特许权或转卖的方式全部或部分交出或转让了这个权利：总之，世袭或后天特权紧紧捆住了他的手。但是已不再有什么特权可以束缚第一执政的手。整个民事组织都从他开始，全部民事官员必须由他挑选。他的官员人数比旧制度的多得多，因为，他把国家的版图扩展到了旧

---

① 麦纳·德·比兰的文件（M.E.纳维尔的通信记录。）多尔多涅省省长莫里斯男爵给贝尔杰拉克省副省长麦纳·德·比兰的信，根据内政部长的命令，转给他一个需要填写的表格，用来编制《区内贵族家庭妇女统计》，附件表格包括几个独立栏目，一个是姓名，另外包括准备的实物或动产形式的嫁妆，还有未来实物或动产形式的遗产，等等。有了这个表格，聪明能干的省长就可以并且应该积极参与到婚姻大事中，了解大宗嫁妆的流向是否适当。《……夫人回忆录》，第三部分，第VII章，154页（这些回忆录资料翔实，作者心地善良、见多识广，目前并未出版，我无权披露作者的姓名）："正是在这个时候，皇帝突发奇想，要自己挑选所有年金5万利弗尔以上姑娘的夫家。"里昂一位富有的女性继承人，原本要嫁给朱勒·德·波利尼亚克先生，现在却嫁给了德·马尔波夫先生。达利格莱先生凭借机智谈吐和女人缘，先是使他的女儿回避了德·科兰古尔先生，然后是萨瓦里的姐夫德·富多阿先生，最终把她嫁给了德·博莫鲁先生。维特罗勒男爵，《回忆录》，I，19页。（他女儿的婚姻就是由下阿尔卑斯省省长指定的）。约瑟夫·代斯图迈尔伯爵，《法国和意大利回忆录》，239页。（关于即将结婚的年轻女士的详细描述和公告来自警察部长罗维戈公爵。）表格的第八个栏目用于"填写年轻女士的天然魅力、是否畸形、天资、举止和宗教信仰"。

制度的国境线以外；他直接或间接地任命了成千上万的市长和省市议会的议员，行政管理、财政、司法、神职人员、大学、公共工程和公共慈善的全体工作人员，除此之外，还有无数部级官员和官员、公证人、律师、执达员、拍卖人，另外还有私人机构的人员，因为从法兰西银行和报社到运输公司和养老储金会，没有哪个集体机构是未经他的许可就可以设立的，没有他的宽容就可以继续生存的。即使不算这些，单纯扣除同样领取工资的军队现役军人和公务员，省长早年的报告中说，自1789年以来，政府"雇用或领取政府工资"的人数几乎增加一倍：共和九年，在杜伯省，从916人增加到1820人；共和十三年，在默尔特省，从1828人增加到3091人；1806年，在安省，从955人增加到1771人[1]。在军队，人数增加了3倍，根据第一执政自己的计算，从1789年的9000人或10 000人，增加到超过20 000人[2]。通过新的组织的发展、军队的膨胀、权力集中制度的建立、宗教地位的重新确立、大学的建立，官员、神父、助理神父、家庭教师、税务官员、学校教师、伤残和退休人员[3]越来越多，这些数字在法国境内还在继续增长。

这些自身已经极度膨胀的数字，通过旧领土的延伸还将膨胀一半。法国将从86个省2600万人口最终扩展到130个省4200万居民，包括比利时、皮埃蒙特、汉诺威、托斯卡纳、荷兰和意大利中部、伊利里亚、汉萨同盟省，也就是说吞并了44个省和1600万人口。拿破仑在这些新的行政区安插了自己的旧法国[4]干部和公务员，他们大部分都广泛分布在从汉堡和阿姆斯特丹到罗马和科尔夫地区。对于那些野心勃勃的大小官员来说，这不啻为一大出路。在法国之外，还有一

---

① 《省长统计》。(杜伯省由德布里撰写，60页；莫尔特省由侯爵撰写，115页；安省由博西撰写，240页。)

② 《安省统计》，由博西于1808年撰写。从1801年起，由国家支付报酬的职员数量从1140人增加到1806年的1771人；省长认为这种增加是由刚刚指出的原因造成的。

③ 拿破仑，《通信集》(1811年4月11日的记录)："在汉堡、不莱梅和鲁贝克的常住法国人一直有8000~1万人，他们是职员、宪兵海关和税务官员。"

④ 罗德勒，III，338页(1800年10月21日)。这时候，第一执政认为自己的军队里有2万名陆军少尉。

些多余的、规模不小的地方需要投入法国的怀抱：因为,那里的亲王和诸侯王,如欧仁、路易斯、杰罗姆、缪拉、约瑟夫,也把数目不小的法国人,包括熟人、宫廷显贵、将军、部长、行政人员甚至职员和不可缺少的副官都安插进王国的各个部门,目的是让当地人在新制度下的军事和民事机构里现场学习巴黎是如何在行政、征兵、民法典、财务方面进行管理的。甚至在独立同盟国,如普鲁士、波兰、莱茵联盟,也有法国人间歇或永久性地驻守在当地,掌握权力、指挥军队、驻守要塞、接收补给、征收战争税。即使从丹茨克和雷吉纳海滩值班的下士和海关检查员身上,也可以感受到征服者的优越感与拥有官衔别无二致。他们眼中的当地人是半野蛮人或半原始人,是墨守成规的落后民族,因为他们甚至不会说法语。他们像16世纪的索尔达多先生或过去的罗马公民一样觉得自己高人一等,自从西班牙的伟大王朝和古罗马帝国之后,还没有哪个征服国家和新制度的传播者给自己的臣民这么多的自尊心享受,并为他们的雄心壮志打开如此广阔的天地。

因为,一旦进入职场,他们比查理五世统治下的西班牙人或奥古斯都统治下的罗马人更清楚,他们能走多远和多快。职场上没有任何障碍阻碍任何人：没有人觉得自己在岗位上受到禁锢,每个人都认为自己的岗位是临时性的中继站,正等待一个更好的岗位,从第一天起,他的目光就盯着前方、飞奔向前、跳得更高、抢占第一个空缺的更高职位,而在这个制度下,空缺比比皆是。在军队和有军衔的军官中,估计每年有近4000个空缺[①];从1808年和1809年起,但特别是在1812年和1813年的灾难之后,已不再是职位短缺的问题,而是人员短缺。拿破仑被迫把还没长胡子的青少年、新兵、在军校培训了一

---

① 每50名步兵中就有一名军官；在骑兵中,每25人或30人中就有1名军官。每50人中就有1名军官表明,从1804年至1815年之间死亡的170万人中,有34 000名军官,这样每年会有约3000个职位空缺,另外再加上由于受伤、残疾和退休的人数。此外,还必须指出,一个少尉以上军官的死亡或退休会产生好几个空缺,这样的空缺比高军衔产生的空缺多。一个上尉阵亡,会有三个人升职,以此类推。

年或六个月就上战场实习的18岁学徒工、哲学或修辞班的学生，以及满怀"美好憧憬"[1]的孩子视为军官：在1808年12月23日，他从高中抽调了50名学生，他们立即穿上了有金花边的尉官军装；在1809年，他招募了250人充实油库营；在1810年，他招募的150名"了解演习"的19岁年轻人，带着少尉委任状即将被派往远方探险队；在1811年，枫丹白露士官学校抽调400人，雷岛20人，84人成了军需官；在1812年，112人，以此类推。当然，由于每年大炮和刺刀造成的缺口，年轻群体中的幸存者上升得也更快；在1813年和1814年，就有25岁的上校和中校。

在民事机构，如果侥幸没被杀死，也可能同样被工作累死。在这个时代，一个人很快就会在身体上和精神上筋疲力尽，甚至是毫无危险可言的工作也是如此，这也增加了空缺。此外，即使没有死亡、创伤和残暴的灭绝，也会有另一种有效的灭绝在发挥作用，并且在很长一段时间里朝有利于人才发展的方向发展，为他们提供职位，加快他们的升迁步伐。拿破仑只接受有能力的候选人。然而，在1800年，民事职位的人才缺口非常大，与1789年或目前的人满为患的情形截然相反。在军事机构，能力是与生俱来的；自然禀赋、勇气、冷静、机敏的感知力、体力活动、精神支配力、地形想象力，是军事能力的主要元素。在大革命期间，只要一个人能读、会写、能做四则运算，经过三四年的时间，就能成为出色的军官和战无不胜的将军。而民事部门的能力培养则完全不是这样，需要长期的学习和研究。要成为一个神父、法官、工程师、教授、省长或学校的教师，必须学习神学和法律、数学或拉丁语、管理或财务。否则，公务员将无法取得服务资格，他必须至少会拼写、书写法语、审查案件、起草报告、记账，如果需要的话，能看懂一份计划、作出评估并读取地图。具有这种才能的男人在执政府初期是罕见的。革命首先摧毁的是贵族阶层[2]。他们所有的后辈

---

[1]　吕奈尔，《罗德兹中学的历史》（部长公告），228页。

[2]　参见本卷250页。在1795年，对人才和专业人员的需求极其旺盛，使得政府甚至（转下页）

和众多受过良好教育的年轻人,出于爱国主义而成为士兵,或离开家庭以避免成为疑犯,他们当中有一半人长眠于战场或从医院走向墓地。"纨绔子弟①第一场战役就死了。"无论如何,对于他们和他们的弟弟来说,对于开始学习拉丁文和数学的孩子们来说,对于所有希望从事自由职业的人来说,对于即将接受小学、中学和高等教育并准备向智力工作提供知识储备完备的大脑的整整一代人来说,教育缺失了十年。不仅支助教学的捐赠资金被没收,而且作为教职人员的几乎所有神职人员,成为被最严厉禁制的一群人。在征兵和关闭学校使学生流离失所的同时,屠杀、放逐、监禁、贫困和断头台也使教师一蹶不振。在大学和中学的废墟使理论界青黄不接的同时,制造业和贸易的破产使实践难以为继。由于所有的研究领域长期中断,通识教育以及特殊能力的培养成为市场上的稀缺产品。因此,在1800年和随后的三四年里,无论谁给市场带来了这两种商品的任何一种都可以确定会很快售罄②;新政府比任何人都需要他们。只要卖方决定卖出,马上就会卖掉;而且无论是从前的雅各宾派还是从前的移民,马上就会被雇佣。如果他同时带来两种商品并具有满腔热忱,那么他很快就会升职。如果他在试用期表现出卓越的能力,就会像莫里恩、戈丹、特龙歇、巴斯齐埃、莫雷一样升到最高的职位:他发现几乎没有任何竞争对手。但如果事情按普通的轨迹运行,他就会有竞争对手。是革命清除了他周围地面上的一切障碍;没有革命,道路会被阻塞的水泄不通;称职的候选人会蜂拥而至。如果可能的话,可以数一下有多少人才身名俱败,包括保王党人、拥护君主政体者、斐扬派、吉伦特派甚至雅各宾派。他们是贵族、神职人员、年轻人、资产阶级和那些成熟年龄人群中的精英。因此,摆脱了最强大的对手的幸存者可以跑步追求自己的道路。而断头台也为他们提前准备好:它把

(接上页)在保王党中寻找财政和外交部门的主管人员;政府向杜弗莱斯纳先生和德·雷纳瓦尔先生开出聘书。同上,406页。(参见戈丹、米奥、德·梅里托和莫里恩的《回忆录》。)

① 教育立法的发起人布吉埃的演讲(共和二年霜月22日在国民公会上的演讲)。

② 关于这篇文章,我请读者像我一样,除了出版的传记以外,参阅他祖父的回忆录。

炮弹在军队、民事和军事等级制度上蒙的层层烟雾——拨开；如果能活着证明军功，要不了几年就能爬到最高权位。

提供给最高权位的奖品是美轮美奂的，令人不禁神往：展示奖品的伟大训练师不会遗漏任何刺激普通人的诱惑。在威严的权力和财富价值[1]之上，拿破仑又加入了想象力和舆论价值，为此他制作了五花八门的奖章和荣誉勋章。"他们把这称为玩具，"他说[2]，"但对人的操控需要这些玩具……法国人是不会因为十年革命就改变的……看看人们对外国奖章是如何顶礼膜拜的：他们都感到惊讶，都不遗余力地以带上它们为荣……法国人只珍视一种情感——荣誉，所以必须用营养滋养这种情感；荣誉对他们来说是不可缺少的。"对极少数人来说，取得成就已经足够；而普通人甚至对别人眼里赞许的目光也不会满意——这种目光过于短暂、太矜持、太柔和，他们需要的是如雷贯耳、惊天动地的名声；他们想无论自己在与不在，都有人在持续传播对他们的钦佩和尊敬之声。甚至这样还不够；他们不愿意自己的伟大功绩未经界定就以模糊的状态存在于人们的头脑中，而认为应该公开评估、标出价值、在经过排列和数字标注的官衔中和平庸的成就之上，尽量无可争议地享有自己的一席之地。新制度完全满足了人类和法国人自尊心的所有要求。在1804年7月14日[3]攻占巴士底狱的纪念日，在残废军人院的穹顶下，拿破仑主持了军团宣誓仪式，在庄严的弥撒后，在皇后和整个宫廷的见证下颁发了十字勋章；另一次

---

① 第博多，《执政府回忆录》，88页（共和十年花月25日，罗德勒在立法会议上的主旨演讲）："毕竟，这是新货币创造的另外一种价值，而不是公共财政的价值；是币值不可更改的货币的价值，是用之不竭的金矿的价值，因为这种价值置于法国的荣誉之中；单纯这种货币价值就可以奖励被视为高于任何报酬的成就。"

② 第博多，同上，83页（共和十年花月14日，第一执政在行政法院的演讲），以及《回忆录》："古老和而腐朽的国家与年轻和道德清明的国家的统治方式是不一样的；他们做出牺牲是为了利益、享受和虚荣。这是君主体制重新崛起和头衔、十字勋章、缎带、幼稚的饰物回归的秘密所在，这些东西适合激发群众的尊重，同时也使自尊得到加强。"

③ 马扎斯，《荣誉军团勋章》，随处可见。（提名和仪式细节。）实际举办时间从7月14日改成15日礼拜天。奥杰罗和六十多名不喜欢做弥撒的军官"坏家伙"，不愿意进教堂，于是就待在院子里。

仪式是在一个月后，在1804年8月16日皇帝诞辰纪念日，在布洛涅军营，他面向大海，集合准备征服英格兰的舰队，在1800面鼓的隆隆声中、10万名观众和整个军队的见证下举行了仪式。大概没有什么仪式能比这种仪式更令人兴奋了。生性严肃的著名外科医生拉里在这次仪式上也被授勋，直到生命最后时刻仍然对仪式充满感动，每每用颤抖的声音提起这绝无仅有的一天。在那一天，几乎所有[1]对法国有功的人才都受到颂扬，每个人都有和自己相称的显赫称号，骑士、军官、指挥官、大军官，后来还有大鹰式勋章；不同类别，功绩相当的人都站在一起，教士和教徒、平民和士兵；每个人都由行业公会的同僚授予荣誉；贝托莱、拉普拉斯和拉格朗日与克勒曼、乔丹和勒菲弗站在一起，奥托和特龙歇与马赛纳、奥杰罗、奈伊、拉纳、苏尔特和达武站在一起；4位大主教与18位元帅站在一起，甚至包括下士以及在尼罗河两岸由红眼病致盲的埃及老兵，还包括以辉煌成就赢得荣誉剑或枪的普通士兵，例如，端着刺刀向前冲的克瓦涅埃[2]，杀死了五名奥地利炮兵，独自一人夺取了大炮——六年前，他是农场的马夫，既不会读书也不会写字；而现在却首批受到提拔，并几乎成为描述几何的创始人蒙奇、大学校长封塔纳、元帅、海军上将、最高级别官员、所有巨额共同财富的拥有者、12年积累的所有荣耀的合法继承人的同志和同僚。这些荣耀是无数英勇献身的生命换来的；更弥足珍贵的是，他们人数稀少[3]；因为在这个时代，一个人不是凭着在办公室脚踏实地

---

① 好几位将军，包括勒库尔博、苏哈姆等，由于太倾向于共和派或有嫌疑或敌意而被派出在外。勒莫尔西埃、杜西斯、德里尔和拉法耶特拒绝。海军上将特鲁盖，由于愤怒和不满，先是拒绝了大军官军衔，最后改变主意，先当了司令，后来当了大军官。

② 《上尉科瓦尼埃的笔记》，随处可见，以及95页、145页。在仪式结束之后，"那些美貌妇人走过来触摸我的十字勋章，问我是否可以吻我"。皇宫附近咖啡馆老板对他说："您爱吃什么随便点：荣誉勋章获得者在这儿免费品尝"。

③ 马扎斯，《荣誉军团勋章》，413页。埃德蒙·勃朗，《拿破仑的民事和行政管理机构》，279页。一开始的时候，获得荣誉勋章的人数有6000人。在1806年，颁授了14 560人，如果把他统治时期直到垮台的所有获得勋章的人数加起来有48 000人。但当时活着的荣誉军团勋章获得者的实际人数不超过30 000人，其中只有1200人从事民事工作。到1888年12月1日（根据荣誉军团勋章管理局提供的文件），共有52 915名荣誉军团勋章获得者，其中31 757名军人和21 158名平民。而在帝国时期，每1400名法国人中，就有1名勋章获得者，如今，每730名法国人就有（转下页）

坚持20年准时上班就可以获得十字勋章，而是凭借意气风发的活力和过人的胆识、浑身的伤痛、出生入死、每天与死神擦肩而过的经历取得的。

从今以后，无论在法律层面，还是在公共舆论层面，他们就是新社会的中流砥柱、享受优先权甚至特权的新科贵族。他们走在街上时，哨兵会举枪致敬；葬礼时有25名士兵参加送葬队伍；在省或区的选民团里，他们凭借级别，而无须通过选举就可以成为选举人；他们的儿子在弗莱什军校、圣西尔军校和高中，他们的女儿在埃古恩女校或圣丹尼斯女校都享受奖学金。除了以前的爵位以外，他们和旧贵族一样一无所缺；而拿破仑是为他们的利益重新创立了这个头衔。在社会观念中骑士、伯爵、公爵或亲王的爵位本身就具有优越感；当在客厅里通报爵位时，当在句首读出这个单词时，那些助手们一般是不敢怠慢的；亘古久远的偏见使他们具有对头衔过于尊敬和顺从的倾向，即使革命也未能摧毁这个词语的力量和历史。拿破仑做得更好：他没收了头衔，夺走了头衔的垄断权，从旧制度偷走了商标。他自己设立了48 000个骑士、1000个男爵、388个伯爵、31个公爵和4位亲王。此外，他把旧贵族引入新贵族体制，然后把自己的标记加在他们身上：他给他们重新加封爵位，通常会降一级，如某个公爵会降级成为伯爵——按面值或折扣接受的封建硬币，为了可以流通，必须接受皇家印章冲制，把现代数字印制在上面，重新确认价值。但是，无论是什么金属材质，金、银或铜，甚至未经加工或古罗马式样，新的硬币必然是优质合金并且外形漂亮的。通常，它像旧货币一样通过高浮雕展示出盾形纹章、纹章王冠和地名；上面既不再有领土的名字，也不会使人想起原始主权。但这是一个承载着胜利或征服的名字，让人想起最新的成就。蒙特贝罗公爵或莫斯科亲王至少在现代人的想象中相当于蒙特莫伦西公爵元帅或罗汉亲王，因为

（接上页）1名获得者；在当时，每50名获得者中，只有2名文职人员；而如今有近20名。

如果帝国的亲王和公爵没有祖先，那么他们自己现在和将来就成为祖先。被拿破仑加入到人人出于虚荣而觊觎的奖品中的有实质金钱利益，如现金或土地，不仅是大笔的工资、辅加的元老院议员的年俸、偶尔慷慨的赠礼、一次性送给拉萨尔将军100万法郎，而且还有额外庄园的巨额收入[①]：每年32 463 817法郎分给4970人；每个荣誉军团成员有250~5000法郎的养老金；别墅、大片土地、养老金、对最高头衔的超卓捐赠，其中的34人有100 000利弗尔年金的收入；康巴塞拉斯收到450 000利弗尔的馈赠，马塞纳收到683 000利弗尔，内伊收到728 000利弗尔，达沃收到910 000利弗尔，贝尔蒂埃收到1 354 000利弗尔。除此之外，还有三个"公国君主"，纽夫夏特尔给了贝尔蒂埃，贝内文托给了塔列朗，庞特·科尔沃给了贝尔纳多特。在容易出现猝死和夭折的年代，这也是不错的最后诱惑：拿破仑从超越有限生命的视角，为那些有远见、准备大显身手的人打开了世袭和不确定的前景。他所赋予的每个头衔，包括亲王、公爵、伯爵、男爵甚至骑士，都是可以直接传给下一代的，根据长子继承顺序，可以从父传子，有时在某些条件下可以从叔叔传给侄子。第一个可以接受的条件是长子世袭财产不可转让和不可扣押的制度，指的是从3000法郎的普通骑士到200 000法郎的公爵的房产收入、银行股票或国家年金，也就是由君主捐赠或由创始人勤俭持家得来的、用于支持头衔体面的、贯穿未来整个继承链的男传男和血缘世家相传的永久财产。狡猾的诱惑者通过这种最高奖赏，对那些不仅关心自己，而且关心家庭的人施加影响：他们今后也将像他那样一天工作18个小时，无论是在办公桌前埋头苦干，还是在战场上出生入死，他们可以对自己说，是他们的卓越才干在他们死后传给了他们的后代："至少，我的儿子会继承我，甚至由于我的死成为伟大的人。"

　　用来克服人类物质自然惰性的所有诱惑同时结合在一起并形成

---

① 埃德蒙·勃朗，《拿破仑的民事和行政管理机构》，等等，276~299页、325~326页。(由皇帝授予的亲王和公爵的爵位和10万法郎或以上捐赠列表。)

合力；除了个性意识和个人独立的需要以外，所有其他的内部弹簧都紧绷到极致的程度。这种独一无二的极端情况进一步给雄心壮志增加了能量、冲动和热情。所有这些成功人士或暴发户都是当代人：他们都是从同一起跑线一起从相同的中低阶层背景起步的；他们每个人在自己之上的高层阶梯都看到老前辈；他认为自己和他们一样能干，但由于无法跨进他们的阶梯而感到痛苦，他们努力，并承担风险，从而加入到他们的行列中。但是无论他们爬得多高，仍然能看到更高的人当中也有以前的同志；因此，他们得到的官衔在他们看来似乎都没有超过他们的成就，得到的爵位无法满足他们的自负。"看看马塞纳吧，"拿破仑在瓦格拉姆战役前几天说[1]，"他得到了足够多的荣誉和名声了，但他仍然不知足；他想成为像缪拉和贝尔纳多特那样的亲王：他明天死了就可以当亲王了。"在这些只有等级、爵位和金钱的亲王之上，是大公爵和现任总督，像缪拉、大公爵伯格和意大利总督欧仁。在欧仁和缪拉之上是诸侯王、路易斯、约瑟夫、杰罗姆，然后是缪拉本人；在这些人当中，除贝尔纳多特作为独立君主位置较好之外其他人或多或少都受到元帅的忌妒，所有人都或多或少彼此竞争，下级渴望上级的宝座，缪拉因为被送往那不勒斯，而不是西班牙，为统治500万人，而不是1300万人而伤心不已。在从下到上的等级制度中，甚至到最高位置，包括王位，阶梯有规律地交替上升，连绵不断，每个台阶都通往下一个台阶，无法阻止先到的人用20年或30年的时间从第一个阶梯爬到最后一个阶梯的所有台阶，如果他走运、腿脚灵便、半路不摔倒的话。"军队中常见的报道是，他被提升为那不勒斯、荷兰、西班牙、瑞典国王，像以前常说的某人被提升为某个连队的中士一样。"[2]这是流连于想象力中的终极的整体印象；正是在这个意义上，人民正是在这个意义上诠释新制度的，而拿破仑也致力于确认人民的这种诠释。为此，他把设立的第一个公爵给了勒菲弗尔元

---

[1] 马迪厄·仲马，《回忆录》，III，363页。
[2] 拉法耶特，《回忆录》，V，350页。

帅，"这是故意为之，"他自己说[1]，因为"这位元帅曾经是普通一兵，因为巴黎的所有人都知道他是法国近卫军中士"。有这样的例子和其他令人眩晕的例子摆在那里，无不让人跃跃欲试，忘乎所以。"那时候，"理解统治者心思的司汤达说，"有一个药店的伙计整天埋首在后院摆弄药瓶子，研磨和过滤药品，他自言自语，如果他碰巧找到什么伟大的发现，他就能做每年5万法郎的伯爵了。"那时候，在文件上工整签名的低级职员，也可以幻想有朝一日自己的名字出现在参议院或部长的公文上。那时候，收到首条饰带的年轻下士在心中已经提前听到隆隆的鼓声、号声和颂扬他的帝国元帅的大炮齐射。

VI

一种非凡的新力量出现在历史上：这是一种精神力量，类似于在16世纪的西班牙、在十字军东征时的欧洲、穆罕默德时代的阿拉伯那样刺激人们心灵的精神力量。这种力量刺激人发挥自己的潜能，使人的活力倍增，使人超越自己，创造狂热者和英雄，使人盲目和疯狂，因而成为不可抗拒的征服者和统治者，无论对人还是对物，从卡迪斯到莫斯科，都铭刻下不可磨灭的印记。所有的天然屏障都被推翻，所有的普通限制都被超越。"法国士兵，"一个普鲁士军官在耶拿写道[2]，"都矮小赢弱，我们一个德国人就可以打败他们四个人。但是，一受到攻击，他们就变得超乎寻常了。他们会被一种难以形容的热情席卷而去，而在我们的士兵身上则看不到一丝这种痕迹……这些农民由于贵族而惹火烧身，他们共患难，但无须分享激情和报酬，你能拿这些人怎么办？"身体需要放松和日常食品，如果过于压制会爆发扎克雷运动，除此之外，还有更强烈的精神需求，在突然遭遇精神食粮时，会猛扑上去，紧紧抓住，一口吞下，因而最终爆发革命：这种

---

[1]　拿破仑《回忆录》。
[2]　梯也尔，VII，210页。

需求源自于满足和自鸣得意的自我审视、打造讨巧的自我形象、将其印在他人心中，总之，是出于自尊和受人尊敬的渴望①。这种情感根据人的素质和机缘，有时孕育出最高尚的美德和最崇高的奉献，有时孕育出最严重的罪恶和最危险的妄想：一个人从此变得容光焕发，沉睡在他内心的神或魔鬼突然间都被唤醒了。从1789年起，他们双双出现：一位目击证人②说，从这天起并且在整整1/4个世纪里，"对于大多数法国人来说，无论是哪个阶级"，人生的目标已经改变；每个人都将自身置之度外；从现在开始，对每个人来说，重要的是"曾经生活过"，或为了一个信念"为某种东西而死"。人曾经是思想的奴隶，并为它而献身；一个人由于相信自己是一个高贵的人、优越的精英、人上人，并且由于看到自己被承认、赞颂和褒奖而得到强烈的满足感。法国人第一次感受到这种激烈、深刻和强烈的快感，是在聆听人权宣言的时候；从那时起，他们觉得自己是真正的公民、哲学家，偏见和滥权的摧毁者，真理、自由和平等的狂热信徒；后来，随着1792年战争的爆发，又感觉自己是祖国的捍卫者、所有伟大原则的传教者和传播者③。在1796年，原则开始在背景中退出④：人们把自己打造成解放者和恩人的理想形象逐渐让位于令人敬佩和赞赏的、能够创造人类伟大成就的英雄。

这种内在形象造成的沾沾自喜延续多年⑤：所谓的虚荣心和精于

---

① 梯也尔，VII，195页（1806年10月）。拿破仑在他的一个公告里只提到了缪拉的骑兵，而忽略了同样表现优异的拉纳的步兵。失望的拉纳不敢向手下士兵朗读这份公报，于是他和皇帝谈了这件事。"如果他们连自己掌控的名人榜的一百张票挑选出的名字都找不到，他们还想要什么奖励？"拿破仑回答说："你和你的人都像孩子一样，荣誉属于所有人都有份……总有一天会轮到你们来填写大军战报的名字。"拉纳对聚集在斯德丁大广场的步兵部队朗读了这封信：队伍群情激奋。

② 德·雷姆萨夫人，III，129页。

③ 参见《大革命之雅各宾》，825～826页。马尔蒙，《回忆录》，I，122页（1795年1月12日给母亲的信）："看哪，您的儿子认真履行了他的职责，配得上他的国家，为共和国服务……如果我们没为获得自由做任何事情，我们就不配得到自由。"

④ 比较《弗里加斯中士日记》和《科瓦尼埃上尉笔记》。弗里加斯是报名保卫祖国的义勇军；科瓦尼埃是想出人头地的被招募的军人，他对主人说："我答应您，我会带着荣誉步枪回来，或者死在战场。"

⑤ 马尔蒙，I，186、282、296页（1796年在意大利）："在这个时代，我们的雄心是次要的；我们只关心我们的工作和娱乐。这种直率的、最亲切的结合存在我们所有人之间……任何忌妒（转下页）

算计的野心不再是主要动力；如果一个人获得晋升，这并不是经过要求而得来的；他的愿望仅仅是要表现自己、全力以赴，在同志们的陪伴下勇敢地、快乐地生活或死去①，在履行公职之外，成为下属或与上司平起平坐的人、朋友、兄弟。然而，掠夺已经开始：长期持续的战争使征服者堕落，使他习惯于残暴，蔑视财产和生命；如果他是铁石心肠或者想要变成这样的人，他就可以狂吃滥饮，享受现在的美好时光；如果他有远见卓识，并且为人谨慎小心，他就会见钱眼开、大肆勒索、赚个盆满钵盈。在帝国时代，尤其是1808年和1809年，理想人物腐化得更快；从这时候起，他们的形象或者功成名就，或者是未来的军官，他们带着军衔和军衔饰物、穿着镶金边的制服和十字勋章，对成千上万的人行使职权、享受公开的固定薪水，以及通过主人给予的宠爱和从被征服者②身上榨取民脂民膏而得到的志得意满的豪迈。现在人人关心的是通过何种渠道一步登天，无论是高尚的还是丑陋的；首先当然是主要的康庄大道，需要冒生命危险，拿命去换；还有一条新的道路，需要假装古道热肠，实践和信奉盲从，放弃所有的政治理念，不再为法国，而是为君主奉献自己：对同志的同情让位于残酷的竞争；在晋升的预期下，军人的友谊迅速冷却。死亡产生的空缺使幸存者得利，他们知道这一点。"在达拉维尔，"司汤达说，

（接上页）感和低级激情都没有进入我们的心中。（然后）多么兴奋、多么宏大、多少希望和欢乐！……我们当中的每一个人对无限的未来都有一种预感，但并没有个人野心和算计。"乔治·桑，《我的一生》。（与父亲，指挥官杜平的通信）。司汤达，《拿破仑生平》。"在这个时代（1796年），在军队里，没有人有野心。我见过军官拒绝晋升，以便不离开自己的团或情妇。"

① 罗德勒，III，556页（1809年4月9日，布尔戈斯与拉萨尔将军的谈话，由罗德勒在当天晚上记录）："你经过巴黎了？""是的，这是最近的路。我会在清晨五点到那里；我要买一双靴子，让我妻子怀上孩子，然后去德国。"罗德勒对他评论道，人们铤而走险、冲锋陷阵就是为了升职并享受升职所带来的快乐。"不，根本不是这样。人们那样是因为可以享受快乐，享受战斗；战斗可以享受到足够的乐趣。你生活在一个喧嚣、动荡、迷茫的时代。在你获得声誉时，您已经在享受拥有声誉的快乐。当你获得了财富，你知道你的妻子和孩子们将不会受苦。这就足够了。至于我自己，我明天就可以死。"（这次谈话的细节令人钦佩，当时没有哪个文献提出的观点比这个军官的更好。）

② 巴尔扎克尤其是在《男孩之家》里详细研究和描述了后一种类型。在梅里美的作品中（《不高兴的人》和《西班牙人在丹麦》）、司汤达的作品中（《绿色猎人》）中都可以看到其他这样粗鲁之人。我年轻时也认识五六个这样的人。

"两个军官一起站在炮位上，一发炮弹把上尉打倒。'好吧，'中尉说，'现在弗朗索瓦死了，我当上尉。''不行，'弗朗索瓦说，原来他只是被震昏了，现在又爬起来了。这两个人不是敌人，互相也没有敌意，只是中尉想再晋升一步。"这位敏锐的观察者补充道："这种愤怒的利己主义当时被称为热爱荣耀，皇帝正是以这个名义鼓动法国人的。"

人们在这个斜坡上滑得很快，并且受人鄙视：首先，每个人只想到自己；个人以自己为中心。此外，上面的例子已经说明一切。那么，拿破仑是为法国工作①还是为自己工作？

如此之多的庞大计划，如征服西班牙、远征俄罗斯、把他的兄弟和亲属安插在新的王位、对欧洲的不断分割与重组、越来越遥远的连年战争，是为公众利益和公共安全？他到处攻城略地是为了公众福祉和公共安全吗？对他自己来说，如果不是使自己的财富越滚越大，那么他究竟想要什么呢？"他过于雄心勃勃了"，他自己的士兵这样说②；虽然如此，他们仍然对他鞍前马后，追随到底。"我们一直跟着他前进，"跟着他穿越波兰进入俄罗斯的老掷弹兵说③，"这一次我们不能抛弃他，让他一个人留在那里。"但他身边的亲信仍然会与他保持一致，无论已经爬得多高，他们都想爬得更高，或者保持自己的地位，至少为自己预备或抓住实际的东西。马塞纳已经积攒了4000万，塔列朗积攒了6000万④：即使政治发生崩溃，钱仍然完好无损。苏尔特曾尝试选自己为葡萄牙国王⑤，贝尔纳多特找到了让自己当选瑞典国

---

① 马尔蒙元帅的话："当他说，只要一切为了法国，我全心全意为她尽力。当他说，如果是法国和我之间，我热情为她尽力。当他说，如果是我和法国之间，我为她尽力奉献。只有当他这样说才是真心话：如果有我没有法国，那是因为我摆脱了她。"

② 这些话语由约瑟夫·德·麦斯特尔辑录。

③ 这些话语是孩童时期的米基维奇听到的。

④ 这些数字一部由梅里美提供，另一部由圣·伯夫提供。

⑤ 德·尚巴尼先生，《回忆录》，III，183页。拿破仑在检阅元帅时对他说(1811年)："他们当中没有任何人能在指挥我的军队上取代我：有些是没有天才，其他人是为了个人利益发动战争。那个大块头苏尔特不是特别想成为葡萄牙国王吗？""嗯，陛下，战争不需要再进行下去了。""是的，可是靠什么维持我的军队呢？我需要有一支军队。"

王的方法。在莱比锡战役之后,缪拉为了保留他的那不勒斯王国,与
盟友做了笔交易,他同意提供一支军队进攻法国;在莱比锡战役之
前,贝尔纳多特加入同盟国,与他们一道同法国作战。在1814年,贝
尔纳多特和约瑟夫各自一方,前者与内部阴谋家密谋,并与外国君主
试探结盟;后者趁拿破仑不在,"努力尝试"和"殷勤"地预先与玛
丽·路易丝密商①,考虑取代被废黜的皇帝。在统治阶层的重量级人
物中,只有或者几乎只有欧仁亲王是真正的忠心耿耿,他的忠诚始终
没有动摇,没有私心杂念并经得起考验。在其他所有地方,人们都可
以听到或预期到即将崩溃的不详传言;警报是从高层传下来的,散
播到军队中并在最底层产生共鸣。在1815年,士兵无论对自己还是
对拿破仑都充满信心;"但他喜怒无常,不信任其他领导人……任何
他无法理解的活动都使他不安,他一概认为自己被出卖了"②。在滑铁
卢,手里拿着佩剑的龙骑兵和老下士冲着皇帝大声叫喊,正在与敌人
激战的苏尔特和范达姆挑唆军队反对他或抛弃他;刚刚击退敌人进
攻就被敌人炮弹炸断大腿的戴南将军刚刚投向敌人。15年来一直运
行完好的机制,由于自身的规则而崩溃;齿轮无法铰接;在看似结实
的金属上出现了裂纹。

　　本能迷信的大众百姓注意到了这一点,他们丰富的想象力对此
加以夸张,因而使整个机器轰然倒塌。这一切都是由于拿破仑将成
功的渴望、疯狂的竞争意识和不择手段的野心,总之是粗俗的利己主
义,首先是他自己的利己主义,作为中心引擎、作为通用的主要动力
引入这个机制中;这种动力由于紧张过度而发生故障③,进而使机器

---

①　掌玺大臣巴斯齐埃,《未公开的回忆录》,Ⅳ,112页。(根据萨瓦利的文件、拿破仑的几封
信件和圣·埃涅安的叙述。)

②　《回忆录》,1816年8月26日。

③　《1814年和1815年法国游记》(1816年,爱丁堡),Ⅱ。目光敏锐的作者是如此概括这
个制度的原则的:"向精明强干、生龙活虎的天才提供职业、娱乐和鼓励。"没有其他条件:"出身、
教育、道德品质完全放在一边。"制度的一般缺陷也由此而来。"法国人(字面意义)对应该在没有
报酬的情况下主动向国家承担的义务完全没有概念。一个人需要为忽视公共职责而承担责任,否
则就不会得到任何固定工资这样的概念从来没有进入他们的头脑中。"

崩溃。他之后的继任者，仍然以相同的方式操作这种机制，在经过或长或短一段时间之后也遭到同样的失败。到目前为止，最长周期不超过20年[1]。

---

① 　这些文字写于1889年。如今（1890年），共和国刚刚完成20年的使命，但三个总统都被迫辞职，第四个总统是在城市起义威胁下被任命的。去年，政府由于一次假冒的雾月十八日差点垮台。

第 四 卷

IV

制度的缺陷和效应

第一章　地方社会

I. 人类行为的两种动力—自私的本能和社会的本能—不削弱社会本能的动机—对每个法治社会的影响—法律条文取决于批准或强加法律的立法者—健全法律的条件—法治有利于社会本能—不同的社会有不同的法治—法治由其所治理社会的自身和永久性的特点决定—旧制度下法治的主要瑕疵—新制度下法治的主要瑕疵。II. 地方社会—其主要的不同特点—简化类型—阿内西和格勒诺布尔的住宅—当地居民被强制联合—目的和限度—私人特点。III. 其他地方、市镇、外省或行省社会的相似性—支配集体行为的共同利益—拟实施的两个目标：关注公共道路和防止灾害蔓延的方法—为什么必须合作—近邻由于唯一的距离影响而不自觉地感到孤独—无论愿意与否，各自利益均沾— 各自承担的费用份额—各自利益均等—各自私人支出、工业或商业收益和房地产租赁价值的比例不平等的利益—根据平等比例的利益份额划定的个人支出指标。IV. 如此建立的地方社会是集体法人实体—其自主性和行为的范围—其与国家的关系—公共和私人范围之间的不同之处。V. 国家退出的情况—革命期间的无政府状态—国家僭越的情况—共和八年的体制—旧制度时期地方独立的残余—新制度摧毁一切残余势力—1800年之后的地方社会。VI. 贵族名单—共和十年的元老院法令—自由制度成为统治工具—候选人资格和任命机制—1806年法令和废除候选人资格。VII. 执政府和帝国时期市议会的质量—其议会的目标—其权利的限度—其实际角色—省长与政府的角色—拿破仑的亲属飞黄腾达。VIII. 复辟时期的制度未被触及—统治者的动机—机器的优点—被统治者放弃权利。

I

如果一个人只对自己、自己的财富、自己的升迁、自己的成功感兴趣，那么他感兴趣的范围是很有限的：所有这一切都无足轻重，就像他自己，只是时间长河的一瞬。在他小心驾驶的小船旁边，还有成千上万甚至数以百万计的其他同样结构和大小的同类小船；其中没有一只价值更高，而他自己的也同样如此。无论为小船提供什么配备，无论怎样航行，其自身狭窄脆弱的特性永远不会改变。他升起自己的旗帜、装饰得美轮美奂，即使行进在第一排都无济于事：只用三步就可以绕船一周。无论处理和维护得多好，几年之内，船就会漏水；迟早会沉，被水吞没，所做的一切努力均付之东流。区区小事有必要如此大费周章、不计代价吗？…… 幸运的是，为了合理安排自己的努力，人们还有其他更广阔、更实际的目标：家庭、市镇、教会、国家和所有成为其成员的组织，所有以科学、教育、慈善、有局部或整体实用价值的集体事业，大部分具有法律地位、由民事机构和个人组成。和这个人一样，这些机构地位确定，受法律保护，内涵明确，但更加珍贵可靠，因为这些机构服务的人群广泛，时间永远持续。即使有些机构是百年老店，但观往知来。在船队中不断有船下沉并不断被别的船取代的过程中，它们像大船一样幸存下来。在这些大船上，来工作的舰员都只是偶尔为之，但这一次的劳动成果却昙花一现、没有成效，就像在家里干的活儿一样；船员和船消失后，劳动成果仍然漂浮在水面上，成为公共产品，靠自身庞大的规模保护自己。无疑，船员的贡献以后会得到修正，但其实质仍然存在，有时形式也会存在，像耶稣的戒律和阿基米德定理一样，两千年以来一直是固定的遗产，完整、永久固定在那里，从诞生的第一天起就永存于世。因此，一个人可以根据自己的喜好和能力、吸引力、入手的距离和便利性，不仅仅对自己的船,而且对各种各样特定的船、这个社会或那个社区产生兴趣。所有这一切都是反对利己主义的新的动机。无论这种利己主义有多强大,仍然可以被克服,因为灵魂非常慷慨,或经过特别的准则而长期酝酿,由此而产生对工作和事业的所有个人的牺牲和付出、慈善修女和传教士的奉献、科学家二十年如一日忘我沉浸在吃力不讨好的研究工作中的精神、探险家在沙漠或野蛮人中探险的英雄主义、士兵为捍卫国旗被杀的勇气。但是,这些情况并不常见;对于大多数人和在大多数行为中,个人利益胜过公共利益,而在反对利己主义本能时,社会本能是软弱的。因此,弱化前者是危险的。喜欢自己的小船多过大船的个人诱惑只是太大了。如果要一个人上船工作,就必须向他提供相应的设备和动机,至少,不应该剥夺相应的一切。然而,这取决于国家:唯一拥有武装并在舰炮下统率下属舰只的某种中央旗舰,因为无论省、市、教育或慈善、宗教或世俗的社会是什么样的,总是国家制定和执行法律,无论好坏;而且国家通过法律、法庭和警察使法律得到严厉或宽松的执行。因此,在这一点上,国家肩负着责任。它必须采用或实施适当的法规,最合适的社会形态,来加强社会本能,保持无私的热情,鼓励自愿和无偿劳动。

当然,不同的社会有不同的形态;同样的宪法并不一定适合教会和市镇、新教教会和天主教教会、10万人的城市和500人的村庄。每一个团体都有其特点,并根据其类别、其精神或世俗的目标、其自由或权威的精神、其规模大小、其事务的简单性或复杂性、其成员具备的能力与否为自身定位,其有效及永久性的特点就在于此;无论立法者如何动作,这些特点仍将继续存在并发挥作用。因此,希望他在每种情况下都考虑到这一点。但在任何情况下,他的施政程序都是相同的;在制定和签署一项法令时,他总是会在社会本能和利己本能之间的未来冲突中进行干预:他制定的每一条款无论远近都将有助于前者或后者的最终优势地位。然而,立法者是前者的天然盟友,因为前者是其不可或缺的助手。在各种公共工作或事业中,如果立法者是外部推动者,社会本能就是内部推动者。如果底部的弹簧变弱或断裂,来自上面的冲击就不会产生任何效果。因此,如果立法者想真正发挥作用,而不是纸上谈兵,在任何事物或利益之前,他必须关心社会本能,从而保护并迁就它,找到它的位置和用途,让它得到充分的发挥,让其所有的潜能得到最大程度的渲染,尤其不要让其放松和扭曲。在这方面,任何错误可能都是灾难性的。在任何法规中,对于每个社会和集中在一起充当个人用船的每个人类航船来说,有两种主要的错误。一方面,如果事实上的和实施的法律本身变得严重不公平,如果法律所赋予的权利和利益没有被其强制的权利和义务所抵消,如果它给一些人增加了过多的负担,却给另一些人提供悠然自得的闲职,最后,如果被剥削者发现自己不堪重负而无以为继,他会据此而拒绝自愿为自己增加负荷。让别人、让法律的宠儿、让享受特权者无偿承担这些额外的负担吧;他远不会迎难而上、献出自己的肩膀,而是避开是非之地,把自己藏起来,尽可能减轻自己的负担。如果有机会,他甚至会反抗,激烈地摆脱一切法律责任,任何税收或债务。而旧制度就是因此而灭亡的。另一方面,如果法律将船只管理权从当事人手里收回;如果在这艘属于他们的船上永久性地安排了唯一可以发号施令的外国船员,那么沦落到普通被统治者和被动纳税人的卑微境地的船主人,会感觉不再受到关注。由于入侵者拥有所有的权威,那么也让他们去解决所有的烦恼吧;船只如何运行与他们有关,与他无关。他看起来像一个旁观者,既不想,也不知道如何伸出援手;他双手抱在胸前,无所事事,成了评论者。针对这第一个缺陷,新制度保持警惕:既不再有既得利益者,也不再有被剥夺者,既没有受益者,也没有特权受益者,即没有豁免者,也没有被排斥者,也不再有挪用公款、贪污或抢劫,不仅仅在国家内部,而且在其他任何地方,在外省、在公社、在教会、在教育和慈善机构:新制度擅长推行分配正义。第二个缺陷是其隐藏的缺陷:在被立法者引入到所有地方和特别法律之后,这种缺陷根据不同的社会而具有了不同的影响；但所有这些影响汇聚起来，目的是为了麻痹全国一多半人的心灵，更糟的是，是为了把人的意志引入歧途并毒害公共意识，是为了将慷慨的冲动变成打开的潘多拉盒子，是为了使惯性、厌倦、不满、不和、虚弱和贫乏永久固定化。

II

让我们首先审视地方社会、外省、行省和市镇。1789年以来，立法者就不断地破坏和歪曲地方社会。他倚仗自己的身份故意视而不见；由于过分纠缠于理论，他不会因为其现实中的本来面目、因为其与国家的差异、有自身独特的目标、标识的疆界、其指定的成员、其制定好的法律、预先完全形成与定义的独特类型社会，而就此承认这个社会。因为这个社会是地方性的，是在多少靠近居民区附近的基础上建立起来的。因此，要想理解这一点，我们必须以距离最近的案例作比较，例如，格勒诺布尔和阿纳西东南部城市的一些房子。通常，同样的房子属于几个不同的业主，每个业主都有自己的楼层或某个楼层的公寓，地下室或阁楼，每个业主都拥有他那部分的所有产权、租赁权、买卖权、抵押权、赠予权，但都需要共同承担屋顶和主墙的维修工作。显然，他们的联合体不可以随意为之；无论愿意与否，每个住户都是联合体的成员，屋顶和主墙的状态好坏涉及每个成员的利益或麻烦。因此，每个住户都必须提供不可缺少的费用定额，甚至多数票也无法使他们摆脱这一义务；只要有一个人提出索赔，就足以让他们负责；他们既无权向他强加他们自己遇到的危险，也不能逃避像他一样从中获取利益的费用。因此，法官根据专家的报告进行了干预，维修得以进行。然后，无论愿意与否，根据习俗和法律，每个住户都支付了以属于自己那部分的承租价值计算的份额。但其承担的义务不止于此。无论在事实上还是在法律层面上，社区的权利都是有限的；联合体的成员小心谨慎不扩大其权利，不将不同和补充的目标添加到其原始和自然的目标中去，不会为居民把一间屋子用作基督教教堂，为孩子们把另一间屋子用作小学校，为病人把最后一间屋子用作小医院。尤其是，他们不认可税收是为了这个目的，强加给他们每个人按比例增加的税收份额，即使是每个法郎多加几个生丁。因为，如果一楼的业主是个犹太教徒，如果三楼一个房间的业主是一个单身人士，如果二楼漂亮套房的业主是有钱人，把医生叫到家里来看病，而三个人都必须得为没有得到的服务支付费用。出于同样的原因，他们的机构仍然属于私人性质，不属于公共范畴的一部分；只对他们产生兴趣；如果国家将法庭和执达员借给他们，那就与公器私用没有两样。如果国家将其排除在外或豁免其公共权利，如果国家把它安排在行政干部序列，那么将不仅损害了它的利益，对国家自身也是损害。如果国家妨碍了其独立性，如果国家将其添加到自己的功能或负担中，就是对它的歪曲和对游戏规则的破坏。它并非在国家的保护伞下生存，也不必向省长提交账户；国家并没有向其授权，也没有赋予其任何警察和司法权力：总之，它既不是国家的小学生，也不是其代理人。这就是人际关系的联系，通过这种联系，永久关联性，将人组合起来。我们看到，国家属于一个独特的类别：无论是在事实上还是在法律上，联合体的成员都无法将其越过；只因为他们是邻居，他们为了某种不可分割的或共同拥有的东西而构成一个社区，一个非自愿的和强制性的社区。为了抵偿，甚至正由于这一点，根据其制度设计和自然规律，我认为，他们的社区有局限性，表现在其目标和其成员的两个方面，使得所有权和享有所有权不得不归纳成共同所有形式留给居民，这些居民则根据自身状况与固定的住所拥有这种财产权和所有权。

III

所有的地方社会都是这种类型，各自局限于一定的领土范围内，与其他类似的地方社会一样包含在一个更大的区域之内，各自根据其是否是一个独特实体或大型实体的成员而有两套预算，从市镇到行省或者外省，各自建立在不情愿又相互依赖的利益基础上。其中有两个重要的利益，比如阿纳西这所房子，就逃脱了别人的任意宰割、可以支配共同行动、均分全部费用，因为对于阿纳西这所房子来说，这些利益是自然距离的必然结果：首先是人们关心的公共道路，通过土地或水源的整治，带动河流、运河、铁路、桥梁、街、广场、中小道路的发展，随着公共道路所要求或规定的有选择的和逐步的完善，如规划、人行道的铺设、道路清扫、照明、下水道、排水沟、疏浚、沟渠、平整、堤防和其他土木工程，以便建立或增加流通、设施和运输调度的安全和便利性。接下来是防止灾害蔓延，如火灾、洪灾、传染病、流行病，根据任意和远程预防保护措施的要求或者建议，俄国的守夜人、荷兰的堤坝、卢瓦尔河谷或波河的堤坝、墓地位置的规定、街道的清洁、街道死角的通风、污水处理、消防栓和饮用水供应、污染区的消毒和其他预防或必要的卫生措施，以便消除或防止对健康有害的因素从附近或通过接触方式蔓延过来。

对所有这一切都需要提供帮助，而企业的发展，即使不是全部，至少本身和必要的部分，与当地从最高到最低的所有居民息息相关。因为，如果没有公共道路，没有人能够从事日常工作、旅行，甚至离开自己的家；如果交通停止，贸易将会中断。因此，商业和其他产业凋敝萎缩、产业停顿、农业一筹莫展或没有收成、农田荒芜，无法耕种；日常生活用品，包括食品和面包①将发生短缺，一切都处于短缺状态；住宅区变得无法居住，当屋顶失修漏雨时，就会比阿纳西的房子

---

① 罗甘，《雾月十八的法国状况》（福尔克罗瓦的报告，130页、166页）："在南特，一袋价值18法郎的小麦与运到布雷斯特的运费相当。我见过马车夫赶着七八辆车的车队，每辆车用六到八匹强壮的马拖着，交替地互相帮助，吃力地把马车从深陷的车辙里拉出来……在很多地方，我还难过地看到，人们推着手推车或赶着四轮马车离开公路，穿过100~200米宽犁好的田地开辟自己的路……马车夫有时从早到晚只能走三四里路。" 因此，布雷斯特的物资极度缺乏。"我们确信，人们长期以来一直都只有一半的口粮，甚至四分之一的口粮。" 然而，"现在在南特的河里，有400~500艘船满载粮食，他们在那里已经有几个月了，而且数量每天都在增加。他们的货正在发霉受损"。

更不适合居住。另一方面，由于无法抵御灾害，灾害就会肆虐：总有一天潮水会淹没平坦的沿海地区，泛滥的河水将农村夷为平地，火灾蔓延，天花和霍乱的传染遥相呼应，人的生命遇到危险[1]，在阿纳西房子的墙壁倒塌受到的威胁更加严重。毫无疑问，就我而言，我个人可以接受这种悲惨状况、承担、接纳、把自己关在家里，禁食、甘愿冒着多少迫在眉睫的风险、淹死、烧死或中毒而死；但是我既无权谴责别人这样做，也无权拒绝我也从中受益的费用份额。我的费用份额是根据我的受益份额预先固定好的。受益者根据受益比例付出，这是公平交易；而没有公平交易，任何社会都不会繁荣、健康。对于每个社会成员来说，负担必须完全补偿利益，天平的两端必须保持平衡。在地方社会，人们对公共道路的关心和对自然灾害的防范措施照顾有两方面的有用效应：一方面特别改善了人的生存状况，另一方面改善了物质状况。前者平等适用于所有人；穷人也像富人那样都需要来来往往照顾自己的事情；他一样需要使用街道、石子路、人行道、桥梁、公路、公共喷泉；他同样享受公共园林的清洁和照明。甚至可以肯定，在某些方面，他们从中受益更多，因为，当恶劣的道路停止运输、中断工作、提高食品成本时，他们比别人遭罪更快、更彻底；他们更容易受流行病、传染病和所有自然灾害的侵袭。在发生火灾的情况下，在阁楼和陡峭狭窄的楼梯上的工人所冒的风险大大高于住在二楼有宽敞楼梯的富裕业主。在洪水泛滥时，对于住在脆弱茅屋里的卑微村民来说，突发的致命危险比住在大房子的乡绅大得多。因此，穷人无形中亏欠的和富人一样多；至少，富人亏欠的不会超过一个穷人。如果每年穷人只能支付一法郎的费用，那么富人每年所付的费用不会超过这个数目。

相反，第二个好处并不是对每个人都一样平等，但根据其在当地

---

[1] 罗甘，序言和梗概，41页（关于布列塔尼的多尔、弗雷瑞斯、卡马尔格、下莱茵省、北部、多佛尔海峡、奥斯坦德和布兰肯伯格、罗斯福尔和罗谢尔等地的防洪堤坝和工程）。在布兰肯伯格，大风足以带走损坏的堤坝并打开通往大海的缺口。"对有灾难将摧毁百合省和埃斯克省大部分地区的担心，让当地居民陷入一种挥之不去的可怕焦虑状态。"

的花销,根据其工业或商业利益,并根据其在当地的收入,这种益处对每个人都很大。事实上,公共交通越完善,生活必需品和便利性、娱乐和有益的事务,无论距离多么遥远,都更加触手可及并更加容易在自己的掌控之中。我对此推崇备至,而我享受的范围就是重要的日常采购和各种消费,简而言之,就是我的家庭支出[1]。此外,如果我是企业界人士或商人,公共道路的状况对我的影响更大,因为,我的货物运输的成本和效率、我所购买的原材料和货物、我所生产的产品的销售和发货都取决于道路的状况;而这一特殊的利益直接影响我的业务的年度数字,更确切地说是可能的利润额[2]。最后,如果我拥有自己的建筑、土地或房子,其租赁价值的增加或减少与街区的卫生和便利性,耕作、开发和通达的便利性,道路的数量,对洪水和火灾的抵御效率,以及公共道路和保护土壤与建筑以对抗自然灾害[3]的公共工程的改进,密切相关。因此,获得服务的居民根据获得的更大的利益将亏欠二次税收,即更重一些的税收。

IV

这就是地方社会,无论有无立法者的许可,我们都看得出来这是一个私人组织,类似于许多其他[4]私人组织。无论是否隶属于市镇

---

① 由此而产生的附加费用加入到门窗税中,其中的数字表示大概的租金的价值,由此而产生的附加费用也加入到与租金价值成正比例的个人所得税中,而租金价值被视为当地支出最准确的指数。

② 由此而产生的社区附加费用加入到地价税中。

③ 由此而产生的社区附加费用加入到土地税中。

④ 这种组织是根据1865年6月25日的法律设立的,"在公共工程的执行和维护感兴趣的业主之间:第一,保护通航或非通航的海洋、河流、激流和小溪;第二,深化、修缮、调整水渠和非通航河道,沟渠和排水灌溉工程;第三,沼泽地排水工程;第四,盐沼治理的必要工程和水渠;第五,湿和不健康的土地的排水工程"。"对执行上述列举的工程感兴趣的业主可以或者根据其中一两个组织的要求,或者根据省长的倡议,按照授权的协会组织联合起来。"(如果不是授权,我们可以解读为强迫,而且我们发现,只要有单独一个或甚至没有任何一方的要求,协会也可以强加给相关各方。)像阿纳西的建筑一样,这些组织使我们可以接触到地方社会的根本要素。参见1807年9月26日法令(关于沼泽地排水工程)和1810年4月21日的法律(关于矿山和两个矿业主,一个表层土和另一个底土,两个业主是合作伙伴,通过自然联合,无须强迫)。

或省级行政机构，它只涉及、联合并服务于一定范围的居民；其成功或失败与国家利益无关，除非是间接的远程效应，类似于一个法国人的健康或疾病使全部法国人受益或损害的轻微影响。是否直接和充分影响地方社会，只有社会本身才会感受到，如同一个人是否受到影响，只有他自己知道一样。地方社会完全封闭，在自然属性范围内自给自足，像一个复杂但不太真实的人一样，像一个长于理性和意志的复合人一样，对自身的行为负责，既能犯错，也能承担后果，总之，是一个法人。实际上，立法者以民事法人的地位，通过明确声明代表了地方社会，可以享有和获取权利、签订合约并在法院提起诉讼：它可以在86个省和36个市镇赋予一个普通个人所有法律的能力和义务。因此，就他们以及所有集体法人来说，国家也只是处于一个普通人的地位，不多也不少；其介入他们之间事务的名义并非不同。作为法官，他欠他们的正义和欠普通人的正义别无二致，不多不少。只是，为了伸张正义，法官有很多繁杂的工作要做。他需要在任期之内，进入职权范围、履行职务、保持廉洁、制止动乱、不仅捍卫被统治者反抗统治者的权益和统治者反对被统治者的权益，而且保护永远的社区反对暂时的管理者，以便分配给每个成员自己的应付或费用份额及其相应的影响或权力份额，用以规范社会支持和支配自身的方式、选择和授权公平的法规、监督并强制实施法律的执行。总之，就是要在保证每个人权利的同时，要求每个人付出相应的代价。这是困难和微妙的。

但是，这样做的结果，会使集体法人如任何个人一样，可以获得完整的定义，从国家中独立出来并脱颖而出；与个人一样，它也有同样的名义拥有自己私人领域的活动和行为的圈子、独立的范围。而国家方面也有自己的事务，即公众事务。因此，从本质上来说，两个圈子是截然不同的，彼此之间是不应该相互掠夺或蚕食的。毫无疑问，地方社会和国家可以互相帮助、交换工作人员、避免人浮于事、精兵简政、减少费用，并通过非要害部门的交换，提高效率、厉行节约。

例如，市镇和省可以让国家负责收缴和存入他们的附加税收，并为此借给国家评税员和其他会计人员，并由此在指定的日期获得几乎免费的收入。同样，国家也有很好的理由委托省议会负责在区之间分配直接税，并委托区议会负责在市镇之间分配直接税：这样，国家就省去了大麻烦，而且没有其他更有效的方式确保分配公平。同样，最好是选择市长而不是别人，来执行这些公共事业中的小事儿，因为没有人可以比他做得更快、更好、更顺利、费用更低、繁文缛节更少、公民身份登记更少、法律和法规通告更少、公共当局传递给相关各方的命令更少、传递给公共当局所需的当地信息更少、需要编制和修订的选举名单和征兵名单更少、一般的安全措施合作更少。类似的合作同样强加给商船船长、铁路管理人员、酒店或工厂经理，这并不妨碍实施管理权的铁路公司、酒店或工厂，享受完全的所有权和资本的自由处置权、召集会议、通过决议、选举董事、任命管理人员和调整自己的事务，保证这种珍贵的、只要还活着就不会丢掉或转让的所有权、意志和行动能力不受任何侵扰。保持人格是所有人，包括个人或集体的首要利益和首要权利，因此也是地方社会和国家本身的首要利益和首要权利；必须保持警惕不要放弃，不要被僭越。一方面，当国家由于乐观或弱点，把手中的一部分公共领域权力交给地方社会时，当国家委托他们负责征收税款、任命法官和警察局长、使用武装力量时，总而言之，当在当地赋予他们本该在自身范围行使的职权时，实际上已经把权利交给了地方社会，因为它是这种职权专门的领导者，唯一合适的、有条件、有资格、有能力的执行者。另一方面，当国家把地方社会一部分私人领域分配给自己时，当它没收他们的财产时，当它任意支配他们的资本和收入时，当它把用于宗教、慈善、教育和其他本应该属于不同协会服务的过度开支强加给他们时，当它拒绝在市长、市镇代表和政府官员中公开表态时，当它使两个头衔中的第一个从属于第二个时，当它窃取权利利用属于自己的第二个头衔提供或剥夺不属于它的第一个头衔时，当市镇和省在实践中和在其支配下不再是私人行会，而是选区时，它也在给当地社团造成损害。根据机会和诱惑，在它从山坡滑下时，有可能滑向这个方向成为拒绝履行义务的辞职者，也可能滑向那个方向成为爱管闲事的闯入者。

V

自1789年以来，经过断断续续、周而复始的残暴的专制统治，国家已经放弃了自身的职责。在其名义上的勉强统治下，在法国有4.4万个小国家，这些小国家几乎都享有法律主权，最常见的是享受实际①主权。当地社区不仅管理自己的私事，而且在自己的选区内行使最高的公共职能，设立国民警卫队、警察部队甚至军队，任命民事和刑事法官、警察局长②、评税员和收税员。总之，中央政府移交或放弃了永远不应该放弃的权力、唯一在当地有效使用的最后手段、可以支配的剑、手持的正义天平、需要填满的钱包，我们已经看到了是什么风险正在威胁个人、市镇及其本身，是什么可悲的灾难性后果：普遍、无可救药的、持续的无政府状态，政府的无能、违法行为，收入完全停顿、空虚的财政、强人的专制统治和对弱者的压迫，街头骚乱、盗贼横行的农村，四分五裂、断垣残壁的市政厅，市政权力被窃取或分崩离析，公路和所有具备公共职能的工程和建筑满目疮痍，市镇破败凋零、一片废墟。与此相反并让人厌恶的是，新制度站在另一面，甚至走向了极端。在1800年，中央政府从过去的辞职者身份一跃成为闯入者。它不仅从地方社会收回过去鲁莽转让的公共领域③份额，而且还把手伸向了其私人领域。它将当地社会作为附庸绑在自己身上，

---

① 参见《大革命之大混乱》，315~445页。

② 必须把两种警察截然区分开来。第一种是一般的警察，属于国家，其职责是在国内外阻止和预防对人身和所有公共和私人财产的侵犯。第二种是城市警察，属于地方社会，其职责是确保共同享有的公共道路和其他事项的正确使用，其中包括水、空气和照明，以及整修和预防只要有人群聚集就会有的轻率、过失、危害和污染所造成的危险和不便。这两个警察部队的职责范围在很多方面互相交叉和渗透，因此，双方互为辅助，必要时互为替代。

③ 罗甘，《雾月十八的法国状况》，随处可见，本卷433~445页。

通过系统性的、一击致命的统一僭越手法，在整个国家范围内，把所有市镇和省重新投入到即使在旧君主专制政体下也没有陷入的无底深渊。

在1789年之前，仍然存在着省和市镇的集体法人。一方面，由五六个被选出的既生机勃勃又活跃的议会所代表的大型地方机构，仍然可以自给自足，发挥治理职能，其中包括朗格多克和法国布列塔尼地区。其他省份尽管沦落成选区，但至少保留了其历史悠久的凝聚力、确立已久的名字、遗憾或者至少是以前自治的回忆，以及独立被剥夺后残留在一些地方支离破碎的遗迹。但万幸的是，这些老旧、瘫痪但并非残缺不全的机构，已经承载了新的生命，焕然一新的机体正在努力在其血管中生成新的血液：横贯整个国家，从1778年到1787年建立起来的21个掌握重要权力的省议会，在自己的职权范围内，直接管理各省的利益。在城市或农村市镇，市镇利益也有自己的代表。在城市，由所有当地企业和社区选举出代表和头面人物构成的审议大会，组成了一个与今天相似但规模更大的市政委员会，对重要事务进行投票和表决；领导机构是集体管理者，即"城市体"，包括各类市政官员、市长、市长助理、法官、检察官、财务官员[①]和职员。该机构有时由议会选举产生，有时由合法购买者、继承人和政府部门的合法拥有者选举产生，这些人像如今的公证人或律师拥有自己的事务所一样，受法律保护，可以防止国王因收入缩水而强取豪夺，同

---

① 雷努阿尔，《城市法律史》，II，356页，以及达雷斯特，《法国行政史》，I，209页、222页。（1692年国王针对财政问题设立了市长职位和市评估员。）"这些职位有时通过世袭的名义由个人所获得，有时又回到了社区，也就是说又被后者买了回去"，这样使他们重新拥有选举权。国王频繁收回这些已经卖出去的职务。特别是在1771年，他收回之后似乎要永久保存；但他总是保留钱权交易的权利。例如（奥古斯丁·蒂埃里，《有关第三等级历史的文献》，III，319页），1772年10月1日的国王委员会法令，就接受了亚眠市70 000利弗尔对设立的法官职务的回购款，并对这些法官职位和选举模式进行了定义，根据这种模式，这些未来的任职者将会得到任命。普罗旺斯也屡次通过同样方式购回城市税收豁免权；一百年以来，其豁免的金额达到12 500 000利弗尔。在1772年，国王再次设立贪赃枉法的市政机构，但是，在1774年，面对埃克斯议会的反对声浪，他将旧的权利和特权还给了社区。参见基奥的《法理学目录》（1784年），"助理法官、市政长官、议员"条目。

时，像议员在议会一样，在城市中拥有与财产相对应的头衔，因此也像在自己的权贵圈子如鱼得水的议员一样，被永久安插或植入到市镇中，和会议一样，成为对抗中央权力的地方利益的捍卫者。在农村，大家长们聚集在公共广场共同审议市镇公共事务，任命市政官员收税员和管理者的助手；不仅需要他们的同意，而且需要他们批准，才可以征税支助学校、修理教堂或喷泉，提起或维持法律诉讼。所有这些过去省和市镇的残余做法，一直受到中央集权的君主政体的尊重或容忍，如今已灰飞烟灭、百无一存。第一执政一开始就向这些地方社团伸出了魔爪，甚至在新的立法者眼中，这些地方社团似乎根本不存在；对他来说，没有地方法人；市镇和部门在他眼中只是领土区划、公共领域的自然份额、中央政府为了在当地有效开展工作而调动和利用工具的省级车间。无论在这里，还是在其他地方，它都事无巨细，包办一切。如果它需要相关当事方，也只是偶尔几天辅助而已，以便在操作上更有效率和更经济，为了听取投诉和承诺，以更好地了解和分摊负担。但是，除了偶尔次要的帮助之外，地方团体的成员必须在地方社会仍然是被动的；他们必须缴税并且顺从，仅此而已。他们的团体不再属于自己，而属于政府；公务员领导层面不再依赖地方，而是依赖中央政府；它不再拥有授权职能；其所有的代表、管理者、省市议员，市长、专区区长都由上级任命和外人插手，无论愿意与否，当地社团已经从自行选择变成容忍外界干涉。

VI

在开始的时候，人们一直在努力实施西哀耶斯提出的宪法原则：在未来，根据公认的公式，权力来自于上层，信任来自于下层。为此，在共和九年，议会公民在他们当中选出了1/10，大约50万个市镇知名人士，其中有5万名省的知名人士。政府从第一张表中选择了每个市镇的市议员，从第二张表中选择了各省的省议员。然而，这台机器依然笨拙,难以运行、难以管理并且在操作上也太不可靠。第一执政认为,从中作祟的只是荒谬的制度,"稚嫩的思想和意识形态;一个伟大的国家①不应该用这种方式来组织"。说到底,"他不想要国家认可的权贵。在他的体系中,这些权贵应该由他指定给国家,由他用国家元首的印章为他们做出标记;而不应该在由国家用国家印章为他们做出标记的同时向国家元首提出。"②因此,经过一年的时间,他通过设立选举团而成为所有权贵中事实上的大选举人,他利用惯常的机敏将自由的制度改造成统治工具。暂时,他仍然保留了这份公社权贵名单,"因为名单是人民制定的,一次伟大运动的结果绝不应该一无是处;而且,因为这份名单包含很多名字……为优中选优③提供了广泛的回旋余地"。他在各个区都召集这些权贵,请他们向他介绍他们信赖的人以及候选人,他会在他们中间选择市议员。但是,在农村地区,受过教育的人不多,而且"几乎总是过去的领主来报名"④,对此,政府不应该缩手缩脚,限制自己的选择权;因此,对于这个类别的市议员来说,既无须自我推荐,也无须事先选定候选人。然而,根据元老院法令,这个类别的范围过大,由于它包括所有不足5000人的市镇,因此超过36 000个市义会中有超过35 000个市议会中的成员是随意任命的,没有其所代表的公民参与提名。而四五百个大中型市镇仍然存在,对于其中的每个市议员的位子来说,区议会会指定2名政府选择的候选人。让我们看看这个正式任命并运作的议会是如何展开工作的吧。

作为预防措施,它的主席是强加的。他由政府提前任命并且了解了政府想要什么。只有他可以单独支配大厅的警察和审议程序。在

---

① 第博多,72页(共和十年雨月14日,第一执政在行政法院的演讲)。
② 罗德勒,III,439页(共和八年雨月28日的记录);同上,443页:"1802年8月4日的所谓元老院组织法在建立选举团的同时终结了贵族制度……第一执政被公认为贵族制度实际的大选举人。"
③ 第博多,72、289页(共和十年热月16日,第一执政在行政法院的演讲)。
④ 同上,293页(共和十年热月16日元老院法令和共和十年果月19日法令)。

开会时，他从口袋里掏出一份名单。在这份由政府提供的名单上，包含 100 个区内最大的纳税人，议会必须从中选择候选人。名单被摆在桌上，选举人轮流凑过来拼写和阅读名字。如果主席不帮助他们读，如果他没有通过动作、嗓音或甚至故意说句话向他们指出政府喜欢的名字的话，他就表现得不够熟练，也没什么热情。然而，这个可以支配 50 万把刺刀的政府不喜欢有人反对它：选民知道这一点，于是在表达任何反对意见时会斟酌再三。大部分由政府提出的名字可能出现在他们的选票上；即使有一半人也足够了；在竞争一个位置的两个候选人中，如果其中一个是政府喜欢的，就会得到任命；政府在任命他为候选人之后，会给他一个头衔。选举喜剧的第一幕就这样上演了，而且很快就会不费吹灰之力继续演下去。从 1806 年 1 月开始，根据他本人发布的法令[①]，拿破仑将是唯一可以直接任命市议会空缺职位的人；今后，这些议会的人选全部由他提供。成为议员以及根据西哀耶斯的说法，来自于两个不同渠道的两种素质，现在只有一个来源。只有皇帝可以给他们公众的信心和合法的权力。

喜剧的第二幕开始。这一幕更为复杂，包括好几个场景，其中一个场景以任命区议会告终，另一个以任命省级议会议员而告终。我们只看后一个更重要[②]的场景。有两个场景连续发生在不同的地方。第一个[③]是在所谓的区议会上演的。刚刚选完市级候选人的主席，从他的文件夹里拿出另一个同样由省长提供的名单，上面印好了省政府指定的六百个名字。区议会必须在这 600 人中选出 10~12 人，他们将与其同僚一道组成省选举团并驻扎在省会城市。这一次，作为区剧团负责导演的主席对演出格外小心。他的手指在名单上向选举人指定政府喜欢的名字；如有必要，他会在动作的基础上加一个字，这样选民们大概会像以前一样温顺，更由于选举团只有一半的组

---

① 1806 年 1 月 17 日法令。

② 奥科克，《关于行政和行政法会议》，101 页、162 页、165 页。在我国的立法体系中，区并未成为民事法人，而区议会则没有其他职权，只有在区的市镇之间分配直接税的权力。

③ 共和十年热月 16 日元老院法令。

成人员使他们感兴趣。这个选举团并没有市议会那样触碰到他们的敏感神经；它不负责系紧或松开钱袋的绳子，它不为附加生丁投票，它不干涉他们的事务；它现身的目的只是为了作秀，为了冒充缺席的人，为了提供候选人，为了出演与第一场完全一样的第二场选举剧，只不过演出地点改在了省会城市，演员也都是新演员。这些临时演员由政府任命，并由政府负责他们的行为，他们都有一个负责导演指挥，一个"唯一可以指挥议会选举团警察的主席"，而且指挥投票。对于省议会的每个空缺位置，他们必须提供两个名字；当然，几乎无须任何帮助，只需轻微的暗示，他们就会猜到合适的名字。因为，他们比来自落后农村区的议会议员有着更聪明的理解力和开放的思维；他们消息更灵通，更了解情况，他们拜访过省长，了解他的意见和政府的意见，并据此进行投票。可以肯定的是，在他们提供的名单上，至少有一半的候选人都是好的。然而，在拿破仑眼里，这是不够的。像市议会议员提名一样，对于省议会①议员的提名，他取消了候选人初选；这是人民代表代表或代理的最后遗迹。根据他的理论，他自己是人民的唯一代表和代理人，不仅被赋予了国家权力，而且被赋予了省和市镇的所有权力，是整个机器不仅在中心，而且在各个末端的主要和通用引擎，是所有公共职位的分配器，不仅可以提出候选人并给予头衔，而且可以直接同时设立候选人和头衔。

VII

我们来看看他预先强加给自己的选择；这是他强迫选举机构服从的选择。作为这些机构的替代者，他也像他们一样，在省内缴税最多的人中选出省议会议员，在区内缴税最多的人中选出市议会议员。另一方面，根据市议会法令，他必须从市议员中挑选市长。因

---

① 1806年5月13日法令，第III条，32款。

此，他所使用的当地助理和代理人都是当地的权贵、主要地主、最大的企业家和商人。他系统地把工作分配者以及通过财富和住所、企业和支出在当地有影响力和权威的人都招致麾下。为了不忽略这些人中的任何一个，并能够向省议会引进旧制度的某个富裕世家或新制度下不富裕的暴发户，他保留了自己向名单添加20名合资格成员的权力，"其中10人在属于荣誉军团或服过兵役的公民中挑选，10人从省内缴税最多的人中挑选"。通过这种办法，贵族一个也逃不出他的掌心。他随意招募他们，并且根据自己的需要，有时在他不想看到的名誉扫地和孤立的①革命者中挑选，有时在不管愿意不愿意他都想团结的旧王朝遗老遗少中挑选。比如维特罗尔男爵②，在没有谁征求过他的意见的情况下就当了维特罗尔市市长和下阿尔卑斯省的省议会议员，过了一段时间之后，又冒险做了帝国羊圈检查员。比如德·维莱尔伯爵，阔别了14年之后回到他的家乡莫尔维尔，突然，"甚至还未决定在城市还是农村住之前"，就发现自己当了莫尔维尔市的市长了为了给伯爵让位，人们召回了他的前任。"这个人在革命开始之前就担任了市长的职务"，担任助理辅佐他。此后不久，政府任命德·维莱尔先生担任议会主席。议会在私下建议中自然提出他作为上加龙省一个候选人，政府随即任命了他。"省内所有的贵族土地所有者都是这个议会的成员，复辟王朝在七年之后也同样找到了我们。明显有上级命令要求省长偏向选择当地最重要的土地所有者。"同样，"拿破仑在各地也是选择富人和富裕阶层的人做市长；在大城镇，他只在坐车一族③中进行挑选"。农村中的很多人以及城市

---

① 第博多，294页（共和十年热月16日，第一执政在行政法院的演讲）："革命者变成了什么样？一旦离开位置，他们就会被完全遗忘：什么也没有给他们留下；他们没有任何支持，没有任何自然保护。看着巴拉斯、鲁贝尔等人。"他们缺乏的这个庇护所就是由选举团提供的。"现在是任命最多革命者的时候；我们等待的时间越长，革命者就会越少……除了出现在大舞台上的和签署了一些和平条约的一些人之外……其余的都处于孤立和黑暗之中。这是一个需要填补的重要缺口……正是因为这个原因，我设立了荣誉军团勋章。"

② 维特罗尔男爵，《回忆录》，序言。XXI。维莱尔伯爵，《通讯录和通信集》，I，189页（1807年8月）。

③ 法博尔，《关于法国国内的观察》（1807年），25页。

中的一些人都是正统派,至少在内心是,拿破仑心知肚明,但是他说,"这些人不希望发生地震";他们个人在秩序维护方面牵扯太深了①。

此外,为了代表政府,他需要有人来装点门面;否则,就只有靠这些人来无偿为政府撑脸面或自费在现场做做样子了。此外,他们是最明智、最有能力的人,监督账户、逐条审查各省和市镇的预算、了解道路是否有必要修建和运河的实用性、提供针对性意见、宣布明智的决定,作为谨慎和有用的合作者服从命令。如果他们是明智的人,所有这一切都不会拒绝去做。无论哪种形式的政体,最好是同统治者,而不是被统治者站在一起。而在目前这种体制下,当扫帚从上面大力挥舞下来,横扫每个人和每件事的时候,最好是尽可能靠近手柄。

好在从一开始的时候,如果他们是好心人,他们会自愿去做。因为,至少在头几年里,新政府的目标之一就是无论在地方管理还是全局管理方面重新建立秩序。新政府乐善好施,拨乱反正,试图消除抢劫、盗窃、自觉或不自觉的僭越权力、奢侈浪费、疏忽和失误。"自从1790年以来,"②第一执政对内政部长说,"在法国,36 000个市镇代表了被国民公会和督政府时期的城市监护人遗弃和掠夺的3.6万个孤儿和女孩,……即使不断撤换市长、副市长和市镇委员,一般也只是改变偷窃方式而已;他们偷走了乡村大路和小路,树木③,夺走了

---

① 以下文件显示共和八年以来所发生的变化的意义、范围、目标和两个行政人员之间的对比(国家档案,F7,3219;共和八年雨月18日阿尔齐埃先生给第一执政的信)。出差去马德里的阿尔齐埃先生,在图卢兹停留,寄出了一个关于上加龙省行政管理的报告:"我很想看看中央政府的管理情况。我从中发现了1793年的思想和语言。两个人物,公民巴罗和德斯巴罗,都在其中发挥了积极作用。直到1792年前,前者一直是鞋匠,其政治命运应该只是归结于他的胆量和革命的狂热。后者德斯巴罗曾是图卢兹的喜剧演员,主要演男仆的角色。在共和三年牧月,他不得不跪在舞台上,为以前在十日教堂发表过的煽动性演讲请求原谅。公众认为他的道歉不充分,拒绝了他,并把他赶出了剧院。现在,他把省行政官的职权和演员出纳的职务集于一身,并以此使演员向他支付1200法郎……没有人指控市议员缺乏诚信,但他们来自于过低的阶层,对是否获得公众的尊敬并不在意……图卢兹的市镇无法忍受软弱、无知的人和以前混迹于街头的人的统治,也许现在急于将他们送回街头……值得一提的是,在一个贡献了众多各类天赋和教育出众的公民的如此重要的城市里,被选择担任公共职务的人,从教育、成就和素养来说,不能提供给政府任何保证和动机来赢得公众的尊敬。"

② 《拿破仑通信集》,第4474号,共和八年口述给内政部长吕西安的信。

③ 参见共和八年,特别是共和九年《省议会的笔录》。"许多乡村道路都消失了,(转下页)

教会,偷走了属于市镇的财产,而在共和八年软弱的市政体制下,偷窃之风仍然没有刹住。"所有这些弊端都受到查处和追究[1];小偷被迫返还赃物,不再偷窃。市镇的财政预算像国家财政预算一样必须每年编制[2],必须用同样精确和清晰的方法,一边是收入,一边是支出,每个部分又分成不同的章节,负债状况和每笔债务的日期,资产状态和各种资源的列举表格,可用资金和未付债权,固定收入和浮动收入,可能收入和可能收益。无论如何,"可能的固定支出可能超过可能的收入金额"。无论如何,市镇"都不可以为了普通支出要求或获得额外税收"。如果想要把一所破烂的房子改造成井井有条的房子,精确账目和厉行节约,是各个地方必不可少和初步的两项改革。第一执政的心中一直挂念并贯彻这两项改革。首先必须减少债务;现在,超过一半的市镇债台高筑。"省长必须每年至少访问市镇两次,专区区长一年四次,否则解除职务。"[3]在两年限期之内使公社摆脱债务的市长会得到奖励,而政府将任命一名特别专员负责五年限期内仍然无法摆脱债务的市镇的管理。每年,对市镇摆脱债务做出最大贡献和确保有可用的资源的50位市长,将由国家付费召到巴黎,与三位执政严肃开会。政府将出资在城镇或村庄的主要入口处立起一个圆柱,将市长的名字告诉后代,人们会读到这样的题词:"献给公社的守护者,祖国感谢你。"

代替这些适应共和八年想象力的半诗意荣誉的,是适应共和十二年想象力和随后几年的主流荣誉,晋升特权和官阶、荣誉军团勋章、骑士、男爵和伯爵[4]的称号、礼物和捐赠,这就是赠给地方社会代表

（接上页）完全被邻近地主占用。砖石路也同样成了战利品"（例如,共和九年的孚日省,429页）。"省级道路也处于严重年久失修的状态,河边居民揭去路面砖石做建造自己家房子和砌墙的材料。每天他们都在蚕食道路;河岸都被他们种上了庄稼,像他们自己的财产一样。"

[1]　1804年2月29日至3月9日和1805年2月28日至3月10日的法令。

[2]　1802年7月23日和1811年2月27日的法令。

[3]　《拿破仑通信集》,第4474号,口述给吕西安的信。

[4]　1808年3月1日法令:所有的部长、参议员、行政法院终身参事、立法会议主席和大主教都是合法的伯爵。所有的主教都是合法的男爵。首任法院院长和总检察长、三十六个主要城市的市长,工作十年之后,都是合法的男爵。（在1811年,不是36个城市,而是52个城市。）（转下页）

的奖励,与其他公务员的奖励是一样的,但也有同样的条件,这是因为他们也是公务员,也就是说,是政府手中的工具。在这方面,已经采取一切预防措施,尤其是针对那些构成一个团体,可能认为自己是一个协商议会,如市议会和省议会,同孤立的个人相比更不容易操控和有能力表现得不那么顺从的人。他们当中没有任何人可以每年参加超过15天的会议;每个人都必须接受省政府规定的、几乎是固定和编制好的收入与支出预算。由于收入的缘故,议会的全部权威在于投票赞同某些额外可供选择的生丁,多与少完全根据自己的意志,"但必须在法律规定的范围内"[①];而且,即使在这些范围内,其决定也只是在省政府审查和同意之后才可以执行。对于支出也适用于同样的方法;事实上,无论是省议会还是市议会,都只有协商的功能而已;政府代表,如市长、专区区长、省长掌控一切:最初的步骤是在两个星期之内不断调整方向和最终的确认权,对当地议会实施控制;然后,在11个半月的时间里,政府通过唯一一个行政官员负责日常事务的连续执行而完全掌控地方社会。毫无疑问,在收到并为地方社会花费资金之后,政府就成了会计,并将其年度账目提交到下次会议;根据法律[②],"在市镇,市议会应当听取和讨论市政的收入和支出账目"。但读完整个法律文本,就会注意到法律在这种情况下赋予市议会的角色。它扮演的是古代悲剧中的合唱角色:它在背景和下属中参与、倾听、批准或谴责;大厅里的头面人物无论是受其赞同还是谴责,仍然是为所欲为的主人;他们对头面人物毁誉参半,褒贬不一,即使是他们的中意人选。实际上,市长并不是把账目还给市议会,而是"还给让账目最终通过的副省长",并发给他通行证;不管市议会怎么说,通行证是有效的;为了使保险系数更高,如果有议员表现得不驯服,省长"可以暂停刺儿头的职务",并在委员会恢复一度受到干扰

---

① 共和十年热月4日的法令。
② 共和八年雨月28日的法令。

的众口一词的气氛。在省内，省议会也要同样"听从于"年度账目；出于重大遗漏的原因，法律并没有说，省议会可以审议账目。然而，共和九年的一份通报"要求对附加生丁的使用进行该议题的重要性所要求的监管"，检查每笔支出金额的使用是否符合拨款的目的，甚至"拒绝未解释清楚的费用，同时说明这一决定的理由"。好在自由派的部长可以向省议会发出系统性诘问[①]，包括所有重要事项，如"农业、商业、制造业、收容所和公益慈善事业、公共道路和其他公共工程、公共教育、政府行政管理、人口数量状况、公共精神和公共舆论"，省议会把他们的意见和愿望都收集并打印出来。然而，在共和九年之后，该出版物停止刊行，"因为它使省议会显得过于重要，它能使全省甚至全法国读到它的人民都站在自己一边，它会妨碍到省长的权威，降低他的威信。从现在开始，该由省长一个人来回答这些问题，也同样该由他的政府来发表和分析这些统计[②]数字了。后来，第二个出版物也停止刊行了；显然，印刷品总是有不便之处，而手写的报告要好得多。地方事务不再走出办公室办理，而是关上门处理；任何可能传播到省长或部长办公室以外的报告，都在省长的授意下被小心翼翼地淡化或特意低调处理之后，省议会就成了一个自动木偶。

在私下里直接与皇帝的代表打交道，似乎和直接与皇帝打交道没什么两样。掂量一下这几个字——在皇帝在的情况下；在当代人的天平上，这几个字的分量是不可估量的。对他们来说，拿破仑具有神的所有属性，不仅威力无限、无所不在，而且无所不知；如果他对他们说话，他们的感受远远超过他们的想象。当他视察一个城镇，与地方当局商谈市镇或省的利益时，参加谈话的人会感到手足无措；他们发现，他和他们一样对事情了如指掌，并且更加独具慧眼：他们的事情却是由他向他们解释的。在到达前一天晚上，他让人送来背

---

①　共和八年和共和九年《省议会的笔录》。(经过夏普塔尔部长提议而撰写的第二个系列更加完备，并提供了非常重要的历史文献。)

②　《省长统计》(从共和九年到共和十三年，约有40卷)。

景材料和数字摘要、每个信息经过确认的技术细节，其内容都是根据他教会和指示行政人员①的方法所集中和归纳的。在当天晚上，他把材料通读一遍，了然于心；在第二天早晨黎明时分，他骑上马开始巡视；他以非凡的敏锐和准确性，通过地形目测就可以辨别"运河工程的最佳方向、建设工厂的最佳选址、港口或堤坝②的最佳位置"。对困扰全国精英的难题，对备受争议、似乎无法解决的问题，他马上就能提出唯一可行的解决方案；似乎解决方案就摆在那里，唾手可得，但当地议会的议员们却视而不见，需要他来告诉他们如何用手指触摸到。站在这个通晓万物的旷世奇才面前，他们满腹狐疑、目瞪口呆。

"他是个神！"杜塞尔多夫③的行政官员对博涅奥说，"是的，"博涅奥回答道，"他是魔鬼！"实际上，他只是将心理优势加入到了实力优势中。透过巨人的身影，我们在他身上总是可以看出这是一个令人恐怖的统治者：景仰通过恐惧开始或结束，任何灵魂都是可以征服的；在他眼里，热情和奴性一起融化在情绪激烈的服从和毫无保留的屈服的感情中④。无论自愿，还是出于信念，还是恐惧，鬼迷心窍的人都会把自由意志拱手让给一己私利。即使他人已离去，他神奇的印象仍然留在他们的头脑中，挥之不去。即使人不在，即使有些人从未见过他，他仍然可以保持他的声望，并将其传达给以他的名义下命令的人。在省长、男爵或者伯爵、国务参事或者参议员、穿绣花制服的、穿镀金服饰或者用勋章装饰的，所有的市议会或者省议会都失去了自己的自由意志，没有能力说不：当没有人无理强迫它们投赞成票时，发起遭人痛恨的动议时、自费或者他人付费模仿过度的热情和自

---

① 博涅奥，《回忆录》，I，363页。

② 法布尔，同上，127页。参见夏洛特·德·索尔，《拿破仑在1811年》（拿破仑在比利时和荷兰旅行的细节和轶事）。

③ 博涅奥，《回忆录》，I，380页、284页："他让德国人佩服得五体投地，无法理解他怎么这么熟悉他们的利益，他是用什么优势对待他们的。"

④ 博涅奥，同上，I，395页。皇帝（1811年）所到之处，人们感受的印象是"像见到了幽灵一样感到震惊"。

我牺牲时，在欢呼声中投票通过自己认购最大份额的爱国捐款[1]及豁免或者赎买使自己儿子被征募的补充征兵法案时，议员无不欢呼雀跃[2]。议会任凭自己被操控，因为它们只是一台巨大机器的一个车轮，由于省长的插手，只能接收来自外部和上面动力的车轮。但是，除了政府的干扰将其应用于暴力和压迫性的方案等极少数情况外，它们还是颇有建树的；如果只是蜷缩一隅，沦落在小圈子里悄无声息地有规律运转的话，在一般情况下，它们仍然可以完成共和九年所赋予它的双重职能。根据夏普塔尔当时为了固定其权利和能力而给省议会的定义，它们的存在有两个目的，而且只有两个目的[3]：首先，它们必须"向被统治者确保当地费用支出中在征税分配和税款使用核查上的公平"；此外，它们必须谨慎、谦虚地"为政府获取信息，只有这些信息可以满足各部门的需要并改善整个公共管理机构"。

---

① 梯也尔，《执政府和帝国史》，XVI，246页（1813年1月）。"只要跟省长说一个字就够了，他会把这个字传给省会城市的一个市议员，就足以确保一座大城市提供给养，并立即被整个帝国所模仿。拿破仑认为，他可以让城市和区向他提供装备完善的骑兵。"事实上，这样的提议是由巴黎市议会在一片喝彩声中投票通过的，然后像传染病一样传到了各省。至于投票自由，只需观察一下被吞并市镇的投票就足够了，这些市镇在六个月后就发生了暴动。而他们提供的给养并不是最少的。例如，所提供骑兵数量，阿姆斯特丹100名、汉堡100名、鹿特丹50名、海牙40名、乌得勒支20名、莱顿24名、杜塞尔多夫12名。所提供骑兵是花钱征募的：征募人数16 000人，而投票通过的金额足以购买另外22 000匹马和22 000人的装备。为了获得这笔钱，省长本人在他的省安插的缴税最多的人中分配所需款项，每个人头600~1000法郎。关于1813年之后这些钱和物的多如牛毛的专横要求及南方农民和地主的感受，特别是在1813年，参见德·维莱尔先生的《回忆录》，卷I，随处可见。

② 瑟夫·代斯图尔迈尔伯爵，《法国和意大利回忆录》，240页："鲁昂的省议会是第一个建议为仪仗队投票的。议员们自发集会（他们总是自发集会），发表了热情洋溢的演讲……举的例子被认为恰到好处；演讲发表在《箴言报》上，并寄给所有省长……慷慨地处理别人孩子的议会不得不进行审议，而我第一个以为，只要帝国的狂热蒙蔽人们的眼睛，歪曲人们的良心，这些心地善良的人就是在助长这种可耻行为！"

③ 《国家档案》（省长形势笔录和警察总监的报告，F7，3014页和后面章节。参议员关于元老院议员年俸的报告，《法国档案》，IV，1051页及后面章节）。这些不同日期的文件暴露了外省的民心和形势。这些报告最详细和最有教育意义的地方是罗德勒关于卡昂元老院议员年俸和关于支付年俸的三个省的报告（印刷在其《全集》内，III）。

VIII

这就是制度的精神及其形式。在1814年和1815年之后,在帝国垮台之后,第一次和第二次复辟王朝统治时期,制度仍然延续下来,并以过去的形式和精神继续存在:总是政府任命和指挥所有地方机构、省、市镇和重叠选区的代表、省长、专区区长、市长和副市长、省、区和市镇议员。无论谁是统治者,政府都厌恶进行任何变革,永远不会限制自己给予或放弃职位、权力、尊重、影响、报酬、所有可取的、理想的好东西的权利;它会尽其所能,把权利抓在手里,根据自己的意愿和利益进行分配,奖励自己的支持者和剥夺敌人的权利,吸引顾客和为自己的爪牙加官晋爵。省长、专区区长、省和区政府的4000个职位,市长、副市长和市议会议员的40万个职位,除此之外,还有无数辅助或次要的有薪工作,省政府秘书长到市长秘书,从文书抄写人、省和专区职员到各城市的警察和货物入市税收税员,从各省市建筑师到最低的道路勘测员,从堤坝或港口看守和监督到养路工人和乡村道路看守员,立宪政府都直接或间接与帝国政府拥有同样的方式对他们进行处置和干涉,即使是在最小的事情中的最小细节、最琐碎的细节上。无论是市镇还是省政府,在第二种体制统治下,地方机构的性质仍然与第一种体制统治时没有区别,是中心机构的延伸,是国家的附属机构,是总部在巴黎的大机构的分支机构。在这些由上层控制的分支机构中,没有任何改变,无论是选区的范围和限度,还是权利来源和等级制度、理论框架和实际机制,甚至名字都没有变化[1]。在帝国时期的省长之后,来的是复辟时期的省长,带着同样的头衔和

---

[1] 关于不同阶层的人民对地方行政当局的感情,可以在1814年到1823年的《国家档案》,第一次复辟、百日王朝和第二次复辟的省长《通信集》中找到最丰富和最详尽的信息。(特别参见上加龙省、罗纳省、黄金海岸省、埃恩省、罗瓦莱省、因德尔和罗瓦尔省、因德尔省、下罗瓦尔省和埃斯纳省的《国家档案》)。好几个省长,如德·夏布罗尔先生、德·托克维尔先生、德·雷姆萨先生、德·加兰特先生的信件都值得发表。有时,内政部长在信件空白处用铅笔标注:请国王过目。

同样的服饰，住在同样的官邸，做同样的工作，有着同样的热情，也就是说这种热情是如此之高，以至于在奔赴各省前告别的时候，对人和机构有深刻认识的德·塔列朗先生送给他们如下可贵的话语作为忠告："尤其不要过分热心！"根据富歇先生的建议，波旁家族"是在拿破仑的床上睡觉的"；这也是路易十四的床，只不过被革命和帝国加宽之后变得更宽敞、更舒适，适合最后一个占有者的身材，并且被他加大，以便覆盖整个法国罢了。当人们经过25年的流放，回到自己的家时，可以躺在一张同样定制好的床上，是一件令人愉快的事情。把这张床拆了，重新做一个老式的床会带来双重麻烦；而且，旧床也并不舒适：让我们还是利用一下造反者和僭越者做的好事儿吧。在这一点上，不仅国王，而且波旁家族最迂腐的成员也都是革命者和波拿巴分子。不管是传统的专制主义者，还是随机应变的垄断者，他们都毫无遗憾地接受制宪会议主导的对旧制度的系统性破坏和第一执政所建立的系统性的中央集权。在1815年，昂古莱姆公爵在朗格多克的桥梁、运河和宽敞大路上散步时，有人提醒他这些工程都是过去外省的国家建造的，他冷冷地回答说："我们更喜欢省，而不是外省。"[1]

除了一些半乡村的老古董保王党之外，没有人表示反对；没有人想重建另一个计划的机器。总之，这是因为没有人对其运作方式不满意，它运作良好，有效率，无论是在复辟时期还是在帝国时期，这台机器根据他们的要求向有利害关系者提供了帮助，它向地方社会的两大目标，公路养护和预防自然灾害工程，提供了越来越好的服务。在1814年，它的净收益令人刮目相看并赢得了荣誉：对革命[2]所积累的所有废墟进行修复、继续完成以前的项目、开启重大新项目，包括海洋和河流堤坝、水库、防波堤、海港码头、码头和桥梁、水闸和运河、公众建筑物，27 200公里的国家公路和18 600公里的省级公路[3]，还

---

① 德·维莱尔先生，I，248页。
② 罗甘，《雾月十八的法国状况》，根据去各地视察的国务参事的报告（梗概和导言，40页）。
③ A.德·佛维尔，《法国经济》，248页、249页。

不包括酝酿中的乡村公路；所有这一切都是根据按部就班、准确、节约①的原则，由能力卓越、专心致志、受到监管的公务员执行的，他们这样做一方面是出于恐惧而变得谨慎小心，另一方面是出于习惯和荣誉感，因为成了诚实的会计；不再有抢劫、蒙面盗窃和任意挪用公款；在收入和支出之间，没有任何款项突然消失、中途无影无踪，或者被挪到其他用途。中小纳税人的敏感神经不再被人用针尖刺中，疼得跳起来；与综合税合并的地方税也进行了改革，程度减轻，比例也适当了。像基准赋税一样，附加生丁是一种公平合理的负担，根据净收入额分成不同的等级；像基准赋税一样，附加生丁根据净收入的假定金额分配，通过省议会在各区之间、区议会在市镇之间、市镇在居民之间进行分配。附加生丁由相同的收税员征收，手续也相同，任何认为自己被多收税的纳税人，都可以找到省议会的法庭，提出减税或者返还多收的部分。因此，没有人哭诉不公平，也没有强烈的痛苦；相反，却有无限的便利和财富的日常享受，而贫困，对于现代人来说，等于缺乏新鲜纯净的空气、人身安全和防止传染病的保护、流通和运输设施、道路、灯光、清除一切污物的健康洁净的街道，城市和农村警察的警戒和存在。所有这些财富，即地方机构的目标，都是由于这台机器的运行成本低廉，既没有故障，也没有不久前共和国时期绵绵不绝的失业，更没有旧制度时期的勒索和冲突。机器凭借本身运行，几乎没有利害相关方面的帮助，在他们的眼里，这是它最大的优点；有了这台机器，就不再有烦恼和责任，无须参加选举，不必参加讨论，更没有什么决议需要通过；只需要支付一个账单，甚至不是什么特定的账单，而是加进每个法郎中、包括在年度分摊额的基准赋税中的生丁余额。就像一个游手好闲的老板，被细心、动作有些迟缓，但准时、有能力的管家解除了他管理财产的权力一样；他可能会因为在气头上

---

① 夏尔·尼古拉，《十九世纪初期以来法国的预算》。在1816年，原则上，四种直接税的收益达2.49亿法郎，而附加生丁却只有8900万法郎。长期以来，用于地方服务并由省或市镇投票通过的附加生丁，数量不大，不超过主要税种的5%。

的缘故而解雇他家庄园的管家。但是，如果他更换了管家，就不会改变制度；因为他太习惯于这个制度了：他的懒惰需要这个制度；他既不想自找麻烦和自讨苦吃，也不准备自己给自己当管家。

更糟糕的是，在目前的情况下，主人已经忘记他的庄园属于自己了，他甚至不记得他还有一个庄园，他失去了意识，几乎不记得自己还是一个人。省或市镇，无论是大是小，当地机构已不再感觉自己是一个通过共同利益而非自愿联合的成员构成的自然机构了；这种感觉在旧制度末期已经减弱无力，在革命的猛烈冲击和帝国的长期压迫下，早已灰飞烟灭。25年来，地方机构已经衰败不堪，被过分随意粗制滥造或肢解，过分频繁地重新设立、废除、再设立、再废除。在市镇，一切都被一遍又一遍打乱，包括领土区划、内部和外部体制、所有的集体财产。紧接着制宪会议临时拼凑的44 000个城市的，是督政府时期的6000个或7000个选区城市，这是一种在每个市镇由下级官员所代表的地方联合体；然后在执政府时期有36 000个固定的市镇。由于最初作威作福的制宪会议目光短浅和一味忍让，市镇在国民公会手中成为唯唯诺诺的附庸，对雅各宾派强加在自己头上的暴行忍辱负重；然后在帝国统治时期，成为自身毫无权威的温驯的被统治者，甘愿接受上面的正确统治，因此对自己的事务无动于衷，也完全缺乏公共精神。其他的打击对他们的伤害更深刻，更严重。立法议会通过的一项法令规定，在任何市镇，只要有三分之一居民要求平分市镇财产，就可以把市镇瓜分一空，具有悠久历史的遗产根据家庭人口或人头分割成等量份额，转变为小股私人财产。根据国民公会通过的一项法令，整个市镇的财产，包括债务和资产，被公共财产吞噬得无影无踪，随着房地产销售而被吞没，随着指券失去信用，而最终破产。在这个漫长的过程中，市镇财产尽管被国库退回并加以恢复，但已经大不如从前了；一旦从怪物的肚子里被吐出来，其被肢解、腐败变质、半消化的残渣不再是看起来那么神圣不可侵犯了。清盘开始干预。"有很多市镇，"拿破仑说[1]，"其债务已经偿付，其财产没有被出售；还有许多市镇的财产被出售，其债务没有被偿付的……结果是，某些市镇的很多财产质量声誉不佳。"因此，他剥夺了这些财产，首先是土地收入的1/10，然后是伐木[2]生产收入的1/4，最后是他们的资本，即整个土地资产[3]，估计有3.7亿法郎。作为交换，他以公债形式给了他们1.38亿法郎，因此，市镇的损失，同时也作为他的利润，是2.32亿法郎，而开始于1813年的市镇财产拍卖在1814年、1815年直到1816年，在复辟时期继续进行。以这种方式运作达1/4世纪之久的人类社会，已经失去人性，而沦为物欲横流的社会；就此而言，社会成员也终于相信，社会不过如此，也必然如此。

市镇几乎奄奄一息，而其上的省早已一命呜呼。这里，当地爱国主义的湮灭是从各省的毁灭开始的。在革命针对法国犯下的许多政治犯罪和其他暴行中，这是最糟糕的一个。制宪会议废除了存在已久、积累了10个世纪的社团制度，包括强大的历史性名字，其中每个名字都能唤起成千上万人的热情、凝聚成千上万人的意志，自发合作中心、家庭的慷慨、热心、温暖和奉献，高等政治教育的实用学校、给予可用人才的才艺表演舞台、给合法野心家打开的仕途之路。总之，那是一个别有洞天的小祖国，其本能的崇拜的第一部是排斥利己主义，是经过深思熟虑之后走向大祖国崇拜的必由之路。被剪刀分割成几何形状并被新的地理名称命名的支离破碎的省，只是人为并列的居民点而已；这些人类组合体没有灵魂。

---

① 博莱·德·拉罗塞尔，《拿破仑在行政法院的演讲》，277页（1806年5月15日的会议）。1806年3月16日和1807年9月15日的法令。

② 博莱·德·拉罗塞尔，同上，176页："针对那些反对税收只能依法征收的人，拿破仑说：这不是税收，因为税收只能依法征收，而这个（木制品四分之一的超额估价）是根据法令制定的。也只有主人和绝对的主人，才会使用这样的论据。"

③ 1813年3月20日的法律。（当地人民共同使用的木材、草场和牧场排除在外，其中包括居民共同享有的、用于公共服务的设施，如散布场所和花园。）法律没收的是农村的财产，出租的房屋和产生收入的工厂。梯也尔，XVI，279页。5%当时相当于75法郎，1.38亿的5%提供的收入是900万，差不多是市镇从其没收房产中得到的年收入。

20年来，立法者未能向他们传递类似的灵魂及其标榜的司法素养；只是在1811年后，各省才成为民事独立财产法人。此外，国家只是为了将自身的负担转嫁给他们，为了强加给他们根本扯不上关系的自身费用，为了迫使他们支付昂贵的监狱、警察局、法院和省政府官邸费用，才赋予其尊严的。即使拖了这么晚的时间，在法学家眼里或者在行政法院，他们也还不是无可争辩的业主和完整的法人[①]；直到1838年颁布的法令才给了他们这种合格身份。因此，在整个27 000平方里[②]的领土范围内，无论是在省还是在市镇，地方社会都发育不全；它只是法律制造出来的产物，一个将没有归属感和不团结的邻居人为组织在一起的组合体。为了使地方社会自行发育并唤起活力，市镇和各省必须在心中和头脑中有下述他们从未有过的想法："我们都在同一条船上；船属于我们，我们是船员。我们来这里是为了用自己的双手驾驭这艘船，各尽其责，各尽其力，奋力向前。"

---

① 奥科克，同上，55页、135页。
② 法国古里，1古里等于现在4公里。——译者注

第二章　1830年以来的地方社会

I. 1830年以来的地方社会—引入内部引擎—从属于外部引擎—这种从属性在普选制度下的好处。II. 应用于地方社会政府的普选制—地方社会费用的两种分摊额—公平来说，前者的固定数字和后者的平均数字应该相等—实际上，前者的数字压得过低—新式金融制度如何向地方开支并提供支持—附加生丁。—城市和农村的小纳税人为什么会松了一口气。—其地方支出份额降到最低。—其地方利益的份额仍然完好无损。—因此，大、中纳税人除了超额承担自己的负担之外，还缓解了小纳税人的负担—超额负担随着小纳税人负担的减轻而增加—小纳税人负担减轻的数量—大、中纳税人的超额负担是他们的施舍—纳税人的救济是他们收到的施舍。III. 天平的另一端的可能补偿—根据分配正义，应该怎样分配权利—在每个股东公司—局限于自然目标的地方社会—承担补充职能的地方社会—英格兰和普鲁士的地方法令—当法律补偿负担时，交换是公平的。IV. 以人头平均计算的普选制是如何进入地方社会的—法国立法者的目标和方式—农村市镇和城市市镇没有区别。V. 农村市镇的法律效应—其选出的代表的智力和他们所负责的工程之间比例失调—市长和市议会—议员缺乏能力—市政府秘书—省政府的科长和副科长。VI. 其选出的代表的行政能力和他们所负责的工程之间比例失调—永久性和特别领导者的短缺—市议会和市长—省议会和代理委员会。VII. 省长—有决定权的角色—必要的让步—其主要目标—中央权威和当地雅各宾派之间的交易—

对当地行政当局、当地行政人员和金融机构的影响。Ⅷ. 地方社会的现状—被视为机构，却夭折了—被视为机制，却恶化了—地方政府虚假却有连续性的两个概念—理论上彼此排斥—实际上，彼此融合滋生出现在的体制。

I

在经过30年的沉默之后，无论是嘴唇还是心都不能说出如此铿锵有力和令人信服的句子：如果当地社会是私人团体，利益相关人就不会担心，而立法者也不会予以接纳。事实上，国家（拿破仑）将一个新的弹簧引进了共和八年（1799年）的机器中。在1830年革命[①]后，获得选举权的市议会和省议会被赋予了有限的选举权；在1848年革命[②]后，他们由普选产生。在1870年革命[③]后，每个市议会都选举了自己的市长，而权力扩大的省议会则在缺席的情况下让位于一个常设代理委员会，和省长一起进行协商和管理。这是地方社会在底层运作的一个内部附加引擎，工作从下面，而第一个是上层的外部引擎；从现在起，这两个引擎必须协调一致进行运作。但是，在现实中，第二个引擎仍然处于从属地位；此外，它不适合的机器，机器也不适合它；它不是为机器而制造的，而机器也不是为它而设的。它只是一个多余的东西，一个不便和笨重的入侵者，几乎总是无用，有时甚至是有害的东西它的影响力微弱，效应有限，有太多的刹车和它连接在一起，它的牵引力由于受到众多复杂车轮的牵制而减弱，它无法推动行进，只能阻碍或中断其他的驱动力。这种外部驱动力，有时是必需的，有时是相反的。最常见的，即使是现在（1889年），它的效率也是零。

---

① 1831年3月21日和1837年7月18日、1833年6月22日和1838年5月10日的法律。市选民人数约为225万人，构成成人男性人口的三分之一以上。为了选择这些贵族和半贵族，该法不仅考虑到财富和直接征税，而且考虑到提供给公众的教育和服务。省选民人数约20万人，与政治选民人数几乎相同。记者观察到，"选择省议员和省代表之间存在一个几乎完整的相似性，将选举委托给以另外方式分割的同一选举机构是非常自然的，因为这涉及将代理权交给了另一个阵营的既得利益者"。

② 1848年7月3日的法律。

③ 1876年8月12日、1882年3月28日和1884年4月5日的法律；1871年8月10日法律。

有3/4的市议会在开会时有3/4的议题只是为了签名。他们假装进行的讨论,只是炫耀性走过场;动机和方向仍然来自外部和上层;在第三共和国时期,与复辟时期和第一帝国时期一样,总是中央政府支配地方社会;在所有的争论和纠纷中,尽管以往有冲突,国家依然是发起者、推动者、操控者、控制者和会计、整个团体的支配者、省和市镇的主导力量,而造成的糟糕后果众所周知。还有另一个更严重的后果:如今,国家的干扰变成了一个优势,因为如果被它放弃的话,这种优势将转移给其他的力量,而由于这种力量属于数量众多的多数人,因而只是一种盲目和残暴的力量;如果陷入这种力量,同时不加以制衡,其优势将是灾难性的——经过1789年那些荒诞不经的蠢事之后,我们会看到1790年、1791年和1792年[①]伤天害理、乌烟瘴气、强取豪夺的罪行重新出现。毕竟,专制的中央集权的好处在于使我们远离民主自治。在目前的制度和思想状况下,前一种体制无论有多糟糕,仍然是我们抗击第二种更邪恶体制的最后庇护所。

II

实际上,以人头计算的直接普选制,在地方社会是一种不和谐的因素,是怪兽一样的体制,地方社会并不认同。地方社会是自然形成的,不是以人的武断,而是以自然条件为基础形成的,其机制是预先确定的,不包括某种机构参与和人际关系。这就是为什么立法者在制定法律的时候必须反映我们生活性质的原因,或者至少对此尽可能不出重大纰漏地加以解释的原因。大自然本身已经给了地方社会现成的法规。它的任务就是仔细阅读这些法规:而它早已读到了负担分配这一章了;它现在可以阅读权利分配这一章。

正如我们已经看到的那样,地方社会提供两种不同的服务,为了

---

① 参见《大革命之大混乱》,467~559页。

使彼此的费用相抵，需要两个不同的份额，一个是人为的份额，另一个是实际的份额。第一个向所有人征收，其金额对所有人一样，第二个征收对象金额的高低取决于其支出比例、生意的重要性和房地产收入。从严格的公平角度来说，前者的金额应等同于后者的平均金额，实际上，正如我们已经指出的那样，前者提供的服务与后者用价格标注的服务一样多、一样多样化、一样珍稀、一样昂贵。在其所代表的这两种收益中，独立出来的任何一种收益要想获得同样的服务，都必须独自承担整个工作；其中任何一种都不得获得更多的红利，而必须支付整个费用。因此，两种收益的任何一种都会与另外一种通过自然合作联合在一起的份额一样多。因此，只要彼此承受一样的负担，只要第二种负担一半费用，第一种就承担另一半费用，只要第二个份额负担用于防灾减灾和公路维护的每一百法郎中的50法郎，而第一个份额也出资50法郎的话，他们可以通过合法的身份进入联合在一起的合法团体中。然而，在实践中，这是不可能的。根据这种分配方式，第一种分摊额中有3/4是不退还的：出于审慎以及人道主义的考量，立法者不会加重穷人的负担。最近，在建立一般税收和国家收入制度时，立法者已经照顾到他们；现在，在建立省和市镇地方税和收入制度时，立法者更是对他们照顾有加。在新的财政体制中，添加到直接税里每个法郎的生丁，都构成省级和市镇的主要税收来源，正是通过这一额外收费，每个纳税人才在地方财政支出中支付自己的份额。但是，在个人所得税方面，不再有过重的负担，也不再有附加生丁。在这个范畴内，没有任何财产或收入的体力劳动者，日复一日住在棚屋以工资维生的工匠，对省和市镇的费用支出并没有任何贡献。对于直接税的其他分支税种来说，附加生丁迅速增加也是徒劳的，因为也并没有对个人所得税征税，也没有吸走穷人[1]的血。

---

① 保罗·勒鲁瓦·博里厄，《论金融科学》，第四版，I，303页："根据市镇的规定，个人所得税征收原则在最少1.5法郎。"同上，304页："在1806年，法国个人所得税征收额约为1600法郎，不到每个居民0.50法郎。"

对于半穷人、住三楼以上自己单间房子的手工业者和住在只有一个门与一个窗户①的农舍或茅屋的农民来说,也都是同样的安排。他们的门窗税率很低,是特意降低的,保持在一年低于一个法郎的程度,而他们的动产税率也不高。在这样的基准税率基础上,添加和增加附加生丁是徒劳的,因为获得的最终金额肯定是微不足道的。不仅是穷人、经过核实的、登记的、得到救助的或应该得到救助的被免除了基准税赋和附加生丁,也就是说有247万人②,而且,还包括另外市议会认为没有支付能力的成千上万的人。甚至对于只有一小块土地的人,也被免除了土地税和很多推高了土地税的附加生丁:对于那些体弱多病或挑起家庭重担的人来说,就属于这种情况。国库为了不使他们沦为乞丐和流浪者,避免了向他们征税,出售他们的土制茅屋、菜园和土豆或白菜储存地;它无偿给他们提供收据,或者至少,不再从法律上追究③他们。这样,虽然是土地所有者,贫苦的农民免除了赋税,或者说免除了地方债务。事实上,除了通过服务替代现金或实物形式之外,他没有或者几乎没有支付任何费用,也就是说,为乡村道路出三天的劳务,如果换成实物的话,只值50个苏④。再把其他无论多大的分摊额添加进来,包括门窗附加生丁、动产税和地产税,一年总共也就4法郎或5法郎。这就是指农村贫困或半贫困的纳税人从省或市镇解脱而应承担的份额。在城市,由于货物入市税的缘故,纳税人似乎需要缴纳更多的税款。但是,首先,在36 000个市

---

① 保罗·勒鲁瓦·博里厄,同上,I,367页(关于门窗税)。按市镇人口来说,每开一个窗口0.30~1.0法郎,两个窗口0.45~1.50法郎,三个窗口0.90~4.50法郎,四个窗口1.60~6.40法郎,五个窗口2.50~8.50法郎。这些价格中的第一个适用于少于5000居民的市镇。我们可以看到,穷人,特别是贫穷农民受到重点照顾:对于他们来说,税收是反向渐进的。

② A. 德·佛维尔,《法国经济》(1887),59页:"在1883年,我们的14 500个慈善机构向1 405 500人提供了帮助……实际上,由于(受其)辅助的市镇人口只有2200万人,注册比例高达6.5%。"

③ 保罗·勒鲁瓦·博里厄,《论财富分配》,174页及后页。在1851年,估计法国有780万地主;在这780万人中,有300万人由于贫苦而免除了土地税,他们的这部分份额被认为是无法补救的。

④ 保罗·勒鲁瓦·博里厄,《论金融科学》,721页。

镇中，只有1525①个设立了货物入市税；而在督政府和执政府统治时期，当时只是为了穷人的利益、为了公共福利的名义才恢复这一税种的，用于建设被革命毁掉的庇护所和医院。当时称为"慈善货物入市税"，无论事实上还是名义上，与同时为同一目的而设立的剧院座位票附加税一模一样。如今，这一税种仍然保留着当初设立时的印记。穷人不可或缺的生活必需品，无论是面包以及制作面包材料、谷物或面粉，还是牛奶、水果、蔬菜或鳕鱼，不在入市税征收的范围内；肉铺的肉只有轻税。即使是入市税最重的饮料，也像所有的间接税一样，几乎是按比例或者半可选方式征收的。实际上，仅仅是在饮料上增加了税收，也就是说在间接税金额中每法郎增加了这么多附加生丁，出于同样目的，与该税种具备同样的正当性，同样处于可以容忍的程度②。因为，纳税人喝得越少，所受的影响就越小。在增加幅度最大的巴黎，给国家增加了6生丁，每升酒需缴纳12生丁给城市；如果他每天只喝了一升酒，他将在这个税种名义下每年给城市税收缴纳43法郎80生丁。但是，作为对此的补偿，他被免除了11 3 / 4%（=0.1175）的动产税，这笔税金被加入到每笔租金的11 3 / 4%的金额中，由此会增加他的租金。所以，如果是400法郎的租金，那么最后就是每年47法郎。因此，他一只手缴纳的钱，另一只手又收了回来。然而，在巴黎，所有400法郎以上的租金都因此而免除了动产税；所有400~1000法郎的房租都或多或少获得了减免；在其他征收货物入市税的城市，类似的减免额也补偿了小纳税人缴纳的一部分货物入市税的分摊额。

因此，无论在城市，还是在农村，他们的税赋减免方式，有时通过税收减免，有时通过行政救济，有时通过强制性扣除，有时通过全部或部分补偿。立法者总是非常明智地根据肩膀的承受力分摊负担；他先是尽可能地减轻一般税，然后，令人高兴的是，又削减了地

① A.德·佛维尔，419页（1889年）。
② 参见本卷，517页，关于间接税的特点。

方税。结果是，在地方财政支出中，他们的分摊额的减少超过任何比例，并降到最低。然而，他们享受的地方利益份额仍然是完整的；他们通过这样微不足道的价格享受了所有的公共道路和防范所有自然灾害的预防措施。像所有百万富翁一样，每一个人都同样享受到了安全、卫生和便利方面以及实用和娱乐的巨大工程成果方面的巨大红利，这些成果确保交流的通畅、交通的便捷、人民的健康，美化住宅，如果没有这些成果，无论在城市，还是在乡村，生活将难以为继或令人无法忍受。但是，这些造价昂贵的工程，这些防范洪水、火灾、流行病和传染病的设备与器械，这些50万公里长的乡村道路和省级公路，这些堤防、码头、桥梁、公共花园、林荫道和长廊、道路、排水管路、清洁和照明，这些渠道和饮用水供应，这一切的一切都必须有人支付费用，而这并不是小纳税人做得到的，而是大中规模纳税人支付的。他们除了缴纳自己必需的负担以外，还需要义务承担额外负担，即另一方被减免的那部分负担。

很明显，税赋减免得越多，额外负担就越重，而减免的人数达数以百万计。250万名经过确认的穷人[1]被减免了所有直接税，因此，也就减免了刚刚加重了负担的所有生丁。在800万名地主中[2]，有300万被视为破产，既不支付房地产税也不支付与地产税并列的生丁。在征收入市税的城市中，不是少数，而是多数居民以刚才所描述的方式被减免了税赋。在巴黎[3]：在685 000所房屋的租金中，有625 000所是减免的，换句话说，13个住所中有12个是全部或部分减免动产税、基准税和附加生丁的。然而，在该基准税的每个法郎中，有96个附加生丁是缴纳给市和省的；这是因为省和市花费很多，为了填补这些花销的窟窿，就必须有收入。如果某项金额需要提前记入某个收入项目下：这笔款项就必须支付，而且必须有人支付这笔款项；而支付人

---

[1]　这里涉及征税底册的地租，对应实际地租的4~5，即征税底册的地租400法郎表示实际地租是500法郎。

[2]　A.德·佛维尔，57页。

[3]　保罗·勒鲁瓦·博里厄，《论财富分配》，174页。

是多数人还是少数人并不重要。如果在13个纳税人中只有一个人付款，那么活该他倒霉，因为他不仅为自己，而且是为另外12个人付款的。巴黎的情况就是这样，这就是为什么附加生丁在这里如此众多[①]的原因，这是由于有少于60 000所房屋的[②]租金完全免税，而在除了支付自己的债务之外，他们必须为625 000个其他减免或免税的租金承担债务。在革命之前，通常一所富有的修道院或有慈善之心的领主可以自掏腰包为可怜的邻居缴税。无论愿意不愿意，衣食无忧的60 000名巴黎人，为625 000名拮据的巴黎人送上同样的礼物和慈善之心；在这60 000名税务局强迫要求行善的好心人当中，有34 800名享有1000~3000法郎的租金，在这个名义下，施舍了可观的数目，其中还有14 800名有超过3000法郎的租金，在这个名义下，也施舍了可观的数目。无论在城市，还是在乡村，直接税的其他分支也呈现出相同的景象：始终是小康或富裕的纳税人，通过额外负担，或多或少地完全缓解了贫穷拮据的纳税人的窘境。而在地方支出中不仅缴纳自己的税款，而且缴纳其他人税款的那些大中型财产所有者，那些大中型营业税缴纳者，那些有五个窗口[③]住房、租金在

① 保罗·勒鲁瓦·博里厄，同上，209页。1887年，在巴黎有74 000所房屋，共有1 022 539个单位，其中337 587个单位用于工业和商业用途，684 952个单位用于住宅用途。对于后者来说，468 641个单位每年租金价格低于300法郎；74 360个单位租金价格低于300~500法郎之间；61 023个单位的租金价格介于500~750法郎之间；21 147个单位的租金介于750~1000法郎之间。所有这些住宿单位或多或少地免征动产税：从1000法郎到400法郎的，减免额越来越大；低于400法郎以下的，无须缴纳任何费用。1000法郎以上的，有17 202个公寓的租金介于1000~1250法郎；6198个单位的租金介于1250~1500法郎；21 453个单位的租金介于1500~3000法郎。这些公寓由小康阶层或半小康阶层所使用。最后，14 858个租金在3000法郎以上的公寓由小康阶层或富裕阶层所使用。在这些人当中，9985个单位的租金从3000法郎到6000法郎不等；3040个单位的租金从6000法郎到10 000法郎不等；1443个单位的租金从10 000法郎到20 000法郎不等；421个单位的租金20 000法郎以上。最后两个类别是由真正富裕阶层使用的。根据最新的统计数据，收取租金的住宅数量不是684 952个单位，而是806 187个单位，其中727 419个单位完全或部分免征动产税。(1881年1月1日形势，市议员拉姆鲁先生的报告。)

② 下面打印的是1889年我的税务账单的款项拨付详情："分摊额：动产税，1. 国家，51%；2. 省，21%；3. 市镇，25%；营业税：1. 国家，4%。12%；2. 省，12%；3. 市镇，20%。税收盈余拨到慈善基金并用于减免税用途。"

③ 保罗·勒鲁瓦·博里厄，《论金融科学》，I，367页、368页："在低于5000居民的市镇，对于只有一个窗口的房子来说，门窗税的基准税率是每年0.30法郎；有两个窗口的房子是0.45法郎；三个窗口的房子是0.90法郎；四个窗口的房子是1.60法郎。"然而，"五个窗口的房子支付（转下页）

1000法郎以上的业主,通过附加生丁,几乎独自负担了省和市镇的负担。对于地方社会几乎总是这样的,除非是拥有大量生产性产业,能够为自己提供丰厚收入,又无须为其下属成员纳税的食利者。除了这些罕见的例外情况,地方社会被迫向一些人过度收税,以便为另一些人减免税款。换句话说,像任何企业一样,它生产一件产品,然后销售这件产品,只是与其他企业相反,它出售的产品,同一种产品相等的数量,也就是说,对同样的灾难进行同等的保护,平等享受相同的公路,却是以不平等的价格的形式,少数人价格昂贵,有些人价格适度,很多人成本价,大多数人折扣价:对于最后这个阶层的消费者来说,折扣像他们空空的钱包一样一直在增加;对于人数最多的最后一种人来说,几乎就是天上掉馅饼。

但是,如果在企业管理中,份额是不平等的,如果每个成员看到自己的影响份额随着负担增长或减少,如果法律规定根据增收比例区分权威等级,分配很少的选票给那些支付费用最低分摊额并接受施舍的人,却分配很多选票给那些给予施舍并支付最大费用分摊额的人,那么,与这种不平等的价格相对应的可能就是不平等的权利,就需要进行补偿,就需要恢复平衡,就必须实施分配正义。

III

这是各利益关联方的规则,甚至在负担分配对于任何股东都不允许有亲疏之分的股份公司也存在这种规则。必须指出的是,在这些公司中,合作不是强制性的,而是自愿的;合伙人并不是像地方社会那样在自然团结约束下被招募加入的,而是经过周密思考后的偏好

(接上页)的金额是一个窗口房子的将近九倍"。因此,小纳税人在很大程度上获得减免,而大中型纳税人则受到损害,我们可以通过下面的数字评估减免额的程度:在1885年,在8 975 166所房屋中,有248 352所房屋有一个窗口;有1 827 104所房屋有两个窗口,有1 624 516所房屋有三个窗口;有1 165 902所房屋有四个窗口。因此,有超过一半的住宅,由享有减免额的贫困或生计艰难的人口居住,由于捐税是一种应尽的义务,不是配额,而是分摊额,那么另外一半的负担同样过重。

冲动下被录用的申请人，每个人都像刚进来时那样按自己的自由意志留在公司；如果他想要离开，只需卖出自己的股票；只要持有股票就可以确认其认购身份，而不间断地长期持有，也就是对身份的重新认可。

因此，这是一种完全自由的结合，这种结合因而也是公平的，而他的身份应该作为其他人的榜样。然而，这种身份在小股东和大股东之间总是显得鹤立鸡群，因为他总是把更大部分的权力和影响力施加于分享了最主要风险和费用份额的人身上；原则上，他把选票数量分成比例，然后根据每个成员持有股票数量分配选票。有充分的理由将这一原则写进公司的法规，公司也像地方社会一样通过增加大中型纳税人的超额负担来减少小规模纳税人的负担。当公司经理的任命交由全体按人头选举产生时，大中型纳税人由于欠款而受到欺骗，并被剥夺自己的权利，如果在股东全体大会上，他的票不及只有一只股票的股东多的时候，他们受到的损害将远比在公共马车或煤气公司持有一千股的股东更深。

那么，当地方社会在自己与生俱来和不可避免的目标基础上增加补充和可选的目标时，当地方社会在增加负担的同时提供公共救助和小学教育时，当为了这些额外费用而增加附加生丁时，当大中型纳税人独自或几乎独自为并非自己受益的慈善事业付钱时，当小纳税人只有自己受益的慈善事业分文不付或者几乎分文不付时，当为了对如此分配的支出费用进行投票，无论缴纳多少税款，每个纳税人都有一张选票，而且只有一张选票时，会怎么样呢？在这种情况下，权力、利益、减免额和支出，所有的好处都一边倒地流向构成大多数人的穷人和半穷人的一边，如果不是自上而下对这些人加以限制，他们就会起劲儿地滥用自己的数量优势来增加他们的利益，从而持续损害少数的富人和衣食无忧之人。从此，在当地社会，大中型纳税人不再是合伙人，而是被剥削者。如果他有选择的自由的话，他就不会进入这个社会；他会想法摆脱出来，去别的地方安顿自己；但无论他去什么地方，无论是远是近，他的状况也不会好到哪里，因此他仍然会待在自己的地方，只是心不在焉而已。他不会参加审议大会，不再热情洋溢；他让公共事务与他本该无偿奉献的过于专注的警惕性和主动的合作精神保持距离；他让事情顺其自然，而自己绝不参与；他只是做自己该做的事，一个被随意摆布的出徭役者、一个纳税人，总之是一个逆来顺受的普通人。正因为如此，在外来的民主尚未废除或扭曲公平观念的国家里，地方法规仍然适用公平交换的基本规则；它规定的原则是，谁付钱谁有支配权，权力大小取决于支付的金额[①]。在英国，多余的选票给予了纳税最重的人，甚至达到一个选民有六票。在普鲁士，地方税收被分成三个等级，结果纳税人分成三个组别，第一组是人数最少的大纳税人，缴纳 1/3 的份额，第二组是中等人数的中等纳税人，缴纳另一个 1/3，第三组是人数最多的小纳税人，缴纳最后一个 1/3[②]。在市镇选举中，每个组别被分配了同样数量的选票，或者在市镇代表比例中被分配了相同数量的代表。通过这种合法负担和合法权利的近似，天平的两端几乎回到同一水平线。分配正义要求的也正是这个水平线，国家作为这个分配正义的特殊诠释者、唯一的裁判和万能的执行者，应该确立的也是这个水平线，而在地方社会、省或者市镇，国家则强行实施、修改或维持这个法律，地方社会则根据这个法律获得收入，进行治理。

---

① 这一原则的一个后果是，享有减免和救助的穷人应该被排除在投票的范围之外；这是英国和普鲁士的情况。同一原则的另一个后果是，1818 年 5 月 15 日的法律可以在法国召集人数与市议会的成员相等的负担最重的纳税人，在每次"真正紧急支出"迫使市镇不得不在普遍实行的五生丁之外筹集附加生丁的时候与其一起商议和投票。因此，恩里昂·德·庞塞说（《论市政府》109 页）："至少在大部分市镇的属于小业主阶层的市议会成员，对未经审议的负担进行投票，而这些负担对他们的影响微不足道。"这种分配正义的最后避难所被 1882 年 4 月 5 日的法律所摧毁。

② 马克斯·勒克莱尔，《普鲁士的城市生活》（摘自《政治科学自由流派年鉴》，1889 年，关于波恩的城市研究）。在有 35 810 人的波恩，第一个团体是由 167 名选举人所组成的；第二个团体是由 471 名选举人组成的；第三个团体是由 2607 名选举人组成的，每个团体在 24 人中选举出 8 名市议员。

IV

如果说法国政府做的恰恰相反,那是因为突如其来的、急风暴雨式的革命如火如荼,当权的党派和民众的偏见横行无忌,大势所趋,像传染病一样已成燎原之势。根据革命和法国的惯例,立法者需要达成共识,才能平行推进立法。在政坛推行普选之后,还需要在地方社会推行普选。立法者接到的指令是运用抽象原则,也就是根据概述、浅显的语言概念制定法律,这些概念经过有意地过度缩短和简化,与其目标并不一致。立法者遵命照办,自暴自弃,不再锐意进取。他们不打算向其成员恢复地方社会,使其重具活力,赋予其生气勃勃的机体,赋予其自主、协调、自愿的活动能力,并为此提供不可或缺的机构。他们甚至懒得劳心费神思考自身的实际定位——我指的是,复杂多样的定位,与其1789年之前的前辈正相反,与1789年前后法国之外的立法者相反,他们对所有经验的教诲和自然的证据充耳不闻,拒绝承认在法国有两种人,城市人和农村人,因此,存在两种类型的地方社会,城市市镇和农村市镇;他们不想把这个主要差异考虑在内。他们为整体法国人,为公民本身,为虚拟人颁布法令,而这样的法令如此肤浅,以致适合他们的法令都无法真正适合真正完整的人。就这样,立法剪子按照同样的模板,在同一布料上,一下子就剪出了36 000件一样的衣服,不管身材如何,不问青红皂白给每个市镇同样的衣服,不管城市和农村是大是小,在这两种比例失调的情况下,事先已注定不合身,因为它既不适合大的身材,也不适合小的身材。然而,衣服一旦从巴黎发出,人们就不得不穿上衣服,继续生活;无论是否合身,人们都必须尽量穿在身上,因为没有另外更合身的衣服。因此,每个人的奇怪态度,久而久之就变成了无论统治者还是被统治者都没有预见到的复杂后果。

V

我们轮流看看给小市镇和大市镇造成的后果。这两种后果在天平的两端非常清晰和明显,以中等程度互相混合在一起,因为在这里它们以不同的比例,根据在天平稍高的一端的市镇更接近于乡村或城市的缘故,结合在一起。在这块自1789年以来被制宪会议搞得分崩离析的国土上,小型市镇数量巨大;在36 000个市镇中,有超过27 000个市镇的居民不到1000人,而在这其中,有超过16 000个市镇的居民不到500人[1]。

凡到过法国并在农村生活过的人,在这个国家,马上就会看到是什么人组成了这种纯粹的农村群体;他只需记得容貌和态度就知道,在这些被日复一日的手工劳动弄得麻木、被日常生活压得喘不过气的迟钝大脑中,通往心灵的道路是多么狭窄和崎岖;他们基于事实的信息是多么有限;形成一种思想是多么缓慢;是什么样与生俱来的猜忌心使文盲大众与知识阶层截然分开;是什么样几乎无法逾越的墙横在内衣和外套之间,使教育和生活习惯在法国形成如此千差万别的区别;如果每个市镇都有一些有教养的人和贵族有产者,那么,为什么普选制把他们排斥在外,或至少为什么没人找他们做市议员或市长呢? 在1830年之前,当省长任命市议员和市长时,他们一直都在;在七月王朝和有限选举时期,他们仍然在,至少大部分还在;在第二帝国时期,无论选出的市议会是什么人,省长任命的市长,甚至是在市议会之外任命的市长,也可能是市镇最聪明或最能干的市长。即使是现在,在某些省和市镇,也有可能碰巧碰到贵族或有产阶级能成为市议员或市长。但是,最重要的是,他必须在当地出生,长

---

[1] A. 德·佛维尔,《法国经济》,16页(1881年的人口普查)。市镇数量,36 097个;人口数低于1000人的市镇,27 503个;人口数低于500人的市镇,16 870个。旁边的批注部分适用于以下两种类型:第一,1000~1500人的市镇,2982个;第二,1500~2000人的市镇,1917个。所有2000人以下的市镇在人口统计中都算作农村,其数量是33 402个。

期在当地生活，是当地居民，受当地人民欢迎。在其他人数为王的地方则倾向于在普通人中选择候选人：在村里，他一般是中等智力的农村人，通常，村里和选民一样狭隘的市议会选举出来的市长也同样是狭隘的人。这就是将来市镇公共利益的代表和管理者；除非他们本人和敏感的个人利益直接受到影响，否则他们的惰性完全可以媲美他们的无能[1]。

　　一大摞在省政府办公室精心编制的文件，每年四次交给这些先天失明、瘫痪的病人，这些大开本的文件根据栏目从上到下排列，按照标题从左到右分开，上面是印刷的文本和手写的数字：详细的收入和支出、一般生丁、特殊生丁、义务生丁、可选生丁、普通生丁、附加生丁、其来源和使用情况，初步预算、决算、修正预算，以及相关的法律依据、法规和决议。总之，是井然有序和详尽的图表，法学家和会计都会受益匪浅，但对农民则像天书一样晦涩难懂，因为他们中的大多数人勉强能写出自己的名字，经常可以看到他们在星期天站在布告板前，吃力地拼读政府公报，上面抽象生僻的短语，像某种模糊和未知的飞行物在他们的头顶飕飕地飞过。为了指导他们比私人生活更加困难的政治生活，他们需要一本面对这些困难时使用的类似指南，一个法律顾问和商业顾问，一个合格、有能力理解省政府文件、可以坐在他们身边为其解释预算、权利和权利的限度、金融资源、法律手段和法律后果的人，以便安排辩论、编写账目、更新日志文件、通过各种法律手续和分支机构参与省会的事务：简而言之，是他们选拔的、值得信赖的、熟悉技术的人。在萨弗瓦被吞并之前，他们有一个这样的人，他是在本地或省会执业，以及为五六个市镇的顾客服务的公证

---

[1] 参见保罗·勒鲁瓦·博里厄，《现代国家及其职能》，169页："尤其是在农村的居民的不同群体对如何开展一项工作或如何商定一个事项一无所知。我看到过属于一个分散大市镇的有两三百居民的村庄花了数年时间耐心等待，谦卑地请求帮助建设一个不可或缺的喷泉，只需要200法郎或300法郎税款，每人只需缴纳5法郎，就足够把这项工程落到实处。我还见过另外一个村庄只有一条路把他们的产品运往各地，只需2000法郎，即每年200~300法郎就可以修缮一新，很容易满足他们所有的要求。我讲的还是相对富裕地区，比法国绝大多数市镇都要富裕的地区。"

人、诉讼代理人或律师,他轮流来拜访他们,帮助他们拿起知识和智慧的武器,参加他们的会议,还像现在的市长秘书一样帮助他们抄写法律文书,领取大约相同的薪水,相当于自由职业者合计薪酬[①]。

目前,在市议会已经不再有人向市议员们提供信息和建议了;他们的秘书是小学教师,不能也不应该只是一个抄写员。他用单调的语气为他们读冗长的财务报表上的难解之谜。过于完美的法国公共会计制度,即使让他们占卜也无从下手,除了受过专门教育的人以外,没有人能在数个星期时间里研究明白。他们听得非常入神。有些人还调整自己的眼镜,试图从这么多条目下找到哪些是自己的纳税额。数额太大,纳税过高;当务之急是把附加生丁降下来,因此,需要减少支出。如果有通过否决就可以搁置的支出议案,他们就投票支持反对派将其搁置,直到上面颁布新的法律或法令迫使他们投票通过为止。但是,随着事情的发展,几乎所有文件上指定的支出都是必需的,无论是否愿意,都必须缴纳。而为了缴纳这些支出,除了附加生丁之外别无他法:无论支出数额有多么庞大,都必须投赞成票,都必须批准已经登记的生丁。于是,他们只能签名,不是出于信任,而是出于不信任,单纯出于无奈的必要性而为。由于天生无知而被抛弃的2.7万个农村小型市议会现在比以往更为被动、更为懒惰、更受限制。尽管被剥夺了光明,这是以前省长选择或限制选举权仍然可以为他们周围的黑暗带来的光明,他们仍然剩下一个实际的导师或领路人,这最后的向导就是省政府办公室的官员,尤其是非常熟悉文件的这个或那个一直在岗位上的主管或副主管。由于有约400个市议会需要领导,可以想象他会怎么做:除了像羊群一样把他们赶到

---

① 有关法国市镇体制和改革,可以参考其他国家的经验并加以引进,参见约瑟夫·费朗(前省长)的《法国和国外的行政制度》;鲁道夫·涅埃斯特的《1872年普鲁士通过立法完成的行政改革》(特别是约1500人的市镇或选区合并后的行政管理制度);布罗利埃公爵的《关于法国政府》(特别是关于在市镇和选区的行政管理中所进行的改革),21页。"撤销市镇官员作为政府官员的资格;将两种类型的职务分开;在选区首府所在地设立公务员在市镇内部负责监督公法和上级主管部门决策的执行情况。"

印刷好的规章制度的围墙内，或者根据指令机械地敦促他们之外什么也不做，他自己也同他们一样成了墨守成规的木头人。

VI

现在让我们看看天平的另一端，大型城市市镇的情况；10 000 名以上居民的市镇有225个，其中20 000名以上居民的有90个，其中100 000名以上居民的有9个，巴黎有230万名居民[1]。乍一看这些人类蚁穴的平均标本和有40 000~50 000名居民的城市，我们可以看到，集体事业变得多么庞大而复杂，有多少主要和次要的服务市镇社会需要协调和合并在一起，以确保其成员享受公共服务的好处，并确保他们得到保护，以避免和预防灾害扩散带来的威胁：道路的维护和修理、改造、规划、铺设，排水、下水道、码头、河流，以及常用的商业港口的建设费用；关于港口、运河、堤坝或精神病院建设与省和国家进行谈判和安排；与小型马车、公共马车、有轨电车公司、电话和照明公司、路灯照明及饮用水管线公司签订合同；市镇道路的城市警察，公路监督和规则，当人群在街道、市场、剧院，在任何公共场所、咖啡馆或小酒馆聚集时，为了防止斗殴受伤而维持秩序的人员；消防员和防火机械；提前做好对抗传染病的卫生措施和注意事项，以确保传染病流行期间的卫生；作为额外负担和权力滥用的结果，小学、中心、公共水道、图书馆、剧院、医院和应该由不同的行会支助与管理的其他机构的建立、领导和维护，至少，对这些设施的拨款，因此而获得的用于内部管理的合法和必要的干预。这些都是庞大的事业，它们构成一个整体，承担市镇现在、过去和未来的整个预算，并像任何大工程的独立分支一样，为了政策运行而要求其连续性和关联性在运行者的

---

[1]　A．德·佛维尔，16页。旁边的标注大部分适用于312个前面的类型的城市（五千到一万人）。最后的类型包括2000~5000人的城市，数量有2160个，构成城市人口的最后类别；正是通过这种混合性质，与含有1500~2000人和形成农村人口的第一类型的1917个市镇相似。

思维和指导思想中永远存在[①]。

经验表明,对于大型工业和金融公司,如克鲁索和圣戈班的法兰西银行、里昂信贷银行、兴业银行、保险公司、海运公司和铁路公司,达到这一目标的最佳途径,是有一个不间断存在的常务经理或主管,他经由董事会根据既定条件接受或雇佣,这个人特别可靠,对自己的地位有长期的了解,需要维护自己的声誉,可以把自己的全部时间、能力和热情奉献给工作,独自对整个事业每时每刻都保持着条理分明的详细概念,可以独自发挥主观能动性,圆满完成最经济实用的工作。这也是普鲁士莱茵河地区城市的行政管理的通用做法。例如在波恩[②],由居民选举产生市议会"到处收罗"能力出众的著名专家。必须指出的是,无论是在城外还是在偏远省份找到的专家,都会被接受。他们会跟他讨价还价,就像和著名的音乐家探讨如何管理系列演唱会的事宜一样。他就成了年薪10 000法郎、外加退休金、为期12年、负责所有市政服务的市长,管弦乐队的指挥,唯一被全权委托的行政执行权力的人,唯一可以挥舞权威的指挥棒让所有人随之起舞的人,其中一些人是拿薪酬的公务员,另一些人是业余志愿者[③],所有人都通过他而和睦相处,心无旁骛,一心做好本职工作,因为他们知道他认真、有能力、品质卓越、有大局观、有责任感,出于利益和荣誉完全献身于自己的工作,这同时也是他们的工作,也就是说,是共同

---

① 马克斯·勒克莱尔,《普鲁士的城市生活》,17页。在普鲁士,具有这种主导智慧的人成为"行政法官",就像北部和东北部的旧市镇一样。在普鲁士东部,行政法官是一个群体;例如,在柏林,这个群体包括34人,其中有17人是拿薪酬、雇佣时间为12年的专家,另外17人是无偿提供服务的志愿者。在普鲁士西部,城市主管通常是拿薪酬、雇佣时间为12年的专家,称为市长(bourgmestre)。

② 马克斯·勒克莱尔,同上,20页。"现任波恩市长在担任这个职务之前是慕尼黑·格拉德巴赫市长。克雷费尔德的现任市长来自西里西亚……最近,一位以发表了关于公法文章而知名的律师,担任了马格德堡摄政政府的职位",最近被明斯特市任命为"有薪酬的市长职位"。在有3万居民的波恩市,"所有重担都落在了他的肩膀上:他行使了对我们来说应该属于省长的职权"。

③ 马克斯·勒克莱尔,同上,25页。"除了市镇官员和市议员,还有由市议员和志愿选民组成的专门委员会和代表委员会,或者负责管理或监督一部分市镇公共业务,或者研究某些特别的问题……""此外,这些隶属于市长的委员会由市议会选举出来。"这样的委员会在波恩有12个,在柏林有100多个。这是使用无私奉献的志愿者、推广地方爱国主义、实践意识和公共精神的极佳的制度。

致力于演唱会的圆满成功。

在法国任何一座城市都无法适应这种大型城市市镇城市制度的完美类型。在城市，同时更大程度上在乡村，普选的结果是真正贵族的衰落，使一些人放弃自己的权利并且被排斥在决策层之外，这些人通过自身的教育，其缴纳税收所占的大比例份额，对生产、工作和商业的影响力成为社会的权威，而且应该成为合法的权威。在任何权利不平等的国家，多数人数量上的优势必然导致差不多全部群体的弃权或某些最应该被选上的候选人的失败。但这里指的代表是市民，而不是农村人，与出身于乡村的人完全不同。他们每天读报纸，相信他们不仅了解地方事务，而且了解一般的国家事务，也就是说，了解高水平的政治、经济、哲学、历史和公法，有些类似小学教师，因为他们会四则运算，于是就认为可以教微积分和函数理论了。作为新雅各宾派、老式帮派的后人和继承者、来自同一渊源的货色，根据雅可宾派的传统，至少他们还敢于自信地大声说理；其中一些人信念真诚，心胸狭窄，容易受到信誓旦旦的空洞口号的迷惑而亢奋；而他们中的大多数只是政客、骗子和阴谋家、医生或三流律师、失意文人、小咖啡馆里的半文盲、俱乐部或小集团的演说家和其他庸俗的野心家；这些人由于个人事业低落，个人价值根据能力受到仔细考察和评估，而投身于公共事业，因为在这个竞技场，全民投票、无知、冷漠和消息闭塞的仲裁者、怀有偏见和热情的法官、心安理得的道德家，并不要求竞争者具有清白的信誉和成熟的能力，只要求他们能够做诙谐的演讲，在公众面前自信地表现自己，粗俗地讨好大众，热情地承诺将人民赋予的权力交到对他们反感并且有偏见的人的手里。以这样的身份进入市议会之后，他们成了议会的多数派，特别是任命某个党派或集团的领袖当了市长；这位市长有时是大胆的领导人，有时是他们的怨恨、讨好、轻率举动、错误、假设、爱管闲事和侵犯的驯服工具。省一级的情况又如何呢？也是由普选产生的省议会，也与其来源密不可分；其品质虽然不至于降低得太多，仍然有一定程度的下降,但正在止跌回稳：政客们把自己安排妥当之后,开始利用自己的地位作为垫脚石爬向更高的地位；而休会期间仍然通过其委员会行使更大和更持久权力的省议会,试图把自己视为它所代表的、广泛而分散的社区的合法君主。地方当局就是如此拼凑、组成、扩大和恶化的,因而变得难以管理；从现在开始,为了对行政机构进行管理,省长必须与他们和睦相处。

VII

在1870年之前,当市议会任命市长、省议会每年只举行15天会议时,省长几乎是无所不能的人；然而,在今天(1889年),"他的权力仍然是巨大的"[①],他的权势仍然处于支配地位。他有权暂停市议会、市长的权力,并建议国家元首将他们免职。他不必采取这种极端做法,而只需要高高抬起双手,始终高悬在市镇上,因为他可以否决市政警察和公路委员会的行动,取消市长的法令,通过巧妙运用自己的特权,强行加入自己的意志。他不仅可以操控、开除、任命或帮助任命行政部门的职员,而且包括行政机构之外的各种类型和级别服务于省[②]和市镇的职员,从档案保管员、博物馆馆长、建筑师、市绘画学校的校长和教师、慈善机构的主席和接收员、救济院的主任和会计、温泉疗养院的医生、精神病院的医生和会计师到治疗流行病的医生、货物入市税征收处的主管、捕狼队的队长、城市警察局局长、度量衡检查员、收入不超过三万法郎的城市收税员,直到并包括最低级别的员工,如省和市镇的森林警卫、船闸管理员和河流航行警卫、码头和商业港口监督员、桥梁和公路收费员、小村庄场院守卫、在街角执勤的警察,以及在公路边碎石的养路工人。如果涉及的不再是人,而是

---

① 奥罗克,283页。

② 保罗·勒鲁瓦·博里厄,《法国和英国的地方行政管理》,26页、28页、92页(1852年3月25日和1861年4月13日法令)。

某些事务的话，仍然是他负责每个项目、计划和过程的初步审查与最终执行，负责准备省政府的预算，编制好之后提交到省议会，负责准备市镇的预算，编制好之后提交到市议会；市议会和省议会投票通过后，省长仍然是他们全体赞同的项目运行在现场唯一的执行人、主管和业主。在整个项目运行中，他们的有效份额微不足道，并且沦落到纯粹的意志行为。为了达成决议，他们手里仅有他提供和安排的文件；为了使决议一步步达成效果，他们只有一双手，一双独立合作者的手，这些合作者有自己的观点和利益，永远不可能成为纯粹的工具。他们缺乏做出决定的直接的、个人的和充分的信息，除此之外，也缺乏完整、高效的额外权力，而仅仅是一个干巴巴的"是"横在缩水、不足的资源和早熟或半成熟的果实之间。而洞察其中玄机和时刻准备行动的省长有着坚忍不拔的意志，他反对他们支持者寥寥无几和笨拙的意志，从而占据优势，而且总是取得优势。归根结底，他利用执政和智力范畴的能力，稳坐共和八年省长的宝座。

然而，从最近通过的法律看，他的手已经不那么自由了。地方议会的能力得到了扩展，不仅包括新的案件，而且包括新的议案类型，而决定执行数量增加了五倍。市议会现在不是每年开一次会，而是开四次会，会期持续时间更长。省议会也不是每年开一次会，而是开两次会，会期之外则由其临时评议会开每月例会。省长利用其日益扩大的权威和无处不在的权力运筹帷幄，更为严重的是，他利用地方的意见进行明争暗斗。

他不再闭门造车般进行治理，即使在最小的市镇，市议会的审议情况也必须公之于众；在城市，审议情况由当地的报纸发表和评论；省议会将把会议记录向大众公布。因此，在选举出来的权力背后，为了与这些权力一起向天平的一端倾斜，这里有一个新兴的力量崛起在省长的对面：舆论。这种舆论可以在中央集权均衡的国家和处于风雨飘摇中、地位摇摇欲坠的人群中产生；这些人缺乏自主向心力，而且由于缺乏天生的领路人，只想互相排挤，自己出风头或墨守成规,每个人都根据个人盲目而随意的想法行事,因而这种舆论是草率的、缺乏远见的、不合乎逻辑的、肤浅的、捕风捉影、以讹传讹、空穴来风、大言不惭,虽然鸡同鸭讲,但通过周而复始的啰唆而像号角或呼啸的口哨一样产生公认的号召力,对羊群有聚集、阻止和驱使的作用。这个群体无法正面对抗,因为他们靠密实和紧凑的力量向前冲,不得不放下身段、对他们连哄带骗、百依百顺,并满足其要求。因为,在普选制度下,这个群体除了地方代表之外,还可以选举中央政权、代表、政府。当政府从巴黎派一个省长到外省时,必须效仿大商业公司的做法,以保持和增加客户的数量为重点,以长期旅行职员的身份在那里保持自身的信誉,或者,换句话说,作为其选举代理人,更精确地说,做下次选举的执政党竞选经理,在现任部长们任命、委托和催促下,为他们从上到下巩固已有选票,斩获新选票。毫无疑问,他心中必须牢记国家、省和市镇的利益。但是,首先,他必须善于招徕选民,利用这种身份和能力与省议会和常设委员会、市议会和市长、有影响的选民,尤其是与各市镇支持执政党和政府的那些活跃的小委员会打交道。

除了给予,还是给予。必须满足这些辅选人员和团体几乎所有的要求,而他们漫天要价。出于本能、教义和传统,雅各宾派过于苛求,倾向于视自己为现实和理想的人民代表,也就是凌驾于法律之上的合法君主,有权构建,因而也有权摧毁法律,或者,至少可以按照自己的意思歪曲和诠释法律。无论是在省议会,还是在市议会,在市政府,他们总是试图僭越法律;要把他们限制在当地的角色,防止他们干预国家事务和大政方针,省长还有很多事情要做。有时,对他们的小肚鸡肠,他不得不和颜悦色地穷于应付、耐心接受,因为,他们趾高气扬地要求政府要像职员对待主人那样对待他们。如果他们投票通过某项服务基金,条件是他们必须参与资金的使用和服务的细节、承包商的选择和工人的雇佣,他们的权力和手必须延伸到不属于他们而属于省长连续执行的职权范围①。因此，在他们和省长之间不断上演讨价还价的戏码，才能最终达成协议。

但必须注意，终究要付钱的省长，可以在不违反法律信条的情况下付钱。在印有立法者专横的法律文本的庄严的页面上，负责执行的行政人员总有足够的空白写下他自由作出的决定。关于每个省或市镇的公共事务，省长可以用自己的手在白色的空白处写下适合自己的文字，正如我们已经看到的，这个空白处是足够大的；但是，他掌握的空白处在其他页面继续扩大，超出了我们所看到的范围，因为他不仅负责处理省和市镇的公共事务，而且负责处理国家的事务。作为所有一般服务名义上的领导者或监督者，在自己势力范围内，直到私人生活和内心情感，他一直是共和信念的首席检察官②，在无数公务员队伍中受欢迎或受责备的正统或异端行为或意见的负责任领导者，而如今，中央政府也正是通过公务员承担着对人类生活的完全征服。这些公务员的庞大等级制度分为20个层次，包括教士，地方法官，预防和镇

① J.费朗，169页、170页（巴黎1879年版）："在许多情况下，整体的和地方的监管都处于瘫痪的状态……自从1870~1876年以来，为了减轻自身职责的困难，市长经常被迫放弃自己的权力；省长也被迫容忍、批准这些违法行为……多年来，如果不碰到众多的我们提到的违法事例，人们根本无法读到省议会和市议会的会议笔录……在另一个层面的事实中，例如，涉及官方的工作人员，我们难道不是每天都能看到国家代理人认真地屈服于政治贵族的强大意志并完全放弃为公众服务的利益吗？"（这些弊端在过去的十年里变得日益严重。）

② 参见1890年3月1日的《两个世界》杂志中108页《共和国和保守派》（阿纳托尔·勒鲁瓦·博里厄先生著）。"我所说的是我亲眼目睹的经历：我拿下了我自己的选区。这个选区位于东部省份，过去的代表是激进派。这一次由保守派获胜。这一次，他们先是试图撤销选举，后来又不得不放弃了这个要求，因为选票的差距太大了。于是他们就转而对选民进行报复。市镇的宪兵对教士、森林警卫和商店保安进行了调查。有个传染病医生是保守派，被一个机会主义者所取代。当地的税务审计官员被怀疑热情不高而被派到遥远的西部。任何公务员只要在选举当晚没有流露出懊悔神情都会受到解雇的威胁。一个道路勘测员被认为态度冷淡，即被勒令退休。被忽视只是小事一桩，小人物他们根本懒得动一下。养路工人由于被指控说了不合时宜的话就被降了工资。在某个市镇，给穷人分发药品的修女被他们禁止工作，原因是给在巴黎生活的市长添乱。保守派的抵押贷款管理人有个跑腿的男孩因为没有分发选票，而是分发了新代表的结婚通知而获罪；几天以后，省政府发给保守派的抵押贷款管理人一封信，勒令二十四小时之内找人取代罪犯。一位敢于在公开会议上打断激进候选人的公证人在法庭上被指控缺乏职业操守，司法改革法官判他停牌三个月……"这不是发生在头脑发热、一切都不在话下的南部、在朗格多克或在普罗旺斯，而是发生在沉闷的天空下的香槟省。当我就这些事件询问西部和中部的保守派时，他们回答："我们耳闻目睹的已经太多了，久而久之我们已经见怪不怪了。"

压的警察、公共教育、公共救助、直接税、间接税、出入境管理和海关、桥梁和公路、森林领地、马场、邮政和电报、烟草和其他公共垄断行业的员工、国有或私营企业员工，瓷器和挂毯工厂的员工，国家出资的管理聋哑盲收容所的员工、所有辅助和专门制造行业的员工，以及国家支出和管理的战争与航运机构的员工。由于种类太多，在此不再一一列举。只是需要注意，由于财政违法和违规行为的缘故，对于377 000家酒类经销商来说，省政府的放纵或严厉查处可能会构成关键的利好或风险；省政府的指控可能会砸碎38 000名主持教士和副本堂神父①、43 000名邮政和电报行业员工、45 000名烟草经销商和收税员、75 000名石匠、120 000名男女小学教师②的饭碗，因为省政府的善意或祸心直接或间接地涉及上述芸芸众生的生计，因为最近出台的军事法律与20~45岁年龄段的成年人生死攸关，因为最近出台的学校法与6~13岁年龄段的孩子性命攸关。根据这些年复一年都在增长的数据，可以计算出在针对总体的人与事进行立法的法律文本边缘的空白位置上，省长是如何针对特定人和事进行立法的。在这个属于他的边缘空白处，他有时随意写上容忍和善意、徭役的豁免、特许权和休假、税收的减轻和豁免、救济和补贴、帮助和资助、偏好和报酬、任命和晋升，有时写上耻辱、困难、法律诉讼、解雇和特殊的恩惠。在每一种情况下对他的手进行指导，也就是说，为了把所有的恩惠和所有的不公待遇截然分开，他有当地的雅各宾派做特殊的线人和重要的申请人。如果不是受到强烈的分配正义情绪和对公共利益的巨大忧虑的左右，他对他们几乎难以抗拒。一般来说，当他拿起笔的时候，只是写下他的雅各宾派合作者的命令而已。

因此，共和八年的制度有所偏离，远未达到其目标。省长就像中世纪永不疲倦的人一样被上面强制派到对当地一无所知的各省，他

---

① 阿纳托尔·勒鲁瓦·博里厄先生，105页："每个选区的首府都有线人办公室。公共崇拜部长本人也跟我们说，在1890年1月1日，有300名教士被取消了工资，比1889年1月1日多了大约三到四倍。"

② 这些数字是从最近的统计数字中摘录的；其中一些是特殊部门的主管或主任提供给我的。

特立独行，有能力，准备好在当地大显身手，在50年的时间里，在一般情况下，都能做好一个司法公正和公平的部长的分内工作，维护每个人的权利，向每个人征收应缴纳的款项，不必考虑公众舆论，也无须接受每个人的意见。

而现在他不得不成为一个执政党的共犯，执政过程中为了某些人的利益而损害另外一些人的利益，并将对人和舆论的考量作为主要的砝码，放在天平的一端。同时，他手中掌握的整个行政管理人员系统在他眼皮底下开始分崩离析；每年，根据参议员或议会代表的建议，他安插进或让人安插进僭越者，这些人以前毫无政绩可言、能力低下、口是心非，工作乏善可陈，为了平步青云，不是靠自身的成绩，而是靠上司的提携。而其他有能力的、旧学校毕业的循规蹈矩的公务员和已经断送仕途之路的穷人，则变得萎靡并失去活力；他们甚至不再确定是否能保住自己的职位；如果他们得以留下，那是因为，为了迅速处理日常事务，他们是不可缺少的。然而，也许明天他们就不再被认为是必不可少的了，基于政治倾轧或安插自己的红人，他们可能被安排提前退休。从现在开始，他们需要爱惜两种权力：一种是自然、合理的权力，即其行政首长的权力；另一种是不正当和寄生虫似的权力，即自上而下的民主影响。无论是对他们，还是对省长来说，公共利益已经退到第二个等级，而选举利益已经上升到第一个等级。无论对于他们，还是对于他，自尊、职业荣誉、履行职责的信念、彼此的忠诚都在走下坡路；纪律在松弛，守时意识在动摇；根据流行的说法，宏大的行政大厦已不再是一个坚固不催的堡垒。当然，在民主政体下，这所房子的维修和服务变得越来越昂贵，因为，由于附加生丁的效应，是少数家境优越的人或富人支付了大部分的费用。由于普选效应，大多数穷人或半穷人拥有大部分选票，而大部分投票的选民可以毫毛无损地使少数人过度缴纳税款。在巴黎，由这部分多数人选举出来的议会和政府，以他们的名义为他们创造需求、推动支出、增加公共工程、学校、基金、补贴、奖学金、为了增加顾客而大量增加职位，以原则的名义，不知疲倦地下令修建用于表演、戏剧的耗资巨大的危险建筑，而这些建筑的成本是他们不想知道的，社会影响所及也不是他们考虑的。自上而下来看，民主是短视行为。它像动物一样，低着头，张开嘴，抓住看到的任何食物，它拒绝进行预测和计算；它使未来负债累累，浪费了所有承诺管理的财富，包括中央政府和地方机构的财富。随着普选的到来，上层任命或下层选举的省级或市镇行政管理人员，把钱袋抓得紧紧的；自1848年以来，特别是自1870年以来，以及后来的1882年取消缴纳税收最重者必须同意放松钱袋的法律通过以来，钱袋就打开了口子，一下子在街上倒空了。在1851年①，各省加在一起总共花掉了9700万；在1869年，花了1.92亿；在1881年是3.14亿。在1836年，除了巴黎以外的市镇加在一起共花掉了1.17亿，在1862年是4.5亿，在1877年是6.76亿。如果我们检查抵销支出的收入时，我们不难发现，在1830年为地方预算提供了8000万、在1850年提供了1.31亿、在1870年提供了2.49亿、在1880年提供了3.18亿、在1887年提供了3.64亿的附加生丁。因此，这些添加到直接税基准税收的附加生丁的年增长率是巨大的，最后由于过度膨胀而终结。在1874年②，已经有24个省的附加生丁的数额达到或超过基准税收的总和。"在短短几年中，"一位著名的经济学家说③，"对于差不多所有的省来说，这是可能的。"过度的征税也属于类似情况。长时间以来，在整个动产税中④，地方预算的提取额已经超过了国家，而且在1888年，地产税的基准税收为1.83亿，少于加

① A．德·佛维尔，412页、416页、425页、455页。保罗·勒鲁瓦·博里厄，《论金融科学》，I，717页。原文无单位，推测为法郎，以下同。——译者注

② 《1889年的市镇金融统计》。3539个市镇支付了不到15个市镇生丁，2597个市镇支付了0.15~0.30法郎；9652个市镇支付了0.31~0.50法郎；11 095个市镇支付了0.51~1法郎；4248个市镇支付了超过1法郎。这里只涉及市镇生丁；关于每个市镇的地方附加生丁的总和，还需要加入统计数据没有提供的省的生丁。

③ 保罗·勒鲁瓦·博里厄，《论金融科学》，I，690页、717页。

④ 保罗·勒鲁瓦·博里厄，同上。"如果从个人和动产税金额中扣除个人税，我们会发现国家在动产税产品中的提取额，即对租金征收的产品税达4100万或4200万，而地方在这种产品税的份额超过国家的800万~900万。"（1877年）

入总额的 1.96 亿。下一代的负担将会超过目前的这一代人，而贷款额也像税收额一样在不断地增加。除巴黎以外的所有市镇均负债累累，在 1868 年，欠款 5.24 亿；1871 年是 7.11 亿；1878 年是 13.22 亿法郎。巴黎在 1868 年已经欠款 13.76 亿；在 1878 年 3 月 30 日，巴黎欠了 19.88 亿[1]。在同一个巴黎，每个居民的地方支出的年缴税额，在第一帝国末期的 1813 年是 37 法郎；在复辟时期的末期，是 45 法郎；在七月王朝之后的 1848 年，是 43 法郎；在第二帝国时期的 1869 年年底，是 94 法郎。在 1887 年，是每人 110 法郎。[2]

VIII

简而言之，这就是 1789 年以来的地方社会。在革命哲学破产以及执政府实际建立之后，对居民来说，地方社会就不再是一个小祖国、一个自豪的题目、爱和奉献的对象了。各省和市镇变成了更加庞大的寄宿旅馆，这些旅馆均根据同一图纸建设，根据同一规则管理，各个旅馆之间没有差别，房间设备一样好，价格一样贵，但其费率是由全国统一价目表决定的，以至于 36 000 个市镇旅馆和 86 个省旅馆的价格一模一样，住在哪个旅馆没有任何差别。在这些住宅里，永久性的家庭男女纳税人，由于天生具有无法战胜的秉性、邻里联盟、由于人身团结而产生了精神团结的非自愿的、义务的私人团体，由于有限的自然社团的成员和旅馆共同业主都根据对旅馆支出的贡献具有一定的产权份额，从而无法得到承认。直到现在，这个朴素的真理无论在法律上还是在精神上，仍然没有任何地位可言。它的地位已经提前被两个错误所夺取和占据，这两个错误轮流或者一起误导了立法者和舆论。为了把事物作为一个整体，直到 1830 年，地方旅馆的合

---

[1]　1889 年出版的内政部长撰写的《省和市镇的金融形势》。各省在 1886 年财政年度的贷款和债务余额为 630 066 102 法郎。截至 1886 年 12 月 30 日的市镇贷款和债务余额 3 020 450 528 法郎。

[2]　A.德·佛维尔，418 页。保罗·勒鲁瓦·博里厄，《现代国家及其职能》，21 页。

法所有者才被承认是中央政府，可以全权任命自己的代表和省长；
为了更好地治理，国家同意与当地主要的相关方和最有能力的一方
进行磋商，国家必须把给予他们的权力在最狭窄的范围内加以确定，
必须对他们加以任命；即使国家召集他们进行咨询，也是偶尔走形式
而已，是为了以同意权为其全能的权力锦上添花，隐含的条件是，如
果国家不喜欢他们，不听从他们的建议，选择不接受他们的建议，那
么国家就不会关注他们的反对意见。为了把事物作为一个整体，自
1848 年以来，旅馆的合法业主是按人头计算成年男性居民的，所有人
都有平等的头衔，在共同财产中都有平等的份额，包括那些对房子的
支出没有或几乎没有什么贡献的人，包括只收取半价房租的人数庞
大的半穷人，包括享受政府免费公益住房、食物、照明和生活必需品
的人数不少的穷人都得到了认可。在这些矛盾和错误的观念之间，
在共和八年的省长和 1792 年的民主之间，已经产生了妥协。无疑，从
巴黎派来的省长，仍然是省或市镇旅馆名义上的经理、在职和负责的
主管；但是，他管理旅馆过程中必须着眼于未来的选举，以便在所占
据的议会席位中保持议会多数地位。因此，他必须协调与普选出的
地方领导人的关系，在他们的帮助下进行治理，容忍他们的偏见和贪
婪的干扰，接受他们的日常建议，经常听从他们的意见，即使是小事
情，甚至是为了已经投票通过的资金的日常使用，即使是任命办公室
职员，甚至是任命不支付薪水、将来可能取代职员的下属①。因此，呈
现在我们眼前的是这样一幅景象：旅馆经营不善，严重的挥霍和浪费
使旅馆每况愈下，尸位素餐与日俱增，贪污腐败日渐盛行；员工越来
越多，效率越来越低，他们纠缠在两个不同的权力之间，被迫或假装
表现出政治热情，以自己的偏好扭曲公正的法律，除了履行正常的职
责之外，还从事肮脏的工作，其中有两类员工，即由于受宠而得到最

①　保罗·勒鲁瓦·博里厄，《法国和英国的地方行政管理》，28 页（1852 年 3 月 25 日和 1861
年 4 月 13 日法令）。省长直接任命或根据部门领导的推荐任命的官员名单；其中任命的无薪酬见
习人员包括电报局的编外人员、直接税和间接税的编外征稽人员。

好职位的贪婪的新员工和有耐心、要求不高但由于痛苦而气馁的老员工；对于旅馆本身来说，则面临大规模拆除和重建，为了炫耀和引起注意，建筑立面的风格变得宏大，以高昂的成本换来了全新的装饰和令人生厌的结构；因此，每年年底，每个住户都会收到一份关于贷款和债务的昂贵的账单，小房间、斗室和阁楼租金低，但仍然偏高，大中型套房则租金更加昂贵，总之，强迫收入无法抵消费用，负债超过资产，预算的稳定平衡只是纸上谈兵。简而言之，这是一个公众并不满意、正在走向破产之路的机构。

第 五 巻

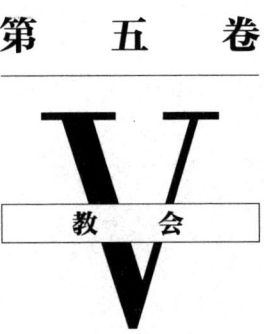

教 会

第一章　道德体制

I．中央集权和道德社会一国家吸收教会的动机一对公民社会的影响。II．拿破仑关于宗教和宗教信仰的个人意见一他倾向于既有的积极宗教的动机一划出精神权力和世俗权力之间界限的困难一除了天主教国家之外，各国都将这一权力集中在一只手上一在法国不可能任意集中这两种权力一拿破仑通过其他途径达到同一目的的方式一他打算通过世俗利益制服精神权威。III．他迫使教皇为自己服务一老主教被迫辞职或被辞退一宪法教会的终结一任命主教和批准归属第一执政的教士的权力。IV．他所期待教皇的其他服务一拿破仑在圣母院的加冕礼一拿破仑关于帝国和罗马教廷的理论一封建领主地位的教皇和皇帝的附庸一驻在巴黎的公务员教皇是精神事务的国务大臣一对意大利产生的后果。V．拿破仑希望或期待法国神职人员为他提供的服务一他罗马式的民权概念一这种概念被他的法学家进一步发展一任何宗教社会都必须得到授权一规定四大授权教会的戒律和教义的法律法规一天主教教会的法律法规一其教义和戒律是旧法国天主教会的教义和戒律一法国教会的新形势和公民权的新角色一这个角色摒弃了旧义务一它保留和增强了其王权一1789年前和1802年后的法国教会一公民权日益增加的优势和完全的统治。VI．压制正规教士的原因一经过授权的社区一授权可以被撤销。VII．正规教士必须服从的体制一法国天主教教义的应用和重建一法国天主教和新神职人员的屈服一为确保现有和未来的神职人员的服从所采取的措施。一少数圣职授任礼被允许一圣职授任礼被允许的条件一对可疑教师和不守纪律的学生采取的行动。Ⅷ. 教士等级制度中的变化—使低级神职人员屈服的动机 —助理教士可以撤换—主教的权力在增加—拿破仑对主教的控制。Ⅸ. 主教制度的政治用途—帝国的教义—主教书信。Ⅹ. 1811年的主教会议—1813年的政教协议。

I

　　中央集权和咄咄逼人的中央政府在把手伸向地方社会之后，已没有别的地方，只剩下道德社会可以撒网了，后者的收获比前者要大得多，因为，如果地方社会基于普通民众和社会机构，那么后者是通过思想与灵魂之间存在的一致而形成的。掌握了这些，对人的控制就不再通过外部，而是通过人的内部，直接控制他的思想、意志和内在动力来进行了，这样人们可以完全支配他，随意摆布。为此，战胜国的主要目的是征服教会；无论与国家的距离是远是近，教会在国家中都拥有极大的权力；不仅权力的范围不同于权力本身，而且更加广阔、更加深远。在世俗的祖国和肉体视觉所感知的人类历史短暂的片段之外，教会拥抱和呈现给心理视觉的是整个世界及其原动力、事务的全部规则、永恒和未来的无限前景。在公民权规定和支配的人类不间断的行为下，教会统治着想象力、良知和情感，整个内心，默默的、坚持不懈的努力，而我们可见的行为仅仅是这些努力不完整的表达和罕见的爆发。事实上，即使教会主动自我收敛，凭良心说，其涉及领域也没有止境；如果是基督徒的话，即使他们宣称他们的天国不属这个世界也是徒劳的。然而，既然他们的天国在这个世界，那么他们仍然属于这个世界；作为教条和道德的大师，他们在这个世界的职责是教导和指挥。在他们神性和人性的全部概念中，国家像一本书的一章一样有自己的一席之地，他们在这一章里说的所有东西对它来说都至关重要。因为，他们在这一章里写出了它的权利和义务、它的子民的权利和义务、公民秩序的完美计划。这一计划无论被公开或被掩饰，即使他们把信众的喜好转向这个计划，这个计划最终都会自发和不可战胜地跳出他们的教条,如同植物脱离种子那样,以便在世俗社会生根发芽,长出枝叶,更深地扎根,以便动摇或巩固公民和政治制度。教会的影响所及是巨大的,包括对家庭和教育、财富和权力的使用、服从或反抗精神,以及主动性或惰性、享受或禁欲、慈善或利己主义的习惯、日常实践和支配地位的冲动的整个流行趋势、私人或公共生活的每一份分支,并构成一种独特的、最高的、永久的社会力量。如果这种力量被忽略或被认为无足轻重,那么,任何政治计算都是不完整的;而国家首脑如果想要计算出它的规模,就必须理解它的本质。

II

这正是拿破仑所做的工作。像往常一样为了更加深入洞悉别人的内心,他从研究自己入手:"说说我是从哪儿来的,我是谁,我要去的地方,超出我的理解能力的东西是什么。我是永不停歇的钟表,但自己意识不到。"这些问题,我们无法回答,"让我们转向宗教吧;我们冲过去欢迎宗教,因为这是自然倾向驱使我们这样做的。但教育的到来使我们停下脚步。教育和历史,是由于人类的瑕疵而变得难看的宗教的最大敌人。我曾经有过信仰。但当我早在13岁[①]开始经历人情世故时,当我开始思考时,我的信仰开始动摇,变得不确定了"。在他准备起草政教协议时,个人的这种双重信念是他思想的背景:"可以说我是一个天主教徒[②]。我什么都不是。在埃及,我是个穆斯林;在这里,为了人民的福祉,我将成为一个天主教徒。我不相信宗教。上帝的旨意!(然后,手指天):是谁创造的这一切?"想象力已经用传说装饰了这个伟大的名字。还是让我们自己满足于已经存在的传说吧;人的不安就是这样,人无法回避:如果他缺少已有的传

---

① 《回忆录》,IV,259页(1816年6月7~8日),V,323页(1816年8月17日)。

② 第博多,152页(共和十年牧月21日)。

说，他会随意编造其他更离奇的传说。积极的宗教使人避免误入歧途，正是宗教使超自然现象更加明确和清晰[1]，"让他来应付这些事总比让雷诺尔曼小姐、算命大仙或路过的江湖骗子讲出来好得多"。已有的宗教"是一种接种疫苗，可以满足我们的奇妙的爱，保护我们免受庸医和巫师伤害[2]；教士远远好于炼金术士、康德和德国神秘主义空想家们"。 总之，光明派教义和形而上学[3]、大脑的推理发明或神经的传染性过分激动、轻信者的所有幻想本质上都是不健康的，在一般情况下，也是反社会的。然而，由于宗教存在于人性中，我们就应该接受，像流下斜坡的涓涓溪流，只要一直顺着冲刷出的水道而下，就不会有新的或唯一的水道，而只有自己的水道。"我既不想要一个占统治地位的宗教，也不想有新的宗教。有了通过政教协议[4]建立起来的天主教、改革派和路德宗，就已经足够了。"有了这些宗教，人们就不必在未知的世界摸索了。

他们了解它们的方向和力量，如果泛滥成灾，人们可以防范。此外，人类土壤中目前的倾向和构造有利于宗教的传播；孩子遵循父亲开辟的道路，人们在顺着孩子标记的道路前进。"听着[5]，上周日，我就在马尔梅松城堡，孤独漫步，享受大自然的宁静。吕埃尔教堂的钟声突然传到我的耳畔。我很感动，早年的习惯和教育的力量是多么强烈！我对自己说：这会给淳朴轻信的人造成什么印象！"让我们满足他们；让我们把这些钟和其他东西都给天主教徒吧。毕竟，基督教

----

① 《回忆录》，IV，259页（1816年6月7~8日）。博莱·德·拉罗塞尔，《拿破仑在行政法院发表的意见》，223页（1806年3月4日）。

② 博尔塔利斯，《1801年关于政教协议的演讲、报告和工作》（由弗雷德里克·博尔塔利斯发表），10页。在他关于宗教组织的演讲中（共和十年芽月15日），尽管博尔塔利斯是虔诚的天主教徒，他仍然采取了同样的思想，因为他是法理学家，而且是旧制度的法理学家。"即使是虚假的宗教也有一个优点，那就是可以阻碍专制教义的传播：个人有一个信仰中心；政府并不害怕一旦被认可就不会改变的教义。可以说，受到法规管控、范围受到限制的迷信是不能或不敢跨越这个限度的。"

③ 第博多，151页（共和十年牧月21日）。"第一执政长期与崇拜、自然宗教、自然神论等的不同哲学体系作斗争。"

④ 博莱·德·拉罗塞尔，208页（1804年5月22日）。

⑤ 第博多，152页（共和十年牧月21日）。

的总体效果是有益的：“就我而言[①]，虽然我看不出化身的奥秘，但我可以看出社会秩序的神秘；宗教将平等思想与天堂联系在一起，可以使富人被穷人杀死。”“没有财富的不平等，社会就不能存在，而没有宗教，财富的不平等也不能存在[②]。如果一个人饿死在一个富人身边，如果没有一种权力对他说是上帝要这样的，他是不可能屈服于这种差异的；这个世界上一定有穷人和富人；但在未来和永恒中，个人的命运会有所不同。”在国家部署的镇压警察旁边，都有教会部署的镇压警察。教士是编外[③]的穿长袍的精神宪兵，比穿长靴子的世俗宪兵更有效率，而最重要的是要让二者步调一致，同心协力。

在这两个领域之间，在属于民事权利和属于宗教权威的领域之间，有限度和分界线吗？“我不知道在哪里找到这个分界线；它的存在纯粹是空想。我只看到乌云、晦涩、困难。政府将罪犯判处死刑；牧师赦免他，答应他上天堂”[④]，这同一种行为放在一个人身上，结果一种是断头台，另一种是宽恕，这两种权力的公开运作南辕北辙。既然这两种权力可以互相碰撞，那么让我们预见它们之间的冲突，不给它们留下不明确的边界，提前进行跟踪，让我们指出我们该做的部分，不要允许教会蚕食国家：说到底，宗教想要拥有一切；它提供给我们的是附属品，最好的部分留给了自己。“看看傲慢无礼的教士吧，在他们与所谓的世俗权力分享权力时，在智慧、人的最高贵的部分保留了行动的权力，还想把我的行动权减少到只剩身体的部分。他们保留灵魂，把尸体扔给了我。”[⑤]在古代，事情做得更好，在伊斯兰国家现在所做得更好：“在罗马共和国[⑥]，参议员是天堂的诠释者，这是当时政府强大和稳固的原动力。在土耳其，在整个东方，古兰经同时是

---

① 博莱·德·拉罗塞尔，223页（1806年5月22日）。

② 罗德勒，《全集》，III，334页（1800年8月18日）。

③ 毕涅昂是拿破仑外交思想的特别官方的阐释者，在谈到政教协议强迫宣誓的问题时说："这种宣誓使神职人员成了一种宪兵圣人。"

④ 博莱·德·拉罗塞尔，205页（1804年2月11日）。

⑤ 博莱·德·拉罗塞尔，201页。

⑥ 博莱·德·拉罗塞尔，206页（1804年2月11日）。

民法和宗教福音书。只有在基督教中我们找到不了同于民事政府教皇的位置。"即使这样也只是在基督教的分支中产生；除了在天主教国家，到处都一样，"在英格兰[①]，在俄国，在北部的君主国家，在德国的一部分地方，这两种权力的法律联盟，'君主手中的宗教控制'，是既成事实"。没有这个联盟，就无法治理；否则，一个国家的安宁、尊严和独立就会时时刻刻受到干扰。可惜的是，"人们不能像英格兰的亨利八世那样把困难一刀斩断"[②]；于是，法国国家元首通过立法成了法国教会的最高首脑。不幸的是，这个举措令全法国反感。拿破仑也多次进行试探，但认为关于这件事，"他不会获得国家合作"；一旦开始，"全面陷进去，国家就会抛弃他"。这条路走不通，他需要走通实现同一目标的另一条路。他后来说，这个目标，"长期以来一直是，他的愿望和冥想的目标……""他不想改变他的人民的信仰[③]；对于他尊重的精神层面的事务，他想通过非接触方式统治他们，不干涉他们的事务；他想要他们认同他的观点和他的政策，但只是通过世俗事务的影响力。"精神权力应保持完好，应该在自己的推理领域，也就是在教义领域，以及在实际领域，也就是在圣礼和崇拜领域发挥作用；希望他在这有限的领域成为至高无上的君主，拿破仑承认这一点，因为这是事实。只要我们睁开眼睛就可以看到：无论正确与否，在这个与众不同的领域，精神权力就是通过信徒坚持不懈的忠诚而受到承认的、服从的、有效的君主。即使假设这种权力是不存在的，它也不会化为乌有；相反，一个优秀的政治家将保持这种权力，利用它，将其应用到民事目的。就像一个工程师在工厂附近看到一个水源丰富的喷泉，他不会想把水抽干，既不想让水分散失，白白流掉，也不想让泉水闲置；相反，他会把水收集起来，挖一条渠道，把水引导到车间加以利用。在天主教会，需要获得和利用的权威是教士的权威，波拿巴在

---

① 《回忆录》，V，323页（1816年8月17日）。
② 博莱·德·拉罗塞尔，201页。
③ 《回忆录》，V，353页（1816年8月17日）。德·普拉特先生关于四个政教协议的注释（拿破仑一世的《通信集》，XXX，557页）。

政教协议谈判的时候说,"你们会看到","我是如何利用教士的"①,但首先,当然是如何利用教皇的。

III

"即使教皇从未存在过,"他又说②,"也有必要借此机会把他创造出来,就像罗马执政官在困难的情况下创造出一个独裁者一样。"只有这样的独裁者才能引发第一执政需要的军事政变,把新的政府首脑视为天主教会的保护人,让独立或倔强的教士臣服,切断法国教士与其被流放的高层和旧秩序在教规上的联系,"打破波旁王朝与这个国家联系的最后线索"。"50名英国资助的流亡主教③如今领导法国的神职人员。必须消除他们的影响,为此,教皇的权威必不可少:他可以解雇或让他们辞职。"如果任何人顽固地不愿走下神坛,这种拒绝会让其名誉扫地,他们将被"视为喜欢世俗事务和人间的利益而不喜欢天上的事务和神的事业的叛逆"④;最大的教士团体及其羊群会抛弃他们;他们将很快被遗忘,就像移植被切断了根的老苗一样;他们会一个接一个地死在国外,而如今已经担任公职的继承人,不难把服从听话的人团结在自己周围。因为,作为天主教徒,他的教友像温顺的羊一样顺从,依赖敏感的外部世界,随时准备跟随教士的权杖,只要它还戴着由相同的材料制造、具有相同的形式、由上层提供、从罗马发放的古老徽章。主教一旦经过教皇祝圣,除了教皇或一些古籍经院专家之外,没有人有权质疑他们的管辖权。经过教皇的干涉,教会的地面从此变得明朗。在此为良心⑤而争执不下的三组权力,在

---

① 布里恩,《回忆录》,V,232页。
② 德普拉特先生关于四个政教协议的注释(拿破仑一世的《通信集》,XXX,636页和639页)。
③ 第博多,152页(共和十年牧月21日)。
④ 德普拉特先生关于四个政教协议的注释(拿破仑一世的《通信集》,XXX,638页)。
⑤ 莫尔特的布雷伯爵,《政教协议谈判》。(关于1800年11月法国宗教状况,特别是关于宪法教会的状况的通信集节选,1882年。宪法教会破败不堪,令人敬而远之,没有信誉,没有未来。)作者估计在职的牧师人数有8000人,其中2000人为宪法牧师,6000人是正统天主教牧师。

英国避难的主教、教廷助理神父和宪法教士都消失了；现在清理好的地面可以进行建设了。"有人说[1]，天主教是法国大多数人的宗教，应该好好组织宗教活动。第一执政任命了50名主教，教皇为他们祝福。他们任命了教士，国家支付他们薪水。后者必须宣誓；而不听话的神父都被流放出国。那些鼓吹反对政府的人都被交给上级接受处罚。教皇同意拍卖教士的财产，并为共和国祝福。"信徒不再对他斜睨。

他们觉得不仅得到了他的容忍，而且得到了他的保护，他们对他非常感激[2]。人们重新找回了教会、神父、熟悉的礼拜形式、在他们想象中属于他们的生活中最重要行为的仪式，以及严肃的婚姻礼仪、洗礼、葬礼和其他神圣的活动。从此以后，每个星期日，在每个村庄都做弥撒，在圣体节时，农民用游行来为丰收祝福。公众的巨大需求得到了满足，不满情绪得到了消除，怨恨得到缓解，政府减少了敌人，敌人也失去了最好的武器；同时，政府也得到了绝佳武器，即任命主教和批准身份资格。根据政教协议和教皇的命令，在1801年，不仅所有以前的精神权力不复存在，而且，在1801年之后，所有具备新头衔、经过批准或接受管理、遵守纪律[3]和由第一执政支付报酬的神职人员，都成了他事实上的工具和公务员。

IV

除了从教皇君主获得了积极和真正的宗教仪式服务之外，他还期待其他更重要的和不确定的服务。首先是未来在巴黎圣母院的加冕礼，在政教协议谈判中，拉法耶特[4]就曾经微笑着对他说，"你是想要

---

① 第博多，152页。
② 同上，154页（第一执政的演讲）："政府之所以讨人喜欢，那是因为它对宗教的尊敬……必须使牧师同共和国紧密联系在一起。"
③ 第博多，154页："组织一种宗教、规范牧师不是要比自由泛滥好得多吗？"
④ 拉法耶特，《回忆录》，II，200页（我和第一执政之间的关系）。

把那个小瓶子在头上打碎吧",第一执政对此并没有否定。相反,他一笑置之,回答说:"我们会看到的,我们会看到的。"由此看来,他的思想远远超过现实,比普通的君主专制更加高远,超越了旧制度下一个人的想象力和猜测,达到建立欧洲帝国,达到公元800年重建西方帝国的程度:"我继承的不是路易十四,"他后来说[①],"而是查理曼大帝……我是查理曼大帝,因为,像查理曼大帝一样,我把法国的王冠延伸到了伦巴底,我的帝国现在与东方接壤。"在这个远古历史为他无穷的野心提供灵感的概念中,可怕的考古学家发现了巨大而合适的框架、强大而似是而非的术语和所有他需要的言辞上的理由。在查理曼大帝的继承人拿破仑统治时期,教皇只是一个附庸而已:"教皇陛下是罗马的君主,但我是罗马的皇帝",是合法的领主。教皇通过领主的地位拥有封地和郡县,就应该以政治忠诚和军事援助作为回报;如果没有做到这一点,那么有条件捐赠就是无效的,被没收的财产将返回他们现在归属的帝国疆界[②]。通过这种推理和威胁,通过最粗暴、最巧妙、最隐蔽、最执着的身心压力,通过已经开始、正在持续和完成的掠夺,通过对圣父本人的绑架、囚禁和扣押,教皇开始屈从于精神力量,不仅要和帝国里的普通人一样[③],住宅受当地法律的约束,从而接受政府和宪兵的管辖,而且还必须纳入行政框架内;他将不再享受拒绝给皇帝[④]任命主教祝圣的权利,"在加冕礼的时候,

---

① 奥松维尔伯爵,《罗马教会和第一帝国》,II,78页和101页(拿破仑1806年1月7日给费什红衣主教的信,1806年2月13日给教皇的信,同一天给费什红衣主教的信)。"教皇陛下在世俗事务中对于我有我对于他在精神事务中同样的考虑……所有我的敌人也是他的敌人。""告诉他们(罗马人),我是查理曼大帝、教会之剑、他们的皇帝;我必须有同样的待遇;他们不应该知道有俄罗斯帝国……如果教皇不接受我的条件,我就让他尝一尝查理曼大帝之前的待遇是什么样的。"

② 1809年5月17日法令。"当法国皇帝、我们威风凛凛的前辈查理曼大帝为罗马主教捐献出好几个郡县时,他只是以封地的形式并为了其国家的利益赠予他们,而通过这种赠予,罗马当时也处于他的帝国版图之内,…… 而现在教皇国又重新被纳入法兰西帝国的版图。"

③ 1810年2月17日的元老院法令,第II条,第XII款。"任何外国君主在帝国内都无法与任何精神君主行使的权力相提并论。"

④ 奥松维尔伯爵,同上,IV,366页(1811年8月5日国民议会法令。1813年1月25日枫丹白露的政教协议,第14条。1813年3月23日关于政教协议的执行法令,第4款)。

他会宣誓不反对法国天主教会的四项建议"[1]，他将成为一个大公务员，像康巴塞莱斯和勒布朗那样的国务大臣，即天主教崇拜的国务大臣。毫无疑问，他会抗拒并固执己见，但他并不会永生，如果他不屈服，他的继任者将取而代之：只要选择一个听话的就足够了，为此，只要在下届红衣主教团做些工作就足够了。"以我在意大利的影响力和军队实力，"拿破仑后来说[2]，"我没有失去希望，无论早晚，终究会以某种方式取得对教皇的控制，在那之后，对世界其他国家会有什么样的影响力和舆论支配力！""如果我从莫斯科凯旋，我会把教皇赞美到无以复加的地步，举行盛大的仪式向他致敬。我会让他不再对自己的世俗地位后悔；我要使他成为偶像。他将与我比邻而居，巴黎将成为基督教世界的首都，而我将统治宗教世界和政治世界……我将召开我的宗教会议和立法会议；我的宗教评议会将代表基督教，教皇就是他们的主席。我会召开和结束这些会议，批准和发表他们的法令，就像君士坦丁和查理曼大帝所做的那样。"从1809年开始，加洛林王朝和罗马式的宏伟大厦开始恢复，并奠定了自然的基础。根据法令[3]，"红衣主教团和传信部的费用会宣布由帝国负担"。教皇也像新的公爵和元帅一样，被授予来自帝国不同地区的土地收入，即200万法郎免税的农村收入。教皇应该"有必要"拥有两座宫殿，一座在巴黎，另一座在罗马。他在巴黎的住所已经安排妥当，除了他人还未到，其他万事俱备。只需两个小时，从枫丹白露到这里，就可以找到工作所需的一切："罗马的档案和公文[4]已经运到那里了"；"整个圣殿都用于罗马宫廷的各个机构。圣母院地区和圣路易斯岛是基督教的总部！"基督教的第二中心和教皇的第二居所罗马，已经

---

① 1810年2月17日元老院法令，第13款和14款。

② 《回忆录》，1816年8月17日。

③ 1810年2月17日元老院法令。

④ 拿破仑关于德·普拉特先生的《四个政教协议》的记录（通信集，XXX，550页）。兰弗利，《拿破仑史》，V，214页。（根据梵蒂冈的档案，罗马教皇的头饰、徽章和其他象征教皇尊严的饰品都运到了巴黎。）

被宣布为"帝国的自由城市,帝国的第二大城市"[①];一位帝国亲王或大人物将驻在那里,"管理皇帝的宫廷"。"在巴黎圣母院加冕之后,皇帝将在其统治不到十年时去意大利,并在罗马圣彼得大教堂接受加冕。帝国王位的继承人将继承皇帝的头衔,并接受罗马国王的荣誉。"请注意这个海市蜃楼的建设蓝图的本质特征:拿破仑同法国人相比更意大利化,在直觉、想象力和记忆上,更接近意大利的种族,他先把意大利的未来放在自己的计划里;结合他统治的最终决算,我们发现,净利润属于意大利,净亏损属于法国。"拿破仑想重新缔造[②]他的祖国意大利,把皮埃蒙特和托斯卡纳联合起来成立一个独立的国家,以阿尔卑斯山和大海为疆界……这是以他的荣誉矗立的不朽奖杯……他不耐烦地等待第二个儿子的出生,以便带他到罗马,加冕他为意大利国王,并宣布这个美丽的半岛在欧仁亲王的摄政下成为独立国家。"从狄奥多里克和伦巴底国王开始,教皇为了维护他的世俗主权和精神的万能使意大利处于分裂的状态;一旦这个障碍被消除,意大利将再次成为一个国家。拿破仑在为此做准备,预先制订方案,因此,他需要把教皇恢复到原始和正常状态,撤销他的世俗君主的地位,限制他的精神万能,使他沦为只是天主教信仰的领袖和帝国中授权的主要宗教的首席神父。

V

在实施这个计划时,拿破仑利用了法国的神职人员,以便控制教皇,就像他利用教皇,以便控制法国的神职人员一样。为此,完成签署政教协议和颁布组织条例之前,他下令为自己建了一个小型宗教法律图书馆。他让人把博须埃的拉丁语作品翻译成法语,他让人制定了议会天主教教义;首先就是以非凡的技巧直接深入到事情的关

---

① 1810年2月17日元老院法令。
② 拿破仑关于德·普拉特先生的《四个政教协议》的记录(通信集,XXX,548页)。

键，然后，重铸和塑造适合自己的所有理论，以便形成一个独特的、个性化、连贯的、精确的和实际的概念，一个适用于所有的教会、天主教、路德教、加尔文教甚至是犹太教、所有现在和未来宗教社区的整体概念。他的主要想法是罗马法学家和古代帝国法学家的想法；在这里，像在其他地方一样，现代恺撒超越他的基督教前辈，可以回溯到图拉真和奥古斯都[1]。只要一种信仰保持沉默和孤独，局限于个人良知的范围内，那么这种信仰就是自由的，与国家无关。但是，如果他冲出了这个藩篱，在公众中宣讲，以其公开的行为为了一个共同的目标把人们联合在一起，就应该受到控制：礼拜、仪式、布道、指导和宣传，号召的捐款、召集的大会、对社团的组织和维护、所有内心遐想的积极应用都是世俗活动。在这个意义上，这些活动在政府、行政机构和法院的管辖之下形成了公共领域的一个省；国家有权对这些活动予以制止、容忍或授权，并一直对其进行引导。作为单一良知所依靠的沟通外部世界唯一万能的主人，他一步一步地进行干预，为的是给他们找到出口或挡住其出路。这条路通向他，也属于他，因此，他对他们的一举一动的监督是，也应该是日常工作，是为了自身利益，是为了公民和政治利益，以便使对另外一个世界的关注更加有用，并且对这个世界的事务不构成损害。简而言之，第一执政在私人谈话中说[2]："人民必须有一种宗教，但这种宗教必须掌握在政府手里。"

有关这个议题，他的法学家，立法会或国民公会的老议员、部长和参事、教会自主主义者或雅各宾派、在立法会和法院的代言人、所有被灌输了罗马法或社会契约论的人，都是用优雅的句子声称国家万

---

① 参见关于《非法团体》的罗马法；其首要来源是罗马的宗教观念、占卜、趣味和圣鸟的政治和实际应用。追踪从古到今的这一重要思想漫长的历程和生存是有趣的；它是在1801年重新出现在政教协议和组织条例中，再后来出现在解散未经授权的社区和关闭男性修道院的法令中。法国法学家，特别是拿破仑的法学家，深刻接受罗马观念的灌输。博尔塔里斯在他的关于建立都市神学院的"动机陈述"中（1804年3月14日），支持有关罗马法的法令。"罗马的法律，"他说，"将所有关于崇拜的事务置于主要属于公共权利的范畴内。"

② 第博多，152页。

能的最好的传声筒。"公权力与普世性的统一，"[①]波尔塔利斯说，"是其独立性的必然结果。公权力必须自给自足；如果不是所有……就什么也不是。"公权力不能容忍对手；未经其同意，它不会让其他也许是来挖墙脚和削弱它的权力的东西在自己身边安营扎寨。"当一个国家的领土上有一些人对精神和良知可以施加重大影响时，它的权威就会不稳定，除非这些人至少在某种程度上由其掌控。"如果他不熟悉或冷漠面对打算统治人们灵魂的政府的形式和宪法，如果他承认遏制信徒的信仰和服从的限制"无须其支持就可以产生或改变，如果他在合法承认和公开声明的上层人士中没有信徒的忠诚保证"，那么，它就会铸成大错。这是1789年之前法国天主教崇拜的规则，同时也是1801年之后所有经过授权的宗教崇拜的规则。如果说国家授权这些宗教活动，这是为了"将如此重要的制度引导成为最大的公用事业"。仅仅是因为它赞同他们的教义和纪律，它就愿意使其安然无恙，防止"神父们败坏用于布道的教义，或者武断地摆脱纪律的桎梏，以损害个人和国家的利益。"[②]因此，在涉及教会和规定教会角色的法律法规中，有明确的文字规定对教会的要求和限制：从今以后，它只能在固定的范围内活动；它的教义和教规、它的等级制度和内部体制、它的领土的分支和规划、它的定期或非正式的收入来源、它的布道和礼拜，都是确定的活动和固定的限制。任何宗教会议，包括新教、天主教或犹太教会议，没有政府的同意[③]，都不可做出或发表教义或惩戒决定。任何宗教会议，包括新教、天主教或犹太教会议，没有

---

① 1801年的《关于政教协议的演讲、关系和工作》，博尔塔里斯，87页（关于组织条例），29页（关于崇拜组织）。"宗教部长不应有意图分享或限制公权力……宗教事务一直通过不同的国家法典归类到国家高级警察事务类别……政治官员可以并应该干涉所有涉及宗教事务的外部管理……在法国，政府差不多一直以直接的方式支配教会的活动。"

② 博尔塔里斯，《演讲、报告》等，31页。同上，143页。"让我们来做个总结：宗教只有一种纯粹精神的权威；君主通过政治官员的身份，以完全独立的方式调整世俗和'混合'问题，并以保护者的身份有权监督教规的执行，甚至在精神方面镇压对教皇法令的违反。"

③ 组织条例：1. 天主教崇拜，第3、4、23、24、35、39、44、62条款；2. 新教崇拜，第4、5、11、14、22、26、30、31、32、37、38、39、41、42、43条款；犹太教崇拜，1808年3月17日法令，第4、8、9、16、23条款。执行法令，相同日期第2～7条款。

政府的同意，都不可召开。所有的圣职权力机构、主教和教士、两种新教教义牧师和神父、奥格斯堡忏悔教义的红衣主教会议主席和审查员、每个以色列教区的贵族、每个以色列红衣主教会议成员、以色列中央红衣主教会议成员、拉比和大拉比、犹太教教士，将由政府任命，并根据其省长的"执行法令"直接或间接由政府支付工资。所有新教或天主教神学院的教师将由政府任命并由政府支付工资。无论是新教或天主教神学院、规定、内部管理、研究的对象和精神，必须提交政府批准。在每一种宗教中，一种独特的、明确规定的正式教义应当支配理论教学、布道和各类公开或特别的教导：对于以色列的犹太教来说，是"犹太教最高评议会①的决定所表达的教义"；对于两个新教教派来说，是在东方两所神学院里教授的奥格斯堡忏悔教义和在日内瓦神学院教授的改革派教会的教义②；对于天主教来说，就是法国天主教教会的箴言，是1682年③神职人员所做的宣言，即剥夺教皇在世俗事务中的任何权威，使教皇在宗教和精神问题上从属于教务会议，并在法国教会政府中将教皇的权力局限于教会继承的和国家接受的古代习惯和教规。

这样，国家在宗教事务中的支配地位就超越了限度，失去了平衡。教会的数量由过去的一个增加到四个，而最主要的、比旧的君主专制政体下的教会更具依赖性的天主教，有3300万信众，如今失去了过去由于驯服而曾经受到限制和接受补贴的特权。过去，亲王是世俗的领袖，但有让人难以忍受的条件：他必须是外部世界的主教并具有现世的权威，有权垄断教育和对书籍进行审查，伸出有力的臂膀对付异端邪说、分裂分子和自由思想家。在所有这些国王接受的义务中，新的君主使自己摆脱了重负。然而，对于罗马教廷，他坚持保留了同样的特权，对于教会，则保留了与前任一样的权利。他与过去

---

① 1808年3月17日法令，12、21条款。

② 组织条例（新教崇拜），12和13条款。

③ 同上，（天主教崇拜），24条款："在1682年，被挑选在神学院教学的人必须签署法国神职人员起草的声明，同意教授包含在其中的教义。"

一样谨小慎微地严密管制宗教崇拜的各项细节。有时他由于神父主持圣礼而为他们准备报酬和津贴："这种支出①是纯粹民间和世俗的活动，因为这些钱是依靠提高公民税收得来的；主教和神父不应该在这里窃取权力；只有政府才是接受赠予的神父和付款的个人之间的仲裁者。"有时，他介入大赦："重要的是②，给予大赦的原因不应该违背公共秩序或国家的福祉；政治法官也同样有兴趣知道给予大赦的权限是什么；如果采取行动的头衔是合法的，那么，给予什么人大赦是理所当然的，哪些人负责分配，什么人确定这种特殊祈祷的术语和时间。"因此，由于受到国家的束缚和管制，教会只是国家的附庸而已；因为在这亲密的拥抱中，仍然在生长并巍然挺立的自身独立的根已经全部被切断，从土壤中被拔掉，移植到了国家身上，现在是公民权利为它提供活力和根。在1789年之前，在世俗社会中，神职人员形成了一个与众不同的阶层、高高在上的免税地主、另类的纳税人，他们通过定期会议，每五年与亲王谈判一次，给他补贴，通过这种"公正的礼物交换"，来获得或确认豁免、特权和好处。如今，教会仅仅是一群普通人和臣民，甚至低于行政人员和类似的大学教师，地方行政官员，财政、水务和森林管理人员，甚至受到更加严密的监督和束缚，被强加了更加详细的预防措施和严格的禁令。在1789年之前，大部分教士和第二等级，都是在没有国王的干预下，有时由教区主教或周边地区的修道院院长，有时由独立的有宗教职衔授予权者③、教区神父本人、世俗赞助人，以及教务会议、市镇、教皇授权的特权者及教皇选择和安排，而每个教区神父的待遇，无论大小，都是其私人财产，一块土地的年度收益或与其业务相关而由其管理的债权。如今，任何教区神父，从红衣主教到议事司铎、选区教士、神学院院长或教师，都由

---

① 博尔塔里斯，《演讲、报告》等，101页。

② 同上，378页。

③ 修道院院长希卡尔，《教会利益的分配者》（1889年9月10日的《通信集》883页）。利益在当时就是老年或生病的贵族通常让与自己一位亲属的遗产。"十八世纪的教规学者说，这种让与占收入的三分之一。"

公权力任命或认可,向其宣誓效忠,而相当于公务员薪酬的待遇则记入预算,无论多少法郎和生丁,他必须每月同其他被国家非天主教机构所雇佣的同事、在大学和国家雇佣的半同事、行政官员、宪兵和警察[1]一起向财政部出纳支取。这就是在所有社会生活分支中革命所产生的普遍的最终后果。无论是在教会,还是在其他地方,革命不是无意地,而是有意地,不是偶然地,而是根据原则扩展了国家的干预和优势[2]。西梅昂说：“制宪会议承认,宗教作为最古老和最强大的执政手段之一,比以往更应该置于政府的控制之下。”因此,有必要制定教士公民宪法；“其唯一的错误是无法与教皇和解”。目前,由于教皇和政府之间已经签署协议,新的体制完成了旧体制的工作,在教会和在其他地方一样,中央集权的国家统治是完整的。

VI

这就是新型教会的粗略线条和天主教会包含与合并在国家里的普遍联系,就像一栋楼里的一间公寓一样。不需要借口完善自己而脱离这种联系,教会已经建好,就矗立在那里；周围没有其他建筑物,不需要额外的附属独立建筑来扰乱整个建筑的统一性,不需要修道会,也不需要常规的神职人员；世俗的神职人员就足够了。“从来[3]没有人质疑公权力是否有权排斥或解散那些不坚持宗教本质并被国家

---

① 奥松维尔伯爵,Ⅲ,438页(警察总监巴斯齐埃先生的叙述)。1810年10月,他在枫丹白露的走廊里遇见了红衣主教莫里,他刚刚被任命为巴黎大主教。红衣主教对他说：“皇帝刚刚满足了首都的两大要求：有了良好的警察和神职人员队伍,他可以对公共治安一直保持信心,因为大主教同时也是警察局长。”

② 共和十年芽月17日,西梅昂给法案评议委员会的报告,以向其介绍政教协议和组织条例。“今后,所有宗教的神父都必须接受政府的影响,因为他们由政府选择和认可,并对政府有神圣的承诺,并由于工资对政府的依赖而受政府的节制。”

③ 博尔塔里斯,《演讲、报告》等,40页。艾米尔·奥利维尔,《教会法新手册》,193页(1803年9月22日,博尔塔里斯对教皇要求的回复)。在1789年之前,博尔塔里斯写道：“僧侣提供的表演不再具有启发性……立法者已经决定,只有到21岁才能进行宗教宣誓,……这个措施消除了瑕疵；受到道德形态和时间双重削弱的宗教秩序无法得到新人的补充；他们在惰性和不受待见的状态下逐渐凋零,这比湮没更糟糕……宗教制度的时代已经一去不复返。”

认为是可疑或惹麻烦的仲裁机构。"

原则上,所有的宗教社区应该是以这种方式去判断;因为它们是自发的团体,它们是通过成员自由的意愿自然形成的组织,没有国家的援助;它们根据各自独特的法规,在世俗社会之外,平行于国家宗教独自生存,其独特的主事由它们自己选择,有时是或多或少有独立地位的外国主事,出于利益和本能都支持罗马教廷,而后者作为其保护者,则反对教区权力和主教管辖。以前,"僧侣们[1]曾组织过教皇的民兵;除了他以外,他们不承认其他的君主,因此,对于政府来说,他们比世俗的神职人员更为可怕。如果没有他们,只有后者就不会造成任何尴尬";从今以后将不会有其他的团体。"我只想要主教、神父、助理神父,仅此而已[2]……宗教团体违抗我的指示已经重建;我了解到,在博韦,耶稣会修士以信念圣父的名义成立了自己的机构,这是不能允许的。于是,他颁布法令予以禁止[3],并解散了所有以宗教为借口未经允许而成立的协会。"他决定,未来除非有正式授权,否则男人和女人都不得在宗教幌子下聚众结社;他要求法院的控方律师"可以通过非常手段起诉直接或间接地违反这项法令的男女"。但是,他自己保留了对可以从中获益的社区授权的特权,事实上,他也授权了好几个社区,作为社会需要和国家可以利用的工具,尤其是护理和教学的慈善修女会[4]、基督教学校的兄弟会[5],首当其冲的是遣

① 博莱·德·拉罗塞尔,166页(1806年3月11日拿破仑的演讲)。

② 同上,207页(1804年5月22日)。

③ 共和十二年获月3日(1804年6月22日)法令。1807年4月14日,拿破仑就那不勒斯取消修道院的问题给那不勒斯国王的信:"您知道,我不喜欢僧侣;因为我在各地把他们毁灭殆尽。"在1806年5月17日给他妹妹艾丽莎的信中说:"派人去把修道院取缔。"

④ 为执行1876年12月12日的法律之第12款(1878年国家印刷厂)而起草的《修会、社区和协会的状况》:1.有总监的女子修会,从共和十一年牧月28日起到1813年1月13日止授权,慈善和教学性质,总数:42个。2.无总监女子宗教团体,从1806年4月9日起到1813年9月28日止,慈善和教学性质,总数:205个。

⑤ 同上,基督教学校兄弟会,称为圣永兄弟会,1808年3月17日授权。

使会教徒[1]和外国教会的神父。"这些僧侣，"[2]他说，"将对我在亚洲、非洲和美洲非常有用；我将派他们去收集各国的情报。他们的长袍会保护他们，并掩盖政治和商业计划……我会先给他们拨款 15 000 法郎资金……他们成本低廉，受野蛮人尊重，不具有官方的正式外衣，不会对政府构成威胁。"此外，"宗教狂热可以使他们承担重负和民事机构工作人员所无法承担的风险。当然，因为他们是秘密的外交代表"，政府必须牵着他们鼻子并加以指导。因此，"他们的上级不应该再住在罗马，而应住在巴黎"。对其他以教学和慈善为主、已经成为世俗权力辅助工具的修会也采取了同样的预防措施。慈善修女会的总院长[3]将会住在巴黎；整个机构便会掌握在政府手中。"至于基督学校兄弟会，拿破仑将其吸收到他的大学里[4]："他们必须获得总监的认证，后者将认可他们的内部规定，接受他们的誓言，为他们设计了特殊的服装并监督他们的学校。"注意在这一点上政府的要求，及其控制授权的宗教命令的措施。遣使会和圣文森特·德·保罗修女会姐妹的共同院长阿农[5]，由于拒绝让莱蒂西亚夫人（拿破仑的母亲）担任秩序委员会负责人而被拘押在费内斯特雷尔，而根据其创始人的指示拒绝承认民事权力委任的院长的修女们都受到了过去皇家港修女的同样待遇。"现在是时候[6]结束慈善修女会反抗她们院长的丑闻了。我的意思是关闭那些接到通知后 24 小时内还没有回到从属关系的修女会。这些修女会将被取代，但不是被同一类别的修女会取代，而是被另一个类别的慈善修女会所取代。巴黎的修女将失去

---

① 同上，圣·拉萨尔传教修会于共和十二年牧月 17 日授权。外国传教神学院修会于共和十三年芽月 2 日授权。

② 博莱·德·拉罗塞尔，208 页（1804 年 5 月 22 日）。

③ 博莱·德·拉罗塞尔，209 页。

④ 1808 年 3 月 17 日法令，第 109 款。阿莱克斯·舍瓦利埃《大革命后的基督教学校兄弟会》，93 页（共和十二年霜月 10 日博尔塔里斯经由第一执政批准的报告）。今后，博尔塔里斯说，"罗马的总监将拒绝对基督教学校兄弟会进行任何视察；与法国达成的协议结果是，兄弟会将有一位总监住在里昂"。

⑤ 奥松维尔伯爵，V，148 页。

⑥ 同上（1811 年 3 月 3 日拿破仑给宗教部长的信，在《通信集》中被删掉）。

他们的影响力,这是一件好事。"无论是什么样的团体,组织这些团体的授权只是一种恩赐,而任何恩赐都是可以撤回的。"我不想再有什么传教的使命[1];我已经在巴黎建立了布道所,给了他们一个家:我可以收回一切。我很高兴能在国内从事宗教活动,我不在乎再去国外传播……我让你负责,看看到十月一日(从现在起一个月内)在法国是否还有任何传教和结社活动存在。"因此,正规的神职人员就是在这样恣意妄为的暴政下生活的,称号随时被褫夺,含辛茹苦,命悬一线,而这条线也许明天会因为他突发奇想而被割断。

VII

世俗神职人员似乎依然受到不确定的法令的很好保护;因为这个法令是一份国际和外交文件、神圣的双边条约,不仅绑住了法国政府自己,也绑住了另一个政府,独立的君主和整个天主教会公认的首脑。因此,首先要做的是修复和加高在旧法国把世俗神职人员和教皇截然分开的障碍、使法国天主教会成为普世教会之外一个省的法规和习惯、限制教皇管辖权,以便扩大国王管辖权的教会选举权和地役权。所有这些有利于世俗君主的地役权和所有这些损害教会主权的选举权,新的法规都对其加以保留,并在内容上有所增加。根据政教协议并经过教皇同意,第一执政取得了"罗马教廷给予旧政府的同样的权利和特权"[2],也就是任命未来法国红衣主教的专有权和在红衣主教团有和过去一样多的人、在教皇秘密会议中同样的排斥权、法国教会重要职位唯一分配者的同样权力和在法国领土上任命所有主教和大主教的特权。更有利的是,根据组织条例,尽管教皇提出抗议,与以前的国王一样,他仍然把他的权威、行政法院和法庭安插在教廷和神职人员之间以及教廷和教徒之间。"罗马教廷或只涉及个人

---

[1] 同上,IV,133页(1809年9月2日拿破仑的信,在《通信集》中被删掉)。
[2] 政教协议,第4、5、16款。

的任何教皇谕旨①、赦令、法令、裁决，未得到政府的授权均不得接受、出版、印刷，更不得执行。任何人，包括教廷大使、使节、代理主教或专员……如果没有得到相同的授权，既不得在法国领土，也不得在其他地方担任与法国天主教会事务有关的任何职务……关于教会的领导人和其他人滥用权力的投诉案件将会提交给行政法院。""任何宗教的神父②，如果在有关宗教问题和事务方面与外国宫廷和势力保持通信联系，而没有事先通知宗教部长以获得授权，将为了这单一行为而被罚款100~500法郎和受到一个月到两年监禁的惩罚。"任意切断法国教会和其罗马上级从高到低和从低到高的联系，在所有教皇权威的行为中通过否决和同意进行干预，成为合法领袖并获得全国神职人员的承认③，成为这些神职人员世俗的、附属的教皇助手，这就是旧政府的根本主张。

实际上，这也法国天主教箴言④的意义和司法范围。拿破仑重新宣布了这些箴言，而路易十四曾经准确、严谨和细致应用的1682年的赦令则被宣布为帝国的普通法。⑤

在法国，对这个教义和实践没有反对者。拿破仑也不希望遇到阻力，尤其是在他的高级主教中。法国在1789年之前，根据教育和传统、利益和尊严，全体神职人员基本如此。然而，现在是在神职人员的幸存者中产生了新的教会人员，而且在所招募的两个截然不同的

---

① 组织条例，I，2、6款。

② 刑事法典，1810年2月16~20日法令，第207款。

③ 这里是拿破仑自己的说法："我可以把自己视为天主教大主教，因为我也曾被教皇加冕。"（博莱·德·拉罗塞尔，910页，1806年7月17日。）注意加冕这个词，拿破仑以及其他过去的国王都将自己视为披上了一件教会的神圣外衣。

④ 关于天主教箴言的含义和范围，参见博尔塔里斯对红衣主教卡普拉拉的回应（艾米尔·奥利维埃，《教会法新手册》，150页。）

⑤ 1810年2月25日法令（路易十四的赦令附在后面）。禁止在法国神职人员的声明中教授和书写"与朴素的教义相违背的任何内容"。任何神学教师都必须同意并"屈从于教授已经解释清楚的教义"。在只有几名教师的学校，"其中的一位将每年负责教授上述的教义"。在只有一名教师的中学，"他必须连续三年中的一年教授这个教义"。教师必须向有关当局提交"让学生进行听写的文字"。他们当中没有人能在无论是神学抑或教规法方面"取得硕士学位，也无法取得博士学位，除非在自己的论文中写一篇关于上述教义题目的论文"。

群体中,没有任何人被其前辈认为是倾向于可以成为教皇绝对权力主义者的。其中有些移民和旧制度的拥护者可以毫无困难地接受向过去的习惯和教义转变,教会成了国家权威的保护领地,皇帝的干预被取代为国王的干预,而在这方面和其他方面,拿破仑都成了波旁王朝合法或合法化的继承人。其他已经向公民宪法宣誓的神职人员,包括支持教会的分裂分子和不知悔改者,尽管第一执政①已经将教皇纳入教会中,依然对他们的主要对手教皇不怀好意,而对他们的唯一守护神第一执政心存好感。因此,"天主教神职人员的领袖们②,也就是大主教和代理主教, …… 依附于政府";"他们是"开明"的人,可以心平气和地听别人讲道理。"但我们有三四千教士或助理神父,他们是抱有狂热和激情的无知与危险的后代。"如果这些人和他们的上司表现出任何不守规矩的倾向,缰绳必然会收得更紧。弗尔尼埃神父因为在圣罗克的讲坛上对政府颇有微词而被警方逮捕,被当作疯子投入比赛特尔的监狱,第一执政在回应巴黎神职人员要求释放他的"起草好的请愿书"时说:"我曾想③向你们证明,如果我做错了事情,神父就必须服从公权力。"有时,有力的一击用于以儆效尤,可以使捣乱分子回到正确的轨道,而不致误入歧途。在巴约纳,由于在主教训谕中出现了难听的文字,"撰写训谕的代理主教④被送往皮涅罗尔关了十年,我想,主教是被流放了"。在宪法神父不受待见的塞埃兹,主教被迫立即辞职,而其主要顾问修道院院长朗格罗瓦则被宪兵带走,被警察局接力解往巴黎,秘密在富尔斯监狱铺满稻草的牢房里关押了 11 天,然后在万塞纳监狱监禁了九个月,最后由于身体瘫痪而被送到疯人院,一直关押到拿破仑统治结束。

让我们着眼现在,展望未来,超越目前的神职人员,培养未来的神

---

① 详情参见奥松维尔伯爵,I,200页及后卷。
② 博莱·德·拉罗塞尔,205页(1804 年 2 月 4 日拿破仑的演讲)。
③ 第博多,157页(共和十年获月 2 日)。
④ 罗德勒,III,535页、567页。

职人员吧。神学院将适应这个需求[①]："必须……组织公共神学院，这样可能就不会出现秘密的神学院，就像过去在卡尔瓦多斯省和莫尔比昂省，和许多其他地方有过的神学院一样；……不能培养无知和狂热的年轻神父"，"天主教学校需要对政府进行监督"，"在每个大都会区都应该有一个国家扶持的神学院，这所特殊学校必须掌握在政府手中"。

"领导班子和教师必须由第一执政任命；我们应该安插进受过教育的、拥护政府、赞成宽容的人；他们不能只局限于教授神学，还要增加哲学和正确的世俗学问。"未来的神父，是支配世俗之人并拥有未来世纪的神父，不应该是属于其他世界的僧侣，而应该是属于这个世界，能够使自己适应这个世界，在这个世界里根据自己的素养和谨慎履行自己的职责，接受自己是其中一员的法律机构，不公开诅咒新教的邻居、犹太人或自由思想家，做一个世俗社会有用的成员和效忠于公民权利的人；让他成为一个虔诚的天主教徒，但仅仅局限于此；而不要做狂热的蒙塔努斯派教徒或偏执狂。为此目的政府采取了预防措施。没有政府的命令，任何神学院的学生都不得成为副执事。每年，主教去巴黎面呈与他的圣职任命的名单，在批复回来的时候总是缩短到不能再短的程度[②]。拿破仑从一开始就"根据制宪会议的明确条款将本堂神父和副本堂神父确定为领取退休金的神职人员"[③]。他不仅通过混淆退休金和工资之间的差异减轻财政负担，而且同年轻教士相比更加厚待老年教士；他们中很多人曾经是立宪派，所有的人都是限制教皇权力的支持者，是拿破仑将他们解除流放或从迫害中解救出来，他们对此心存感激。经过长期的颠沛流离生活，他们已经感到厌倦，已经明白事理，容易被操控。此外，他对他们中的每个人的背景都了如指掌；他们过去的所作所为已经向他预示了他们

---

① 博莱·德·拉罗塞尔，203页（1804年2月4日拿破仑的演讲）。1804年3月14日法律。
② 1809年4月18日和1811年10月6日，格勒诺布尔主教克洛德·西蒙大人的信。
③ 组织条例，68。

未来的行为。如果他从他们中选择一个人的话,他不会是盲目选择的。但圣职授任则是盲目的;批准他们的政府对这些候选人除了躁动的成长、想象力和成熟的年龄之外一无所知,他们经受了五年的神学教育和修道院的孤独生活。很有可能的是,他们内心青春意志的狂热将在僵化的信念和无经验的偏见中终结;在这种情况下,免除他们兵役,使他们进入教会,政府就是用一个优秀的新兵换了一个坏的神父;用一个好的仆人换了一个反对者。因此,在统治的15年中,拿破仑授权的只有6000个新的圣职[①],每年400人,每个教区100人,每年每个教区六七人。同时,根据他的大学法令,他让世俗的阳光洒向紧闭的教会的大门[②],并向可疑的神父关上了所有教会尊严的大门[③]。为了更安全,在每一个"主教原则"不让他满意的教区,他都禁止了任何圣职授任、任命、提升或赏赐。"与圣布里厄、波尔多、根特、图尔内、特鲁瓦和滨海阿尔卑斯省的有关主教辖区的所有要求都被我拒绝了[④]……我的意思是,你们这些教区不能向我提出任何兵役豁免、奖学金、本堂神父和议事司铎的提名。你们寄来的有关教区的报告,只适合用禁令来反击。"为此目的,博须埃的法国天主教教会自主论就不再能满足他的要求了;他允许在圣·叙尔皮斯神学院教授这种理论,其院长M.埃莫里是他最敬重的和最愿意征求意见的法国神父;但由于一个学生贻人口实的一封信被截获,因此,这个机构的精神是有害的。驱逐院长的命令立即被发出,新院长"后天"赴任,全部管

---

① 贝尔卡斯特尔和恩里昂,《教会通史》,XIII,32页(1816年议会代表鲁·德·拉伯利的发言)。如今,圣职授任的数量在每年1200~1700个。

② 1811年11月15日的法令,第28、29、32款。"从1812年7月1日起,所有位于没有高中和初中城市的教会中学(小型神学院)一律关闭。任何教会学校不得开设在农村。在任何有教会学校的地方,这些学校的学生必须升到高中和初中继续读书。"

③ 拿破仑《书信集》(给宗教部长的便条),1806年7月30日。为了成为一流的教士、议事司铎、修道院院长或主教,今后必须取得学士、硕士和博士学位和大学毕业文凭,"如果大学得知学生有教皇绝对权力思想或危害当局的思想将会对其予以辞退"。

④ 奥松维尔伯爵,V,144页和后页(1811年10月22日宗教部长给拿破仑的信,在《通信集》中被删掉)。这封信的最后一段话是:"该做法应秘密进行。"

理人员无一例外都被赶出神学院①："必须采取措施,解散这家宗教团体。我要在巴黎②的神学院中消灭叙尔皮斯神学院。告诉我③都有哪些神学院的主持是叙尔皮斯的神父,以便让他们离开这些神学院。"让那些被他们的教师教坏的学生注意,不要以自己的名义去实践国家禁止的错误教义,尤其是不要让他们像在比利时做的蠢事那样,尝试违反公权力,而去服从教皇和主教。在图尔内④,所有18岁以上的青年被送到了马格德堡；在根特,未成年或那些不适合服兵役的人都被派往圣·佩拉吉岛；其余的236人,包括40位执事或副执事,都被编入了一个炮兵旅,动身前往布满沼泽和热病的韦瑟尔地区,其中有50人很快死于流行病和传染病。永远都会有相同的终结方法；对于被怀疑收到并保留教皇的一封信的修道院长阿斯特罗斯来说,咄咄逼人的拿破仑,给他的是这个教会口号："我听说现在教授的是法国天主教教会的自由：但是,我随身携带的是剑,所以你要当心！"实际上,在所有这些机构的背后都可以发现有军事制裁、任意处罚、人身禁锢和准备攻击的已经出鞘的剑；人们不由自主地可以预见到在刀光剑影中被刺穿的肉体。

VIII

在被征服的国家里就是这样行事的⑤。实际上,教会对于他来说,

---

① 修道院长艾里·梅里克,《艾莫里先生的故事》,II,374页。开除法令(1810年6月13日)最后部分如下:"我们必须立即夺取属于教区的产业的房子,至少在这种情况下,可以视房子为公共财产,因为它可能属于某个修会。如果证实是艾莫里先生或其他人的个人产业,我们可以先行支付租金,然后买下,除非遭到索赔,否则用于公共服务。"这充分表明法国国家的行政和财政的精神,其高高举起的手总是妄自尊大地准备好落在私人和私人财产上。

② 1811年10月8日拿破仑的信。

③ 同上,1811年11月22日。

④ 奥松维尔伯爵,V,282页(1813年8月14日拿破仑的信,在《通信集》中被删掉)。掌玺大臣巴斯齐埃,《未公开的回忆录》,V,358页。

⑤ 罗德勒,III,430页(共和十年19日):"使节今天在执政府宫被接见,发表讲话时像一片叶子一样发抖。"

就是一个被征服的国家：像威斯特伐利亚或荷兰一样，教会是一个他通过条约而合并的自然的独立团体，他可以将其包括进来，但不能吸收进他的帝国，其桀骜不驯仍然是不可战胜的。在精神社会，世俗君主，尤其是像他这样名义上的非基督教的天主教君主，顶多是一个自然神论者，随着时间的推移而渐行渐远，充其量也只是一个外部的领主和外国国王。为了成为被合并国家的主人，必须时刻挥舞利剑。然而，不断进行打击也不是明智的做法，刀片用得过多也会磨损卷刃的。

最好是利用附庸国家的宪法间接地进行统治，不是由管理机构，而是通过附庸国家的当地政府行使权力，实施必要的管制。然而，当地宪法，附庸国天主教教会执事的预先指定者都是其固有的、无法替代的人物，他们所有人都是剃度出家人、穿着黑袍、独身、说拉丁语，形成了在尊严和数量上不均衡的两种阶层，一种是低级阶层，包括无数本堂神父和副本堂神父；另一种是高级阶层，包括几十个主教。让我们来利用一下这个现成的等级制度；为了更清楚，我们详细地看一下这个制度的结构。在与高级僧侣和教皇达成协议之后，我们会强化力度使下层神职人员臣服：擒贼先擒王；对付60名主教和大主教要比对付4万名本堂神父和副本堂神父容易得多。在这里，我们不需要恢复原始的纪律；我们不要做考古学家，也不要做拥护法国教会自主主义者。我们只需要小心不要还给第二个阶层他们在1789年之前享受到的独立性和稳定性、保护他们免受主教专制的符合教规的保证、竞争的机构、由神学等级所赋予的权利，对最聪明者最高地位的授予、遭到罢黜时向教区法院提交上诉的权利、向高级僧侣抗辩的权利，有头衔的教士一旦在教区定居就一生在当地扎根，认为自己可以拥有像耶稣基督那样通过神秘的联姻与普世教会不可分割一样与当地教区永结同心的固定纽带。拿破仑说[1]："必须尽可能降低终身教

---

[1] 博莱·德·拉罗塞尔，206页（1804年5月22日）。

士的人数，增加可以随意撤换的主管教士的人数"，不仅可以将这些人转移到另一个教区，而且可以每天撤换，无须任何手续或拖延，没有任何法院的申诉或答辩。从今以后，只有四千教士是终身的；其余三万名①附属教堂神父名义下的神父，只是教会的职员，其命运交由有自由裁量权的主教决定。主教一个人有权任命、安置和撤换自己教区的任何人。主教只要愿意，只需点头，就可以将最有能力的人从最好的位置换到最差的位置，从大城市换到出生的小镇，可以和家人悠闲地生活在一起，破败的教区或者是湮没在树林或山区的小村子里，没有收入也没有住处；还有更好的，他会削减他的工资，撤回国家给予的500法郎的工资，把他从市镇提供的住所赶出去，不给旅费，甚至短途旅费也不给就把他扔到公路上，将他排除在教会神父队伍之外，受到鄙视、贬低，在世俗的世界流浪，没有任何就业技能，所有的职业大门向他关闭。从今以后，面包会从他嘴边被永远拿走；即使他今天有吃的，第二天就得饿肚子。现在，每三个月，主教提名的有500法郎收入的附属教堂神父的名单必须由省长签字。在他楼上的房间里，在摆满了省内显赫人物名片的壁炉台附近，面对皇帝的半身像，两个皇帝的代表、他的两个负责人和司法主管、两个监察征兵的视察员，在一起商议该省教会人员的人事安排。无论在这件事情，还是在其他事情，他们感受得到来自上面的压力，遏制和强迫，无论愿意还是不愿意，都需要达成某种共识。作为为了维护现行秩序而彼此被迫联合起来的合作机构，他们逐个翻阅共同下属的任命名单；如果任何名字有不良记录，任何附属教堂神父好出风头、不合适或可疑，如果市长、宪兵或上级警察局有任何不利于他的任何报告，准备签字

---

① 1804年5月31日、1804年12月26日、1807年9月30日的法令，并附带各省的附属教堂的神父。除了附属教堂神父由国家支付工资之外，还有副本堂神父同样依赖于主教并依靠市镇的津贴或私人捐款（贝尔卡斯特尔，XIII，32页，鲁·德·拉博里1816年在众议院的讲话）。"在法国教会的重组中，僭越者设立了12 000个依赖施舍的副本堂神父职位，如果不是12 000个，而只有5000人有足够的勇气死于饥饿或恳求公益慈善机构施舍……也不会令你感到惊讶。因此，有4000个乡村教堂没有崇拜活动或神父。"

的省长就会放下笔,发出指示,要求主教对违法犯罪分子采取镇压措施、革职、停职、调离、派到下级教区,或者至少进行威胁性的训斥;而有可能被告发到部长那里的主教,不会拒绝借此机会向省长献上几句恭维话。

政教协议发表几个月之后[1],一个名叫沙莫隆小姐的歌剧院舞蹈演员死了,她的朋友把她的遗体送往圣罗克教堂,但被拒绝了,严守教义的教士"一度失去理智",让人把教堂的大门关上:于是人群开始聚集起来,人们大声叫喊,威胁该教士;一个演员发表讲话试图安抚愤怒的人群,结果棺材被运到了圣汤姆斯女儿教堂,那里"受过真正的福音道德教育"的助理神父为死者主持了葬礼。这类事件扰乱了街道的宁静,说明行政纪律非常松弛。因此,政府、神学和教会法规博士进行了干预,要求教会高层做出解释。第一执政在《箴言报》的一篇文章中傲慢地给神职人员做出指示,并解释了高级主教针对他们所应该遵循的方针:"巴黎大主教命令圣罗克教堂的教士隐退三个月,以便他可以记住,耶稣基督要求为你的敌人祈祷的强制令和为履行职责进行冥想,可以意识到这些荒谬做法败坏宗教的迷信习俗……,有可能被政教协议和芽月18日的法令所禁止。"

从现在开始,所有的住持教士和教士都将变得小心谨慎、慎重、顺从和内敛[2],因为他们的精神领袖也是如此,而且必须如此。每个高级主教都被圈在自己的教区,保持隔离状态;他的信件受到监视;他与教皇的通信必须通过宗教部长才能进行;他无权与同事商讨问题。不得再召开神职人员大会、城市议会,所有年度会议全部取消。法国教会已经不再作为一个团体而存在了,而其成员被小心翼翼地彼此分开,与罗马教廷分离,不再是统一的整体,而被搁置在一边。

---

① 第博多,166页,雾月30日在《箴言报》的文章。
② 罗德勒,III,479页及后卷(关于卡昂元老院议员的年俸的报告)。各地的神父们都觉得受到监视并被搁置在一边:"我见过的人中的大部分人对我说:可怜的神父,不幸的神父。公务员都一心巴结皇帝作为反对他们害怕的贵族的唯一支持,而反对神父,他们就不觉得那么……军人、法官和官员在讲到教士的时候只是微笑;而教士们在谈到公务员的时候就不那么有信心了。"

主教本人则像省长一样被孤立在自己的教区,仅仅是一个教会省长罢了,只是任期更加确定而已：毫无疑问,别人不能通过法令撤销他的职务,但可以迫使他递交辞呈。因此,无论对他,还是对省长,重中之重的是不要使他不愉快,其次是使他愉快。与部长和君主融洽相处对于他是必不可少的,不仅对于他个人至关重要,对天主教的利益同样重要。为他的神学院学生争取奖学金和半奖学金[①],为了聘任适合他的教师和院长,为了任命他的议事司铎、市镇教士和圣职候选人,为了他的副执事免除兵役,为了支付建立他的教区教堂的费用,为了向贫苦教区委派不可或缺的牧师,提供常规服务和圣礼,他需要恩赐;而这些恩赐,他只能装模作样地表现出顺从、热情和忠诚。其实,他也只是普通人而已。如果拿破仑选择了他,那是因为他的智慧,了解自己该做什么,也洞悉别人的心理,头脑不是那么僵化,性情随和;在主人的眼里,"首要的优点是依附于其体制和本人的顺从性格"[②]。此外,对于候选人来说,他也考虑到了他们给他留下的把柄、弱点、虚荣和需要、炫耀方式和支出习惯,对金钱、头衔和特权的兴趣、野心,是否渴望升职、荣誉,是否需要安排亲戚朋友。所有这些把柄,他都会加以利用,并且发现非常有效。除了像德·阿维奥先生[③]或德索尔斯先生这样的三四个圣徒,他无意中把他们安排在主教位置上之外,他的主教对成为男爵、大主教成为伯爵都非常满意。他们很高兴有越来越高的荣誉勋章等级;他们对新秩序和赋予主教们的荣誉和尊严赞誉有加,这些主教们有的成为立法会议的成员,有的成了参议员[④]。他们中的许多人由于秘密的服务而秘密接受金钱,这种现金

---

① 1804年9月30日的法令(由教区神学院发放的800份奖学金和1600份半奖学金)。"这些奖学金和半奖学金都经过主教的介绍由我们提供。"

② 奥松维尔伯爵,III,227页。

③ 同上,IV,366页。对作为宗教评议会(1811年7月11日)的反对者之一波尔多大主教达维奥先生的逮捕令。司法部长萨瓦利本人对这个命令表示反对："先生们,不应该碰达维奥先生;这是个圣人;这样会让我们与所有人为敌。"

④ 同上,IV,58页。在授予宗教的恩典中,教会委员会的地址列举了"授予许多高级教士的荣誉军团勋章,给予帝国主教和大主教的男爵和伯爵的头衔,接纳他们中的一些人进入立法议会和参议院"。

鼓励的金额不等。总之，拿破仑的判断非常准确；尽管带着犹豫和悔恨，他的几乎全部主教，无论是意大利的，还是法国的，80位高级教士中有66位向"世俗影响"开放。他们屈服于诱惑和威胁，他们接受或服从于主流的支配地位①，甚至在精神方面也是一样。此外，在这些权贵中，尽管几乎所有人都无可指责，或者至少，他们表现得很好，一般也都是令人尊敬的人，拿破仑仍然发现一些人有着完美奴性，为了绝对君主的欲望可以不择手段去做任何事情，如贝尔蒂埃主教和德·邦斯蒙主教，为了在政教协议的谈判中扮演卑鄙的角色，一个接受了3万法郎，另一个接受了5万法郎的奖励②。吝啬、残酷的犬儒，像巴黎大主教莫里，或诡计多端、唯利是图的怀疑论者马里纳大主教德·普拉特；或向公权力摇尾乞怜的老笨蛋，像奥尔良主教卢梭，给教区信徒写了一封信，竟宣称教皇在萨沃纳的监狱同在罗马教廷一样自由。从1806年开始③，为了控制更为顺从的人，拿破仑更喜欢拿旧贵族家庭出身的主教开刀。作为凡尔赛宫的常客，他们把主教职位视为国王的礼物，而不是教皇的礼物、留给小儿子的世俗恩赐、君主给身边宠臣的礼物，大家都心知肚明的条件是，获得晋升的廷臣将永远是主人的廷臣。从此以后，几乎所有他任命的新主教都是"旧贵族血统的成员"。拿破仑说："只有他们才知道如何提供最好的服务。"④

---

① 同上，Ⅳ，366页（1811年8月5日国家宗教评议会的最后一次会议）。

② 同上，I，203~205页。

③ 同上，Ⅱ，227页。参见《1806~1814年的皇家年鉴》。朗弗雷，《拿破仑的历史》，V，208页。洛安亲王，宫廷神父，在一封请求信中说，伟大的拿破仑是我的保护神。对这一请求，拿破仑做出如下决定："弗里乌尔公爵将支付给牧师12 000法郎作为剧院开支。"（1810年2月15日）另一个同类型的事例是，马里纳大主教德·洛克劳尔先生送给约瑟芬一段旧制度的献殷勤的主教信笺。第一执政因此而使他成为宗教学会会员（布里恩，V，130页）。在他的教区管理中，这位大主教积极运用第一执政的政策："我们看到他暂停了一位神父的职务，这位神父曾劝说一位垂死的教会财产购买者把财产退还给教会。"（《传记词典》，1806年、1808年由埃殷莫里发表于莱比锡。）

④ 奥松维尔伯爵，Ⅱ，231页。

IX

从第一年开始，获得的影响就超过了预料的影响。"看着教士们，"第一执政对罗德勒说，"每天都不由自主地更效忠政府，超出了他们的预期。你见过图尔大主教布瓦斯杰林的主教训谕吗？…… 他说，现在的政府是合法政府，上帝可以随意处置王位和国王，他的选择也是人民心中的选择。你简直说不出比这更动听的话了。"[1]然而，这些动听的言辞不仅表现在训谕中，而且存在于教理讲授中。这是教会最重要的出版物：所有信仰天主教的孩子都必须将教理牢记在心，倒背如流，永远铭刻在自己的记忆中。诚然，博须埃的教理已经非常出色，但仍然有改善的空间。只有时间、思考、争强好胜、行政热情无法进一步改善。博须埃教导孩子"尊重上级、牧师、国王、官员和其他人"。"但是，这些共性，"博尔塔里斯说，"是不够的，不能指导人们服从于真正的目的 …… 这个目的就是使人民的意识依附于陛下令人敬畏的人格。这样，我们可以更加精确判断事务、任命官员、获得支持。帝国的教理比国王的教理更加明确，增加了更有意义的内容和额外的主旨：为了我们的皇帝拿破仑一世，我们向您献上爱戴、尊重、服从、忠诚、军事服务，为了保护和捍卫帝国和您的宝座，我们献上我们的祝福……因为，是神叫他在危难的时刻降生在我们中间，他会恢复公众的崇拜、祖先的神圣的宗教，并做它的保护神。"[2]这就是每一个教区的每个男孩和女孩在副本堂神父或本堂神父面前用他们清脆的嗓音在晚祷后背诵的神和教会戒律与补充教义条款。然而，主持牧师在讲坛上[3]从早到晚提供服务时对这一条款的严肃评

---

① 罗德勒，III，459页（1802年12月30日）。

② 奥松维尔伯爵，II，257页（1806年2月13日，博尔塔里斯给皇帝的报告）。同上，II，266页。

③ 同上，II，237页、239页、272页。博莱·德·拉罗塞尔，201页。"在其他时候，拿破仑赞扬教士，希望他们的服务在很大程度上把新兵不开小差和人民的服从归因于他们的影响。"（转下页）

论就已经够清楚了：根据规定，必须为征兵而布道，逃避当兵和开小差都是罪孽；还是根据规定，必须朗读军队战报，公布最新的胜利喜讯；仍然是根据规定，必须朗读主教的最新训谕：这是经过授权和警察修改过的文件。不仅是主教必须把他们的教务书信和公众训谕送交审查；不仅为了谨慎起见，除了省政府的出版物之外，他们被禁止印刷任何出版物，而且为了更安全起见，公共宗教管理部门仍然不断告诫他们哪些是该说的。首先，他们必须赞美皇帝。但在什么条件下，用什么样的词语，既不轻率也不笨拙，以便不干涉政治，不显示出任何上面操纵的痕迹，不被当作只是传声筒，这些并没有详细说明，因此是一件困难的事情。警察局长雷亚尔对一位新主教说："你必须在训谕里更多地赞美皇帝。""那你把范围告诉我。""这我不知道。"因为范围无法确定，但范围大一点总没错。至于其他条款，没什么令人为难的地方。巴黎的办事处总是不失时机地坚持向每个主教提供现成的下一个训谕提纲，就是他们必须在绣花底布上绣出教会习惯放大的花；根据不同的时间和地点，绣花底布会有所不同。在旺代和西部，主教必须谴责"英国人背信弃义的可恶阴谋"，向信徒解释英国人对爱尔兰天主教教徒的迫害。如果俄国是敌人，训谕必须提醒，俄国支持教会分裂，俄国人误解了教皇至高无上的权力。因为主教是帝国的公务员，他们的言论和行为属于皇帝。因此，他需要所有的武器反对他所有的敌人、所有的对手，反叛者和敌对势力、波旁王朝、开小差的逃兵、英国和俄国，最后还有教皇。

X

类似于对俄国的远征，这是拿破仑在宗教事务上伟大的、决定性的、最重要和最后的孤注一掷，像在其他政治和军事事务上一样。同

（接上页）同上，173页（1806年5月20日，拿破仑的谈话）："天主教的神父们表现得很好，帮了很大的忙：今年征兵比往年好是他们的功劳……没有哪个国家机构为政府说那么多好话。"

样，通过强制手段并在他的领导下，他联合了欧洲一切反对沙皇的政治和军事力量，包括普鲁士、奥地利、莱茵河联盟、荷兰、瑞士、意大利王国、那不勒斯直到西班牙；同样通过强制手段并在他的领导下，他还联合了自己帝国所有的精神当局反对教皇。他召集了法国和意大利在任的80位主教开会，负责整顿他们的纪律，让他们学会走上正确的路线。为了运用影响力使其就范[①]，他必须打出一套组合拳：神学和符合教规的论据、回溯法国天主教的记忆和冉森教派的积怨、口才和诡辩、预备好的策略、隐秘的花招、公开表演、私下的游说、不动神色的恫吓、有效的压力。结果，十三位红衣主教被放逐并被剥夺了徽章，另外2位红衣主教被拘押在万塞纳；19位意大利主教被护送到法国，不给面包和换洗衣服；50位帕尔马的教士、50位普莱桑斯的神父和其他100位意大利神父被送走或拘押在科西嘉岛。在法国和圣拉扎尔的修道会、传教会、基督教教义、圣·叙尔皮斯教会，全部被勒令解散和取消。三位宗教评议会的主教在大清早被从床上抓起来，关进牢房，被迫提交辞呈，并写出书面保证，将不会与自己的教区保持任何通信往来；抓捕他们在教区的支持者；把根特神学院的学生变成士兵，让他们背上背包奔赴军队；根特的教授、图尔内的议事司铎和其他的比利时神父都被关在布庸、哈姆和皮埃尔·夏特尔的城堡[②]。在最后阶段，宗教评议会被突然解散，因为它开始产生顾虑，因为它不会立即向压力屈服，因为它的群众基础非常坚固，因为人们肩并肩紧密站在一起不屈服。"我们桶里的酒并不好喝，"莫里主教说，"你会发现装瓶之后更好喝。"因此，在装瓶之前，必须预先经过过滤和澄清，以清除杂质的干扰，然后进行发酵。许多反对者被关进监狱；很多人从他们的教区退休，而其余的人被带到巴黎被巧妙洗脑，每个成员轮流，单独地与宗教部长面对面过筛子，直到所有人一个接一个地签署加入志愿书。在这种压力下，经过清洗和准备的宗教评

---

① 奥松维尔伯爵，第三部，IV和V，随处可见。

② 掌玺大臣巴斯齐埃，《未公开的回忆录》，IV，358页。

议会重新开会，在唯一的一次会议上起立表决；出于仅有的一点剩余羞耻心，将悬而未决的条款加入到法令中，虽然是一种保留[1]，但法令毕竟通过了。就像军队中被征募、腰上挎着剑、被送上前线的外国军团，不情愿地被驱使攻击其合法的国王，在最后时刻，他试图向空中开枪，但最后仍然前进射击。

此外，拿破仑也是以同样巧妙和粗暴的方式对待教皇。就像为了与俄国开战一样，他预先就做了长时间的准备。在一开始先结成一个联盟，承诺给教皇或沙皇很大的好处，他承认巨大的优势，这些好处在他垮台后依然属于他们；但这些让步都有很多背后的考量、本能的需求和利用联盟，甚至不惜使一个他承认的独立君主沦为其附庸和工具的预谋企图；因此而充满了争吵和战争。这一次也是一样，在反对教皇的远征队中，他的策略是令人钦佩的：对整个教会领地事先进行了研究，选定了目标点[2]，所有可支配的力量分步骤向中心点汇聚，胜利是决定性的并可以向纵深扩展，最终的统治得以全面确立。所有手段连续和同时使用，包括策略和暴力、诱惑和恐怖、对对方颓势焦虑和绝望的精准计算；先是威胁和不断的恫吓，然后是电闪雷鸣和暴跳如雷及武力驱动下的各种暴行：罗马教廷被和平入侵，罗马突然被军事占领，教皇被围困在皇宫里；一年之后的一天夜里遭到突袭，教皇被抓并被"邮寄"到萨沃纳，作为国家的囚犯，在与世隔绝的牢房里监禁[3]，受到一个巧舌如簧的省长针对他的威逼利诱，身边的医生是拿报酬的间谍和奴仆般的主教，他独自一人本着良知疲于应

---

[1] 奥松维尔伯爵，IV，366页（公文的最后一句话）："六名主教组成的代表团将请求教皇陛下确认这个法令。"

[2] 对一个普通的读者来说，即使是天主教徒，如果不熟悉教会法，拿破仑的要求显得似乎是中等程度，甚至是可以接受的：这些要求只限于确定期限，似乎加入了评议会的能力和主教的权威。（奥松维尔伯爵，IV，366页，1811年8月5日的评议会会议通过的建议和法令。参见1813年1月25日签署的枫丹白露政教协议，第4条。）

[3] 奥松维尔伯爵，IV，121页和后页（德·夏布罗尔省长的信、拿破仑的没有收入《通信集》中的信、克拉拉博士的叙述）。6000法郎的礼物给萨沃纳主教，12 000法郎的薪水给教皇的医生博尔塔。"博尔塔医生，"省长写道，"似乎倾向于间接地尽力为我们服务……我们已经尽最大努力或者通过接近他的人，或者通过我们权力所及的范围内影响教皇。"

付轮番的审讯，遭受到与过去的酷刑一样巧妙和强烈的精神折磨。这种折磨如此激烈、持续不断，他逐渐丧失了抵抗能力，失去了理智，"不要再睡觉，不要说话"，已经到达了临界点，超越了"心理异化状态"[①]；然后，在走出危机之后，可怜的老人又陷入愁肠百结之中；最后，在耐心等待了三年后，他又一次突然在晚上隐姓埋名地偷偷上路，一路上没有休息或尽管有病在身也没有人嘘寒问暖，除了顶着暴风雪在塞尼山的收容所短暂停留了一下，在那里他几近命悬一线；回到车上他痛苦地弓着腰，在石子路面又经过24小时的颠簸，终于奄奄一息地被送到了枫丹白露，在那里，拿破仑希望他在自己手下完成剩下的工作。"他的确是一只羔羊，"他自言自语说，"一个好人，一个值得我尊敬和喜爱的好人。"[②]临时与这位温和、坦白和温柔的精神领袖面对面交谈可能被证明是有效的。庇护七世从来没有坏心眼儿的。

对这样温暖的呵护、晚辈一样尊敬的语气和热情的拥抱感到十分感动，他感受到了拿破仑的个人权势、他谈话的气势和声望、咄咄逼人的天赋，滔滔不绝的论据，无出其右的审时度势，他是最亲切、最跋扈的对话者，洪亮、温和、悲剧和喜剧交替、最雄辩的诡辩家和最难以抗拒的巫师，当他和一个人面对面时，可以立即抓住他的心，征服他、支配他[③]。实际上，经过六天的会谈，拿破仑通过劝说得到了他远距离施压所不能得到的东西。在诚心诚意签署了新的政教协议的时候，教皇庇护七世自己并不知道，虽然恢复了自由，有身边的红衣主教随时向他通报政治形势，他将从困惑中摆脱出来，但将受到自己良心的谴责，并通过办公室公开谴责自己，谦卑地感到懊悔，并在两个月内

---

① 同上，IV，121页和后页（1811年5月14日至30日德·夏布罗尔先生的信）。"教皇已经进入神志恍惚的状态……医生怀疑他患上了忧郁症……他的健康和思维都受到了影响。"然后，过了几天，"他的精神疏离感就过去了"。

② 《回忆录》（1816年8月17日）。

③ 奥松维尔伯爵，V，244页。后来，教皇对所有他与拿破仑会谈的事情保持沉默。"他只是对外讲，皇帝傲慢和轻蔑地同他说话，甚至把他当作对教会事务一无所知的人。"拿破仑见到他时张开双臂拥抱他，称他为神父（梯也尔，XV，295页）。也许，这些关门谈话最好的文学描写是阿尔弗莱德·德·维尼在他的《军人的荣誉与屈辱》里面的虚构场景。

撤回自己的签名。这就是自 1812 年和 1813 年开始，拿破仑取得的连续胜利和他最伟大的昙花一现的军事和宗教成就，莫斯科、吕岑、博岑和德累斯顿、1811 年的宗教评议会和 1813 的政教协议。不管他多么天赋异秉，意志多么顽强，军事上多么成功，对于国家和教会来说，他只能取得暂时性的成功。他无法掌控历史和道德的伟大力量。他的攻击是徒劳的，因为他们的垮台给了他们新的生命，他们在他的打击下重新崛起。无论对于天主教制度①，还是对于其他权力机构，他的努力不仅徒劳无功，而且与他的目标背道而驰。他想要驯服教皇，结果却让教皇更加无所不能；他想针对法国神职人员保持和加强法国教会自主的精神，结果却让教皇绝对权力占了上风。他以惊人的毅力和韧性，倾尽所有的巨大力量，通过不断运用系统的、不同的极端措施，努力了 15 年，试图打破天主教等级制度的关系，解开这个结，总之，最终结果是增加了更多的结，完成的速度更快而已。

① 参见夏普塔尔伯爵，《回忆拿破仑》，246 页。

第二章 天主教教会

I 制度的影响—教会等级制度的完成—教皇在教会的地位至高无上—自1801年到1870年法国政教协议和其他先例的影响—为什么法国的神职人员都是教皇绝对权力主义者—绝对正确的教义。II. 教区主教—形势和角色的变化—其他地方权力的下降—教会其他权力的降低—教士会议和宗教裁判所的撤销—主教是惩罚和恩惠的唯一分配者—免职手段的运用—第二等级教士服从军事纪律—他们为什么服从。III. 主教生活习惯的变化—他们的出身、年龄、能力、生活方式、工作、主动性、事业心、道德和社会优越感。IV. 下属—世俗教士—出身和聘用—如何准备和训练—小神学院—大神学院—月度读经和年度静修—宗教活动—牧师的精神家园—教区的教士—左右为难的角色—耐心和自身行为的修正。

I

　　在1801年，在罗马进行政教协议谈判期间，当庇护七世还在犹豫要不要把旧法国主教制度的幸存者全部免职的时候，犀利的观察家就已经说过："尽快签署第一执政要的政教协议吧[①]，协议批准后，你会看到在整个主教制度中其带给罗马的巨大重要性和权力。"实际

---

　　① 阿尔多，《庇护七世的历史》，I，167页。

上,协议以其"超凡的、几乎是无可比拟的权威",走下神坛,扎根在坚实的土地上,开始了主流的实践和持久的应用,当然"在教会历史上"①也是无与伦比的权威,但在当时仍然广受非议,而且教皇绝对权力主义停留在抽象公式推理阶段。不管愿意与否,"教皇充当了普世主教的角色",受到世俗权力的压迫和钳制,屈服于独裁政权②,既来之则安之;而十年后,作为始作俑者的拿破仑则后悔做了这样的事儿。经过法国教会自主主义法学家的警告,他才看到自己的事业对于教会关系重大;但是,想回头已经太晚了,决定性的一步已经迈了出去。因为,事实上,教皇已经废黜了一个伟大教会所有首脑的职位,包括"他的同事和主教同事"③、他自己有同样称号的使徒继承人、"相同等级"和有"相同品格"标记的成员,"85位合法的④在职的、正如他自己承认的那样,是无可指责的、值得称道的、被迫害的主教,因为他们服从于他,由于不愿意离开罗马教会而被逐出法国。他命令他们辞职;他从拒绝提交辞呈的13人手中收回了使徒的权力;他任命了替代者取代所有拒绝辞职的人。他把新形式的教区分配给所有新的主教,为了证明这种重要的新事物的正当性⑤,他没有提别的原因,只援引了时势所迫、权力的需要和教会的福祉。这之后,除

---

① 奥松维尔伯爵,《罗马教会与第一帝国》,IV,378页、415页(给1811年主教会议的指令)。"教皇在法国宗教恢复时期制定了普世主教契约书……自政教协议以来,通过为自己授权教会的特殊和唯一情况,教皇的做法似乎说明对主教有绝对权力。"(宗教部长毕戈的普雷阿莫诺1811年6月20日在全国宗教评议会上的讲话)"这部契约书在教会历史上几乎没有先例,而罗马宫廷也是这部根据国王的要求所做的超凡契约书的一部分,以便在随意统治主教的思想中加强自身的地位。"

② 这个字是拿破仑说的。

③ 博须埃,《全集》,XXXII,615页(Defensio declarationis cleri gallicani, lib. VIII, caput 14).—"Episcopos, licet papæ divino jure subditos, ejusdem esse ordinis, ejusdem caracteris, sive, ut loquitur Hieronymus, ejusdem meriti, ejusdem, sacerdotii, collegasque et coepiscopos appelari constat, scitumque illud Bernardi ad Eugenium papam: Non es dominus episcoporum, sed unus ex illis."

④ 布雷·德·拉·穆尔特伯爵,《政教协议的谈判》,35页。在135个教区中,有50个由于任职者死亡而空缺。

⑤ 贝尔卡斯特尔和恩里昂,XIII,43页(修道院院长艾莫里关于政教协议的观察)。"过去的教皇中,包括将权力伸到最远的教皇,都没有一个能够在接下来的几个世纪里使权力扩大到庇护七世在一段时间内做到的那么大和重要。"

了拥护分裂和永远从教廷分离的人之外，即使是法国教会独立的拥护者都不得不承认，教皇在超出他根据旧教规和习俗行使的普通权力之外，具有一种不受任何习俗和教规①限制的超凡能力、无限和绝对的权威、一切权利之上的权利——凭借这种权利，他可以根据自己确定的情况，任意服务于天主教的利益，而他也因此成为最高法官、唯一的诠释者和最后的上诉法院。一种坚不可摧的先例由此而建立；这是支持现代教会大厦的基石；在这个决定性的基础之上，所有其他的石头都被一个一个地叠加起来。在1801年，在拿破仑统治的压力下，庇护七世迫使在旧制度下有旧王朝污点的、被怀疑同情被废黜的波旁王朝的高级教士放弃职位。在1816年，在复辟的波旁王朝的压力下，同一个庇护七世被迫让里昂的红衣主教费什和被废黜的拿破仑的叔叔放弃他们的职位②。在这两种情况下，都是基于同样的缘由，无论是前一种情况，还是后一种情况，同样层面的动机授权同样的权力做出同样的决定。

但随着形势的发展，对于教会来说，紧急情况在增加，而对于教皇来说，需要干预的情况在增加。自1789年以来，整个公民、宪法、政治、社会和领土的层面，不仅在法国，而且在欧洲，不仅在旧大陆，而且在新大陆，已经变得极不稳定。在18世纪哲学和法国革命无限传播与反射的打击和反击下，上百个主权国家相继土崩瓦解；取而代之的是另外几十个国家，在这些国家中，不同的王朝更迭交替。这里，

---

① Prælectiones juris canonici habitæ in seminario Sancti SulpitII, 1867 (Par l'abbé Icard), I., 138. "Sancti canones passim memorant distinctionem duplicis potestatis quâ utitur sanctus pontifex: unam appelant ordinariam, aliam absolutam, vel plenitudinem potestatis... . Pontifex potestate ordinaria utitur, quando juris positivi dispositionem retinet.... Potestatem extraordinariam exserit, quando jus humanum non servat, ut si jus ipsum auferat, si legibus conciliorum deroget, privilegia acquisita immutet.... Plenitudo potestatis nullis publici juris regulis est limitata."同上，I, 333页。

② 贝尔卡斯特尔和恩里昂，XIII, 192页。根据1816年1月12日的法令，红衣主教费什被驱逐出法国，"教皇并不关心红衣主教本人，根据salus populi suprema lex的原则，必须不惜代价拯救他的教区"。因此，他禁止"在他的都会教会行使主教的管辖权，并让德贝尔尼先生做这个教会主管精神和世俗事务的主教，尽管任命必须经过宗教评议会、教廷法令、特权等的认可"。

在拥护教会分裂和新教国王统治的国家里,天主教人口有所下降。在天主教国家,包括15年内处于多种宗教混合的国家,则脱离了下降通道,重新建立了增长趋势。在以新教为主的美洲国家,天主教徒增加了数以百万计,形成新的社区,在以天主教为主的美洲,殖民地已经成为独立的国家;在美洲和欧洲,几乎各地的政府准则和公众舆论都发生了变化。然而,经过了这些变化,为了使宗教机构和世俗机构重新建立联系,需要一种举措、一个领导机构、一种权威。而教皇就在这里,每一次都是他帮助建立这种联系[①]。有时,他通过类似于1801年法国政教协议的外交条约,与主权国家进行了谈判,包括巴伐利亚、符腾堡、普鲁士、奥地利、西班牙、葡萄牙、两个西西里王国、荷兰、比利时,俄国。有时,由于自由主义的宽容或者由于对世俗政府宪法的冷漠,他独自颁布法令,特别是在荷兰、爱尔兰、英国、加拿大、美国,以便把国家分成主教区,建立新的主教辖区,调整固定的等级制度、纪律、教士的生存手段和聘用情况。有时,当国家主权发生争议时,比如在西班牙解放殖民地之后,尽管遭到所在国的反对,他跳过所在国,"不与新政府取得联系"[②],自行终止教会的空窗期 ,为他们任命主教,为他们分配临时的体制,期待将来有更容易合作的政府时,再制定最终的体制。通过这种方式,天主教世界目前的所有大型教会都成了教皇的工作,他最新的工作,是通过最近日期和最鲜活记忆的肯定文件所认证的自己的原创工作:他不是承认这些文件,而是创作这些文件;他提供给他们外部的形式和内部的结构;如果在法令部分找不到合法之手留下的鲜活印记,如果不宣布刚才赋予其生命和存在的最高权威的合法性,那么文件就不堪卒读。在人间琐事

[①] 主要的政教协议:与巴伐利亚,1817年;与普鲁士,1821年;与符腾博、巴登、拿骚、两个赫塞,1821年;与汉诺威,1824年;与荷兰,1827年;与俄罗斯,1847年;与奥地利,1855年;与西班牙,1851年;与两个西西里王国,1818年;与托斯卡纳,1851年;与葡萄牙(作为印度和中国的保护国),1857年;与哥斯达黎加,1852年;与危地马拉,1853年;与海地,1860年;与洪都拉斯,1861年;与厄瓜多尔、委内瑞拉、尼加拉瓜和萨尔瓦多,1862年。

[②] 贝尔卡斯特尔和恩里昂,XIII,524页。

和实践层面的事情之外，在神学推理中，在超自然现象的揭示中，在神圣的事务的定义中，这是最后一步，也是所有步骤中最大的一步：为了进一步证明自己的独断专行，教皇于1854年独自颁布了一个新的教条，玛利亚无原罪成胎说，并且可以指出，这是他个人做出的决定，未经过主教的一致同意，而主教们都在场，却既没有参与商议，也没有参与决定[1]。由此通过这些不间断也没有争议的举措精神或世俗的持久权力逐渐确立：从1791年到1870年，相继加入的所有教会的先例，通过彼此的积累逐渐得到巩固。砖石的不断加高使得教皇的地位也水涨船高，一直达到建筑物的顶端，教皇成为拱顶的拱心石，事实的权威最终完成了法律权威的确认。

同时，天主教舆论也来为教皇的举措摇旗呐喊，而法国的神职人员自发地成为教皇绝对权力的拥护者，因为他们已经不再有法国教会自主的任何动机。自革命以来，政教协议和组织条例、所有存在于国家和地方主义精神的资源都已经枯竭：他们不再是一个独特的团体、地主和特权阶层。其成员之间不再通过世俗利益社区、出于捍卫自身特权的需要、一致行动的能力、保持定期集会的权力而结成联盟。他们不再像以前那样，通过社会和法律的优势、世俗社会的荣誉优先权、税收的实际豁免权、主教在外省的存在和影响力、几乎所有高级教士的贵族出身和慷慨捐赠、世俗势力由于反对持不同政见者和自由思想者而给予教会的镇压支持、不仅以私人身份影响确定个人信仰而且以官员身份影响其政策并且与政府合作，以及立天主教为国教、强制国王接受天主教信仰的方式依附于公民权力。最后一项是最重要的，其余部分皆因其废除而产生：在道路的转弯处，法国的神职人员被抛弃在法国教会自主的轨道之外，接下来的每一步都是在前往罗马的路上。因为，根据天主教教义，在罗马教会之外没有

---

[1] "Adstantibus non judicantibus." 1854年11月20日在梵蒂冈开会的高级教士们注意到，如果教皇对圣灵感孕说做出了决定……"这一决定将提供一个无过错性的实际演示……而耶稣基督也将这种无过错性赋予了他在地球上的教士。"（艾米尔·奥利维埃，《梵蒂冈宗教评议会上的教会和国家》，I，313页。）

救赎；进入罗马，在罗马休息，受罗马的指引，是人的最高利益和第一职责；罗马是唯一的，是永远正确的指南；它谴责的所有行为都是有罪的，不仅是私人行为，而且包括所有的公共行为；作为个人而做出这样行为的君主也可能是职业天主教教徒乃至忠诚的教徒；但是，作为统治者，就是不忠，就已经失去了一半教会的特性，他就不再是"外部的主教"，他不配再领导神职人员。从此，基督徒的良心在他面前不因以敬爱和尊重而屈服；对他的支持只剩下社会的谨小慎微，还有顺从，因为教会的命令是服从当局，但教会同样命令不屈服于权势，如果后者滥用权力侵犯其权利的话。

然而，10年以来，国家别的什么事情都没有做，只是刚刚用一个更糟的政教协议取代了旧的不好的政教协约。于1802年与教会签署的这个新联盟，并不是过去在兰斯，男女双方承诺在一个信仰下和谐生活在一起的宗教联姻或庄严的圣礼，而是一个简单的民事合同，更精确地说是经过深思熟虑的、一劳永逸的一纸离婚书的法律规定。在反复无常的专制统治中，国家剥夺了教会的财产，将其扫地出门，不给衣服或面包，让其在大路上乞讨；接着，又歇斯底里大发作，扬言将其杀掉，甚至真的将其勒了个半死。它恢复理智之后，因已不再作为天主教徒，便迫使其签署一份公约，这份公约由于将道德结合变成了身体的同居而令人厌恶。不管愿意与否，缔约双方继续共同生活在同一住所，因为这是他们拥有的唯一财产；但是，由于性格不合，他们仍然会理智地分开生活。

为此，国家分配给教会一个不同的小型公寓和一份微薄的抚养费，它以为这样做就可以把欠债一笔勾销了；更糟的是，在它的想象中，教会永远是自己的奴婢，同时声称对其拥有同样的权力；国家决心保留旧的婚姻赋予它的所有权力，并准备行使并增强这些权力。然而，它把另外三个臣服于同一体制的教会一起纳入同一住所内，这样，为了家庭的世俗利益，它有四家教会需要尽全力抚养、监督、包容和利用。对于天主教教会来说，最可恶的，莫过于实践这种大事宣扬的一夫多妻制、这种把补贴漠然授予一切宗教、这种比被抛弃更羞辱人的普遍支助、这种使真理和谬误的布道讲坛以及宣讲救赎的神父和宣讲毁灭的神父平起平坐的平等地位的做法①。最有效的办法是离间天主教的神职人员，使其认为公权力是舶来品、僭越或甚至是有害的，使法国天主教教会与其法国中心分离，使其回到其罗马的中心，并交给教皇。

从此，后者是唯一的中心，教会唯一幸存的头，彼此无法分离，因为它自然是教会的头，而教会自然是它的身体；特别是因为这种彼此的纽带由于历经磨难而更加巩固。之所以头部和身体由于相同的一双手而撞在一起，只是因为互相为双方的利益着想。教皇也像教会一样，与教会一道，并为了教会而忍受着痛苦：被督政府废黜并流放的庇护六世死在瓦朗斯的狱中；被拿破仑废黜并绑架的庇护七世在法国被囚禁、关押、凌辱了四年，而所有有同情心的人都站在被压迫者一边，反对他的压迫者。好在虽然被剥夺了财产却增加了声望，他不再声称领土利益对他来说高于天主教的利益，因此，随着其世俗权力的削弱，他的精神力量不断壮大，以至于到最后，经过四分之三世纪，在前者轰然倒地的时候，后者却冲上云霄。这是因为，通过抹杀其人类特性，其超人特性释放出来；主权国王消失得越多，主权教皇就会出现得越多。像他一样被剥夺了世袭财产，并像他一样被禁锢在教会办公室的遗传的神职人员，也遭遇了同样的危险，遭受着同样敌人的威胁，自己像被军队包围的将军一样被围困；下级和上级，他们都是牧师，仅此而已，什么都没有，只是团结的意识越来越清晰，正是这种意识将他们联系在一起并使下级服从上级。从教会一代又一

---

① 贝尔卡斯特尔和恩里昂，XIII，105页（1808年2月25日，教皇庇护七世的通告）："这是说，所有的宗教应该是自由和公开实施的；但是我们认为这篇文章由于反对教规、评议会和天主教而被抛弃。"同上（1808年5月22日，庇护七世关于法国制度给意大利主教的指令）。"这一假定没有宗教的冷淡主义系统致力于反对和中伤天主教的、使徒的和罗马的宗教，是最有害的和最反对天主教教廷和罗马的宗教，由于天主教的神圣性、必然性和唯一性，因而无法同其他宗教结盟。"参见1864年12月8日的《Syllabus》和通榆《Quanta Cura》。

代的发展看①,桀骜不驯者、不服管教者、无党派人士、严格主义者或松懈者的数量持续减少,一些人是兢兢业业的、"小教堂"的僵化宪政主义的、宗派主义的冉森主义者,其他人是宽容、自由的半吊子哲学家,这两种人为了在既有的环境继续生存和发展,都继承了过于险隘的信仰或过于泛泛的观念②。他们一个接一个死掉后,他们的教义声誉扫地,然后被人遗忘。

一种新的精神给新的神职人员带来了活力。在1808年之后,拿破仑说,"他不仅不抱怨旧的僧侣,反而对他们很满意;但是,他说,新教士是按照暗淡狂热的教义培养出来的:在年轻的教士③中没有法国教会自由主义者",对公权力没有同情心。在拿破仑之后,在摆脱了他可怕的黑手之后,天主教徒都有自己的理由厌恶他的神学;有太多的天主教徒被他投进监狱,高阶和圣洁的知名人士、主教和红衣主教,包括教皇。法国教会独立的箴言由于被拿破仑利用而蒙羞。在公共教育和神学院的教学中,教规不知不觉中造成了没有预料到的后果;与教皇的权威背道而驰的文本内容和论据似乎越来越式微④;赞同教皇权威观点的文本内容和论据显得越来越强大;人们最尊重的博士不再是格尔森和博须埃,而是贝拉尔曼和苏亚雷斯;在康斯坦茨评议会法令中,人们发现不少瑕疵;在1682年通过的法国

---

① 索塞,《杜布省革命迫害史》X,720~771页(在1801年和1822年间,在前宣誓大主教勒克兹时期,贝桑松教区全体教会人员的详细和记名状况)。在整个帝国时期,特别是自1806年以来,这种混合的神职人员队伍就一直在不断地遭到清除。此外,大部分宣誓者并没有回到教会。他们不打算撤回来,其中许多人进入了新的大学。比如(贝松,《德·博纳寿兹红衣主教的生平》,I,24页),在1815~1816年,在鲁昂的中学,在主要的教师中,一名是前圣方济各会的托钵僧,一名是前奥拉托利会修士和三名宣过誓的神父。其中,尼古拉斯·毕涅翁先生是文学博士,共和九年在中央学校担任综合语法教师,然后是高中的修辞教师,鲁昂科学院院士,"靠作为哲学家生活,不是基督徒,更不是神父"。当然,他在1816年被开除了。在那之后,针对所有涉嫌危害革命、自由主义者和冉森教派的神职人员的清除行动加快了。

② 参见德·赛兹主教的《修道院长巴东的回忆录》,关于坚持法国天主教自治的主教的困境,以及在其教区当地的贵族中遇到的恶意。

③ 1816年7月31日的《回忆录》。

④ 从艾米尔·奥利维埃所著《教会与梵蒂冈宗教评议会的状况》,第I、II、III章,我们可以发现以一种罕见的不偏不倚和准确的态度揭示的两种制度。

神职人员宣言中也含有应受谴责和应该禁止^①的错误。在1819年之后，有影响力的逻辑学家、无与伦比的先驱和高超的冠军德·梅斯特尔先生，他在《教皇》一书中论证、准备并宣布了未来的教会宪法。对天主教社区的认可逐步占据上风或取得支配地位^②；在接近1870年的时候，几乎达成普遍的共识；在1870年之后，完全如此，也无法不如此；任何拒不服从的人将被排斥在社区之外或主动将自己排斥在外，因为他拒绝教会教授的教条，这个教条也是一种启示、教皇和评议会刚刚颁布的信仰。从此以后，在任何天主教教徒或想要成为天主教教徒的人的眼里，权威的讲坛上的教皇是永远正确的；当他做出信仰或道德规范方面的决策时，是耶稣基督通过他的口在说话，他关于教条的定义是"无可辩驳的"；"是本源的定义，只属于本身的定义，而不是由教会同意^③的定义"。出于同样的原因，他的权威是绝对的，"不仅在关乎信仰和道德的问题上，而且在关乎教会的纪律和管治^④的问题上"。在所有教会事务上，人们都可以求助于他的判断；他不允许任何人质疑他的判决；"不允许任何人上诉到未来的普世评议会"^⑤。他不仅有"荣誉优先权、检查和指导施政权；而且拥有优

① 贝尔卡斯特尔和恩里昂，XIII，14页（1815年10月28日波尔多大主教达维奥的信）。1682年的这个著名的声明，自"一百三十多年以来，连续十二位教皇一直没有停止对其进行指责"。

② 艾米尔·奥利维埃，《教会等》，I，315~319页（1870年之前法国各省、国家和海外省评议会的声明）。参见德·蒙塔兰伯特，《论天主教的利益》，1852年，第II章和第VI章。"教皇绝对权力教义是唯一真理。麦斯特尔伯爵在关于教皇的论述中的思想对于整个天主教年轻一代来说已经成为口头禅。"1855年2月22日吉波特大人的信。"法国教会自治主义已不复存在。"克里斯多夫·沃兹沃斯，D.D.，1845年《法国日记》。"在法国，不是教皇绝对权利主义者的主教不超过两个，也就是说都致力于罗马教廷的利益。"

③ Constitutio dogmatica prima de Ecclesia Christi, 1870年7月18日。"Ejusmodi romani pontificis definitiones ex sese, non ex consensu Ecclesiæ irreformabiles esse."（第IV章）。

④ 同上，第III章"Si quis dixerit romanum pontificem habere tantummodo officium inspectionis vel directionis, non autem plenam et supremam potestatem juridictionis in universam Ecclesiam, non solum in rebusquæ ad fidem et mores, sed etiam in iis quæ ad disciplinam et regimen Ecclesiæ per totum orbem diffusæ pertinent; aut etiam habere tantum potiores partes, non vero totam plenitudinem hujus supremæ potestatis, aut hanc ejus potestatem non esse ordinariam et immediatam……"

⑤ 同上，第III章，"Aberrant a recto veritatis tramite qui affirmant licere ab judiciis Romanorum pontificum ad oecumenicum concilium, tanquam ad auctoritatem romano pontifice superiorem, appellare."

先管辖权、完整的和最高的普世教会管辖权……""充分完整的最高权力",不是以间接的和特别的方式,"而是以直接的和普通的方式,对所有的教会和每一间教堂、对所有的教士和信徒、对他们中的每个人"。可以用拉丁语阅读这段文字;每个字都通过其古老的来源和历史的土壤,有助于加强文本的罗马专制含义;需要用发明了和实行了专制的人民的语言,才可以精准、丰富、充满活力和信念地确认这种专制。

II

主教的生存状况和角色的变化则更加恶化。我们看到旧制度的高级教士们,如此年轻就得以加官晋爵、得到大笔年金的贵族家庭的子弟们,也随着宫廷贵族和教会的大笔财产一起消失了,而在教会中却出现了更多普通人。在1789年,在134位主教或大主教中,只有5位是平民出身;在1889年,在90位主教和大主教中,只有4位是贵族[1]。在革命之前,一个主教职位平均有10万法郎的收入[2];如今只有1万~1.5万法郎的工资。过去的大领主平时住在巴黎或作为宠臣穿梭于凡尔赛宫,回到教区是和蔼可亲、衣着华丽、忙于介绍和接待衣冠楚楚的客人的一家之主;而现在戴着相同头衔、坐在相同位置的是道德和出身完全不同的人物,虽然是不修边幅的当地官员,但更有活力和管制能力,管辖范围更广,权力更大,施加的影响力更有效。革命对主教的终极影响与对教皇的影响一样,无论在法国教区还是在普世教会,新制度所建立的是旧制度一无所知的卓越和庞大的中央政权。

以前,主教身边遇到的人都是当地与自己同样独立和有权势的地位相当的竞争对手、低头不见抬头见的地主、职位和福利的分配者、

---

① 1889年的国家年鉴(四个人中只有一个属于历史家庭,即穆兰主教德鲁布雷泽大人)。

② 参见,《旧制度》,53~54页、92~93页、218~219页。

合法组织的地方当局、永远不乏顾客的永远的老板。他在自己的教堂里，他的教区教士会议与他本人一样，就是教职和福利的分配者；在其他地方，其他的教士会议同样如此，并且知道如何维护自己的权利，反对他的统治。在普通的神职人员中，每个大修道院院长或隐修院院长、每个贵族女修道院院长，和他自己一样，某种意义上说都是雄踞一方的君主；完全世俗的、继承了旧封建等级部分世袭职位的君主、自己庄园的土地和司法领主；同时，这种君主地位还体现在省议会的登记和进谏权、行政干预职权、忠诚的下属和追随者，包括从初等法院和司法执政官法庭的法官到检察官和律师等其他司法人员①。教会资产的购买者和业主、比现在更加富有和傲慢的世袭行政官员、在世袭老宅办公的首府议员，才是一个省真正的大佬，当地永恒的代表、反对教会和王权专制主义的广受欢迎的捍卫者。所有这些用来抵消主教权力的权力已经消失了。局限于单纯司法事务的法庭已不再是中央政府的政治权威和主持人：在城市和省级层面，被暂时任命或选举的市长和省议员只有暂时的威信；省长、军事指挥官、校长、财务总管，只是匆匆的过客。一个世纪以来，地方行政区划是全部个人聚集生活但并非融为一体的外部的框架；他们之间不再有紧密、持久的联系；在过去的外省，只有不稳定的公务员以下普通的个人和居民。只有主教仍然一直保持自己的完整并且傲然挺立，终身的权贵，名声在外的芸芸众生的引路人，乐于助人、深居简出、不屈不挠的经理人，特殊民兵的无可争议的指挥官和唯一的将军，他们出于良知和职业需要，紧密围绕在他的周围，每天清晨都在等待他的命令，这是因为，他在本质上是人们灵魂的支配者。革命和中央集权没有动摇他的教会的特权。幸亏这种永恒的特质，使他能够容忍别人的镇压；这些人已经回到了他身边，还包括当地的强势群体、当地有实权的权贵；包括标志旧制度的地位和权势的各种荣誉称谓——如

---

① 参见《革命前夕格勒诺布尔和雷恩的议会史》；注意1788年和1789年所有司法下属的忠诚度和因此而形成的联盟的省级权力。

今,在新秩序下,无论对于世俗的普通人,还是对于国家的部长,这些称谓毫无用处。在1802年之后,组织法[1]的一个条款,限制主教和大主教使用这些称谓:他们只能"在自己的名字后面加上公民和先生的称号"。但实际上,在官方的年鉴之外,每个人都称高级教士为"大人",在共和国和王朝时期,在神职人员、教徒中,在书面或口头称呼中也称其为"阁下"。

因此,在这块其他权力已经失去扎根希望的外省土壤上,主教不仅保留住了自己的根,而且把根扎得更深、延伸得更远,生长得不可估量,现在整个教会领地都属于他。以前,在这个领地上,很多占地庞大的部分都被圈占分隔,保护区的古老围墙禁止他人入内。在大多数情况下,不是他分配圣职和工作;在多数情况下,也不是他分配空缺的本堂神父职位。在贝桑松[2],在1500个圣职和工作中他只分配了不到100个,而他的大主教会议任命的人数和他一样多;在阿拉斯,他任命了47个本堂神父,他的主教会议任命了66个;在圣奥玛,在本堂神父职位有授予权者当中,他仅排在第三位,在圣马丁修道院和大教堂会议的后面。在特鲁瓦,在372个本堂神父职位中,他处理的只有197个;在布洛涅,在180个职位中,他只有80个,而这是因为教士会议主动为他放弃了16个。当然,所有候选人的眼睛是朝圣职分配者方向转的;然而,在最高和最有利可图的职位中,最清闲和最有油水可捞的职位、闲职和体面的、简单的圣职,大城市本堂神父、教士和议事司铎,以及能诱惑人类野心的大部分有头衔和待遇又厚的岗位都不在主教的手中,而是由国王、教皇、修道院院长、女修道院院长或隐修院院长支配,要不然就是由某个大学[3],某个大教堂或团体的教士会议、某个领主、

---

① 第12款。

② 参见《大革命之大混乱》,439页。修道院长西卡尔,《1789年之前的教会利益分配者》(1889年9月10日的《通信集》,887页、892页、892页、893页)。格洛斯利,《特鲁瓦历史回忆录》,II,35页、45页。

③ 修道院长艾利·梅里克,《旧制度下的神职人员》,I,26页(10所大学为自己的毕业生提供了任命信)。修道院长西卡尔,《1789年之前的教会利益分配者》,876页。352名巴黎的国会议员拥有特别许可,也就是说有权获得教会的职衔和赞助,以便将第一空缺圣职或者授予他(转下页)

某个专利权所有人、某个教皇特许权所有者或通常是某个教区神父支配。因此，从这一方面来看，主教对下属教士的控制非常微弱；他不是通过给予恩宠的方式控制他们。而另一方面，他对他们的控制也是最少的，他不是通过给予对失宠的恐惧而控制他们。即使他们令他不快也几乎不会受到惩罚。他的惩罚能力要比他的奖励能力有限得多。他的下属总能找到庇护所和避难所，来抵制他的愤怒甚至是敌意。首先，原则上，一个教区神父，无论是教会的还是世俗的，都是圣礼场所的业主，因而其职位是不可撤销的；根据1726年和1731年[1]的宣言，他们这些淳朴的本堂神父和副本堂神父、农村教区卑微的住持教士都拥有这种特权。此外，在反对主教和任何专制行为，反对所有损害其负担的精神和世俗、道义和实用的特权而被禁止、取消或审查的情况下，一个教区神父总可以诉诸法庭。

有两种类型的法庭，一种是教会法庭，另一种是世俗法庭；在每种法庭，都可以从低级法院上诉到高级法院，从教区宗教裁判官上诉到都市裁判官，从初等法院上诉到议会，有完整的司法人员，包括法官、陪审员、公共教士、检察官、律师和书记官，他们必须遵守所有司法形式，包括经过认证的文件、证人的引证和证词的质疑、质询和答辩、教规的陈述、法律和判例、被告人出场、反对的论辩、程序上的延误、宣传和丑闻。面对这样一场诉讼的缓慢程序和麻烦，主教常常避免给出判断，主要是因为，即使经过宗教法庭的肯定，他的判决也可能被避开或被世俗法庭宣判无效，因为，从宗教法庭到世俗法庭，还有再审上诉，而后者，出于对前者对手的猜忌，会对教会当局[2]产生恶

（接上页）们自己，或者授予自己的孩子、亲戚或朋友。杜尔哥把他的职衔给了他的朋友修道院长莫雷莱，后者因此（1788年6月）获得迪莫尔小修道院长职务，价值16 000利弗尔的收入和一套漂亮的房子。同上，887页："教皇、教会或是赞助人、许可方、特别许可方、毕业生、辞职、频繁辞职的习惯、对换、养老金等预防措施，留下很少能够提供的职位给主教，也就是如今教区负担无可争议的主人。"格洛斯比，同上，35页："什一税紧随宗教职衔。几乎我们所有的教会职衔授予者同时也是最大的什一税缴纳者。"

①　修道院长艾利·梅里克，同上，448页。
②　修道院长艾利·梅里克，《旧制度下的神职人员》，329~403页（细节后备）。

意。此外,在面对第二次诉讼时,主教不仅能为自己一方比第一次找到更多的合法权力,而且能找到本方更多的盟友和赞助人、机构和个人,这些机构和个人,根据普遍接受的惯例,通过游说法官并不惜公开搭上自己的信誉来帮助自己的保护人。在这么多的棍子插在车轮里的情况下,行政机器只能艰难运行。为了使其有效运动,需要稳定的压力、恒定的启动,以及有一只谨慎、顽强、辛劳的手进行有活力和坚持不懈的努力,而在旧制度下,绅士一样的高级教士们纤细白皙的手不适合这种粗糙的工作;他们的手保养得太好,太柔软,亲自在当地操作外省复杂、生锈、运行起来总是发出吱吱嘎嘎噪声的机器,顺其自然,推动和管理当地20个车轮,忍受飞溅的泥浆和彼此的碰撞,变成一个生意人,也就是说一个努力工作的人,这对于那个时代的大领主来说,没有什么比这些更煞风景了。无论在教会,还是在国家,他都享受着自己的地位带来的好处;他受益匪浅,即金钱、荣誉和满足;而且,在这些满足中,最主要的就是悠闲。因此,他放弃了每种特别的责任、人和事物的日常管理、对其教会或公职人员的管制,对下属人员不管不问,因而他们逐渐在他的管辖范围内的固定的岗位上取代了他。在自己的教区,主教把管理职责交给了议事司铎和副本堂神父;"宗教裁判官决定,而他不管不问"[①]。于是,机器得以凭借自身性能按照旧有的一贯轨道独自运行,没有遇到更大的冲击;他只是通过在巴黎和凡尔赛宫行使的影响力、通过实际给予部长的建议帮助机器运行。他只是自己的教会领地在宫廷和客厅的从远方来的世俗代表[②]。每当他现身时,钟声齐鸣:各种机构的代表蜂拥到他的前厅拜访;每个当权者按优先顺序,依次上前向他献上小小的恭维话,他亲切地一一回复,在完成例行的礼节后,他向他们施以祝福和微笑。在这之后,他会在他们逗留期间以平等的尊严和亲切的态度邀

---

① 修道院长里索多,《论法国教会的新旧惩戒方式》,281页。参见修道院长艾利·梅里克,同上,等,第II章(关于教会的正义和法官)。

② 莫尔西埃,《巴黎之画》,IV,345页:"羊群再也认不出来他们牧人的额头,而只把他当作一个富人,只顾自己在首都享乐,不再为自己的羊群操心。"

请其中最有资格的客人进餐，在他的主教宫殿或在他乡村的房子，他把他们当作客人。这样做完之后，他已经完成了他的任务；其余的工作留给了他的秘书、教会官员和职员、办公室工作人员、专家和他们称为"役马"的工作人员。"你读过我的训谕吗？"一个主教问比隆，非常直率的比隆冒昧地回答："是的，大人。您自己也读了吗？"

在新制度下，这种炫耀式的、粗心大意的和间断式的领主管治，被活跃的、个性化的和连续的君主统治所取代：教区有限和适度的君主制转化为普遍和绝对的君主制。一经担任圣职并担任职务，在教堂唱诗班和管风琴浑厚的音乐声中，在蜡烛摇曳的微光中，穿过袅袅升起的燃香，主教在庄严盛大的仪式①中坐在他的"宝座"上，他是可以支配政府的国王，这种支配不是名义或部分的，而是真正完整的。他手上拿着"他的教区教士送给他的精彩十字架"，见证和象征他们的自愿，渴望和完全顺从；这只牧棒比旧式的更长。在教会的羊群中，没有哪只羊在远处或在隐蔽处吃草；无论在高处还是在低处，都在可见范围内，所有的眼睛都转到主教的牧棒方向；只要牧棒发出信号，根据信号，每头羊都会立即站住、前进或后退：它知道，尽管牧羊人手中是空的，但需要服从其意志。在他的教区重建过程中，拿破仑所加强的唯一的教区权力就是主教的权力，而把其他人的权力降到了最低。他讨厌一个办事拖拉、小题大做、内耗不断的分裂政府。他只对中央集权的政府情有独钟；他觉得只和一个人打交道更方便，包括和世俗范畴的主教团一样容易操控的一个精神范畴的省长、一个戴主教冠的公务员。在他眼里，这个人就是主教。这就是为什么他没有用宪法和审查机构把主教包围起来的原因。他没有恢复旧的主教法院和旧的教士会议；他允许他的高级教士们自己写新的教区法令。当然，在分享权力的过程中，主教给自己保留了最好的部分，完整的权力范围；而为了限制无所不能的地方政府，只给他们剩下了世俗

---

① 1890年11月9日《世界报》（根据蒙彼利埃的报纸，关于刚刚在市大教堂举行的将大披肩交还罗维利埃·德·卡布里埃尔大人的仪式的细节）。

的权威。但是,在实践中,公民政府借以控制主教并使其依附于自己的束缚被一一打破并化解于无形。在组织条例中,几乎所有管制和压抑主教的条款都受到质疑或过时不用了。然而,那些授权和赞美主教的条款则保持活力和效用。因此,拿破仑针对主教或教皇的计谋被证明是错误的。他本来想使两种不相容的性格集中在一个人身上,让教会的显要人物晋身于国家政要的行列,使公务员成为权贵。但公务员不知不觉地消失了;只有权贵存续下来,并继续存续下去。

如今,根据1802年的法规,大教堂的教士会议①,除在临时的情况以外,是一个了无生气,但仍然苟延残喘的机构,一个无用的幌子;在名义上和书面上,它一直是天主教的"参议院"、主教的义务性"议会"②;但主教把他的议员放在了教士会议之外他自己喜欢的地方,如果这样适合他,他可以随便不用他们中的任何人,"而单独管治,自己随心所欲"。由他任命所有的职位,即他的教区的五六百个职位;他才是这些圣职的普世授予者,十个职位中的九个职位的唯一授予者;除了八九个议事司铎和三四十个市镇本堂神父的职位,因为这些职位必须由政府批准,其余的他一律独自任命,没有其他竞争者。因此,从恩典的角度来看,他的神职机构除了他以外,对别人没有任何期待。而在另一方面,对于他严厉的言行,他们不再享有保护伞;惩罚之手比奖励之手受到的限制更少。像教堂的教士会议一样,教会法庭已经失去了它的一致性、独立性和效率,留给旧宗教裁判官的只有一个形式和一个名字③。有时,主教本人就是自己整个法庭;他

① 修道院长米涅,《神学百科全书》,IX,456页(埃莫里先生的《主教驻地的新教士会议》,238页):"根据普通法,法国目前的做法是主教独立管理教区,无任何教士会议的参与。他们只是把他们认为合适的那些人召进委员会,然后根据需要从大教堂或其他教堂选出教士会议的议员。"

② 同上:"尽管有这些漂亮的头衔,教士会议的成员在主教的生活中并不参与政府的任何活动;一切都取决于主教本人,他可以做自己愿意做的一切,或者如果他需要助手,他可以在教士会议之外找。"同上,445页。自1802年以来,在法国,"在职的议事司铎都由主教任命,然后由支付报酬的政府批准;这仅仅是议事组织的阴影,其中,他们拥有该组织的一切议事权利"。

③ 修道院长安德烈,《教会法的几个基本原则的陈述》,187页(关于这个题目,他引述了当时的第涅主教西布尔的一段文字)。"自从1801年政教协议以来,为审判神教人员而制定的任何程序的缺失只是让这些被告更加依赖作为法官的主教的良心和智慧。主教于是不仅(转下页)

只与自己审议，根据已知的良知，没有审判，没有合议，或者如果他觉得合适，他可以关上密室的门，私下根据事实、自己评估的重要性并通过唯一评判者的动机宣布判决。有时，主持的行政官员是大主教代理之一，是他的可撤销的代表、他的心腹、他的传声筒，总之，是另一个我，而这位宗教裁判官对旧的法规、既定的程序、司法程序、证人出庭和核实、休庭，以及其他所有使法官避免偏见、仓促和错误判断、无知的法律防范措施无所顾忌。而没有这些法律措施，正义总是冒着极大的不公平的风险。在这两种情况下，被延期的判决是缺乏保障的，但一经宣布的判决就将不可更改。因为，即使上诉到都会主教法院，也总是无法更改的[1]；高级主教们互相支持，无论上诉人的上诉正确与否，上诉本身对他来说就是一个不良记录：他没有立即服软，他站出来反对这种修正，他缺乏谦逊，他树立了一个捣乱分子的榜样，这本身就是一个严重的错误。剩下的唯一选择就是求助于罗马；但罗马是遥远的[2]，即使保持着上级管辖权，罗马也不愿意主动取消主教的判决；它尊重高级主教们，对它的将军小心翼翼，他们是圣彼得年金的收税员。至于世俗法庭，它们早就已经宣称自己无能为力了[3]，而且新的教规教导，永远不要让"神父以再审的借口向世俗法官[4]上诉"；通过这种上诉，"他损害了教会的权威与自由，会受到最严重的谴责"，他背叛了自己的戒律。

（接上页）在法律上，而且在事实上成为神职人员的唯一的神父和法官，除了极少数情况以外，没有任何外部限制阻碍其行使精神权威。"

[1]　艾米尔·奥利维埃，《教会与梵蒂冈宗教评议会的状况》，II，517页。修道院长安德烈，同上，17页、19页、30页、280页（各种范例，特别是1866年2月8日农村本堂神父的上诉）："大主教先让他注意，他无法下决心指控副主教。"然后，（1866年2月20日）由都会宗教裁判所做出的肯定判决宣布"剥夺某个教区的本堂神父的头衔是夸张的和可以改良的……这个头衔凭主教的意愿取消与否只是举手之劳"。

[2]　艾米尔·奥利维埃，同上，II，516页、517页。修道院长安德烈的《陈述》，等，241页："在19世纪上半叶，没有任何上诉案件由法国教会转到罗马。"

[3]　艾米尔·奥利维埃，同上，I，286页。修道院长安德烈，同上，242页："从1803年到1854年，涉嫌滥用职权而备受打击的神父上诉到国家评议会的案件有38起……这38起案件没有一件得到受理。"

[4]　Prælectiones juris canonici habitæ in seminario Sancti SulpicII, III., p.146.

对于底层教士来说，这就是现在的教会法和世俗的法律，彼此同意不给他提供任何保护；可以把使其成为教士的职称中最具决定性的变化加入到与其相关的法理学的变化中去。在1789年之前，在法国，有36 000个教士有不可撤销的职称，目前，只有3425个；在1789年之前，在法国，只有2500个教士有可撤销的职称，而今天有34 042个①；所有这些教士都是未通过公权力的认可而由主教任命的，因而是可以随意撤销的。他们的教区司铎会议只是一个临时委员会；他们早晚会被转到其他地方去，从一个不稳定的本堂神父区转到另一个稳定的本堂神父区。"瓦朗斯的一位主教夏尔特鲁斯大人②，在一个月内将150名教士从一个教区转到了另一个教区。在1835年，在瓦朗斯教区，35名转移者被同一批驿车发送出去。"在附属教堂的神父中，即使是教区的老人，没有任何人有宾至如归，可以在此终老的感觉，有点像临时驻扎在那里的世俗公务员，没有安全感，即使这无可指责。因为，他可能不仅是由于精神原因，而且可能同样是由于政治原因而迁移过来的。他没有使自己的价值下降，但市议会和市长对他本人并不感冒；因此，为了息事宁人，他只能背井离乡。这样做的好处是，市议会和市长各得其所；无论他住在哪里，他都知道如何哄骗这些人。因此，"他被从教区转到另一个教区③，他被特意选派到有难以相处的、找麻烦的、好争吵的、心眼不好的市长的教区"。这都

---

① 艾米尔·奥利维埃，同上，I，136页。

② 艾米尔·奥利维埃，同上，I，285页（根据修道院长德罗伊的《关于教会行政管理的研究》，211页）。参见修道院长安德烈《陈述》等和阿里涅奥尔兄弟的《法国神职人员的目前状况》（1839年）。两位附属教会的本堂神父撰写的后一部著作，逐章很好地阐述了政教协议的影响和将过去的神职人员同现在的神职人员截然分开的巨大距离。布鲁瓦大神学院院长里索多在他的书中对该问题也做了修改和补充，《论法国教会的新旧惩戒方式》（1842年）。此外，以上概述，以及所有下面的概述，除了打印的文件之外，来源都是我个人的观察，包括很多口头信息和几个书面通信。

③ 图卢兹总修道院长R.P.科塞特1879年所著《蒙莱兹神父》，第二部，II，523页（修道院长杜布瓦，一位有经验的传教士的谈话；他接着说，这些"被转移到困难地区的神父一直与市长相处融洽……战胜困难，维持和平"）。同上，I，312："我不知道我们消息灵通的主教大人们是否犯了错；但他们并没有给予的宽恕有多少！多少丑闻没有被阻止！多少信誉没有被保留！如果您和法庭而不是和神父打交道那真是不幸，因为法庭判罪而不是宽恕……您的主教不仅可以利用宽恕的慈悲，而且可以利用秘密的慈悲。这种父权制度的好处在对其恶意中伤时真是大获全胜！"

是为了服务和教会的利益着想。主教使这些人服从于高尚的利益。1801年和1802年的立法赋予他充分的权力，而他也充分行使了这些权力；在这么多他所得到的支配神职人员的权力中，最强大的权力就是免职，而他也用得得心应手。拿破仑直接或通过反击将他的精神，也就是军事精神注入到了整个民间和教会机构，因此，权威的体制在教会中比在国家建立得更加完整，因为这是天主教机构的精髓；不仅没有放松，而且变得更加严格；目前是公开声明[①]、宣布甚至成了教规；在我们的时代，在事实上和在法律上一样，主教是一个师的将军，而在法律上和在事实上一样，他的教士仅仅是中士或下士。命令以异乎寻常的力量直线从这样高的等级到达这样低的等级，引发了即刻的被动服从效应。一个教区的纪律与一个部队的一样完美，主教公开对此感到自豪。"这是一种侮辱，"红衣主教德·伯纳寿兹[②]对参议院说，"假如我们不能成为自己房子的主人，我们就不能领导神职人员，就会变成神职人员领导我们……在这种围墙内，没有一个将军会接受不能让自己的士兵服从的责备。我们当中每个人都有一个团需要指挥，这个团在前进。"

III

为了使一支队伍勇往直前，一个指挥棒，即使是主教的指挥棒，也是不够的；在强制服从的同时，还必须使人心甘情愿地服从。因此，在有合法权威的同时，在领导人心中还必须有道德权威；否则，不会有人与他同甘共苦，死而后已。在1789年，对于主教并不是这种情

---

① 修道院长拉格朗吉，《杜潘鲁大人的生平》，II，43页："杜潘鲁大人认为，考虑到我们这个时代的生活困境，教士免职非常，不是说有必要，有利于一个教区和堂区的良好管理，甚至有利于神父和教会的荣誉。无法撤销的制度建立在幸运的时代和人民可以履行职责的国家，宗教部长不过是个留守只部长。如今，宗教部长是征服和使徒部长。因而主教必须根据其教士的能力、热情和成功的可能性安排他认为对他们适合的工作，就像在一个需要转变宗教的国家一样。"反对宗教裁判所及其判决通告："不应该从可纠正的不幸中制造无法纠正的丑闻。"

② 《箴言报》，1865年3月11日的会议。

况。在两种情况下,以及在两个关键的时刻,第二等级的神职人员结成了一个独立的帮派,首先是选举,选举的代表不是高级教士,而是教士;然后在国民会议,同样是放弃了高级教士,而站在了第三等级一边。在指挥官和他的部队之间,紧密的联系松动了或者断开了。他对部队而言已经没有很大的优势;而部队对于他也不再有足够的信心。他的部下已经开始把他当作一个享有特权的人,来自另一个等级和档次、有与生俱来当主教的权力、无须经过长期的磨炼、无须在基层摸爬滚打、无须证明任何政绩,几乎是神职人员中的闯入者和教会的寄生虫,惯于在自己的教区外谋取自己教区的收入、游手好闲、好大喜功、厚颜无耻的拈花惹草之辈或猥琐猎艳之徒,倾向于成为哲学家和自由思想家、缺乏成为基督教牧师领导人的两大优点:首先是神职人员的仪态,然后通常是缺乏基督教的信仰[1]。

主教性格中所有的这些缺陷和矛盾、所有这些出身之间的差异和距离(1789年之前存在),兴趣、习惯,上层和下层神职人员的礼仪、所有这些疏远下级和上级的不平等和不合法的行为已经消失;新秩序摧毁了旧制度在主教与其教士之间竖立起的分隔墙。如今,主教像他们一样,都是一介平民,普通人家,有时是更低的出身,这位可能是村里鞋匠的儿子,那位可能是贫苦女工的私生子,彼此都是感性的人,但从来不为自己卑微的出身感到脸红,对自己的母亲公开表达温顺和尊重,某个主教会安排自己过去是女仆的母亲住在主教宫殿,在和最尊敬和最高贵[2]的客人一起吃饭时把第一个座位留给她。他是

---

① 参见《旧制度》,53~54页、93页、115页、218~219页。《某夫人闻所未闻的回忆录》(我没有被授权提到作者的名字)。在革命爆发的前几年,我们就可以找到高浮雕中高级教士之一的这个类型。他是纳尔博纳大主教,有800 000利弗尔来自教会财产的收入。他过去每两年在纳尔博纳住两周;然后,在蒙彼利埃住六周,同时,凭借能力正确地主持省议会。但在其他的22个月里,他不再过问任何议会和教区的事务,而是与侄女兼情妇德·罗特夫人住在上方丹。而狄翁夫人的情夫戈梅内亲王也住在同一个城堡内。虽然衣着排场隆重华丽,但语言相对自由,以至于前来参观的奥斯蒙侯爵夫人,"感到尴尬,甚至流出了眼泪……星期日,出于对房子主人的尊重,他们去参加弥撒;但没有人携带祈祷书;那总是一些放在城堡讲坛上的伤风败俗、经常是诽谤性的书,开放给人随便翻阅和自我感化用"。

② 修道院长拉格朗吉所著《杜潘鲁大人的生平》。博纳尔大人所著《博瓦迪埃主教(转下页)

"一个走时气的官员"，也就是说，是一个值得称道的老军官。根据1889年的《年鉴》，三位最年轻的官员从47岁到49岁；所有其他人都在50岁以上；在这些人当中，有3/4的人在60岁以上。根据一般规则，一名神职人员必须以低级或中级职务服务二十年或二十五年以上才能成为主教；每个职务都必须经过相对长时间的实习，然后担任副本堂神父、本堂神父、总本堂神父、议事司铎、代理神学院院长，而且无论是作为布道者还是教理讲授者，教师或管理员，教规学者还是神学家，都能做出卓越的成绩。他的全部能力不能有争议，他的整个能力毋庸置疑，他有权要求别人顺从；直到他自己的献祭仪式，他才会放弃这个权力，"他对此引以为傲"，他向他的教士提出的范例就是他自己[①]。此外，他的平凡的生活方式无法引起别人的忌妒之心，差不多相当于没有个人财产只靠工资生活的师长、省长等高级公务员的生活水平。他不会像过去那样炫耀用缎子装饰的忏悔室、笨重的银质厨房用具、狩猎装备、管家、招待、穿制服的男仆的等级制度、马厩和马车，出现在他的献祭仪式上的大领主、宗主诸侯、国王式的朝拜庆典游行、招待四方宾客的晚宴。他只有必要的物品、不可缺少的办公工具：主教巡视用和室内交通的普通马车，三四个人工服务的仆人、三四个撰写官方文件的秘书，经过简单修复和配置便宜家具的老宅，行政官员、低级别官员或商人水准的公寓和办公室；实际上，他负责管理许多下属，他有很多业务；他自己的工作需要照顾方方面面，需要像大公司经理那样把归档的文件按时间顺序加以保存和系统收集[②]；他的荣誉越多，受到的限制就越多。的确，他的旧制度的前任、精致的伊壁鸠鲁主义者，是不会希望过这样的生活的；他们会觉得个中的利益不值得努力争取。

（接上页），红衣主教庇护的生平）。

① 《箴言报》，1865年3月14日的会议。红衣主教博纳寿兹的演讲："我要求完全服从，因为，我本人和你们当中在陆军和海军服役的人一样，会非常自豪地把服从献给我的上司和长官。"

② 《博瓦迪埃主教，红衣主教庇护的生平》，II，690页。庇护大人留下了六卷书，在31年的时间里，他一直不间断地在撰写主教契约书，直到最后一次患病。

即使上了年纪,他也会鞠躬尽瘁、履行职责、在讲坛上布道、主持冗长的仪式、为神学院学生任命圣职,为成千的孩子①做洗礼,访问教区内一个又一个堂区通常,在他的任期结束时,他已访问了所有的堂区,有的还会访问多次。然而,即使把自己关在主教的办公室里,他依然会不断地检查这四五百个堂区;他或读或听报告,了解领圣餐者的数量、礼拜的不足之处、教会的财务状况、居民的态度、市议会和市长的好坏安排、纠纷和冲突的地方原因、本堂神父和副本堂神父的行为和性格、每个教民都需要在放纵的狂热和惰性的冷淡之间得到引导或维护,根据堂区所在环境不同而均匀平衡,但总是着眼避免不正确的步骤、避开错误、掌握舆论的分寸、化解丑闻。因为,主持教士的整个生活,无论他的公共生活,还是个人的私生活、家居生活和感情生活,都属于教会并与教会息息相关:不得出现对教会负面和没有根据的谣言;如果发生这样的事,主教会召他到教会,警告他、训诫他,必要时将他调离、解职、停职,但无须将此事强行交给负责的法庭处理,自己为自己做独立和隐秘的法官,强迫自己进行研究,承担忧愁和痛苦的煎熬,从事艰苦细致的劳动,而这些总是有直接的绝对权力参与其中。同样,在关系到他的大、小神学院时,有两个不可或缺的苗圃,而他是园丁总管,他关注年度的亏空,在他的教区四处寻求这些适当的人选,不断进行验证和培训他们,他提供奖学金、制定规章制度,如果有合适人选,他会从教区外或常规的教士团体之外聘用;

---

① 同上,II,135页:"在1860年,他确认了11 586个教区,1861年确认了11 845个教区。"修道院长拉格朗吉,《杜潘鲁大人的生平》,III,19页(1863年给其神职人员的信)。他列举了在自己教区所写的著作,"堂区隐修所我们计算有一百个;所有的堂区都建立了永久性的圣礼崇拜;坚信礼不再是市镇的专利,而是在最小的村庄里都有了,而且总是提前于布道;在每个堂区每年进行的符合教规的走访主要由执事长,部分由教长进行;……参与学校和医院服务的修女在教区迅速增加并在各地推广开来;至于教会研究,中小神学院的数量有显著增加;对年轻神父的审查;主教讲座;级别的制定和颁发;教堂和教区长的住宅的重建和维修;在奥尔良的教区大型工程、穷人教堂工程以及帮助穷人的教区彩票和妇女集市;最后还有教区内重要堂区和城市的隐修会和圣餐仪式"。46页(1846年1月26日的信,关于在每个堂区规定灵魂法令的准确内涵;这个法令是支配一名教士的标准):"在堂区任职和离职,然后安排别处之前都必须先了解自己堂区复活节的状况。"

他为他们规范教义、方法、思考和教学方式，而且他的目光超越了现在或将来的教士，落在了三四百名修士和1400名修女身上。

对于修士来说，只要他们关上门待在自己家里，不与外界接触，他对他们是没有什么话好讲的。但是如果他们在他的地盘公开布道、忏悔、举行宗教仪式或讲学，那就必须接受他的管辖。在其上级和教皇的同意下，他有权支配和利用他们。实际上，他们现在是他指定和召唤的辅助人员、随时可用的增援部队、特意准备的众多精英部队，每支部队都有自己的纪律、独特的制服、特殊的武器，他们可以根据他的作战命令给他带来独特的能力和更有活力的热情。他需要他们弥补当地神职人员的不足[1]，同时激发起对他的堂区的献身精神和在他的神学院实施合理的教义。然而，在这两个部队之间，达成谅解是困难的；起辅助作用的后者，懒惰涣散，冲在前面；前者坚守阵地，静止不动，眼睁睁地看着新来者篡夺自己的位置，降低了自己的人气和财源。主教必须有极大的智慧和活力牵制这两支教士队伍，即使不是亲密的和谐联盟，至少是没有冲突的互助协作。至于修女[2]，他是她们普通的、唯一的仲裁者，所有这些与世隔绝的生活的监督者和支配者，以便接受她们的誓言，并使自己得以解脱：是他经过询问和检查，授权进入社区或回归社会，首先是针对每个修女的接纳或见习期，其次是每个人信念的公开表白或服饰，任何一个修女驱逐或离开的决定，任何一个修女提出的任何要求，上级做出的任何严重行为和重要决定。他主持高层的选举，批准或任命教会忏悔神父；确保忏悔的私密性，收紧或放宽戒律；他以职位的特权，通过自己的眼睛观察精神和世俗的体制，通过从灵魂的行为延伸到财产管理的控制权而进入其中。

即使有这么多的义务工作，他依然要自愿做其他的工作，不仅有

---

① 《箴言报》，1865年3月14日的会议（红衣主教博纳寿兹的演讲）。"如果我们没有僧侣、耶稣会修士，多明我会修士、加尔莫罗会修士等，那么我们该怎么办？在基督降临节和四旬斋时谁来布道？在农村谁来传教？（堂区）的神职人员的人数不够承担这种日常工作。"

② Prælectiones juris canonici, II，305页及后页。

事关圣礼的虔诚性工作,如宣传、教区的传教任务、对成人问答式的教授、永恒崇拜兄弟会、玫瑰经不间断的背诵会、圣·彼得年金、神学院基金、天主教期刊和评论,而且有慈善和教育机构的工作[①]。在慈善方面,他创立或支持20种不同类型的慈善机构,仅在一个教区就有60个,一般和特殊服务处、托儿所、俱乐部、收容所、出租房、教养院,以及帮助和安置穷人、家庭和医院的病人看护、婴儿哺乳、聋哑人、盲人、老人、孤儿、悔改的罪犯和妓女、驻守的士兵、工人、学徒、年轻人和大量其他人的社团。在教育方面他做的工作更多——这也是天主教的主教们操心最多的工作;没有这些,在现代社会中不可能让新一代保持信仰。因此,在每个政治历史的转折关头,我们都可以看到主教利用国家在教学方面的容忍,避开不容忍的内容,与其竞争,与公立学校平行,建立自己的、由神父和修士管理与主持的免费学校:在1850年的大学垄断法令废除后,有超过100所中等教育学校[②]、在1873年的有利法律公布后有四五个省的从事高等教育的外省学院或大学相继成立;1882年的敌对法律公布后,数千所堂区的教会小学成立。建校和维持费用是昂贵的,主教需要很多钱,特别是国家在居心叵测地尽可能切断教士的财力资源之后,就不再为神学院提供奖学金了,取消了可疑主持教士的津贴,吃掉了高级主教的薪水,为市镇的慷慨捐赠设置障碍,对各种修会征税或高额征税。这样,国家不仅通过减少津贴,减轻教会的负担,而且通过增加税收,给教会增加负担,从中牟利。主教必须通过教堂和家庭、教徒的捐赠和捐款募集所有必要的资金;每年,除了预算拨款,还需要数以百万计补贴学院和大学,资金在很大程度上用于聘请教授、建设校舍、无数建筑物的

---

① 修道院长吉拉尔所著《南锡的慈善》,1890年,卷1。莱昂科斯尼埃所著《昂热的慈善》,1890年,卷2。拉古尔所著《巴黎的工程手册和慈善机构》,卷1。艾米尔·凯勒所著《法国的宗教修会》,1880年,卷1。

② 《杜潘鲁大人的生平》,I,506页(1883)。"自从1850年的法律公布以来,建立的教会初中和中等教育机构超过100个。"(《中等教育统计》)。在1865年,有276个中等教育自由教会机构,有34 897名学生,其中23 549名寄宿生和11 348名走读生;在1876年,有309个机构,46 816名学生,其中33 092名寄宿生和13 724名走读生。

布局和整治、小学校的费用、对上万名神学院学生的资助，以及数量
众多的慈善机构的一般花费；所有这些必须由他们的主要推动者，即
主教来提供，因为所有这一切都是他早就以书面或口头承诺大包大
揽在自己身上的。他对所有这些约定均予以回应；他在各合约到期
时都可以掌握资金。在1883年，南锡的主教在客厅里曾对聚集的客
人提到，需要10万法郎建设一所附有办公室的校舍；其中的一个人
从衣袋里掏出10万法郎交给了他。其他人当场募捐了7.4万法郎[①]。
贝桑松的主教，红衣主教马迪厄，在他执政期间，就这样收集和花费
了400万法郎。最近，每年只有1.5万法郎预算的红衣主教拉威热里，
说他花了18万法郎，没有债务[②]。通过这一举措和优势，主教成为一
呼百应的社会中心；在外省，没有其他的中心，只有来自上层和外部
规定的人为的小圈子里的人过着支离破碎、拥挤不堪的生活；特别是
自1830年以来，他们当中的一些人，特别是一些有名望的人围绕这一
永恒的中心聚集起来，结成联盟；他是唯一发芽、有活力的种子，完
整无缺的中心，可以使分裂的意志黏合起来，并使他们适当地组织起
来。当然，阶级和政党的利益与他代表的天主教利益一道额外地联
系在了一起，因而他的教会权威成为一种政治影响力；在他的世俗和
常规牧师之外，以及在他支配的2500个示范或管理人员中，我们看到
他身后无数的参与者和敬业精神。因此，各国政府必须对其进行深
思熟虑的考虑，特别要考虑到他的同事们也站在他这一边。面对无
所不能的国家，团结一心的主教保持威武不屈，在七月王朝统治下要
求教学自由，在第二帝国时期支持教皇权力世俗化。在这种好战的
姿态中，主教的面目完全暴露出来。作为一贯正确的教会名义上的
捍卫者，作为信徒和宗教人士，他讲话的声音异常傲慢、大胆和目中
无人[③]。

---

① 修道院长吉拉尔，《南锡的慈善》，87页。贝松大人，《红衣主教马迪厄的生平》，卷2。
② 1890年12月。
③ 参见上面引述的传记中主要高级教士关于政治和公共议题的演讲，特别是（贝桑松的）
马迪厄大人、（奥尔良的）杜潘鲁大人、（鲁昂的）博纳寿兹大人、（普瓦齐埃的）庇护大人的演讲。

在他眼里，他是真理和道德的唯一拥有者；在他的追随者眼里，他成为一个超人、一个振聋发聩的先知或救世主、神圣审判的宣示、上帝的愤怒或宽恕的分配者；他在荣耀的神化下被捧上了云端。在第二帝国结束时，在勒芒湖上的一艘轮船上，一位著名的法国主教坐在船上，从口袋里掏出一小块面包吃，并给了站在旁边的两个女人每人一块。其中一个人连连鞠躬，恭敬地对他说："大人，您手上拿的简直是圣体。"[①]

IV

在这只神圣的君主之手下，运行的是一支经过长期环境、信仰和顺从教育而形成的思想和情感顺从的教士队伍。在这40 000名教士和主持教士中，"有35 000名以上属于工人和农民劳动阶级"[②]，不是富裕农民，而是以手工劳动为生的、通常孩子较多的贫苦家庭的小农民。在大环境和现代制度的压力下，其他人则把他们的儿子留在世俗世界里，拒绝他们加入教会；即使是在阶梯的最底层，野心也有了进一步的发展并改变了对象。他们不再希望自己的儿子成为教士，而是小学教师、铁路职员或商人[③]。必须进一步挖掘，下到最底层才能选拔到所缺乏的牧师。

无疑，在这个深度，挖掘起来更加昂贵。家庭无力支付孩子的教会教育；此外，自1830年以后，国家也不再向小型神学院提供任何

---

① 我引述的是一位亲历女士的证言；也许在17世纪，费纳隆和博须埃认为这样的回应有些过分和亵渎上帝吧。

② 修道院长艾利·梅里克，在1890年1月10日的《通讯员报》，18页。

③ 阿里涅奥尔兄弟，《论法国神职人员的现状》（1839年），248页。"每种职业都人满为患；只有教会缺人；大家只要心地善良的年轻人，却又找不到。"两位作者说，这是因为，住持教士的状况很悲惨：八年的预科学习，五年的神学院学习，在学院的职业，800法郎的薪水，不知哪天就失去的工作，额外收入少得可怜，生活的奴隶，没有养老金等。修道院长布戈，《法国教会的巨大风险》（第四版，1879年），2~23页。鲁昂大主教托马斯大人的《通函》（53号）（1890年），618页。

支助；自1885年①之后，也不再向大型神学院提供任何支助；而是由信徒通过捐款和遗产的形状支付这些学校的费用；为此，主教命令在教堂里进行四旬斋募捐，并鼓励教区信众创立奖学金和半奖学金：从12岁一直到24岁几乎免费支助和教育一个未来的神职人员，花费是非常大的；只在小型神学院，就需要花费4万~5万法郎以上的净收入②；每年面对这样的赤字，负责这项事业的主教忧心忡忡，有时甚至非常紧张。但为了弥补赤字，必须挖掘到这个深度；长期的过程中，孩子被拖来接受教士教育的做法一直在持续，完成学业具有确定性。世纪的光亮和噪声都没有进入这些底层阶级中；没有人读报纸，甚至一分钱的报纸也没人读；职业禀赋可以在这里把他们塑造成一整块完整和坚硬的晶体。他们在这里可以比在上层受到更好的保护，很少受到上流社会的浸润；受好奇心、理性思考和怀疑主义，以及现代思想的干扰或阻遏的风险较小；外部和家庭环境像在其他地方一样，不干扰他们沉默的内部运作。当唱诗班男孩结束服务回家后，当神学院的学生休假回到他的父母身边时，在这里不会遇到那么多伤风败俗的影响、各种信息、自由轻松的谈话、各种职业的比较、对晋升的顾虑、安逸的习惯、母亲的关怀、耸耸肩以及有主见邻居的半微笑附和。他的信仰像很多块石头慢慢堆积起来最终建成了大楼一样，在结构上一气呵成，材料上没有瑕疵，没有任何隐藏的不平衡。他是在12岁之前被选中的；受上级指派挑选人才的教士在教义问答和后来第一次领圣餐③仪式上发现他与众不同，发现他身上有一种"虔诚和神圣仪式的品味、中规中矩的风度、一个温顺亲切的性格"，并且喜欢钻研；他是个温顺乖巧的孩子；不论在祭坛上还是在

① 1877年、1883年逐步取消了补贴，1885年完全取消。

② 修道院长布戈，《法国教会的巨大风险》，118页及后页。每个小修道院有200~250名学生；几乎没有一名学生支付全额寄宿费；他们每人按人头平均支付100~200法郎，但维持费用却达到400法郎。每年的赤字达30 000~40 000法郎。非神父教师的工资是600法郎/年。神父教师300法郎/年。再加上12 000法郎的费用，总赤字达到42 000法郎或52 000法郎。

③ 鲁昂大主教托马斯大人的《通函》（53号）（1890年），618页及后页。

圣器收藏室做助手,他总是把十字褡规规矩矩地叠好;他所有的跪拜姿势都是正确的,他们不担心他,他一动不动站在那里不会有任何麻烦,和其他人一样,他不会因为活力爆发和质朴的劣根性而兴奋和分心。如果他文盲的大脑是可以教育的,如果拉丁语和语法可以在他的大脑扎根,本堂神父或副本堂神父可以马上负责教育他,他在他们的指导下免费或几乎免费地学习,直到六、七年级,然后进入小型神学院。

这是除了一种另类的学校,学生都是经过挑选而住在寄宿公寓的,是为了保护和发展特别职业的封闭温室。这些学校在1789年之前并不存在。如今,在法国有86所,所有这里的学生都将成为未来的牧师。在这个培养未来神职人员的苗圃里不接受外来植物,也不接受未来的世俗人士①;因为,经验已经表明,如果小型神学院是混合的话,就不能达到其教会的目的,"它通常转给大型神学院的都是最底层的学生;而上层的都去其他地方寻求财富了"。而相反,"在纯小型神学院里,一般是完全修辞班的学生继续上大型神学院,因此,大型神学院不仅有底层学生,而且有上层学生"。在这个第二个温室里,延续了五年之久的文化变得更为强烈和特别;而在旧秩序时期,即使在圣·叙尔皮斯也并非如此。玻璃窗的缝隙得以让气流吹进来。大主教的侄子、注定要当教会高官的贵族子弟会把涣散和自由等这些当时主教的特权带来。在放假期间②,大家穿着争奇斗艳的服装,跳起欢快的舞蹈,演出一幕幕"大莫卧儿即位"和"囚禁中牧

---

① 修道院长布戈,《法国教会的巨大风险》,135页(埃克斯大主教的观点)。同上,138页:"我了解到,有个小修道院四年级的一个班有44名学生,只有4名神父,有40个中途退出了……我被告知,巴黎的一所由神父管理的、有400名学生的大型中学,在十年之内只有一个人毕业后从事教会工作。"1865年3月14日的《箴言报》(红衣主教博纳寿兹在参议员的演讲):"对我们来说,纪律从年轻时代开始,先是在小神学院,然后在大神学院就已经确立。其他国家很羡慕我们的神学院,但他们无法成立同样的神学院;他们无法把年轻人留那么长的时间,他们的孩子上神学院只能做走读生。"

② 修道院长艾利·梅里克,《埃莫里先生的生平》,I,15页、17页。"从1786年开始,人们继续容忍哲学家、罗伯丁和拉昂社区所写的剧本;但他们被从大修道院中驱逐出去了,而且永远不会被重新接受。"改革由新的领导艾莫里先生负责,将会遇到巨大的阻力,大到险些献出生命。

羊人"那样的童话和田园诗。神学院的学生尤其关注自己的头发，都是一流的发型师来为他们打理头发；学校大门也不是定期关闭：年轻的塔列朗对进城的路耳熟能详，开始或继续他的猎艳之旅①。自从签订政教协议以来，在新的神学院里，严格的纪律已经成为一种道行。这些都是培养实用型人才的学校，不是学知识的学校，而是训练学校，目的不是培养学者，而是培养虔诚的教士；在这里，教育高于教学，智力训练隶属于精神修炼②：每天做弥撒，领五次圣体，一分钟到半小时的驻足祷告；朗读和默诵63篇圣父和圣母玫瑰经、连祷文、祷告钟、特别自我检查、屈膝冥想、集体朗读启发性祷文、静默到下午一点、进餐静默并聆听启发性演说、频繁的恳谈、每周一次的忏悔、新年前的总忏悔、在每个月月底的一天静修、休假后和授予四个圣职中的每一个圣职之前的静修、八天静修期间停止一切研修活动、早上和晚上的布道、灵修阅读、冥想、贯穿一天的祷告和其他服务③。总之，是明智的、不断完善地应用最有用的、日常和系统的方法，以便增强信心、提高想象力、指导和激发意志，类似于圣西尔或索米尔军事学校那样对意志的训练，达到肉体和精神上的印记的不可磨灭，并且以其认可的方式思想、说话、微笑、问好、站立，我们立刻可以认出这是圣·叙

① 德·塔列朗，《回忆录》卷I（关于他的风流韵事）。"上级本来有某种怀疑，……但修道院长库图里埃向他们教授了睁一只眼闭一只眼的艺术；他教他们永远也不要埋怨年轻的神学院学生，因为他认为他们注定会占据重要的职位，成为兰斯的助理，也许是红衣主教，也许是部长：谁知道呢？"

② D.D.克里斯托弗·沃兹沃斯著《法国日记》（圣·叙尔皮斯研究的弱点）。"没有教会历史的常规课程。"如今，仍然没有特殊的希腊语课程可以学习原版的新约。《1890年的法国神职人员》（由匿名教会人员所著），24~38页。"我们缺乏高端和扎实的科学……长期以来，主教候选人都是通过教皇谕旨免除博士称号的。"在神学院，讨论用的是野蛮的拉丁语，陈旧的题目，支离破碎的文本："他们没有学习如何思考……他们的科学观念是零；他们甚至没有学习的工具和方法……他们最茫然无知的是福音书和耶稣基督……一个投身于学习的教士（在舆论中）被认为是对政府不利的投机分子或野心勃勃、欲壑难填的人，或怪人，脾气暴躁、性格乖戾的人：在帝国时期，我们就经历过这种愚蠢的偏见……我们周围有考古学家、亚述文研究专家、地质学家、文献学者和其他专家，但哲学家、神学家、历史学家、教会学者却少之又少。"

③ Th.W.艾利，《法国旅行日记》，1845年，38页（巴黎大主教的前任秘书、修道院长卡隆提供的圣·叙尔皮斯日常活动的图画）。参见圣·伯夫在《情欲》中描绘的、由拉科尔代尔神父提供的同样画卷。

尔皮斯毕业的学生,与圣西尔或索米尔军事学校毕业的学生一样。

因此,这些学生毕业后,被任命为神圣的教士,先做副本堂神父,然后是主持教士,约束他和塑造他的纪律继续使他保持举枪站立的姿势。除了在教堂尽忠职守、在堂区教徒家庭进行帮扶之外,除了弥撒、晚祷、布道、讲授教理、忏悔、领圣餐、洗礼、婚礼、葬礼、极端涂油礼、访问病人和安抚痛苦之外,他还有个人和私密的修炼。首先是日祷,每天的阅读时间为一个半小时,没有其他的实际职责比这个更加必要。拉姆内曾获得日祷豁免,因此造成他行为失检和垮台[1]。尽管这样的朗诵机械乏味[2],但不用产生抵触情绪;深深埋在心里,即使漫无边际的祷告、句子和词语,都有必要成为内心的永恒内容。因此,这种隐性、鼓舞人心和团结的力量会限制智力和意志力的发挥,在灵魂的隐秘区域逐步扩大或加强被默默占领的地方,在人没有意识到的时候不知不觉地对人发挥作用,并且在关键时刻,出其不意地使人站稳脚步,抵御诱惑。加入这两种古代风俗习惯中的是有助于达到同样目的的两种现代制度。一个是每月把主持教士召集到市镇老资格教士住处的例会。每个人准备一个主教公署提供的主题研究、教义、道德或宗教的历史问题,他需要大声朗读,并与同事讨论,会议由老资格的教士主持并做最后结论。这样可以使理论知识和教会的学识在读者和听众的头脑中保持如新。另一个是如今已经很普遍的机构,教区神父来首府大神学院所做的年度隐修会。它的计划由圣·伊格内修斯所做:其密仪(Exercitia)如今仍然是完全[3]或接近[4]一字不差地获得采用的手册,目的是为灵魂重建超自然的世界,

---

① R.P.克塞特,《神父的蒙莱兹》,I,82页。

② 同上,I,48页。"在一个普通神父一年中所做的360次冥想中,有300次是枯燥乏味的。"关于默诵祈祷的效率,修道院长阿斯托斯在第一帝国时期在没有书的情况下在三年中所辑录的证言:"我对赞美诗了然于心,由于狱卒无法知晓这种与上帝的对话,我从未受到无聊的困扰。"

③ 对于基督教学校的牧师来说,他们的社团是所有社团中最多的。

④ R.P.克塞特,《神父的蒙莱兹》,I,9页。蒙雷兹是圣依涅阿斯找到他的密仪(Exercitia)的计划和人能够脱离世界的三种道路的岩洞,"净化,光明和统一的岩洞"。作者说,他已经把一切都带给了第二种道路,作为对神父最适合的道路。他本人在法国各地的隐修会布道,他的书就是这种隐修的指导文集。

因为在一般情况下，在自然世界的压力下，它将蒸发得无影无踪、了无痕迹、看不见摸不着，即使是教徒本身也很少关注。他们模糊的概念最终仅仅成为他们口头上的信念；应该还给他们正面的感受、接触和感情。为此，一个人需要躲在一个合适的地方，把分分秒秒主动或被动做的事提前确定：参加教堂活动、布道、串珠、连祷文、大声祈祷、在心中默默祈祷、反复反省、忏悔和短暂的休息，总之是不间断的系列多元化的趋同修炼。这种修炼通过对程度的把握，驱除陆地上的偏见，将精神印象植入内心；在他周围，弥漫着同样的印象以及由此而来的表率作用、相互感染的热情、共同的期待、不由自主的竞赛意识和建立目标的过度渴望；特别是根据心理学的深刻规定，自己可以确定每天修炼五小时，以使其单纯的想法更加稳固和扎实。无论冥想的主题是什么，他同一天必须重复两次，每一次从"创建场景"、耶稣诞生或激情、审判日或地狱开始；他将遥远和不确定的历史、抽象枯燥的教条变成了用图形表示的表述方式；他强调这一点，依次唤起这五种感官提供的图形，视觉、听觉、触觉、嗅觉甚至味觉；他将这些感官集中在一起，在晚上，他重新赋予它们生气，以便第二天早上他醒来，可以发现它们更加强烈。他由此而获得自己灵感的详细、完整、几乎自然的景象。他身历其境、心理换位、确定性的顺序发生转换、真实事物似乎是虚无缥缈的幻影、神秘的世界似乎是真实世界，从而使他的观点发生逆转。根据人和情况的不同，冥想的主题也不同，隐修的时间需延长。对于世俗的人来说，通常只持续三天；对于基督教学校的学生来说是每年八天，在28岁的时候，他们必须发表自己持续30天的永恒誓言。对于世俗神父来说，需要不到一周的时间，冥想的中心主题是神父的超自然性格。对于忏悔神父与圣餐神父、救世主和修正神父、耶稣教牧师、布道神父和管理人员等，这些都是受到辅助和指导的想象力应该加以练习的主题，以便酿造支撑他们一整年的补酒。没有什么别的酒比这个更为强烈；那些在美国营地会议或在苏格兰复兴大会的清教徒喝得的确很强烈，但影响并不持久[1]。

在这种饮品中,两种不同的酒混合在一起,彼此相辅相成,两种酒都味道浓烈,普通人喝了会感觉辛辣并有烧灼感。一方面,由于熟悉的语言和方法推导特征的大胆,神父的尊严感被激发出来:"神父到底是什么人?""在天上的神和地上寻找神的人之间,他是人,将两者概括起来然后拉近的人神合一的人[2]……我不是在用称呼您为神的虔诚和夸张的手法来奉承你;这不是修辞谎言……您是与协助降生的圣母玛丽亚相似的创造者……您像神一样是时间的创造者……您像神一样是永恒的创造者。至于我们的创造,我们每天的创造只不过是圣言中犯了肉体之罪而已……上帝可能创造其他的世界,但他不能让阳光下的任何行为比你的行为做出更大的牺牲;因为,在这一刻,他放在你手中的是他所有的一切和所有他认为是的一切……我不在世界政府的天使和六翼天使羽翼之下,而是远远高于他们;他们只是神的仆人,我们是他的助手……每天看到经过我们手的无尽财富的天使对我们的特权惊讶不已……我履行了与我们祭坛的神

---

① 持久的影响之一是,在18世纪信徒如此之少的情况下,高级教士的信仰更强了;如今在只有50岁才能做主教的情况下,他们在这种修行中度过了30年,他们的虔诚也向罗马的、积极的、实际的方向转变,成为真正的奉献。圣·叙尔皮斯的复兴者埃莫里先生为这个方向提供了动力(修道院长艾利·梅里克,《埃莫里先生的生平》,115页及后页)。埃莫里先生对神学院学生说:"你们相信如果每天60次请求圣母玛丽亚在临死的时候帮助我们,她会在这最后的时刻抛弃我们吗?"他领我们去装饰了圣物的教堂……他走了一圈,他带着爱和尊敬的神情相继亲吻每个圣物,如果有的圣物放得太高而无法接受这种敬意时,他会对我们说:"既然我们无法亲吻那个圣物,那就让我们给予最深厚的敬意吧。"于是,我们三个人就在圣物前鞠躬。在其他的主教生平中,普瓦齐埃的主教、红衣主教庇护则表现出高度的献身精神(博纳尔,《红衣主教庇护的生平》,II,348页,随处可见)。他的办公桌上有一尊圣母玛利亚的雕像;他死后,在雕像的底座下面,人们找到大量用拉丁语或法语写的便条,都是他写完放在那里的,用于记录他在圣母玛利亚和圣·约瑟夫的特别指导下的行为、旅行、工作。他还有一尊鲁尔德圣母雕像,日夜不离身。"有一天刚从家里出来,又马上转了回去纠正一个疏忽:他忘记了亲吻天庭圣母的脚。"参见修道院长拉格朗吉的《杜潘鲁大人的生平》,I,524页。在他母亲生病期间,他增加了连续九天的祷告、拜谒了每个祭坛、起誓、点燃蜡烛,因为他只能除了奉献,还是奉献……"1849年1月2日,出现了新的警报:当时在圣·吉纳维夫的连续九天祈祷和誓言不再是念珠祈祷,而变成玫瑰经;然后快到萨尔的圣·弗朗索瓦节日的时候,萨沃纳的大圣人又有了新的连续九天祈祷;为圣·叙尔皮斯圣母祈祷;为忠诚圣母祈祷;为谨慎圣母祈祷:为所有的圣母。"

② 《神父的精神家园》,I,27页、29页、30页、31页、35页、91页、92页、244页、246页、247页、268页。

有关的三个崇高的职责：我让他走下神坛，我照顾他的身体，我是他的监护人……耶稣就住在您的锁和钥匙下面；他的接待时间通过您开始和结束，他的一举一动必须经过您的允许，没有您的帮助，他不会发出他的祝福，未经过您的手，他不会施与任何东西，他对他的依赖是如此强烈，以至于1800年以来，他没有一刻离开过教堂，迷失在圣父的荣耀中。"另一方面，别人让他们大口喝下的是浸润到骨髓的服从观[1]。"宗教服从是……依赖的爱，是对审判的违反……您想知道牺牲的程度有多大吗？自愿赴死，埋葬意志，"圣·克里马格说，"有一种灌输到支配我们的人中的真实存在……我们需要小心不要跌进自由派天主教狡诈的反对派的陷阱……其后果是自由主义成为社会无神论……在罗马天主教信仰中，团结是不够的；我们应该致力于罗马精神的团结；为此，我们总是应该用爱的乐观主义看待罗马……每个新教条的定义都有自身的优势：生灵感孕说的定义给了我们进入之门和真正的普世奇迹。"所有这一切并不过分，面对现代的迫切要求，所有这些几乎已经足够。自从世界变得令人怀疑、冷漠或至少世俗化以来，神父就必须具备两种强烈的总体思路，以便支持向海外派兵镇压叛乱或野蛮人：一种是坚信他本质上是例外的个体，无限优于芸芸众生；而另一种是认为他属于他的旗帜、他的首领，特别是总指挥，并且使自己完全迅速地服从，没有问题或怀疑地服从发出的命令。因此，在过去常设教士的教区，特别是在农村地区[2]，芸芸众生的司法和民事长官、他的继任者、可以撤销的主持教士，仅仅是驻扎在当地的执行官、大众不再光顾的道路入口处岗亭的公务员。他时不

---

① 同上，I，279页、281页、301页、307页、308页、319页。

② 《1890年的法国神职人员》（一位匿名神父所著），12页（关于小型堂区）。"如果教士古道热肠，就会吃力不讨好，如果他无动于衷，就太安于现状。在任何情况下，他是一个孤立的人，没有任何资源，受到所有孤独和懒散恶魔的诱惑。"同上，92页。"无论是在普罗大众阶层还是在知识分子中，如今，人的思想已经完全解放，社会变得世俗化。"同上，15页。"冷漠似乎只是从国家的顶层退出而进入低级阶层……在法国，教士越是少见就越受到爱戴；抹调自己、消失，是人们对他们的首要和常见的要求。神职人员和国家生活并排生活在一起，在生活中的某些行为中几乎没有接触，没有交集。"

时地称赞你！但几乎没有人听他的。十个人中有九个人远远地从新建的舒适宽敞的道路经过，他们要么远远地同他打招呼，要么对他无视而去。有些人甚至不怀好意，看着他或谴责他所属的教会和世俗权力机构。人们希望他能使他的命令得到尊重而不是愤恨，是热情而不是纠缠不休，是行动而不是抹去自己：他通常能按照别人的指点而取得成功，在他的乡村岗亭，他耐心、顺从地服从命令，孤寂无聊地执勤，而这种勤务在过去的15年中，一直处于混乱、焦虑之中，变得异常艰难。

第三章 教士

I. 普通教士一两种教士状况的不同一三种誓言一规则一共同生活一制度的目的—1790年制度的暴力镇压及其弊端—1800年之后摆脱了弊端的制度的自然复兴—僧侣制度的民主和共和特点—旧根系的发育和新植物的生长—修士和修女的数量—从1789年到1878年以来这些数量和总人口的比例—劳动和慈善组织的优势—它们的形成和扩展方式—社会本能和神秘世界的联系。Ⅱ. 神秘能力—其来源和行为方式—基督教福音派—其道德目标和社会效果—罗马基督教—西方基督教思想的发展—罗马法律与语言的影响—罗马的国家概念—罗马的教会概念。Ⅲ. 目前的天主教及其与众不同的特点—权威、威望、支持度—仪式、教士、教皇—天主教会和现代国家—其各自机构在法国所产生的困难。Ⅳ. 法国制度的其他困难—关于世界的新的科学概念—这种概念如何与世界天主教概念相抵触 —它是如何传播的—另一个概念如何自卫—天主教信仰的得失—其狭义的领域和广义的领域—法国天主教形式对法国基督教感情的影响—在教士中影响扩大，但在世界上的影响缩小。

I

无论一个世俗教士是多么正确，他仍生活在属于他的世纪。像普通人一样，他有他自己的住所和家庭，在农村有自己带花园的教士住宅，在城市有自己的公寓；在任何情况下，他都有一个仆人或管家，这个人往往是他的母亲和姐妹。总之，这是一个有所保留的围墙，在围墙里，他的家居和私人生活与外界隔绝，抵御自己宗教和公共生活的入侵者，类似于一个单身的过着循规蹈矩生活的世俗公务员的生活。实际上，他们的支出和收入、舒适与苦恼都是相同的。他的生活状况、他的工资①、他的饮食、衣服和家具、他在外面的行为方式和习惯，使他和村里的教师与邮局管理员别无二致；无论在大城市还是小城市，和治安法官、大学教授没有两样；在大城市，和办公室主任、部门首长没有不同；在巴黎的某个堂区，和警察局局长或塞纳河总监没有区别②。即使在最卑微的本堂区，他对每月的预算也是量入而出，可以完全支配自己的钱财，无须咨询任何人。不值班的时候，所有的时间属于他自己。他可以在别人家吃晚饭，在家为自己点喜爱的菜肴，享受一下精致的生活。如果不具备所有安逸的生活，他起码也有其中的一部分。因此，像普通的公务员一样，如果他愿意的话，选择在这个世界上取得成功，被提升到更好的本堂区，成为不可撤销的教士，被任命为议事司铎，有时甚至可以爬到非常高、最高等级的职位。社会通过所有这些世俗的观念控制他的精神；他在其中浸淫得太深而无法完全自拔。在人世间众多的烦恼下，他的精神生活变得消沉或失败。如果基督教徒想要达到那种境界并在彼岸世界生活，另一种生活体制对于他是至关重要的，这是对抵御两种诱惑的一种保护，也就是说对两种危险自由的放弃——一种是作为主人可以自由支配属于自己的一切的权利，另一种是作为自己行为的主人，可以自

---

① 1881年的预算：17 010名附属教堂的主持教士每年有900法郎；4500名有1000法郎；9492名六十岁以上的，1100~1300法郎。2521名二级教士1200~1300法郎；850名一级教士1500~1600法郎；65名总司铎教士1600法郎，巴黎的有2400法郎；709名议事司铎有1600~2400法郎；193名主管副本堂神父有2500~4000法郎。修道院长布戈，《大风险等》，23页。在被认为是平均数的奥尔良教区，额外收入，包括弥撒酬金，每年250~300法郎，这样，一个普通主持教士的收入达到差不多1200法郎。

② 马德兰教士的额外收入每年估计有4万法郎。警察局长每年有4万法郎的收入，塞纳省长有5万法郎的收入。

由支配自己每日工作的权利。为此，除了世俗教士发出的忠贞誓言之外，修士还必须发表另外两个不同的精确的誓言。通过贫穷誓言，他发誓放弃任何财产，至少是完全属于自己的财产[①]、对财产的任意使用，放弃个人享受，这样会使他在贫困中生活，忍受困苦的折磨和辛勤劳作，除此之外，还有禁食和禁欲，在自己的心中抵消和抑制所有的本能，而人正是通过这种本能针对身体的舒适安逸来反抗肉体痛苦的。通过服从誓言，他将自己整个投入到两种权威中去：一种是规则的书面权威，另一种是负责诠释、实施和让人遵守规则的活生生的上级权威。除了在前所未有的情况下，即上级的禁令明确和直接反对这条规则[②]的信条之外，他会在内心限制自己查问规定给他的行为的动机、性质和场合；他会提前管束自己的意志，放弃自制。从此以后，他的内在动力将脱离自己而依赖另一个人。因此，自由意志无法预料的和自发的主动性将从他的行为中消失，而让位于一个预定的、强制性的和固定的命令，一个包裹起来的框架。这个框架厚实的隔间将他生命的全部内容和细节牢牢地束缚在里面，期待他对每年、每月、每天和每时的时间进行分配，强制确定所有具体的行动或身体或精神上的修整、所有的工作和休闲、沉默与言说、祈祷和阅读、节欲和冥想、孤独和陪伴、起床、睡觉、吃饭、食物的数量和质量、态度、问候、礼貌、音调和语言形式，以及更好的——无声的思想和深刻的感情。此外，通过在同一时间、同一行为的周期性重复，他把自己封闭在一个习惯性的力量和不断增长的力量循环中，因为这种力量在内在天平的一侧不断增加他过去的重量。通过同吃和同住，通过共同的祈祷，通过相同仪式中与其他修士的不断接触，通过对他出门时给他安排的同伴和在外面住宿时的两个同伴所采取的预防措施，通过对总部的往来拜访，通过相同的方法，他为了同样的目的而生活在一个紧张到相同程度的循环中，这个目的可见的热情同时也维持着他

---

① Prælectiones juris canonici, II, 264~267。
② 同上，II, 268页。

自己的热情,在这种情况下,会有大量的恩典惠顾。任命称之为沉默和稳定的赠予,或者出人意料或者突然发生,基督教徒就是通过它与看不见的世界交流的。这是一种渴望和期待,一种预感和预言,有时甚至是纯粹的感知力。显然,对于那些通过所有的生活内涵努力实现目标的人来说,这种恩典的距离并不遥远,几乎触手可及。这种力量在地面上封闭了自己,因此,只能在天空观看或呼吸。

在18世纪末,僧侣制度已经不再产生这种效应。由于其弊端而被歪曲、削弱和信誉扫地,尤其是在男性修道院,再加上革命暴力的波及,这个制度似乎已经死亡。但是,从19世纪开始,它又以比以往更加猛烈的势头和直接的、崭新的、强有力的洪流自发地兴起,摆脱了旧制度下使这个制度变得畸形和暗淡的赘生物、腐败的机体和寄生虫。不再有强制的誓言,没有了穿"僧侣"装"扮成大哥"的小老弟;不再有从少女时就与世隔绝、整个青年时代被关在修道院里被诱导和驱使,然后被推到死胡同里濒临绝境、成年后被迫履行终极义务的女孩。不再有贵族统治,马耳他骑士团,贵族家庭可以从中找到工作和为多余的孩子找到容身之地的男女教士会议。不再有虚假和仿冒的职业,其真正的动机有时是家族自豪感和不愿失去社会地位的决心,有时是身体舒适和好逸恶劳的动物性诱惑。不再有懒惰和奢侈的僧侣,如瓦尔·圣皮埃尔修道院的修士那样忙于例行公事的暴饮暴食,因为消化不良而昏昏沉沉,或者像格兰赛尔沃[1]的圣贝尔纳教派的修士那样忙于使自己的家成为寻欢作乐的上流社会的约会场所,或作为首要嘉宾频繁参加无休止的聚会、舞会、戏剧和打猎,和圣贝尔纳年度节日以不协调的格调奉献和激发出的娱乐和猎艳。不再有富有的上司、修道院巨额收入的有用益权者、领主和封建主、奢华的排场和炫富的风气、四轮马车、随从、官员、前厅、法院、大法官和司法部长,迫使比普通人还要懈怠的僧侣称呼他们为大人,而这正好

---

[1] 参见《旧制度》,92页、115页。(关于瓦尔圣皮埃尔的夏尔特勒修会,参阅莫尔林德提昂维尔在其《回忆录》中提供的细节。)

适合由于放荡不羁引发丑闻和由于堕落而树立榜样。不再有世俗的入侵、推荐的修道院院长和副院长、上面强加的入侵者，不再有约束僧侣和修女服从誓言的司法和行政干预[1]，以便取消他们的资格，剥夺他们的公民权，将他们排除在共同的权利之外，收回他们的继承权和执行遗嘱、接收或进行捐赠的权利，使他们提前丧失生存手段和回归社会的愿望，强行将他们禁锢在修道院，并在必经之路进行巡逻以防备他们逃跑，以便向上级提供世俗的帮助并通过身体禁锢镇压反抗。在1790年的大破坏之后，所有这一切当中没有任何东西能够存留下来。在新秩序下，如果有人想进入并待在修道院，那是因为他认为修道院比外面的世界更加令人愉快。不存在其他的动机、压力或低下或不同的阻碍，没有直接或间接的、国内或法律的约束，没有野心、虚荣和与生俱来的或后天的好逸恶劳，没有耽于声色的确定性满足。现在起作用的是蒸蒸日上和坚持不懈的使命感。发表并遵守誓言的男人或女人，只是通过自由意志自发、审慎和不断更新的行为着手遵循他或她的承诺。

经过如此纯化的僧侣制度又恢复到其正常的形态，也就是共和和民主的形态，而18世纪的哲学家想强加给世俗社会的不切实际的乌托邦则变成了有效的体制，宗教社区将在这个体制下生存。在所有这些社区中，统治者将由被统治者选举产生。无论选举权是普遍的还是有限的，每一票都是一样的；票数按人头点算；在规定的时间内，绝对多数可以重新运用其权利。对于加尔默罗会修女来说，是每三年和无记名投票，不仅选举一个当权者，而且是所有当权者，包括小修道院院长和副院长，以及三名议事主管[2]。一旦当选，当权者将

---

① Prælectiones juris canonici, II,205（1629年路易十三的敕令，第9款）。

② 以下是几个其他实例。对于保罗的圣·文森特的姑娘来说，传教会的高层教士提供了两个名字，巴黎出席的所有的修女按得票的多少在这两个名字中进行选择。当地的主管由一直驻扎在总部的修女会议指定。对于基督教学校的神父来说，在活动助手的召集下，总教士会议在巴黎乌迪诺大街27号举行。由所有修会宣誓成员选举产生的教士会议，由15名教会主管和15名至少有15年职业经验的过去的神父组成。除了这30人之外，在职或辞职的助手，或教会的拜访者，法律上都属于教士会议的成员，这样至少包括72名成员。本教士会议任命任期10年的总主管，可以重（转下页）

根据授权成为受托者,也就是说是一个被分配了某种工作的劳动者,而不是一个心满意足的享有特权者。他的尊严不是一种豁免权,而是额外的负担:通过履行职责,他使自己遵守规则。即使已经成为将军,他的待遇并不比普通士兵好多少;他照常起早,他的生活状况并没有变得更好;他住的屋子没有装饰,个人的花销不高。一个领导上万人的人在严格的教条下却生活得如此贫困,生活的便利少得可怜,休闲娱乐比最低下的苦行僧还少[①]。在普通戒律的苦行之上,这位领导还强加给自己额外的禁欲修行,这一点会震动并陶冶僧侣们的情操。这是神学家最理想的状态,一个斯巴达共和国,对于所有人来说,包括领导阶层,这是同样定量的斯巴达饮食。还有一个更为深刻的相似之处,在这个共和国的基础上,我们可以找到由卢梭预先设计的基石,然后经过革命、执政府和帝国宪法与公民投票的雕琢和使用,最后作为整个大厦的基础。这块基石是所有相关各方原始和庄严的公约,一种社会契约,一个由立法者提出并由公民接受的协定。只不过在僧侣公约中,接受者的意志是完全一致的、诚恳的、认真的、经过深思熟虑的、永恒不变的;而在政治公约中则并非如此。因此,当后者的契约是理论小说时,前者的契约就是一个事实的真理。

因为,在宗教气氛浓厚的小城市,为了使未来的公民知道自己的承诺是为了什么和到什么程度,而采取了所有预防措施。提前交给他的规则文本向他说明了他未来的每天和每小时的使用情况,以及他必须服从的所有制度细节。除此之外,为了阻止任何幻想和轻率举动,他被要求本人进行关禁闭和纪律试验。他将获得个人的、明智的和长期的经验——他必须接受;在适应习惯之前,他必须至少有

(接上页)新取得资格;还任命任期三年的教会主管,可以延长或剥夺其权利。在夏尔特勒修会,总主管的选举由出现空缺时在场的大夏尔特勒的宣誓修士主持。他们通过无记名投票,在两个本身没有投票权的小修道院院长的主持下进行选举。

[①] 奥拉斯·威尔奈著《回忆飞利浦神父的肖像》。关于拉克代尔神父强加的可怕痛苦的细节,参见绍卡尔纳对他的生活所做的描述。"所有圣徒珍视的苦行痛苦、粗毛衬衣、苦鞭、各种鞭打、各种形态和种类的鞭子,他都了解和经历过……他每天鞭打自己,经常一天好几次。在四旬斋期间,特别是在耶稣受难日,他简直是在谋杀自己,把自己打得皮开肉绽。"

一年不得中断的见习期。有时庄严的誓言优先于简单的誓言。对于耶稣会修士来说，有好几个见习期，每个都持续2~3年，而且连续进行，相互重叠。在其他地方，永久承诺只是在临时承诺之后才会被接受。基督教学校的修士到25岁需要一年时间宣读誓言；只有在28岁时才是整个一生的义务。当然，经过这样试验的考验，申请人会得到完整的信息。然而，他的上司有可能插上一脚，他们会日复一日地监视他。在他表面的、实际的和已宣布的意志之外，他们还为他梳理了深刻的、潜在的和未来的意志。如果他们认为这样不够或有疑问的话，就会延期或阻止其最终就职："我的孩子，等等吧，您的职业尚未确定"，或者说"我的朋友，你还不适合进修道院，回到世俗世界吧"。从来没有一个社会契约在签署时是如此清晰明了，经过审慎的选择和郑重其事的商讨：革命理论所要求的人际交往的条件都得到了满足，雅各宾派的梦想已经实现。但不在他们给他规定的计划范围内的是：这种推理思考以一种奇怪的、似乎是历史反讽的对比，在世俗层面只产生了纸上谈兵的计划、令人失望和危险的法律宣言与对暴动或独裁的呼吁：还有不相干或夭折的组织，总之是死胎或怪物；而在宗教秩序层面，则为活生生的世界增添了成千具有无限活力和无限才干的人。因此，作为法国大革命的影响，其中主要的和最持久的影响之一就是僧侣制度的恢复……

从执政府到今天，我们看到，他们到处都可以发芽和生长。有时，在革命的斧子砍下的旧树枝上，新的资产阶级崛起并且发达起来。在1800年，"重新建立机构冲击了当时所有的观念"[1]。但执政府的优秀行政人员需要志愿女仆为医院服务：在巴黎，夏普塔尔部长，遇到一个他以前认识的女上司，他请她召集了10~12名幸存的同伴，并把他们安置在维厄·克伦比埃大街的一幢属于医院的房子里，还为她们安排了40名新手。在里昂，他注意到，一般医院的修女为了能够履

---

[1] 夏普塔尔伯爵，《回忆拿破仑》，71页。

行自己的职责,必须穿普通人的衣服;于是,他授权她们恢复穿修女服装和戴十字架,并给了她们2000法郎购买生活必需品。当她们穿上原来的服装时,他把她们介绍给了第一执政。就这样,在巴黎的保罗·圣·文森特德的修会和在里昂的圣·查尔斯的修会,第一颗种子开始萌芽,尽管还很弱小。如今[1],除了里昂的总会之外,圣·查尔斯修会在各地有102所修会,2226名修女;保罗·圣·文森特修会,除了在巴黎的总会之外,有88所修会,9130名修女。通常,在被革命连根拔除的树干上,新植被比旧的生长得更加旺盛。在1789年,基督教学校的修士机构有800名成员;在1845年,有4000名;在1878年,有9818名;在1888年12月31日,有12 245名。在1789年,有126所机构;在1888年,有1286所。然而,在旧的种植园旁边,大量新品种和多样化的独立幼芽均自发地涌现出来,每一个都有自己的目标、规则和特殊的名称。在1792年4月6日的耶稣受难节,在当日立法会议废除所有的宗教团体的法令[2]甫一出世时,一个宗教团体却在同一天诞生,这就是在封特奈尔的基督教隐修修女会,年复一年,一个世纪以来,类似植物不断突然冒出地面。名单太长,简直无法列举。超过400页的官方名录册仅仅陈述了名称、地点和统计。这本名录册出版于1878年,经宗教机构分为两组。第一组包括法律授权的社团,首先是5个修会,拥有224个机构,2418名成员,以及23个机构,拥有20 341名会员并支助3086所学校。其次,有259所女修会和644所妇女社团,拥有3196个机构,支助16 478所学校,共有11 3750名成员。第二组包括未经授权的社团,有384所男性机构,7444名成员,602所女性机构,拥有14 003名成员:两组加在一起共有30 287

---

① 为执行1876年12月28日的法令第12条款而撰写的《授权与非授权修会、宗教社区和协会的状态》(1878年的国家出版物)。欧仁·兰杜,《基督教学校神父的研究机构》(1882年),10页。Th.W.艾利,《法国旅行日记》,81页(1845年7月16日与菲利浦神父的谈话)。据《1888年12月31日基督教学校神父的研究机构的统计》(由总会起草),在1789年的121个机构中,有117个在法国,4个在殖民地。在1888年的1286个机构中,有1010个在法国和殖民地;其他276个在国外。

② 艾米尔·凯勒,《法国的宗教修会》(1880年),序言,XXIII,XXVIII和429页。

名修士和127 753名修女。考虑到总人口的数量，1789年和如今的僧侣比例大体一致。这是他们的精神发生了改变：在今天，所有人都希望继续从事自己的职业，而在1789年，2/3的人都想退出自己的职业。而修女比例的增加则超过所有的预期[①]。在1万名女性人口中，在1789年，有28名修女，在1866年，有45名；在1878年，有67名。

　　加尔默罗修会、克拉里斯修会、耶稣之心修女会、复兴修会、圣礼修会、圣母往见修女会、圣方济各修会、本笃会和其他类似的修会一样，约有4000名是静休会修女。查尔特勒修会修士、西多修道会修士、特拉普派修士和其他修会的修士中，约有1800名僧侣，其中大部分仍然在做初步的修炼，只把劳动作为辅助性的项目：他们的首要目标是祈祷、冥想和崇拜。他们把自己的生命作为另外一个世界的沉思目标，而不是服务的目标。但其余超过28 000名修士和超过123 000名修女，都是机构的捐助者和义工，自己选择投身于危险的、令人作呕的，至少是没人领情的事业中来的，例如，在原始人和野蛮人中传教、护理病人、白痴、精神病人、体弱者、病入膏肓者，照顾孤苦伶仃的老人或被遗弃的孩子，数不胜数的慈善和教育工作，小学教学，孤儿院，收容所，缝纫工厂、庇护所和监狱方面的工作；每个修士和修女[②]都已减到最低的个人支出和日常应用免费或者以最低工资提供服务。显然，在这些男人和女人的心中，决定动机的普通平衡发生了反转；在他们的内在平衡中，对自己的爱不再胜过对他人的爱，而是相反。让我们看看他们的一个机构在成立时的情景吧。我们可以看到优势是如何从自私本能过渡到社会本能的。事业的发轫之始通常首先是同情；看到世间的苦难、堕落和行为不端，善良的

---

① 在1789年，有37 000名修女；在1866年，有86 000名修女（《1866年的法国统计》）。在1878年，有127 753名修女（《修会状况》等）。

② 艾米尔·凯勒，《法国的宗教修会》，随处可见。在许多男性和女性社区，每个成员的个人费用不超过一年300法郎；对于德维尔的特拉普来说，这个数字是最大值。如果估计每人1000法郎的话，这个数字比实际数字低，那么在册的160 000名修士和修女所做的有用的劳动价值总数就是每年1.6亿法郎；如果估计每个修士和修女的费用是500法郎，一共是每年8000万法郎。对公众的净增益为每年8000万法郎。

人不免会动恻隐之心。一些个人或团体不免忧心忡忡,他们看见有船只在海上遇难,三四名救援者前往救援。在1818年,在鲁昂,一个可怜的女孩根据教士的建议,在阁楼里召集了几个女伴朋友;她们白天上课,晚上工作谋生;如今,耶稣之心修女会有800名成员。其他地方也是一样,在拉瓦尔,为穷人悔改者设立的庇护所的女创始人是一个普通的熨衣女工,一开始是出于善心收留了两名妓女;后来她们又带来了别的女孩,而现在有100个类似的机构。最常见的情况是,创始人是当地的主持教士或副本堂神父,感怀于当地的苦难而首先在当地建立起机构。各种机构因此如雨后春笋般成立:1806年在卢瓦尔河上路易赛成立的上帝修女会,现在有193个分会,918名修女;1817年,在洛瓦拉成立的玛丽小兄弟如今有3600名修士;1840年,在圣赛尔旺成立的穷人小修女会如今有2685名修女。她们没有其他的帮助,而只用布施,在其158个修会中喂养和照顾20 000名老人,其中有13 000名居住在她们在法国的93个修会中。她们在客人吃过饭后才进餐,而且只吃他们吃剩下的食物;她们被禁止接受任何捐赠和基金;根据规则,她们是乞丐,需要保持乞丐的身份,首先,尤其是为收养的老年人乞讨,然后才是为自己乞讨。请注意企业的情况和女创始人的状况:她们两个乡村女工,一个16岁,一个18岁,堂区的副本堂神父为她们写过"小教规";每个星期日,她们一起在海边的岩石缝隙间学习和思考这个摘要小册子,然后去完成规定的祈祷,在规定时间祈祷、数念珠祈祷、箴言祈祷、教堂巡礼祈祷、自查和其他仪式,每天重复这些仪式,在头脑中沉淀和加强超自然的理念:这就是在天生的怜悯之外固定不稳定意志和永远在自我克制状态中保持灵魂的过于沉重的负担的办法。在临时关押妓女和女盗贼一两天的巴黎警察厅的两个大厅里,玛丽·约瑟夫修会的修女为了誓言而不得不一直生活在这人性的污泥浊水中,有时不免会觉得心灰意懒;幸运的是,人们为她们在街角安置了一个小教堂作为她们隐修祈祷之用;只需要一刻钟的时间,她们就会满身活力,充满激情和温柔地回来。艾蒂安神父作为长期的经验的权威,公正地对外国游客评价说[1]:"我让你们了解的是我们的生活细节,但是我没有把其中的秘密告诉你们。这个秘密就是:耶稣基督在圣餐礼被感知、热爱和事奉。"

II

在 13 世纪,当领圣餐者跪地准备领受圣餐时,有时看到的圣餐面饼经常淡出视线,消失在视野里,原地出现的是个婴儿或闪烁着救世主光芒的脸庞;根据教会博士的说法,那不是幻觉,而是启示[2]。面纱已经揭开,灵魂与自己的目标面对面相聚,在领取圣餐时与耶稣基督面对面相聚。这是它的第二只眼睛,在聚焦和范围方面更为直接,视野更为全面,无限优于第一只眼睛,是上帝的恩典所赐予的,是超自然的眼睛。通过这个极端的例子,我们可以理解什么是信仰:它是一种非凡的能力,往往与我们的天赋的能力一道并且结合在一起发生作用;根据我们所观察到的事物所呈现出的景象并超越这种景象,信仰向我们揭示了一个彼岸世界,一个宏伟、令人敬畏和唯一真实的世界,而我们的世界不过是世俗的面纱。在灵魂深处,在我们意识表层的最下面,印象已经像地下水一样慢慢积累起来[3]。在那里,在天生本能的冲击和烧灼下,活跃泉水慢慢形成、增长、在黑暗中蓄势待发;产生的某种震动、裂缝突然导致泉水上升、刺破地面,喷薄而出。拥有泉水的人对泉水四溢和思绪的勃发万分惊讶,简直认不出自己是

---

① 修道院长吉拉尔,《南锡的慈善》,245 页。而尊敬的 Th.W. 艾利在其《法国旅行日记》(1848 年) 291 页中也做出了同样的判断。"真实存在的教义是(天主)教会所有生活的中心:这是神父在如此艰难和满足如此自我牺牲的传教中的秘密支柱;宗教修会就是通过这个得以保持下来。"

② 这个问题由圣·托马斯在其 Summa Theologica 中进行了探讨。

③ 在过去的 20 年中,由于心理学家和生理学家的研究,我们已经开始了解心灵的地下区域和潜在的发生过程。图像的储存、残留和潜意识的结合,图像自发和自动变换成感觉、自我组成、分解和分裂、同一个人中两个或超过两个不同人的交替或同时并存、无限和确定日期的暗示、从内到外的回归冲击、精神感觉对神经末梢的物理效应,所有这些最新的发现导致了精神的新概念和由此而更新的心理学,为历史提供了强烈的光芒。

谁。他意识中的所有可见视野完全颠覆和更新；取代先前摇摆不定和分散思绪的是，他发现一种不可抗拒的、完整的信仰、一个精确的概念，一种强烈的画面、一种热情的肯定，有时甚至是一种来自于从内到外的分散个体的积极感知力，不仅仅是普通的心理暗示，如神秘主义的模仿的沉默对话和"知识短语"，而且是真正的身体感觉，像圣·特蕾莎的细致的视觉，圣女贞德清晰的嗓音和圣弗兰西斯肉身。

在公元1世纪，由神秘能力发现的这种彼岸世界，就是反对这个世界的王国的上帝的王国[1]；对于那些揭示者来说，这些王国毫无价值。这些伟大、慷慨和简单的心灵通过道德和社会本能的敏锐洞察力已经看穿这个世纪一切社会或国家的内在缺陷。其中，利己主义过于突出；缺乏慈善精神[2]和爱他人胜于爱自己的禀赋，而这样的爱，不只针对少数人，而是所有的人，无论他们是谁，唯一的原因是他们是人，尤其是卑微的人、小人物和穷人。换句话说，就是个人通过自愿压制欲望使自己成为中心，使别人的生活依附于自己，放弃"肉体、视觉和自尊心的贪欲、财富和奢侈、力量和权力的傲慢"[3]。与此形成对照，面对这种人类的秩序，酝酿并形成了一种神圣的秩序：统治上天并很快——也许是明天就会降到地上统治凡间的天父；他的圣子降到地球上建立了统治，但为了拯救人类而被钉死在十字架上。在他之后，是他派来的圣灵，内心的气息鼓舞着他的门徒继续他未竟的事业。所有人都是兄弟，心爱的孩子都有共同的父亲；让所有

---

　　[1] 参见福楼拜在《希罗狄亚》中所描述的这些"世界和世纪的王国"的图画，正如在公元1世纪巴勒斯坦人的眼睛可以看到的那样。对于最早的四个世纪，我们必须面对教会，通过对比和反衬的手法，考虑异教徒和罗马的世界、日常生活，尤其是在洗澡、斗兽场和剧院中，食物、物质享受和给城市慵懒庶民观赏的表演的无偿提供、公共和私人的过度奢华、非生产性的巨大开支，而这一切都发生在一个根本没有我们这样的机器而依靠手工劳动的社会中；其次，可用资金的昂贵和缺乏、12%的法定利率、大庄园主、负债累累的债务人、受压迫的劳动阶层、自由劳动力的缩减、奴隶的枯竭、人口的减少和贫困化；最后，依附于庶民的殖民者、依附于工具的工人、依附于元老院的元老院成员、中央政府的行政干预、财政要求，由于需要从社会机体中吸出的东西所剩无几，所以过程更为辛苦。针对这些感性的生活习惯和经济体制，教会尤其在两个方面，剧院和放贷，保持了始终如一的厌恶。

　　[2] 圣·保罗，《给罗马人的书信》，I，26~32页。《哥林多前书》，第XIII章。

　　[3] 圣约翰，《前书》，II，16页。

听到这个"好消息"的自发团体都去传播这个消息；整天期待理想秩序的分散的小型社团预期从现在起可以实现这个愿望。"所有只有一颗心和一个灵魂的人[①]，每个卖掉财产并把钱款带给社团的人，每个不保留任何私人财产的人，每个只从社团接受'谋生'的基本用品的人"，愿所有人幸福地生活在一起，相亲相爱，感受净化或纯洁。

很明显，这是灵魂中的一个新的动力和调节器，是一个额外的强大机构，恰当而有效，是通过内部重铸和变化而获得的，像蜕变后长了翅膀的蝴蝶一样。在每一种活的有机体中，必要性通过试验性的努力和选择从而产生可能和必要的器官。印度在公元前500年前是佛教；阿拉伯在公元600年是伊斯兰教；在我们的西方社会则是基督教。目前，经过了18个世纪，在从乌拉尔山到洛基山的两个大陆上，在俄罗斯的庄稼汉和美国的殖民者中，它仍然像过去在加利利的手工业者中一样发挥作用，而且是以同样的方式，用爱人代替自爱；但它的实质和应用没有发生任何改变。在希腊、天主教和新教的外衣下，对于四亿芸芸众生来说，它仍然是精神的手段，是一对不可缺少的巨大翅膀，以便使人超越自己、卑躬屈膝的生活和有限的视野，通过耐心、希望和顺从引导他进入宁静的境界，超越性情、纯洁和善良，进入自我献身的境界。1800年以来，无论何时何地，一旦这些翅膀变得羸弱或被人折断，公共和私人的道德就会堕落。在文艺复兴时期的意大利，在复辟时期的英格兰，在国民公会和督政府时期的法国，人变得像1世纪时期的异教徒；同样的原因使人变得和在奥古斯都与提比略时代一样，也就是说变得淫荡和残酷：他虐待自己并危害他人；粗暴或阴险的利己主义重新取得优势；残忍和放荡泛滥蔓延，社会成为一个你死我活的竞技场和妓院。经过近距离观察这些乱象之后，我们可以对引进社会的羞耻心、温柔和人性的基督教对现代社会的贡献，以及它为社会保留的诚实、信仰和正义做出评价。没有哲

[①] 《使徒行传》，Ⅳ，32页、34页和35页。

学的原因，没有艺术和文学的文化，甚至没有封建、军事或骑士的荣誉，也没有任何法律和行政当局，没有任何政府可以取而代之。对于我们来说，只有它能在我们顺着人生的斜坡滑下时接住我们，在我们的种族以与生俱来的势头不断退化到深渊时阻止我们不知不觉坠落；而古老的福音书无论现在披着什么样的外衣，今天仍然是社会本能的最佳辅助工具。

在其三种当代形式中，集中了大多数约一亿八千万信徒的形式是天主教，换句话说是罗马的基督教。这两个词作为定义概括了一个历史：起初，当基督教原则诞生时，先是以先知和预言家的语言，即希伯来语进行表述，后来很快以方言学家和哲学家的语言，即希腊语进行表述；最后更晚的时候，以学者和政治家的语言，即拉丁语进行表述；由此进入教条的继承阶段。所有用希腊文写的福音和使徒文本，所有也用希腊文写的作为评论的形而上学的思考[1]，只能翻译成西方拉丁语进行阅读。然而，在形而上学方面，拉丁语把希腊语翻译得很差[2]；术语和思想丢失殆尽；正如东方人所说，西方人只明白他们一半的意思；他毫无争议地接受这些，并信心满满地将其作为真理[3]。最后在公元4世纪，在狄奥多斯之后，西方摆脱东方开始干预，以其语言，即用文化所赋予的思想和语言的储备进行干预；它也有自己的精密工具，不是柏拉图和亚里士多德的，而是别人的，同样特别，通过罗马的天才独创的发明和长期劳动，由乌尔比安、盖乌斯和二十代法学家打造而成。"说说法律是什么"，将行为准则强加在人的身上，这是

---

① 这种形而上学的主要创建者圣阿塔纳斯不会拉丁语，在罗马学的时候很困难，他来罗马是为了捍卫他的理论。然而，西方神学的主要创建者圣奥古斯丁对希腊语也只是不甚了了。

② 例如，在形而上学关于神的实质的思考中非常重要和专业的三个希腊字 λόγος、ούσία、Ὑποστάσις，在拉丁语中并没有相对应的三个字，在尝试的三个同义词中：verbum、substantia、persona 意思上并不准确。Persona 和 substantia 在德尔图良的语言中，早已按罗马的意思应用了，有司法和特别的含义。

③ 亨利·苏姆纳·美因爵士，《旧法》，345页。下面评论的深度令人赞叹："希腊形而上文学包含了文字和思想唯一沉淀，人类的心灵可以从中吸取营养参与到关于神圣的人、神圣的物质和神圣的自然的深刻分歧中来。拉丁语和贫乏的拉丁哲学在这项事业中完全无能为力。因此，在帝国中，讲拉丁语的西方省份直接采用东方的结论，而没有对其进行讨论或审查。"

罗马人民缩写的整个实践工作；起草这部法律、制定和协调这些规则，是其缩写的整个科学事业。罗马人在公元3~5世纪的其他研究衰落时，法律科学仍然充满力量和活力[①]。因此，当西方人对文本进行解读并对信条进行阐述时，必须具有法学家的习惯和能力，政治家的全神贯注和精神保留，以及他们认为合适的精神和语言工具。在那个时代，与耶稣单性说和基督一志论发生冲突的希腊的博士，完成了神的本质理论学说；在同一时期，反对佩拉热派、半配拉热派和多纳迪派的拉丁语博士创立了人类义务理论[②]。罗马法学家说，这种理论是"一种法律联系"，通过这种联系，我们都必须做出或忍受痛苦的事物，使我们摆脱所欠的债务。而像生机勃勃的嫩芽一样新发展起来的教义就是出自罗马法学杰作的这一法律概念。一方面，我们对上帝承担义务，因为以法律术语来说，我们对于他是破产债务人、无限债务继承人，除非有第三方[③]超人插手主动承担全部债务，否则无力清偿债务并满足债权人的要求。更精确地说，我们都是罪人，从出生到血缘的传递都是有罪的，集体受到天谴然后被集体赦免，但以这样一种纯粹的恩典而没有任何自我优点的赦免毕竟总是有条件的并可以撤销，只是对某些人来说，这种赦免是完整和可持续的。我们中间没有人肯定可以获得这种赦免。由上帝提前决定好的这种奖励对于我们来说永远是一个国家秘密。因此，关于缘分、自由意志和原罪、人类堕落之前，其间和之后的深入研究的分歧将长期持续下去。也

---

① 亨利·苏姆纳·美因爵士，同上。"两个神学系统之间的差异通过这样的事实可以得到解释，即从东方到西方，神学思考已经从希腊形而上学的气候过渡到罗马法气候。法律科学是罗马的一个创造。"由此而产生自由意志和神圣的天意主体的西方分歧。"当我们从法律角度考虑形而上学概念时，自由意志的问题出现了。"

② 亨利·苏姆纳·美因爵士，同上。"罪及其继承传输性质、人欠下的债务并通过第三者偿还债务，赎罪的自满和必要性，尤其是自由意志和天意主体之间明显的对立，这些是西方国家开始热烈讨论的观点，一如东方过去讨论其更特殊的信条款款一样。"这种构思神学的法律方法出现在最古老的拉丁神学家、德尔图良和圣塞浦路斯的作品中。

③ 亨利·苏姆纳·美因爵士《旧法》。在从法律借用并在这里由拉丁神学应用的技术概念中，我们可以举出"罗马刑法制度、通过合同或侵权行为所规定的义务的罗马理论"，自己承担影人签订的合同义务的调停行为，"对债务和导致、偿还和转移债务模式的罗马观念，通过普遍继承设计个体继续存在的罗马方式"。

正因为如此,这种可以接受的解决方案,虽然并非令人信服或者说矛盾,但实用,平均,而且在唯一被授权领导人类得到救赎的教会的教条政府的领导下,为使人类保持信心和顺从经过了精心算计。另一方面,我们对教堂承担义务;因为教堂是一个城,"上帝之城",根据罗马的定义,城不是一个抽象的名词、一个集体名词,而是一个真正、积极的事务,"公共事务",也就是说是一个独立的实体,由在其中彼此继承的时代、无限延续和优势、神圣或接近神圣的种群组成,但不属于个人,而是个人属于他们;这是一个有组织实体,有特殊的形式和结构,根据传统而建立,通过法律而构建并由政府管理。社区对其成员的绝对权威和社区通过其首领而建立的权威领导,这就是罗马的国家概念,更确切地说,也是教会的国家概念。因此,它是一个军事化的、征服性强的、支配性强的罗马的化身,注定成为世界帝国,像其他的一样是合法的君主,但有一个更好的头衔,因为教会的头衔来自于上帝。从一开始,上帝就已经先入为主地为其做好准备,在旧约圣经中为其塑造好身体,通过先知宣布它的问世;是上帝的儿子一手建造了教会,并在接下来的几个世纪,一直支持和引导他前进的脚步,通过他的永恒的灵感意志身在教会并通过教会活跃在人间。他一直致力于发出启示,明确由基督所代表,独自拥有先见之明,无形的知识,正如其创建者创造和规定得那样对理想秩序的理解,因此,可以对经文进行诠释和监护,有权提出教义和禁令,教学和发布命令,对普通人和知识分子实施统治,塑造信仰与道德。从此,神秘的能力将被限制在堤防之内:说到底,这是构思理想的能力、获得理想的眼光、相信这种眼光并因此而行动;这种能力越是可贵,能够驾驭它则越重要。为了保护自己,使其防范个人意见的随意性和多样性,阻止其在理论上和实践中做出什么荒唐事,无论是在松弛抑或是严谨的环境,都需要一个政府。无论这是否是古罗马的遗产,天主教教会都不会有任何争议:它自称为罗马教会,它仍然用拉丁语书写和祈祷,它的首都仍然是罗马,它的首脑的头衔名称过去在罗马指的是异教崇拜的首领；自1378年以来，除了五个之外教皇都是意大利人，自1523年以来，所有的教皇都是意大利人；如今，在红衣主教团的64位主教中，35位是意大利人。在将几百万是天主教教徒的基督徒同几百万不是天主教教徒的基督徒比较的同时，罗马邮票就更加明显。在罗马教会原始的兼并和隐秘的合并中，有几个与它脱离而去。这都是一些希腊、斯拉夫、日耳曼居民不会说拉丁语以及不说源自拉丁语的语言的国家。只有或几乎只有波兰和爱尔兰仍然忠诚，因为，在这些国家，在公共灾害的长期压力下，天主教的信仰已纳入国民感情。在其他地方，罗马的沉淀一无所有或微不足道。相反，所有曾经拉丁化的居民骨子里却是天主教徒；四个世纪的罗马帝国统治和同化在她们身上沉淀出一层容忍[①]的习惯、思想和情感。要想衡量这一历史性层面的力量，只要注意其三个构成要素就足够了，所有三个当代要素，同一来源和同一厚度，罗马语言、罗马民法和罗马基督教，每一个元素都通过其一致性表明了与其他要素的一致性。

深厚而固定的特点由此确立，如今，天主教这个分支现在区别于其他两个出自相同的基督教主干。对于新教徒来说，作为神的语言的圣经，是唯一的精神权威；所有其他的权威，包括博士、神父、传统、教皇和宗教评议会，都是拟人化的，因此也是容易出错的。事实上，这些权威已经反复发生严重错误[②]。然而，圣经，是每个读者以自己多少经过启迪和敏感的眼光去阅读的文本，这种眼光在路德时代，具有16世纪的敏感性和光芒，而在今天，具有19世纪的敏感性和光芒，以至于根据时代和群体的不同，诠释可能会有所不同，即使不是文本，至少在文本的意义上，权威也完全属于个人。对于古希腊人和斯拉夫人来说，和天主教徒一样，这种权威只属于教会，也就是说属于教会的首脑、使徒的继承人。但对于希腊人和斯拉夫人来说，自公

---

① 参见福斯特尔·古朗吉，《罗马高卢》，96页及后页，关于高卢拉丁化变迁的迅速、便利和深度。

② 英国圣公会在其信仰声明中做出这个明确宣布。

元9世纪开始，教会已颁布法令性质的新教条了；教会认为，七个早期宗教评议会已经发布了所有的信条，在这之后，启示已经完全停止，信条决定性地完全终止，只需将其保留就可以了。与此相反，对于天主教徒来说，无论在该日期之前还是之后，该信条从来没有停止发展，变得具体化，而启示业主继续。最后十三个评议会像前七个评议会一样获得了灵感，而在耶路撒冷的第一个圣彼得评议会，并没有享受到比去年庇护九世在梵蒂冈召开的评议会更多的特权。教会不是"冰冻的尸体"[①]，而是活生生的身体，接受永远活跃的大脑的支配，不仅在这个世界上，而且在彼岸世界追求自己的事业，以便首先对其定义，然后加以描述并为其安排位置；就在昨天，教会还将两款信条加入到信条中，即圣母纯洁之胎和教皇无过错论；它赋予的头衔是超越人世的；它宣布圣·约瑟夫是普世教会的守护神；宣布圣·拉布雷为圣徒；提升萨尔的圣·弗朗索瓦为尊贵的博士。但教会具有活跃和保守两面性。纵观其历史，教会并没有回归到过去，并且从未废除过任何旧的法令；只是通过法学家的解释、评论和推理把这些联系更加紧密地结合在一起，形成一个从现在回到新约不间断的链条，并在彼岸通过旧约回到世界的起源，用这样一种方式来协调自己周围的整个宇宙和所有的历史。启示和训令，由此而建立起来的教义鸿篇巨制，既广泛又全面，类似于罗马法典，但更为卷帙浩繁；因为，除了教会法和道德神学之外，还包括教义神学理论，也就是说，除了可见世界的理论之外，还包括看不见的世界及其三个区域的理论、地狱、炼狱和天堂的地理，我们的地球仅仅是前庭的广袤领地，无法进入到感官和理性未知的领地，但其局限性、人口、出口和分支、居民和所有涉及他们的一切、他们的能力和沟通，像波伊廷格的地图和罗马教廷的记录簿一样，通过实证精神和神秘精神的结合，通过既是基督徒又是管理人员的神学家，均在此得到清晰、详细和异常精确

---

① 约瑟夫·德麦斯特尔关于希腊教会的话。

的解释。在此，我们来探讨一下圣·托马斯的"总和"。即使在今天，对于他的训令，多明我会的僧侣仍然像罗马提交有关教义事项的咨询人员；或者说，为了缩短并将学术公式转化为可感知的形象，读一读但丁的《神曲》吧[①]。对于想象力来说，即使在今天，也许这是天主教会酝酿出的、人与神的世界最精确、色彩最丰富的一幅画。它掌握钥匙，统治并进行管理。这样一个政府的威信是至高无上的、等于或高于旧罗马国家统治其一亿两千万居民的威信，可以统治众多自然或通过教育而变得守纪律的灵魂或智慧，他们反对个人的主动性，而需要严格和系统的指导。在帝国之外，一切对于他们这些灵魂来说似乎都是无政府或野蛮的；而天主教教徒从教会的角度看也有同样的印象。一种权威，无论是精神的还是世俗的，都更可能受到认可和尊敬，只要他可以四处可见和无处不在，既不是独断专行也不反复无常，而是规则有序，受制于文本、传统、立法和法理，衍生于上面和超人的来源，出自古代、连续性、一致性和伟大事业，简而言之，通过拉丁语是唯一能够表达，以及它称之为尊严的特性而奉献出来。

在宗教权威给教徒规定的行为中，有一些是以自己的名义强行加进来的，如礼拜仪式、身体仪式和其他正式仪式，其中最主要的是天主教教义手册是对"上帝诫命"的接续，被称为"教会诫命"。对于教会权威几乎湮灭的新教徒来说，仪式几乎已经消失殆尽。经过审慎考虑，这些仪式不再被他们视为义务或令人称赞的行为。最重要的是，圣餐本身只作为纪念或象征意义而保留。所有其他的仪式，禁欲、禁食、朝圣，圣徒和圣母崇拜、遗物和十字架崇拜、熟记于心的箴言、在偶像或祭坛的屈膝和下跪礼，都已经被宣布毫无用处。在积极的禁令下，剩下的方式只是读圣经，外在虔诚加以减轻的义务减低到内心虔诚，道德价值、诚实、正直、节制和坚定、遵守人以两种形式收

---

① 塞尔莫内塔·戈尔塔尼公爵在《神曲》的地图中展示了这首诗与圣·汤姆斯的"概论"的准确对应关系。它已经表明，在中世纪，人们这样谈论但丁：Theologus Dantes nullius dogmatis expers。

到并在两个一致版本中,在意识诠释的圣经和由圣经启迪的意识中,都可以读到的口号。作为另一个后果,新教牧师已经不再是上帝的代表、人与神之间的不可缺少的中介、唯一有资格给我们赦免并主持仪式的人,而没有仪式,我们就无法得到拯救;牧师只是一个比普通人更严肃、更睿智、更有经验:更虔诚的人,像其他已婚、孩子的父亲一样,过着市民生活,总之,是一个半世俗的人。他所引导的世俗人对他应有的是尊敬,但不是顺从;他不发布任何训令,不宣布判决;从讲台上对聚集的信徒讲话是他的主要仪式,几乎是唯一的仪式和做法,这样做的唯一目的就是教诲或劝诫。对于教会的权威只具有保存意义的希腊人和斯拉夫人来说,12世纪的所有仪式仍然继续存在,无论在俄罗斯、小亚细亚还是在希腊依然十分严格,尽管禁食和四旬斋对于南方人的胃来说还可以忍受,但对北方人来说是不健康的。甚至这些仪式也具有了极大的重要性。来自于神学和僧侣的活性元气之水只流向了自己的心田;在几乎瘫痪的宗教中,这些仪式几乎是唯一强大和活跃的器官,有时比教会权威更为强大:在17世纪,在族长尼康的领导下,为了在礼拜仪式中进行细微的矫正,为了在耶稣名字的俄语翻译中的字母变化,为了三个手指而不是两个手指做十字,成千的"老教徒"都离开了。如今,这些持不同政见者由于教派的关系成倍增加,已经有数以百万计。根据传统习惯,任何仪式都是神圣的,不可改变的,而且一经准确完成,本身即充分有效:发言和做手势的主教只是一个机制中的一个环节,魔法的咒语所必需的工具之一;他使用工具之后就会回到人类的虚无中去;而他只是一名为了工资而提供服务的职员而已。这个服务并未因为非凡、可见的克己精神、永久性的独身主义、承诺并保持的禁欲而在他内心变得崇高。他已婚[①],有孩子,工作忙碌,不得不靠剪羊毛来维持自己和家庭开销,因此不会做过多考虑;他没有道德优势;他不是人们愿意听从

---

① 关于俄罗斯宗教和神职人员的所有性格,参见阿纳托尔·勒鲁瓦·包里厄的《沙皇帝国和俄罗斯人》,整个第 III 卷。

的牧师,而是人们利用的牧师。

天主教会神父的作用是完全不同的。根据仪式理论,教会赋予他无与伦比的尊严和真正的个人权力。根据这一理论,仪式和实践具有本身固有的美德。毫无疑问,他们需要诚挚的、虔诚的精神支持。但是,没有这些仪式,单单诚挚和虔诚是不够的,而缺乏其终极的结果、相称的圆满或"满足"①,我们借以向上帝修正我们的罪过和证明我们服从于教会的积极行为②。是上帝的活生生的诠释者教会规定的这些仪式;因而,教会是女主人,而不是仆人;它能够使其细节和形式适应自身的需要和环境,以便根据时间和地点的不同进行减轻或简化,以一种形式安排圣餐,用圣餐面饼代替面包,减少旧四旬斋的数量和严谨性,确定不同虔诚工作的影响,实施、认定和转移其有益的影响,将适当的价值和奖励分配给每个虔诚的行为,评估其不仅在这个世界上,而且在彼岸取得的功绩、抹去的罪过和得到的恩典。根据其管理习惯并以簿记员的精确度计算出他的放纵,记录其中的状况:一个祈祷者在某个日期、某个时机在赦罪院进行了多次祈祷,每个基督徒,无论是多虔诚的,都几乎肯定无法逃出升天,但如果他拒绝为他自己减罪,并把利益给其他人,那么所遭受的痛苦和特权也会相应减少。通过她的权威的习惯以及为了更好地确认其主权,它视省略必须有的圣礼和仪式为主要罪过:"没有必要在星期日或节假日③不去听弥撒、周五或周六吃肉",在复活节不去忏悔和领圣餐是会失去神的恩典并受到"永恒的惩罚"的死罪,以及形同"杀人或偷窃"。在所有这些不可原谅的罪行中,只有一个可以原谅,就是由神父给予的免除,就是说,忏悔本身预先我们出于严格的义务和至少一

①　博须埃,德佛里版《梅奥的教理讲义》,Ⅵ,167页,(除了一些补充之外,在拿破仑时期采用的教理讲义中加以复制)。"哪些是人们称为满意的作品呢?""是神父作为苦行而强加于人的让我们不愉快的作品。""举几个例子。""施舍、禁食、苦行、自然谋生资料的匮乏、祈祷、精神阅读。"

②　同上,"为什么忏悔是法律规定?""为了羞辱罪人……""那又是为什么呢?""为了使自己服从于罗马教皇的权力和有权惩罚和赦免罪恶的教士的审判。"

③　博须埃,德佛里版《梅奥的教理讲义》,Ⅵ,169页、140~142页。

年一次的必须遵守的教规之一。

通过这种管理,天主教神父跃于人类命运之上和不可估量的高度,因为,在忏悔的时候,他行使最高权力,那是上帝在最后的审判中行使的权力,惩罚或宽恕、判断或赦免罪恶的强大动力,并且,如果他在死者床边进行干预的话,那就是具备送悔改或不悔悟的灵魂进入永恒的奖励或永恒的诅咒[①]的能力。没有一种生物,无论在陆地还是天空,甚至最高的大天使,或圣·约瑟夫或是圣母[②],拥有这种真正神圣的特权。他通过特殊的圣礼独自拥有独家授权,而等级制度授予他五人的特权,并赋予他终身具有与众不同的、不可磨灭的和超自然的特性。为使自己名副其实,他已发出纯洁的誓言,他着手在肉体和心中根除性的后果;他禁绝了自己结婚和做父亲的念头;他通过隔离逃离了家庭的影响、好奇心和轻率的言行;他完全属于自己的修行。他为此做了长久的准备,他研究了道德神学与诡辩,并成为刑法学家;他的判决不是在忏悔者用普通的言辞承认自己是罪人后赐予他们的模糊宽恕。他一定要权衡其错误的严重性和悔悟的力度,了解堕落的事实和细节以及重新堕落的次数、加重或减轻处罚的具体情节,因此,需要质询以便倾听灵魂深处的声音。如果有些人胆小怕事,他们使自己自发地或过分地屈服于他,他们会在他的法庭外求助于他:他为他们指出他们特别的必由之路,他为他们在所有的弯道引导方向;他的干预是日常工作,他成为一名领导者,就像17世纪所说的那样,是一人或多人名义上和永久的领导者。对很多信徒来说,这仍然是如今的情况,尤其是对妇女和所有的修女来说。所有罗马思想围绕的中心概念,即主权统治权和政府概念,在这里找到完美的

---

① R.P.克塞特,《神父的蒙莱兹》,I,37页。"你看见那个25岁的年轻人很快就会穿越避难所去找等待他的罪人吗? 这是地球的上帝使他净化……如果耶稣基督降临到忏悔室,他会说,Ego te absolvo。这个人也会用同样的权威说:Ego te absolvo。这是最高权力行为;圣奥古斯丁说,他比天地创造物更伟大。"Th.W.艾利,《法国旅行日记》,1845年,97页。"忏悔是结合整个基督教生活的链条。"

② 《神父的蒙莱兹》,I,36页。"上帝的母亲无疑比你更有信誉,但她没有权威。毫无疑问,她赐予的是恩典,但她不给予单一的赦免。"

成就感，并达到其最终的尽头。在这些精神领袖中，现在有大约18万人被安置在世界的五个地区，每个人被分配大约1000人进行领导，作为一个独特群体的特殊守护者，所有人都由主教任命，而主教都由教皇指派，他是绝对的君主，由最新的评议会宣布而成为教皇。在一定程度上，无论在新的罗马还是在古代罗马，权威逐渐集中，一直到成为中心点并全部委托于一个人的手中。奥尔本的牧羊人罗穆卢斯，由恺撒·奥古斯都、君士坦丁或狄奥多西一世所继承，其正式名称是"您永远的"，"您神圣的"，并把说他们的法令称为"永恒不变的神谕"。加利利的渔夫彼得，由永远正确的教皇所继承，其正式称号是"教皇陛下"，其法令，对于任何天主教徒来说，是"永恒不变的神谕"，无论在事实上还是在法律上，都是用毫不夸张、精确的术语表达的完整意义。皇权的制度由此而形成；只是将自己从一个领域转到另一个领域，只是从世俗的秩序转移到精神的秩序，变得更加坚不可摧和更加强大，因为它避免了削弱其古代模型的两个缺陷。一方面，它提供了对最高权力的传输；在旧罗马，他们不知道如何规范，因此，当出现空缺时，就会发生激烈的竞争、冲突和暴行、强取豪夺和无政府状态的所有灾难。在罗马天主教的教皇选举权明确属于一个红衣主教团，他们按照既定的手续投票；新教皇是由三分之二多数通过选举出来的，四个多世纪以来，没有一次选举受争议；从每个去世的教皇到和选举出的继任者之间普遍的服从转移迅速、毫不犹豫，无论在过渡期，还是在那之后，教会都没有分裂。另一方面，在恺撒·奥古斯都的合法头衔中有不足之处。根据罗马法，他只是人民的代表；社区将所有机构权利委托于他；但是万能的权力只属于社区。根据教会法，万能的权力只属于上帝；天主教社区并不拥有这种权利，也不能将其交给教皇[①]；它的权利有另一个来源。他不是人民的代表，而是诠释者，教士和耶稣基督的代表。

[①] Prælectiones juris canonici, I., 101."委托给圣彼得和使徒的权利完全独立于信徒的社区。"

III

这是如今的天主教会,一个独立和自治、君主和中央集权、在旧罗马帝国类型基础上建立的国家,其疆域并不是领土,而是灵魂,因而是国际性的,在绝对的世界君主统治下,其臣民同时也是其他非宗教统治者的臣民。因此,每个国家的天主教教会的额外情况都要比希腊、斯拉夫或新教的教会更加困难。在每个国家,这些困难根据国家的性质与天主教会接受其形式的不同而有差异。在法国,自从签订政教协议以来,这些困难比其他地方的更大。

实际上,在1802年,教会最初接受法国形式的时候,根据一般正规的计划,是在一个总体的组织系统中。根据这个计划,教会只是书架的一个格子。拿破仑根据那个世纪的思想和立宪会议的原则,通过政教协议、组织条例和后来的法令,想要使所有神职人员,尤其是天主教的神职人员成为行政人员的分支机构、公务员团体,与其他民事官员一样的负责宗教事务、容易支配和撤销的普通官员。事实上,在他一手遮天之下,所有神职人员也的确如此,包括主教,因为,根据他的命令,他们必须立刻提出辞职。而如今,除了主教以外,情况是,他们失去了自身地位的所有权和生活的独立性,途径是通过执政和帝国制度的保留,通过免职,通过破坏过去保护底层神职人员的教规和民事保证,通过取消宗教裁判所,通过使教士会议变成模模糊糊的阴影状态,通过财政和道德联系的分裂和放松。这种联系在过去将神职人员的每个成员同一块土地、一个有组织的机构、一块领土、一个群体都联系在一起,凭借教会捐赠的不足,使神职人员,包括教会的权贵,处于变成依赖他人的雇员的卑微境地[1]。

---

① 修道院长安德烈的《教会法方法入门》和贝尔卡斯特尔与恩里昂的《教会通史》第XIII卷。读者可以在这两部作品中找到其他国家的天主教会的各种法规的概述。其中每个法规与我们的法规不同的地方有:几个主要条款、神职人员固定的甚至土地的捐赠、教士会议或教区教士,或由教区神职人员,或由省主教的提名报请主教会议、本堂神父职位公开竞争、职位不可撤(转下页)

这样的体制在遭受痛苦的机构中建立了普遍依赖性，因而产生完全的屈服、毕恭毕敬的驯服、被动的服从和个人无法理直气壮的卑躬屈膝态度[1]：这种体制下的神职人员无法避免受到上面的支配，因为后者通过其主教和教皇的高级官员向所有人发布命令。一旦受教皇的指派，主教就成为法国一个省的无所不能的终身统治者，我们见到过他的道德和社会权力上升到什么样的高度，他如何行使自己的权力，如何使他的神职人员成为纪律严明、可以随时投入战斗的部队，在哪个社会阶层找到新兵，通过什么热情和训练使每个神父，包括他自己在内，成为一名上气不接下气的熟练战士；这支由分为90个团的五万名神父居民组成的占领军，是如何通过服从更加严厉纪律的特别团体、通过贵族修会、由四五千个几乎完全是劳动和慈善的宗教机构，来组建完成的；普通神职人员的狂热，三万名修士和十二万名修女的全情投入和美好的自我克制如何与世俗神职人员的服从和正确举止结合在一起；这个通过一个精神激励下的庞大机构，同其世俗顾客一起稳步地向一个目标进军，这个目标就是保住对所有被战胜的灵魂的统治和对所有仍未建立统治的灵魂的征服，永远不变。

对于法兰西国家来说，没有什么比这更令人反感的了；也根据罗马的榜样、像教会一样建立的法国同样具备权威和吸收能力。在拿破仑的眼里，所有这些他任命和认可的、曾向他宣誓效忠的、他每年或每季度支付工资的神父，在双重意义上属于他，一个意义是普通人，另一个是职员。他的继任者仍倾向于相同的看法；既然国家在他们手中，那么国家永远是他所缔造的，也就是说是个垄断者，相信他的权力是无限的，其在各地的干涉都是合法的，习惯于尽可能控制一

（接上页）销、教士会议参与教区行政管理、宗教裁判所的恢复、回归特伦特评议会的规定。（特别参见普鲁士、巴伐利亚、符腾堡、巴登、两个黑塞、比利时、奥地利、西班牙与罗马教廷签署的政教协议和教廷在爱尔兰和美国建立并认可的法规。）

[1] 阿里涅奥尔兄弟，《论法国神职人员的现状》，248页："住持教士的精神本身不再属于自己。他需要警惕任何个人的感情或意见！……他必须停止做自己，也可以说，丢掉自己的个性。"同上，前言，XIX："我们两个人在遥远的农村教区……正好可以了解我们做了20年的二级教士的状况。"

切和留给别人最少的份额,对可能介入他们和他之间的团体充满敌意,对所有的群体能够集体和自发行动的团体,尤其是产业团体充满怀疑和恶意。作为自行决定的日常监督者、法定监护人、道德社会以及当地社会的细致的永久领导者、其家园的篡夺者、教育和慈善企业的承担者或监管者,国家与教会的冲突不可避免。在一切道德的社会中,后者是最活跃的:它不允许自己像其他人一样被奴役,它的灵魂由自己掌握;它的信念、它的组织、它的等级制度和她的法律都由自己支配。它反对基于人类理性的国家权利,它要求的权利建立在神的启示基础上;为了自卫,像1802年国家所做的那样,它在法国的神职人员中正好找到了纪律最严明的、最隐秘的、最有能力凭一个口令统一行动并以军事方式执行教会高层下达的冲击命令的人。

在其他地方,冲突不再频繁发生,并且急剧减少。加剧和保持法国冲突的两个条件,部分或全部不足。在其他欧洲国家,教会没有经历法国的形式,因而困难相对较少。美洲的美国不仅没有经历过法国的形式,而且以自由为原则的国家禁止法国式的国家,因而几乎没有这方面的困难。显然,如果想要减弱或防止冲突,就必须通过两个政策中的第一个或第二个。然而,由于制度和传统上总是咄咄逼人的法国却一直尝试走相反的路线①,有时,正如复辟时期的最后几年和第二帝国的最初几年,它与教会结盟,惺惺相惜,互相帮助各自统治。它们联合起来,共同着手统治人民。在这种情况下,宗教和世俗的两种集权机构,一个世纪以来实力大大增强,彼此协助一起压制个人。个人受到监视、跟踪、抓捕、严密管制,一直到内心的约束。

---

① 他的主要行动方针是任命主教的权力,但制度上是教皇任命的,因此,宗教部长必须预先与教廷大使达成一致,这样会使他只任命教义和习惯上正确的人选。但他避免任命有事业心、有活力的著名教会人士;职位一经任命即不可撤销,他们可能会给他制造很多麻烦。如普瓦齐埃主教庇护大人是教会君主时期的德·法鲁先生任命的,而在帝国时期日子就不好过了。如果顶住他,就必须为普瓦齐埃任命最灵活和最细致的省长勒维尔先生。在好几年的时间里,他们之间爆发了一场激烈的鏖战,两个人用奇思妙想互相作弄对方。最后,刚刚失去女儿的勒维尔先生在讲坛上受到谴责,被妻子的悲痛所打击而被迫离职。(这是我个人了解到的情况;从1852年到1867年,我拜访了普瓦齐埃五次。)如今,天主教徒抱怨任命的主教、认可的市镇教士都是平庸之人。

周边的空气已经无法呼吸；我们还记得1823年后和1852年后，对每个独立的个体和对每一自由精神的迫害。有时，像第一和第三共和国时期一样，国家把教会看成自己的敌人和对手。因此，国家迫害教会或使其忧心忡忡，我们今天亲眼看到少数执政者如何不断或长期伤害多数被统治者到了什么样的敏感点：他们如何解散男性修会，把唯一的罪行就是想要生存、祈祷和共同工作的自由公民从房子里驱逐出去；他们如何不顾给医院和病人，以及给学校和孩子造成的损失，把修士与修女从医院和学校赶走，而无视医生和家长的不满和怨言；以及如何笨拙地浪费公款，进而加大已经过度的无偿税收。

IV

法国制度的其他缺点更为糟糕。一个世纪以来，发生了一起超乎寻常的事件：在上个世纪中叶，由哲学家协调而由科学家所做的发现，形成了一大幅画卷的完整草图，这幅画仍然在执行和进展中：这是一幅自然和道德范畴的画卷。草图固定了观点、确定了远景、标识了多个平面、勾画出了主要的群体，而且轮廓是如此准确，以至于作品的继续创作者只需具体填充进去就可以了。通过他们的手，从赫歇尔和拉普拉斯，沃尔特、居维叶、弗雷斯奈尔和法拉第到达尔文和巴斯德，直到布尔努夫、莫姆森和勒南，画布上的空白已被填满[1]，任务形象的凸起部分已经显露出来，新的线条已覆盖旧线条的走向，但并未改变整体的含义和表达，反而巩固、加深和完善了强加给早期画家的主要思想，这是因为，所有前任和继任者都根据自然工作，并不断地在绘画和模型之间进行比较。同时，一百年来，这幅如此有趣、华丽、精确有保证的画，并没有放在封闭的密室保存，以便像在18世纪那样只供少部分被挑选的人参观，而是向大众公开展出，每天参观

---

① 参见《旧制度》，129~139页。

的人越来越多。通过对同一科学发现的实际应用，由于增加了旅行和交流的设施、丰富的信息，以及众多的便宜的书籍和报纸、初等教育的传播，游客的数量已大大增加[①]。不仅有好奇心被激发起来的城镇工人，而且有过去被日常劳作束缚在方圆六里土地上的农民，他们的好奇心苏醒了。某个论述神和人类事务的小型日报就有100万用户，并很可能有300万读者。当然，在100名游客中，有90人理解不了这幅画的含义；他们只是漫不经心地瞥一眼而已：此外，他们眼睛的教育方法并非为此而为，他们无法把握整体感觉并抓住比例。他们的注意力通常停留在错误阐释的细节上。他们带走的精神形象只是一个片段或漫画。基本上，如果他们来参观一个权威的作品，主要是由于虚荣心使然，是为了使这场一些人很享受的表演，不应该成为少数人的特权。然而，尽管他们的印象如此混乱和糟糕，尽管他们的判断力如此虚假和毫无依据，但他们学到了重要的东西，并通过参观得到了真正的想法：那就是，在世界各种各样的画中，有一幅画不是凭借想象力，而是根据自然而画的。

　　然而，在这幅画和天主教会所代表的那幅画之间，分歧是巨大的，甚至在基本智力或精神方面，如果说这种差别没有得到感知的话，也是隐约可以感觉到的；由于缺乏科学概念，弱智的道听途说，像不断冲击坚硬岩石的海浪得以进入人的头脑，以潜意识状态存在，合并和凝集成块，最后久而久之形成一个巨大的、难以融化的、完全反对信仰的情感。对于新教徒来说，这种反对既不极端也不确定。他由圣经给予指引他阅读原版的圣经，因此，为了读出成果，他需要助手提供帮助，以便解释和说明古文字、语言学、哲学、心理学、通史等。由此，信仰将科学视为辅助工具。根据不同的灵魂，辅助的作用多少是广泛的，因而可以与每个灵魂的能力和需求相称，并因此

---

① 德·维特洛尔先生，《回忆录》，I，15页（这段话写于1847年）："帝国时代的读者人数，那时的一个人相当于现在的一千人。报纸发行量很小，传播范围也小；公众通过省长发布的《箴言报》了解诸如胜利、征兵这样的消息。"从1847年到1891年，我们通过自己的经验都知道读者人数大大增加了。

而伸展。我们已经提前看到，在未来两个合作者抱着开明的态度和对科学的尊重，共同描绘同一张画作或分开两次在两张不同的画框中描绘同一张画作。对于斯拉夫人和希腊人来说，信仰就像教会和仪式一样，是一种国家的东西；教义与国家形成一体，人们对此少有争议；此外，这样也并非令人难堪——只是遗传性文物、家庭的纪念品、家庭的图标，无人理解并停止生成的过时艺术的概括性产品。这是草创产品，远非完成，自从10世纪以来，还没有人在上面加上一个线条。800年来，这幅画一直保存在记忆的后室里，上面布满的蜘蛛网与其本身一样古老，光线暗淡，无人观赏。大家都知道它的存在，并且以尊敬口吻谈到它；没有人想摆脱它，但人们并非每天都可以看到它并将其与科学图画进行比较。而天主教图画与此刚好相反：800年来，每一个世纪都有画笔在其上画几笔。即使是如今，我们仍然可以在眼前看到这样的事在发生，它生长在我们的眼睛，更为加强的凸起部分，更深的颜色，更强的协调性、表现力更为显著并且更加固定。13个后来的天主教评议会又将更多的信仰条款加入到构成希腊和斯拉夫教会的信条中去，而最后的2个天主教评议会批准的两个主要信条，即特伦特批准的圣餐变体和梵蒂冈批准的教皇无过错论，正好是永远阻止科学与信仰之间任何和解的最好的信条。

因此，对于天主教国家来说，分歧不仅没有减轻，反而恶化了。信仰和科学描绘的这两幅画，变得越来越不一样，两种概念所固有的深刻矛盾通过本身的发展变得更加恶名昭彰。由于每个概念都是分开发展，两个概念的发展方向相反：一个通过其教义决定和纪律的收紧，另一个通过其不断的发现和实际应用，每个概念的权威都与日俱增；一个通过珍贵的发明，另一个通过优秀的作品，每个都依据自身的价值而受到认可；一个作为正确真理的指导老师另一个作为有效道德的主要领导者。因此，我们可以看到在每个天主教徒的灵魂中都交织着一场战斗和痛苦的忧虑：在两个概念中，应该把哪一个作为行动的指南呢？对于任何善良并能够将二者结合在一起的智慧来说，二者缺一不可。对于无法将其合二为一的普罗大众来说，两者可以并存并且不会发生冲突，只是偶尔行动之前需要进行选择。许多聪明的、有修养的人，甚至是学者，特别是专家，避免面对它们，因为一个是他们思考的支持者，另一个是他们良心的守护者；为了防止其中任何可能的冲突，他们提前插入一个隔离墙，"一个防火墙"[①]，防止它们相遇和冲突。最后是那些聪明但缺乏远见的政治家，或者通过给每个概念分配各自的领域并禁止一个进入另一个的领域，或者通过假想的桥梁、幻影中的台阶和交流试图强迫二者协调一致，人类口才的千变万化总是可以在不相容的东西之间建立起这种幻想，即使没有拥有真理，至少可以享受文字游戏。天主教信仰在这些不确定的、不一致的、受痛苦折磨的灵魂中确立的优势，根据时间、地点、环境、个人和团体的不同而变得或强或弱；在较大的群体中已经减弱，在较小的群体中有所增加。

后者包括常规的和世俗的神职人员及其未来的新成员和它的小团体的支持者；他们从来没有过这样的示范效应和如此特别的热情；修道制度也从未如此自然地兴盛和显著地繁荣。在欧洲从未有如此多的传教士；穷人、孩子、老弱病残者从未有过这么多的仆人和志愿者；也从未有过这么多自愿奉献自己的生命从事教育和慈善的巨大妇女社区[②]。对于法国人这样自然崇尚平等、博爱、交往、友情、冷静和勤恳多过热情、竞争、慷慨和纪律的民族来说，即使在统一和严格的规则下，在修道院里的共同生活既不比兵营生活更令人讨厌，教会队伍的生活也不比世俗队伍里的生活更糟糕；而一直高卢性格的法国，如今和奥古斯都时代一样，总是准备着提供一种罗马的制度系统。当这个制度俘获一个灵魂时，就会对其进行支配，而强加的信仰

---

① 勒南先生在谈到希伯来语教授修道院长伊尔的时候说的话。

② 兰顿教区本堂神父Th.W.艾利，《法国旅行日记》245页（1848年8月3日P.德拉维尼昂的话）。"罗马教会中的哪个国家如今通过其传教士的工作最与众不同？是法国，如果说法国传教士有十个，而意大利只有一个。"好几个法国修会，特别是穷人小修女会和基督教学校兄弟会，热情最高，人数最多，以至于在法国之外也有分会。

则变成主要的客人，占据头脑的主权者。在这块被占据的领土上，信仰不再允许其头衔受到质疑：它谴责怀疑是罪过，将审查作为一种诱惑而禁止，将信仰危险视为死亡危险，将良心为己所用，反对任何可能的思维反抗。在自卫反对攻击的同时，它巩固了自身的财产，为此，它规定的仪式是有效的，我们看到了这种有效性、多样性、趋同性和收敛效率，忏悔和圣餐、隐修、精神修炼、各种类型的节欲和修炼、圣徒和圣母、文物和图片崇拜、发自内心的祷告、忠实提供服务和准确地履行日常的义务，所有一切都证明这一有效性。通过最新的合并和最新的华丽转身，天主教信仰把自己埋得更深、更彻底，一直到最深和最敏感的地方，以使挑选出来的灵魂不受外国的影响；因为，它为这个选择的羊群带来了最需要和最爱的养料。由于在形而上学的、抽象的三位一体之下，其中三分之二的人被想象力排除在外，于是他建立了历史性的三位一体，这其中的人物都是耳熟能详的，包括玛丽亚、约瑟夫和耶稣。自从圣灵感孕说的教条颁布之后，圣母玛丽亚的地位就上升到了惊人的高度；她丈夫随同她也达到了这个高度[1]；他们之间是他们的儿子、孩子或男人：这是一个神圣家族[2]。没有任何一种崇拜对于纯真的单身者是如此自然、如此迷人，因为在他们的大脑里，纯粹和模糊的视觉始终存在，对家庭的遐想没有性的干预。没有哪种宗教能提供如此多的详细对象、所有的行为和事件、三段可崇拜的生命从出生到死亡，再到彼岸的情感和思想以供崇拜。80年以来成立的大多数的宗教机构都致力于潜心沉思某一时点所考虑的生命或人物、纯洁、慈善、同情或正义、概念、婴儿诞生、童年、在神殿、在拿撒勒、在伯大尼或在加略山的显灵、激情、痛苦、假设，在某

---

① R.P.克塞特，《神父的精神家园》，I，37页。"既然我已经把你的一只手和玛利亚的手放在了一起，让我把你的另一只手和圣·约瑟夫的手也放在一起吧；……约瑟夫，在天的祈祷就是耶稣在地上的祈祷。哦，多么崇高的守护神，和强大的庇护！……约瑟夫，天父荣光的化身；约瑟夫，祖先有二十三个国王！"现在一年中玛利亚崇拜一个月之后，有一个月崇拜圣·约瑟夫。

② 《修会的状况》等（1876年）。11个修会和妇女会崇拜神圣家庭，其他19个崇拜童年耶稣或婴儿耶稣。

种情况下,某个地方和其他地方。现在在法国,单单以圣约瑟夫的名义赞助下,就有117个修会和妇女社区。这么多由特殊的口号组成并总结了一个虔诚群体的特别偏好的称谓中,有一个意义非凡的名字:有79个修会或妇女社区都心向玛丽亚或耶稣或二者合二为一[①]。这样,在除了依附于身体标志的狭窄奉献之外,温柔的虔诚可以追求并达到其最高目的,即沉默的灵魂不是在与昏暗的无限交谈,而是与通过普通法行事的冷漠的全能的神交谈,与一个人,是一个神圣的人交谈,他穿着人类衣服,一直没有舍得丢弃,他一直活着,忍受着痛苦,爱人与被爱,以天赐的荣耀,接受信徒灵魂的赠予,以爱回报爱。

对于普罗大众,甚至绝大多数人来说,所有这一切令人费解、奇怪甚至令人憎恶,更为粗俗。普通人认为宗教像政府一样是看得见、摸得着的。在法国,世俗层面的政府已经让人受够了;在精神方面又加上一个,就太过分了。农民、工人和普通公民除了穿制服的收税员和宪兵之外,还会碰到穿着长袍的教士,以教会的名义像另外两种人那样以国家的名义对他们指手画脚,强迫他们遵守规则。然而,每一个规则都是令人讨厌的,而后者比别的规则更多。一个人在纳税之后就可以摆脱收税员,没有犯法就可以摆脱警察;但教士不那么好打发;他干预家庭生活和私人事务并假定完全支配一个人。他在忏悔室、从讲台上劝诫他的教区居民,甚至对最隐秘的私事发号施令,他的禁令使他们的一举一动,甚至隐私、家庭生活、吃喝和睡觉,包括休闲和放松、娱乐和在酒店停留都尽在掌握中。在听了反对酒馆和酗酒的布道之后,有人听到村民们嘟嘟囔囔说:"他为什么插手我们的事?让他做弥撒就行了,让我们消停消停。"他们需要他来做受洗仪式、婚姻丧葬事务,但他们的事与他无关。此外,他规定的仪式中,有太多的不便,乏味或令人讨厌的地方,禁食、四旬斋、在拉丁弥撒中被动的部分太多、时间过长、仪式的细节没有意义,其象征意义在今天

---

① 其中的一个题目是"玛利亚心中的奥古斯丁",另一个是"耶稣垂死的心"。

看来对参加者微不足道；不仅如此，还有大量天父和圣母的机械背诵，屈膝礼和画十字，特别是指定日期的强制性忏悔。如今的工人和农民没有这些约束。在许多村庄，星期天的大弥撒只有少数妇女、由神父教师或修女教师领着一两个群体的孩子与一些老人参加；绝大多数男人留在外面，在教会的门廊前、广场上，互相聊作物、本地新闻和天气。在18世纪，当教士必须向管理者报告教区居民人数时，他只需数一下复活节仪式上领圣餐的人数就可以了；他们的人数大约等于成年和有效人口，差不多是总人口的1/2或2/5[1]。现在，在巴黎，在两百万成年天主教徒中，约十万人[2]在履行严格的职责，他们了解其必要而严格的要求，她们在孩童时期就学到的节奏铭刻在记忆里：在100个人当中，有5个领圣餐者，其中4名是女性，1名是男性，换句话说，差不多1/12或1/13是女性，1/50是男性。在外省[3]，特别是在乡村，有理由把这些数字增加两倍甚至三倍；在后一种最有利但最罕见的情况下，教徒的比例是1/4的女性和1/12的男性。显然，对于那些不上教堂的人，和另外那3名妇女和11名男人来说，他们的信仰只是口头说说而已；如果他们仍然是天主教徒，它在表面，不在内心。

在分离和冷漠之外，其他迹象也表现出不满，甚至是敌意。在巴黎，在革命进行得如火如荼的时候，在1793年5月和6月，店主、工

---

① 在1789年有600居民的布隆（塞纳马恩省），复活节领圣餐者是300人：如今，在1200个居民中，有94人（普安萨尔先生的记录，政治科学学校图书馆）。

② Th.W.艾利，《法国旅行日记》，III，18页："杜夫雷斯纳先生（1845年7月）对我们说，在巴黎的100万居民中，有30万去做弥撒，50万是守规矩的基督徒。"（1847年7月7日与修道院长博第托、圣路易当丹的教士的谈话）："在3200万法国人中，有200万是去做弥撒的真正的基督徒。"如今（1890年4月），一位消息灵通的著名教士给我写信说："我估计在巴黎过复活节的人大约有10万人。"从事宗教活动的人数根据不同的堂区有所不同：马德兰，29 000个居民中有4500人；圣奥古斯丁，29 000个居民有6500人；圣居斯塔什，20 000个居民中有1750人；比扬古尔，10 000个居民中有500人；格勒诺布尔，47 000个居民中有1500人。贝尔维尔，60 000个居民中有1500人。

③ 修道院长布戈，《大风险》等，44页："我认识一位主教，他来教区时就想知道，在管辖的4万名居民中有多少人庆祝复活节。他找到了37 000人。如今，经过了20年的努力，有55 000人。因此，实际上，有300 000人不是教徒。"修道院长拉格朗吉，《杜潘鲁大人的生平》，I，51页（杜潘鲁大人的主教信，1851年）："他认为，他代表将近350 000人向上帝负责，其中至少有30万人没有履行复活节的职责，有45 000人履行了这个伟大的职责。"

匠和市场的妇女,所有普通人仍然还是教徒[1],当临终圣餐和圣列伊圣龛展示仪式经过时,他们都"跪在路边"容易突然感动、"惭愧,后悔和热泪盈眶",如果雅各宾派统治者无意中容忍游行宣传的话。如今,在巴黎的工匠、店主和小职员中,没有什么比天主教更不受欢迎了:在复辟和第二帝国时期,它已经两次联手政府进行镇压,而其神职人员似乎不仅是作为一个有效的机构,而且作为镇压机器中核心的鼓动者。因此,怨恨积累持续沉淀:在1830年之后,圣·日耳曼·奥克斯罗瓦的大主教被解雇;1871年大主教及其他神职人员人质被杀害。1830年之后的两年里,穿袍神父不敢公开出现在公共场所[2];在街上有被侮辱的风险;自1871年以来,大多数巴黎的选民,通过选出和重新选出的市议会,坚持从学校和医院把修士和修女驱逐出去,以便让世俗人士取而代之,并宁愿为了更糟糕的服务支付贵上两倍的工资[3]。起初,反感只是针对神职人员;后来通过传染蔓延到了教义,甚至整个天主教和基督教本身。在复辟时代,被用煽动性的语言称为神父党;在第二帝国时期,被称为教权主义者。后来,面对教会和在相反的名称下,对手成立了反对教权联盟,这是一种消极的教会,拥有或尝试拥有自己的教条和仪式、会议、纪律:暂时迫不得已,只有狂热、令人反感的狂热作为武器了。只要一声令下,它就会为了反对他人、敌人,表现出,如果不是信仰,至少是没有信仰,同时拒绝或回避神父的职务。在巴黎,在100个葬礼中,就有20个采用民间仪式,不在教堂举行;在100个婚礼中,有25个为纯民间婚礼,不用教会祝福;在100个孩子中,有24个没有受洗[4]。

---

① 参见《旧制度》,177页。

② Th.W.艾利,《法国旅行日记》等,240页(1848年8月2日,与修道院长贝第托的谈话):"在1830年,教士在两年之内必须放弃在公共场所穿自己的服装,在发生霍乱的时候,只能通过帮助病人的方式找回自己的声望。"在1848年,他们赢回了尊重和同情;人们回来求他们为自由树祈福。修道院长贝第托接着说:"教会每天都在收回失地,但在高层比在底层更多。"

③ 艾米尔凯勒,《修会》等,362页(与学校相关的数字)。报纸《争论》1890年4月27日一期(与医院相关的数字。在18所世俗医院,死亡率增加了4%)。

④ 福尔尼埃·德·弗莱,《统计社团日报》,1890年9月期,260页(根据保留在巴黎大主教档案的登记),《巴黎葬礼行政委员会行动笔录》(1889):纯粹民间车队,在1882年,(转下页)

从巴黎到外省,示范和感情都在传播。16年来,在由普选产生的议会里,多数人支持执政党反对教会,无论在制度上还是原则上都敌视天主教;其本身有主张统治的宗教,也受到教义精神的支配;在智慧和灵魂的指导下,企图用新的精神取代旧的精神;尽其所能,在教育和慈善事业中减少旧的份额和影响;分散男性修会;对女性修会高额征税;将神学院的学生编入军队;取消有嫌疑教士的工资。总之,通过整个或后续的行动向天主教宣战。显然,其中的一些行动使农民不快,他们宁愿在学校保留神父教师,在医院和学校保留修女护理员和女教师,两者的花费更少,他们已经习惯了他们的黑袍子和大帽子;此外,他们对有这样一个善良的教士居民没有恶意。然而,总的来说,教士并不符合政府的口味;它不想让他们回来,也不信任他们,尤其是政府的盟友,现在包括大资产阶级和贵族同样持这样的观点。因此,在一千万选民中,有五六百万持部分反感及沉默保留态度,会继续投票,至少暂时反对激进基督教。这是因为,经过一个不知不觉和缓慢的倒退,大部分农民群众紧随城市的人民大众,再次成为异教徒①;一百年以来,车轮不停地向这个方向转动,问题严重,对于国家比对于教会更加严重。尽管如此,在法国,内在的基督教通过天主教和法国包裹的双重影响,在神职人员中,特别是在常规的神职中正在逐渐升温,但在世界各地已经冷却,而在世界各地这种热度才是重要的。

（接上页）19.33%；1888年, 19.04%；1889年, 18.63%。《市政统计地图》(1890年7月10日的《统计社团日报》)："一个区越贫困,其民间葬礼越多；梅尼尔蒙当稳操胜券,三分之一以上的葬礼纯粹是民间形式。"

① 修道院长约瑟夫·鲁(先是图尔附近的圣希尔万的本堂神父,后来是克莱兹镇的本堂神父),《思想录》,132页(1886年)："农民身上异教的东西是永远存在的。农民就是罪恶,是他们所有原始淳朴的原罪……""农民凭借奇迹从异教过渡到基督教；从基督教再回到异教不用太高的成本……怪兽最近开始出现,不虔诚的农民……农村人,尽管有小学教师,甚至即使有教士,和高卢人和罗马人一样,仍然相信巫师和巫婆。"因此,对付他们所采用的手段完全是外面的。(修道院长拉格朗吉,《杜潘鲁大人的生平》,杜潘鲁大人的主教记录, I, 64页。)："在过去十五年在你的教区为了宗教你通过什么做的最多？是通过……？是通过……？不,是通过奖牌章和十字架。无论给这些好人提供什么,他们都会快乐：他们喜欢我们主和圣母的礼物。对他们来说,这些东西代表宗教：怀里抱着孩子接受奖章的父亲不能不忏悔而死。"关于法国东南部的神职人员和农民,读者可以在费迪南·法布尔的小说中找到鲜活的肖像和详细的信息(《修道院长提格拉纳》、《库尔伯松一家》、《路西法》、《巴尔纳贝》、《我的舅舅塞莱斯廷》、《哈维尔》、《我的职业》)。

第 六 卷

VI

学 校

第一章　公共教育

I. 公共教育及其三个影响—教师、同学和纪律的影响—三种压力的汇聚产生特殊类型的人。II. 拿破仑的目标—大学的垄断—私立学校的重生和大量涌现—私立学校受到拿破仑的鄙视—其动机何在—私立学校和公立学校形成竞争—限制措施—预先授权和有选择的关闭—自由教育的税收使大学受益—1811年11月的法令—私立学校中的中等教育限制—大学是怎样把它们的学生带走的—强制走读生—其寄宿生人数的限制—限制或同化教会学校的措施—在贵族和反传统家庭强制征兵—拿破仑是帝国唯一的万能教育家。III. 他的机器—教育机构—其成员是如何实现联盟的—头衔的等级制度—对野心的奖励和使自尊心得到满足—修道院的单身原则—修道院和军队的服从原则—承担的义务和强制执行的纪律—师范学校和未来大学的新生。IV. 教育机构的目标是使年轻一代适应现有秩序—儿童和成人所需的感情—这些规则的被动接受—学校规定的范围和细节—独占鳌头的欲望和竞争—不停歇的竞赛和奖金的年度分配。V.军事准备和皇帝崇拜。

I

在固定的时间段，一个男人在一间屋子里被儿童、青少年和一群年轻人围绕，有二三十人，甚至更多。他对他们进行一到两个小时的讲演，而他们则聆听。他们彼此坐在一起，看着对方的脸，触碰着对方的胳膊肘，他们觉得是同龄的同学，忙于相同的学业。他们以两种方式组成了一个社会团体，彼此之间和与老师之间。因此，他们生活在法则当中：每一个社会都具有自身的法则，不论是自发的还是强加的。不论是大人物或小人物，一旦以一定数量聚集在客厅或是街上的一家咖啡厅时，他们会发现自身受到当地法则的约束，这是一种为他们制定的准则或对某种行为的禁令。在学校也是这样：在这里必须要遵守明确的规定以及许多不言而喻的规定。其形成的条条框框在人们思想和灵魂上留下了长久的烙印。不论公共教育是什么；不论目标是世俗的还是宗教的；它的宗旨是宗教的还是科学的；从梯子的最底部到最高处，还是从小学和神学问答到大神学院，到高等学校或学院，简而言之，就是教育机构。在所有社会引擎中，它大概是最强大有效的。因为，它对其所约束和支配的年轻生命具有三种影响，一种是通过教师，另一种是通过学生，最后一种是通过规章制度。

一方面，老师被认为是学者，进行权威的教学。而学生由于认为自身无知，因而满怀自信地学习。因此，他无论向他们讲授什么，他们都会相信。另一方面，在家庭与家庭圈子之外，学生在其伙伴群体里会发现一个崭新、不同并且完整的世界。这个世界拥有其自身的运转方式和习惯、自身的荣誉感以及自身的缺点、自身对事物的看法、团队精神，这些事物也催生了独立且自发的判断，还有自身对早熟和偶然的预知以及自身对一切事物的观点表达，不论是人文的还是神圣的观点。正是在这种环境中，他开始独立思考，接触其他像自己一样的人以及同辈，接触他们的思想。这些想法比起成熟大人的想法更易理解和接受，因此也更具说服力和感染力，令人激动。这些想法为他营造了外部环境，使他产生、发展并塑造自身的想法。在这里，他以自己的方式看待这个巨大的成人社会，而他很快也将成为其中的一员。他对正义与非正义的第一概念以及对尊敬和背叛的预期态度，不是合理，就是非合理，不是社会的就是反社会，简而言之，就是依据群体的观点判断合理或非合理的一种偏见。最后，学校的纪律发挥了作用。不论学校是什么样的体制，自由还是专制，松懈还是严格，修道院式的、军事的还是世俗的，寄宿学校还是走读学校，男女混合学校还是贵族学校，在城镇还是在乡村，具有体能和智力优势的学生们，带着学习知识或语言的头脑走进了为其准备好的环境中。根据环境或结构的多样性，他得到了不同的锻炼，也沾染了不同的习惯。从一层意义上说，他在身体或精神方面得到了发展，从反面意义上说，则受到了遏制。因此，就如制度的好坏一样，他在某些方面多少体现出能力上的优劣。比如，体力和脑力、反应、创造力、主动性、事业心、追求目标、主观与固执结合。也就是说，他对即将登上的这个舞台积极而有用的角色。请注意，学生在导师带领下按相关规定坐在长凳上。普通学徒期将持续6年、10年和15年，通常为20年，女孩也不例外；在一百个男孩之中，没有一个男孩是在家通过家教将学业进行到最后的；在中学，甚至在高等学校，学校的车轮也是统一地转动。若学生住在校外，每日十小时的课程则不会间断。若学生住在校内，每日24小时的课程则不会间断；人在这个年龄好比陶土，是柔软的，还没有自身的形状，也不具备已形成的、坚实的形状来抵御陶艺家的创造之手、滚滚车轮的重量、与其捏合在一起的少量其他黏土的摩擦、抵抗构成公共教育的持久不变的三大压力。显然，尤其是当这三种压力一改往常的相互对抗，聚合到一起去创造特定类型的成人时；当婴儿期到青少年期再到成年期，这些准备的连续阶段以这种方式叠加使所采用类型刻画的烙印更加深刻和准确，当刻画烙印的影响和活动不论远近、大小或内外，形成一套连贯、清晰、适当实用的系统，这里就会形成庞大的力量。应该让国家来负责它的实施和应用，让这种力量垄断公共教育，让它成为公共教育的监管者、领导者和承包者，让机器组装和运行起来，使其在这片土地所及范围之内运作，让它通过道德权威和法律界限迫使新一代进入其中。20年后，它将在这些已成年的未成年人中发现其所意在提供的理念类型及数量、其所赞同的思想限度和形式，以及符合其意志的道德和社会偏见。

II

这是拿破仑的目的 :"在建设教师团体的时候,"他对自己说[1],"我的宗旨是有一种支配政治与道德观念的手段。"更准确地说,他指望新的制度来建立和完善普遍与完整的警察登记制度。"必须构建这样一个制度,以便对每个超过九岁的孩子进行登记。在抓住成人后,还要抓住孩子,以便提前监督并塑造未来的法国人。他们从小由他一手养大,在他的眼中,他们变成了现成的助手,温顺的臣民,甚至比他们的父母更听话。在他们父母那辈人中,仍有许多桀骜不驯的人、开小差的人、保王派和共和派 ;由于家庭传统相互矛盾或观点南辕北辙。孩子在这样的家庭中长大之后只会在社会中相互冲突。由于我们可以预见到这种冲突,我们就可以让他们准备好和睦相处 ;他们所有人以同样的方式并在同样的精神下长大,有朝一日他们终究会发现他们可以取得一致[2],不仅是现在恐惧和高压下的表面一致,而且是根深蒂固的习惯、想象力和心灵上、事实上和根本上的一致。否则,法国"不会存在固定的政治状态"[3] :"只要人们从童年起就不了解自己是否应成为一名共和派还是君主主义者、天主教徒还是无神论者,那么这个国家永远也无法形成一个国家 ;国家的立足点将建立在不确定和模糊的基础上,将不断面临混乱和变化的状态。"最终,他以自己为公共教育的垄断者,独自享有流通权,就像售卖盐和烟草

---

① 博莱·德·拉罗塞尔, 161页(1806年3月11日拿破仑在行政法院的谈话)。

② A.德·博尚,《高等教育法律法规汇编》, 4卷(1806年5月6日弗尔克罗瓦给立法会议的报告)。"这是多么的重要……这种公认为最好的教育方式应该补充这一优势、整个帝国保持一致的优势,即教授同样的知识,将同样的原则灌输给必须共同生活在同一社会中的人,在某种程度上只组织单一团体,只有一个同样的精神,通过一致的感情和行为促进公共福祉。"

③ 博莱·德·拉罗塞尔, 154页。

一样。"贯穿整个帝国,公共教育仅被委托给了大学。"[①]任何学校,任何高等教学机构,中学、小学、技术学校、普通学校、附属学校、世俗学校以及教会学校,在帝国大学之外,未经大学总监授权,均不得成立。

所有生产教育产品的机器就是在这个围墙内和这种方针指导下运行和运转的,并分为两种。一种是地位得天独厚、彼此联系紧密、巧妙集中在一起,属于政府或在政府命令下由市镇建立的国家机构,包括学院、公立高中、初中和市镇小学;另一种孤立分散,属于私立机构,由个人、退休金和机构为支助中等教育和自由小学而建立的。前者为国家产业,须按照其规定的计划和其提出的目的,由国家统治、管理、资助及利用,因此,只是国家自身的延伸。国家经营这些机构并通过其直接彻底地行使职能,这些机构因此享受国家的全部宠爱,而其他机构则受到国家的冷遇。后者在执政府时期重新崛起,如雨后春笋般在各地自发兴起。这是出于需求的压力,也因为年轻人需要教育正如需要穿衣服一样,正如需求与供应所要求的那样,是随意的,没有任何高级或普通的规定。没有什么比这与拿破仑的统治天赋更格格不入了:他说[②],"既然每个人都可以像开服装店那样开教育商店,人们不可能如此这般没有长进",提供自己喜欢或顾客喜欢的衣服或布料,即使是劣质的布料,风格迥异的,即使是奢华或过时的剪裁:由此构成多样化的服装,和令人诧异的大杂烩。每个儿童、青少年或年轻人应该穿的是,用结实布料,经过适当剪裁的优质外套,和由官方提供图案的制服;负责此事的个人事先是不被信任的。尽管他们表面服服帖帖,但他们只是一半顺从。他们有自己的主动精神和喜好,他们遵从自身的兴趣或父母的偏好。任何凭借这一点才生存和繁荣的私营机构,多多少少是独立并持有不同意见的群体。拿破仑在得知圣·巴尔伯学校在德·拉诺先生主持下得到修

---

① A.德·博尚,《汇编》,等(1808年3月7日的法令)。教授高中不教科目,例如现代语言的技术和附属学校,需要服从于预先的授权和普遍的报酬,这些学校只局限于填补缺口,而不是与高中竞争(1832年2月14日,里昂法院的法令)。

② 博莱·德·拉罗塞尔,170页(1806年3月20日行政法院的会议)。

复并拥有500名学生时惊呼[1]："一个普通的个人怎么可能在自己的学校有那么多人？"皇帝似乎忌妒了，好像在大学校园的角落里发现了一个对手一样；这个人篡夺了他的权力、夺了他的势力范围，自立为王，使顾客和小团体围着他转。然而，正如路易十四所说，一个国家不能出现"独立的小团体"。由于德·拉诺有天赋且非常成功，因而得以走上仕途，成为一名官员。拿破仑很快想要支配他、他的学校和他的孩子。他命令大学总监德·封塔纳先生来和德·拉诺先生商议此事。德·拉诺先生得到相应的补偿；圣·巴尔伯学校被编入公立高中。圣·巴尔伯学校则成为校长。值得注意的是，圣·巴尔伯学校不是反对派和异己分子：德·封塔纳先生个人赞扬了他的教学、卓越的头脑和完美的正确性，并称他成为大学学者。但他并不是这样的人。他只是站在一旁；而在学校里，他也不想成为帝国制造厂机器的传动部件和一个微不足道的车轮。因此，不管他是否意识到，他危害到了帝国的教育，他的繁荣愈加如此，他的学校学生盈门愈加使公立初中空空如也；他的学生越多，他们学校的学生就越少。本质上，私营机构与国营机构是竞争关系。

因此，如果说国营机构容忍私营机构，虽然不情愿，但也无可奈何，因为它们的数量太多，而且缺乏将其一举替换的金钱和方式。此外，消费者对教育，就像对其他供应品和商品一样自然不喜欢垄断，必须让他们逐步地接受，通过习惯让他们屈从。因此，国家允许私营企业的存在，至少暂时允许。然而，条件是使它们保持最严格的从属关系，国家拥有决定其生死的权力，使其沦为附属和分支机构，对其加以利用，将其与生俱来的有害竞争转化为富有成效的被动合作。私立学校必须获得国家明确的许可，否则将被关闭，其校长也会受到处罚[2]。即使持有许可，它们仍需遵从大学总监的美好意愿，一旦发现

---

① 基什拉，《圣·巴尔伯的历史》，III，125页。

② A.德·博尚，《汇编》，等（1808年3月17日的法令，第103款和105款；1808年9月17日的法令，第2款和第3款；1801年11月15日，第54款、第55款和第56款）。"如果任何人公开教课并在没有总监许可的情况下经营学校的话，将受到帝国检察官的追究，并将关闭学校……在不（转下页）

"严重的权力滥用或违反大学规定的原则",大学总监可以将其关闭。然而,大学利用它们的资金资助自己;由于大学具有独立教学的权利,它可利用这种权利从中获益,通过转让教学和接受教学的特许权来获取金钱,迫使每个教学机构的校长或者为自己或者为学生支付费用。总之,和其他地方一样,为了突破大学的封锁,就如突破大陆封锁一样,国家向个人出售文凭。此事千真万确,即使在没有竞争的高等教育中同样存在交易:任何注册文学或科学课程的毕业生在巴黎必须每年预先缴纳75法郎,外省50法郎。任何注册法律或医学课程的毕业生在巴黎必须每年预先缴纳150法郎,外省100法郎[①]。中学、寄宿学校和私人学校的校长具有相同的年度权利。此外,为了获得必要的经营许可,巴黎的寄宿学校的教师必须支付300法郎,外省的则支付200法郎;巴黎学校的校长须支付600法郎,外省的支付400法郎;除此之外,该经营许是可撤销的,有效期限只有十年。十年到期时,持有者必须更新并重新支付税款。至于学生,不论其类别,寄宿学生、半寄宿生乃至免费学校的学生[②],大学将向每个人征收全部食宿费用的1/20作为税款;他是负责的收款人、会计和债务人;必须由学校校长本人征收和缴纳税款;校长不得忘记准确申报寄宿价格及学生数量;否则,将对其学校进行调查、审计、判罪、辞退、罚款、谴责,并有可能关闭学校。

愈加苛刻的法规勒紧了其颈间的绳索。在1811年,最新法令的僵硬条款勒得如此之紧,以确保短时间内让人窒息。拿破仑对此十分依赖[③]。因为,他最初的公立高中没有成功,因为它们没有得到家长

（接上页）招致更大的惩罚的情况下,如果他由于教学方式违反秩序和公共利益而被判有罪的话,他将被移交轻罪法庭并被判处罚款100~3000法郎。同上,第57款（关于具备规定授权的学校的关闭）。

① A.德·博尚,《汇编》,等（1808年9月17日的法令,第27、28、29、30款和1809年4月7日的法令）。

② A.德·博尚,同上（1808年3月17日的法令,第134款;1808年9月17日的法令,第25款和第26款;1811年9月15日的法令,第63款）。

③ 昂布鲁瓦兹·兰杜,《公共教育研究》,第4卷,1819年,I,221页（1808年3月24日拿破仑给德·封塔纳先生的便条）。"大学承担了所有公共机构的职责,必须力争尽量减少私立学校。"

的信任[1]，纪律过于军事化，启蒙教育也不亲切。校长和教师只是冷漠的官员，多少有些自私和世故。督学和教师都是粗鲁和满口脏话的退伍军官。国家奖学金持有者带来的是"劣质教育形成的习惯"或几乎是零的无知教育[2]，以致对出身优越和经过良好培育的孩子来说，他们的同学关系是不平衡的，与他们的接触既令人反感，又是有害的。因此，公立高中[3]在最初的几年里除了仅有的少数奖学金持有者，几乎一直闲置且乏人问津。而"年轻的精英则涌入了较昂贵的私立学校"。必须夺回这些从大学抢走的精英。年轻人不去公立高中是因为其缺乏吸引力。只有迫于需要时他们才会来。为此，其他问题实施起来更加困难，有些完全受到阻止。幸运的是，所有被容忍的问题都汇聚到一个单独的中心出口，即大学。这样，每所私立学校的校长将从竞争者摇身一变成为承办者，为大学服务而非伤害它，向大学提供学生而非将他们带走。首先，他的高标准教育受到了限制[4]；即使在既没有公立高中又没有初中的乡村和城镇，他也必须进行超过一定程度的教学。假如他是学校的校长，这个程度不得超过人文科学范畴；他必须把完整无缺的领域留给国家教学人员，包括微分

---

① 欧仁·兰杜，《昂布鲁瓦兹·兰杜和法国的大学》（1861年），25~26页（共和十三年花月3日皇帝给福尔克罗瓦的信让他去视察公立高中，以及福尔克罗瓦经过四个月的视察之后写成的报告）。"一般来说，战鼓、操练和军事纪律在大多数城市里妨碍了家长送孩子上公立高中……人们利用这种措施来说服家长，认为皇帝只想培养军人。"同上（内政部长德·尚巴尼先生的便条，写于几个月之后）："超过一半的（公立高中）校长或教授，从道德的角度看，完全不在乎。四分之一的人通过他们的谈话、他们的行为、他们的声誉，表现出在年轻人的眼中最危险的性格……校长最大的缺点是缺乏宗教精神、宗教的狂热……可以看到这种景象的不超过两个公立高中。由此而造成父母的疏远，人们把这一点归咎于政治偏见；由此而造成鲜有付费的孩子；由此而让公立高中蒙羞。舆论在这方面意见一致。"

② 退休审查员埃斯蒙，《路易·勒格朗初中的历史》，1845年，I，267页："辅导教师是什么人？是仍然保持军营粗鲁性格，只知道服从是美德的退伍下级军官……由于奖学金提名年龄没有确定，皇帝往往选择十五六岁的男孩，这些孩子往往表现出低劣教育养成的坏习惯和可悲的无知，不得不将他们分配到孩子中的最低阶层。"法布利，《1789年以来公共教育史回忆录》，I，391页："寄宿学生（奖学金享有者）由陆军子弟学校提供。军事体制表面正规下的深刻腐败，符合宗教表面仪式以及军事训练活动的冷酷的不敬行为……忠实的传统将这种精神传播给了所有彼此相互继承了12年的学生。"

③ 法布利，《1789年以来公共教育史回忆录》，II，12页和III，399页。

④ 1811年11月15日的法令，第15、16、22款。

学、天文学、地理学、博物学和高级文学。假如他是寄宿学校的教师，这个程度不得超过文法课程或几何算数的初步知识，他必须把完整无缺的领域留给国家公立高中和初中，包括所谓的人文科学、高级讲座和中学教育法。其次，在拥有公立高中和初中的城镇，他只被允许在家教授大学没有教过的内容①；其实，他并未被夺走年轻的学生，他仍可以教育并留住他们；但他必须将十岁以上的学生送入初中或公立高中，让他们以走读学生的身份有规律地上课；因此，他每天并且两次带领他们往返于自己的学校和大学之间；在出发之前的间歇和下课之后，他要测试他们在自己的学校所学到的内容；除此之外，他为他们提供吃住；他的办公室也为其服务所用。他只是一个被监视和利用的辅助工具、下属、大学助教和辅导员，一种不仅没有报酬、反而搭钱的教师和旅馆老板。

所以这些仍然不够。国家不仅从那些学校招募走读生，而且从那里获得寄宿生。"自1812年11月1日起，学校校长及寄宿学校的教师不得接收年龄超过九岁的住校学生，直到处于同城或有公立中学的地方的公立高中或初中招满寄宿学员为止。"②每所公立高中寄宿生的补充数量为300人；在整个1812年期间，"共有80所全面运营的公立高中"。在1813年期间则达到了100所。因而，在这一过去时间里，不算初中，走读学生的总需求补充人数达到了30 000人。这就好像国家如收获农作物一般招募了巨量的寄宿生。很明显，国家预先夺取了全部的作物；在这之后，私立学校只能忍气吞声地捡拾其丢掉的麦穗。

① 基什拉，《圣·巴尔伯的历史》，III，93~105页。直到1809年，由于德·封塔纳先生的容忍，德·拉诺先生得以用预备班学生或法语和商业课程的名义在自己的学校保留一半的学生；然而，他必须放弃哲学教学。在1810年，他接到命令，在一个月之内，把所有孩子送到公立高中。这时，在圣·巴尔伯的学校有400名寄宿生。

② 1811年11月15日的法令，第1、4、5、9、17~19、24~32款。《帝国大学委员会会议笔录》（公共教育部档案手稿，由A.博尚先生提供），1811年3月12日会议，由总监提供的皇帝记录。"陛下要求把下述安排加入到提交给他的法令草案中去：在凡是有高中的地方，总监都需要把私立学校关闭，直到公立高中尽可能接收最多的寄宿生。"这里，我们可以看到拿破仑个人干预的结果；法令的动议非他莫属；他首先要求法令更为有力、更为权威和令行禁止。

　　事实上，这项法令禁止他们接收寄宿学生；从此以后，大学将实现对其垄断。然而，对小神学院这种更富有活力的竞争者的控诉却愈演愈烈。"每个省可以有但只能有一个教会中学；总监将指定保留的学校，而其他学校将被关闭。国家不允许这些学校继续存在。农村不允许建立教会学校。"所有不是位于拥有公立高中或初中城镇的学校将被关闭。未保留下来的教会学校的所有建筑和家具须扣押并没收用于大学。"在所有有教会学校的地方，这些学校的学生须被送到公立高中或初中插班。"最后，"所有这些学校均由大学控制，由大学组织，其学校章程及其规章制度必须由大学委员会根据总监的建议制定"。教学工作只能由总监安排的大学成员进行。同样，在世俗学校，比如圣·巴尔伯学校①，每位教师、辅导教师抑或是普通的审查员都必须有大学的特殊授权。这些所谓的自由机构的教学员工和纪律、教学精神和材料、学习和课外活动的每个细节②，均有制度可循、按章执行并受到管制；无论是哪种类型，无论是教会还是世俗，大学不仅将其包围和束缚，而且将其吸收同化，甚至连其外观差异都一律抹掉。的确，在小型神学院，早上铃一响就开始锻炼，小学生穿的是教会衣服；但是，国家认可教会而采用的长袍仍是国家制服。在其他私立学校穿自身规定的制服，即世俗制服，公立高中和初中的制服，"隐修处罚式"的制服。此外，战鼓、行为、风俗习惯、军营的方式和规矩。所有主动精神、发明、多样性、专业或本地特性都被废除③。德·拉诺先生写道④："我只是一个听着集结号、穿着军服的、慵懒倒霉的军士长……"

---

　　① 基什拉，《圣·巴尔伯的历史》，III，95～105页。同上，126页。1811年11月15日的法令公布后的十五个月里，威胁性的公告接二连三，目的只有一个，就是驱使和欺压普通学校和寄宿学校的校长。即使在最小的寄宿学校，军事训练也必须随战鼓起舞，穿制服有明文规定，否则关禁闭。

　　② 基什拉，同上，III，42页。在1808年前，在圣·巴尔伯学校有各种各样的灵活柔软的游戏，学生可以在操场上进行赛跑竞赛，后来被帝国大学全部取消。其不承认其他人可以做得更好。

　　③ 1808年3月17日的法令，第38款。在"教学基础"中，立法者将"放入唯一目的就是教育的一致性的法令中"。

　　④ 基什拉，同上，III，28页。

不再有公共或私人避难所来避免公立大学的蚕食了。因为即便是家庭教育也不再受到尊重。在1808年[1]，"在体系之外的旧式富有家庭中"，拿破仑从每个省选择了10家，在巴黎选择了50家16~18岁的男孩，送去圣西尔军校，并在毕业后以少尉军衔进入军队[2]。在1813年，他增加了10 000名，其中很多是国民公会议员或旺代人的子弟，以仪仗队的名义成立了一支独立的部队，立即在军营受训。更为重要的是，让无数被吞并国家的显赫和顽固家庭的子弟也接受拿破仑式法教育。早在1802年，福尔克罗瓦[3]就在一份给立法会议的报告中解释了未来大学的政治与社会效用。拿破仑可以选择从其最新的臣民中随意招募和选择学者；只不过，并不是把他们安排在公立高中，而是在拉弗莱什更为军事化的学校，这所学校的所有学生都是军官子弟，也就是说是军队的孩子。到1812年底，他命令罗马亲王帕特里齐[4]将两个儿子（一个17岁，另一个13岁）送进这所学校；为了坚决执行命令，他命令宪兵将他们从家里带走送到学校。一同去拉弗莱什学校的还有90名其他意大利显赫家族，他命令宪兵将他们从家里带走送到学校。多利亚家族、帕拉维齐尼家族、阿尔非埃里家族的子弟、120名伊利里亚行省年轻人，其他的为莱茵同盟国家提供，共计每年有360名寄宿生，每年800法郎。有时，父母可以搬到学校附近陪伴或照顾自己的孩子。此特权并未授予帕特里奇亲王，他在中途被逮捕，并被扣留在马赛。这样，通过巧妙的立法规定随意任命人选的办法，事实上，拿破仑直接或间接地成为所有新老法国人的校长，其帝国里唯一且万能的教育家。

---

① 参见本卷482~483页。

② 为了理解这种强制教育的整个影响，参见梅里美《不高兴的人》中爱德华·德·南吉侯爵的中尉角色。

③ A.德·博尚，《汇编》等（1802年4月20日福尔克罗瓦的报告）："云集法国、操不同的语言并习惯于外国制度的人们，需要放弃旧的习惯，在他们新祖国习惯基础上团结起来，但他们无法在国内找到好办法给自己儿子提供与法国人相融合的教育、风俗习惯和特点。什么样的命运可能对他们更为有利呢？同时，对于只想要更多的公民依附于自己的政府来说，该有哪些资源呢？"

④ 《1807年至1814年一个囚犯的日记》（第一卷，1828年，英文版），167页（当时在弗莱什的夏尔·索德罗斯·德·拉克罗的叙述）。

Ⅲ

为了达到这一目的，他需要一种好的工具，一种由他自己设计、组装和制造的人类机器，能够独立自主地工作，没有偏差和故障，遵从他的指令并受他的监控，在计算好的预设运行中，而无须他的帮助和个人干预。这种机器的最佳引擎就是宗教命令、天主教、罗马人和政府的精神，全部按照特定对象角度的固定规则接受上面的管理；各种智能自动装置，能够无限运行而不会丧失能量，具有持久性、一致性和精确性，以最小的成本发挥最大的作用。这些需要通过预先充分调整过的内部机制的简单运行，使其彻底和预先适应这种特殊服务，以及公认权威和超高智力所赋予其职能的社会事业。没有什么比这更适合拿破仑的社交本能、他的想象力、他的品味、他的政策和计划。在这一点上，他傲慢地宣布了自己的选择。他对行政法院说[1]："我知道耶稣会在教育方面留下很大的真空。但我不想将其恢复，既不想恢复行会，也不想恢复任何把罗马视为君主的团体。"尽管如此，仍然必须恢复一个机构。"对我自己来说，我宁愿把公共教育委托给宗教修会也不想让其像现在这样。"这就意味着公共教育将被放弃并开放给私人经营。"但它们中哪一个我都不想要。"新机构要具备两个条件。首先，"我想要一个行会，因为行会不会消失"；它可以根据其永恒特性独立按照为其规定的方式进行教学，"按照固定的原则"培养世代人才，进而确保了政治国家的稳定性。其次，"用符合帝国新法律的精神和看法来影响年轻人"。这个行会必须是世俗的，其成员必须属于国家而非耶稣修会[2]；他们必须依附于皇帝而不是罗马教皇。在政府控制下，它要形成一个由大约"一万人"、行政管理人员、各级教

---

[1] 博莱·德·拉罗塞尔，162页、163页、167页（1806年2月10日、3月1日、11日和20日、4月7日、5月21日和29日拿破仑在行政法院的谈话）。

[2] 这是拿破仑说的话："我想要一个行会，而不是有罗马君主的耶稣会，而是没有别的野心、只有以为公众服务的利益为自己的利益的耶稣会。"

授、包括辅导教师组成的，一个有组织的严密的永久性民兵组织。

由于其世俗性质，因而不能用教条或信仰、天堂或地狱来控制它，也无须精神鼓动，因此，当人们懂得如何驾驭它们时，会利用有效的世俗方式，诸如自尊、骄傲、竞争力、想象力、雄心、宏伟的期望，以及关于无限晋升的模糊的梦，简而言之，就是保持军队特性和热诚的方式与动机。"教育团体必须模仿军队军衔的分级制度"；我们将建立一种"晋升等级制度"，一种地位等级制度；每个人必须经过低级职务才能达到高级职务；"只有担任过教师才能成为校长，同理，只有教过低年级课程才能教高年级课程"。另外，最高职务向每个人开放；"献身教学的年轻人将从一个职务晋升到另一个职务，最终成为国家最高级官员"。权威、重要性、头衔、高薪、卓越、优先权，这些特征不仅存在于其他公共职业中，而且存在于大学中，并为最宏伟的梦想提供本钱①。"这个伟大身体的脚站在初中的长凳上，而头却在参议院里。"②其首脑人物是大学总监，同类职位中唯一的特例，无拘无束，比其他部长拥有更多自由，将成为帝国的主要人物之一；他的伟大将提升下属的状态和感觉。在外省，每逢节日和公共仪式之际，人们会自豪地看到身着正装的院长或校长正襟危坐在身着戎装的将军或省长身边③。对首脑人物的尊敬将反映在他们身上；他们会和他共同享有这些殊荣；他们会对自己说，他们愿意与他和他的下属一道成为精英；他们会逐渐感觉自己是一个统一的团体；他们将获得这个团体的精神，并将自身依附于大学，就像士兵依附于军队或僧侣依附于修道院的兄弟会一样。

因此，就像修道院制度一样，人们必须通过"入会修道典礼"④才

---

① 这种意图在法律中予以了正式表达（1808年3月17日的法令，第30款）。"帝国大学成立后不久，等级制度就在公务员的提名中予以建立，没有人可以不担任低级职务就被赋予一个职位。职位因此可以成就一个职场生涯，向知识和端正行为打开通往帝国大学最高职位的大门。"

② 博莱·德·拉罗塞尔。

③ 《大学理事会会议笔录》（手稿）。1811年2月1日关于在大学发展团体精神的方法。在这份已经提供给皇帝的备忘录里，以上的动机不足为信。

④ 博莱·德·拉罗塞尔。

能进入大学。拿破仑说："我想赋予这条法令更多的庄严性。我的目的是让教育团体的成员在公证人、治安法官、省长或其他官员面前，不是签订过去那样的宗教承诺，而是公民承诺。他们会像前辈们支持教会一样支持教育，不同的地方在于，这种联姻并非如此神圣、如此密不可分……他们须在职三年、六年或九年，非提前数年通知不得离职。"为了增加相似程度，"必须在此建立独身原则。从这个意义上说，一个献身教学的人必须在经过职业生涯的第一阶段之后才能结婚"。例如，"辅导教师只能在25岁或30岁，在挣得三四千法郎薪水并有足够积蓄之后才能结婚。"但是，事实上，婚姻、家庭和私生活，在这个巨大的人类社会中，所有自然和正常的事务都是一个团体动乱和软弱的起因，在这个团体中，为了成为优秀的一员，就必须毫无保留地彻底放弃自己。"在未来，不仅是辅导教师，而且公立高中的校长和审查员，以及初中校长和教师必须独身、过集体生活。"[1]最后，关于使世俗学校具备女修道院特色的问题补充重要一点："公立高中或初中内禁止女人入内留宿。"

现在，让我们把修道院和军事服从原则加入到修道院的独身原则中去；在拿破仑眼中，这个原则是基本原则，也是其他原则的基础；这一原则一旦被接受，就形成了真正的行会。成员由一个首脑支配，执行命令更有效率。拿破仑说[2]："如果所有高中校长、审查员和教师也像耶稣会有总会和分会会长那样拥有一名或多名上级，就会形成教师团体"，就像一个团的士兵有上校和上尉一样，由此而产生不可或缺的联系。于是，个人通过这种方式聚集在一起，因为，他们在一个规定下受到权威的制约。正如一名志愿者进入义勇军或一个修士进入修道院一样，大学成员将提前接受整个体制，不论是现在的还是将来的，整体的还是细节的，他们都将发誓效忠。"他们将向大学总

---

[1] 1808年3月17日的法令，第101、102款。

[2] 博莱·德·拉罗塞尔。

监承诺①,为了向皇帝效忠和教学的利益,遵守所有为他们规定的章程和制度,保证未经总监允许不会退出教师团体和辞去职务。未经总监的允许,他们不会接受其他公共或私人职务和带薪工作。如果了解到公立学校出现与教师团体的教义或原则相悖的内容时,他们必须通知总监及其下属官员。"还有许多其他明确或不明确的职责②,其约束力不仅来自道德层面,而且来自法律层面,人的显著和永恒的异化由于这种异化而深深地感到痛苦,而强制性的屈服由于对惩罚的恐惧必须得到保证。必须悉心建立严格的纪律③:"教师本人在特定情况下会受到监禁的惩罚;他们因此而失去的尊敬不会比受到同样惩罚的上校更多。"这是所有惩罚中最微不足道的;还有其他更加严重的惩罚④。"在学术委员会受到惩戒,在大学理事会受到审查,受到降级处分、留薪或部分留薪停职、薪水减半或列入退休名单,或从大学名册中除名",对于后一种情况,"将使其无法再到其他公共部门任职。""未服从法律法规或未服从上级的任何大学成员⑤将根据情况的严重程度决定受到何种惩戒、审查或停职的处分。"在任何情况下,不得自行离开,任意辞职,主动回到私人生活中去,而必须事先获得总监的允许;若被总监拒绝,可以每隔两个月更新申请三次,需要经历办理手续、延期和不屈不挠的漫长程序;若没有成功,他将不仅被除名,还将"根据情节的严重程度被判处相应的监禁",刑期可能持续一年。

　　一种最终导致入狱的体制并不吸引人,只会招致巨大的阻力。高级理事会⑥说:"我们必须把他们找到的人作为候选人。这些人在方

---

① 1808 年 3 月 20 日的法令,第 40~46 款。

② 例如,1812 年关于假日的法令(参见 1810 年 4 月 8 日的关于托儿所的条例,第 IX、X 和 XI 条)。在这种严厉和特殊的情况下,我们看得很清楚,拿破仑的学校"警察"意味着什么。

③ 博莱·德·拉罗塞尔。

④ 1808 年 3 月 17 日的法令,第 47、48 款。

⑤ 1811 年 11 月 15 日的法令,第 66、69 款。

⑥ 《大学理事会会议笔录》(手稿)(1811 年 2 月 1 日提交给皇帝的关于在大学加强纪律和团体精神的方法的两个备忘录)。备忘录要求,大学当局的决定根据法庭的简单仲裁决定执行书必须执行;减少法庭和省长的干预、消除上诉和辩护是至关重要的;大学必须在自己的(转下页)

式、信念和感情方面极其与众不同，他们习惯于几乎无限制的宽恕或至少受到父母反复无常的管制。几乎所有人都厌恶强制在他们身上执行的体制。"除此之外，通过国家的介入，"地方当局发现自身最珍视的特权之一被无情夺走"。总之，"教师厌恶强加在他们身上的新义务；行政官员和主教均由于自己的建议被置之不理而抗议新任命的人选；家长对不得不交纳的新税款气不打一处来"。大学仅以其税款和强制的规定而闻名；此外，在1881年，大多数大学教师能力不足、桀骜不驯、性情急躁。勒紧将他们捆绑在一个行会的绳索还有另一个原因："隶属于大学的个人的绝对服从举足轻重；如果没有约束和服从，大学将无法生存。服从必须即时生效。在发生严重的情况而向政府求助时，服从应该总是临时性的。"但是，对于那些无药可救的倔强职员，光有压力是不够的；他已经变得老迈和僵化。因此，真正的良药在于将其替换成更加年轻、更易管理、灵活、经过技术学校锻炼的人；这样的人之于大学如同枫丹白露之于军队，如同大型神学院之于牧师，像预先经过精挑细选和细心打理的育人苗圃一样。

这就是师范学校的目标[①]。青年学生17岁入学，必须至少在大学度过十年。由于是寄宿学校，他们必须过集体生活："个人单独出门是不允许的"，而"集体出门……穿制服……只可在监督教师的指挥和引领下才能成行。这些监督教师负责检查学生从早到晚的学习和课余活动。未经监督教师的许可，任何学生不得在自己房间度过课余活动时间。未经两名监督教师的许可，任何学生不得与其他单位走动……学习总监在认为必要时可以检查学生用书，至少每月一次"。白天每个小时都有规定的用途；所有的例行活动包括宗教仪式在内都有规定的时间和地点，安排得详细周密，似乎是为了刻意堵死个人欲望的所有出口，普遍用机械的一致性取代个体的多样性。"学生的主要职责就是尊重宗教、依附于君主和政府、沉稳勤勉、稳定专注、永

（接上页）领域有全部和完整的管辖权，征收纳税人的税，制裁犯法者的违规行为。

① 1810年3月30日《关于师范学校的管理、教学和审查的法令》，第20~93款。

远循规蹈矩、对上级驯服和顺从。未履行这些职责的学生将根据错误轻重受到惩罚。"在1812年[1]，师范学校规模仍然很小，几乎没有校舍，位于路易大帝高中的楼上，由40名学生和4名教师组成。然而，拿破仑一直关注并了解其一举一动。他不赞成孟德斯鸠在《希拉与欧克拉底的对话》、托马斯在《马克·奥勒留的颂歌》、塔西佗的《编年史》中的评论："还不如让年轻人去读恺撒的评论……高乃依和博须埃才是他们的教师；这些人扬起服从的风帆，进入当时既有的等级制度中，加强了这个制度，并现身说法，为其涂脂抹粉"，他们是公共权力的文学助手。让师范学校的精神符合这些伟人的精神。大学机构是原始的中心工厂，制造、完成并且供应最优质的部件以及最好的车轮。现在，这个工厂还不完整，仍然设备不全，管理糟糕并且仍处于初级阶段；但会很快扩大和完善，并制造出更多精良的产品。目前，它仅能生产用来填补公立高中及初中每年的空缺。然而，根据第一条法令，学校将"接收300名年轻人"[2]。这个产量将填补全部空缺。不论缺口有多大，都将被优质正规的产品所填补。国家自然而然更喜欢这些由国家制造并放置在国家自己商店里的人类产品，以及这些拥有国家本身商标的学校工具。它把它们放到不同的部门，按照顺序将其放到公立高中和初中；最后，国家会拒绝接受其他人；它不仅授予其自己教学垄断权，而且还垄断了教师的培养。在1813年[3]，一则通报宣布："随着教师团体的组织结束后变得正规化、秩序和纪律的建立以及教育变得更有层次，并在不同地区更为均衡，在各种大学机构中逐年出现空缺的地区数量明显减少。宣布正规学校作为此后进入公共教育职位唯一途径的时刻已经到来；它将满足所有

---

① 维尔曼，《当代回忆录》，I，137~156页（1812年对师范学校的访问，拿破仑对德·纳尔伯纳先生的谈话）。"塔西佗是心怀不满的参议员、欧特伊式的发牢骚者，他用手中的笔，在他的书斋里进行报复：他的愤懑是贵族和哲学家的混合物……马克·奥勒留是一种约瑟夫二世的风格，更大程度上是掺杂了商业诡辩家和当时理论家的慈善家和宗派主义者，奉承他们、模仿他们……我喜欢戴克里先。""……公共教育是未来和在我之后我的作品的延续。"

② 1808年3月17日的法令，第110款及后面各款。

③ 1843年11月13日的通告。

服务的一切需求。"

IV

这种服务的目标是什么？在大革命之前，在教会的管理和监督下，其最大目的是维持和增强年轻人的信仰。作为过去国王的继承人，新的统治者强调的是"教育基础"和"天主教戒律"[1]，他自己写的这句话具有明显的意图。在起草时，行政法院写下的是基督教；拿破仑亲自在最终的政府法令中将最狭隘[2]的条款替换成了最宽泛的条款。在这一特别条款中，他经过了慎重考虑。他在通向政教协议的路上迈出了重要一步，并希望通过看似把宗教放在最高位置的做法来安抚罗马和法国神职人员。但这只是一种姿态而已，类似于他将教会显要人物指派到公共仪式或将其列在优先名单中。他并不关心是否可以复活或保持诚挚的信仰：事实远非如此："应该这样做，"他说[3]，"以便使年轻人既不要太固执，也不要太怀疑：他们应该适应国家和社会的状态。"对他们的全部要求，就是表面的尊敬、出席礼拜仪式以及在每节课程开始和结束时匆忙进行简短的拉丁文祷告[4]。总之，就像脱帽行为或其他表示尊重的公共标志一样，比如政府或政教协议的签署者强加给军人和文职人员的官方态度。同样，公立高中和初中学生也要遵守照做。拿破仑就是这样从青少年职员中培养成年职员的。

事实上，他这么做只是为了自己，根本不是为了地位上升将损害

---

① 1808年3月17日的法令，第38款。

② 博莱·德·拉罗塞尔，158页。

③ 同上，168页（1806年3月20日的会议）。

④ 赫尔曼·尼迈耶，《关于1807年法国放逐旅行的观察》（赫尔，1824年），II，353页。法布里，《公共教育史回忆录》，III，120页（学生文件和证词表明，在高中，宗教活动只是在宗教仪式上进行）。里安西，《公共教育史》，II，378页（1830年在皇家初中的九位神父证明，同样的精神贯穿整个复辟时期）。"一个人被送到有400名学生的一个学校度过八年的学习生活，只有八到十次机会有利于保持信仰；所有其他人都反对他，也就是说，在400个机会中，有390个机会可能使他成为一个没有宗教信仰的人。"

自己的教会；不过，好的一面是，在私下谈话中，他希望排挤掉教会：他之所以要建立大学，主要是使教育脱离教士之手[①]。尤其是"他们仅把世界当作一架驿车"，拿破仑想要的是"使这架驿车为他的军队装满优秀的士兵"，为他的行政机构装满优秀的行政官员，为其机构装满优秀和积极的公民。因此，在建立大学的法令中，说完好大喜功的句子之后，他陈述了真实的基本事实："所有归属于大学的学校，其教学必须基于忠诚于皇帝、忠诚于人民幸福所依赖的帝国君主制，以及维护法国统一与宪法所公布的一切自由思想的拿破仑王朝。"换句话说，其目标是在儿童、少年和年轻人心中栽植公民信仰，使他们相信现有秩序的美好、优秀和卓越，使他们的思想和精神支持与适应这个制度[②]，使他们适应权力的集中与机构的集中，适应一致性和框架，适应平等服从，适应竞争，适应热情，总之，适应统治精神，以及综合和精明思想的组合。这种思想使人类行为的整个领域为自己所用，在各处设立路标、障碍物、直线区划，布置安排跑道，集合并引进赛跑选手，在每一阶段都不断鼓励他，使其精神专注于速度和距离的领先，使每个人只有一个生存动机，也就是目前通过选择或强迫的方式，在他被赋予或从事的职业中，想要在等级制度中名列前茅的欲望。

为了这一目的，有两种感情对成年人和儿童是必要的：首先是被动接受规定的法规。没有什么地方比大学更能让上面的规定通过如此精确和繁多的指令来约束和管理人的一生了。学校生活受到严格独特体系的限制和规定。帝国的所有大学和公立中学在这一点是

---

① 法布里，《回忆录》等，III，175页（拿破仑对其理事会的一名成员的谈话）。博莱·德·拉罗塞尔，161页："我不希望教士参与公共教育。" 167页："教师团体这样的机构将是反对僧侣重新崛起的保证；没有这样的机构，他们卷土重来是迟早的事。"

② 法布里，《回忆录》等，III，120页（一位在两所高中度过好几年时光的学生所描绘的高中体制的图画）。寄宿费价格900法郎、衣食不足、拥挤的课堂和学生宿舍、每个班的学生太多，收入丰裕、生活无忧的校长每周宴请30人，从已经拥挤不堪的宿舍挤出一个台球厅和一个露台种上漂亮的树供自己欣赏。审查员、管家、教士、副校长都在做同样的事情，虽然有些低调。辅导教师也与学生一样待遇堪忧。惩罚严厉、没有父亲的劝告或指导、在应用规则时被群起攻之、受上级歧视、对学生缺乏影响力。"放荡、懒惰、自私腐化了所有人的心灵；没有友谊的纽带使教师和学生团结起来，在学生之间也是如此。"

相同的，需要遵守强制的详细计划。该计划预见并规定了一切事物，乃至最小的事物，头脑与身体的劳动和休息、教学材料与方法、课堂用书翻译或背诵的文章、每所图书馆拥有1500册书籍，未经总监的许可，不得引进多余的书籍；还规定了学时、持续时间、课余活动、散步，也就是说，对于老师和学生来说，有预谋地扼杀了与生俱来的好奇心、个人的主动研究精神和发明创造力[1]，以至于在第二帝国时期的某一天，一位部长心满意足地掏出手表说："此时此刻，在某个课堂里，帝国所有的孩子正在学习某一页的维吉尔作品。"当见多识广、头脑精明、公平和心地善良的外国人看到这种机制中来自上层的压迫和推动均被来自下层的主动性所替代时，会非常吃惊。"法律希望永远不应将年轻人交给他们自己；儿童整日整夜都在教师的监督之下"[2]；超过规定界限的每一步都是错误的，而且总会被无处不在的权力所制止。如有违反，则将受到严厉惩罚；"根据罪行轻重[3]，公立高中和初中的学生会被处以在指定地点三天到三个月的监禁。"若有父亲、母亲或监护人反对这些措施，学生将被遣送回家并无法再次进入隶属大学的其他初中或公立高中。在大学的垄断作用下，他此后将永远被剥夺受教育权，除非他的父母足够富裕为他聘请家庭教师。

"严格纪律的影响贯穿一生[4]，在法国要比在其他国家尤甚。"因为，一旦离开公立高中，年轻人将失去自身意志的发挥，他们已"热爱并养成了一种服从和规矩的习惯"，这种习惯其他地方并不具备。

其次，在这条笔直并严格定义的道路上，在规则支撑他们的同时，竞争推动他们前进。在这方面，根据拿破仑本人所说，新的大学团体应该由一群"世俗耶稣会修士"组成，必须恢复其优势，即其前辈的

---

① 赫尔曼·尼迈耶，《关于1807年法国放逐旅行的观察》等，II，350页。"一位皇家初中诚实的教授对我说：'我们也只能退而求其次了！因为这种约束剥夺了我们所有的教学乐趣和对所有技艺的爱！'"

② 赫尔曼·尼迈耶，《关于1807年法国放逐旅行的观察》等，II，339页。

③ 1811年11月15日的法令，第77款。

④ 赫尔曼·尼迈耶，同上，II，353页。

那些前耶稣会修士曾充分应用于教育中的双重过程：一方面是恒定不变的方向和持续不断的监督，另一方面是在公众面前对自尊心和展示兴奋的诉求。如果学生努力工作，其目的不是为了学习和求知，而是在班里排名第一；不是要开发他对真理的渴望和对知识的热爱，而是开发他的记忆力、品位和文采；充其量是排序和推理的逻辑能力，尤其是超过其对手、脱颖而出和孤星闪耀的欲望，先是在他的同伴中，而后是一年后在成年男性大众前炫耀自己。这产生了每周的排位、名次等级、编号排座次；从此产生每所高中年度重大奖项评选，高中大型竞赛，伴随着排场、音乐、装饰、演讲以及出席的名流嘉宾。德国观察者观察到这类仪式的强大效应[1]："有人可能以为自己在演戏，因为，这太有戏剧性了"，他注意到演讲者的演讲语调，"演讲者火一样的热情"、情感的沟通、公众的掌声、长时间的呐喊声、获奖学生殷切的表情、泪光闪闪的眼睛、涨红的脸、父母的喜悦和眼泪。毫无疑问，这种制度也有缺陷；极少数的学生可以期望获得第一名；其他人缺乏鞭策而且更容易被教师忽视。但精英们做出了非凡的努力，而由于努力必然会取得成功。"在战争时期，"另一位德国人又说道，"我知道许多法国军官能背诵一半的《维吉尔和贺拉斯》。"同样，在数学方面，根据一个英国人的证词[2]，理工学校18岁的年轻学生，已经非常了解微积分，"他们比许多英国老师知道的还多"。

V

这样的大规模准备是由拿破仑作为一项方针政策加以明确规定

---

[1] 赫尔曼·尼迈耶，同上，II，366页及后页。关于制度的特点、好处和缺陷，一位证人的证言非常具有启发性并形成几乎完整的画卷：教学科目限于拉丁语数学；几乎没有希腊语，也没有其他现代语言，浮光掠影的一点历史和自然科学，哲学是零；学生应该了解的古典知识中，只有"其精神和内容"（Geist und Inhalt）。参见基佐，《公共教育的历史和现状的研究》（1816年），103页。

[2] 《1814年、1815年间在法国的旅行》（爱丁堡，1816年），I，152页。

和进行督导的，同时因为他对士兵的特别渴求，现有学校就成为军营的前庭。随之而来的是，学校接受了军事化轮训和尚武精神的培养。这种对其至关重要的模式，也受到越来越多的限制。在1805年[①]的四个月期间，受皇帝指派的福尔克罗瓦"与一名巡回检查员和一名上尉或营长助理参观了新建的高中，这些官员四处指导军事训练和军纪"。年轻人已经在几乎所有方面逐渐适应了，他在回来时说到，"我看到的年轻人毫无怨言或表现出绝对的服从，甚至年幼弱小的中士和下士也是如此，他们已经通过良好的表现和进步晋升到了应得的军衔。"虽然是一名自由党人士，他本人还是找到了理由，向立法会议[②]证明这种不得人心的实践是正确的。他面对家长的反对和警告回应说："命令制是值得称道的，没有命令就没有优良的学习。更可贵的是，这使孩子们习惯于携带和使用武器，减轻了工作负担，当兵役法召唤他们为国家服务时，可以加快晋升。"在1811年，击鼓、携带武器的姿势、队列行进、制服、金色饰带，以及所有的这一切都已成为应尽的义务，不但公立高中和初中如此，在关禁闭的惩罚威胁下，私立学校也是这样[③]。帝国时代末期，构成旧法兰西的各省中共有76 000名学员在这样的激励和约束体制下学习。当时的一名小学生后来说："我们的老师就像上尉指导员，我们的消遣方式就是训练，我们的考试就是检阅。"[④]整个学校的趋势倾向于军事化并融合在需要完成的学业中，有时甚至在学期结束之前就已经融入其中。在1806

① 爱德华·兰杜，《昂布罗瓦兹·兰杜和法国的大学》(1861年)，25页和26页(共和十三年花月3日皇帝的信和福尔克罗瓦的信)。

② 博尚，《节选》等，I，151页(1806年5月6日福尔克罗瓦给立法会议的报告)。

③ 1811年3月12日大学高级理事会会议笔录和文件(手稿)，总监提供给皇帝的笔记。"总监命令，在未来的寄宿学校和普通学校中，学生必须穿校服，高中一律根据军事纪律管理。"在与此相对应的1811年11月15日的法令中，也许是因为太过于粗俗的缘故，"军事"这个字被省略了。但拿破仑的潜台词和真实的意志已经表露无遗。基什拉，《圣·巴尔伯的历史》，III，126页。"即使在最小的寄宿学校"也必须执行该法令。

④ 阿尔弗莱德·德·维尼在《军人的荣誉与屈辱》中的证词。阿尔弗莱德·德·谬塞在《一个世纪儿的忏悔》中也有同样的印象。

年①以后,预期的征兵从哲学和修辞学班级的后备学员中挑选年轻人。在1808年起,部际通告②征召高中品行优良的学生,也就是那些"了解军事操练"的18岁和19岁学员入伍。为了尽快成为预备军官或准尉,高中毫不费力地提供了几百名学员。通过这种方式,乳臭未干的志愿者提前一到两年进入职场,据此获得一两个衔级。"因此,"一位初中校长说,"法国年轻人满脑子都是士兵形象。至于在科学方面,至少在目前的情况下,对他们不要抱太大的希望。"③在学校里,另一位在职的见证者④说:"除了数学和武器知识之外,年轻人拒绝学习任何东西。我可以回想起许多十年级或十二年级的年轻小伙子实例,他们日复一日地恳求父母让其追随拿破仑。"在那样的年代,军事生涯是人们的首选,几近是唯一的选择。每个市民都是普通的北京人,也就是说是下等人,待遇如此⑤。在剧院,军官可以越过等待购票的队列,而在比他先到观众的鼻子底下率先取票,大家会为他让路而默默地等候。在报纸可供公众阅读的咖啡馆里,军官可以将报纸据为己有,只要高兴就可在耐心的店主面前随意使用。

需要说清楚的是,崇尚军队的中心思想是崇拜拿破仑,即至高无上、独一无二的军队和所有其他方面的绝对领袖,这一名字的威望在学校里就像在军队中一样如日中天,受到人们的精心呵护。从一开始,他就将获得免费奖学金的学员送进高中和初中,他自己花钱支助3000名⑥男孩的成长,从而形成了他自己的优势力量。这些孩子命

---

① 基什拉,《圣·巴尔伯的历史》,III,126页。
② 参见本卷550页。
③ 赫尔曼·尼迈耶,《观察》等,I,153页。
④ 《法国旅行》等,H,123页(一个法国好人的证词)。"在法国人口的迅速减少造成不断有人晋升,而军队成为提供最多机会的职业。在这个职场中的职业不需要必要的教育,也没有门槛;在此,波拿巴从不绝不埋没人才。"
⑤ 维隆,《一位巴黎资产阶级的回忆录》,I,127页(1806年)。
⑥ 基佐,《研究》,59页和61页。法布里,《公共教育史回忆录》,III,102页(关于奖学金获得者的家庭和获得奖学金所使用的方法)。儒尔当,《公共教育预算》(1857年),144页。在1809年,在36所高中,9068名寄宿或走读学生中,有4199名享受奖学金;在1811年,在10 926名学生中,有4008名享受奖学金;在1813年,在14 992名学生中,有3500人享受奖学金。在同一时期,在私立学校,有30 000名学生。

中注定成为他创造的产品，他们是学校层面的中坚力量。每个高中大约有150名这种奖学金和半奖学金获得者，他们是高中的主要受益者，人数在长时间内远远多于其他付费的同学。他们或多或少出身于贫困家庭，是依靠皇帝生存的军人和公务员的子弟，皇帝是他们唯一的依靠，他们习惯于从摇篮时代起就将皇帝视为他们命运的主宰，这一特别慷慨和全能的保护神不但照料他们的现在，也将负责他们的未来。这样一个人充满并且占据了他们想象力的全部空间，根深蒂固的宏伟形象成了更伟大和高不可及的超人。开始的时候，学生中的激情就定下了调子[1]，制度凭借机制致力于维持这个调子，管理者或教师以命令或热情方式，无不穷其努力以全身心地营造恢宏响亮的和弦震撼。在1811年以后，甚至在私立学校中[2]，"皇帝的胜利形成了几乎唯一的话题，孩子们在此基础上发挥想象的空间"。在1807年以后[3]，在路易·勒格朗中学，获奖作文的题目就是耶拿战役的胜利。"我们老师本身，"阿尔弗雷德·德·维尼说，"喋喋不休地给我们念大军战报，'皇帝万岁'的呼喊声打断了维吉尔和普拉东。""总而言之，"见证者[4]写道，"波拿巴希望在法兰西年轻人中建立'马木鲁克'组织，而且接近成功。更为确切地按他自己的话说，"皇帝陛下[5]期望在一个人口达四千万的国家得到认可，就像斯巴达人和雅典人曾经做到的那样"。"但是，"他后来说，"我只取得了一半的成功。这是我最美妙的设想之一。"[6]德·封塔纳先生和其他大学的同仁当时对他并不理解，也不打算理解。拿破仑本人对他的学

---

① 法布里，《回忆录》等，II，391页（1819年）（关于高中和初中的人数）。"寄宿生的首要核心是陆军子弟学校提供的……传统持续地把这种思想传播给从12岁起就前仆后继的所有学生。"同上，III，112页。"高中的制度在于建立一个反对懒惰、贪婪和与家庭慈爱不相干和具有军事冒险精神的竞赛机制。"

② 基什拉，《圣·巴尔伯的历史》，III，126页。

③ 赫尔曼·尼迈耶，《观察》等，I，153页。

④ 法布里，同上，III，109~112页。

⑤ 昂布罗瓦兹兰杜，《关于公共教育的研究》（1819年），I，221页（1808年3月24日皇帝给封塔纳先生的信）。

⑥ 1816年6月17日《回忆录》。

校工作只能在两次战役的间歇^①给予一时的关注。而他不在的时候，"我们都在糟蹋他的美妙思想"，他的执行者"从未能够尽善尽美地贯彻他的意图"。"他大声咒骂，他们在暴风雨般的责骂声中低头屈服，但过后依然我行我素。"福尔克罗瓦对革命抱残守缺，而封塔纳则对旧制度念念不忘。前者更像一位科学家，后者更像一位文学家。他们以这样的心态过多依赖的是精神文化，而对心灵的训练则知之甚少。在教育方面，文学和科学是"第二位"的东西，重要的事情是培训，即早期的、有条不紊的、持久的、无法抗拒的培训，通过融汇所有方法、课程、示范和实践，反复灌输"原则"，旷日持久地向年轻的灵魂灌输"国家教义"，这是社会和政治问题的教义问答，其中第一条就是要求狂热的顺从、激情的奉献和对皇帝彻头彻尾的臣服^②。

---

① 博莱·德·拉罗塞尔，154页、157页、159页。

② 1816年6月17日，拿破仑关于大学的概念与他在同一个谈话中表达的另一个更广泛的概念结合在一起，这个概念能更清楚地表达他的整个计划。他想要的是"国家军事分类"，也就是五个连续重叠的征兵体系：第一，依托大学的孩子和青少年；第二，利用每年通过抽签征召的普通新兵；第三、第四和第五由国民警卫队的三个标准提供，第一部分包括被派往边境服役的年轻未婚男性，第二部分包括在各省服役的已婚中年男性，第三部分包括负责本城防御的老年人。三个类别，共计两百万人，经过分类、登记和武装，每个人在遭到入侵的情况下都会被指派职务。"在1810年或1811年，该议题共有十五到二十个草案在行政法院宣读。皇帝对此非常重视，经常回来巡视。"从他的办公大楼可以看到大学广场：他的普遍征兵制度从十到六十岁不等，孩子首当其冲，然后是成年人，从健康人到半残废，例如，像肥胖、虚弱的康巴塞雷斯先生，以及所有不适合当兵的人。"如果危险迫近，"拿破仑说，"康巴塞雷斯先生必须准备好拿起枪……然后你将有一个用石灰和砂子砌起来的国家，能够对抗人和时间的考验。"这个提案受到行政法院的普遍反对，"和明显的冷遇，无声和持续的反对……每个议员一想到会被分类运到国外就浑身发抖"；借口是国内防御，实际却被用于对外战争。"由于皇帝忙于其他事务，于是放弃了这个计划。"

第二章　初等教育

I 初等教育—对教师的额外和特别限制—教会的监督—拿破仑
的动机—初等教育的限制—对无知兄弟会的偏爱—皇家教义问
答。Ⅱ．高等教育—科学大学的特点和状况—反对大学的动机—
反感法国制度的原因—如何将其取代—中等教育的范围—在新
的社会秩序里可以满足需要—新秩序带来的就业机会—特殊学
校—拿破仑希望学校专业化和实用化—法学院。Ⅲ．至高无上的
大学建筑—基于批评的信仰—信仰如何使人团结在一起，形成
世俗的教会—这种教会的社会权力—科学和文学的权威—拿破
仑如何将他们收在麾下—研究院是国家的附属物。Ⅳ．政府对研
究院成员的控制—他如何对他们进行限制和遏制—世俗思想可
以活动的空间—数学、物理和自然科学的优越感与自由—道德
科学的失宠和限制—道德和政治科学课程被取消—这类学科属
于国家和皇帝自己的领地—反对意识形态、反对法律、哲学或
历史研究、反对政治经济和统计的措施—历史的垄断。Ⅴ．反对
普通作家和大众作家的措施—审查制度、对剧院、书店和印刷
出版的控制—镇压的范围和仔细程度—支配和冲动的持久性—
整个制度的最终和整体目标及逻辑美感—自身是如何毁灭的。

I

　　这就是中学教育，即他最具个性化的、最为复杂的、最完整的工
作。教育体系里的上下另外两个以简明扼要形式建造的层次适应了

中间的层次,使得三个层次形成了一个规则的丰碑体系,设计师从中巧妙地平衡比例、分配房间、计算如何运行并设计外观和景观效果。

"拿破仑,"一位当时的对手[1]说,"只是在最为绝对的权利形式,即军事专制上熟知权力。他试图将法兰西划分为两个类别,一类由命中注定填补他庞大军队的人民大众组成,这些人由于受到他洗脑的操弄而被动服从,随时准备狂热地奉献生命,另一类人则由于富足的身家而有更高的地位,根据同时也领导他的上级的命令领导前者,为此,虽然也在学校接受服从观念,也就是说机械服从观念,但他们可以学习到特别是战争艺术和设备管理方面的相关知识。此后,在政府体系的某些领域,虚荣心和自我利益与其个人和身份息息相关。"

把这张暗淡的图画再照亮一度就看得更清楚了。对于初级教育来说,没有国家拨款,没有记入预算的拨款,没有现金资助,只有1812年拨付给无知兄弟会的初级修士的25 000法郎,而他们实际只收到4500法郎[2]:给小规模学校的唯一恩惠标志是免除了其对大学的欠款[3]。根据他们的财政逻辑习惯,他的议员提议像在其他地方一样强制征税:作为一位精明的政客,他认为,征税只会令人反感,他不愿意自己的声望在村民和百姓中下降。他从他们身上每年减少征收了200 000法郎的税款。但是他的慷慨大方在初级教育上却止住了脚步,而让父母和市镇承担起了这些负担,支付花销、寻找和聘用教师、提供当地乃至家用的必需品:邀请他们如此作为的政府只是提供计划,也就是说,提出一套规章制度和限制要求。

首先,必须有市镇的保护人,即省长的授权,通过通告要求市镇建立学校,他本人对此目的发布命令,然后介入市议会和教师之间的合同,批准或修正合同条款、签约方姓名、雇佣期限、班级课时和活动规定、教学材料、实物薪资的总额和商品名称、市镇对学校的补贴,学生

---

① 拉莫奈,《论革命的进步性》,163页。
② 参见本卷503页。
③ 博莱·德·拉罗塞尔,159页。

支付的税金、帮助教师生活的补助金,因为他们可以课余时间在市政府兼任文书抄写的秘书、钟楼职员、教堂执事、敲钟人和教堂唱诗班歌手[1]。同时,除以上所述之外,还必须有校长的授权,因为小规模、中等规模或较大规模的学校包含在大学之中[2];新来的教师成为教师团体的一员,通过宣誓使自己与团体的命运息息相关而成为其一分子,承担起自己的义务,服从上级的指挥。他们隶属大学当局的专门管辖,在校内和校外接受检查、督导和支配。最后更为深入和活跃的监督就是教会的监督,这种监督在当地更近、更持久地通过命令和自发地使所有小规模学校笼罩在它的阴影中。大学总监德·封塔纳先生[3]在一份通告中要求由主教"通过教区的教士送交一份关于堂区教师的详细记录,他说,当这份记录返回时,请填写自己的意见后邮寄给我本人。根据你们的意见,我会确认配得上你们投票意愿的教师,他将获得继续履行职责的授权文凭证书。不能提供这种保证的人,将不能获得文凭证书,我会负责以你们认为胜任的另外人选对其予以取代"[4]。

如果说拿破仑因此而将他的小规模学校置于教会监管之下,这不仅是出于安抚引领大多数的灵魂、所有未开化的灵魂的教士,也是出于自己的利益,他不希望人民大众为其自身着想太多和进行思考。

---

[1] 马吉奥罗,《1789年之前和之后洛林的学校》,第三部分, 22页及后面部分(关于1802年之后四个省的小学的建立和重建细节)。有时,教师就是1789年之前教课的人,他的待遇和以前一样;我认为,在一个中等城市,他可以每年挣500法郎或者600法郎;他的状况改善缓慢,寒酸悲惨的命运到了1833年的法令公布后才有了转折。除了由省长在1811年在斯特拉斯堡建了一个之外,没有任何培养小学教师的师范学校,1815年4月27日,在拿破仑从厄尔巴岛归来后承诺再建另外一所。因此,随便在任何地方看,教学人员的质量较差。但是,由于小学校满足了明显的需求,因而数量有了大幅增加。在1815年,有超过22 000个,与1789年的数量相同;在马吉奥罗研究的四个省中,统计的数字与市镇一样多。然而,在其他地方,"在某些省,不难在一个区的二十或三十个市镇里找到一个……能读和写,被邻居视为医生一样的小学教师"(爱德华·兰杜,《昂布罗瓦兹·兰杜 》, 107页,1817年的报告)。

[2] 1802年5月1日的法令,第2、4、5款。1808年3月17日的法令,第5、8、117款。

[3] 欧仁·兰杜,《昂布罗瓦兹·兰杜 》,39页和41页。

[4] 欧仁·兰杜,同上, 41页(主教的同意回复,1808年5月29日波尔多大主教的信)。"有太多学校的小学教师既不教天主教课程和范例,也不教基督教。禁止这些缺德的人再执教鞭是众望所归。"

"学校督察"①，1811年的法令规定，"将会监督小学教师是否承担超出阅读、书写和算术之外的教学。"

在这样的界限之外，如果教师教授一些孩子拉丁语或几何、地理或历史基础知识，那么他的学校就成了初级中学，然后晋升为寄宿学校，这时学生们将接受大学补偿、军事训练、身着制服以及上面规定的所有详细要求。好在学校将被迫关闭，因为一个会读书、写字和四则运算的农民以及仍保留农民身份的人不需要知道更多的东西，为了成为一名优秀的士兵，他也不需要知道太多，因为这已经足以使他成为一名下级甚至高级军官。以凯依涅上尉为例，我们拜读过他的回忆录，当时为了能晋升为准尉，不得不学习书写技能，就像年轻的初学者一样，斗大的字不识一个。如此受到限制教学的最好老师就是基督教学校的兄弟会，针对其顾问的建议，拿破仑表示支持："如果强迫他们，"他说②，"发誓除了阅读、写字和算术技巧之外不去学习其他知识，他们也可能更为适合于其使命。""在他们所在的大学中，人们已经把他们与社会等级制度联系起来，其独立的危险性也经过了预先考虑。"从此以后，"他们对于上级而言不再是陌生人或外国人"。

"罗马的总修道会会长已放弃了对其进行任何检查，可以理解的是，法国的总修道会会长将居住于里昂。"③后者及其修道士落入了政府之手，并接受总监的管辖。这样的行会一旦首脑被控制，就会成为最可靠和最严密的完美工具，是始终可以依赖的，绝不会越过为其所划的任何一边界限或超出这个界限。没有什么事情比这更能让拿破仑高兴了，因为他希望成为公民社会的教皇；根据古罗马传统，就像

---

① 1811年11月15日的法令，第192款。参见1808年3月17日的法令，第6款。"小规模的小学是孩子们学习读书、写字和算数基本概念的地方。"同上，第3部分第5款，市镇中学和寄宿学校的定义。这个定义在1811年11月15日的法令第16款中有明确说明。

② 博莱·德·拉罗塞尔，175页（1806年5月21日拿破仑在行政法院的演讲）。

③ 阿莱克斯·舍瓦利埃，《大革命期间的基督教学校兄弟会》，93页（共和十二年霜月10日第一执政批准的博尔塔利斯的报告）。

教皇建立教会一样建立他的国家；为了自上而下进行管治，他将与教会结盟；像天主教当局一样，他需要循规蹈矩的执行者和军事操演，这些只能在有组织的和特殊团体中找到。大学总监对每位学区区长发出以下指令作为口号："对于小学教育，凡是有基督教学校兄弟会的地方，他们比所有其他人更讨人喜欢。"[①]

因此，对于需要讲授的三类课题，必须增加第四种课程，这是在立法会上未曾提及的，但是获得了拿破仑的允许，它是学区区长和省长推荐或批准的，而且一直在市镇和小学教师之间签订的公约上记录在案。除了"阅读、写字和算术"以外，后者，不管是世俗教师还是无知兄弟会的修士，都要承诺教授为帝国采用的"教义问答"。因此，在接近第一次领圣餐时，至少在为期两年的时间里，他会细心地安排学生用心学习神圣的课本，在座位上一篇接一篇地大声背诵这些课本，靠着这种方法，他的学校变成了教会的一个分支，因此就像教堂一样成为一种支配手段。在为帝国采用的"教义问答"方面，因为有一个短语跃然而出，完全而准确地诠释了其含义，拿破仑已经从中凝练了他的政治和社会教义精髓，构思了由其作为教育目标而指定的必要信念。在向教士背诵之前，七八十万小学的孩子们将这一有力的短语背诵给老师："我们特别感谢我们的皇帝拿破仑一世，我们为他奉献出热爱、尊敬、服从、忠诚、军役和颂歌，保卫和捍卫帝国和皇权……因为他是上帝在危难之际带给我们恢复大众崇拜和天父的神圣的宗教，并成为其保护神。"[②]

II

剩下的是所有教育中最为重要的高等教育。因为，在教育的第三

---

① 欧仁·兰杜，《昂布罗瓦兹·兰杜》，42页。

② 德·奥松维尔伯爵，《罗马教会和第一帝国》，II，257页、266页（1806年2月13日博尔塔利斯给皇帝的报告）。

和最后阶段，从18岁到24岁年轻人的思想和观点已经完全形成，从此，这些已经自由和成熟的未来事业拥有者们恰好踏入实践生活，形成最初的总体思想、仍然朦胧和半有诗意的世界观，以及崇尚个人、自然、社会和重大人类利益的早熟与必然结论。

如果我们希望他们达成一个健全合理的结论，就必须为其准备许多良好的尺度。这样的尺度必须是实质性的、趋同性的，每一尺度都有重叠其上的阶梯，都有其总体范围的标识，都明确指出缺席的、怀疑的、临时的或简单的未来的可能阶梯，因为他们处于成型或实验的过程之中。因此，他们必须全体集合在一个毗邻建筑物的指定地点，不仅有作为科学发言人的教师团体，还有构成工具的样品室、实验室和图书馆。此外，除了普通和常规的演讲课程以外，在指定的时间内，还必须有演讲大厅，以供有魄力的知识渊博人士为愿意听讲的人们发表演讲。于是，一种口头百科全书得到了组织，这是人类知识的万国博览会，一个不断更新和开放的永久性展会，参观者得到平均教育证书作为入场券。除了成形的既有科学之外，除了发现和证明方法的发现与证据之外，也就是方法、历史和总体进步之外，他们会用自己的眼睛来观看每一组别中的科学以及这一组别在整体中的位置所在。这些所教授科目的极度多样性，为智力的极度多样性提供了空间和职位。年轻人的思想可以为本人选择自己的事业，只要力所能及就可以设立远大的目标，登上自己的梯子，走自己的路，爬上自己一侧的知识之树，现在可以从树枝攀到树干，再从树干回到树枝，从遥远的大树枝爬上主要分枝，并从此处再回到树干。

不止如此，由于教学经过协调归类，对于每种课程，都可以学习到从细节内容达到实质内容的方法。年轻人可以参与其中彼此交谈，互相学习。学习伦理学的学生可以同学习自然科学的学生交流，前者可以同学习化学或物理的学生交流，后者可以同学习数学的学生交流。更有成果的是，在每个专业中，学生都可以通过住在邻近房间的同学了解其他信息资料。法学家可以同历史学家、经济学家、语言学家交流，反之亦然，以便利用印象和建议而获得收益，并可使别人从自身获益。他在三年的时间内不会另有目标：不会获得学位，不参加考试，无须准备竞争，没有外部压力，心无旁骛，没有任何积极、紧迫和个人利益干扰、躲避或遏制纯粹的好奇心。他会自掏腰包参加每项讲座课程，为此，他将做出最佳选择，并从头至尾参加课程，到课堂上做笔记，不寻求短语词句和消遣，而是致力于真才实学和教学内容，以实现金钱的全部价值。可以设想知识是一个交换目标，食粮由老师贮备和提供。收取货物的学生在乎的是货物的优良品质、来源可靠和富有营养。毫无疑问，教师本着自尊和良知尝试向其提供这样的产品，但是关键是学生本人是否能在这样特殊的流通过程中，也就是在官方和非官方的讲台取得所要的东西，而不在于别人。为了自身并只为自身传授和获取知识，而不是把这个目的用于其他不同和主要的目的，把思路引导到这个目的，这样，在供需的激励与约束之下迈向目标，将最大的领域和最为自由的事业开放给能力卓越、勤劳、思想深邃的个人、老师或学生，这就是教育精神所在。很明显，为了发挥这种精神的效率，需要一个合适的独立团体，也就是免受国家、教会、市镇、省市和所有中央或地方权力影响的自主团体，以公民身份受法律法规的保护，具备采购、出售和签约的权利，简而言之，就是具备财产权利。这不是荒诞不经的计划，也不是适合出现并留在纸面上的推理和思考的想象力工作。所有中世纪的大学都是基于这种形式组建的，长期以来富有生机和活力。虽然已经面目全非、发育不良和脱水，大革命以前的22所法国大学还是保存下来许多明显特色。在1811年[①]，刚刚视察过低地德国大学的居维叶描述了当地的所

---

① 居维叶，《为执行1810年11月13日的法令所起草的关于低地德国新行省的公共教育报告》，4~8页。"我们的目的和原则是，在每所大学都应该开设所有人类知识的课程，如果有学生想要学的话……没有教师会妨碍他的同事探讨与其同样的科目；他们的大部分收入取决于学生的褒奖，这样会大大激发他们的工作热情。"一般来说，大学都位于一些小城镇；学生接触不到社会其他人，只有他的同学和教师；此外，大学对其拥有管辖权，本身可以行使其监督和警察的权利。"由于居家生活没有公共娱乐、没有消遣，德国的中产阶级，尤其是北部的德国人，把读书、学习和冥想作为他们的主要乐趣和需求；他们是为了学习而研究，而不是为自己（转下页）

见所闻,虽然仅限于高等教育,但完整和完善,符合当代需求,充满了活力并呈现出百花齐放的状态。

居维叶返回法国是无法做任何这样的制度变革的。这种制度已被主流的社会体系排除在外。首先,革命和拿破仑所理解与制定的公法与其是敌对的[①],因为设立的原则是,国家没有永久性的由自身支配、有大量财产支助、按其自己的权力行事并出于自身的利益而组织公共服务的特殊行会,特别是在这种服务涉及教学服务的时候。因为,国家将自己承担起相关的费用,保持国家所有权并取得垄断地位。因此,国家组建的独一无二的综合性大学排除了自由、地方和多样性的性质。所以,在本质上,这是国家教学,而不是科学教学。按此定义,两种类型是矛盾的,不但两种团体有所区别,而且两种精神也是水火不容,每一方都追求自己的目标,而不是另一方的目标。特别是,皇帝赋予其大学的目标与德国大学提出的目标相互冲突。他建立大学出于自身的目的,为了拥有"指导道德和政治观点的方法"。为了实现这个计划好的目标,他错误地允许一些学校接触只接受科学指引的学生。可以确定,在许多观点上,这里对年轻人的指引已经很难与拿破仑希望限制的严格、统一、狭窄的路线达成一致。这种类型的学校将变成反对派的大本营,如此培养的年轻人将变为异见者。他们将自愿与"国家教义"一道或在其之外,即在拿破仑和公民正统观念之外,保持独立的个人观点。更为糟糕的是,他们对自己的观点深信不疑。经过从本原的深入学习,法学家、神学家、哲学家、历史学家、文学家、经济学家也许抱有合适的甚至关于社会事务的危

(接上页)准备一个报酬丰厚的职业而学习……神学家甚至为了探索道德和自然神学的真理而深挖其根源。在正教方面,他想知道它的历史,研究圣人著作的原始语言和所有可以澄清和揭示事实的语言;他渴望得到教会历史的细节,了解一个世纪接一个世纪跟踪的生活习惯,和发生变化的动机。法学院的学生不会满足于本国的主流法典;在他的研究中,都必须与自然和政治法律的一般原则相关。他必须了解所有的时代的法律史,因此,他需要国家的政治史;他必须熟悉和学习各种欧洲宪法,并能够阅读各个年代的文凭和章程。复杂的德国立法会迫使他长时间了解两种宗教的教会法规、封建法和公法,以及民法和刑法;如果没有人向他提供在来源中验证所学知识的手段,他将认为教学是狭隘和不够的。"

① 路易·里亚尔,《法国的高等教育》,307~309页。

险主张。作为法国人，他会以自信和轻率的态度提出这些观点，比德国人更令人讨厌，也许很快就会被送进比塞特疯人院或修道院去。在目前状态下，出于执政的迫切需要，甚至出于年轻人的自身利益，高等教育既不可是百科全书式的，也不可过于佶屈聱牙。

即使这是一种瑕疵，法国人也不会意识到，因为他们已经对此习以为常。在1789年以前，人文学科的课程已经被哲学课程全面取代，代之以教授逻辑学、伦理学和形而上学。而关于上帝、自然、灵魂、科学，年轻人则巧妙地处理、调整和推敲不同的公式。经过简化、削减了难度、变得非学术性之后，这种口头练习得以在高中得到保持[①]。无论在新的还是旧的体制下，教授认为他需要讲解且学生认为需要明白的一系列的抽象术语，使年轻人穿过理解能力和经验，以及教育和年龄之外的高度推理的迷宫：因为学生们需要玩弄辞藻，假装掌握了这些思想，这使他们丧失了获得这些思想的欲望。结果是，在法国大学，年轻人根本不关注什么才是实至名归的大学。自由和广泛的好奇心依然在他们心中沉睡；对于无力完成各种研究过程、关键的调查，无法走完确定通往整个深入概念、真正伟大和扎实思想的漫长和痛苦的道路，他们毫不遗憾。而他们的快捷、简明扼要的准备方式足以适应新社会积极的和可以预测的需求。问题在于填补由于革命而产生的裂缝，向受教育的年轻人提供每年不可或缺的配额。然而，无论在大革命之前还是之后，对于通过了全部课程的年轻人来说，这一切都是可以理解的。在拉丁语和数学纪律的体制下，年轻人获得了使用清楚和连贯思想的习惯、严密思考的品位、组织词句和段落的艺术、参与世俗和公民生活的日常事务的天资，特别是致力于讨论、书写优秀信函的能力，甚至是撰写报告或备忘录的才华。拥有这些

---

① 夏普塔尔伯爵，《回忆拿破仑》13页。夏普塔尔是优秀的学生，曾在令人尊敬的教授拉戈尔贝先生的指导下在罗德兹学习哲学。"一切都局限于讨论莫名其妙的形而上学和逻辑学的细微差别。"这种学习持续了两年；由学生进行的公共讨论可以持续三个小时之久；主教、贵族、教士都加入到这些唇枪舌剑的争论中。夏普塔尔学到了一些几何和代数，以及世界体系的准确概念，但除此之外，他说，"除了可以练习拉丁语和吹毛求疵的本领之外，我没学到什么"。

技巧的年轻人，尽管放弃了自然哲学，但对地理和历史仍有一些了解，已经具有了所需的通用的初步文化背景，也就是他立志追求的所谓自由职业所需要的全部信息。现在是他选择一个职业的时候了：他将成为他想或能够成为的人，教授、工程师、医生、建筑师、律师、行政人员或公务员。无论是哪一项资格，他都要向公众提供一种重要的服务，行使一项光荣的职责；应该让他成为有能力的专家，这对社会是至关重要的。但这并不是对社会唯一重要的，因为，他无须额外成为饱学之士或哲学家。希望他在有限的技艺上能够胜任并值得信赖；希望他知晓如何教授课程或编制演讲课程，如何建造桥梁、堡垒和大厦，如何治病或截肢、起草合同、指导法律程序、为案件辩护和判决诉讼；希望国家出于更大的公众便利性，来组织、检查和验证这种特殊能力；希望国家通过考试和文凭证书对此加以验证；希望其成为一种具有流通价值的货币，及时铸造并符合合适的标准；希望其通过优待或禁令、针对违禁药品和违法行医所规定的惩罚，通过对强加给治安官、律师和得到头衔后才行使职责的部际官员的义务，进行防伪保护。这就是社会利益所要求以及能够要求的东西。根据这一原则，国家创建了自己的专门学校，通过其专属的间接垄断，把听众塞进了学校。是这些学校从此向法国的年轻一代提供高等教育[1]。

作为一名逻辑学家，拿破仑以平常的清醒和精明，从一开始就为这些学校制定了严格的专业和实用原则。"为我培养教师吧"，他有一天在与巴黎师范学校谈话时说，不要文学家、学者、研究者或某个学科的发明家。在类似的场合中他再次说，"我不会批准规定在成为医学系学士以前就成为科学学士的法规[2]；医学不是精确和积极的科学，而是一门猜测和观察的学科。我更愿意相信一位未曾学习过精确科学的医生，而不是掌握科学的医生。我更欣赏科尔维萨先生，而不是阿莱先生，因为，阿莱先生隶属科学院；而科尔维萨先生甚至不

---

① 路易·里亚尔，《法国的高等教育》，I，12页。

② 博莱·德·拉罗塞尔，176页（1806年3月21日行政法院的会议）。

知道两个相等三角形是什么意思。医学院的学生不应该偏离医院的实践、解剖和与自身的技艺相关的研究"。一般认为，科学与艺术有相同的从属关系，直觉或近似的应用有相同的担心，对于公共职务或私人事业具有相同的功利趋势，法学院的研究有相同的缩减，在此真理层面，50年前的法国人孟德斯鸠就已经抓住了全部内容，标记了关联性并画出了图表。这里说的是法律和《论法的精神》；无论是成文法还是不成文法，任何形式、程度和类型的各种人类社会必须依靠法律生存，包括国家、市镇、教会、学校、军队、农业或工业车间、部落或家庭。不论是生物还是化石，这些都是真实存在，就像植物或动物一样可以观察。我们可以将其视为动物和植物进行观察、描述、比较，追踪其从始到终的历史，研究其组织结构，根据其自然组别进行分类，分离出每一部分的特色和优势，记录其周边情况，弄清内部或外部条件或确定其衰落或繁盛的"必要的关联"。对于在社会上和一个国家里生活在一起的人们，没有什么研究如此重要。只有研究可以向他们提供关于社会和国家的经过论证的准确思想。只有在法学院中，这样的主流思想才会由受过教育的学生团体来探索。如果他们不能在此找到，他们就会发明一种适合自己的思想。随着1789年逐渐临近，那些过时、可怜、毫无价值的法律教学落入了受人唾弃的境地，几乎一文不值[①]，无法提供坚实而令人信服的原则，而这本应强加于年轻人的思想之中，填补他们空白的头脑，防止乌托邦梦想的侵蚀。出现的侵蚀是：卢梭的反社会乌托邦，他的无政府主义和专制的社会契约论。为了阻止其死灰复燃，最好的方法就是不能重复相同的错误，不留下政府管治的空白，而需要事先在固定的岗位安排好人

---

① 路易·里亚尔，《法国的高等教育》，71页、73页。"根据1789年的备忘录，在法律学校，跟老师听课的学生不超过五分之一。"福尔克罗瓦，《涉及法律学校的法律动机综述》，1804年3月13日。"在旧法律学校，学业一文不值、不值一提，课程没人重视，也没人听课；作业是买来的，而不是自己写的；考试试题过于简单，录取易如反掌，几乎称不上是考试；中学和硕士证书只是买来的头衔，无须费心学习。"参见布里索的《回忆录》和掌玺大臣巴斯齐埃的《回忆录》，他们都是1789年前的学法律的学生。利奥·德·萨维尼先生在他最近的新书《法国的法律学校》（74页及后页）中，辑录了其他重要的证词。

选,查看作为第一人选的科学能否始终代表合法权利人的头衔、类似于自然科学方法的方法、对来自于生活和课本的细节研究、其有限的归纳、其协调一致的验证、其渐进的发现,以便在没有头衔而面对任何机遇体系时,思想可以自我关闭,或者只是临时打开,但总是小心翼翼地让入侵者出示信用证明:这就是居维叶曾经描述的德国的法律教学所应提供的社会服务。在1789年以前,法国的斯特拉斯堡大学的法律教学即是如此。但是在这种条件和如此的程度下,并不适合新秩序,更不适合旧制度。

在为自己培养法学家的时候,拿破仑需要的是执行者,而不是批评者。他的法律学校向他提供的人应该是实施法律,而不是为法律提意见的人。于是,正像他所规定的那样,在教授法律的过程中,不得出现历史、政治经济或比较法;不得有外国法、封建法或习惯法或教会法综述;不得有罗马公法和私法向判例汇编转变,然后由此在法国向新法典转变的叙述;不得涉及任何法律的远古起源,后续的形式,劳动、财产与家庭多变和多样化的状况;不得涉及任何通过法律观察接触适应于法律的社会团体,即具备习惯、偏见、本能、危险和需要的活生生的人类群体。而他所拥有的,除了两部枯燥而僵化的法典之外别无其他,像是原为整体后来分裂成两块的陨石相隔了四个世纪从天而降一样:首先是罗马法学概要"剔除了不适合于我们法规的内容[①],并用散落在罗马法其他书籍中近似的最美丽法律取代了这些材料",类似于人类阶级,在这里拉丁语文学沦落到最好的经典作家短文。接下来是附带上诉法院和最高法院裁定的评论的法国法典。所有学校的课程都是必修课,并作为一个整体进行安排,或者以强制性顺序彼此添加。学生走的每一步都要经过计算、测量和验证,每个季度都需要注册,每年都要考试。考试不会出现选修课的内容;附属课程或高度重要的补充课程都不在评分范围之内。这样,学

---

① 1807年3月19日的法令,第42、45款。

生会发现课程之外的研究没有吸引力，也没有什么好处，他只能在课程中找到正式课本，这种课本根据目录逐条做了精妙的解释，通过独特的阐释马马虎虎拼凑起来，以便为普通案例提供合适的解决方案，和对争议案例提供徒有虚表的解决方案，换句话说，就是诡辩论[①]。

这正是适合于未来从业者的教育方法。一位第二帝国的著名教授说[②]："我们的年轻毕业生需要这样一个教学体系，即可使其毫无困惑或沮丧地从学校通向司法殿堂"，对《民法典》的2281个条款，以及其他成千上万个条款耳熟能详；对特定的每个案件可以立即找到相关的条款，一系列相关条款和既不广泛也不狭隘的通则、可以适应相关个案；他们只会采用从其本身和整体选取的法律，以及从整体和区别于综合、好奇心理所憧憬的概念所选取的法律。"我对民法一窍不通，"另一位年长并更熟悉原始制度的教授说，"我只讲授拿破仑法典。"拿破仑同样以他敏锐的实证主义图像想象力，提前意识到了他的国家机器的某些未来产品、法庭里或坐或站的戴帽子的法官、身披长袍面朝他们进行辩护的律师，更进一步说，在堆满文件的书房里拿着印花纸的大顾客、正在起草文书的诉讼代理人和公证人，别的地方还有省长、专区区长、省议员、政府专员和其他官员，所有人都在履行职责，工作有条不紊，这些都是有用的机构，但也只是普通的法律机构而已。对于孟德斯鸠那样从法律学校毕业的博学独立的思想家来说，机遇渺茫，比在旧制度下还要不堪。

III

在其他任何地方，高等教育的督导和范围都是类似的。科学和文科大学尤甚于医学院和法律院，教授的主要职业活动就是颁发学

---

① 古尔塞尔·色诺耶，《怎样准备学习法律》（1887年），5页、6页（关于巴黎大学的法律教学）。
② 利奥·德·萨维尼，同上，161页。

位。他们同样颁授学士、硕士和博士学位,但是他们不培养未来的学士,而是中学通过考试为其提供的新毕业的高中生。

当时他们的听众中只有未来的硕士,也就是说,拿到硕士学位之后很长时间少数小学老师必须成为博士,才能晋升到大学的等级制度中。除此之外,偶尔会有几近成熟年龄希望吐故纳新的业余人士,以及希望打发时间的无所事事的人才会走入课堂。为了防止出现空座,上课变成了雅典式的会议,足够令人愉悦或者足以激发或至少不会排斥普通人的兴趣[①]。有两所从旧制度的普遍废墟中幸存的大学一直向有求知欲望的工人教授科学知识,自然历史博物馆还有13个讲坛,法兰西科学院还有19个讲坛。这里的情况也是一样,听众稀疏、混杂、松散、愚钝。讲演是公开、免费的,每个人都可以在讲演期间随意进出课堂。许多参加人员都是无所事事的人,对于他们来说,教授的音调和手势只是消遣,或者是路过的人在冬季时进课堂取暖,夏季时来睡觉而已。然而,还是有三两个外国人和半打法国人跟随西尔韦斯特·德·萨西、居维叶或若弗鲁瓦·圣伊莱尔学习阿拉伯语或动物学。这就足够了,人数已经够多了,在其他分支学科情况也是如此。法国所需要的只是少数特殊和杰出的精英:分布于各种学科中的大约150人[②],在他们背后,还临时有二三百其他人作为可能胜任的继任者,根据其工作和声望可能被提前任命,以便在发生在职者死亡的时候填补空缺。后者作为科学和文学的代表,是现代国家不可或缺的装饰品。但是,除此之外,他们还是新生力量的守护人,越来越多地成为主要的指导者、卓有影响的调节者,甚至是人类活动的隐秘引擎。然而,在一个中央集权制的国家中,没有什么举足轻重的力量可以为己所用。拿破仑不是一个对这种独立的力量妥协的人,不可能任凭其在法外单独行事。他知道怎样因势利导,并将其转变为

---

① 布雷亚尔,《略论公共教育》(1872年),327页、41页。里亚尔,《大学与学院》,13页及后页。

② 1803年1月23日关于研究院组织的法令。

自己的优势。他已经抓住同一等级但更陈旧的另一股势力；现在他又故技重施，掌控这一新生力量。

实际上，与建立在神的启示并属于神职人员的宗教权威并行的，是基于人类理性的世俗权威，由科学家、学问家、学者和哲学家行使。他们也会按自己的方式构成神职人员，因为他们勾画了教义并传授信仰。只是，他们所准备和支配的安排不受信任，不是驯服的思想，而是一种怀疑和出于严厉审查的需要。有了这些人，几乎每一信仰来源都受人质疑。说到底，在寻求知识的道路上，他们只承认两种，即最直接、最简单、最经受考验的方法，条件是彼此可以相互认证：第一种方法是推理类型，通过它我们可以证明二乘二等于四，第二种方法是经验，通过它我们可以证明某种温度以上的热量会融化冰，而低于某种温度的寒冷使水结冰。这是唯一令人信服的过程。而所有其他的方法随着与这个过程背离的加大而越来越不可靠，因而只具有次要、临时、令人质疑和验证与检查之后赋予的价值。我们可以对此方法而不是其他方法加以利用，以表达、限制或搁置我们的判断。只要聪明人使用这种方法，只使用这种方法或类似的方法来证实、忽略或质疑，就称之为思考，如此获得的真理即为终极收获。如此接二连三获得的真理长期以破碎的形式处于分散状态，只有孤立或少量的科学得以存在。大约在18世纪中叶，这些分离的部分重新结合，形成了一个整体，一个连贯的体系，由此称之为哲学，即整体世界观，包括恒久基础的完美秩序，即一种通用网络，这种网络会突然扩大，从物质世界延伸到道德世界[1]，涉及个人和人类，人的能力和激情、个性和集体作业，各种人类社会、历史、风俗习惯和制度、法典和政府，及其宗教、语言、文学和艺术、农业、工业、财产、家庭、教育等。然后，在每一个自然整体中，与同时或后续的部分联系在一起。

---

① 伏尔泰的《风俗论》作于1756年；孟德斯鸠的《法的精神》作于1748年。孔蒂亚克于1746年发表《知识起源论》，1754年发表《感觉论》。卢梭的《爱弥儿》作于1762年；布罗斯主席的《语言的机械形成论》作于1765年；魁奈的《重农论》发表于1768年，《百科全书》发表于1750～1765年。

其共同联系的知识至关重要，而在精神层面，就像在物质层面一样，人可以通过科学的怀疑，通过批判性的审视，根据可靠的经验和方法达成目标[①]。

毫无疑问，在1789年，共同的事业只在这个领域产生了错误的概念。不过这是由采用其他草率的、似是而非的、流行的、冒险的和欺诈的方法代替了可靠的方法所致。人们想要走得更快、更方便、更直接；而作为指南，人们以理性的名义接受了非理性。现在，由于灾难性的经验，人们重新回到狭窄、崎岖、漫长和痛苦的道路，只有这条路才能同时引导我们通过推理走向真理，通过实践走向救赎。此外，第二个结论同第一个一样，是基于最新的经验实施的教学：自此之后，在政治和社会事务上明显可以看到，思想可以快速从推理传导到实践。如果有人同我谈论石头、植物、动物和星星，为了听懂他的话，我必须对此表现出浓厚的兴趣。而如果有人同我谈论人和社会，那么我是一个人和社会的一员就足够了，因为，这涉及我本人、我最直接、最平常、最敏感和最宝贵的利益；如果我作为纳税人和普通人、公民和选民、有产者和无产者、消费者或生产者、自由思想家或天主教徒、父亲、儿子或丈夫，这种教义就是在对我说教。为了影响我，它只须让我信手拈来，为我找到诠释者和宣传者即可。这是大小作家，特别是文人们的职责，他们机智、有想象力或口才出众、举止讨人喜欢、具有说话浅显易懂的天赋。由于他们的介入，在专家或思想家的书斋里酝酿出来的教义通过小说、剧场、课堂、宣传册、报纸、词典、教材和对话，并最终通过教学本身进行传播。于是这种教义进入了所有人的家，敲开每扇精神之门，根据或多或少的强制性工作方式，或多或少有效地致力于产生或消除思想与感情，使之适应精神力量也包括内在的社会秩序。

---

① 关于道德科学和自然科学的可靠方法的相同价值，大卫·休谟自1737年开始就在《人性论》中发表了决定性的论据。从此，特别是在奈克的《笔录》之后，但特别是如今，统计表明，人类活动或远或近的决定性动机是数字表达的彼此相关的力量，在任何地方，这都可以使我们进行准确的数字预测。

一方面，这种教义像积极的宗教一样发挥作用，这是因为在其方式和许多方面，它也是宗教的一部分。首先，和宗教一样，它有活生生的、主要的、取之不竭的源头和指导性的、活跃的信仰的高度集中的蓄水池。如果公共蓄水池未能被间歇的水流、突如其来的山洪、神秘能量隐秘的渗水补充，就会定期公开地由正常能量持续不断的贡献提供补充。另一方面，面对信仰，与顺应善意良知和情感的需求塑造理想世界并使真实世界与之相符的预言一道，它设立了分析过去和现在的测试过程，分析了过去和现在，脱离了可能的法律和未来的可能性。教义同样有其信条，一部分已经形成，一部分正在形成，因此，尽管有瑕疵，仍然形成了足够宏大和简洁的全面完整的概念，同时了解自然和人类。它还把大量信徒和半个信徒集中到教会，这些人不管是否符合情理都全面或部分地接受了其权威性，倾听传教士的布道，敬畏其博学，并且谦恭评议教会的决定。分布广泛的新教会在摇摆不定的等级制度下仍然模糊松散，一百年以来，在不断巩固、稳步上升和无限扩大的道路上继续前行；战果不断扩大，迟早会成为首要的社会力量。甚或对军队主帅、国家元首甚至拿破仑而言，成为其高官的一员也是一件好事。在现代社会中，第二个头衔为第一个头衔增加了声望："皇帝和国王陛下作为教育机构成员的薪水为1500法郎"，因此，收入细目中的皇室专款由此开始。在埃及的时候，他就有意为了装点门面，在公告的抬头上这样写道："科学院成员、总指挥波拿巴。""我坚信，"他说，"连最低下的鼓手也会对此表示理解！"

享有如此信誉的如此一个团体不应该保持独立，拿破仑并不满足于成为其中的一员。他想的是将其掌控在自己手中，自己支配，像一个成员那样为自己所利用，或者至少设法对其实施有效的控制。在古老的天主教会，他已经为自己保留了同样的强大地位，也在年轻的世俗教会中保持自己的同等地位。在这两种情况下，他都会对他们进行限制，使他们服从一个有生命的机体所能承受的全部限制。

对科学和宗教,他会咬文嚼字地重复他对宗教和信仰的看法。"拿破仑不希望改变其人民的信仰,他尊敬精神事务,他只是想去掌控而不会做任何改变和干涉,他所有的愿望就是让他们赞同他的观点、政策,但只是通过世俗的影响而已"。为了这个目的,他按自己的方式重建了法国教会,任命了主教,限制并指导教会法规当局。为了这个目的,他与文学和科学权威人士达成一致意见,将他们召集到一个大厅,让他们坐在扶手椅上,给予他们这个群体以国家序列的法令、职业和等级。简而言之,他采用、重塑和完善了法兰西国家研究院。

IV

这种"国家研究院"就是政府的工具和国家的附属品。这种方式符合旧君主政体的传统和革命议会规定与制定的计划[1],符合法国法律的古老原则,在这种法律中,中央权力的干涉不仅延伸到公共教育,而且波及科学、文学和艺术。它是国家创造和塑造的,为其设立头衔,设定目标、位置、下属部门、附属机构、通信、招聘模式;为其规定了工作、笔录、季度或年度会议;雇佣雇员并支付开销。其成员会拿到薪水,但"选出的代表必须得到第一执政的确认"[2]。再者,拿破仑只需要发话就可以保证他认可的候选人拿到选票,或让他不喜欢的候选人落选。尽管得到国家元首的确认,选举仍可被其继任者取消。在1816年[3],蒙日、卡尔诺、基顿·德·莫尔沃、格雷瓜尔、卡拉、戴维和其他人曾经因长期拥有财产和公认的功绩得到授权,后来被从名单中删除。国家通过同样的最高权力,对其承认或排斥:这是创造者对创造物的权力,排除他们本人、处于创造之上的缔造者权力,但拿破仑没有把自己的权力行使到那种程度,他只是利用而已。

---

① 参见路易·里亚尔,《法国的高等教育》,I全部。共和四年雾月3日关于科学院原始组织的法令(1795年10月25日)。
② 1803年1月23日的法令。
③ 1816年3月21日的法令。

他以异常粗暴僵硬的方式掌控科学院的成员，即使在研究院以外以及私人身份未能在其写作中遵守强加给每个公共团体的正式规定时也是如此。惩罚以公开和丢脸的方式沉重地落在杰罗姆·德·拉朗德头上，他是一位数学家和天文学家，当时正在从事蒙图克拉的工作，对他的打击是由他的同事经过授权做出的。"科学院院士，"帝国记录上说，"就造诣方面是知名的，但是沦入幼稚的状态，就是没有闭嘴的智慧，有时通过与过去的声望和所属机构名不副实的大张旗鼓的方式，有时以公开宣扬所有社会组织的敌人无神论的方式。"[1]最后，部长传唤科学院院长和秘书，通知科学院"必须告知德·拉朗德先生，命令他不得印刷任何东西，不要把他老年时代的阴影笼罩在年富力强时代的功绩上，以获得专家们的尊重"。德·夏多布里昂先生在成为院士的演说中，影射其前任玛丽·舍尼尔的革命角色，表示他只能将其颂扬为文人[2]，而在评审委员会上，12名院士中的6名接受了提名。正因为如此，作为12名院士之一的封塔纳谨慎地投了弃权票，没有去圣克卢。

而委员会主席德·塞居尔先生去了。晚上，睡觉时分，拿破仑在行政法院众目睽睽之下走到他的面前，以今天看从没有生气的字里行间仍然会发出令人震撼的吓人语调的口吻对他说："先生，文人们希望在法国放一把火吗？……科学院怎么敢说出这样弑君的话？……我本应该任命你和德·封塔纳先生做国务参事和总监……你主持科学院二分部的工作。我命令你通知他，我不允许他们开会时谈论政治……如果这个分部不服从我的指示，我将视其为反动俱乐部而将其关闭。"

---

① 拿破仑，《通信集》，1805年12月13日和1806年1月3日给德·尚巴涅先生的信："我很高兴看到德·拉朗德先生做的承诺和在这一时段发生的事。"参见G.莫尔莱，《法国文学的画卷》，I，130页。

② 塞居尔，《回忆录》，III，457页："德·夏多布里昂先生起草的演讲稿颇具艺术技巧：他的目的明显是想讨好每个同事，也包括拿破仑在内。他以雄辩的口才颂扬皇帝的荣耀和共和精神的伟大。"在解释和辩解涉及他的弑君前任的话题而故意遗漏和保持沉默时，他把舍尼尔比作弥尔顿，并评论说，40年来，在涉及弥尔顿时，英格兰也同样保持沉默。

在这样的警告下,科学院院士们只能停留在为其画定的圈子里,对于他们大多数人来说,这个圈子是足够大的。在科学院一分部的数学、物理和自然科学方面,可以让拉格朗日、拉普拉斯、勒让德尔、卡诺、毕奥、蒙日、卡西尼、拉朗德、贝耶勒和阿拉戈、普瓦松、贝托莱、盖·吕萨克、基顿·德·莫尔沃、沃克兰、泰纳尔和阿维、杜阿梅尔、拉马克、居修、米贝尔、乔罗伊·圣·希莱尔和居维叶继续他们的研究,让德·朗布尔和居维叶在他们的季度报告中归纳和公布发现成果;在科学院的二分部,让沃尔尼、特斯杜·德·托拉西、安德里厄、皮卡尔、拉莫西和夏多布里昂(如果他希望参加会议的话)讲授关于语言、语法、修辞、文体和品味规则方面的专题论文;在科学院三分部,让西尔维斯特·德·萨西出版他的阿拉伯语法;让朗格莱继续他在波斯、印度和鞑靼方面的研究;让科特迈尔·德·昆西解释克里塞雷凡亭大雕像的结构,推测性地复制奥林匹亚朱庇特的象牙表面和内部框架;让德安西·德·维龙森在威尼斯发现亚历山大批评家关于荷马的评论;让拉切尔、波伊索那德、克拉维尔与科雷一道出版他们关于古希腊作家的著作,所有这一切都不会造成麻烦,他们都是政府的荣誉。作为公开的发起人、官方赞助人和负责科学、知识和人才的领导者,他们的光芒影响到他,因而,出于其自身的利益,他对他们给予照顾和奖励:劳伦·德·居修和居维叶有大学理事头衔,德朗布尔是大学财务总管,封塔纳为大学总监。德力耶、普瓦松纳德、鲁瓦埃·科拉尔和基佐在文学系讲学;比奥、普瓦松、盖·吕萨克、阿维、泰纳尔、布隆尼亚尔、乔罗伊·圣·希莱尔在科学系讲学;蒙日、贝托莱、傅立叶、安德里厄在巴黎综合理工大学讲学;皮内尔、沃克兰、居修、里奇兰德、杜普纯在医学院讲学。福尔克罗瓦是国务参事,在当过部长之后,拉普拉斯和夏普塔尔成为参议员;在1813年,参议院共有23名院士,动物学家拉塞佩德是获得荣誉勋章的大臣;而戴帝国勋章的56位院士都是骑士、男爵、公爵，甚至是亲王①。这甚或是一种额外的联系，可以更好地使他们依附于政府，同时也使他们进一步融入体制。事实上，他们现在正是从体制和政府那里得到了重视和生活费用。由于已经成为高官显贵和公职人员，他们以双重身份取得了安身立命的护身符。从此以后，在表述思想之前，他们最好抬头看看总监的脸色，了解一下护身符允许他们思考到什么程度。

在这方面，第一执政的意图从第一天起就已经一目了然：重建科学院的时候，他取消了"道德和政治科学部"②，因此，这个分部的头四个部门，即"感知和思想分析、伦理学、社会科学和立法、政治经济学"。在这颗科学的大树上，他切断有四个有鲜明特色小分枝的主要分枝，对于保留或容忍的部分，进行了剪枝移植或与第三分部的分枝，博物学和考古学连接在一起。后者可能利用政治学和伦理学，但只限于"与历史的关系方面"，特别是与远古史的关系。总体来看，从总体结论、实践理论到最新的事件和现实情况看，都没有必要这样做。即使是以抽象和推理讨论的冷静形式对国家进行的研究也是受到禁止的。基于此，在谈到奈克先生出版的《最新的政策和财政观点》时，第一执政详细解释了他的严格规定和威胁用意："你是否可以想象，"他对罗德勒说，"自从我成为国家元首以来，有人提出过三种模式的法国政府？奈克先生的女儿永远不能回到巴黎！"由于她可能成为一个与众不同的政治观点中心，但中心只能有一个，即行政法院的第一执政。即使如此，行政法院也只胜任一半，或顶多是个咨询机构："你们其他人都不知道什么是政府吧③，对此你并没有概念。由于我的地位，我是唯一知道政府是什么样子的人。"在这个地球上，以及在其无限范围的任何地方，不管如何遥远，只要他锐利的目光所及，没有独立的思想都不得形成，也不得产生。

---

① 埃德蒙勃朗，《拿破仑一世及其公民和行政制度》，225~233页。《1813年科学院年鉴》。
② 1795年10月25日的法律和1803年1月23日的法令。
③ 罗德勒，III，548页。同上，III，332页（1800年8月2日）。

特别是根据方法论和洛克、休谟、孔蒂亚克和特斯图·德·托拉西的范例研究的指导性前沿科学、人类理解力分析和意识形态受到禁止。"这属于意识形态,"他说,"和朦胧形而上学,这种方法在仔细寻找首要原因的同时,力图在此基础上建立人民的立法机构,而不是使法律适用于对人心的了解和历史的教训,我们美丽法国之不幸皆因如此。"[1]1806年,德·托拉西先生未能在法国出版他的《论法的精神之评论》一书,而是将书寄给了美国总统杰弗逊。杰弗逊将书译成英文,以匿名出版,并在他自己的学校里进行讲授[2]。大约在同一时间,J.B.萨伊《政治经济学论》一书的再版受到禁止,该书于1804年发行的第一版不久就销售一空[3]。在1808年,过去由夏普塔尔推动和指导的所有地方和综合的统计学方面的出版物,都被中断并停止出版。拿破仑总是需要数字,但他只留给自己使用。如果数字泄露,就会造成不便,因此,数字随之变成了国家机密。同样的预防措施和相同的严格规定延伸到法律甚至技术方面的书籍,包括《罗马法详史》。"这部作品,"审查人员说,"可能会使人将奥古斯都的统治状况同拿破仑的统治状况进行比较,可能对舆论产生不良影响。"[4]事实上,没有什么比历史更加危险,因为历史不是由深思熟虑之外令人费

---

① 维尔辛格,《第一帝国时期的新闻检查》,440页(1812年12月20日,拿破仑在行政法院的演讲)。莫尔莱,《1800年至1815年的法国文学画卷》,I,128页。罗瓦耶·科拉尔先生刚刚在巴黎大学为三名听众讲完反对洛克和孔蒂亚克的哲学的课程(1811年)。读完这篇课程之后,拿破仑第二天对塔列朗说:"您知道,总监先生,他正在我的大学里酝酿一种新的哲学……这可能让我们通过思考立即杀死他们的方式完全摆脱思想家吗? "听到这种赞扬后,罗瓦耶·科拉尔先生对一些朋友说:"皇帝错了。笛卡儿比洛克与专制更加格格不入。"

② 米涅,《通告与肖像》(德·特雷西先生的颂辞)。

③ J.B.塞伊,《政治经济论》,第二版,1814年:"新闻报道不再自由:任何事情的准确陈述都受到建立在谎言基础上的政府的审查。"

④ 维尔辛格,160页(1810年1月25日)。威尔曼,《当代回忆录》,I,180页。从1812年起,"可以完全准确地说,书写思想的任何传播,即使发生在国外最偏远的地方任何历史事件的提及,都会成为一件有风险和可疑的事情"。海耶,《约翰·马尔科姆爵士的生平和通信集》,II,3页(1815年8月4日,约翰·马尔科姆爵士的日记,关于夏尔丁杂志的编辑,东方学者朗格莱的访问,他为其添加了注释,其中关于约翰·马尔科姆爵士在珀斯的任务是不真实的)。"他先对我说,他追踪了另一位作者;后来他为自己开脱,指控波拿巴,他说,审查制度不仅删除了某些段落,而且增加了其他一些他们认为有助于他的计划的部分。"

解的一般命题组成，而是由第一个揭示者认为可以接近和令人感兴趣的特定事实组成的。

出于这样的原因，不但是感知和思想科学、哲学法和比较法、政治和伦理学、财富和统计科学，而且还有历史，都应该从属于国家管理；而特别是法国历史是国家事务和政府的目标。没有任何其他目标可以对政府产生如此深刻的影响，也没有什么研究对加强和弱化思想与印象有如此大的贡献，正是这种印象决定支持或反对他的公共舆论。光是监督历史、如果需要的话取消历史，阻止历史出现负面内容是不够的，必须对历史加以指导、给予灵感、创造历史，以使历史成为完美的历史。

"没有什么工作比这个更重要了[1]……我不考虑关于这一方面的开销。我甚至打算让部长们确保这项工作在我的保护之下。"首先，我们必须确保作家们有端正的态度。"这种工作不但必须托付给真正有才华的作家，而且还要交给被捆住了手脚的人，他们会在驱动历史进入共和八年的同时，根据真正的观点提供事实，并准备健康的指导。"但是这样的指导只有通过一系列的预备和集中的判断，使现体制的最终赞同和确立的景仰缓慢进入思想领域时才是健康的。因此，历史学家必须"让每个线条都感受到"旧制度的缺陷、"罗马教廷、忏悔便条、南特赦令的取消、路易十四与德·曼特农夫人的可笑婚姻等、财政方面永久性无序状态、议会的自命不凡、管理机构缺乏规则和动力的影响……以便在来到法律、行政和领土统一而享受利益的时代可以呼吸到新鲜空气"。"最后，路易十四、路易十五和路易十六时期的政府恒久的弱点，应该激发支持最新完成的作品以及对已经获得优势的需要。"雾月18日，法国进入港口。谈论大革命的时候，不要只将其作为毁灭性、不可避免的、最后的暴风雨[2]。"当这部根

---

① 莫尔莱，《1800年至1815年的法国文学画卷》（根据德·封丹先生的文件），II，258页。
② 莫尔莱，同上。"必须注意避免谈到革命时的所有反应。没有人会对此加以反对。指责既不属于死去的人，也不属于活下来的人。任何个人都无法改变这些要素，并预见从事物本质产生的事件。"

据正确的方向写作和完成的作品出版时,没有人愿意或有耐心再写另外一部,特别是远未受到警察鼓励而使人感到气馁的时候。"用这种方法,将与年轻人有关的教学垄断赋予自己的政府,现在又将与成年人相关的历史垄断也赋予了自己。

<h2 style="text-align:center">V</h2>

如果拿破仑如此对那些长于思考的人采取预防措施,也只是因为担心他们的思想一旦发表就会接触公众[1],根据他的格言,只有君主一个人才有权公开讲话。作者和读者之间,任何沟通都被三四倍的封锁线事先拦截。而穿越封锁线的唯一通道是漫长、弯曲和狭窄的小窗口。在这里,手稿像一捆可疑商品一样,只有经过彻底检查,一次又一次的核实,才能艰难取得无害证明和流通许可。因此,拿破仑说:"印刷厂就是一座兵工厂[2],让每个人处于触及的范围之外是非常重要的……对我来说非常重要的是,只有那些政府信任的人才被允许印刷自己的作品。一个用印刷品对公众讲演的人就像在集会上对民众讲话的人一样,当然,没有人会质疑君主阻止第一位来者对公众高谈阔论的权利。"基于这一点,他将书店变成了享受国家特权、经过授权和监管的国家机构。因此,在最后接触公众之前,作者必须预先接受彼此负责的、经过宣誓和认证许可印刷商和书商的审查,他们小心谨慎,不会冒失去许可、丢掉饭碗、破产、罚款和入狱的风险。其次,书商和作者必须将正在印刷的手稿或作品交到官方检查员的手中[3],由后者进行阅读,并每周向书店总监写报告。他们会指出作品

---

① 威尔曼,《当代回忆录》,I,145页(德·纳尔伯纳先生在1812年与拿破仑的几次会面后的谈话)。"如此强大和荣耀的皇帝在世界上只担心一件事,讲话的人,如果没有他们,他会担心思考的人。然而,他很喜欢他们,至少他不能没有他们。"

② 维尔辛格,30页(1809年12月12日的行政法院会议)。

③ 同上,31页、33页、175页、190页(1810年2月5日的法令)。1870年9月1日的《批评》杂志(书店总监在1810年最后三个月和1814年最后三个月的每周通告,由夏尔·图洛出版)。

的好坏部分，"根据形势不适宜的或受到禁止的段落"，有意、无意或只是可能的影射内容。他们会要求进行必要的删节、改正和添加。出版商服从，印刷商提供证明，作者屈服；这样在办公室的程序就结束了。他认为自己在港口内已经安全，但实际上并非如此。

　　总监以自己明确的保留权始终有权取消作品的出版，"甚至在经过检查、印刷和批准发行后"也是如此。除此之外，总监之上的警务大臣[1]同样拥有其审查办公室，有权封存已经印制的书页，销毁印刷厂的印版和书模，将上千册德·斯塔尔夫人所作《德国》一书送到造纸厂，"采取措施不留下一页纸"，从作者手中收回手稿、收回已经借给朋友的两册书以及从总监处取走锁在办公室抽屉的另外两本书。两年以前，拿破仑对奥格斯特·德·斯达尔说："您的母亲不是坏人，她聪颖智慧，富有才华。但是她不习惯于遵守纪律。在我不得不将她送进修女院或比塞特疯人院以前，她在巴黎不得逗留六个月以上。对此我很遗憾，因为这会引发谣言，伤害我在公众心中的形象。"[2]她此后是否放弃谈论政治并不重要，"与别人谈论文学、艺术、伦理和一切就是在搞政治；女人应该干点编织之类的活儿"，男人应该保持沉默，如果确实要说话，则应限于设定的题目和在规定的范围内。

　　当然，表演行业的检查仍然是更为严格、压制更甚、更为苛刻、更为持久的。在聚集了大量观众由于情感快速蔓延而变得狂热的剧场，警察在高乃依的《赫拉斯》和拉辛的《阿达莉》戏剧中分别删掉了12个和25个连续诗句[3]，用其他生硬和支离破碎的诗句或半诗句马马虎虎地拼接在一起。在已经拥有读者群体和影响力的期刊报纸方面，其订户根据政治至少是哲学和文学方面的舆论也受到压缩，濒临

---

　　① 《法令和法律汇编》，XII，170页："当审查员检查作品并允许出版时，书商将得到授权进行印刷。但警察部长仍有权完全取消，如果他认为合适的话。"维尔辛格，346~374页。

　　② 维尔辛格，173页，175页。

　　③ 维尔辛格，223页、231页、233页（经过警察删节的《阿达莉》版本在法兰西喜剧院的台词图书馆还可以找到）。同上，244页（1809年2月1日，关于卢斯德兰西瓦尔的《埃克脱之死》警察秘书总长给法兰西戏院每周值班经理的信）。"先生们，参议员阁下，部长已明确要求我邀请你们删除在埃克脱舞台上的下面两首诗：先放下这把永恒胜利之剑，亲爱的埃克脱，不要害怕放弃幸福。"

破产边缘。从执政府初期开始^①，73份政治报刊中，有6种被取消。在1811年，硕果仅存的13种被减少到4种，而且主编也由警务大臣任命。从另一方面看，这些杂志的财产也被没收，而将其占为己有的皇帝将这些资产出让，其中三分之一给了警察，另外三分之二给了法院或作为公职人员的文人或下属。在这种不断恶化的体制下，报纸年复一年地变得每况愈下，以至于为了利益和取悦公众，警察在自己的专栏发起对法国音乐业余爱好者和意大利音乐家爱好者之间的论战。

几乎受到同样严格控制的书籍受到肢解或被阻止出版^②。夏多布里昂在督政府时期在伦敦发表的《论革命》一书被禁止再版。在《从巴黎到耶路撒冷》一书中，他被迫删掉"关于法院、廷臣和属于错误影射某些人的论述"。审查机构正式禁止了《最后的阿宾塞拉兹》，在其中"发现了对西班牙人事业的利益过度热衷"。读者必须阅读整个登记看到作品，不仅是大作家和普通作家，而且是在编者和不足为道的缩写者，还是在译本、词典、手册、历书中，才能详细感受到作品以何种怪诞和凶险追求与毁灭包括思想，建议、随声附和、相似性和思考方面的疏忽、觉醒反映的可能性和比较，包括：所有对大革命和旧制度的回忆，如克莱伯或者莫罗的评语，苏利和亨利四世的谈话；"彩票游戏可以使年轻人熟知自己国家的历史"^③，但是过多谈论"王储、路易十六及其亲属"；得到了皇帝特别赞誉的卡里奥斯特罗和亨利·德·圣·梅斯曼先生的总体空想作品，善于"以他的存在填补法国人空虚的灵魂，但是必须删除连坏人和蠢人都看得出来的三种笨拙的比喻；译成法语诗歌的大卫赞美诗，拉丁语形式并无危险，但译成法语则完全不同，可能通过巧合或者预言而被错误地用于教会影

① 同上，13页（1800年1月17日的法令）。同上，117页、118页（1811年2月18日和1813年9月17日的法令）。同上，119页和129页。（行为，1811年2月18日，1813年9月17日。）-（对合法所有者没有给予任何赔偿：原则上国家没收法令规定，期刊产品只有根据君主特意做出让步，这种让步的对象不是实际的创始人和现所有者，因此，其合法的要求是在无效的情况下才能成为资产。）

② 同上，196页、201页。

③ 《批评》杂志，1870年9月1日，142页、146页、149页。

射遭受苦难,用于宗教影射遭受迫害;而其他大量在书店深处孵化的文学虫,几乎朝生暮死,在地上爬行,无人觉察,但是具有职业热情和敏感的监察人员则将其视为令人生畏的龙,必须将其脑袋打碎或将其牙齿拔掉而后快。

在下一次孵化时,他们就变得无害了,更有甚者还会变成有用之才,特别是可以作为年鉴①"在很多观点上改正人们的思想;在1812年以后,也许有可能控制在年鉴上的写作,加入一些适合于鼓励爱国主义和致力于赞颂陛下人格和拿破仑王朝的趣闻轶事、歌曲和故事"。为此,警察对各种戏剧或抒情作品同样进行了改进,订购和购买,大合唱、芭蕾舞、即兴曲、歌舞杂耍表演、喜剧、大型歌剧、轻喜剧,一天中为罗马国王的诞生创作了176部作品,赏金总计88 400法郎。让行政机关预先研究一下这件事,以便让其选拔人才并享受成果。"人们抱怨我们没有文学作品产生,这是内务大臣的错。"②拿破仑以个人身份从战役的高度介入了剧场演出事务。不管是在普鲁士还是在法兰西的家中,他一手领导了悲剧作家雷努阿尔、勒古维、卢斯·德·兰西瓦尔;他听了《亨利四世之死》和《布卢瓦的国家》的首读;他给芭蕾舞作曲家加德尔"一个优秀题材,尤利西斯的回归";他向作者解释了戏剧性效果应该怎样在他们手中变成政治课程,由于没有其他更好办法,在等待他们对此理解消化时,他把剧场作为讲台向观众讲解,就像给大军宣读公告一样。

而在日报方面,他是自己的律师,也是论战中最热烈、最傲慢、最有权势的律师。长期以来,在《箴言报》中,他自己口述了几篇以其风格闻名的文章。奥斯特里茨战役以后,他已经没有时间做这些事情了,但是他鼓舞他们所有人,让他们根据他的指示起草文章。在《箴言报》和其他公报中,正是他的声音直接或通过发言人传达给公众。

---

① 维尔辛格,251页。
② 《拿破仑一世通信集》(1806年11月21日皇帝给康巴塞莱斯的信,1806年10月25日和12月31日给富歇的信)。维尔辛格,236页、244页。

他的声音占据了主要地位，人们可以预测究竟他要说什么。所有团体或国家当局的齐声喝彩赞扬使众口一词的永恒的、凯旋的、奉承的赞美达到高潮，这些赞美之辞凭借他的强硬主张、一致的步调和振聋发聩的声音迷惑了所有人的头脑、泯灭了良心、颠倒了是非。"如果有人质疑，"法案评议委员会的一位成员说，"是否是上天或者某种机缘让君主降临到地上，我们对皇帝的某种神圣感激涕零难道不是很明显吗？"[①]另一个唱诗班以小调形式颂扬奥斯特里茨战役的胜利："受新的野蛮人入侵威胁的欧洲应该将其安全托付给另一个查尔斯·马特尔那样的天才。"接下来是类似的大合唱，由拉塞佩德、佩里尼翁和卡拉在参议院和立法院领唱。然后在每个教区中，由一些主教在主教信函中将颂辞提升到军事艺术的技术考量，为了更好地赞美皇帝，主教需要向教区民众解释他的战略天才令人钦佩的组合。

实际上，以前反对天主教思想、现在反对世俗思想的策略的确令人称道。首先，他预先扩展、选定和划定了行动范围，这里是由他本人确定的目标："公众事务方面，当然这是我在政治、社会和伦理方面的事务；历史方面，特别是近代史、现代史和现实历史，目前的一代人，除了我以外，没有人进行思考，下一代人都会按照我的想法思考。"因此，教育的垄断归他所有。他已将军服、军纪和军神引入了公立和私立中学的中等教育机构。他将教会在小学教育的监督职责降到最低限度，消除了地方的、百科全书的和自治大学的最后遗迹，取而代之的是职业技术学校，他让高等教育徒有其表，遏制了青年人高度的自发和无私的好奇心。同时，回溯到世俗知识的本源，他已将科学院玩弄于股掌之上。在政府工具方面，他已经做了必要的削减，把

---

① 1806年1月1日的《箴言报》（共和十四年雪月9日的法案评议委员会会议上，阿尔比松先生和吉莱先生的演讲）。在之后的几期里，我们可以找到市政府的地址、主教信函和相同题材的诗歌和颂辞。这里有两个绝佳范例描述了官方的热情（1811年3月29日的《辩论》）。"巴黎市议会正在投票审议德·杰维尔先生的10 000法郎养老议案，国王陛下的助手为市政府带来了罗马国王诞生的喜讯……每个人都被他的优雅和智慧迷住了。"法伯尔，《法国国内通告》，25页。"我知道有一个相当大的市镇在1804年夜晚不点灯，因为市镇花钱送市长到巴黎去看波拿巴加冕。"

荣誉归于自己，在科学和文学大师身上恩威并用。然后，从源头开始一直到运河，建造堤坝、布置水渠、通过限制和鼓励，将科学和文学交给警察、审查机构以及出版和印刷的监督机构。他已经夺取了所有的媒体、剧场、报纸、书刊、讲台和论坛。他将所有这一切组织在一个巨大的产业里进行监督和指导，这是一个公众态度工厂，在他手上不停运转以使他的制度、统治和他本人获得荣耀。还是在这里，我们发现他等于和类似于他自己，一个将征服发挥到极致的严厉征服者，一个高深莫测、谨慎精明的经营者，一个逻辑严谨的发明家，一个使手段适应目的的无可比拟的大师，肆无忌惮的执行者[1]，他确信，通过普遍令人闻风丧胆的恐惧而造成的经久不息的身体压力，一个人终究会放弃抵抗能力。他尽全力保持并延长这场战斗，但这是与超出自己控制的超级类型的历史和自然力量对抗，过去是对抗基于宗教本能和传统的信仰，现在是对抗存在的现实和可靠的方法所产生的证据。因此，必须禁止可靠的方法、篡改事实、破坏现实、否认证据、天天说谎，而且日甚一日[2]、积累明显的事实以强制沉默，依靠这样的沉默和谎言唤起公众的注意和洞察力[3]，将几乎无声的耳语转化为洪亮

---

[1] 法伯尔，《通告》，（1807 年）32 页："有一天我看到一个诚实的医生，由于在一个城镇的社交集会中发表了对现政府之下的医疗制度的意见而受到指责。指责者是一个法国职员，是医生的朋友，之所以指责他是因为害怕自己被指责。"夏普塔尔，《回忆拿破仑》，379~381 页。各种警察部队相互控制和补充详细列表。"除了部长和警察局长之外，拿破仑有三个警察总监住在巴黎监督各省；……另外还有各大城市警察总监和其他所有城市的特派员；还有营地助手和卫兵将军的报告，对于法庭人员和行政机构主要工作人员最危险的补充警察；最后，还有一些特殊警察向他汇报学者、商人和军人的动态。无论他在莫斯科还是在杜伊勒里宫，这些报告都会送到他的手里。"

[2] 法伯尔，同上，35 页："制度编织的谎言构成了政府的基础，并在公共行为中被神化神圣……放弃一切真理和所有个人信念，是管理人员呈现政府行为、情绪和思想的同时展示的性格，政府利用这些来装饰面朝世界舞台的房间……管理人员不相信他们说的每一句话，老百姓也不相信。"

[3] 以下两份秘密警察的报告，显示出公众的情绪和镇压措施的无用性。《国家档案》，F7，3016 页（1808 年二季度马赛警察局长的报告）。"西班牙事件已引起极大关注。细心的观察家想隐瞒这一点也是枉然；事实是，西班牙革命是被戴上有色眼镜看待的。起初，人们认为查理四世的继承人是合法的。但人们幡然醒悟，这种方式给公众的思考方向与皇帝陛下的思想南辕北辙……没有哪个慷慨的灵魂……能达到揣摩出伟大的大陆事业的水平。"同上（1809 年二季度报告）"我已把观察员布置在公共场所……时刻保持警觉，费心把公共部门首脑叫到面前训话，确信不出任何纰漏，作为这些措施的结果，我达到了既定目标。但我相信，如果上层警察恐惧没有遏制动乱者和暴徒，他们就会公开表达与政府原则相反的意见……公共舆论的恶化日甚一日；贫困和恐（转下页）

的话语,将不够充足的颂歌转化为公开的抗议。简而言之,拿破仑由于自己的成功而受到削弱,由于自己的胜利而提前落难,在短暂的凯旋后消失了,他留下的对手却毫发无损,巍然挺立,他本来是希望将对手击倒,作为工具使用的。

_____

(接上页)慌在蔓延,无法听到不同的杂音,但市民的不满普遍存在……大陆战争、海战,发生在罗马、西班牙和德国的事件、贸易绝对停止、征兵,权力集中……都是腐蚀公众心灵的许多动机。从教士和信徒、商家和业主、工人、工匠到普通老百姓,所有人都心怀不满……一般来说,人们对大陆的胜利并不敏感,所有阶层的公民对征兵税收的敏感度远远高于用征兵税收取得的成功。"

第三章 1814~1890年的演变

I.拿破仑机器的历史—作用于成人的两个臂膀之一脱节、破碎—作用于年轻人的第二个臂膀在1850年之前毫发无损—为什么仍然完整—统治者的动机—被统治者的动机。Ⅱ.1850年的法律和教育自由—其表面的目标和真正的影响—国家和教会的联盟—事实上的垄断—教会对大学的支配在1859年终结—联盟逐步瓦解—大学的管理重新世俗化—世俗利益和僧侣利益—两种利益直到1876年的分离和满足—这种体制的不稳定性—国家重新取得优势的动机—事实上，父母只能在两个垄断者之间进行选择—私立机构原始和被迫的没落—1850年后由于教会和国家的双重竞争使教育起死回生—教会和国家是唯一幸存的教育者—两种教育的利益和教义方向—两个方向上越来越多的分歧—对年轻人的影响。Ⅲ.制度的内在缺陷—兵营或修道院纪律管理下的寄宿学校—国立学校和教会学校寄宿生的数量和比例—法国寄宿学校的起点—学校社团不是作为国家的不同机构，而是作为国家操控的机制而设计的—这两种设计的后果—为什么引入教会学校并加强寄宿制—寄宿学校对毕业年轻人的影响—经验的缺失、错误的判断、非个人意志的教育—法国高等学校和专科学校的制度使损失更加严重。Ⅳ.制度的其他缺陷—法国高等教育的起点—国家特别学校取代自由百科全书式的大学—这种取代的影响—考试与竞赛—人为、强烈和强迫的文化—这种文化如何走到极端—理论研究的延伸和过度—实用技能学习的不足和延迟—1789年前法国的这种制度与英国和美国等其他国家的比较—失去的力量—精神能量的错误使用和过度支出—1889年以来，年轻一代备受摧残。V. 1870年以来的公共教育—拿破仑的设计和雅各宾派的设计的一致性—制度的延伸和恶化—雅各宾精神的推理方法—其后果—在高等教育和中等教育的后果—在初等教育的后果—免费、义务和世俗教育。VI. 制度目前的全部影响—早期教育和成人教育越来越多的不适应性—当代青年的精神和道德的平衡变化。

I

在拿破仑之后，机器的弹簧开始放松；而由机器控制的两个群体也自然开始放松。第一个群体是成年人，放松得最彻底也最快：在接下来的半个世纪中，我们看到对书籍、期刊、剧院预防或镇压的审查制度，所有钳制和压缩言论自由的特殊工具均有所放松，支离破碎，最后彻底破产。即使重新建立和恢复并粗暴持续地应用，这种司法钳制措施也永远不会比过去更有效。没有一个政府会像拿破仑的政府那样，尝试停止所有书面思想的传播；总会留一些差不多自由的渠道。即使在复辟和第二帝国的严苛岁月，也很少让人窒息，嘴还是可以张开的，有说话的办法，至少可以写书和在报纸上发表意见，当然条件是说话需要谨慎和有分寸，言辞冷静平淡，语气平和，声音低调。在这方面，过分嚣张的帝国机器很快就破碎了；钳制成年人的铁臂似乎使他们难以忍受；他们使其越来越弯曲、被排斥，最后折断。如今，只剩下一地碎片。20年以来，它早已停止了运作；其组成部分已完全失去作用。但是，与此相反，对第二群体的孩子、青少年、年轻人来说，1850年之前毫发无损的第二只臂膀，则被缩短，但很快得到加强，比以往任何时候都更有活力和有效，几乎保持了全部的控制力。

毫无疑问，自1814年以来，其机制不严格，应用不精确，使用性不通用，操作不复杂；对人不冒犯，不伤更多的人。例如，从第一次复辟时期^①起，1811年反对小神学院的法令被废除。它们被交还给主教，恢复了教会的特征并返回到拿破仑强迫他们脱离的特殊和正常的道路。战鼓、操练和其他过于拿破仑式的做法在私人和公共中等教育机构中立即消失。学校系统不再是军事见习期，中学也不再是兵营的附属新兵预备机构。很快并在以后许多年的时间里，基佐、古赞和维尔曼在国家和巴黎大学的讲坛上，向专心和热情的人群自由和激情澎湃地宣讲哲学、文学和历史的最高级问题。然后，在七月王朝时期，被第一执政肢解的研究院重新恢复组建，重新在道德和政治科学院找回从执政府开始就缺失的可疑等级。在1833年，基佐部长通过一项后来已经变成制度的法律，提供定期维护、强制性拨款、一定人数的招聘，以及高质量和具有普遍性的小学教学。在18年的时间里，他提供了三级教育、大学的引擎，减轻了压力或缓和了尖锐的矛盾，以宽容或自由的方式致力于整个教育结构的管理，以便做很多好事，而不是坏事，使一半是信徒一半是自由派的大多数中的一半人满意，不严重冒犯任何人，除了天主教神职人员和不妥协的少数人，这些人秉持教义原则或宗教热情，将教育视为指导目的和最高目标，为了信仰而致力于播种、生根，最终开花结果。但是，在法律上和事实上，1808年的大学仍然存在；它一直保持其权利，索取税款，在管辖区行使权利并享有垄断权。

在1814年，在复辟初期，政府只是暂时对其保持维护。它承诺了一切：激进的改革和充分的自由。政府宣布，通过努力，"儿童教育的形式和方向应恢复到父亲和母亲的权威，教师和家庭"^②。简单的说明手册和自封的新教育者的广告词以安慰性的话语试图安抚父母。在部分草图和条例很快废止后^③，统治者发现，拿破仑的大学是一个

---

① 1814年10月4日的法令。

② 里亚尔，《复辟期间的高等教育》（《两个世界杂志》，1892年2月15日一期）。1814年4月8日的法令。

③ 1815年4月17日的法令（取消大学工资，将单一大学分割成十七个地区大学）。这个源自第一次复辟最后日子的法令，在第二次复辟（1815年8月15日）的最初几天被取消。

很好的统治工具,比他们1789年以前管理得更出色,更容易处理,更有效率。所有革命所勾勒和做成的半成品、执政府和帝国完成和运用的社会工具也是一样;其中的每个工具都是"通过理性"、"根据原则"所建造的,所以,其机制简明扼要,所有的零件契合准确,接收的动力被准确传递,操作一蹴而就,均匀,立竿见影,可靠,覆盖全境;手柄是机器的中心,新的统治者把各种服务通过这个手柄掌握在手中。至于地方政府,昂古莱姆公爵在1815年[①]说,"我们喜欢海外省,不喜欢外省"。同样,复辟王朝政府喜欢唯一、独特、隶属分明、纪律严明和权力集中的帝国大学,而不喜欢旧的外省大学,分散多样化的、监管而不是可支配的旧教学机构,任何有或多或少独立性和自发性的学校。

首先,它由此而获得大量依附于它的雇员和整个教学人员[②],它对这些人的控制是利用小恩小惠或冷淡、野心和升迁的愿望、每日对解雇的恐惧和对生计的担心。首先,是36所高中、368所初中和1255所寄宿学校超过22 000名小学教师、几千名教员、督学、审查员、校长、中学教师、辅导教师、讲师。然后数百名著名人物,每个大学区域的所有主要人物,28个科学院的管理人员,23个文科院校、10个理工科院校、7个神学院、9个法学院和3个医学院的教授。再加上法兰西科学院、博物馆、巴黎综合理工大学和所有高等专业或实用教育机构的学者:所有这些人都是最有声誉和最有影响力的科学家,他们被视为科学和文学的头面人物,通过他们和他们在各个院校、高中、初中、小型神学院、研究院、寄宿学校和小学的各级下属或追随者,政府可以把信仰和观点强加或提供给2000名法律专业的学生、4000名医学专业的学生、81 000名中学生和700 000名小学生。让我们保留和利用这个极佳的引擎吧,但我们把这个引擎应用于自己的目

---

① 参见本卷581~582页。

② 查理曼初中的学习审查员巴塞,《法国公共教育和教学一瞥》(1816年),21页(1815年的大学状况)。

的，利用它为我们服务。到目前为止，在共和国和帝国时期，它的雅各宾派设计者，在向左的方向操纵这个引擎，让我们行动起来向右操纵吧。为此，只要重新调整方向就好。今后，"教育的基础应为宗教、君主专制、合法性及宪章"[1]。

为此，我们是占主导地位的一方，可以使用自己的合法权利。在损坏轮子的地方我们放上好的。我们使我们的人员的人格得到净化。我们只任命或只把位置让给可靠的人。六年之后，几乎所有的大学校长、高中校长和哲学教授，许多其他的教授和审查员[2]都将是教士。在巴黎大学，我们让古赞先生闭嘴，我们让杜罗索尔先生取代了基佐先生。在法兰西科学院，我们解雇了提梭，我们不接受马根迪。我们全面"镇压"了医学院，以便重组时可以放手去做并驱逐了记录糟糕的11位教授，其中包括皮内尔、杜布瓦、居西厄、德·斯戈奈特、博莱坦和沃克兰。我们镇压了另一个不洁中心，高等师范学校。为了招聘教士队伍，我们在每个省会的科学院建立了一种大学预科，数量不多，明确选择从幼年期就准备的学生[3]，将对适合他们未来状况的教义接受得更加深入，保留得更加坚定。

我们让小型神学院遍地开花，直到容纳了50 000名学生。这是主教创立的；没有任何教育者或教育督察者如此值得信任。因此，我们在所有涉及宗教的方面[4]，给予他"对教区所有中学的监督权"，"本人或委托一位修道院长巡视的"责任，"向皇家公共教学委员会建议采取其认为的一切必要措施"的权利。在该等级制度的顶部是掌握实权并有头衔的主席德·封塔纳先生，他还有另外一个头衔，公共教

---

① 1821年2月21日的法令，第13款，和德·科尔比埃尔先生的报告："年轻人需要宗教和道德方面的指导……宗教指导在法律上属于最高级的教士：应该要求他们对这些机构（大学之下的中学）进行持续的监督，依法要求他们采取任何他们认为必要的措施。"

② 里亚尔，《复辟期间的高等教育》，840页（1827年5月18日，本杰明·贡斯当在众议院的演讲）。

③ 1822年11月21日的法令，第1款，和1823年2月2日的法令，第II款。

④ 1822年9月6日和1821年2月21日的法令，第VI编，附带德·科尔比埃尔先生的报告。

育部长和内阁成员；埃尔莫波里斯主教德·弗雷西努大人[①]，在困难的情况下，在他的天主教良知和法律法规的正面条款之间做抉择的这位主教，会为了良知而"牺牲法律"[②]。这就是人们可以从公共教育工具所得到的好处。在1850年之后，这个工具在同样的方向同样在使用；在1796年以及1875年之后，则被强有力地用在相反方向。任何统治者，无论是帝国主义、君主主义者，还是共和派，都是利用这个工具满足一己之私的大师。因此，即使决心不滥用这个工具，他们也将其保持完整；他们保留自己使用的权利，而且需要强烈的震动来切断或放松他们对中心操纵杆牢牢的控制权[③]。

除了这些过激行为之外，尤其是这些过激行为结束之后，当政府从1828年到1848年之间停止了宗派活动，从而机构的正常活动不再受政治干扰破坏之后，像统治者维护大学一样，被统治者全盘接受了大学。他们也有自己的动机，与服从拿破仑中央集权的其他引擎一样的动机。首先，和省以及市镇制度一样，大学制度的运作是完全独立的；它几乎或者完全没有要求相关方面的合作；它可以帮助他们减轻压力、纠纷或照顾，这是合适的做法。与提供了桥梁、公路、运河、卫生、清洁、传染病预防服务却没有获得中央政府任何或者几乎任何帮助的地方政府一样，学校管理当局没有对他们的懒惰提出任何要求，而是自行完善了服务设施：初级、中级、高级和技术教育的地方和中央机构、工作人员和设备、家具、建筑、教师和课程表、考试和

---

① 里亚尔，《高等教育》，840页（弗莱西努大人上任后不久写给校长的通报）："在任命一个有僧侣情怀的人负责公共教育的同时，陛下让法国深知，他多么希望他的王国的青年能在君主制和宗教感情下成长……凡是不幸生活在没有宗教或不忠于统治家族的人应该觉得，他缺乏某种东西而无法成为称职的青年教师。他值得同情，甚至是有罪的。"欧仁·兰杜，《昂布罗瓦兹·兰杜》，111页（1817年给校长的通报）："通知主教和所有神职人员，在教育事业中，你们只是辅助人物，而初级教学的目标是加强宗教教育。"

② 里安西，《公共教育史》，II，312页（关于被弗莱西努取消的基佐先生和古赞先生的课程）："他不相信，一个新教徒和一个哲学家能够公平地处理历史和科学上最棘手的问题；他通过垄断的致命影响发现自己处于良心和法律之间。在这个节骨眼上，他牺牲了法律。"

③ 里亚尔，同上，837页。从1820年起，"一系列措施逐渐使原始的组成方式还给了大学，甚至最终比帝国时期同权力结合得还要紧密"。

学位、规章制度和纪律、支出和收入。就像在饭店门口，侍者对客人说："请进来坐，我们为您提供最好的菜肴和最合适的菜单。不用担心服务或厨房；这是总部在巴黎的大型中央公司聪明和仁慈的代表处，负责一切，让您没有后顾之忧。这是您的菜，请品尝；这才是您需要关心的事。此外，价格很低。"

实际上，这里和其他地方一样，拿破仑引进了他的严苛的节约习惯、准确的账目和及时或变相的税务杠杆[1]。地方预算许多附加生丁中挤出来的部分附加生丁，数以亿计的大笔中央预算中难以察觉的数以百万零头，构成公共教育费用支出的来源。不仅每个纳税人为此目的定额微不足道，而且在总额中消失得无影无踪的项目也没有人关注。对孩子的教育处心积虑的父母意识到，自己对政府提供的特别服务的花销只是每年从自己的腰包直接掏出12法郎、10法郎、3法郎甚至2法郎[2]；而且，随着免费教学的增加，这笔负担的1/5，后来是1/3[3]，最后是一半也都被免除。在中学教育方面，对于初中和高中来说，他们每年只需要支付两三个路易。如果孩子是寄宿生，这几个金路易和其他负担混合在一起构成寄宿费用的总额，平均约700法郎[4]，费用不高，不仅包括学费，而且包括孩子的住宿、饮食、洗衣、取暖和其他费用。父母觉得以这样的费率，他们做了一笔好买卖，他们没有受到勒索，国家也不像贪婪的承包商。往好的方面看，国家倒像一个做父亲的债权人，发放三四千的奖学金。如果孩子获得其中

---

① 参见本卷505~506页。

② 马吉奥洛，《洛林的学校》(好几所市镇学校的具体情况)，第三部分，9~50页。参见儒尔丹，《公共教育的预算》(1857年)，随处可见。(在1829年，国家挪用初级教育资金100 000法郎；在1832年是1 000 000法郎；在1847年是2 400 000法郎；中学教育，在1830年是920 000法郎；在1848年是1 500 000法郎；在1854年是1 549 241法郎。各个城市自费维持自己的市镇中学。) 里亚尔，《大学与学院》，11页。在1829年，学院的预算不到1 000 000法郎；在1848年，是2 876 000法郎。

③ 共和十年花月11日的法令，第4款。《初等教育的比较统计报告》(1880年)，II，133页："在1837年，公共学校学生中有31%免费入学；1876~1877年是5%。教会学校的学生有2/3免费，1/3付费。"

④ 参见儒尔丹，《公共教育的预算》，22页、143页、161页。

一部分,他们每年的债务就会延后,而整个大学的学费和生活费就会全部免除。大学附属的学院收取注册、考试、学位和文凭费用并不奇怪,因为他们用钱换来的证书或文凭,对于年轻人来说,是正面的成果,将引导他们走上获得社会地位的职业生涯和社会价值。此外,这些学院和所有其他大学的入学是自由免费的,无论是谁或者什么时候选择入学都无须支付一分钱。

对于公众来说,这样建成的大学似乎是一个自由、民主、人道主义、经济实惠、费用低廉的机构。其最高层的管理者和教授也只拿菲薄的工资[①]:博物馆馆长和法兰西科学院院长6000法郎、巴黎大学7500法郎,外省大学5000法郎,高中4000法郎或3000法郎,市镇初中2000法郎、1500法郎和1200法郎,只是足够维持生活。最高级公务员的收入同样捉襟见肘;每个人的全部身家都靠这份平庸的工作维持,收入不温不火,只能期待逐步升职或最后混上一份养老金。没有浪费,账目都经过精心打理;没有闲差,甚至在图书馆也没有;没有不公平的待遇或臭名昭著的丑闻。几乎不存在忌妒、平等观念;小小的野心和平凡的成绩有很多想象的空间,雄心壮志和建功立业则没有任何立足之地。

著名人物为国家服务和公众服务是出于菲薄工资和荣誉军团中的更高等级,有时出于研究院的席位或欧洲大学的声誉,没有其他的补偿[②],只有出于内心的良知而对工作的心安理得和赢得二三十个能干法官的尊重,这些法官无论在法国还是在国外,都能按其真正的价值评估他们的劳动。

接受或容忍大学最后的原因是:其自身或周边的事业,逐步发展并按照需求而扩大。在1815年,有各类小学22 000所;在1829

---

① 参见儒尔丹,《公共教育的预算》,287页。通过以上的数字,我们可以看出,额外的考试费用与固定薪酬挂钩:在1850年,巴黎医学院教授的工资从7000法郎减少到6000法郎。在1849年,巴黎法学院教授的工资最高限制在12 000法郎。

② 其中的传记,参阅欧仁·兰杜的《昂布鲁瓦兹·兰杜》。

年[①]，有 30 000 所；在 1850 年，有 63 000 所。在 1815 年，小学有在校生 737 000 人；在 1829 年，有 1 357 000 人；在 1850 年，有 3 787 000 人。在 1815 年，培养小学教师的师范学校只有 1 所；在 1850 年，有 78 所。因此，在 1827 年入伍的 100 名新兵中，有 42 人识字，在 1877 年，有 85 人识字；在 1820 年，在 100 名妇女中，有 34 人可以在婚姻契约上签上自己的名字，在 1879 年，有 70 人。同样，在高中和初中，在 1815，有 37 000 名青少年，在 1848 年有 54 000 名，在 1865 年[②]有 64 000 名。许多学习科目，特别是历史[③]被引入中学教育，取得了良好的成果。即使在建制上仍然懒散、浮夸和老一套的高等教育也得到改善：国家为其在巴黎的学校增加了教师职位并在外省兴建了新的学院。总之，好学和具备自我导向的头脑，至少在巴黎可以利用多样化的大学制度获得充分的信息和所有学科的综合教育。即使在体制中有严重的不足之处，如寄宿学校，吃尽苦头的父亲为了儿子也会默默吞下苦果。即使在体制中有很大的缺陷，如缺乏真正的大学，从未去过国外同时也不熟悉历史的公众也不会察觉出异样。即使古赞先生在 1834 年论及德国公共教育的言辞犀利的报告中，以及以前居维叶先生在其措辞谨慎的 1811 年报告中，指出了这一漏洞也是徒劳的。即使基佐部长建议填补这个漏洞也是徒劳的："我没有听到，"他说[④]，"任何促使我在高等教育方面采取全面和紧急措施的强烈的公众舆论。在高等教育问题上，公众这一次……对于任何伟大的思想没有兴趣，或者没有任何急迫的愿望……目前体制下的高等教育足以满足社会的实际需求，社会以满意和冷淡的心态看待高等教育。"

---

① 《初等教育的比较统计报告》（1880），II，8 页、110 页、206 页。1850 年 3 月 15 日的法律，博涅奥先生的《动机概述》。

② 《两个世界杂志》，1869 年 8 月 15 日一期，909 页和 911 页（布瓦西埃的文章）。

③ 1818 年 11 月 9 日的法令。直到 1850 年之后，大学所安排的课程是在历史有争议的议题上不与教会发生冲突。例如，四年级末历史课中奥古斯都之后的罗马帝国史一下子跳了过去，三年级的历史课以蛮族入侵开始，由此而勾画出基督教的起源和基督教会的整个原始历史。出于同样的原因，现代的历史结束于 1789 年。

④ 基佐先生，《回忆录》，II。

在教育问题上,无论对于这第三个阶段,还是对于前两个阶段,关于其目的、影响、方法和范围,公众舆论都是冷漠的。18世纪,让·雅克、孔狄亚克、瓦伦丁·霍伊、修道院长雷贝和其他人发明的美妙科学,曾经放射出强大和富有成效的光芒,如今已经干涸消亡;移植到瑞士和德国的教育学依然生龙活虎,但在其诞生地却死气沉沉[①]。在法国,关于心理和道德文化的目的、手段、方法、程度和形式,不再有任何持续的研究,既没有任何丰富的理论,也没有形成和应用任何教理,没有争议,没有词典和特殊手册,没有消息灵通和重要的杂志,也没有公开的讲座。实验科学仅仅是自由尝试、自由讨论和验证的许多不同经验的总结。强制性大学垄断的结果是没有真正的大学:这是拿破仑体制的结果,从1808年以来,人们就预见到教育学的没落,预见其会夭折。无论是父母、教师,还是年轻人,都对此漠不关心。在他们所生活的体制之外,他们的想象力等于零;他们就像在自己家里一样早已习以为常。有时,他们可能会抱怨房间的布置、楼层的高低和狭窄的楼梯、照明、通风和清洁不足、业主和门房的要求,但是,另外改建、整修、全部或部分另起炉灶重建,他们从未想过。因为,首先,他们没有图纸;其次,房子太大,各个部分的连接过于紧密;如果不是1848年那样意想不到的地震打开一个缺口的话,凭借整个质量和尺寸结实耐用的程度,建筑仍将固若金汤。

II

1848年2月24日的次日,古赞先生在伏尔泰码头见到德·雷姆萨先生时,举起双臂,呼喊道:"让我们赶快跪倒在主教面前,现在只有他们能救我们。"梯也尔先生在议会委员会上,也以同样的热情呼

[①] 一位大学著名人物、政治家和饱经世故的学者在1850年对我说:"教育学并不存在:只有每个人在自己身上发现的个人方法和影响公众的滔滔不绝的句子。"布雷阿尔,《谈谈公共教育》(1872年),300页:"法国养蚕方面的书比学校管理的书多得多:法律法规和一些已经很古老的著作对我们已经足够了。"

喊："古赞，古赞，你明白我们已经吸取的教训吗？修道院长杜潘鲁[1]是对的。"因此，博涅奥先生提出的这项新的法律[2]清晰地说明了它的动机和目标：政府"必须集合整个国家的道德力量，使他们团结一致，来对抗和推翻共同的敌人"，"胜利的反社会党人不会怜悯任何人"，无论是对大学还是教会。因此，大学放弃其垄断地位：国家不再是公众教育的唯一提供者；个人和社会团体的学校可以自由选择教授的内容。除了"道德、卫生和保健"[3]，政府不再监管"教育"。学校脱离了政府的管辖，不再向政府纳税。因此，政府机构和自由组织不再是危险的对手，而是"有用的合作者；"彼此互提"好建议和好的范例"；双方保持"利益平等"；自此，国家支持的大学"仅是用来加快竞争和收获成果的一个机构"。为此，国家与其主要竞争对手——教会，达成一致。

然而，在教会和国家的联合中，占据优势和上风、发号施令的是教会。它不仅利用法定自由谋利并独自享有牟利的权利，在20年间创立近百家教会中学，在小学到处安排无知修道会的修士；而且，凭借这项法律[4]，它在大学最高委员会设置了四名主教或大主教；凭借这项法律，它在每个省的学术委员会安插了由其挑选的教区主教和教士；此外，借助中央政府的信任，它享有一切行政优惠。简言之，从上至下，教会领导、约束和管制着世俗大学；从1849年到1859年，教士的控制和干预、争执、镇压、解雇教师[5]、羞辱的事例构成了从1821年到1828年已经很严峻的体制的复兴过程。正如在复辟时期一样，教会已与国家联合管理学校机构，但教会的影响已占上风，真正管理学校的是教会，而不是国家。总而言之，根据名称、表现以及理论上的

---

① 杜罗·当金，《七月王朝时期的教会和国家》，481~483页。
② 1850年3月15日的法律（博涅奥先生的报告）。
③ 1850年3月15日的法律，第21款。
④ 1850年3月15日的法律，第I章，第1款。
⑤ E. 兰杜，《昂布罗瓦兹·兰杜和法国的大学》，128页（1850年1月）。给省省长自行决定权，惩罚小学教师中的"社会主义倡导者"。611名小学教师被撤职。在中学和大学，镇压和迫害的力度同样不小。

自由宣言来看,大学的垄断地位正在恢复,即使不是通过法律,至少事实上,是为了教会的利益。

临近1859年,在意大利的战争结束后,关于教皇与世俗权利,曾经的联手变为现在的放手,然后各行其道,伙伴关系终止,各自利益不再一致。两个新词汇产生了,命运注定了不同的际遇,一方面是"世俗"的利益,另一方面是"神职人员"的利益;自此,政府不再强迫前者服从后者;在杜卢伊任期内,坦率地说,大学的发展方向趋于世俗化。因此,从大体上和主要特征来看,直到1876年,整个教育体系与七月王朝时期的类似。16年中,神职和世俗这两个强大的教育力量,既不能做得更好,又将要互相支持,但彼此都站在各自的立场,以各自的方式行事;只是教会不再通过宽容和大学仁慈的许可行事,而是通过法律废除垄断和凭借成文法。所有这些构成了一个可以接受的体制,相较之前的政权压迫较少;不管怎样,两百万虔诚的、认为无信仰即为邪恶的天主教徒,认为教学不如教育重要的父母们[①],以及让他们的孩子保持信仰直到成年这个高于一切的愿望,现在在这些像经营良好的温室一样、免受现代事物影响的教会学校中都可以找到。一个头等迫切的[②]、合法的又是许多男人特别是女人深切感受的需要,已经得到满足;未曾有此经历的父母们希望他们的孩子能去公立高中读书;1865年,在小型神学院和其他教会学校,学生有5.4

---

① 里昂西,《公共教育史》,II,476页(圣·马克·吉拉尔丁的谈话):"我们授课,不是育人;我们培养和开发智力,不是心灵。"师范学校校长杜布瓦先生和公共教育部长基佐先生的类似证言。"教育不是教学层面的东西。"(1836年的法律的动机简述。)

② 里昂西,同上,II,401页、475页。杜罗·当金,同上,145页和146页(1831年9月9日在自由学校诉讼案中)德·蒙塔朗贝尔先生(一个狂热天主教徒的谈话):"我怀着伤心的(个人)记忆在这里宣布,如果我是一个父亲,我宁愿我的孩子一辈子生活在无知和游手好闲的状态,也不愿意让他们面临我自己经过的可怕危险,用自己的父亲的诚信代价、用所有灵魂的纯洁和质朴的代价、心灵的荣誉和美德的代价学习一点科学。"德·加斯帕林先生(一个狂热清教徒的证词):"宗教教育在初中并不真正存在。我还记得我是如何完成恐怖的国家教育的。我们是优秀的公民吗?我不知道。但可以肯定的是,我们都不是基督徒。"圣伯夫(一个自由的思想家的证词):"总体来说,大学的教授并不敌视宗教,也不是教徒。学生们可以感觉到这一点,他们虽然离开这个氛围,未受到非宗教的影响,却是冷漠以对……离开大学校门时,没有一个基督徒。"

万人，在初中和公立高中，学生有 6.4 万人[1]，两者不相上下。

但即便如此，也存在危险。因为，很自然，公立学校遗憾地发现它的主顾都不见了，所以它不会善意看待把它这么多学生都带走的对手；当然，如果有选举竞争，教会会对为其投票的人施以恩惠，这样会招来憎恶，若在政治上受挫，则会惹来战争。然而，在这种情况下，敌对的政府很可能试图打击对手教学上最薄弱的地方，他们也许不顾自由甚至宽容，采用拿破仑时期的教育体制，以便尽其所能将之恢复，扩大，从中获利和反对教会，无论从中获取何种好处，根据国民公会与督政府的原则和意图，尽全力加以利用。因此，教会和国家接受的妥协仅仅是临时的停战协议；明天，停战局面将会被打破；将国家树立成国民教育者形象的法国的致命偏见始终存在；在部分和短暂的缓和之后，国家将恢复其支配地位，重新开始其破坏进程。另一方面，即使在这种比先前更加自由的体制下，真正的自由还是有太多限制；而且，垄断不止一个，而是两个。在两类学校中，一种是像兵营的世俗学校，另一种是像神学院或修女院的教会学校，父母们可以进行选择，仅此而已。通常，如果他们更喜欢哪个，并不是因为他们认为它好，而是在他们的观念中，另一个比较糟糕，而又没有第三个选项，一个根据不同类型建造、有自己的独立特别的精神、符合他们品味和迫切需求的选项。

本世纪初，曾有数以千计的各种类型和等级的中学，分布在各处，无论新建还是重建，均是当地居民自发、通过父母和校长彼此的理解而兴建起来的。因此，由于受限于相互的理解、情况的多变性和灵活性，又依赖于供求法则，而同时竞争激烈，迫使各方都小心维护自己的主顾，就像所有其他的私营企业一样，努力调整自己以适应主顾的看法和习惯。可能的情况是，如果这些学校被允许存在，如果新的立法者不曾原则上反对永久性的团体、基金会和永久产业，如果政府没

---

[1] 布瓦西埃，《两个世界杂志》，1869 年，711 页。

有通过行政法院忌妒性的干预和国家财政制度大量的课税来阻止自由团体和接受实至名归的无偿捐赠，很可能这些中学中最好的能够幸存下来，那些能够适应环境的学校应该最具活力——根据一项著名法律的规定，他们应该会以自己的理解和方式在各自的方向和道路上发展得很好。现在，经过大革命的破坏后，所有教育的道路都已畅通，在每个起点上，奔跑者已经就位，不只是世俗之人，还有独立的神职人员、法国天主教自主主义者、幸存下来的冉森教派信徒、立宪派教士、开明的僧侣，他们中一些人是哲学家以及在头脑和心中是半世俗的人；使用的是皇宫港隐修院的教义、《罗林研究论》和孔第亚克的《研究课程》，这些最可信赖和最富有创造力的教学方法，包括17世纪从阿尔诺到兰斯洛特所有的口传教义，以及18世纪从洛克到让·雅克·卢梭的所有新作品，所有这些都是由于公众需要和这个唯一的机会，以及成就事业的愿望所唤醒和激发的。在外省[①]和在巴黎一样，人们在寻找、尝试和摸索。这里有足够的空间和激励给予多种零星的创新以及与各种变化的需求相适应的学校，一些是拉丁、数学等理论科学学校，另一些是实践学徒学校、商业学校和工业学校，从最基础的技术性和速成教育到最高端的和长期研究推理的学校。

拿破仑把他自上而下应用的大一统理念、大学严密的功利性，制度的唯一、狭隘、僵化的特性都用在了正在形成的学校领域。我们已经看到，他是如何通过管制、命令、无所不用其极的手段、禁令、税收、垄断入学申请和充满敌意的制度来对付私立学校的。在城镇，私立学校被迫成为公立高中的分支，并模拟其课程，圣·巴尔伯学校才得以在巴黎生存。直到废除垄断，巴黎的主要学校，如马辛、杰弗利、贝拉盖，都只能在这种条件——以成为公立走读高中的辅助和下属学校，甚至是房东的条件下才能生存。如今，博须埃和格尔松中学也是

---

① 在我年轻的时候曾经与执政府的目击者做过交谈。他们都抱有同样的判断。其中一人是孔蒂亚克的仰慕者和北部一个城市寄宿学校的创始人，曾为自己的学生写过小学专论，我仍然保存。

这种情况。在教育和教学方面，如此沦落的制度能从创新精神和教学法的美德中保留下来的东西是非常有限的。在乡村，为了建立一所自由、持久的"国家基督教教育"学校，已经回购儒伊利中学的奥拉托利会修士被迫避开民法禁止委托遗赠的规定[①]，成立了"养老储金会社团"，进而将非营利的机构开发成营利和招商性质的工业与商业化的寄宿学校。即便当下，通过想象力而建造的类似机构也可以顺利成立和生存[②]。

当然，在这种禁锢的体制下，成立私立学校非常困难；即便成立了，随后也会面临被吞并、肢解和扼杀的命运，难以存活，进而衰败、凋零、逐个消失。然而，在1815年，不算41所小型神学院里的5000名学生，仍然有1225所私立学校，39 000名学生，而公立高中有36所，市镇初中有368所，总计只有37 000名学生。这1255所私立学校，到1854年仅存825所，到1865年，仅存622所，到1876年，仅存494所，而到1887年，仅存302所，20 174名学生。而与此相反，在1887年，公立学校有89 000所，教会学校有73 000所。特别是从1850年起，世俗和私立教育的衰落过程加速：实际上，他们不再只有一个，而是有两个竞争对手，第二个对手比第一个更加可怕。两个对手都享受着无限的信贷，坐拥巨额资本，挥霍无度。一方面，国家从纳税人的腰包提取数以百万计资金，另一方面，教会从信徒的腰包掏走数以百万计的资金：在孤立的个人和这两大提供优惠或免费教育的机构之间，斗争的实力对比悬殊[③]。这是拿破仑主要垄断地位所

---

① 夏尔阿梅尔，《儒伊利的历史》，413页、419页（1818年）。同上，532页、665页（1846年4月15日）。养老储金会被一家（40年）的有限公司所取代，其资本金为1000股50万法郎，每股500法郎。

② 例如，蒙齐的《阿尔萨斯的学校，无政治科学的学校》。相关的法学家建议私立学校的创始人以商业公司的名义创立学校，目的是赚取利润，而不是为公众服务；如果学校的创始人想保留自如的领导地位，就必须避免宣布其具有"公共用途"。

③ 几年以来，阿尔萨斯的学校只能依靠国家给予的4万法郎补贴生存；今年（1892年），国家向蒙齐和圣巴尔伯两所学校分别提供13万法郎和15万法郎的补贴；没有这笔补贴，两所学校将破产关闭。国家提供这样的补贴也许是为公立高中积累教学经验或为了防止天主教修会将学校收购。

带来的最终的实际影响：公立学校的反击反而激励了教会学校，现在二者联合起来迫使那些个人、多样化和独立的学校破产，这些学校只有家庭的支持，也只以使家庭满意为宗旨。除此之外，幸存的两种学校还有另外的目的，并且各有各的目的、教义的更高层次的目的，这是由各自的利益和对抗对方利益的诉求所决定的；正是出于这一目的和政治与宗教目的，各自才会像拿破仑一样采用对年轻人的思想反复灌输和暗示鲜明与犀利的社会和道德观点的方式进行教育和教学。现在，大多数的父母都喜欢和平，厌恶战争，渴望自己的孩子性格温和，持有不好战的观点。他们希望看到他们的孩子有礼貌，聪明，仅此而已。但这两种学校没有任何一个愿意到此为止，而是超越这个限度，剑走偏锋①；在七月末，父亲来教会中学或世俗高中接孩子时，他会意外在17岁的年轻人身上发现好战的偏见、草率暴力的推论和世俗化或教士的僵化的不妥协精神。

III

然而，原始制度中固有的弊端持续存在，而在这其中最糟糕的是兵营和女修道院纪律下的寄宿学校，而具有优先权和最高地位的大学则通过接触和传染把这种纪律先传播给附属机构，然后传播给对手。1887年②，在国立高中和初中，在90 000名学生中有超过 39 000名寄宿生，而在教会学校情况更糟，在50 000名学生中，有超过27 000名寄宿生，外加23 000名小型神学院的学生也几乎都成了寄宿生。在总计163 000名学生中，我们发现有89 000名是寄宿生。因此，对于世俗中

---

① 即使教师温和克制，两个机构依然彼此对立，学生也都意识到了这种对抗，因此，他们会冷淡面对敌对制度下的学生、教育和思想。在1852年，在从1863年到1866年四个环形旅程中，我都能实地观察到这些情绪，现在看仍很明显。

② 1889年万国博览会，《学术委员会报告》，第二组，第一部分，492页。1887年公共教育处节录文件。(应该把世俗私人学校的20 174名学生中 8958名寄宿生加入到旁边列举的寄宿生当中。)布雷阿尔，《教学巡礼》，293页、298页。

等教育来说，超过半数的法国年轻人上世俗或教会的寄宿学校。这是法国的独有现象，是拿破仑在 1806 年开始垄断和败坏教育事业的结果。

在 1789 年之前，尽管法国的教育由于受到国家和宗教的干预而受到限制和阻碍，但原则没有受到侵犯，本质也没有堕落。即使在今天，在德国、英国、美国，各类学校依然生机勃勃，按照其固有的规律发展。必须承认，这些学校都是私立学校[1]，由个人联手自发结合在一起的集体成果，有过去的创始人、现在或将来的捐助者、教师、家长甚至学生[2]，按照法律和传统各司其职，各尽所能，以便凭借自身继续生存下去，就像煤气或照明公司一样，根据自身的责任而承担风险和费用，向消费者提供消费服务。换言之，教育事业必须像其他事业一样，能够提供满足客户需求的服务。当然，其自身也必须适应这些需求；其领导层和相关人员都必须做出必要的努力。他们必须腾出手，为了同一个目标围绕共同、敏感的核心利益，相互团结，不仅成为事实上的而且是真心诚意的合作伙伴，长期甚至终生致力于地方学校和当地居民的福祉，力争不去触动家庭和年轻人深深的抵触情绪。为此，他们必须处理好内部问题和与家长[3]的关系。这就是为什么如此虚假、牵强和言过其实的法国寄宿学校在法国之外无人知晓的原因。在德国，在相当于我们高中的学校（gymnase），在 100 名学生中，只有 10 名学生是吃住在学校的寄宿生；其他学生，即使父母不住在

---

[1] 布雷阿尔，《教学巡礼》，10页、13页。同上，《谈谈公共教育》，286页。"寄宿学校在德国几乎无人知晓……学校（gymnase）校长通知家长可以找外面愿意接收寄宿生的家庭解决寄宿问题，而且必须确定寄宿生活令人满意……新学校不为寄宿生提供房间。"德·莫齐奥和蒙居齐，《关于英国和苏格兰中学的报告》（1865）。我在我的《英国纪实》中向读者现场描述了哈罗山上和另一个牛津的情况。

[2] 《英国纪实》，139页。高年级学生，特别是前15名和第1名的学生负责维护秩序，督促遵守规则，总之，起到了学校辅导教师的作用。

[3] 布雷阿尔，《谈谈公共教育》等，281页、282页。"法国革命前一样……除了巴黎的两三个大机构之外，学生人数一般十分有限……皇家港的寄宿生人数从未同时超过50名。""在1764年前，除了很少的奖学金享受者和付费寄宿生之外，大多数中学都是走读学校，包括15~80名学生。""包括超过一半的资产阶级家庭、国家规定和监督的纪律，一直到七八百寄宿生家庭的寄宿生大军，这就是一个人徒劳地试图在其他地方找到的东西，对当代法国来说是不寻常的。"

学校附近,他们仍然是走读生,通常以低廉的价格住在照顾他的私人家庭,以代替无法照顾他们的父母。只有几个具有古老传统的学校,像普福尔塔学校,才有寄宿生。然而,具备这样传统的学校的数量毕竟有限;他们 8~10 人[1]为一组与同样寄宿在学校的教师们一起吃晚饭,还可以享受这里像操场一样的广阔森林、田野、草地。在英国,哈罗公学、伊顿公学、拉格比公学的情况也是一样。每位教师是一间寄宿公寓的管理员,他负责一间公寓 10 个、20 个或 30 个男孩的生活,和他们同桌吃饭,或与公寓的女主人一起吃饭。这样,孩子们离开家庭来到学校的环境生活,就不会感到反差太大而感到痛苦,这里依旧保持一些适合孩子们年龄的制度,而且只是家庭生活的延续和扩大。

与真正教育制度背道而驰的是,80 年来,法国的初中和高中一直是国家机构,是地方政府的延伸和中央政府的事业,大学主干的上百个分支之一,没有自己的根基,管理人员和教师是类似公务员一样的公职人员,就是说是一个可以调动[2]、不安分、对晋升患得患失、努力工作的唯一动机就是为了得到更高的职位,跻身到更好的地位的群体。这说明,他们事先就没将心思放在任职机构里;此外,由于受到上级的牵制、压力和限制,他们只生活在自己狭窄的天地里,履行有限的职责。校长也只局限于自身的管理职能,教师被严令禁止脱离自己的班级。教师不得以任何借口“在其居住处接纳两名以上的寄宿生或走读生”[3],女性不允许寄宿在高中或初中内。所有人,包括高中校长、审查员、出纳员、指导神父、教师、辅导教师,只是像用力或巧妙咬合的齿轮一样配备在一起,缺乏意气相投的感情、精神上的共

---

① 布雷阿尔,《谈谈公共教育》,287 页,同上,《教学巡礼》,10 页。“我和(这些学生)参加了在梅兹著名拉丁语学者克尔森房间里举行的愉快晚餐,回味我们两百人在审查者和监督者眼皮底下、在惩罚的威胁下在寒冷的修道院食堂默默吃饭时的情景,我还记得当时我的脑海中的思想。”

② 博莱·德·拉罗塞尔,《拿破仑在行政法院发表的观点》,172 页(1807 年 4 月 7 日的会议):“教师们根据需要在帝国被从一个地方调到到另外一个地方。”1802 年 5 月 1 日的法令,第 21 条:“负责高中行政和教师三名公务员根据的工作热情和天赋,可以从最弱的高中调到最强的高中,从贫困地区调到富裕地区。”

③ 1811 年 1 月 11 日的法令。1808 年 3 月 17 日的法令,第 101、102 款。

鸣、共同的志趣，只是像没有灵魂、巧妙设计、准确、平稳地工作的机器。因为，如果具备灵魂，就必须是有血有肉的人体，对于在巴黎依据人与事叠加起来的独特模式而建造的机器，从佩皮尼昂到杜埃、从罗歇尔到贝桑松，都不符合公众的要求，并使公众服从于其游戏规则和体系的要求、严厉的规定和同一性。然而，由于它只是通过外部压力机械运动，它赖以运作的人类物质则必须是被动的，不是由各种人组成，而是由完全相似的单元组成的：对它来说，学生只是数字和名字。因此，我们的寄宿学校，这些建在各大城镇的孤立的石头房子，为接收300名、400名甚至800名寄宿生而整治的高中，有偌大的宿舍、操场和人头攒动的活动室、拥挤不堪的研究室和课堂，法国一半的孩子和青少年需要在这样一个反社会、反自然的法外体系里被隔绝8~10年时间，受到严格的约束，除非是几个人结伴在辅导老师的监护下，否则不许私自外出；这些辅导老师的职责是维护秩序和规章制度，制止混乱，安排日常活动，吃饭，睡觉，学习，玩耍，散步和休息，简而言之，就是"共产主义"。

这个制度从大学开始向其对手传播，同样，也是这个制度颁发学位，安排考试，编制并加重学业负担，因此，也促使他人效仿其做法，对年轻人进行过渡训练和人为的温室教育。而对于赞助人来说，寄宿学校比走读学校①少很多麻烦；而且，一个学校的寄宿生数量越多，开销就越小，因此，为了让大学能更好生存，寄宿学校必须满员。教会学校自愿服从这一安排，而且他们也更倾向于这种方式：在旧君主制下，是耶稣会修士最早采用这种封闭拥挤的寄宿方式的。从本质上说，天主教堂和法国政府一样，采用了罗马人更独断专行和集权的制度，致力于对人的支配、控制、统治和管理；预先从孩子、心灵、观念、印象切入，以便为其留下永久的有益形象，而对他来说，这是救赎的第一个条件。可见，教会笼子的围栏比世俗笼子的更加严密：

---

① 瓦西埃，《两个世界杂志》，1869年8月15日一期，919页。"走读高中花钱，寄宿高中挣钱。"

如果栅栏的铁条不够坚固和锋利,网眼过于纤细柔软,就必须更加密集、紧固和更好地维护;他们不会忍受任何的漏洞和松弛的网眼存在。预防措施不计其数,构成双重甚至三重网络,防范来自纷繁世界和孩子家庭的干扰,防范个人的错误和任性行为。因为,除了学校本身的纪律之外,还有具有强制性、无时不在、严厉的宗教纪律,日常虔诚的修炼、普通祈祷及特别仪式、精神指导,忏悔影响、为了同一事业和同一信仰走到一起的工作人员的榜样作用和行为。环境越闭塞,行动能力就越强大:机会的意义在于为隔离、保护、在保护罩下成长的孩子提供决定性的保证,为了他们的智慧,信仰和思想得到精心培育、修整和恒久的指导,以完全复制想要的模式。为此,在1876年,在309所教会中学的46 000名学生中,有33 000名是寄宿生[①]。天主教当局承认,在86所小型神学院里,不需要走读生,也不需要未来的世俗人士。

对于小型神学院的23 000名学生和大型神学院的10 000名学生来说,这个结论也许是合理的,对于国家在拉夫莱什、圣西尔、索穆尔、博尔达培养未来军官也许也是合理的。未来的士兵也好,未来的神父也罢,他们受到的教育会让他们适应以后的生活,不管他们成年以后是什么样的,他们都经历过青年和少年时代;实施修道院和兵营纪律的寄宿学校已经预先限定了他们以后的职业。既然必须具备这种职业的精神,他们就必须能够承担这种职业习惯。既然已经接受了职业形式,他们就能更容易地接受这种职业的限制,特别是这种限制在军队做军官时比在圣西尔军校时少,在农村教区做住持教士时比在大型神学院时少。对于公立或私立、教会或世俗学校的其他7.5万名寄宿生来说,对于未来的工程师、医生、建筑师、公证人,诉讼代理人、律师或其他法律工作者、公务员,地主、或工业、农业、商业方面

[①]《中等教育统计》(在46 816名学生中,有33 092名是寄宿生,13 724名是走读生)。修道院长布戈,《法国教会的大风险》,135页,1865年3月14日的《箴言报》(红衣主教博纳寿兹在参议院的演讲)。

的主管和助理来说，一切恰恰相反，因为，寄宿学校正好与民间和世俗的职业所应获得的教育背道而驰。他们从这种长期的寄宿教育中带走了足够的拉丁语和数学储备，却缺乏两种主要知识：他们被剥夺了两种不可缺少的经验。踏入社会时，这些年轻人将对社会的两种人类一无所知：男人和女人，例如他们是什么样的人，他们即将遇到什么样的人。他们心中无数，或者更确切地说，他们有的只是已经先入为主的武断和错误的观念。

他们从没有机会和女士、女主人、女主人的女儿们和其他女士共进晚餐。她们说话的音调、餐桌礼仪、打扮、矜持，以及她们得到的关注和温文尔雅的待遇，都没有在他们的想象中留下准确概念的最初线索。因此，在与女子在一起时应该有何种举止方面，在年轻人心中是空白；他们不知道如何与她们讲话，有她们陪伴时感到尴尬，对他们来说，她们是陌生人、一种一无所知的新事物。同样，在共进晚餐时，他们也从未听过男人的交谈：他们没有从交谈中获得无数的信息，而正在成长的年轻人正是应该从交谈中吸取知识的，比如关于职业生涯、竞争、生意、金钱，家务事、生活开销，如何做到收支相抵、收入是否反映劳动力和社会奴役的现行价格、很快就抓住他衣领、也许扼住他咽喉的强大、急迫的个人利益，在现代社会中构成普通人生活的连续努力、永远的深思熟虑和日常的奋斗，他们被剥夺了自我教育的方法、与活生生的人的各种接触以及眼睛和耳朵等感官应该在脑子里留下的影像。这些影像是正确和健康概念的唯一材料；通过这些影像，年轻人将自发和逐渐地体会社会生活的本来面目、状况、困难和机会，而不会碰到过多的失望和冲击：实际上，他们对生活既没有感觉，也没有预感。在所有事物中，我们称之为常识的东西只是不自觉的潜在总结、直接印象之后留在心灵中的持久的、实质的和健康的沉淀。关于社会生活，年轻人被剥夺了所有这些直接感知世界的机会，在他们心中从未形成宝贵的沉淀。他们几乎从不与教师交谈，即使谈话，题目也局限于与个人无关的抽象事物、语言、文学和数学；而与辅导教师，除了反驳禁令或为批评叫屈之外，也没什么交谈。除了和同学以外，没有关于思想的学习和交流的真正谈话：如果彼此都是寄宿生的话，他们交流的也只能是无知的东西；如果寄宿学校也接收走读生，他们就会乐意充当传播违禁图书和淫秽刊物的走私犯或信使，并且把街上所有的坏习气、卑劣放荡的行为带进学校。在这蠢蠢欲动的真空期和接近释放的青春期，这些被俘获的大脑仍然在积极思考，我们知道他们根据什么方向和反方向、与看得见的真理多远的距离来看待社会、男人和女人，根据何种简单和粗鄙的外形、以何种不恰当的方式和推测、何种被释放的鹿和年轻的野蛮人的口味[①]；涉及女人时，他们早熟和迷乱的春梦是怎样变得粗暴和愤世嫉俗[②]；在涉及男人时，他们卸去压舱物的鲁莽想法轻易变成革命的空想[③]。有害一面的下坡路是陡峭的，为了刹住车，为了重新爬上山坡，重新掌握了自己生活主动权的年轻人必须知道如何运用自己的意志，坚持到最后。

但是，一种能力只能依靠练习才能发展，而法国寄宿学校正好是阻碍这一发展最有效的引擎。从在寄宿学校的第一天到最后一天，青年人从未能对自己在学校的每个小时的运用深思熟虑、选择和决定；除了对自己的学业敷衍了事，课堂上三心二意之外，他们从未发挥过自己的意志。几乎所有的行为，尤其是对外的态度、姿态、伫立、

[①] 布雷阿尔，《谈谈公共教育》等，308页："如果我们的孩子一旦中学毕业后就像脱缰的野马，越过所有的障碍，做了所有的蠢事，也没什么令人奇怪的。理智之年对他们来说只是人为地延迟了五六年而已。"

[②] 关于修辞班、第二级或更早班级的学生之间有关这个话题的谈话语气和技巧，我只能请读者来回忆了……同样，对于寄宿学校的另一个同样的危险，在这里并没有提及。

[③] 布雷阿尔，《教学巡礼》，326页、327页（两位大学老师的证言）："初中的优点是同学情谊，包括学生的团结和对教师的仇恨。"（贝尔索）"惩罚激怒了受到惩罚和产生惩罚的人。学生们变得厌烦：他们陷入无声的烦躁，加上对制度本身及其执行者的蔑视而更加严重。无序的状态为他们提供了报复手段或至少放松了神经；凡是在可以不受惩罚的地方，他们都会造成混乱……当局禁止的行为足以激发犯下罪行的荣耀。"（A.亚当，《高中管理记录》）两个有独创性的独立思考详细叙述了他们对这个话题的意见，其中一个是马克西姆·杜康，他曾经历过高中体制；另一个是乔治·桑，由于儿子的缘故不能容忍这个体制（马克西姆·杜康《文学回忆录》和乔治·桑《我的一生》）。

沉默、军训、列队、行进练习，都需要服从命令。他生活得就像被套在马车车辕之上的马，马车受限于两个车轮，无法脱离其他车一路上留下的直线车辙；马也无法转变方向。此外，在每天早上同一时间，马被装上马具，每天晚上被卸下马具；每天的其他时间，人们让马休息，喂它草料和燕麦。马从来不需要操心这一切，也无须抬头观察远方和两侧。一年到头，他只需听命于缰绳的指引和鞭子的催促，他只有两种主要动机：一种是多少严厉的指引和鞭策，另一种是固执、懒惰和疲惫；它不得不在两者之间做出选择。经过8~10年的时间，它的内在动力将沦落到这种程度：它的自由意志衰落殆尽，而自由意志的教育因此而退化或不存在。

在此，我们的制度假设这种教育的设计是完整和完善的，是我们把缰绳套在年轻人的脖子上，将他们交给自己的政府。我们承认，学生们受到上天的恩赐，摇身一变成为男人；能够自我发号施令和自律；习惯于预先权衡自身行为的未来和远期后果、归咎于自己并承担责任；突然释放的良知和突然成熟的理性，将径直穿越诱惑，在衰退之后快速复兴。因此，他得到一笔年金后就来到大城市；他在大学注册，成为走在巴黎石子路上的上万名大学生中的一员。然而，法国与波恩大学和哥廷根大学、牛津大学或剑桥大学不同，没有警察介入大学监视学生的行为，也不会在其住所或公共场所对他们进行惩罚。在医学院、法学院、药学院、美术学院、宪章学院、东方语言学院、巴黎大学、中央大学，他们突然得到彻底解放。从中等教育过渡到高等教育时，他们不会像英国和德国那样从有限自由转变到非有限自由，而是从修道院式的纪律转变到彻底的独立。一个刚出校门的20岁的年轻人住在一间肮脏混杂的不起眼的有家具的普通旅馆房间里，会接触到街上各种各样的诱惑，酒馆、酒吧、舞场、淫秽出版物、结识新朋友、接触草根阶层。他以前受到的教育无法抵御所有这一切。漫长而严格的寄宿生活不仅没有为他培养道德力量，反而使道德式微。他不得不对机会和榜样妥协：他会随波逐流，任凭命运摆布。他在健康、金钱和性方面令人担心，大大小小的错误和疯狂行为几乎无法避免；如果在三、四、五年时间的学位学习期内没有彻底堕落，那么他只有一半蜕化变质的机会。

IV

现在让我们考虑一下原始机构带来的另一段灭性影响。高中毕业结束哲学课程之后，制度假定通识教育已经结束，不建议接受后面二次的高等教育，即大学深造。尽管这类百科全书式大学的目标是自由教学和科学的自由进步，但取而代之的是彼此分离、在各自不同领域彼此封闭的公立技术学校，每个学校的目标是创造、验证、表明一种实践能力，致力于逐步引导年轻人通过一系列的学习和考验取得学位和文凭、以便有资格就业，文凭必不可少，至少是有用的，因为如果没有文凭，在很多情况下就意味着没有就业机会，但有文凭，在所有情况下就业会得到青睐和信任，找到更好的岗位和更多的晋升机会。几乎所有的所谓自由职业都要求第一文凭，即文学学士或科学学士，有的要求是双学士，但所有的法国青年对如何取得学位严重担心和被困扰。为此，在16岁左右，年轻人每天都在学习，或者说是被迫学习。一到两年后，他们就会屈从于这种强制文化，不再专注于学习知识和社会认知，反而注重在考试中取得好成绩，用证书或假冒的证书证明他们接受过古典教育。然后，在医学院或法学院，在规定的四年学习期里，十六门课程分期注册，四五个考试纷至沓来，二三个期末测验，迫使学生提供相应的证明或假冒的证明，以每年验证他们对当年课程的消化程度，以便在毕业时证明学生已经掌握规定的整个范围和多样性的知识。

在学生人数有限的学校里，更加活跃的文化变得更加热烈和持久：在中央大学、商学院和农学院、美术学院或宪章学院，学生们整天在学校学习。在军校、理工大学或师范学校，他们全天待在学校，就像待在营房一样。他们承受了双重压力，即考试的压力和竞争的压力。从跨入校门，到离开学校的整个在校期间，不单单是每年年底，而是每个月或者每3个月，通常是每6个星期，甚至是每2个星期，他将根据学业成绩接受评估，如写作、军训、提问，多少分有部分价值，多少分有全部价值，并且根据所得分数归入同为竞争对手的名次中。名次下降非常不利并令人蒙羞；名次上升好处多多，让人引以为荣。在这种强烈动机的驱使下，法国的目标就是提高名次，至少保持不降；他们尽全力致力于此，对其他目标均视而不见，心无旁骛，不让自己偏离轨道，避免采取任何主动行动，克制的好奇心不会在划定的范围之外冒险，只按教学的顺序吸收被教授的东西，让自己变得充实饱满，然后全部倾注于考试，而不是保留在自己头脑中。为了考试甘愿冒窒息的风险，考试结束则完全放松，心中空无一物。这就是我们职业技术学校的体制；这就是长期充满活力的园艺体制；作为总园艺师的国家，只认可和挑选任何种类对自身有益的植物。为此，这些物种在土层中被隔离，排列，园丁整天忙着挖坑、除草、耙土、浇水，一个接一个地种好，用大功率加热器使其加速成长结出果实。有些植物需要整年罩在玻璃罩里。通过这种方式，把植物保持在人为恒定的环境中，使其吸收更多被滥用的营养液，膨大、催熟、变得肥大，从而生产出更多的水果或蔬菜，用作炫耀的资本，炫耀的结果是带来荣誉。因为，所有这些产品外表光鲜，大多惹人喜爱，大小似乎证明品质优良，经过事先称重，装饰的官方标签显示出真正的重量。

在本世纪前四分之一甚至整个上半叶，这种制度几乎不容质疑，但也没有过为已甚。直至1850年以及以后，在考试和测试中对所有的年轻人的要求离智力和能力的要求在范围和细致方面相差甚远：在文学方面，主要是考查申请人是否熟悉经典作品，是否自如正确运用拉丁语、法语；在科学方面，主要考查独立准确、快速解决问题的能力，以及独立地轻易准确陈述一系列定理和方程的能力，而且整个过程不得跑题和停顿。总之，考试的目的就是考查学生对数学和文学能力的掌握情况。但是，本世纪初以来，旧式细分科学和经过重新分类的新式科学的新发现成倍增加，所有发现终将进入公共教育。在德国，这些新发现进入的途径是综合大学，因为这些大学教学自由、灵活、多样化，不断自我完善和提高，直到自身应有的科学水平。反观法国则只有职业技术学校，而缺少这种大学，教师只能在这些学校找到职位。从此，这些学校自身的特色发生了变化：它们不再是严格的技术和真正的职业学校了。作为个体的每所学校都在独立发展，其目标在于在自己的学校尽量向学生安排和提供综合性的、有所侧重的、辅助的和讨人喜爱的学科。学校不再满足于只培养胜任工作的人，而是致力于酝酿更高级的教学形式，培养工程师、医生、法学家、教授或建筑师的理想模式。为了培养特别令人满意的专业人士，他们设计出很多复杂的课程。为了能够使这些课程得到青睐，他们为年轻人提供机会学习多种抽象的技术知识和信息、不同的文化和广阔的视野，使专家成为真正的学者和具有宽阔胸怀的人。

为此，大学向国家求助。国家是公共教育的经营者，创立教职、聘任教师、支付工资，对资金没有图谋不轨，因为可以借此获得声誉，增加权力和公务员的职位。这就是每所学校的教职得到增加的原因：如法学院、医学院、药学院、宪章学院、美术学院、理工大学、师范学院、中央大学、农学院和商学院，每所学校都希望或尝试变成跛脚鸭式的大学，把所有学科都纳入自己的教学体系中，如果学生从中受益，也会使教学者功成名就。当然，为了使学生学习这些课程，学校与国家一道，提高了考试的难度，很快，对于中等智力和健康的人来说，由此而强加的负担变得更重了，特别是在只有通过严格考试才能入学的学校，由于要求入学的人数过多，额外负担更加严重，一个名额会有5个、7个，甚至11个申请者[①]。面对如此多的竞争者，必须设

[①]　在今年（1892年），1750名申请人申请了理工大学的240个位置，230个申请人申请了美术学院的30个位置（建筑专业），266名申请人申请了师范学校的2个位置（文学专业）。

置更多障碍并提高门槛，敦促竞争者跳过障碍，并向跳得最高的大多数人敞开大门。除了这种选择方式之外的方式都会招致专制主义和裙带关系的罪名的指控。现在该轮到他们以强健的筋骨尽可能从中受益了，但必须先遵守循规蹈矩的调整、一年甚至连续几年的练习和训练，无须考虑其他，眼里只有赛场上指定日期的障碍，目的都是为了通过最终测试，超越对手。

现在，即使所有经典课程结束后，在校的四年学习仍不足以取得医学和法学的博士学位，而需要五六年的时间。在文理学士之间至少需要两年，再花费两三年或更长时间；只有学习三年数学才能跨入巴黎理工大学的门槛；然后经过两年同样的努力，未来的工程师还需要三年时间在桥梁和公路或矿山学校学习：总计学习八年的专业知识。其他学校的情况大同小异，我们可以观察年轻人在学习期间是怎样打发漫长时光的[①]。参加课程讲座，对教材翻来覆去进行咀嚼、缩写、摘要，背诵公式、定理，将大量梗概和细节都存储在大脑中。这些将间接用于未来职业或关联职业的储备信息和理论知识，都将被分类存储在他们的大脑里，随时可以应用，正如考试所证明的那样，考试结束即弃之如敝屣。他们的确掌握了这些知识，但也仅此而已。他们的教育只偏重一个方向，没有经过实践检验。他们永远不会作为合作者或助手积极参加专业实践或提供协助。一名刚从师范学校毕业的新入职的24岁的未来教授，除了在巴黎高中实习了两星期之外，还没有正式上过课。一名从中央大学或公路矿山学校毕业的二十四五岁的未来工程师，从未参与过矿山的开发、高炉的加热、打通隧道、堤坝、桥面或公路的规划，对成本核算一无所知，也从未指导过工人干活。如果这些未来的辩护律师和法官只屈就为公证人或律师的书记员，即便已经25岁，有法学博士学位，戴着三个白球徽章，却仍对业务一无所知，对法典几乎一无所知，从未审查过诉状，处理过

案例,起草过法案或清算过财产。从18岁到30岁,参加过罗马大奖赛的未来建筑师可以留在美术学院设计方案,然后,如果赢得大奖,就可以在罗马待5年,永无止境地绘制和修改图纸。最后在35岁时,以政府建筑师的最高头衔返回巴黎,虽有建设高楼大厦的夙愿,却从未以主要身份参与过一栋楼房的建设。这些满腹经纶的人中无人了解自己所处的行业,也没有人以这样的年纪期待成为真正的专家,而只是仓促间临时抱佛脚[①],出现弊端就会给自己和他人的利益带来损失,也为自己承担的第一个任务冒极大的风险。

在 1789 年之前,据一名经历过旧制度和新秩序的见证人[②]描述,法国的年轻人并非这样度过青春岁月的,他们不会为了跨进职业门槛而搭进去那么多时间,而是先投入生活,然后才进入赛场的。他们16岁,有时甚至15岁时就带上轻便的行李参军了,有些14岁就进海军了,年纪稍大一点就进入其他军队,如炮兵或工兵部队。在行政法院,一位议会参事的19岁的儿子就当了助理参事,虽然25岁之前没有投票权,但在此期间,他一直是活跃的职员,有时还报道案件。还有一些早熟的年轻人进入了"审计法院、间接税法院、下院或财政管理机构"。在其他地方也一样,如果需要某种法学学位,那么即使延后入职也无关紧要;大学考试只是一种形式;只要缴纳一笔钱,参加一个装模作样的仪式,不用学习就可以获得学位[③]。因此,专业教育不是在学校,而是在工作中获得的;确切地说,年轻人不应该用六七年的时间当学生,而应该做学徒,这就是说新手在车间几位师傅的指导下边学边做,这是获得知识的最佳方式。

---

① 在医学院,实习期并不算晚:从第三学年起,未来的大夫需要进行两年的"医院实习",在医院是每年十个月或284天或为期一个月的"产科实习"。然后,在医生或医院外科医生执照考试或能力考试时,理论准备同其行业一样都很麻烦。

② 掌玺大臣巴斯齐埃的《未公开的回忆录》(写于1843年)。

③ 《未公开的回忆录》等,在巴黎法学院,除了抄写教授讲义进行贩卖的雇佣作者之外,没有人上课。论文几乎都是靠"预先通报的论据支持……在布尔日,一篇论文一般五六个月就马马虎虎完成了"。

在对工作中遇到的困难辛苦应对时，他们会意识到自己的不足[1]，因而变得谦虚、细心。和师傅们在一起时，他沉默聆听，这是唯一理解的办法。如果他生性聪明，就会发现什么是自己缺乏的东西，如果他发现这一点，就会感到很有必要给自己补充所需的知识。他会摸索工作中的智慧，想出各种方法，这种自由主动的方式会帮助他获得全面的专业教育。如果他读书，那不是迫不得已的死记硬背，而是渴望理解其意义。如果他去听课，也非不得已，而是出于自身兴趣，并从中受益良多。我引述的亲历者[2]在17岁时担任行政法官，高中师从加拉、拉·阿尔普、福尔克罗瓦、德·帕尔西约，每天吃饭或在晚上都能听到他父亲和朋友讨论问题，这些问题早上就曾在法院和大法庭经过讨论。他对自己的职业颇感兴趣：他与两三个著名律师和像他一样年轻的地方法官一起，参加第一调查法庭首席法官的庭审。但他仍然每天晚上都把自己融入社会，通过亲眼所见，了解社会风俗、男士和女人。另外，他与参事法官坐在一起，在法院当了5年见习参事，有时根据自己的观点报道案件。见习期结束后，他已经具备对民事或刑事案件做出判断的经验、权威和能力。从25岁起，他已做好充分准备，也完全有能力履行更重要的职责。他只需继续完善自己，就会成为行政官员、议会代表、部长，或第一帝国、复辟王朝、七月王朝的高官显贵，就是消息灵通、八面玲珑、有判断力、最终成为当时最受人敬重的政客[3]。

目前在英国和美国，也是以同样的方法来培养各类专业领域的未来人才的。在医院、矿山、工厂，对于建筑师、律师来说，年轻即入职的学生不免和在办公室工作的职员或者工作室中的学艺术的学生一

---

[1] 同上，如今，"二十二岁、二十三岁或二十四岁就踏入社会的年轻人，认为已经没有什么好学的了；他们带到社会的是对自己充满绝对自信，并对不同意见充满不屑和自己根深蒂固的思想。由于相信实力和自己假设的价值，他唯一受到控制的思想是尽快展示这种实力和价值，并最终证明自己"。

[2] 掌玺大臣巴斯齐埃。

[3] 最后一句话是圣伯夫说的。

样,必须通过学徒和实习期。在入职前,他可以预先学习一些总体性的常规课程,这为他观察事物的洞察力打下了现成的基础。同时,还经常会有触手可及的、可以在闲暇时间选学的技术课程,以便与他积累的日常经验相协调。在这种制度下,实际能力自然而然得到提高和发展,一直到学生们的能力所允许的程度,未来的工作和他现在就想适应的特别事业所要求的方向。在英国和美国,年轻人很快以这种方式在发展自己所擅长的能力方面取得成功。从25岁或更早的时候起,如果不缺乏天资和资金,他不但可以做一个令人满意的助手,而且可以做一个天生的企业家;不仅可以做车轮,也可以做引擎。在法国,相反的方法一直占主导地位,并且每一代都更加中国化,整个实力的损失是巨大的。

人生最年富力强的阶段是从十五六岁到二十五六岁,其中有七八年的增加能量和不断的生产、发芽、开花和结果的时间。年轻人正是在这时候勾勒出他最初的思想。但是,为了使这些思想在他身上萌芽、生长和生存,从现在开始,他们需要他们日后所生活的大环境中一些激励或是压制的影响。这些思想只能在此自然和正常的环境中形成。能使其思想的幼芽生长的是年轻人每天接收到的无数敏感的印象。这些印象来自于车间、矿山、法庭、书房、工地、医院,看见工具、材料和操作时,在与顾客或工人交谈时,在无论好与坏、赔钱或挣钱的工作——这些都是眼睛、耳朵、触觉甚至是嗅觉的微小和独特的感知力,不知不觉地聚集,悄无声息地形成,一起对他产生影响,向他暗示迟早会有简单、经济、完善或创新这样的新组合体形成[①]。法国年轻人正处于这个生命力旺盛的年龄,却被剥夺了所有这些宝贵的与外界接触的机会和可以同化的、不可缺少的因素。他在七八年的时间里被关在学校里,远离直接的个人体验,而这体验本来应该带给

---

① 杜诺瓦耶,《论工作自由》(1845年),II,119页。根据英国工程师的说法,英国在机械工程方面取得的非凡进步"并非归功于学者的理论知识,而是工人的实践技巧,后者在克服困难方面比受过教育的学者更为成功"。支持证据是,瓦特、斯蒂芬森、阿克怀特、克兰普顿、约翰·凯,法国有杰卡。

他对人和事物以及操控人和事务的各种方法的准确和形象的概念。在这段时间里，他的创造力被刻意剥夺；他成了一个被动的容器；他在其他体制下创造出的产品在这个体制下却无法创造出来。得失比例完全失衡。然而，他已付出巨大代价。而学徒，在办公室里忙于处理文件的职员、穿着围裙站在患者床边的实习医生，通过劳动获取报酬，最初用于支付学业，然后支付早餐，最后才能挣点额外收入，至少挣点零花钱。而大学和职业技术学校的学生由政府或家庭支付教育和生活费用。作为交换，他回馈给社会的既不是对人类有用的工作，也不是市场上有价值的东西；他的实际花费并没有通过他的实际产出得到补偿。毋庸置疑，人们希望，有一天他能连本带利地偿还借款，包括预付款。换句话说，他未来的劳动被打了折扣，人们对他做了远期投机交易，剩下的就是看这笔买卖是否值得，最终是否能收支相抵，简而言之，是否有盈利，育人的方法是否成功。

然而，在这些消费价值中，首先需要考虑的是学生的时间和注意力、他所有的努力以及脑力投入。他的储备是有限的，不仅制度消耗的比例过大，而且制度执行力的适用性并非有利可图。储备由于不当使用而消耗殆尽，几乎没有任何收益。在公立高中，学生每天需要花费至少11个小时完成作业。在某教会初中，则需要12个小时。出于竞赛独占鳌头和考试取得更多入学资格的需要，从12岁起就要这样做。中学毕业时，需要通过接二连三的考试进行分级，首先是高中毕业会考。50%的报考者不及格，主考官觉得可以理解[1]。这首先证明，失败的考生并未从学习中获益；同时也证明考试项目不适合普通智力群体，也不适合大多数人的天资；许多有能力通过相反方法学习的年轻人，应用此方法，一无所获；强制使用了大量的脑力劳动和抽象理论方式的这种教育方法，虽然价值不大，却远远超出普通人的

---

[1] 布雷阿尔，《谈谈公共教育》等，336页（他列举了前校长、现任总监库尔诺等）："如果申请和录取比例不在45%~55%的话……大学很清楚自己将受到当局的警告、学生的警告和愤怒的抵制。如果延期比例达到50%~55%……主考人就会根据时间的长短哆哆嗦嗦地录取申请人，尽管其中的一半人会被拒绝，如果他们不觉得被捆住手的话。"

能力之外。特别是，在古典作品学习的最后一年，学生必须听哲学课程：在拉罗米基埃尔先生时代，对他们可能很有用；在古赞先生时代也并非有什么坏处；如今，到处充斥的新康德主义向十七八岁甚至十六岁的头脑中灌输14世纪的经院哲学那样冗长复杂的形而上学的杂乱无章的思想，对初学者来说十分难以理解消化，是不健康的。他们不加理解就只能囫囵吞枣，在考试时再生硬地吐出来，缺乏理解和吸收。通常，在中学毕业会考或职业技术学校考试失败后，年轻人会进入或被安排进入他们称谓的"盒子"或"保温箱"。

这是预科寄宿学校，类似于养蚕的盒子或可以孵蛋的保温箱。更准确地说，是一种机械保温箱，他们每天在这里临时抱佛脚，通过这种强制性的填鸭，他们的真正知识没有增加，他们的心智也没有提高。在浅尝辄止地学了很多东西之后，在年末或十八个月后，他们需要带着那天需要的虚假的和临时抱佛脚得来的知识，以及大量表面、经过包装修饰必需的表面材料，在指定的日子进行自我展示，因为这些表面材料是考试唯一需要验证和检验的[1]。所有在高中和初中的职业与系统教育的运行，应用同样的方式和同样的目标，仍然在情理之中，这种教育是为圣·西尔军校、理工大学、海军大学、中央大学、示范学校、农学院、商学院或林业学院培养年轻人的。在这些学校，学习也是填鸭式的，学生完全是为了应试而学习。同样在中学之上，我们所有的职业教育学校也是公共填鸭式教学方式[2]；与此并行的是一些在报纸上或是海报中大做广告进行吹嘘的私立学校，鼓吹训练年轻人以取得法律执照和参加医学三四年级考试。有一天，也许将会出现其他的培养年轻人进入财政部检察处、行政法院、审计法院、外交官的学校，通过考试，成为医院的普通和外科医生，取得法律、医学、文学或理学的资格。

---

[1] 一位有30年经验的老教授谈到概述时对我说："我们至少有一半的学生不适应提供给他们的教育。"

[2] 最近，这些学校的一位校长既满意又天真地对我说："这所学校高于欧洲的其他同类学校，因为在同样年限内没有什么地方能教我们在这里教的东西。"

毋庸置疑，一些头脑非常活跃而精力充沛的人可以忍受这种体制；所有被他们吞下的内容被充分吸收和消化了。毕业之后，通过所有考试，他们使学习、研究、创新方面的所有能力完好无损，成了为数很少的精英学者、文学家、艺术家、工程师和医生。他们在国际高层学者交流中，为法国维护了过去的地位。但其他大多数人，至少十有八九，浪费了时间和精力，浪费了他们生命中许多美好的年华，对他们来说是有用的、重要的，甚至是起决定性作用的时光。我指的是1/2或2/3参加考试的却又考试失败的人。在那些被录取、已经毕业、取得学位证书和毕业证的人中，又有一半或2/3的人是辛苦过度的。他们被过度要求在一天中需要整整两个小时坐在椅子上或黑板前，对于理工科学生来说，是生活在人类所有知识的储备中。实际上，他们曾经如此，或差不多如此，那天在两个小时中他们的确如此。但是一个月后，他们就不再如此了：他们不能再承受同样的考试；他们的收获已经太多、太沉重，经常从记忆中抹去，却没有新内容产生。他们的精神力量已经垮塌，曾经旺盛的生命力已经枯竭；呈现在人们眼前的是一个安于现状的人。这个人循规蹈矩、已婚、听天由命地永远在小圈子里转来转去，工作兢兢业业，尽职尽责，仅此而已。这就是平均回报率。毫无疑问，收益无法弥补支出。在英国、美国和1789年前的法国，遵循的是一种相反的方法[1]，回报是相等的或更多，在很早的年龄就可以获得相对自如和明确的收益，而不必向年轻人施以过大和不健康的压力，政府也不必花费巨资，家庭也无须承受如此的牺

---

① 掌玺大臣巴斯齐埃《未公开的回忆录》。尽管预科学校的录取年龄过早，"但海军、工兵和炮兵军官被公认为在欧洲受过最好的教育，理论与实践同样精干；从1792年起，炮兵和工兵军官在法国军队中占据的地位，足以证明所言不虚。然而，他们并不了解从预科学校毕业的人如今所知道的第十部分。沃班本人并没有参加理工大学入学考试"。我们的制度中，不乏"高端的科学，本身炙手可热，但对于确保地面部队和海军的良好素质并无必要"。民间职业也是一样，律师、法官、行政官员，甚至在文学或科学领域。证据就是大量的人才自1789年以来，在制宪会议脱颖而出。在新生的大学里，当时要求的知识水平远不如现在的一半；与我们负担过重的高中毕业会考不同，但也涌现出了维勒曼、古赞、雨果、拉马丁等。虽然过去没有理工大学，但在18世纪末，法国的科学家仍然群星璀璨，拉格朗治、拉普拉斯、蒙齐、福尔克罗瓦、拉沃尔西埃、贝尔托莱、霍伊等。（自从回忆录出版后（1843），法国制度的弊病更加严重。）

牲,更不必有如此长远的期待[①]。

现在,在法律、医学、科学与文学四大学科中,今年有22 000名学生;加上在职业技术学校的学生和那些正在学习的申请人,总计约30 000人。然而,没有必要列出总数。在取消一年自愿兵役制之后,有学习能力的年轻人为了只在军营服役一年,而不是三年,迫不及待回到高中和大学的教室:年轻人的目标不是像以前那样的高中毕业会考,而仍然是经过竞争和录取进入职业技术学校,或在大学取得最高学位和文凭。无论如何,他必须顺利通过各类困难的考试。目前,法国没有一处教育机构采用相反的方式,也没有一处采用不同的方式。 今后,除了在军营服役三年之外,没有哪个年轻人可以随意到处旅行;或在家自由学习,或在德国大学找到推理教育,或去英国、美国的工厂或农场吸取实践经验。受制于我们的制度,他们被迫投身于用虚构的工具、大量无用的知识充实自己头脑的制度机器,作为交换,这些知识榨干了他的脑力并将他变成官僚。

V

由于共和十年以来的教育产生了这种奇怪和最新的影响,我们看到,这是由绝对平等的雅各宾派精神的干预而产生的结果。实际上,自1871年,特别是1879年以来,就是这种精神,通过拿破仑的统治形式而一直鼓动、推进和领导着法国。这些形式当然也适合这种精神。关于教育归属国家的原则,拿破仑和旧雅各宾派的意见是一致的。他们事实上建立的制度,在他们的教义中已经宣布。因此,他的大学组织结构不仅不违反他们的教义,反而与他们的本意不谋而

---

① 在英国和美国,建筑师和工程师显然比我们的更加能干,更灵活、多产,在发明中更具独创性和大胆,至少实践能力相同,而且无须进行六年、八年或十年的理论学习。参见德鲁西埃,《美国生活》,619页:"我们的理工大学毕业生是学识渊博的科学家……美国工程师不像他们那样无所不知,而有自己的专长。""他们对自己的专业有深刻的了解,总是寻求使专业变得更加完美,比理工大学毕业生更使科学和技艺进步。"

合。这就是为什么继承了前人的本能和教条的新雅各宾派立即采用现有体制的原因；但没有人能接受他们的主张、支持他们实现目标、提前适应他们的工作。结果，在第三共和国及其前几任政府时期，教育机器依旧沿着同一车辙吱吱嘎嘎继续前行。这种可怕的概念通过这种机制进行同样的操作，在唯一的中央机器驱动下，顺应拿破仑和雅各宾派关于国家教育的思想，年复一年变得越来越势不可挡，越来越广泛和严格地加以应用，也越来越压制异端。而对于与教育相关的人、掌握权柄的人、家长、只依赖于个人努力和家庭自由的私有企业主、根据法律由自己控制、管理、维持、稳定的特殊的本地公司来说，这让他们松了一口气。在这种模式下，为数不多的聪明的有心人，在国外已有的思想启发下，尝试在我们的大学术中心组建区域大学。政府也许会批准类似的机构，即使不是整个机构，至少会批准名称或类似名称之类的东西，仅此而已。国家以其公权力、行政法院的权力、财政立法权、法学家自古以来的偏见以及政府机构，仇视个人的联合行为。这样的项目从来就没有被看作是名副其实的民事个人行为；如果政府同意赋予民事个人权利，附加条件通常是这些项目须受制于政府严格的监管，像对待未成年人或孩子一样。此外，这些大学，即使运行多年也没有长进，成了事实上的毕业证发放者。他们不再是知识分子的避难所，也不是中学毕业生的绿洲，也不是充满自由好奇心、无意自学之人可以停留三四年的驿站。自从废除一年制服役规定以来，法国年轻人不再能以这种方式享受自我培养的乐趣；漫无边际的遐想受到禁止；年轻人由于受到所谓的正道、取得学位和毕业文凭的必要性、对考试的担心以及年龄限制的困扰而身心俱疲。他们没有时间用在体验、思想的漂移、纯粹的推理上。今后，我们的制度只给予他这种我们看着他臣服的体制，即奔跑、喘息、呼气，不停地在赛道上飞奔，冒着危险跨越事先设置好的固定数目和间距的障碍。拿破仑制度的弊端，不但没有受到限制和削弱，反而广泛传播，变得更加恶化。这是由我们的统治者对这种制度的理解方法和雅各宾派精神的原始传承方法造成的。

拿破仑以政治家和商人的身份来创建大学,因为他运用了承包商和实用主义者的远见、计算投入与产出的心思、方式和资源,以便用最少花费立刻取得收益,他缺乏军事和民用的可用之材,且由于消耗过量而一直以来非常缺乏。他使其他的一切都从属于这个简单而明确的目标,包括国家教育理论。这种理论对他来说不过是简述、公式和装饰而已。而对于老雅各宾派来说,这就是公理、原则和《社会契约论》中的条款。依照此契约,政府应负责公共教育;政府有权利和义务从事教育并管理教育。他们现在以胸有成竹的理论家的态度和盲目的推理方法搁置了这一原则,并得出结论,然后闭着眼睛仓促僵硬地投身于实践,丝毫不顾及人的天资、真实的环境、现有的资源、副作用及最终的整体效果。同样,如今的新雅各宾派认为,既然是优秀的教育制度①,当然程度越深、范围越广越好;既然越深越广的是好制度,那么国家就更应该不遗余力、尽其所能地向尽可能多的孩子、青少年和青年人灌输这一理论。这样,从今以后,命令将自上而下,通过三个层面从高等教育、中等教育和初等教育传达下来。

因此,从1876年到1890年②,仅高等教育的建筑一项,政府就花费了9900万法郎。从前,大学教职员工的收入差不多可以满足支出;现在,政府每年在教职员工工资基础上增加了650万法郎。政府新设立了221个教师岗位、168项辅助课程、129个演讲会,为了提供更多的学员,自1877年起,增加了300名准备学士学位的奖学金受益人;自1881年起,增加了200名准备教师资格考试的奖学金受益人。同样,在中等教育领域,在1876年有81所高中,到1887年

---

① 教育是好的,不在本身,而在于其提供的好处,特别是对那些拥有或获得教育的人来说更是如此。如果一个人仅仅动动手指,就能使每一个法国男人或女人可以阅读维吉尔并且可以证明牛顿二项式定理,那么这个人是危险的,应该把他的双手绑起来;因为如果无意间动动手指,手工劳动就受到如今所有体力劳动者的厌恶,那么在一年或两年之后,这种劳动在法国几乎不可能有人愿意做了。

② 里亚尔,《大学和学院》,39页及后页。《关于教育的比较统计报告》,II(1888年)。1889年的万国博览会(学术委员会的报告),第II组,第一部分,492页。

增加到 100 所；1876 年只有 3820 项奖学金，1887 年为 10 528 项。在 1857 年，政府投入到中等教育的资金为 220 万法郎，到 1889 年为 1800 万法郎。超负荷的教学本身造就了超负荷的考试：有必要在政府发放和决定学位的课程中涵盖比过去更多的科学类学科。这就是任何必须做的时候就要做的事情[1]。当然，掌握更多知识的义务不会以传染的方式转移到中等教育领域。事实上，这之后，我们看见新康德学派的哲学思想像冰雹一样，从形而上学的高空直接降临到高中毕业班的学生身上，对 17 岁孩子的头脑造成永久的伤害。仍然是在这之后，我们又看见专业数学班滋生出大量复杂的、令人困惑的定理问题，致使如今申请理工大学的学生，为了取得入学资格，无论入学前还是入学后，都必须仔细学习只有他父辈那样的人才能掌握的定理。由此，"盒子"和"保温箱"、私立寄宿学校、世俗和教会预科学校及其他"填鸭教学"学校成为年轻人的必由之路。这导致了持久和机械的努力，以便为每一块知识海绵引入其所包含的所有科学液体，为了使其浸透直到饱和状态，并在极端的状态下保持这种状态，即使是在两个小时的考试中，除非考试之后快速消退或缩水。由此，错误的使用、过度的花费、智力的过早开发、整个过度压迫年轻人的恶毒体制，在他们成年时，不会为他们带来益处，反而会造成伤害。

为了触及未接受过教育的阶层，为了与大众的智慧和想象力接触，就必须应用绝对和简单的口号。在初等教育方面，最简单和最绝对的口号就是向所有的孩子，无论男孩还是女孩，承诺并提供普遍、全部的免费教育。为此目的，从 1878 年到 1891 年[2]，政府在学校建筑和配套设置上花了 5.82 亿法郎；而去年在职员工资和其他费用上

---

[1] 亚尔，同上，77 页。

[2] 这些数字是摘录给初等教育领导办公室的。5.82 亿法郎的总额由国家直接提供了 2.41 亿法郎，0.28 亿法郎由有省提供，3.12 亿法郎由市镇提供：市镇和省作为国家的附属机构，只是根据国家的命令和股东捐赠；这就是为什么在现实中，三种捐赠实际上是一种的原因。参见图尔林，《初级教育的财政组织和预算》，1889 年，61 页（在这项研究中，财务是通过其他方法制定的：用养老金支付某些花费划拨到了年度支出中）："从 1878 年 6 月 1 日到 1887 年 12 月 31 日重要设施的支出是 5.82 亿法郎；1887 年的普通支出是 1.73 亿法郎。"

就投入了 1.31 亿法郎。被迫付钱者就是纳税人。收税人在宪兵的帮助下，强行把手伸到每一个口袋，甚至包括那些只有几分钱的口袋，最终获利数百万。免费的教育听起来不错，好像是真正的礼物，礼物来自于那位成为政府的伟大又模糊的形象，普通民众隐隐约约把这个形象看作是一个独立而又高高在上、十分遥远的人物。因此他是一个可能的恩人。而实际上，他的礼物是用我们的钱购买的，而他的慷慨大方主要在于他在财政收刮基础上建立的好名声。一种原本施加到其他人身上的新束缚施加在我们身上，让我们忍受痛苦①。此外，政府出于本能和惯例，自然而然地倾向于增加约束，而这一次毫无隐瞒。6~13 岁的孩子享受义务教育②。父亲需证明自己的孩子接受了义务教育，不管是公立学校还是私立学校或在家自学。在这七年中的连续教育中，每年需有十个月的学习时间。学生在校时间上午三个小时，下午三个小时。在这段时间里，学校不断向小学生们灌注能接受的和不能接受的知识，包括拼写、语法、句法和逻辑分析、写作规则和修辞、历史、地理、算术、几何、绘画、文学、政治、法学概念，最后还有完整的道德，即"公民道德"。

　　每个成年人都能读书、写字、会算数显然是非常有用的；为此，国家要求所有的孩子学习这些基本技能，国家的这一要求不应该受到责难。但基于同样的理由和同样的原则，在靠近海边、小溪和河流的每个村庄和城镇，应该为当地人开设游泳学校；教授每个孩子学会游泳。在美国，每个男孩和女孩都接受整个小学教育是至关重要的，这是美国的特色，在一个幅员如此广阔的新国家是可以理解的，在这个国家里，多种多样的出路来自于四面八方③；任何职业都有可能飞黄腾达；锯木工也可能成为共和国的总统；成年人经常改变职业生涯，

---

　　①　1881 年 6 月 16 日的法律（关于免费）。
　　②　1882 年 3 月 28 日的法律（关于关于义务）。
　　③　这里不仅要考虑到社会的前途，也要考虑到民族气质。超越生活条件的失调教育以不同的方式影响不同的族群：对德国成年人来说是镇静剂和衍生物；对法国成年人来说是刺激品甚至是炸药。

为了在每次变化时有即兴的胜任能力,他必须具备所有知识的基本元素；作为男人奢侈对象的妇女,无须依靠双手在地里干活,也几乎无须靠双手做家务活。这和法国完全不同：在十名小学生中有九名是农民或工人的儿女,未来的际遇与父母的状况相同；女孩成年后,会一生在自家或别人家洗衣做饭；男孩成年后会局限于一种职业,毕生在车间、店铺、自己或别人的土地里从事手工劳动。在这种成年人的际遇和他扎实的小学教育之间,比例失调是巨大的。很明显,他的教育并未培养他适应注定的未来生活,而是另一种生活,不那么单调、约束更少、需要更多脑力的生活,使他只需一瞥就会厌恶自己原本的生活[①]；至少,这种生活会使他郁闷很长时间,直到他在学校获得的肤浅知识,在与周边空气接触后完全蒸发,只是沦为空谈为止：对于法国的普通的农民或工人来说,这一天来得越早越好。

　　至少,学到的3/4是多余的：既无助于个人的幸福,也无助于职场的晋升。而他们仍然死心塌地经历这一过程。作为一家之主的父亲徒劳地试图限制这个过程的范围、将孩子的精神食粮的储备限制在有用知识的、阅读、写字和算术上只给学习留下必要的时间,合适的季节,两三个冬天只有三个月,他12岁的女儿留在家里帮妈妈照顾其他孩子,把10岁的儿子留在身边放牛或看管犁地的牛[②]。至于孩子的利益以及自己的需求,他茫然不知,毕竟他不是什么好法官；然而,国家有比他更清楚和更美好的意愿。因此,国家有权限制他,而事实上,国家正是从上层,从巴黎这样做的。像过去一样,在1793年,立法议员根据雅各宾派的做法,像专制的理论家那样制定法律：他们在头脑中勾画出一个统一、通用和简单的类型,即他们希望的从6岁到13

---

　　① 在接受这种初级教育的学生中,最聪明和最用功的学生总能名列前茅,通过考试,获得文凭和初级教育资格。产生的结果如下(由塞纳省政府出版的各部门年度空缺职位和这些职位登记的候选人图表；根据1890年9月16日的《争论》日报)：小学教师空缺职位,42个；等级候选人数量,1847人。小学女教师空缺职位,54个；等级应聘人数,7139人。这样一来,7085名受过教育、有文凭却无法安置的年轻姑娘就只能违心嫁给工人或去做女仆,或尝试做交际花。

　　② 在某些情况下,在每所学校里建立的校务委员会可以给予免税资格。但在每个市镇都有两三个政党,一个一家之主必须得到执政党的认可才能得到这个资格。

岁的孩子类型,无须把他们强加的教学同未来的生活联系在一起,抛开正面的个人利益、确定的未来、将父亲搁置在一边,而父亲才是唯一自然的法官和适合自己儿女教育的测量师,独家授权的确定精神和道德操控的质量、持续时间、环境和平衡的唯一裁判,这些无法离开自身际遇的年轻生命,仍将服从于这种操控,只不过是远离家乡而已。自大革命以来,国家从未如此强烈地肯定自己全能的权力,也从未将对个人的侵犯和干涉推进到如此深的范围,甚至到了家庭生活的中心的程度。注意,在1793年和1794年,圣法尔若和圣茹斯特的勒佩莱齐埃计划就是纸上谈兵;十年后才进入实际操作。

说到底,雅各宾派是一个教派、自己的信念的传播者,敌视他人的信仰。他们不承认人的观念是多样化的,并对此表示庆幸;也不承认每种观念都适应对其深信不疑的人类群体,对于帮助信徒生活都是必不可少的,他们只承认自己的唯一观念,并利用权力强迫信徒接受。

他们也有自己的信条、教义、专横的准则,用于强加给他人。今后,教育不仅是免费、强制性的,而且必须是世俗、纯粹世俗化的[1]。到目前为止,绝大部分的父母,大部分的父亲和所有的母亲,都希望教育应该同时是宗教的。自称的基督徒自不待言,许多温和、冷漠或无神论家庭的一家之主都认为,这种混合式教育对儿童,特别是女孩更为合适。他们认为,科学和信仰不应该分得那么一清二楚,而应该结合起来成为年轻人心灵的养料;至少,在涉及他们的特定情况下,在他们看来,为了孩子、为了他们自己、为了家庭的内部纪律、为了他们负责的家庭良好秩序、为了维护和尊重、为了对道德的保护,这都是更好的选择。为此,在1882年和1886年的法律公布之前,仍然可以自由选择教学和教师的市议会,经常通过签署合同的方式把学校委托给教士和修女经营数年,价格固定使合作愉快,因为这个价格很低[2]。为此,在1886年,公立学校有10 029名教士教师和39 125名修

[1]　1882年3月28日和1886年10月30日的法律。
[2]　1891年9月1日的《争论》日报。统计委员会的报告:"1887~1879年,修会学（转下页）

女教师。然而，自1886年以来，法律坚持公共教育不仅要纯粹世俗化，而且教师也必须是世俗教师，特别是市镇学校必须世俗化。为了完成这项部署，立法者将规定期限；该期限过后，修会修士、僧侣或修女将不得在任何公立学校任教。

　　然而，根据法律，不择手段世俗化的市镇学校数以百计；虽然从法律上说这是地方事务，但没有经过市议会的咨询；一家之主们对如此迫切和敏感涉及私人、家庭利益的议题没有任何发言权。同样，在运营成本中，他们的份额是强制正式分摊的：目前①，在每年小学教学花费的合计为1.31亿法郎的费用中，市镇贡献了5000法郎；从1878年到1891年，在用于学校建筑的5.82亿法郎的费用中，他们贡献了3.12亿法郎。如果某些家长不满意这个体制，他们只能依靠自己捐赠，自筹资金建立私立学校，自掏腰包供养教士和修女做教师。那是他们自己的事；但他们需要缴纳给市镇、省和国家的税款一分钱也不能少，他们的税款将加倍，并且将支付两次，第一次是他们不喜欢的小学教育，第二次是适合他们的小学教育。数千所私立学校就是根据这些条件建立的。在1887年②，私立学校有1 091 810名学生，大约是在所有小学注册的孩子的1/5。也就是说，有1/5的家长不希望自己的孩子上世俗学校；至少，如果另一种学校提供给他们的话，他们更喜欢上另一种。但是，提供给他们这样的学校需要非常大的捐赠、自愿的捐款。通过父母和孩子的数量以及捐赠和捐款的规模，我们可以看出国家强加的体制所引起的不信任和厌恶。此外，请注意，在许多其他市镇，在所有资源，共同的理解和个人创业者与捐

（接上页）校的数量是23 625所，有学生2 301 943人。"

① 初级教育指导办公室，1892年的预算。

② 1889年的万国博览会。阿尔弗莱德·皮卡尔先生的《总体报告》，Ⅳ，369页。同一时期的公共学校的学生人数是4 500 119人。1891年9月12日的《争论》日报，统计委员会的报告："从1878~1879年到1889~1890年，5063所修会学校变成了世俗学校或被取消；在转变时期，这些学校共有648 824名学生。在这种世俗化之后，2839所私立修会学校开放竞争，在1889~1890年，共有354 473名学生。""在十年间，世俗公共教育有12 229所学校和973 380名学生；修会公共教育失去了5218所学校和550 639名学生。另一方面，私立修会教育共有3790所学校和413 979名学生。"

助者的慷慨不足的地方，即使是心怀不信任和敌意的父母，也不得不把自己的孩子送到他们讨厌的学校。更精确地说，可以发挥一下想象力，比如有一家名为《世俗日报》的由官方创办和资助的报纸，义务并无偿为从6~13岁的儿童发行，需要5.82亿法郎的运营费用，年支出13.1亿法郎，无论愿不愿意全部来自纳税人的腰包；假设600万个6~13岁的男孩和女孩被迫订阅这本杂志，除了周日以外，每天都可以收到一份，每天他们都必须看六个小时报纸。国家出于宽容，允许不看他们报纸的家长收取另一份适合他们口味的报纸；但是，虽然另一份触手可及，但本身同样纳税的当地联合赞助人，必须愿意创建和支持这项事业；否则，作为一家之主的父亲将被迫给孩子读这份他认为文笔潦草、废话连篇的世俗报纸，总之是一份故弄玄虚的报纸。这就是为什么在雅各宾派的国家尊重个人的原因。

　　而通过这样运作，国家力量得以扩大和加强；它增加了自己的管理机构和控制的人。为了指导、检查、聘用和分配其小学教育，国家已拥有173个培养小学男女教师的师范学校、736所教授高级和技术类初级教学课程的学校、66 784所小学、3597所幼儿园，大约115 000名男女工作人员[1]。通过这115 000名工作人员、代表和发言人，总部在巴黎的"世俗的理性"把声音甚至传到最小和最偏远的村庄。正是这经过统治者定义的"理性"，带着他们需要的倾向、限制和偏见，以及野蛮和疯狂的瞎子祖母的近视和半驯服的孙女，在1793年和1794年以同样的名义坐在同样的地方。她摒弃了暴力和浮躁，但凭借同样的本能和片面性，进行相同的宣传。由于太想抓住新一代人了，于是通过自己的课程和教材、对旧制度的含沙射影和总结、革命和帝国，对最近或当代问题的看法，通过有关道德、社会和政治事务的方案和建议，只有她本人、她一个人进行布道和颂扬。

---

[1]　图尔林，《金融组织》等，61页。(图尔林先生认为有"104 765名公务员"，此外还要加上173所师范学校教职人员、行政人员和其他工作人员，以及9000名学生，所有人都是免费的)。

VI

法国的教育事业就以这种方式通过国家的介入而结束了。当一件事不能由当事人支配，或移交给有不同动机的第三者时，结局往往功亏一篑：迟早，这个原生的缺陷会逐渐显现，并导致意外的结果。在这种情况下，教育与生活之间的差距越来越大。婴幼儿、青少年和青年的三个层次的教学中，在学校通过书籍进行的理论和学业准备得到延长，负担因此而加重，通过糟糕的手段、非正常和反社会体制的应用、实际学徒制的过度延迟、寄宿学校、人为的训练和机械的死记硬背与过度的劳作目的就是考试、学位、文凭、资格和证书，而且只是为此目的，却没有考虑到未来、成年人的时代和完整的人的职责。年轻人即将进入的现实世界、他必须使自己适应或服从的社会状态、他必须保护自己或英勇不屈的人生奋斗则完全被忽略。面对这种新生活，他既没有配备武器、装备，也没有经过强化训练。可靠的常识、决心和果敢的精神、生活中不可缺少的工具，我们的学校都没有为他努力争取。恰恰相反，学校不仅没有为其创造资格，反而对他未来的一生取消了资格。因此，他进入世界和现实生活领域第一步的入口，通常是一系列痛苦的失败；他长期心灰意懒，郁郁寡欢，有时变成了永久性废人。这是一个艰难和危险的考验；道德和精神的平衡发生了改变，并具有永远不会恢复的风险；幻想的破灭来得太突然、太彻底，失望太大、挫折太严重。年轻却已经历了太多的伤心事。有时，他会同与他一样痛苦和疲惫的亲密朋友试图告诉我们："通过你的教育，你指导或让我们相信这个世界是以一定方式建成的。你骗了我们。这是非常讨厌、无聊、肮脏、悲哀和艰难的，至少以我们的感觉和想象力是如此：你认为我们是容易激动和杂乱无章的人；如果是这样，那是你的错。为此，我们诅咒和嘲笑你的世界，拒绝你所谓的真理，对我们来说，这些都是谎言，包括你认为明显是常识的那些基本和原始的真理，和以此为基础建立的法律、制度、社会、哲学、科学和艺术。"①这就是15年来，当代年轻人通过他们的品位、意见、字里行间的模糊欲望、艺术与生活，大声向我们宣告的东西。

① 在这方面，我们在儒尔瓦莱的三卷本自传中找到了有益的启示：标题是《孩子、毕业生、反叛者》，1871年以来，在文学中，包括天才作家的成功作品和创新作家与误入歧途的半天才作家的流产尝试，都成了趋同性的标志。